法兰克福学派：
历史、理论及政治影响
（上册）

北京世纪文景文化传播有限责任公司　出品

法兰克福学派：
历史、理论及政治影响

（上册）

[德] 罗尔夫·魏格豪斯 著

孟登迎 赵文 刘凯 译

世纪出版集团 上海人民出版社

目 录

[下]

作者致谢

我要向许多人表示谢意。1979 年米夏埃尔·克吕格尔（Michael Krüger）和卡尔·汉斯（Carl Hanser）出版社准备提供一份有关法兰克福学派整体历史的研究合同并对研究提供资助。赫伯特·施奈德尔巴赫（Herbert Schnädelbach）使得此项研究在一个合理的时限内完成成为可能，他以令人鼓舞的意志推荐这个研究项目争取德国科研协会（Deutsche Forschungsgemeinschaft）的研究基金。为期两年半的访美之旅一半的经费来自德国科研协会，而另一半则由我妻子提供。

我还要感谢以下几位，我有幸和他们进行了重要而富于激发性的讨论，其中一些讨论几次反复进行，使我受益匪浅，他们是：美因河畔法兰克福的沃尔夫冈·阿本德洛特（Wolfgang Abendroth）；英格兰利兹市的威廉·巴尔达姆斯（Wilhelm Baldamus）；布莱斯高弗莱堡的魏特瑙的瓦尔特·迪尔克斯（Walter Dirks）；美因河畔法兰克福的路德维希·冯·弗里德贝格（Ludwig von Friedeburg）；科隆的乌尔利希·格姆巴尔特（Ulrich Gembardt）；美因河畔法兰克福的于尔根·哈贝马斯（Jürgen Habermas）；巴特霍姆堡的维利·哈尔纳（Willy Hartner）；美因河畔法兰克福的彼得·冯·哈塞尔贝尔格（Peter von Haselberg）；英格兰哈索克斯的凯莫尔的玛丽·雅胡达（Marie Jahoda），科隆的勒内·柯尼希(René König)；美因河畔法兰克福的费尔迪南德·柯拉摩尔（Ferdinand Kramer）；美国柏克利的列奥·洛文塔尔（Leo Lowenthal）；纽约的爱丽思和约瑟夫·迈尔夫妇（Alice and Joseph Maier）；韦斯巴登的库尔特·毛茨（Kurt Mautz）；美国圣地亚哥的爱莉卡·舍尔奥弗尔－马尔库塞（Erica Shareover-Marcuse）；汉诺威的维利·施特塞尔莱维茨（Willy Strzelewicz）；美因河畔法兰克福的鲁尔夫·梯德曼（Rolf Tiedemann）；纽约的卡尔·奥古斯特·魏特夫（Karl August Wittfogel）。英国剑桥的莫西·I.费莱利（Moses I. Finley）以通信形式解答了我的几个问题，在此向他致以谢意。

美因河畔法兰克福霍克海默档案馆为我的工作提供了极其重要的资料，它收藏了非常之多的霍克海默和波洛克的文件。除了大量汇集成册的收藏之外，档案馆尚保存有20万页的信件、手稿及其他材料。甚至在完成编目之前阿尔弗雷德·施密特（Alfred Schmidt）就慷慨地让我使用这些档案了。冈兹林·施密德·诺艾尔（Gunzelin Schmid Noerr）友善地并不将这看作是对他编目工作的打扰，我还得以就编目工作中一些细节和难下定论的评价问题与他进行了讨论。在此谨对以下机构和人员表示谢忱：伦敦科学和研究保护协会、牛津鲍德雷安图书馆；布达佩斯卢卡奇档案馆；卡斯滕·维特（Karsten Witte）和马尔巴赫德国文献档案馆手稿收藏处；美因河畔法兰克福城市档案馆；社会研究所图书管理员莉泽洛特·莫尔（Liselotte Mohl），哲学博士学位委员会主席兼法兰克福大学哲学系档案管理人鲍姆（Bohme）教授；西奥多·W.阿多诺档案馆主任罗尔夫·梯德曼（Rolf Tiedemann）及其助手亨利·洛尼茨（Henri Lonitz）；以及马尔库塞档案馆负责人巴巴拉·布里克（Barbara Brick）。

我没能获准进入法兰克福大学档案馆。时任大学校长的哈特维希·赫尔姆（Hartwig Helm）教授的理由是，从文献保护的角度看我所需的文件尚未处理好，必需的资料上架工作因人员短缺而无法完成，这样就拒绝了我查阅与社会研究所相关材料的要求。黑森州文献保护官员施皮洛斯·希米提斯（Spiros Simitis）教授支持我的要求，他断言我想要查阅的大学档案文献并不在文献保护法限制范围之内，但即便如此也无济于事。格达·施图赫里克（Gerda Stuchlik）的书《褐衫党时代的歌德：法兰克福大学（1933－1945）》（*Goethe im Braunhemd-Universität Frankfurt 1933－1945*，Frankfurt am Main，1984）从各个方面使我受益良多，可就是缺少法兰克福大学的档案。乌利克·米格达尔（Ulrike Migdal）在《法兰克福社会研究所的早期历史》（*Die Frühgeschichte des Frankfurter Instituts für Sozialforschung*，Frankfurt am Main，1981）对法兰克福社会研究所的早期历史有详尽描述，其中也细致地讨论了许多关于研究所的法兰克福大学档案，该书以及保罗·克鲁克《美因河畔法兰克福的基金会大学》（*Die Stiftung-suniversität Frankfurt am Main*，Frankfurt am Main，1973）中社会研究所那一章成为本书的替代性材料来源。

弗里德里希·W.施密特（Friedrich W. Schmidt）在许多次晚间讨论中与我就阿多诺和霍克海默的思想——如对自然的模仿与支配、奥斯维辛之后的历史与形而上学等——进行了讨论。在爱根哈德·霍拉（Eginhard Hora）身上，我看到了一位善于助人而眼光敏锐的编辑。她是本书的第一位读者。没有她这本书是绝不可能完成的。

导言

"法兰克福学派"和"批判理论":这些词汇不仅能让人想起社会科学中的某种范式,而且它们还能让人联想起从阿多诺、霍克海默、马尔库塞和哈贝马斯等人开始的一串名字,以及与之相联系的1960年代的学生运动、"实证主义论争",还有文化批评——也许还有德国流亡者、第三帝国、犹太人、魏玛共和国、马克思主义和精神分析。显然,这里涉及的不仅仅是一个思想流派,不仅仅是一段学术史。

第一代和第二代批判理论已经成为了一个习惯性的提法,人们已经习惯于将老一代法兰克福学派和20世纪70年代后由之发展而来的新一代相区别。[1] 这使我们至少在一开始就能推迟对法兰克福学派的后来发展及其连续性和非连续性等问题的讨论,便于给学派确定一个时限,从而不使之过于模糊。本书以阿多诺的谢世为时限,他是老一代批判理论的代表人物,在法兰克福和社会研究所中都非常活跃。

"法兰克福学派"的名称是1960年代由局外人贴上的标签,但是最后阿多诺本人也非常自豪地使用了这个名称。一开始,这个名称指一种批判社会学,它将社会视为一种对抗的总体性,那时这种社会学还没有将黑格尔和马克思排除在它的思想之外,而是相反自视为他们的继承者。但是这个标签很长时间以来已经变得庸俗且无所不包。马尔库塞在媒体上声名远扬,和马克思、毛泽东以及胡志明一道成为了造反学生的偶像,这也给法兰克福学派赋予了某种神话般的地位。1970年代早期,美国历史学家马丁·杰伊（Martin Jay）让这种神话返回了地面，返回了其历史事实的基础，而且澄清了"法兰克福学派"标签后面究竟有着怎样复杂的实际情况。然而标签本身长久以来已经成为了它所标示的思想的影响史不可分割的一部分。而这个影响史已经超出了我们在严格意义上讨论一个"学派"的范围。

这里有一些所谓"学派"的某些典型特征，有些比较固定，而有些 2 则是暂时的，或者仅仅出现过几次。它们是：

1. 一个研究机构：社会研究所，在整个时期内它都存在着，即便有时候是以化整为零的方式存在着。

2. 一个思想上的超凡（charismatic）人物，对新理论范式抱有信心，能够，也愿意和够格的学者合作：马克斯·霍克海默作为一个"管理型学者"经常提醒他的同伴们意识到，"理论"的未来发展就掌握在他们这些被拣选的几个人手中。

3. 一份宣言：霍克海默1931年就职演说《社会哲学现状和摆在社会研究所面前的任务》[2]。研究所后来一再回过头来重新领会这个演说，而霍克海默本人也一再援引这个演说，比如说在1951年研究所重新运作的庆祝典礼上。

4. 一种新范式：关于社会一般进程的"唯物主义的"和"批判的"理论。这种理论的典型特征就是哲学和社会科学的结合，将精神分析、叔本华、尼采、克拉格斯（Ludwig Klages）[3]的理性批判和形而上学批判的某些思想系统地融入历史唯物主义之中。"批判理论"这个标签一直保留了下来，即便它的不同使用者对它有着不同的理解，即便霍克海默本人后来也改变了早先的"批判理论"观点。

5. 学派研究工作的杂志和其他出版物：《社会研究学刊》（*Zeitschrift für Sozialforschung*）。它的发行者都是素有声望的：先是莱比锡的 Hirschfeld，后来是巴黎的 Felix Alcan。

这些特征中的大多数只适用于研究所的霍克海默时期的头十年——

即 1930 年代——和它的纽约时期。整个纽约时期在美国环境下，研究所可以说处在某种"辉煌的孤独"状态。只有霍克海默、波洛克和阿多诺在 1949 年到 1950 年返回德国。他们三个人当中，也只有阿多诺保持了理论上的多产，也只有他既出版旧东西也出版有新内容的著作。战后就不再有学刊了，继而代之的是"法兰克福社会学文丛"（Frankfurt Beiträge zur Soziologei）的系列出版物，它们不如早先的学刊有特色。霍克海默和阿多诺在 1960 年代开始时在这个系列中出版过一次他们自己的讲座和讲演的选集。

> 对我来说那里没有连贯统一的理论。阿多诺写些文化批评的文章，发表一些对黑格尔的讨论。他表现出了某种马克思主义的背景——就这些。[4]

3　于尔根·哈贝马斯，1950 年代晚期阿多诺在研究所的助手这样回顾。1960 年代的确形成了"学派"的印象，但"学派"中既有阿多诺和霍克海默在法兰克福提出的社会学批判理论的思想，又有早先研究所在霍克海默指导下那段时期的极端社会批判、弗洛伊德—马克思主义的思想。

且不论其他因素，仅研究所历史的外部环境的极端不平衡就决定了不要太严格地对待"法兰克福学派"这个称号才是明智的做法。还有其他的事实可以说明这一点。首先，尽管霍克海默是个"超凡"人物，但他在事件中所扮演角色的关键性逐渐在减退，而且也越来越不适应一个"学派"的构成。其次，有个更能说明问题的事实：如果将老一代法兰克福学派的 40 年作为一个整体来看，就会发现，根本就没有能将现在所说的"法兰克福学派"的全部要素都包括进去的某个统一范式或者范式转换。霍克海默和阿多诺这两个领军人物是在相同的领域内，从截然不同的两个方向出发去开展研究的。霍克海默作为发展着的、跨学科的社会理论的创造者登上舞台，最后却放弃担当管控世界（adminis-tered world）[5] 批判者的角色——在这种被管控的世界中，自由资本主义作为已经失败的文明，它的历史的最后据点面临着消失的危险。而阿多诺正是作为永恒思想（immanent thought）的批判者和新的、被解放了的音乐的鼓吹者登上舞台的。对于他来说，有关已经失败的文明之历史的哲学已经成为多方位的非同一性（non-identity）理论的基础，更确切地说，也成了可以考察非同一性的各种思想形式的基础——这有点悖论色彩。阿多诺提出了一种微观逻辑学—弥赛亚思想，这使他同瓦尔特·本雅明（本雅明在阿多诺的帮助下成了《社会研究学刊》的撰稿人，最后成为了研究所的成员）有了紧密的联系，也同希格弗里德·克拉奥尔和恩斯特·布洛赫有了联系。《启蒙辩证法》[6]虽说是阿多诺和霍克海默在"二战"最后几年共同写作的，但该书的理性批判并没有改变阿多诺的思考。但霍克海默却在他和阿多诺合撰那本书之前的几年中就同社会精神分析学家艾里希·弗洛姆以及专精于法学和国家理论的理论家弗朗茨·诺伊曼（Franz Neumann）和奥托·科尔施海姆分道扬镳了，并因此实际上放弃了他试图建立跨学科的一般社会理论的计划。完成《启蒙辩证法》之后，合作者纷纷离他而去。但是，就像他凭着社会学家的能力回过头检视自由主义时代的独立实业家们一样，他也凭借哲学家的才智回过头开始考察那些讨论客观理性的伟大哲学家。霍克海默本人认为，在60年代的学生运动中他的重要性因他早年文章所具有的激烈的马克思主义调子而不断提升，而且他还眼看着自己被人们与马尔库塞那进攻性日趋激烈的"大拒绝"（Great Refusal）绑在一起。与此同时，形成对照的是，阿多诺写出了他的两部微观逻辑学—弥赛亚思想的伟大作品——《否定的辩证法》和《美学理论》。[7]这两本书在那时多少有些不合时宜。另一方面，瓦尔特·本雅明的马克思主义成分那时刚刚被发现，他开始成为唯物主义的艺术与媒体理论的关键人物。阿多诺谢世15年后，后结构主义最重要人物之一米歇尔·福柯说："如果我能及时了解法兰克福学派的话，我肯定会节省很多劳动。那样我就不会说一大堆废话了，也不会为了避免迷路而尝试那么多错误的途径——当时法兰克福学派已经把道路清理出来了。"[8]福柯把自己的计划描述为"对理性的理性批判"。阿多诺确实在1962年一次探讨

4

哲学术语、描述哲学任务的讲座上使用过这个词。阿多诺说："哲学应该动用某种理性上诉的能力来质询理性。"[9] 显而易见，所谓的"法兰克福学派"是不断变化着的，因而它的这个或那个论题总是同现时代相关，而且这些论题最后却证明是一些未完成的、急需深入推进的论题。

那么，是什么把法兰克福学派的成员们团结在一起的——即使在大多数情况下这种团结仅仅是暂时的？他们所有人都有着某种共性吗？第一代法兰克福成员组成了一个整体，他们要么是犹太人，要么大都是迫于纳粹的压力而恢复信仰犹太教的人。无论来自于上层社会的家庭，还是像弗洛姆或洛文塔尔那样来自于不那么富有的家庭，他们中最幸运的人也免不了有过社会局外人的经验——他们甚至在 1918-1933 年的那段时期也无法幸免。他们最基本的共同经验是：再恭顺也无法使自己成为社会庇护下的一分子。正如萨特在《对犹太人问题的思考》(*Réflexions sur la Question Juive*) (1946) 中所说：

> 他（犹太人）……接受了他周围的世界，他加入了游戏，而且遵守所有那些礼仪，和其他人一起跳着那种可敬的舞蹈。而且，他不是任何人的奴隶；他是允许自由竞争的制度下的自由公民；所有社会荣誉和政府职位都向他开放。他可以带上荣誉骑士团的勋章，他可以成为一个了不起的律师或者内阁大臣。然而就在他达到法制社会的巅峰的时刻，另一种无形的、弥散性的、无所不在的社会片刻之间出现在了他的面前，而且将他拒之门外。即使是最伟大的成功也无法让他进入那自认为是"真正的"社会的时候，他对荣誉和未来之虚幻的感受会是怎样的强烈啊！作为一个内阁大臣，他将是一个犹太内阁大臣——既是尊贵的"阁下"同时又是贱民。[10]

犹太人肯定已经以他们自己的方式感受到：布尔乔亚—资本家群体同工人阶级一样，在生活中会强烈地感受到自己处于一种被疏远的（alienatedness）、不真实的状态。尽管犹太人总体上比工人阶级有特权——这甚至是一种让犹太人无法逃脱其犹太性的特权。从另一方面来看，虽然说对争取

5

到特权的"工人们"而言，要争取到更多的特许条件要遇到更多困难，可他们至少还可以让他们的下一代不再当工人。这样就形成了一个连接点，在这一点上把犹太人挥之不去的社会疏离感与作为比较尺度的工人所体验的挥之不去的社会疏离感联系了起来。这不一定会让犹太人和工人团结起来，但至少可以引发一种与工人的客观利益相一致的彻底的社会批判。

从霍克海默 1937 年发表论"传统理论和批判理论"[11] 的文章开始，"批判理论"就成了霍克海默圈子里的理论家们用来描述自己的主要标签。这个标签下面掩藏着"马克思主义理论"；但是，它更多地反映了霍克海默和其同仁的某种主张，那就是把马克思主义理论的实质，而不是其教条形式作为他们的原则——那种教条形式执著于从经济基础、从依赖于经济基础的上层建筑和意识形态等方面出发对资本主义社会进行批判。马克思主义理论的实质在于对被异化并产生着异化的社会条件进行一种特殊的批判。批判理论家们本人的理论来源既不是马克思主义也不是工人运动。他们在某种程度上重复着青年马克思的经历。对艾里希·弗洛姆和赫伯特·马尔库塞来说，对青年马克思的发现决定性地坚定了他们的信心，使他们认为他们努力的方向是正确的。海德格尔《存在与时间》的出版 [12] 促使马尔库塞在弗莱堡成为海德格尔圈子的成员，因为在马尔库塞看来，人的本真存在问题在这里得到了正确的处理。正是在马尔库塞阅读青年马克思的"1844 年经济学—哲学手稿"[13] 的时候，对他而言马克思才第一次具有了真正的重要性。在他眼中，青年马克思实现了正确的哲学，而且证明了资本主义不仅是经济和政治的危机，而且是威胁人的本质（human essence）的大火难。因此，急需的不是政治的或经济的改革，而是总体革命。弗洛姆也是如此。在后来被称为法兰克福学派的这个团体的早期，他是继霍克海默之后的最重要的理论天才。他在读了青年马克思的著作之后确信，对资本主义社会进行批判的关键在于对人类真正的本质进行反思。但对阿多诺来说，青年马克思并不具有关键性的影响作用。尽管如此，阿多诺还是在他讨论音乐的第一篇长文——发表于 1932 年《社会研究学刊》的

"音乐的社会地位"[14]——中试图证明，资本主义社会封死了所有的道路，人在左冲右突，希望冲出看不见的藩篱，所以说人类尚未达到其本真的存在。[15]生命缺乏生机（Life is not alive）——这个青年卢卡奇的论题是青年批判理论家们的驱动之源。马克思主义能成为他们的灵感来源，首先在于它就是以这种经验为中心的。只有霍克海默的思考主要是从对强加于被剥削和被损害者之上的不公正的愤怒中汲取力量的。(这种情况在本雅明身上出现得比较晚，在马尔库塞身上则出现得更晚。)另外，对霍克海默来说，对以下事实的愤怒可能是最关键的：布尔乔亚—资本主义社会中，对最广大公众负责的理性行动及其可以预计的后果根本是不可能的，即使是特别具有特权的个人和作为整体的社会之间也是相互疏离的（alienated）。在一段时间之内，可以说霍克海默代表了这个圈子的社会的和理论的良知，他不断地敦促他们的共同任务是拿出一套研究社会整体和现时代的理论，这种理论的主题应该是人类本身——这里的人类是他们自己历史性生活形式的产物，而且是一直以来和他们自身相异化的生活形式的产物。

"理论"是霍克海默1930年代热情关注的问题。从1940年代开始，他逐渐对其可能性产生怀疑，但没有放弃这个根本目标。他和阿多诺的合作被认为最终产生了研究现时代的理论，尽管这一合作在"哲学断片"这个暂时形态之后就没有继续深入下去了。然而这种"理论"还是成为了"法兰克福学派"的招牌。不管他们怎样不同，霍克海默、阿多诺和马尔库塞在"二战"之后还都同样相信，在马克思对资本主义社会生产的拜物教特性的批判传统中，理论必须是理性的，同时也必须给出正确的词语，来打破那种使一切事物——人类、对象以及他们之间的关系——听命的咒语。这两种要求的结合激起了持续的热情，从而使理论可能得以发展——即使是在日益非理性的社会环境下，理论陷于停滞，对理论可能性的怀疑不断增长的时候也是如此。在前面提到的那篇访谈中，哈贝马斯说："当我第一次见到阿多诺，看到他是那样激动地突然开始谈商业拜物教，看到他是怎样将概念运用于文化现象和日常生活现象的时候，立即被震撼了。随后我想：试着去做吧，就仿佛(阿多诺以同样正统的方式在谈论的)马克思和弗洛伊德都是同代人。"[16] 他初见赫伯特·马尔库塞的时候也是这种反应。这种理论无论是在战前还是战后都让阿多诺和马尔库塞充满了某种特别的理论使命感：虽然被疑虑和悲观主义所包围，但它依旧激励、激发他们去通过知识和探索寻求救赎。这种期待既没有变成现实，但也没有被背叛——它延续着。除了他们——因为属于人们所称的"犹太人"团体，他们注定成为布尔乔亚社会的"局外人"——之外，还能有谁延续这种期待？

本书所探讨的法兰克福学派史前史及其历史长达半个世纪。这段历史经历的几个地点是：美因河畔的法兰克福、日内瓦、纽约、洛杉矶、美因河畔的法兰克福。贯穿历史的时代背景是：具有"黄昏特征的"[17]魏玛共和国及其向纳粹主义的过渡；美国的新政、战争时期和麦卡锡时代；反共背景下的重建；以及西德的抗议和改革时期。在其历史的过程中所采取的各种制度形式有：独立的研究基金会，为社会急需的马克思主义研究提供资助；作为集体存在的研究所的残余形式，它曾向许多无公职的学者提供过保护；一所依靠国家基金的研究所，或者说和批判社会学和批判哲学的背景反差极大的一所研究所。就"理论"在这段历史过程中的演变和转化而言，那范围就太广了，而且这些演变不能按照时序来描述，因此要把"法兰克福学派"划分成几个阶段实际上是不可能的。我们能采用的最好的办法就是对后来发生游离的各种趋势进行探讨：理论游离开了实践，哲学游离开了科学，理性批判游离开了对理性的拯救，理论性工作游离开了研究所的工作。本书的不同章节都对应这种游离的不同阶段。同时，如果从上下文来看批判理论，就能发现它的这样或那样的形式所暗含的可能的危机。最后我们将论及批判理论的两极——即阿多诺的和霍克海默的思想方式——在年轻一代批判理论家那里所取得的成果卓著的延续和发展。

长时间以来，只有马丁·杰伊的那本书大范围地对法兰克福学派史进行了探讨。但那本书写到研究所1950年返回法兰克福就打住了。杰伊的研究是开创性的，它不仅以已出版的材料为基础，而且也建立在和研究所以前的成员的讨论、洛文塔尔提供的大量信息，以及洛文塔尔收集的一部分研究所的信件、回忆录和研究计划书的基础之上。现在读者面前的这本书不仅建立在杰伊的那本书的基础上，而且也建立在自杰伊以来陆续出版的研究法兰克福学派的那些具有史料价值的著作基础之上（比如杜比勒、艾尔德、洛文塔尔、米格达尔和泽奈尔等人的著作 [18]），建立在法兰克福学派新出版的著作的基础之上（包括弗洛姆对第三帝国前夕工人阶级的研究 [沃尔夫冈·邦斯编并作序]，本雅明的《选集》[鲁尔夫·梯德曼编辑，并进行了大量的注释]），也建立在霍克海默身后在其《选集》中新发表的作品的基础之上（这些作品自1985年以来陆续由阿尔弗雷德·施密特和冈兹林·施密德·诺艾尔编辑出版）。[19] 另外本书还建立在讨论的基础上，这一讨论是在作者和社会研究所以前和现有的合作者之间，和它的当代研究者之间展开的。

8　最重要的是，它建立在档案材料的基础上。特别要提到的是，霍克海默档案中保存的研究计划、备忘录，以及他与阿多诺、弗洛姆、格罗斯曼、科尔施海默尔、拉萨斯费尔德、洛文塔尔、马尔库塞、诺伊曼、波罗克之间的通信。以下材料也很重要：阿多诺和西格弗里德·克拉考尔(Siegfried Kracauer) 之间的通信——它们和克拉考尔的其余未发表材料保存在内卡河畔的马尔巴赫的德意志文献档案馆中；阿多诺和学术资助委员会之间的通信——保存在牛津的鲍德雷安图书馆中；阿多诺和霍克海默在法兰克福的约翰·沃尔夫冈·歌德大学哲学系的私人档案；法兰克福城市档案馆收藏的关于社会研究所及其成员的档案材料；还有社会研究所图书馆保存的1950年代和1960年代研究所工作报告。

最后顺便说一句：如果不是阿多诺突然谢世，我将在他的指导下获得博士学位（当时他已经同意了我的博士论文题目）。

注释:

[1] Cf. Jürgen Habermas, 'Drei Thesen zur Wirkungsgeschichte der Frankfurter Schule', in *Die Frankfurter Schule und die Folgen*, ed. Axel Honneth and Albrecht Wellmer (Berlin, 1986), pp. 8–12; and William van Reijen, *Philosophie als Kritik*.

Einführung in die Kritische Theorie (Königstein, 1984).

[2] Max Horkheimer, *Die gegenwärtige Lage der Sozialphilosophie und Die Aufgaben eines Instituts für Sozialforschung*, Frankfurter Universitätsreden, 37 (Frankfurt am Mein, 1931).

[3] 路德维希·克拉格斯（Ludwig Klages [1872～1956]），德国精神分析学家和哲学家，活力论运动 [1895～1915] 的领袖。所谓的活力论运动认为，物理的化学的法则本身不能为生命提供完满的解释。

[4] "Dialektik der Rationalisierung"，于尔根·哈贝马斯和阿克塞尔·霍耐特（Axel Honneth）、艾伯哈特·克纽德勒尔－邦特（Eberhardt Knödler-Bunte）以及阿尔诺·维德曼（Arno Widmann）的谈话，*Ästhetik und Kommunikation*，45/46（October, 1981），p.128。

[5] 阿多诺在1957年《美国研究年鉴》(*Jahrbuch für Amerikastudien*) 第二卷（第82页）对"管控世界"(verwaltete Welt) 这个德语词进行了解释："被行政部门所控制的世界就是我们所说的 'verwaltete Welt' "。

[6] Max Jorkheimer and Theodor Weisengrund-Adorno, *Dialektik der Aufklärung. Philosophische Fragmente* (Amsterdam, 1947); *Dialectic of Enlightenment*, trans. John Cumming (Lundon, 1973).

[7] Thordor W. Adorno, *Negative Dialektik* (Frankfurt am Main, 1966); *Negative Dialectics*, trans. E. B. Ashton (London, 1973); and *Ästhetische Theorie*, ed. Gretel Adorno and Rolf Tiedemann (Frankfurt am Main, 1970); *Aesthetic Theory*, trans. C. Lenhardt (London, 1986).

[8] Michel Foucault, 'Um welchen Preis sagt die Vernunft die Wahrheit? Ein Gespräch', *Spuren*, 1 (1983), p.24.

[9] Thordor W. Adorno, *Philosophische Terminologie* (Frankfurt am Main, 1973), vol.1, p.87.

[10] Jean-Paul Sartre, *Anti-Semite and Jew*, trans. George J. Becker (New York, 1965), pp.79-80.

[11] 'Traditionelle und kritische Theorie', ZfS, 6 (1937), pp.245-94; in Max Horkheimer, *Critical Theory: Selected Essays*, trans. Matthew J. O'Connell et al. (New York, 1986), pp.188-234.

[12] Martin Heidegger, *Sein und Zeit* (Tübingen, 1927); *Being and Time*, trans. John Macqarrie and Edward Robinson (Oxford, 1973).

[13] Karl Marx, 'Ökonomisch-philosophische Manuskripte' (1844); 'Economic and

Philosophical Manuscripts '. trans. Gregor Benton, in *Early Writings* (Harmondsworth, 1975), pp.279—400.

[14] Theodor W. Adorno, 'Zur gesellschaftlichen Lage der Musik', ZfS, 1 (1932), pp.365—78.

[15] 见 1933 年 1 月阿多诺致克拉考尔的信。

[16] Habermas, Interview, *Ästhetik und Kommunikation*, p.128.

[17] 这是卡尔·迪德利希·布拉赫尔 (Karl Dietrich Bracher) 在他的《魏玛共和国的解体》(*Die Auflösung der Weimarer Republik*, Königstein, 1978) 一书中所使用的描述。

[18] Helmut Dubiel, *Wissenschaftsorganisation und politische Erfahrung. Studien zur frühen Kritichen Theorie* (Frankfurt am Main, 1978); Rainer Erd (ed.) *Reform und Resignation. Gespräch über Franz. Neumann* (Frankfurt am Main, 1985); Leo Lowenthal, *Mimachen wollte ich nie. Ein autobiographisches Gspräch mit Helmut Dubiel* (Frankfurt am Main, 1980), trans, as 'I never Wanted to Play Along: Interviews with Helmut Dubiel', in Martin Jay (ed.), *An Unmastered Past: The Autobiographical Reflections of Leo Lowenthal* (Berkeley, 1987), pp.15—159; Ulrike Migdal, *Die Frügeschichte des Frankfurter Instituts für Sozialforschung* (Frankfurt am Main, 1981); Alfons Söllner, *Geschichte und Herrschaft. Studien zur materialistischen Sozialwissenschaft 1929—1942* (Frankfurt am Main, 1979).

[19] Erich Fromm, *Arbeiter und Angestellte am Vorabend des Dritten Reiches. Ein Sozialpsychologische Untersuchung*, ed. Wolfgang Bonss (Stuttgart, 1980), translated as *The Working Class in Weimar Germany: A Psychological and Sociological Study*, trans. Barbara Wenberger, ed. Wolfgang Bonss (Leamington Spa, 1984). Walter Benjamin, Gesammelte Schriften, ed. Rolf Tiedemann and Hermann Schweppenhäuser (1974—). Max Horkheimer, *Gesammelte Schriften in achtzehn Bäden*, ed. Alfred Schmidt and Gunzelin Schmid Noerr (Frankfurt am Main, 1985—).

第一章　破晓

百万富翁之子费利克斯·韦尔建立了一所马克思主义研究所，希望有朝一日将它献给胜利的德意志苏维埃政权

当罗伯特·维尔布兰特（Robert Wilbrandt）游历到柏林的时候，德国刚刚发生 1918 年的"十一月革命"。维尔布兰特当时 43 岁，从 1908 年起就已经是图宾根大学的政治经济学教授了。他是当时德国为数很少的信仰社会主义的大学教师之一，作为一名极左派，他对他的大学同事颇为厌烦。

他在柏林度过了一个革命的冬季。在那段时间里，他每天上午都为"遣散办公室"工作，这个机构主要负责把从战场上涌回的士兵安置到经济生产的岗位上去。下午，他协助"社会化委员会"进行工作。"主要的事务就是去临时准备马上就能派上用场的物资，特别是足够安抚人民的物资，使工业能够投入生产，解决组织生产上的种种问题。"[1] 当时各种社会主义政党都将社会主义看作是资本主义腐朽垮掉之后的必然结果，而不可能"按照施舍未来的粥场的烹饪法提前烹调出来"（考茨基的说法）。它们在 1918 年突然发现它们自己被推上了权力的巅峰，而脑子里却没有一点社会主义经济秩序的基本概念。从"十一月革命"以来，"社会化"这个词已经家喻户晓。但它只是一个充满了歧义的口号，甚至连阿尔弗雷德·胡根贝格（Alfred Hugenberg）这样的右翼分子也能用它——他在 1919 年 8 月的《南德报》上解释他所支持的那种反社会主义性质的工人利益分配形式时，就使用了这个词，然而他之所以将这种分配形式称为"社会化"只是为了让"这种分配形式所涉及的人用上他们熟悉的词语"。[2] 在这种环境下只有很少一部分人去认真尝试将马克思主义理论发展成为某种切合实际的实践。维尔布兰特就是他们中的一员。他是大学教师社会主义者中马克思主义成分最突出的，他在图宾根教授的关于社会主义的讲座课程常常人满为患，因此不得不占用大学中的大礼堂上课。从那时起，他就已经是青年马克思主义和"实践的社会主义"的最早人物了。他在 1919 年春出版的小册子《社会主义者真正够得上社会主义者吗？》中这样抱怨道：

> 我不理会那些中产阶级和"祖国之友"，前者认为我有变成妖怪的危险，而后者在祖国危急的此时此刻，却对建设事业表现出了绝望的情绪。我向社会主义者们呼吁，是的，你们是忠诚的！你们忠诚于那个预言：因此你们在时机成熟之前一直在等待着。因此你们（还有面包师和屠户们）极其成功地谈着"已经成熟到可以社会化的公司"，相反你们不相信让它们成熟的时机已经到了！你们没有像实践的社会主义、合营和公社社会主义已经做的那样，在合作经济的果酱锅里把没熟的果子煮熟。你们听从了马克思和黑格尔，因而不去为自己探索新的形式——他们禁止你们去探索！……只有社会化，有计划地、正确地按部就班地来完成向社会主义状态过渡，才能保证不让我们陷入一种（资本主义企业）制度已经结束，而另一种（社会主义企业）制度还没有建立的境地。现在急需的是保护公司，把它们转化成社会主义的经营方式——这很清楚地说明了每个公司在这一过程中的位置，这也能鼓励合营，为协作经营留出余地，同时可以将利润分配给全体人民，分配给那些在公司工作的人，从而让他们和自己，和全体人民建立起来一种内在的责任，激励他们去工作，让他们满足于可能的事物。
>
> 如果做不到这一点，那么"布尔什维主义"将以另一种方式完

成这个任务。它将鼓动起激情，人为地制造失业大军……它显然要求罢工和更多的罢工，认为可以通过使旧有的一切难以为继的方式来促生新的世界。[3]

社会化委员会的命运表明政府没打算要满足人民社会化的要求。政府甚至根本不准备以经济改革的方式做出象征性的让步，即使要进行经济改革也只是为了杜绝更为激进的要求。由社会民主党（SPD）和独立社会民主党（USPD）成员组成的人民代表委员会只赋予社会化委员会类似顾问的角色，而且将它的所有席位分派给来自不同派系的代表。在社会化委员会中，有两个独立社会民主党的成员：鲁道尔夫·希法亭(Rudolf Hilferding)和卡尔·考茨基。考茨基还是该委员会的主席。其余成员包括，两个社会民主党成员、一个工联主义者、一些中产阶级改革家和一些信仰社会主义的大学教师：除维尔德布兰特之外，还有柏林政治经济学教授卡尔·巴洛特（Karl Ballod）、来自海德堡的讲师艾弥尔·勒德雷尔（Emil Lederer）、来自奥地利的格拉茨的教授约瑟夫·熊彼特（Joseph Scumpeter）。委员会采取了某种折中的方案。生产资料的社会化只能作为"一项长期的、系统的工作"来进行。社会化先从"所有权关系中垄断资本主义条件已经得到了发展的"那些经济领域开始。但是甚至在这一框架许可范围内的行动，也给官僚机构阻挠破坏了。关于采矿工业社会化、保险和渔业公有化和国有化的提案和暂行规定不仅没被公开发表，政府的经济部还试图修改它们。1919 年 4 月初发生这事情之后，社会化委员会的成员们递交了一份抗议政府态度的辞职信，集体辞职。维尔布兰特十分沮丧地回到图宾根他的教师岗位上。

费利克斯·韦尔是他在图宾根 1919 年暑期班上的学生之一。这个经济学和社会科学专业的 21 岁的大学生在十一月革命期间穿着一套军礼服，和他的大学生互助会的同学好友一道自愿接受工人和士兵委员会的领导。他来到图宾根特地要参加这个社会主义教授的课程。韦尔写了一篇"社会化的本质和方法"发表在柏林的《工会》（*Arbeiterrat*）杂

11

志上；后来他接受了维尔布兰特的建议把这篇文章发展成了他的博士学位论文。但是他在 1920 年才获得博士学位（由法兰克福大学授予），这是因为 1919 年 10 月他因社会主义行为短期被捕，被图宾根大学当局开除并被驱逐出符腾堡州所致。"社会化：在概念基础上的尝试，兼对社会化方案的批判"[5] 这篇论文作为卡尔·柯尔施（Karl Korsch）编辑的"实践的社会主义"丛书的第七卷（也是最后一卷）出版。那时卡尔·柯尔施还是耶拿大学的编外讲师（Privatdozent）。[6] 柯尔施一直是维尔布兰特在社会化委员会的助手，早就开始在他自己的"实践的社会主义计划"之下发表题为"何为社会化？"的系列文章。战前他在英国的两年逗留期间，就是英国费边社青年小组的成员，他希望他的这些系列作品可以像费边社的通讯小册子一样，为那些"才智卓越之士"提供关于社会主义本质的正确理解，并能鼓励他们共同努力去实现正确的社会主义规划。

要么马上坚决地采取决定性的社会化措施，要么就决绝地放弃所有这方面的努力——这就是费利克斯·韦尔的博士论文的主旨。"这是肯定的"，他这么写道：

> 眼下这个样子不能再持续下去了。今天商人们不敢大胆地从事他们的商业活动，因为罢工、高工资、重税、相互猜忌、对社会化的恐惧，这些使得他们心惊胆战；与此同时，德国的经济生活逐渐枯竭了。
>
> 是返回自由市场，还是走向社会主义？这是个问题。
>
> 那么回答这个问题难道不是当下最大的任务吗？[7]

韦尔的这个说法不仅仅是策略上的让步（虽说韦尔的博士论文的主题的确得服从教授们的意愿，他们绝对不是社会主义者），对他而言还有实际的含义。这个观点反映了韦尔这位社会主义的同情者和他父亲这个大商人之间的立场冲突。这种冲突虽说在犹太家庭中比在非犹太家庭中要常见，但是还不至于激烈到使儿子不顾一切而与他父亲的

12

世界断然决裂。对犹太人来说，财富可能是反犹主义（anti-Semitism）怨恨的根源，但同时也是抵抗这种怨恨的一种保护；因此财富激励他们认同于反资本主义的立场，只要能够使未来得到保证，捐弃财富就也是一种换取保护的形式，那时财富就不再必要了。1919 年 2 月被暗杀的巴伐利亚共和国总理库尔特·艾斯纳（Kurt Eisner）以前就被人在报章上一再攻击，说他是个"加利西亚人"，是个"东欧的犹太人"，一个"外国人"，"来自莱姆贝格的"原名叫"所罗门·柯斯曼诺夫斯基"的间谍。

对韦尔来说，"是返回自由市场，还是走向社会主义？"这句话也有着特殊的含义。他是一位非常出色的商人的儿子。他的父亲，赫尔曼·韦尔（Hermann Weil）出身巴登州的商业家庭，1890 年 21 岁时远赴阿根廷，那时他是阿姆斯特丹的一个谷物公司的职员。1898 年的时候，赫尔曼·韦尔就和自己的两个哥哥合伙开始经营自己的商号，在很短的时间内就使自己的公司成为阿根廷最大的谷物公司之一，做的都是几百万的生意。但是后来这个百万富翁患上了一种疾病，有逐渐瘫痪的危险，于是在 1908 年返回了德国。保罗·埃尔利希（Paul Ehrlich）和萨哈希洛·哈塔（Sahachiro Hata）1909 年在法兰克福研究出一种名叫"撒尔佛散"的药物，用以治疗梅毒。赫尔曼·韦尔和他的妻子、女儿和儿子（费利克斯·韦尔 1898 年生于布宜诺斯艾利斯）就定居在法兰克福。尽管如此，赫尔曼在法兰克福依然是个积极而出色的商人，把他的商业活动扩展到了财产投机和肉类生意的领域。直到 1927 年去世，赫尔曼一直生活在法兰克福[8]。

在第一次世界大战期间，赫尔曼也曾经努力为国家事务效力。他凭着多年的阅历和众多关系研究分析世界市场的行情和战争中互相对抗各个国家的谷物市场和粮食行情，并把分析结果提交给了柏林的政府部门。皇帝威廉二世很喜欢他报告中的乐观主义和对胜利的十足把握。但是赫尔曼对击沉同盟国粮船的后果估计过于乐观了，这一乐观的估计使得这场无谓的战争持续了更长的时间。他在这场战争中所扮演的"潜水艇战争之父"的角色最终看起来是灾难性的。好在阿根廷

13

和德国一直保持着友好的关系，战后马上和德国恢复了经济上的关系，因此赫尔曼的进口生意又很快发展到了一个很大的规模。在这之后，他才成了法兰克福大学以及其他几个慈善机构的慷慨赞助者，并因其对社会研究所的捐资而获得了经济和社会科学系的荣誉博士学位。

作为赫尔曼的儿子，费利克斯有他父亲这样的自由企业家作为成功的榜样。但是，这种生活对费利克斯来说并不具有什么吸引力。他和他姐姐是在布宜诺斯艾利斯长大的，当初在那里的时候，父母都没有给他们太多的时间；他们是由女家庭教师和仆人们带大的。到了法兰克福之后，直到他父亲的大别墅尚未建成的这段时间，费利克斯开始是住在祖母家，后来和家里人又住在一家饭店里面。也许是因为没有给孩子的童年和青年时期投注太多的父爱而感到愧疚的缘故，赫尔曼并不坚持让费利克斯从事商业或者任何金融行业。费利克斯·韦尔不是天才的商人，不是天才的学者，也不是天才的艺术家，而是左派的赞助人（自他母亲 1913 年去世之后，他就继承了 100 万阿根廷金比索 [9]）和一名业余学者。当时的青年人受战争和十一月革命所激励而投身于政治，他们坚信社会主义作为一种先进得多的经济组织形式具有实践性和优越性，这些青年们因而投身于研究社会主义理论，以便尽快在工人运动和社会主义新秩序中占据领导地位。费利克斯就是他们中的一员。但是，他在献身于这一目标的时候，自己也同这个目标保持了一段距离。作为一名"沙龙布尔什维克"（在 1973 年社会研究所成立 50 周年纪念会的讲演中他这么形容自己），韦尔的活动可划归德国共产党（KPD）右翼的范围。虽然他是克拉拉·蔡特金（Clara Zetkin）和保罗·弗勒利希（Paul Frölich）的密友 [10]，而且他的岳父也是蔡特金的一位好友，但他始终不是一名德共党员。他还是柏林的马立克（Malik）出版社的主要赞助人，格奥尔格·卢卡奇的《历史与阶级意识》第一版正是在这家出版社出版的。他还资助格奥尔格·格罗茨（Georg Grosz）这样的左翼艺术家。他第一次向格罗茨提供帮助的时候是在 1920 年代初，当时德国仍然是极度贫困的，而且当时格罗茨和他素未谋面。韦尔资助格罗茨夫妇进行了意大利之旅，并用事先慷慨租下的波多菲诺的布劳恩城堡酒店的客房来招待他们。他还资助过德国共产党前领导人恩斯特·迈耶尔(Ernst Meyer)及其夫人，出资供他们长期旅游，当时迈耶尔已经失势，而且身在病中。

　　但他最重要的贡献，还是他在发展马克思主义理论方面所做出的努力。这方面的努力也使他同德国共产党（KPD）建立起一些联系。德共在其早期阶段，对苏联或者"布尔什维克的"社会主义道路还没有太大的兴趣。德共是由德国社会民主党内部的左翼运动发展而来的。与其他国家的共产党不同，德共的起源不是俄国革命的结果。"斯巴达克同盟"和"德国国际共产主义者联盟"（"不来梅激进左派"）在1919年初合并成为德国共产党。在合并之前，斯巴达克同盟的全国会议在柏林举行，罗莎·卢森堡（Rosa Luxemburg）和李欧·约吉谢斯（Leo Jogiches）在会上主张新党的名字应该叫"社会主义党"。他们认为，这个名字才符合实际，因为现在党的任务就是要在东方的革命者和西欧的社会主义者之间建立联系，应该在党的这一目标下争取西欧的广大群众。但是最后在党的成立大会上，还是极左派和空想主义的极端分子占了上风。从一开始，德共就只能在既有工人组织之外的边缘性工人阶级团体中吸收党员，这是它的难题。这些党员渴望行动，但是缺乏政治经验。

　　1921年3月，普鲁士秘密警察处发起解除工人武装的行动，这一行动遭到了许多工厂的工人的抵抗，德共利用这一机会动员总罢工，并要求工人武装起来。为了刺激工人们行动起来，党决定采取在它的各个党支部，在柏林胜利纪念柱附近制造炸弹袭击的手段，但是最终失败了。这与1919年的柏林一月斗争中的情形很相似，也与后来1923年的"德意志十月"运动的惨败很相像。所有这一切都可以被谴责为"煽动的暴动"，但是在年轻而缺乏耐心的左派眼中，也可以把这看作是党愿意投入革命行动的证明。另一方面，德共努力与德国社会民主党和工会合作，贯彻党的"联合阵线"政策，这些也表明党有能力在实际合作中明智地进行协调。

1920 年代早期，苏联开始推行"新经济政策"（NEP），苏联在西方引发革命的尝试失败之后，它同资本主义国家的"暂时妥协"已现端倪。但是在德国，全球革命的危机阶段以及对全球革命的期待仍在继续。共产党的"布尔什维克化"还没有开始，表面上看起来还有在党内进行争论和理论探讨的余地。在这一阶段，社会主义知识分子尝试着开始对马克思主义理论和实践的性质和作用进行反思。

在这些努力中就有"马克思主义研究周"（Marxistische Arbeitswoche），这个"研究周"选择在 1923 年的圣灵降临周开始，地点选在格拉贝尔格（Geraderg）的一个饭店，在魏玛西南的伊尔梅瑙附近，图林根森林的边上。研究周的发起人是费利克斯·韦尔和卡尔·柯尔施。整个活动由韦尔提供资助，而在此前几年，柯尔施就在图林根组织过几期"暑期班"。除了这两个发起人和他们的妻子，参加研究周的共有 24 个人，其中包括格奥尔格·卢卡奇、卡尔·奥古斯特·魏特夫和罗泽·魏特夫（Rose Wittfogel）、弗里德利希·波洛克（Friedrich Pollock）、朱莉安·库姆佩尔茨和黑德·库姆佩尔茨（Julian and Hede Cumperz）、理查德·左尔格和克里斯蒂安娜·左尔格（Richard and Christiane Sorge）、爱德华·路德维希·亚历山大（Eduard Ludwig Alexander）和格特鲁特·亚历山大（Gertrud Alexander）、贝拉·福加拉西（Béla Fogarasi）和福本恒夫（Kuzuo Fukumoto）。他们都是知识分子，大多拥有博士学位。他们也都同共产党有联系。除了柯尔施、卢卡奇和亚历山大之外，他们都还不满 30 岁。黑德·马辛（Hede Massing）在她的回忆录里，意味深长地把它称为"马克思主义研究会"。[11] 研究会上引发讨论的问题，全部来自由柯尔施和卢卡奇就一些论题所准备的讨论稿，这些论题和他们同年出版的著作中的论题是一致的。[12] 柯尔施的研究以种种激进的关于社会化的民主主义观念为基础而展开，而卢卡奇的研究则从有关文化的观念——这种文化是被社会全体成员所共同具有的文化——而展开。但是他们在一点上是一致的，那就是要寻找一种充满自信的、行动的无产阶级，这种无产阶级看世界的眼光将不再是考茨基式的革命观，也不再是允许资本主义无休止地存在下去的改良派观点，而是充满黑格尔辩证法精神的唯物主义的历史观。柯尔施在他的《马克思主义和哲学》的结尾，引用了马克思的话："你们不使哲学成为现实（verwirklichen），就不能够消灭（aufheben）哲学。"[13]这个引文在当时的形势下具有特殊的含义。它意味着同无产阶级结盟的知识分子应该扮演一个重要的角色。这里不存在"疗救"无产阶级智力的问题，相反，必须把他们的智慧传送到无产阶级中去。"资优者（the Gifted）的教育和提升与劳动分工"是第二次马克思主义研究周的一个论题。[14]

在格拉贝尔格举行的知识分子集会只出现在共产主义运动的边缘空间，而不可能发生在共产党的架构之内。它已经预见到了随后会出现的重重困难，即当最后的要务就是准备革命，而由职业革命家组成的党开始既不信任据称是他们所代表的广大群众，也不信任反对派阵营中那些勇于自我批评的成员的时候，社会主义知识分子和有组织的共产党人之间的关系就紧张了，这些关系将会使这些困难暴露出来。但是在格拉贝尔格聚会的那段时期内，一切看上去还都是可能的。柯尔施从1920年3月开始就已经是耶拿的一名编外讲师，而且在同一年成为了一名共产党员。他表现出了一种其他人少有的尝试的愿望，他想通过学术和知识来证明一种开放的革命态度。几次都没有通过授课资格答辩（Habilitation）[15]的卢卡奇，自1918年起就已经是匈牙利共产党党员了。与柯尔施不同，卢卡奇强烈希望他的才智能得到共产党官方的运用和承认。理查德·左尔格是地下共产党员中的活跃分子，同时还是经济学教授库尔特·阿尔伯特·格拉赫（Kurt Albert Gerlach）的研究助手。作为共产党员，左尔格在学术活动的掩护之下开展党的工作。几乎半数以上的格拉贝尔格聚会参与者，后来都以这样或那样的方式与社会研究所发生关系。实际上，格拉贝尔格聚会就是社会研究所"理论研讨班的最早形式"，[16]也是费利克斯·韦尔作为左派赞助人所完成的最惊人、最重大的工作。

韦尔希望把对马克思主义的讨论制度化。这一愿望超越了中产阶级学术圈子的兴趣，也超越了德国共产党狭隘的意识形态考量，并且和理查德·左尔格的朋友库尔特·阿尔伯特·格拉赫的计划不谋而合。

16

格拉赫是一名学术知识分子，在他看来，彻底消除贫困和压迫所带来的实际好处之一就是学术自由。格拉赫 1886 年生于汉诺威，他的父亲是一位工厂经理。1913 年格拉赫在莱比锡通过了授课资格答辩，他提交答辩的论文是"论保护女性工人之措施的重要性"。[17] 此后，他在基尔供职于世界经济和航运研究所。"一战"期间，该研究所的全部任务就是解决战时经济的种种难题，费利克斯·韦尔的父亲那个时候给该研究所提供过财政、情报和出版等方面的帮助。从 1918 年起，他在他的居所组织学生举行关于社会主义的讨论会，他从此成了一名社会民主党的左翼分子。1920 年，他在亚琛成为一名讲授经济科学的正式教授，而且成为给社会政策协会（Verien für Sozialpolitik）就大学中政治科学研究改革的问题提供咨询的专家，并且是那些专家中最年轻和最激进的一位。1922 年法兰克福市为他提供了教席，同时他也获得了与韦尔共同创办致力于科学社会主义研究的研究所的机会。

格拉赫和韦尔兴致勃勃地开始他们的计划，这时候各方面的条件都非常有利：

1. 一个富有的父亲。他想作为一名大慈善家在法兰克福市青史留名，而且想获得荣誉博士的头衔。1920 年他就曾为此而努力过：捐赠基金以鼓励"社会科学领域，尤其是雇佣法方面的研究和教学"（基金使用条例这么说），改善科研机构并资助"为实现社会安宁而努力科学地解决社会问题的"优秀学生和青年学者。但这种努力不太成功。老韦尔甚至想按照莫斯科马克思恩格斯研究院的模式为左派提供资金，以创建一个社会科学研究所。他这么做纯粹是想表现他的社会良知，也是想为他儿子的学术事业开路。那时费利克斯已经表现出某种同情马克思主义的倾向。当然，老韦尔这么做可能还有个想法，那就是希望它有助于打通他的公司和苏维埃乌克兰之间的贸易关系 [18]。

2. 法兰克福：这个城市和其他德国城市相比，犹太人的人口比例是最高的，而且它也是仅次于柏林的第二大犹太聚居区。在这个城市，上层社会尤其热心于捐资兴建同社会研究、社会政治研究或经济学研究相关的教育机构。(法兰克福大学在"一战"前就开始接受外界捐资的基金，这所大学没有大学通常都有的神学系，相反，它很早就有了经济学和社会科学系。)在这个城市，中产阶级内部有许多人对社会主义和共产主义表示同情。这里的沙龙和咖啡馆共同形成了中产阶级自由生活的一块灰色地带，在其中你很难分清谁是彻底同他自己所属的那个阶级决裂的，谁又不是的。

3.由社会民主党控制的文化部[19]一直有意于对棘手的大学进行改革，因此也很乐意提供帮助，只要你想努力在未来教育中提高社会研究的地位。

4.格拉赫本人是一个有左翼社会主义思想的教授，而且在基尔的世界经济和航运研究所积累了丰富的经验(那个研究所是德国在经济和社会科学领域的第一个研究所)。他对在改革后的大学中推行社会主义研究和教学的可能性深信不疑，而且已经就自己的专业领域起草了初步的方案。

韦尔和格拉赫实施他们的计划时采用了两个步骤。在同法兰克福大学取得联系之前，他们先与柏林的普鲁士科学、艺术和教育部通了气。韦尔将他的计划向部里和盘托出，可是在与大学谈判的过程中却没有这么做。在1920年代末韦尔写给部里的一封信当中，双方就如何安排接替卡尔·格吕恩堡(Karl Grünberg)担任研究所主任的继任者人选发生了分歧，韦尔在信中这么说：

> 在我同他最早讨论这件事情的时候，枢密院官员温德(Wende)先生对我所说的就已经心中有数了；我的意思是，我们(我和我已故的朋友库尔特·阿尔伯特·格拉赫教授)希望建立一个研究所，它的首要任务就是研究并拓展科学的马克思主义。当我们看到给大多数科学，甚至给那些直到那时还被认为"与大学不相配的"分支科学(商业管理、社会学等等)提供了那么好的工作条件的时候，我们就产生了一种不可遏制的想法：马克思主义研究也应该得

到同样的鼓励……我已故的朋友，前任部长康拉德·黑尼希 (Konrad Haenisch) 完全支持我们的努力，而且，我们的努力完全符合普鲁士科学、艺术和教育部的精神，这一切都加快了谈判的进程。[20]

由格拉赫起草的备忘录构成了与大学谈判的基础。但是在这一备忘录中，马克思主义仅被顺带提了一下：

> 今天几乎没有人能够无视最广泛意义上的关于社会生活的知识及其研究在科学和实践方面所显示的重要性。经济基础、政治和法律诸方面，直到共同体和社会中精神生活 (intellectual life) 最终的各个分支，它们之间的相互作用构成了社会生活这个非凡的网络。只要想想国际工联主义、争取提高工资的破坏行动、罢工和革命运动、作为社会问题的反犹主义、布尔什维主义和马克思主义、德国的贫困化这些现象就够了。经验科学方面的理论家们如果离开充满活力的现实生活几乎无法开展研究，与此相同，仅就一个实际生活中的人来说，他若没有训练有素的思维，若不使用科学发现和科学方法去把握经济和社会之间复杂的关系构成的整个网络的话，要想生存下来也是不可能的……可以说经济和社会科学现在已经发展到了这样一种地步：在长达几十年的方法论争论之后，它已经具备了充分严格的科学条件和科学方法，因而可能通过大量的客观事实开展对社会生活的研究——无论最终彻底摆脱价值判断的束缚这一难题是如何解决的。当指导纯粹研究的原则不仅仅是纯粹的经济或社会政治状态，而是要判断它们的价值的时候，更是如此。我们还想顺带说一下，数据材料的收集现在已经成为一项庞大的工作，再也无法单凭个人之力去完成了。只有通过大规模的组织才能完成——说到底，社会阶层间关系的复杂性要求学术研究上的协调合作。因此，急需建立致力于上述任务的社会研究所。该研究所的建立有助于填补既有大学机构范围内持续存在的空白。[21]

对普鲁士文化部的官员来说，把科学的马克思主义和广泛的社会研究合在一起可能也不为错。而对自 1920 年代以来就完全支配普鲁士政治方向感的社会民主党人来说，以现代科学研究的形式让马克思主义能跟上时代也是他们为大学制定的规划之一。因此从一开始，卡尔·海因里希·贝克尔（Karl Heinrich Becker）就基本上同意韦尔和格拉赫的意见——他在整个 1920 年代都是普鲁士和德意志文化政策部的部长。尽管他本人并不是社会民主党员，而且魏玛时期之前还是个坚决的君主主义者，但贝克尔还是被社会民主党人所称道，因为他一直致力于改革，而且自 1919 年以来他不断强调要缩小大学中的专业分化，并鼓励引入跨专业学科。他对社会学尤其强调，因为这一学科完全是"由学科间的综合而形成的"，因此它也是一个重要的教育工具："在各个大学急需设立社会学教席。这里说的是最广泛意义上的社会学，它应包括对政治科学和当代历史的学术研究。"[22] 几位既有专业领域的教授试图将社会学歪曲为"纯粹的社会主义"，他们的反对表明，社会学在当时还是一门有争议的、依然被庸俗定义的学科，它最初只在非大学的继续教育机构（成人教育中心和技术学院）中才被允许正式地设立。

除了文化部门表现出的善意和给予的支持，还有一个重要的因素保证了韦尔和格拉赫能够成功地实现他们创立研究所的规划——这个研究所既要和大学挂钩，又要独立于其外，直接向政府相关部门负责。这个重要因素就是德国在贫困和财政拮据的时期所收到的大手笔的捐赠。韦尔家族愿意出资提供研究所的建筑和设备；而且愿意为研究所每年提供 12 万马克；并将研究所大楼的底层让与法兰克福大学经济学和社会科学系；后来甚至出资为研究所主任设立隶属于该系的教授职位。虽然经济学和社会科学系很不满意研究所如此独立，可是还是同意了，因为当时学生人数迅速增长，而系里的教学空间极其紧张——这种压力促成了社会研究所的迅速建成。可是像大学教务主任这样一些研究所的对头们，还是害怕有人出于党派目的而滥用研究所的场所；尽管他们百般刁难，但最后也只得认输。最后，只是在法兰克福市和社会研究协会（Society for Social Research）之间订立的协议之上附加了一个条款——其大意是，除非得到市政当局的书面许可，社会研究所的建筑除了用作社会研究之外不得挪作他用。1923 年政府正式批准"成立作为法兰克福大学学术机构，同时也服务于该大学的教学的社会研究所"。3 月研究所大楼破土动工。

　　法兰克福研究所在德国是继设在科隆的社会研究所之后的第二个社会科学研究所。科隆社会研究所分为两个部门，即社会学部和社会政策部，该研究所从 1919 年起开始运转。科隆社会研究所由科隆市建立。创建的具体负责人是克里斯蒂安·埃克特（Christian Eckert），他也是成立于 1919 年的科隆大学的第一任校长。和法兰克福大学一样，科隆大学是在既有的商学院的基础上发展起来的，而且在强调经济学和社会科学这方面有别于其他传统大学。在经济学和社会科学领域内，法兰克福社会研究所是继基尔世界经济和航运研究所和科隆社会研究所之后的又一重镇。基尔世界经济和航运研究所是战前由伯恩哈德·哈姆斯（Bernhard Harms）创立的。这三个研究所今天还都存在。它们有共同的决定性特征（尽管科隆社会研究所这方面的特征要少一些）。它们都在大学中占据一席之地，但是又独立于大学行政之外，直接向所在城市的文化部负责；都把研究活动放在首要地位；都愿意发挥大规模组织的优越性；研究所与大学是这样一种关系：一方面，研究所主任同时也是研究所所在大学的正式教授，另一方面，大学里的研究生也参与研究所的科研工作。

　　这三个研究所在它们的财政和总体目标得以确立的方式方面，又有着显著的差异。基尔研究所的资金最初全部由一个赞助团体提供，该赞助团体成立于 1913 年。这个赞助团体在"一战"开始时由 200 人组成，1920 年代末扩展到了 2,500 人。而且赞助团体对研究所怎样使用基金并不干涉。这些基金被捐作校产，但是得由赞助团体决定研究所主任的人选。这种传统是由以下事实决定的：基尔研究所本身就是作为"基尔克里斯蒂安·阿尔布莱希特大学航运和世界经济皇家研究所"而建立的，而且由显赫人物提供资助。这些资助者中就有大军火商克虏伯冯·波伦－哈尔巴赫（Krupp von Bohlen und Halbach），正是由于他的帮助，研究所才能在1918这"要命的一年"（该研究所的建立者伯恩哈德·哈姆斯这么说）要求在基尔湾附近大兴土木建设研究所大楼。由于基尔研究所和商务、政府文职部门和政治方面的领军人物有紧密合作，这使得该研究所的世界观无法超越一般德国大学所具有的通常范围。

科隆研究所是由城市提供财政支持的（头一年的预算：12万德国马克）。"学院体系"和"态度严肃的学者们由于世界观差异而形成的和而不同的"富于成果的协作（埃克特在描述研究所时这么说）相结合，这使研究所两个部门各自对自己所属的政党负责。[23]符腾堡地区政府前总理胡戈·林德曼（Hugo Lindemann）是该研究所社会政治部主任，他是社会民主党的社会学家。而社会学部主任则是列奥波特·冯·维泽（Leopold von Wiese）和马克斯·舍勒（Max Scheler），前者是有自由主义背景的社会学家，后者是天主教知识传统的代表（他应科隆市长康拉德·阿登纳［Konrad Adennauer］的要求担任该部门主任）。

21

法兰克福研究所的建制使得它能够把基尔研究所和科隆研究所的政治视野扩展到左派范围，这是法兰克福研究所的独特之处。基尔大学世界经济和航运研究所有一个研究会，与此相似，法兰克福也有一个注册的研究会为韦氏基金会提供资助。韦氏父子是这个仅由几个人组成的社会研究会的主席，而其他成员也都是韦尔父子的朋友，比如格拉赫、左尔格、霍克海默和克特·韦尔（Käte Weil）等人。研究所主任是由城市文化部在和社会研究会协商之后任命的，因此费利克斯·韦尔就可以决定主任由谁担任。韦尔通常可以通过他的力量来干预任命，因此他也就可以决定支配研究所的意识形态路线——只要这是人力能做得到的。

对韦尔来说，格拉赫是最理想的主任人选：他年轻、在大学里事业有成，而且是个"来自上流家庭的共产主义者"。但是格拉赫1922年10月36岁上死于糖尿病，当时的医学对这种病还束手无策。当时有两个熟人也对韦尔的研究所计划给予了鼓励和支持，他们是弗里德利希·波洛克和马克思·霍克海默。"他们比一般的大学生都要大得多，因为他们本打算要从事商业生涯，接手他们父亲的工厂"，他们是"法兰克福大学 1923 年惟一以最优（summa cum laude）博士论文获得博士学位的两名学生"。[24] 然而，他们那时还不是社会研究所主任的考虑人选。格拉赫去世之后，韦尔意欲邀请居住在柏林的 51 岁的社会民主党人古斯塔夫·迈耶尔（Gustav Mayer），并与他商谈此事。迈耶尔以前是一位记者，因写过一部一卷本的材料翔实的恩格斯传记而出名。他也是一个犹太人，1920 年代成为了柏林弗里德利希·威廉大学的历史学教授。但是很快韦尔就明白了，迈耶尔的意识形态和政治立场同他的不同。对韦尔来说，"为着一个共同目标""相互理解、相互合作"恰恰是建立一个能达到其目的的研究所的前提。韦尔很幸运，他找到了格吕恩堡。

格吕恩堡 1861 年生于罗马尼亚的弗萨尼的一个犹太家庭。弗萨尼位于东喀尔巴阡山东麓的丘陵地带。他 20 岁时赴维也纳学习法律。罗伦佐·冯·施坦恩（Lorenz von Stein）和安东·门格尔（Anton Menger）是他最重要的两个老师。罗伦佐·施坦恩是个保守的立宪主义者，他认为资本主义使得为个人自由提供了所能达到的极限，因为在国家的帮助下，社会改良将迫使有产者阶级放弃不公正的要求。安东·门格尔则是一位极端的律师和社会主义者。他在论法律社会学的著作中从理性主义和自由主义观点出发对私有财产制度进行批判。格吕恩堡 1892 年改宗罗马天主教，表面上看起来是为了在 1893 年注册为律师并在 1894 年作为维也纳大学政治经济学系的编外讲师开始他的大学生涯。京特·内宁（Günther Nenning）的格吕恩堡传记是现在能见到的第一部材料详尽的传记，这部传记中这样说：

> 在没有任何其他经济帮助的情况下，从家乡来到维也纳开始了他的学习。他独自承担了学习所需费用，并且还资助他的弟弟。他弟弟是和他一起来到维也纳的，而且当时也在学习法律。他作见习律师对他的经济状况的改善并无多大助益，因此四年后他为了一个法院官员的职位而放弃了见习律师的差事，虽然这个职位薪

　　　　　　　　　　　　　法兰克福学派：历史、理论及政治影响

水微薄，但是笔固定的收入 [25]。

在这几年中，格吕恩堡完成了他的博士论文《波希米亚、莫拉维亚、塞尔维亚地区农民的解放和庄园农户制度的废除》，这部论文篇幅近千页。这个论文题目受到了格奥尔格·弗里德利希·克纳普 (Georg Friedrich Knapp) 的启发。格吕恩堡 1890 年至 1893 年间曾跟随克纳普学习，后者是青年史学派的代表人物。在这段时期格吕恩堡还发表了其他的作品，一篇篇幅 50 页、题为"社会主义和共产主义"的文章，以及为 1898 年出版的路德维希·埃尔斯特 (Ludwig Elster) 经济学辞典撰写的"无政府主义"词条。[26]

1899 年末，他在社会主义者学者奥根·冯·菲利波维奇 (Eugen von Philippovich) 的帮助下，被任命为维也纳大学政治经济学系的临时教授。这使他得到了一笔有保障的收入，于是他放弃了一切法律实践活动全身心地投入到学术研究之中。1910 年他创办了一份名为《社会主义和工人运动文献》(*Archiv für die Geschichte des Sozialismus und der Arbeiterbewegung*) 的杂志。用内宁的话来说，格吕恩堡是个"学究式马克思主义者"。他的学生中有后来的奥地利马克思主义者马克斯·阿德勒 (Max Adler)、卡尔·伦讷 (Karl Renner)、鲁道夫·希法亭、古斯塔夫·埃克施泰因 (Gustav Eckstein)、弗里德利希·阿德勒 (Friedrich Adler) 和奥托·鲍尔 (Otto Bauer)。但格吕恩堡的学术和理论活动并非仅限于学院圈子。他是维也纳成人教育中心和社会主义教育协会的创办人之一。但是格吕恩堡直到 1919 年之前没有加入任何党派，因为他从他的同事历史学家卢多·莫里茨·哈尔特曼 (Ludo Moritz Hartmann) 那里吸取了教训，后者是社会民主党员，因此只能当编外讲师。直到 1912 年，格吕恩堡 51 岁的时候才被任命为正式教授，对他的任命很多人都不同意；他的这个教授职位总体上说还不是政治经济学教席，而是新近设立的经济史教席。直到社会民主党人奥托·格吕克尔勒 (Otto Glöckel) 担任教育部主管的时候，格吕恩堡的教席才转为政治经济学，同时格吕恩堡也被任命为政治学研究所主任。

格吕恩堡1919年建议奥托·格吕克尔勒在维也纳成立一所"巴黎社会研究院（Paris Musée Social）式的科研机构"，并让卡尔·考茨基出任主任。但是奥地利社会民主党感到以他们的力量很难实现这个计划。当费利克斯·韦尔请他出任法兰克福研究所主任之职的时候，格吕恩堡觉得这是个好机会，首先能使他的计划得以实现，同时还可以让他摆脱他在维也纳正式或非正式的过于繁重的工作担子。就韦尔这方面说，他看重的是，格吕恩堡既是一个公认的马克思主义者，同时又是一个训练有素的学者。法兰克福大学经济学和社会科学系立即同意格吕恩堡出任研究所主任，并于1923年1月初以投票方式一致同意提请文化部授予格吕恩堡由社会研究协会资助的教席。

尽管柯尔施和卢卡奇曾打算担当法兰克福研究所的领导工作，但是对韦尔来说，只有格吕恩堡这样的学者才合他的心意。因为柯尔施和卢卡奇都是政治上积极的共产党员，若他们担任主任将会招致大学界的公开反对。像维尔布兰特这样的社会主义学者显然达不到韦尔在意识形态和政治上的期望。维尔布兰特原先对马克思和马克思主义进行过高水平的阐释，但后来转而反对马克思和马克思主义并趋向一种消极顺从的态度，这些都和革命的冬天之后魏玛共和国的存在和发展方式有关。另外两个当时在德国大学里占据教席且有名的"社会主义者"——弗兰茨·奥本海默（Franz Oppenheimer）和约翰内斯·普兰格（Johannes Plenge）——更难符合韦尔的要求。奥本海默原先是医学博士，既而成为一名经济学科学家，1919年在法兰克福成为社会学和经济理论的正式教授。他的教授职位是德国社会学的第一个社会学教席，这个教席是由法兰克福领事卡尔·科岑贝尔格（Karl Kotzenburg）博士为奥本海默本人设立的基金资助。卡尔·科岑贝尔格本人是奥本海默的朋友。奥本海默提出将社会从剥削中解放出来的有效的一般办法就是打破"田产壁垒"，也就是说废除大规模的私有田产，他认为大规模的私有田产产生城市移民，造成城市工人的过剩。普兰格1913年在明斯特成为政治科学的正式教授，在那里他建立了政治科学教学研究所（Staatswissenschaftliche Unterrichtsinstitut）。他由于在战争期间并在战时经济中受到了民族团结的鼓舞，非常支持有组织的民族（national）社会主义形式，这种社会主义形式能够使劳资之间产生民族共同体认同感。

当格吕恩堡在法兰克福工作时，尽管革命和共产主义还是当时争论的主要论题，可是革命时期看上去的确是暂时过去了。1923 年是个大危机的年头，到处是罢工，左派和右派都跃跃欲试夺取政权。德国共产党的影响在州和地区选举中日益增长，即使在 1923 年 11 月各党力量受到控制达到平衡之后，即使是在 1923 年和 1924 年之间的冬天德共被暂时取缔之后，这种影响依然在扩大。在 1924 年国民议会的普选中，德国共产党得票 370 万，得票率为 12.6%，落后于社会民主党（得票率为 20.5%）、德国国家人民党（得票率为 19.5%）和中部/巴伐利亚人民党（得票率为 16.6%）。德国共产党在 1923 年 10 月尝试发起暴动以惨败而告终，随后就是被取缔，但是这些事实根本无法毁掉它的形象。德国共产党于 1924 年 4 月 7 日至 10 日在法兰克福召开了九大，虽说当时已经取消了对党的禁令，但是针对很多党的官员的逮捕令仍然没有撤销，因此党的这次大会还是非法的。由于当时法兰克福举办一个商品交易会，因此党的 163 名代表并没有引起当局的注意。当警察（当时由对共产党同情的社会民主党人控制）4 月得知的时候，共产党的大会早在一个宗教青年招待所内开完了。这样的事情只能加强德国共产党激进行动的党派形象，让它显示出比它实际党员的总和要强得多的影响和力量。

罗莎·迈耶尔－莱文娜（Rosa Meyer-Leviné）回忆说："韦尔的夙愿是创建一个类似于莫斯科马克思恩格斯研究院的基地，这个基地的全体工作人员构成应该是教授和学生，还应该配备图书馆和档案馆，他想有一天把这个基地赠送给德国苏维埃共和国。"[27]

学究式的马克思主义者，卡尔·格吕恩堡建立了以研究
社会主义和工人运动史为目标的研究所

　　1924 年 6 月 22 日，星期日上午 11 时，社会研究所成立庆典在法兰
克福大学礼堂举行。研究所大楼是个四方形的建筑，建筑内外设计得功
能齐备。在此次庆典上，格吕恩堡有机会发表演讲，大致阐明他的计
划。社会民主党的报纸《人民之声》(*Volksstimme*) 说他的讲演"精练
而感人至深，清晰而勇气十足"，但是在《法兰克福报》(*Frankfurter
Zeitung*) 这个中产阶级自由主义的报纸看来，这个讲演"生动而具有自
我批判精神"。这些报道几乎都没有提到格吕恩堡对大学这种教育机构
所作的议论——他认为大学是培养保守文化官僚 (mandarin) 的教育机
构，是通过大众化的教育为社会生产未来官员的工厂。这些报纸也没
有提到这个事实，即格吕恩堡在比较了众多研究所的特征之后，着重
指出法兰克福研究所的研究领域十分广阔，这一特征将使它独树一
帜。[28] 这些报纸更没有提到格吕恩堡对学院体制的研究所和社会研究
25　所所做的比较，格吕恩堡指出，在社会研究所里"所谓的主任独裁"是
行不通的。报纸对讲演的报道是有侧重的，首先侧重格吕恩堡关于他将
如何努力发挥研究所长处的那部分内容：

　　　　不管怎样，在我们研究所内我同大家，尤其是同那些在意识形
　　态观点、方法论观点有分歧的同仁共同行使领导权，这一点是没有
　　什么问题的。从一开始我们就有一个共同的想法，那就是在对待问
　　题和解决问题的方法上我们要保持一致，而且只要是在我任期之
　　内这一点就一定要得到贯彻。为了说明研究所实际预期的科学研
　　究任务的性质，首先必须提请诸君注意以下几个问题。
　　　　女士们、先生们，你们都知道，我们生活在一个过渡时期——我们
　　中的每个人每天都能感受到这一点……
　　　　有那么一些悲观主义者，他们在巨变过程引起的毁灭中惊惶
　　恐惧，眼睁睁地看着那些曾经让他们怡然自得、给他们带来好处、

他们也衷心喜爱的事物消失得无影无踪。他们不仅视这种毁灭为**他们的世界**的毁灭，而且视为**世界本身的**毁灭。对他们来说他们所看到的不仅仅是那些由历史决定的、发展而成熟并因此注定毁灭的事物的消失。这一切对他们毋宁说就是死亡和毁灭本身。他们所真正缺乏的恰恰是对生活本质的理解——实际上，更根本地说，他们缺乏生活的意志。因此他们不能成为我们的老师或者向导，尽管他们可能非常愿意……

　　另外，与这些悲观主义者恰成对照的是，还有那么一些乐观主义者。他们既不相信西方文化的没落——或总体而言的文化的没落，也并不对这种没落的前景有所警觉。凭借某种历史经验，他们眼中只看到了文化的进步和发展，却没看到那是一种没落的形式。他们坚信：*magnus ab integro saeculorum nascitur ordo*，时机成熟之际新秩序将会应运而生。对他们来说，他们要求过时的事物应该给新生事物让路，以便让新生事物更快地成熟。

　　还有许多人，他们的队伍日益壮大，影响日益增长，他们不单单相信、期盼和希望，而且还以科学方式强有力地证明：将要形成的新秩序是一种社会主义秩序；我们正处在从资本主义向社会主义过渡的中途，我们正以不断加快的速度向社会主义前进。我想诸位都知道，我也支持这种观点。我也反对历史传给我们的经济、社会和法律秩序，而且我也是一名马克思主义的拥护者。30 年前，我还曾想过要置疑科学社会主义的核心理论——唯物主义史观。但是自那时以来的历史发展教育了我，现在我不再疑惑。[29]

26

　　就这样，格吕恩堡认同了社会达尔文主义的唯物主义史观，这种历史观念自 1880 年代以来在社会民主党的小册子和演说中屡见不鲜。这里格吕恩堡公开宣称马克思主义就是某种乐观的历史决定论，这难道不是跟追求科学客观性的学术要求公开唱反调吗？

　　我要着重指出的是，我这里所说的马克思主义，不是党派政治意义上的，而纯粹是科学意义上的。它就是一个运用于经济体系自身的，用来描述某种意识形态的，用来清楚地描述方法论的术语……事情早就清楚了，唯物主义史观并不想对永恒范畴进行思辨，也不想去探究"自在之物"。它的目的不是揭示心理世界和物理世界之间的关系。永无休止的变化着的、永远在更新转化着的社会事件和社会存在才是它的目标所在。这种转化的最终原因（如果它们是能被察觉得到的）和转化过程所遵循的法则才是它的考察对象。我们已经发现，正是那些在经济生活中有组织地起作用的各种物质利益，以及它们彼此的冲突所一同引发的驱动力，促成了社会从低级形态向更完善形态的有规律的发展。从唯物主义史观来看，社会生活的每一个具体现象都是经济生活的当代形式的一种反映，同样，所有的历史——原始社会除外——都显现为一系列的阶级斗争。唯物主义史观自信有能力说明并解释社会主义是人类在具体的历史条件下的发展目标——但是也仅此而已。至于如何具体建成未来的社会主义社会以及它将怎样履行其职能等问题，则超出了马克思主义研究和阐释的方法论范围，这些问题必须要探讨，否则马克思主义的研究和阐释将脱离现实并迷失在预言和乌托邦幻想之中。

格吕恩堡认为他所阐明的马克思主义的科学本性是无可怀疑的，27 因为他分清了历史唯物主义与形而上学唯物主义的不同，并且将形而上学唯物主义描述为晚近出现的历史学派的目的论历史观的一种变体。为此他还谈了对多元主义的看法：

> 直到现在，我们德国的大学界还普遍没有注意到，马克思主义是一种经济学和社会学的理论体系，这一点与国外大学界的态度截然相反，甚至，实际上马克思主义充其量一直也只是被勉强容忍罢了。在这所新成立的研究所中，马克思主义从此算找到了自己的家，就像自由主义的、历史学派的、国家社会主义的政治经济学信条在其他大学都有它们的家一样。[30]

与这段话一样直截了当的是，他试图用评论打消别人对他的怀疑——有人怀疑他是独断论者。每个人都被意识形态所左右；意识形态是科学研究的特定动力。但是这里需要的是"不断的自我检讨，以便发现是否犯了错误，在研究起点和目标的选择上，在从起点到目标的过程中，在此过程中所遵循的方法方面，即研究过程的方法等方面难免会犯错误。"科隆社会学研究所的克里斯蒂安·埃克特以同样直截了当的方式看待这个问题，他写道："每一种研究工作都是从某个既定观点出发的，都自觉不自觉地以这一观点为基础。研究者必然依赖于这种世界观，它是引导他生活方向的路线。但是，研究者通过某种自我约束经常能使自己养成对自己的研究工作保持警觉和批判的态度。"[31]

　　马克斯·韦伯（Max Weber）在他 1904 年接手《社会学和社会政治文献》杂志（*Archiv für Sozialwissenschaften und Sozialpolitik*）的时候，就曾经概略性地讨论过社会科学中的客观性难题，其他学者也曾谈过这个问题，但是一直悬而未决。无论是格吕恩堡还是埃克特，他们都没有反问一下自己：社会民主党人所实践的自我检讨也好，中产阶级自由主义者奉行的自我约束也好，究竟能否与他们的研究结果兼容，或者它们与研究结果之间能否达成一种科学知识意义上的相互理解。格吕恩堡认为，历史唯物主义研究——即，社会存在的转化规律的研究——的目的，就是加速旧事物的灭亡和新事物的诞生；那么，对他这样的学者来说，"自我检讨"意味着什么呢？埃克特认为社会学研究的目的，或者"对相互依存的社会存在的法则和形式以及它们的前提条件的真正洞察"的目的，就是"对我们所继承的东西有所提高"，"不是将我们继承的种种历史条件无情地抛弃，而是要对其进行社会重建"；那么，对埃克特这样的学者来说，"自我约束"又将意味着什么呢？

　　让我们暂且搁置德国当时最重要的两个社会学研究所的代表性人物——格吕恩堡和埃克特——之间的争论。显而易见，他们心照不宣的是，即使对那些功成名就的学者来说，"实践利益（practical interest）的

28

至高'价值'"决定着"文化研究领域中有组织的思想行为所选取的方向"(韦伯语)，因而富有成果的相互合作几乎是不可能的。当科隆的社会研究所遇到马克思主义的代表性人物的时候，它的包容和意识形态的多元主义也会变成沉默抵抗，就算这些代表性人物只是库尔特·阿尔伯特·格拉赫和格吕恩堡，就算他们已经从众人尊敬的教授们那里学会了按照规矩从事他们的学术研究，情况照例如此。

政治上倾向于右翼社会民主党的教授们可能会公开指出意识形态和科学之间的差别，他们还能指望确立一个范围，在此范围内他们的某些观点还可以被他们的同行视为"科学的"。相反，对于一个投身于社会主义的教授来说，这个范围在大多数教授看来则要狭小得多了。在这种情况下，格吕恩堡不想地通过费利克斯·韦尔认为可能的方式为马克思主义在大学中赢得"背地里的"尊敬；他也不愿意像马克斯·韦伯希望的那样去公开地讨论问题。相反，格吕恩堡所做的就是充满自信地向那些马克思主义学者提出同样的要求，这些要求自然也是提供给其他学者的，希望他们不要外在地将他们的世界观当成衡量学术严肃性的标准。

格吕恩堡的自信是他在奥地利社会民主党中培养起来的。与德国的情况不同，共产主义立场在奥地利社会民主党内有一定的势力。这种自信的另一个原因是，他属于学术专业领域，社会改良主义的和社会主义的观点几十年来在这个领域内得到了广泛的讨论。在这个领域中，19世纪中期以来就存在研究社会主义的学者，尽管他们必须不断地进行争取承认的斗争。直到有人提出了社会主义体系，并且要求对这一理论的探讨不应仅限于学术圈子，而且要把这种理论作为信条和指南推广到"下层人民"中去，才算走出了关键性的一步。一战之后，社会民主党员身份就不再是阻挠拿政府俸禄的限制条件（Berufsverbot）了。但是这种有身份的学者仍然注定要当局外人，注定要忍受同行的敌意。

当格吕恩堡公开承认他的马克思主义信仰的时候，那不过是对一种社会民主主义的承认。马克思主义是社会民主党人的意识形态，但是他们的实际行动却与这种意识形态截然相反，从来没有超出过中产阶级社会改良主义的范围。同样，对格吕恩堡来说，马克思主义是起着准则作用的观念，但是他的实际研究工作却与这种观念相反，也从来没有超出历史方法的边界。在他为《社会主义和工人运动历史文献》第一期所写的前言中，[32] 他认为 1910 年的社会主义和工人运动是重要的研究课题——当时这一点是信奉历史方法、代表了普遍观点的学者们所否定的。《文献》杂志作为专业理论期刊，服务于社会主义和工人运动。格吕恩堡曾经致信社会民主党马克思主义理论"总监"考茨基，希望他能参与该杂志的工作。为了避免让考茨基产生《文献》杂志是在同他对着干的印象，格吕恩堡特别强调他不会涉及对工人运动领导问题的理论专题探讨，而只涉及运动及其理论的历史。尽管《文献》为卢卡奇和柯尔施这样的撰稿人辟出了地盘，在 1923 年发表了柯尔施的《马克思主义和哲学》，但是其总的态度无非是历史学家的态度，就是去探讨什么时候发生了什么事情。这就使得这个杂志的研究课题像文本批评那样十分繁琐。格吕恩堡对社会民主党的马克思主义意识形态的承认，在正确的方向上提供了对抗偏见的反偏见，从而使专家们在将其他课题视为当然的同时，还有可能以同样的审慎态度对待无产阶级的社会主义课题。

研究所就是《文献》杂志的一面镜子：这个研究所的研究课题就是社会主义和工人运动史、经济史和政治经济学史及其批判。它为此类研究创造条件。它自己从事这样的研究，而且也支持其他学者从事这样的研究。

它所具备的便利条件在一开始就给人很深刻的印象。这里有一个专业图书馆，1928 年的时候馆藏已近 37,000 册图书，340 种学术期刊和 37 种德国及国外报纸。它在同一年还已经具备一个可供 5,000 人使用的大阅览室。据波洛克发表于 1930 年的一篇介绍研究所的文章，这里还有一个档案馆，"收藏着很多文献材料，这些文献涉及 1918 年革命的历史、涉及对随后几年的工人运动有重大意义的事件，它们在今天的同类材料中都是独一无二的"，档案馆还收藏有"不计其数的小册子、招贴、请愿书、传单、汇报材料、通信和照片"。[33] 研究所还为机构成员和博士生设有 18 个小办公室——研究所给其中一些博士生授予学位。

　　研究所的工作人员都符合该所所长的意识形态和研究兴趣。弗里德利希·波洛克和亨利耶克·格罗斯曼 (Henryk Grossmann) 是格吕恩堡的两位助手。波洛克于 1923 年在法兰克福取得经济学博士学位，在格吕恩堡未赴任之前担任过研究所的临时主任。格吕恩堡邀请他为合作研究员 (research associate) 时，他立即同意。格罗斯曼 1926 年加入研究所，也是应格吕恩堡之邀，担任合作研究员。格罗斯曼 1881 年生于克拉劳，是一个犹太矿主的儿子。格罗斯曼在维也纳学习过一段时间法律和政治科学之后，成为了格吕恩堡的学生。在一战后期，由于重新划分波兰，格罗斯曼被迫成了波兰公民，因此他不得不放弃他在维也纳的博士后研究计划和他在维也纳的事业，转而接受华沙中央统计局的任命。最后，他在华沙成为经济史、经济政策和统计学的教授。[34] 但是，由于他的社会主义观点，他 1925 年失去了教授职位。

　　真正算得上研究所第一批助手的人还有罗泽·魏特夫，她担任图书管理员。她和格拉赫的前助手理查德·左尔格，以及左尔格的妻子克里斯蒂安娜·左尔格一起工作，直到左尔格夫妇俩 1924 年 10 月突然消失。后来才知道左尔格成了苏联的间谍。左尔格和他妻子后来作为马克思恩格斯研究院的合作研究员在莫斯科重新出现。1925 年罗泽·魏特夫的丈夫，卡尔·奥古斯特·魏特夫也成为了研究所的正式合作研究员。在研究所筹建时期，韦和格拉赫曾经邀请他帮助研究所。卡尔·奥古斯特·魏特夫曾是漂鸟协会 (Wandervogel)[35] 的积极分子，后来加入独立社会民主党，表现积极，再后来从 1921 年起加入共产党。1920 到 1921 年间他和柯尔施一起执教于 Schloss Tinz 的无产阶级成人教育中心，从那时起，他就和柯尔施认识了，而且积极服务于"马克思主义工人教育"。他既关心社会学，也对中国研究感兴趣，而且致力于社会主义教育。这些都很合格吕恩堡的心意。1933 年以前在"社会研究所丛书"中出版著作的作者们，都是这个由前面提到的助手们所组成的团体的成员：格罗斯曼，《资本主义体系的积累规律及其崩溃》(1929)；波洛克，《苏联计划经济中的实验 (1917–1927)》(1929)；魏特夫，《中国的经济与社会》(1931)。[36]

这个团体中与研究所保持联系的其他人很难一一详细列举。他们中有博士生和奖学金获得者（有些后来还成为了研究所长期的合作人员），也有为《文献》撰写评论的研究所的支持者。库尔特·曼德尔鲍姆（Kurt Mandelbaum）和希尔德·魏斯（Hilde Weiss）是从格吕恩堡那里获得博士学位的研究所第一批研究生。他们俩同研究所及那份刊物的工作关系一直保持到 1930 年代。他们的论文分别是：《1895 年至 1914 年帝国主义问题在德国社会民主党内引起的探讨》和《阿贝与福特：资本主义乌托邦》；[37] 1927 年，保罗·马辛（Paul Massing）、朱莉安·库姆佩尔茨和海因茨·朗格汉斯（Heinz Langerhans）来到研究所撰写他们的学位论文。他们的论题都集中在社会主义史、工人运动史和经济状况史的领域。这些人物在后来——霍克海默时期，一直以这样或那样的方式与研究所保持着联系。直到 1930 年代之前，他们要么本人就是共产党员，要么对共产党抱有好感。

31

比如说吧，保罗·马辛在法兰克福完成的博士论文的题目就是《19世纪法国土地状况和各法国社会主义政党的土地规划》，[38] 他后来在 1928 年成了莫斯科国际土地问题研究所驻柏林联络员，1929 年又成了莫斯科这个研究所的研究助理。1931 年他返回柏林投入到反法西斯主义的斗争中。他一度被拘捕到奥兰尼恩堡（Oranienberg）的集中营，后来他逃至法国，在美国和欧洲之间奔走。在这之后，他 1937 年到 1938 年之间还回到过莫斯科，冒着生命危险公开声名和党脱离关系。1940 年代期间他又开始在美国为社会学研究所的项目工作。

朱莉安·库姆佩尔茨是一位犹太工厂主的儿子。他的父亲 30 岁时移民美国，成了百万富翁，一战之后又回到了德国。库姆佩尔茨从 1919 年开始担任《对手》（*Der Gegner*）杂志的编辑，后来成为共产党在"无产阶级戏剧"顾问委员会的代表，1929 年春访问过苏联，1927 年来到研究所的时候他还是《红旗》（*Rote Fahne*）杂志的编辑之一。他以论文《资本主义土地危机理论：试析美国农业结构的变迁》[39] 获得博士学位之后，在研究所大迁移的那段日子，他自始至终都留在研究所当助手，在此期间他最终还是告别了共产主义而变成了一个证券经纪人。

格吕恩堡在任期间，只有一个例外的人物，他的研究在研究所那些带有统一性的论题中显得与众不同。他就是列奥·洛文塔尔（Leo Lowenthal）。自 1926 年起，他就一直拿研究所的奖学金，从事他的博士论文《19 世纪德国中短篇小说中的社会学》[40] 的写作。这部作品最后在第二次世界大战之后出版。事实充分证明，它是一部当时马克思主义文学社会学的作品，在写作它的时代几乎没几个人能写出这样的作品。格吕恩堡之所以欣赏洛文塔尔，还有一个原因，那就是他在大学教学之余还积极从事广泛的社会活动和其他教育活动（详情见后）。

研究所在第一次尊重历史、仔细考订的马克思恩格斯全集的编辑筹备工作中，也扮演了重要的角色。这种角色也具有象征性，象征了研究所的学术体制：它在很大程度上超然于大学和社会主义政党的控制之外。恩格斯将他自己的和马克思的全部未出版的著作作为遗产全部托付给爱德华·伯恩斯坦（Eduard Bernstein）和奥古斯特·倍倍尔（August Bebel），或者说全都托付给了德国社会民主党。社会民主党把这些作品的编辑工作托付给伯恩斯坦、梅林和考茨基等人，却不曾下功夫去系统地、仔细地考订校阅这些作品。他们却不惮于在马恩信件的编辑中大删大改，因此马恩信件的这个版本很不完善。早期是俄国社会民主党员的大卫·梁赞诺夫（David Ryazanov），在一战前就曾经就当代政治问题参考过马克思恩格斯这些未发表的作品。在倍倍尔的帮助下，他曾编辑过一卷本的马克思恩格斯选集。1920 年 12 月在莫斯科成立了马克思恩格斯研究院。他认为这所研究院的任务应该是"研究马克思恩格斯所创立和阐述的科学社会主义和革命的共产主义理论的诞生、发展和传播"。[41] 在与伯恩斯坦联系之后，梁赞诺夫获得了在俄国出版马克思恩格斯手稿的权利。

多亏有法兰克福研究所在其中扮演中介的角色，这一切才能顺利进行。研究所在德国社会民主党和莫斯科研究院之间进行协调，在两者之间起到了政治上的缓冲作用。

因为马克思恩格斯身后未发表的作品收藏在德国社会民主党柏林的档案馆里，而编纂全集又非得要这些作品不可，因此工作的第一步应该从柏林开始……美因河畔法兰克福的社会研究所要负责对这些作品的每一部分进行摄影拷贝，而且要尽可能细心地全部记录下原件无法再现在摄影拷贝上的一些特殊特征。[42]

莫斯科研究院和德国社会民主党之间的合作，只有通过社会研究所这一中介才可能进行，并在社会研究所的推动下合作得到进一步的深化。在1924年，

莫斯科马克思恩格斯研究院一方面和法兰克福研究所进行谈判，另一方面和德国社会民主党有关主管部门进行谈判，希望在多方谅解的基础上在法兰克福市建立一个学术出版社。这个出版社将利用德国社会民主党柏林档案馆中收藏的手稿，出版40卷的马克思恩格斯全集。[43]

当社会研究所向法兰克福市提出申请，要求将"马克思恩格斯文库出版社"纳入研究所编制之内，让费利克斯·韦尔和弗里德利希·波洛克担任该出版社业务经理的时候，遭到了法兰克福大学校长、教务主任和前任校长的抗议。他们认为这个出版社的名字和本大学的精神相抵触，按照这种大学精神，大学就应该独立于党派政治进行学术科目的教学，不应该有倾向性。政治警察接手了这个案子，调查了研究所的背景，并对几个人进行了审问。格吕恩堡就在这几个人当中。波洛克的名字很早以前就上了警察局的材料，这次警方对波洛克的"裁决"只能说明，这种靠着暗探罗致政治罪名的审判是多么的荒唐自大。波洛克和作为社会研究所负责人之一的韦尔，早已"同德国共产党的中央委员会建立了联系，买下了原属德国共产党的档案，并在慕尼黑苏维埃时期发挥过无法估量的作用"。[44]格吕恩堡向审问者担保，他既不知道他的合作者同"德国共产党柏林秘密档案"之间有什么关系，也不知道他的研究所里有什么"共产主义阴谋"。

最早对这些怀疑有所察觉的人是作为外国人的格罗斯曼。他申请授课资格，但是被拒绝了。经济学和社会科学系的这个做法让格罗斯曼肯定了自己的猜测是有道理的。实际上系主任 1926 年就曾向大学董事会汇报说，法兰克福警察局长"以前就反对（这绝不是针对格罗斯曼博士本人的）他在本校注册为编外讲师，原因就一条，即格罗斯曼博士支持极左势力——尽管他本人还没有在政治上意识到这一点"。[45] 但是出版社的事务还是排除一切阻碍地进行着，因为文化部长对这件事情睁一只眼闭一只眼。社会研究所撤回了将出版社纳入自己编制的申请，同意出版社留在研究所外。但是最后人们还是发现出版社是设在研究所内部的，这时候，反对者们的理由根本站不住脚，因为出版事业的真正学术性是明摆着的。右翼自由主义报纸《法兰克福消息报》(*Frank-furter Nachrichten*) 1934 年 1 期发表了以"反阶级斗争"为题的社论，说："我们要坚定地丢弃马克思主义，作为理论，它是注定要衰落的——但是我们不会反对托马斯主义。"就像这个文章说的，实际的阶级斗争实践注定要受到谴责。但是在那个稳定的年代里，实际的阶级斗争已经开始失去它的重要性了。1920 年代马克思恩格斯文库出版社出版《马克思恩格斯全集》(*MEGA，Marx-Engles Gesamtausgabe*) 12 卷，还出版了一个两卷本的杂志。这个杂志除发表了俄国马克思研究者的文章之外，还发表了马克思《德意志意识形态》的一部分，以及马克思和维拉·沙苏利奇 (Vera Zasulich) 的通信。

格吕恩堡 1928 年由于中风而不得不停止工作之后，还继续在法兰克福待了三年半。其实自从他当初来到法兰克福之后，他的健康就每况愈下，他为建立研究所并使它确立牢固基础而耗尽了自己最后的力气。中风后他又活了 12 年，心智和肌体经受瘫痪的折磨，于 1940 年去世。

他在法兰克福营造了德国学术界内独一无二的学术环境。在这个环境中马克思主义和工人运动史在大学里得到研究，只要他愿意，任何人都可以以该领域内的论题作为他的博士论文题目。在法兰克福有一个经济学和政治科学教授，他公开信奉马克思主义。这里有一个挂靠在大学的研究所，它被规定的特殊任务是从马克思主义观点深入研究工人运动，而且卡尔·柯尔施与马克思·阿德勒、弗里茨·阿德勒和奥托·鲍尔等奥地利马克思主义者可以在这所研究所里开讲座。弗里德利希·波洛克和亨利耶克·格罗斯曼，这两位研究所的助手当时还在经济学和社会科学系授课，在系里格罗斯曼 1927 年还通过了授课资格答辩，波洛克随后也于 1928 年通过了授课资格答辩。1930 年格罗斯曼被任命为该系教授。马克思和恩格斯著作的编辑工作实际上也被看作是法兰克福大学工作范围内的一项学术任务。

对一个挂靠在大学的研究所而言，还有一个条件是绝无仅有的，那就是该机构的学术助手和博士研究生绝大多数人都是共产主义者。然而，他们属于不同的团体，这些团体当时都不在共产党内了。比如说吧，这里有科尔施主义者和托洛茨基主义者，他们都赞成共产主义，但都拒绝承认苏维埃俄国的发展是共产主义性质的；这些人中有海因茨·朗格汉斯、库尔特·曼德尔鲍姆和瓦尔特·比哈恩（Walter Biehahn）。这里还有布兰德勒主义者（Brandlerians），他们支持和社会民主党联盟，采用权宜的解决办法；这些人中有恩斯特·弗勒里希（Ernst Frölich）和克里姆普特（Klimpt）。这里还有共产党员，他们（仍然）依照党（有时候党是斯大林化的）的方针路线或党的方针路线的变化而行动；他们中有弗里茨·绍尔（Fritz Sauer）、保罗·马辛、威利·施策勒维茨（Willy Strzelewicz）和卡尔·奥古斯特·魏特夫。

1929 至 1930 年之间，法兰克福的这种特殊的学术环境的优势已经显而易见了。就在这时，发生了关于格吕恩堡继任者的争执。法兰克福大学在 1928 年到 1932 年之间发展很快。"许多出类拔萃的学者接受法兰克福大学教席。法兰克福大学众多研究所拥有许多成员，他们配备有先进现代的设施，这些研究所要么是开先河地首次创立，要么就是同类研究所中的佼佼者——这与当时法兰克福大学的进步精神是相一致的。"1928 年当保罗·蒂里希（Paul Tillich）接受法兰克福大学哲学系的教席的时候（该校没有神学系），他认为法兰克福大学是当时"大学中最自由、最现代的"，[46] 这种优势环境不仅仅要归功于社会民主党和中产阶级的民主精神，而且要归功于卡尔·海因里希·贝克尔的文化政策。他从 1925 年以来在普鲁士政府中担任文化部长，而当时的普鲁士政府是由社会民主党员身份的首相奥托·布劳恩（Otto Braun）领导并由所谓的魏玛大联合（德国社会民主党、中央党和民主党的联合）的党派代表组成。由于魏玛联合在普鲁士比在德国的其他地方持续得更久，因此那里的状况也比德国其他地方更加稳定。

在法兰克福，马克思主义和共产主义在 1920 年代末几乎和在十一月革命后那些年一样受到尊敬。马克思主义和共产主义对法兰克福富有家庭子弟们尤其具有吸引力。当时《法兰克福报》的领导层也有对社会主义同情的左派人士，即使这样他们也和理查德·默顿（Richard Merton）这样的法兰克福名流一样，抱怨说"社会主义者"和"赤色分子"在进行"渗透"。在 1929 年格吕恩堡作为荣誉退休教授退休。他的退休意味着他的那个教授位子空了出来，尽管按照合同他 1932 年之前一直是研究所的主任。当 1929 年就格吕恩堡继任者问题发生争议的时候，费利克斯·韦尔坚决捍卫自己的立场，此时他的态度甚至比创立研究所的时候更为坚决。在给科学、艺术和教育部部长的一封长信中，费利克斯·韦尔特别强调他将研究所的工作和他的参与看作是他的终身事业。他没有取得正式授课资格（这是他自己的打算），而且也只承担过一个学期的教学任务，但这完全是因为他要花时间来负责家里生意上的事务——虽然他对生意根本不感兴趣，另外还要花更多时间照料父亲的病，后来还要料理父亲的后事。尽管研究所的任务自始至终就是要服务于科学马克思主义的研究，可是

> 创立它时进行的谈判、格吕恩堡教授所发表的就职演讲、我们的出版物和研究所的科研及教学活动都证明了，它作为一所服务于一般经济学和社会学研究的研究所是毫无问题的——尽管在研究所的名称或章程上没有特别体现这一点。

研究所的任务在当初同政府部门最初谈判时，早就谈得很清楚了。

1924 年 6 月 22 日在大学礼堂举行了研究所成立庆典，科学、艺术和教育部部长和高级部长（Senior President）的代表出席了，市长和市府以及州政府当局的其他官员也出席了。当着他们的面，我本人，特别是格吕恩堡教授在它的讲演中，都公开地、纲领性地否定了研究所的马克思主义性质。

任何误解和敌意都无法阻碍研究所——"当今世界这类研究所只此一家"——在未来继续努力将马克思主义理论运用，并扩展到绝对的政治中立领域。重新任命其他人接替格吕恩堡的教席对韦尔来说还不是很急的事情。首先要做的事情是找到接替格吕恩堡担任研究所主任的合适人选。这个人应该在"研究所成员圈子里选举产生"。使他感到不好办的是，政府部门不顾他的要求，在他能够"从我们的圈子里推举一个在年龄和成就方面都不会招致反对的候选人"[47]之前，就提出了该教席的重新任命问题。但韦尔最后还是成功地使政府修改了 1923 年制定的研究所组织章程，原来的章程规定，研究所主任的任命应经过与社会研究协会的"协商"，现在改为"应取得社会研究协会的同意"。

另一方面，学院的反对意见也公开化了。法兰克福一位经济学理论教授弗里茨·施密特（Fritz Schmidt）1930 年 7 月致信普鲁士文化部抱怨说，法兰克福社会研究所的用人标准是建立在偏见的基础上的，"很多信仰共产主义和社会主义的学生（他们许多人是外国人）"近来汇集在研究所旗下，其具有蛊惑力的煽动性与日俱增。他又颇具威胁性地补充说："政府部门对这种情况绝不能坐视不理，因为现在对国家抱有敌意的共产主义革命运动在普鲁士理应受到控诉。"[48]在这里他即暗指普鲁士政府 1930 年 6 月的一项规定，即作为公务员加入纳粹党（NS-DAP）和共产党都属非法，同时也是在利用这一规定作借口，好通过政治手段来更为根本地压制学术争论的继续。

哲学家霍克海默成为研究所主任。新规划：通过将社会哲学和经验性的社会科学熔铸于一炉来克服马克思主义的危机

1930 年 10 月，弗里德利希·波洛克（自 1925 年以来他就是费利克斯·韦尔的代理执行人）代表社会研究协会的赞助团体同两个月前刚刚被任命为法兰克福大学社会哲学教授的马克斯·霍克海默签署了合同。合同第三段如下：

> 霍克海默教授自今日起担任研究所主任之职。一旦格吕恩堡教授从严重的疾病状态康复到能重新担任主任之职的程度，霍克海默教授则应该努力与他达成相互的理解共同分担主任的职责。即使在后一种情况下，霍克海默教授至迟也应该从 1932 年 2 月 10 日起全权负责研究所。[49]

格吕恩堡作为荣誉退休教授退休之后，社会研究协会的赞助团体与经济学和社会科学系无法就接替他的教席的人选达成一致；这个人选原则上应该是双方都能接受的。对社会研究协会的赞助团体来说，这个人选只有作为格吕恩堡在研究所的主任职位的继承者才是可以接受的。最后双方达成如下妥协：即使格吕恩堡的教席在其他教授职位空出之前一直由系里认可的人接替，但是社会研究协会的赞助团体仍然同意继续资助。新教席（也是研究所所主任资格）设在哲学系，1930 年 7 月末，霍克海默被任命为该教席教授。多亏了蒂里希（他和格吕恩堡的直接继任者阿道尔夫·洛威 [Adolph Löwe] [50] 一样，是一位宗教社会学家）和来自文化部的压力，霍克海默才能在这所他取得授课资格的大学被破格任命为教授。但是，哲学系也强调这个教席不是作为哲学和社会学，而仅是作为社会哲学而设立的。

霍克海默能成为格吕恩堡主任职位的继承者，这里面存在着意外因素。他不属于费利克斯·韦尔 1929 年 11 月给文化部的信中所提到的那种与研究所"走得很近的研究合作者"。在研究所出版的系列作品中

打头阵的波洛克和格罗斯曼，与研究所的关系要比霍克海默近得多。霍克海默1930年之前只发表过一篇不起眼的博士后论文和三四篇评论其他学者的文章。他也谈不上跟研究所有什么更深入的合作。起初作为哲学编外讲师，他曾经在研究所主持过几期关于社会哲学的研究班，另外就是他的一部书《马克思主义的危机》被列入了研究所丛书下一辑的第六卷，韦尔曾经在给文化部的备忘录中提到过这件事情。后来霍克海默在给费利克斯·韦尔的一封信里是这么描述他的任命的："出于纯粹技术性的考虑，我们决定应该由我来担任研究所的主任，仅仅因为这比弗里茨或者你来担任要好通过的多。"他说的是事实：波洛克和格罗斯曼在政治上受到怀疑，而霍克海默则没有。但是，直到那时在研究所几乎没什么位置的霍克海默之所以能够顺利地成为主任人选，主要还因为波洛克出于友谊的原因撤出了参选。因为霍克海默几乎没有可能通过正常渠道获得教授职位，因此他汲汲于获得主任的位子，这样就能为 38
他打开使他的学术事业事半功倍的前景。洛文塔尔在他的回忆录里这样描述当时的情形：

> 当时我们关注的一件事情就是霍克海默《资产阶级精神哲学的起源》(*Anfänge der bürgerlichen Geschichtsphilosophie*)的完成，后来它于1930年出版成书……似乎可以说，1929年研究所的大部分活动都致力于制定战略规划。我们成功了：霍克海默成了教授并且当上了研究所的主任。

哲学系之所以能接受对他作为社会哲学教授的任命，是由于他"极高的天赋、广博的知识、在认识论方面的良好训练、非凡的教学才能"，以及"他作为一名教师所取得的巨大成功"。[51]

1931年1月24日，霍克海默作了社会哲学教授教席和社会研究所主任上任的就职报告。这个报告是充满个人风格的杰作，它的思想可以大致作如下概括。

德国古典唯心主义哲学史在黑格尔的社会哲学中达到其顶峰。按照黑格尔社会哲学，个体的存在意义取决于其所属的整体的生活。这种整体根本不关心人类个体的幸福与善，但是唯心主义的思辨使得人们有可能看到那些隐藏在这种漠不关心背后的意义与理性。在整个 19 世纪，随着科学、技术和工业的进步，人们开始发现社会整体的形成过程对个体而言越来越少了任意性和不正当性，相应地，人们也较少希望出现转变。但是这种希望破灭了，转型的迫切性再次浮现。今日社会哲学的任务，就是尽一切努力满足这种转变的需要。但如今的社会哲学基础却是已不再稳固的哲学观念。当代的知识状况要求不断地将哲学和科学的各种分支熔铸为一体。无论从社会学还是从哲学对社会进行讨论，同样存在一个日渐突出的问题：即社会经济生活、个体心理发展和文化领域变迁之间的联系。然而，这是一种用当今的方法和提问方式对旧有哲学问题——特殊理性与普遍理性、生活和精神（Geist）之间的关系问题——所做的阐述。为了在这里获得可靠的证据，这个问题就应该被放在一个更为严格的基础上来讨论，充分考虑到各个特定的社会集团和各个特定的历史时期的具体情况。

一个特别重要的社会集团就是工人阶级。问题应该从这个集团入手。因而，对一个熟悉德国唯心主义哲学的社会哲学家来说，现在有机会来领导大规模的经验研究机构（apparatus），并且开始"在我的帮助之下"运用这套机构"去建成一个即便规模极小，但能与社会理论中的哲学思考（philosophical construct）和经验主义相并列的有计划的工作领地"。这就需要一种"依据当代的哲学问题开展有组织的研究"规划的严谨方法，"哲学家、社会学家、经济学家、历史学家和心理学家能够在这些当代哲学问题当中形成紧密的合作。"[52] 通过这种方式，霍克海默含蓄地断定，19 世纪的这项运用科学、技术和工业来使社会整体对个体更少任意性和不正当性，相应地人们也更少希望出现转变的规划，将会被重新执行，而且会以当今更先进的方法继续进行，也会有更好的成功前景。

这传达出一种新的口吻，完全不同于格吕恩堡早先所见证的那种对于"迅速发展时代中"生活意义的理解。这种新口吻没有丝毫的忧郁之情，而霍克海默在他的这个演讲中曾提到，忧郁之情正是海德格尔的《存在与时间》——没有转变特性（non-transfigurative character）的"惟一现代哲学著作"——所阐述的"个体的存在哲学"最典型的特征。相反，霍克海默的口吻充满希望，他希望与转变意识形态相反的真正意义上的发现，能够通过为这个世界带来意义和理性的方式服务于人类。这是一种介于青年马克思和晚年弗洛伊德之间的口吻——青年马克思主张通过无产阶级的解放行动来实现哲学；而晚年弗洛伊德则推进了一种最为谦逊的科学进步，这种科学在人类历史上绝对是新颖的，1927年弗洛伊德在《一种幻觉的未来》中这么写道：

> 不管怎么说，重要的是让人懂得人除了依靠自己的力量之外别无他法。因此他可以学会正当地使用自己的力量……通过放弃对其他世界的期待，通过把以这种方式解放出来的一切能量全都聚集到人的世俗生活中，人类才能成功地达到这种状态：在这种状态下，生活对每个人来说都是可以忍受的，文明再也不会压迫任何人。[53]

显然，研究所的这个新主任在他的就职演讲中比他所鄙视的一些资产阶级思想家更彻底地离开了一个他随后特别提到的主题：即哲学家们漠视人类所遭受的苦难。在他后来出版的一个哲学警句格言集《破晓与黄昏》（*Dämmerung*，1934）*当中，霍克海默谴责了哲学家对人类苦难的漠视。霍克海默最初的活动似乎已经表露出他的一个坚定的信念，那就是，他是某种革命信息的传达者，最重要的任务就是排除一切危险，妥善地保存这一革命信息——即便是在这样一个时期：格吕恩堡和韦尔已经公开承认了研究所的马克思主义研究方向，此时研究马克思主义也成为必须，而且各种引起争议的革命信息也可能在研究

---

* 在德语中 "Dämmerung" 一词有破晓和黄昏两种意思，该书的英文本即译作《破晓与黄昏》（*Dawn and Decline：1950−1931 and 1950−1969*，New York，1978）。——中译者注

所内找到听众。霍克海默的就职毕竟对研究所有利：研究所现在有了一个新主任，而且这个主任在他大学同事的眼里看上去比格吕恩堡更靠得住。各种因素的有趣联合引发了马克思主义学说的发展：霍克海默尝试克服马克思主义危机的途径是利用"资产阶级"科学领域的现代发展；他将卢卡奇和柯尔施在马克思主义中重新揭示出来的哲学因素与舍勒在哲学中引入大量经验知识的综合工作联系了起来——他做这样的结合依据的是这样的学术背景：即马克斯·韦伯和海德格尔均反对思考在世的前存在意义和人类的超历史本质。

霍克海默领导下的研究所，并没有改变支持青年共产主义和社会主义学生及同类性质学术的政策。例如，约瑟夫·杜纳尔（Joseph Dünner）是共产主义"红色学生团"（Rote Studentengruppe）的成员，经柏林的魏特夫推荐，研究所为他在法兰克福撰写关于国际工会主义运动的博士论文提供每月 130 马克的资助。

研究所发生的重大变化，并不意味着要与格吕恩堡已经确立的传统决裂，也不意味着要与那些依然秉承他的精神工作的同事们相决裂。实际上，正如霍克海默在他的就职演讲中所说的，"理论经济学、经济理论和工人运动史等领域的个人研究的独立工作"和集体研究工作一起都在继续进行着。另外，《社会研究学刊》取代了格吕恩堡的《社会主义和工人运动历史文献》（1930 年出版了最后一期），但是从出版者和内容来看，都还反映出了一定的连续性。这个新杂志加大了文章的分量，收入了更多系统的评论，而且为讨论格吕恩堡时期那些论题的人以及在他的《文献》工作的人均留出了空间。然而，由于研究所工作的重点从社会史向社会理论的转移，原来那些高踞于垄断地位的论题和观点逐渐趋于沉默。因为集体工作有了新的中心，原来那些论题也就和其他论题一样，只是兴趣范围不同罢了。对于那些不理解将他们原先的合作研究纳入更大框架的人来说，这可能有点让他们有蒙羞的感觉，也可能是一种背叛吧。

这种在某种意义上对格吕恩堡的所谓背叛，在另外一些人看来则是向研究所草创时期——格拉赫时期的一种回归。格拉赫甚至在写研究所备忘录之前，就写过一份论政治科学改革的报告，他在报告中指出，必须重新组织社会科学的所有领域，迫切需要哲学和社会学之间更大的统一性，其最终目标就是实现专家之间的协调合作。他强调学科间的"广泛接触"是必不可少的，因为只有这些广泛的接触才能够为研究者提供来自"生活的全景"的意义。[54]

  由领域扩大引起的这种重心转移，也明显地表现在给研究所定调子的研究人员圈子的变化上。1929 年 2 月 16 日，德国西南部精神分析协会的法兰克福精神分析研究所成立，地点就在法兰克福社会研究所所在的同一座大楼里。列奥·洛文塔尔的老朋友，艾里希·弗洛姆就是这个精神分析研究所的成员。而且自 1930 年至 1931 年的冬季学期起，"弗洛姆博士（柏林）"就上了社会研究所教学人员名单，跻身于"教授霍克海默博士"、"教授格罗斯曼博士"、"编外讲师波洛克博士"当中。[55]

  从一开始，西奥多·魏森格隆德（Theodor Wiesengrund）就是《社会研究学刊》的重要合作者，那时他写了一篇音乐批评。他有时候也用正式注册的两个姓氏称呼自己：魏森格隆德－阿多诺。他是霍克海默、波洛克和洛文塔尔的老朋友。他最早希望成为社会研究所的正式成员，但是霍克海默和波洛克没有同意。这可能是因为霍克海默反对阿多诺所支持的"解释"哲学，但也可能还因为他们不想给阿多诺提供经费赞助——阿多诺的家人可以为他提供优厚的资助。

  1932 年，洛文塔尔首次在法兰克福认识了赫伯特·马尔库塞，互相进行了多次讨论，这使得马尔库塞被研究所接纳——在这之前，霍克海默最早就曾经隐约表示过有意为研究所带来"里茨勒（Reizler）推荐的海德格尔的一个学生"。[56]

  与霍克海默一样，这些人物代表了魏玛文化的另一面，它与 1920 年代研究所的合作者们所代表的那一面截然不同。

霍克海默和他的助手：传记全景

马克斯·霍克海默

　　"我生于 1895 年 1 月 14 日。作为实业家莫里茨·霍克海默的独子，从我出生的第一年起，我就被期望成为我父亲的接班人，去接管一个实业公司。"1924 年，霍克海默为申请授课资格答辩填写履历的时候是这么开头的。他的父亲莫西·霍克海默（被叫做莫里茨）是一位商人，他的祖父也是。他父亲工作兢兢业业，直干到拥有了斯图加特附近楚芬豪森（Zuffenhausen）的几家纺织工厂。当时斯图加特还是符腾堡王国的首府。霍克海默双亲都坚定信仰犹太教，而且一直（至少是在他们儿子的童年时期内）按照"一种严格的——我不愿意说教条的，但至少是保守的犹太方式"生活。[57] 他的父亲获得了社会的承认，不仅因为其商业

42 上的成就，而且还因为他资助艺术，并为慈善事业和爱国捐助慷慨解囊，尤其在战争期间也是如此。1917 年，巴伐利亚国王为表彰他"在每个可能的社会福利领域内的慈善活动"而授予他"商务顾问"（Kommerzienrat）头衔，这是给杰出商人的荣誉称号。1918 年，他还获得了楚芬豪森小城的市民权。霍克海默的父亲自视为一个标准的德国人，即使1933 年他被迫出售了他的"犹太产业"，后来甚至连别墅都要放弃，他也拒绝离开德国，直到 1939 年。他给已经到美国的儿子写信说，毕竟，比起希特勒先生的家来说，他们家在德国生活的时间还要长一些。

　　莫里茨·霍克海默的父亲权威由以下三个方面得到了加强：中产阶级家庭结构，他作为商人的成功和犹太传统。这个男孩按照家里的计划在毕业前一年就被带出学校，1910 年在他父亲的商业事务中开始了学徒期。次年，他在一次舞会上遇到了弗里德利希·波洛克。他比霍克海默长一岁，是一位早已脱离犹太教的皮革制造厂厂主的儿子，相应地他从小受到的是非犹太教的教育。所以，波洛克对霍克海默来说，成了促使他反抗他保守家庭背景的第一个刺激因素。他们的这次相遇是将要持续一生的亲密关系的开始。具有严格限制的默契保证了这种友谊：

他们知道他们之间在某些时期的争论应该怎么进行、进行多长时间、在什么时机下进行又在什么时机下做出结论。他们之间的默契使得这种友谊成为了一种"人类批判激情的表达,人类大团结的创造的表现"。[58] 他们之间的友谊是某种努力的明证,这种努力面对理想与现实之间的差距,想要创造出他们自己的一个坚固堡垒,使他们能够开展同现实之间的战斗。他们一起阅读易卜生、斯特林堡和左拉这些资产阶级社会的自然主义批判者的作品;一起阅读投身于充满了苦行主义和博爱的生活的托尔斯泰和克鲁泡克金的作品;一起阅读叔本华的《生活智慧格言录》[59]和斯宾诺沙的《伦理学》;一起阅读卡尔·克劳斯(Karl Kraus)的杂志《火炬》(Fackel);一起读反对战争、反对战前欧洲资产阶级世界的文学杂志——政治观点激进的弗朗茨·普芬费尔特(Karl Pfemfert)编辑的《行动》。这些阅读更加让他们意识到了理想与现实之间的差距。

霍克海默的父亲看到儿子健康很差,而且被内心的矛盾折磨得苦不堪言,于是就决定为儿子提供富有之家传统采用的康复办法:送他出国做一次长途旅游。同波洛克一起,霍克海默的这次旅游度过了一战之前的18个月。在这期间,他最初是在布鲁塞尔接受治疗(其间有几次巴黎探险的经历),后来又去曼彻斯特和伦敦继续治疗。当"一战"爆发的时候,霍克海默刚刚成为他父亲公司里的一名助理经理(Junior Manager)。这使他暂时免于卷入这场战争——他从一开始就非常反对这场战争。即使这段做经理的经历也让他产生了一种愧疚的心理,常常想起工人们和战场上士兵们的悲惨境遇。在他的日记里,在他的小说里(他直到晚年才在《长人成人》[Aus der Pubertät]*总标题下发表了这些小说),他试图向自己解释:那些有着富有的父母却却受烦恼折磨的孩子们的内心到底是被什么驱动着的,那些尽管成功可是心灵冷酷的父亲们的内心到底是被什么驱动着的,那些被迫在非人条件下过着单调乏味生活的工人们的内心又到底是被什么驱动的。他1916年初所写的小说《莱昂纳德·

43

---

* 直译为"我的青春期以来"。——中译者注

施泰勒》(*Leonhard Steirer*)中有这么关键的一幕,似乎显示了他给这些问题所找到的某种答案。工人莱昂纳德·施泰勒震惊地发现他不忠的女友投入了老板儿子的怀抱,他就杀了老板的儿子,迫使女友和他一起逃走。在这一幕中,莱昂纳德痛苦绝望地告诉女友:

> 如果像他这种人都可以说是"好人"的话,那我也不可能是魔鬼——他们的享乐、他们的教育、他们生活的每一天都以别人的痛苦为代价。我和他之间惟一的不同就是,我必须行动,我有勇气和力量,而他则能坐享其成,从来看不到他的享受的代价是什么——他所享受的一切都沾满了鲜血。他并不比我高贵,但他可以享受他的每一天,享受每一种快乐,而且享受这一切的同时还认为自己是清白的;他认为他理应这样生活,他可以无忧无虑地享受生活和快乐,并不因此而觉得自己应该受到谴责,没有一丝一毫罪恶感。而我则必须把生活的重担扛在肩头,这担子压弯了我,使我显得粗鲁卑贱,永远都是这样,那些对他来说是好的事情,对我来说就是不好的。约翰娜,如果你不是那么冷酷残忍的话,就回到我身边吧,就像你曾经投入他的怀抱那样!……
>
> 约翰娜·埃斯特兰德不禁想起了这个死去的人曾跟她谈过的生活、他的痛苦、他隐约之间感到的模糊而神秘的罪恶感。她以前从来没理解过那些话,总认为那仅仅是他的病理反应……她现在发现,莱昂纳德·施泰勒基本上是对的:与这个实业家之子比起来,他既谈不上更配得到她的爱,也谈不上更不配得到她的爱。一霎时她看到了世界的本质——通过一双张大的、惊恐的眼睛——她看到了一切有生之物残酷的无法餍足的贪婪,一切生物无可逃避的命运,欲望中的挣扎。欲望一直在燃烧着、撕扯着,它就是永远无法被扑灭的万恶之源。[60]

这个段落混杂了激进的社会批判和叔本华的悲观主义,也反映了霍克海默从这些理论资源中为自己的行为所下的结论:既追求爱的力量,也为身为特权阶层的少数人而感到愧疚。

1916 年，霍克海默和他父亲的私人秘书罗泽·里科尔（Rose Rieker）开始了一段情感关系。她不是犹太人，比他年长 8 岁，是个贫穷的旅馆老板的女儿。从霍克海默这方面来讲，开始这段关系意味着希望得到一个普通女人的温柔，同时也是对一种具有混合特性的象征的追求，这个象征指向在社会上无特权阶层和工人阶层那个世界。他认为理所当然的是，他们一定要对压迫满怀激愤，而这压迫正是来自于像他父亲这样的商人们；他们一定要起来进行"人民的反抗，这种反抗将使他们达到一种全新的存在，将使他们进入真正的文化"，他在 1916 年的一篇小说《劳动》（*Arbeit*）中这么写道。在小说中这段话是题献给麦顿（Maidon），即罗泽·里科尔的。他的这位女友失去了工作，父子之间几乎长达 10 年的矛盾冲突也随之开始。

1917 年霍克海默应征入伍。经过体格检查之后，他被列入"永久性不适合兵役"的名单，因此也就没被派上前线。他在慕尼黑疗养院的病床上目睹了德国的崩溃和十一月革命。

霍克海默和波洛克在慕尼黑一起参加了被推迟的中学毕业考试，那时他仍旧是他父亲心目中的接班人。1919 年春他开始了大学生活，学习心理学、哲学和经济学。"别相信关于慕尼黑的谎言……疯狂和不公绝对不是时代的秩序"，慕尼黑苏维埃共和国期间他写信给他的女友这么说——他是以一种矜持的态度来看共和国的。一个学期以后，他和波洛克转到美因河畔法兰克福。他在和格哈德·莱恩（Gerhard Rein）的谈话中解释了其中的原因，说这是因为慕尼黑苏维埃共和国瓦解之后，他被误认为是恩斯特·托勒（Ernst Toller）。[61] 在那里他一度曾遭逮捕，慕尼黑的生活对他来说变得太危险了。1920 年夏天他写信给麦顿说："我们面临着分裂、毁灭和决定性的斗争——距离形成一个新的社会还有很长的路要走，但我们的船只在我们身后已经被烧毁了……当代哲学以及对这种哲学近期发展的认识将作为一种向导为我所用。"他大学头一年与麦顿暂时分离，但是她随后终于来到了离法兰克福不远的陶努斯山脚下惟一能定居下来的小镇科隆堡，霍克海默和波洛克在那里买了一所房子，里面生活设施一应俱全。

　　法兰克福的教授中对霍克海默影响最大的有两位，一位是心理学家舒曼（Schumann），另一位是哲学家汉斯·柯奈留斯（Hans Corne-lius）。舒曼和埃德玛尔·戈尔布（Adhémar Gelb）、沃尔夫冈·克勒（Wolfgang K·hler，1921 年前执教于法兰克福大学）、马克斯·韦特海默尔（Max Wertheimer，1918 年前，1929 年后执教于法兰克福大学）等人一起，被认为是最伟大的心理学家，而且还被认为是当时理论最先进的心理学家之一。法兰克福是他们产生影响的第一个中心。这些心理学家在格式塔心理学（gesalt psychology）中实施不同方向的实验研究计划，试图证明和解释格式塔不同于个体心理感知元素及它们的组合，而是作为完整整体独立存在的。柯奈留斯生于 1863 年，1910 年来到法兰克福，此后 15 年之内一直是这所成立于 1914 年的大学的惟一的哲学正式教授。同样，他也是作为格式塔心理学创始人之一而出名的。他在奥伯乌尔泽尔（Oberursel）的"柯奈留斯别墅"中主持关于认识论的讨论，其中最重要的讨论伙伴就是马克斯·韦特海默尔。奥伯乌尔泽尔和科隆堡一样，也是位于陶努斯山脚下的一个小镇。柯奈留斯积极地扮演艺术家、艺术教师、自然科学家、哲学家等各种角色。他在哲学中支持认识论和心理学上的某种新康德主义学说。柯奈留斯摆脱依旧存在于康德哲学中的独断论残余，坚定地支持一种"关于经验可能性之条件的理论"，并认为这种经验可能性的条件就"植根于我们意识的统一性之中"。他还特别强调感知经验的作用，看重决定着感知经验一般有效性的感知主体所扮演的角色，因而他也确信他克服了胡塞尔（Edmund Husserl）事态（Sachverhalte）直观（Erschauen）理论中的神秘因素。1924 年在法兰克福大学举行的康德纪念会上，他所做的讲演反映了他的一些社会政治观点。他期待仅仅借助知识澄清迷误的作用，借助哲学，遵循"天才共同体的成员们"所遵循的方向就能消除贫困，这些天才们"对他们中，他们脚下爬行着的那些侏儒置之不理，跨越几个世纪一直在进行精神之间的交流"。[62]

　　但是舒曼和戈尔布的格式塔心理学也好，柯奈留斯的新康德主义

45

变体也好，都没有将人类存在的转型当作它们的目标。这其中的原因在于他们不认为那是一个问题。他们对"一战"后显得特别紧迫的日常生活问题并没有做出明显的回应。柯奈留斯让霍克海默带上他的一封推荐信，到弗莱堡跟随胡塞尔学习两个学期，霍克海默在那里遇到了胡塞尔的助手马丁·海德格尔，后者给他留下了深刻的印象。在他结束了弗莱堡的学习，返回来继续他在法兰克福的学业的时候，他写信给麦顿说：

> 哲学越吸引我，我就越发现我离这所大学里所谓的哲学越远。哲学不是认识的形式法则，那根本无关紧要，而是对我们的生活及其意义的实实在在的证明，这才是我们必须追求的。我现在知道了，海德格尔在教导我的那些人当中是最重要的一个。我与他一致吗？当我确切地得知，对他来说从事哲学的动机不是知识上的野心或是先入为主的理论所驱动的，而是由他自己的每日经验不断激发更新的，我又怎么能与他一致呢。[63]

霍克海默的父亲当时仍旧逼迫他从事商业，并强迫他同罗泽·里科尔一刀两断。霍克海默还没开始在法兰克福写博士论文，他的主攻方向是心理学，论文题目是《眼睛盲点色盲区的格式塔变形》。但这个计划最终被迫取消，因为哥本哈根已经出版了一部几乎完全相同的著作。柯奈留斯随后鼓励霍克海默——这个他器重的学生跟他做哲学方面的博士论文，题目定为《目的论判断的自相矛盾》，[64] 并在霍克海默得到学位之后为他提供了一个助教职位。从这时候开始，霍克海默才决定作为一个哲学家投身学术生涯，并最终决意和他父亲的商业事务告别。

霍克海默投身于马克思主义理论同他这一决定一样，都经过了长时间的延宕和仔细考虑。这或多或少属于他的私事，更何况他与波洛克很不一样，作为研究所的合作者他并不那么突出。柯奈留斯的另一个学生西奥多·魏森格隆德－阿多诺在 1920 年代早期就结识了霍克海默，1924 年夏天拜访了霍克海默和波洛克，想让他们为他的心理学口试帮帮忙，因为那时打算在短时间内准备这次考试。阿多诺写信给他的朋友洛文塔尔说：

> 为了让材料充实起来，我到科隆堡已经十天了，在这儿霍克海默和波洛克尽最大可能友好地招待我，并在舒曼心理学方面给我了最严格的训练——他们俩都是不同寻常的人物。顺便说一下，他们俩都是共产主义者，我们花了很长时间一起充满激情地探讨唯物史观，在讨论中我们双方都不得不在许多问题上做出相互让步。[65]

1925 年霍克海默以论文《康德〈判断力批判〉作为理论哲学和实践哲学之间的纽带》通过了他的授课资格答辩。这篇论文严格限定在对一个问题的讨论（讨论的基础性前提是从格式塔心理学和柯奈留斯先验哲学中引申出来的）上，这个问题就是：正如康德所认为的那样，自然中的形式目的性、审美对象的目的性作为一方面，本原对象的目的性作为另一方面，都说明不了理论理性和实践理性之间偶然而神秘的相合。相反，存在着"必然由我们意识连通性产生出来的事态"，它们能够通过纯粹认识论的方式被把握，因而也就是说观念世界和自然世界从根本上并不是分离的。[66]

霍克海默直到 1925 年 5 月 2 日以"康德和黑格尔"为题做编外讲师就职讲座的时候，以及 1925 年至 1926 年冬季学期第一次开"从康德到黑格尔的德国唯心主义哲学"大课的时候，才开始走出格式塔心理学和柯奈留斯先验哲学所设定的范围。成为编外讲师后不久，霍克海默就和罗泽·理科尔结了婚。1928 年 1 月他受聘讲授现代哲学史并因此有了一笔固定的工资收入。霍克海默当时有个心理障碍，使他难以胜任不需教案的讲座课程。后来他的这个心理障碍被参与创建法兰克福精神分析协会的神经学家、心理分析学家卡尔·兰道尔（Karl Landauer）用心理疗法给成功地矫正了。柯奈留斯当时希望霍克海默接替他哲学教授的席位，但是没能实现。他的位子先是被马克斯·舍勒占据，舍勒去世后，又指派给了保罗·蒂里希。这些年中霍克海默所开设的课程表明，通过逐渐扩大他在现代哲学中的考察范围，他在小心翼翼地将他最开始感兴趣的那些论题通过哲学表达出来——1928 年夏季学期："历史哲学导论"；1928 年至 1929 年冬季学期："现代哲学史中的唯物主义和唯心主义"；1929 年至 1930 年冬季学期："黑格尔和马克思"；1930 年至 1931 年冬季学期："英国和法国的启蒙"。

霍克海默 1926 年至 1931 年所做的一些笔记清楚地反映了他看自己的方式。1934 年流亡瑞士期间，他以"海因里希·雷吉乌斯 (Heinrich Regius)"的笔名，以"破晓和黄昏"[67] 为题出版了这些笔记。它们反映了对这样一个男人的基本看法：他本性优柔寡断，却一门心思地追求一帆风顺的学术生涯，那种追求同后来法兰克福核心圈子的任何一个成员的行为方式都不同。这些笔记中既包含一些与他早期的小说集《长大成人》中的思想相类似的评论和反思，也包含着后来出现在他第一批公开的理论声明中的一些观念。所谓第一批理论声明包括：《资产阶级历史哲学的起源》(1930)、《一种新的意识形态观念?》(1931) 和《社会哲学现状和摆在社会研究所面前的任务》(1931)[68] 这些作品。在《破晓与黄昏》中能找到对马克思主义学说角色的反思，也能找到一个中产阶级左翼个人主义者对自己身份难题的反思——霍克海默后来的其他作品再也没有如此公开地反映这些问题。

对社会不公和贫富悬殊的愤慨一直是他的最关注的内容。霍克海默在这里是从一个百万富翁的儿子的亲身体验出发而产生愤慨的，因此没有人能够怀疑他在这愤慨里面包藏着嫉恨。就像巴洛克画家在生物美丽的外表下洞见那些躁动不安的颓败的扭曲线一样，霍克海默看到：

> 所有那些高贵的夫人和绅士们每时每刻无不在扩大着他人的悲惨境遇。他们还不断地创造着新的惨境，为的就是靠它过活，他们还将不惜流光所有人的血来维护这一事态……当这位夫人打扮停当准备赴晚宴的时候，也就是她所依靠的人们开始夜班的时候；当我们因为这位太太头痛而亲吻她那优雅的小手的时候……三等医

48

院六点后已经不在收治病人，即使这个病人命在旦夕之间。[69]

同时，他搜寻具有震撼力的、具有表现主义意味的词语来描绘工人和穷人的悲惨境遇。社会的那层"地下室"无非是个"屠场"。"大多数人生下来就等于被投入了监牢"。

> 没有钱，没有任何经济保障，我们任人摆布。这当然是一种可怕的惩罚：每一天的折磨把你弄得筋疲力尽，你杂物缠身，日夜提心吊胆，你还不得不仰仗那些最卑鄙的人。不是我们自己，而是我们所爱的人，我们必须为之负责的人把我们投入这每日的苦役。我们成了蠢行和虐待狂的牺牲品。[70]

霍克海默这样评论特权者的卓越品质和穷苦劳工们的无望而悲惨的处境：

> 百万富翁，或他的妻子可以显露出公正高贵的品格，他们可以尽可能地发展每一种公认的品质……而小制造商们在这方面也是处于劣势的。他为了生存只能发展那些投机钻营的个性品质。一个人在整个生产中的品级越低，他的"道德"就越低劣。
>
> 一个人生活在越高的地位，他就越容易发展他的才智和其他各项能力……不仅对实现社会成就来说是这样，对培养一个人所能具有的各项其他能力来说也是这样。在权力不能让那些男男女女对他们的生活感到满意并为他们提供发展的条件的地方，他们就只能在廉价消遣中追欢逐乐，只能为占了蝇头小利而沾沾自喜，只能去不着边际地为自己算计，只能因虚荣和敏感而变得可笑。

霍克海默同马克思和弗洛伊德的观点一致，他也坚持认为，过去因作为进步手段而颇具效力的不平等，在现在的时代条件下已经不再具有合法性了。下面这个看法也许曾经是有道理的：加速物质文明发展的那些成就只能建立在少数人拥有大量特权，而多数人必须做出牺牲的基础上。但是在现在这个时代情况似乎是，特权不仅没有带来特别辉煌的成就，而且还在阻碍客观上已有可能的对于贫困的消除。

> 为了让那些利己主义的人们能够屈尊掌管雇佣劳动者大军，你就必须为他们提供小汽车、漂亮女人、住宅和无以复加的保障。但是要想让他们在精神和心理方面自己垮掉，从而能够每天都冒着生命危险下到矿井里去劳动，那就给他们保证稀汤寡水，一周吃一次肉，这绝对就足够了。多么奇怪的心理学啊！[71]

但在其中又有谁来宣读并执行对这个社会秩序的判决呢？处在上层的人们能够发展他们一切可能的能力，他们意识不到支撑着他们的悲惨世界，也更谈不到压抑这种意识。处在底层的人被压榨折磨得迟钝麻木，他们也意识不到这种不必要的悲惨达到了什么程度，意识不到他们的客观可能性和集体利益，也更谈不到压抑这些意识。而处在中间的人们则试图通过一切可能的手段爬向上层，或至少努力不要再次堕入低层。霍克海默甚至没有提到任何经济崩溃的趋势，也没有提到无产阶级这方面产生集体意识的过程。"社会主义社会秩序具有历史可能性……但是它不是通过历史内在逻辑实现的。它的实现只能靠经过理论训练的并决意去达到更好的［生存］条件的人，否则将是不可能的。"[72]但是在分析中，霍克海默又指出，通过理论去认识［生存］条件和决意去达到更好的［生存］条件是两码事。他把以技术的不断创新应用为典型特征的资本主义生产过程的发展，看作是无产阶级持续分化的原因：一部分分化为被雇用者，他们的日常生活枯燥乏味，而且他们将失去的不止是锁链；另一部分分化为失业者，他们的生活是地狱，而且他们根本不可能受到教育或是被组织起来。[73]这一点决定了霍克海默做出的另一区分："关于现实世界的知识"是一回事，而"对这种［资本主义劳动过程的］总体非人性的体验"和"对变革的迫切需要"又是另一回事。

无产阶级的领导者们在其中成长起来的世界不是学术环境，而是在工厂和工会中进行的一系列斗争、一系列纪律措施、一系列政党内或政党外的无耻的争论、一系列关押判决和非法活动……革命者的生活中没有宴会、荣誉的头衔、专注的研究和教授的薪水，相反他要忍受悲惨、羞辱、忘恩负义和可能永无释放之日的监禁，这些只有靠几乎超人的信念才能忍受得下来……在像今天这样的环境下，革命信念和对现实的伟大知识很可能实际上并不一致。我们现在很可能在那些没有良好素质的男男女女身上发现领导无产阶级政党所必需的能力。[74]

　　但是，在霍克海默看来，在理论和痛苦统一起来的地方，又无法期待革命行动和无所畏惧的投入。"尽管人们都希望过上好日子，可是许多人却生活在贫困当中，这一事实使得用谎言来毒化公众的心灵成为必须，同时也将这个社会秩序推向崩溃。"然而在那些受到毒化之害的人中，霍克海默只认为在那些特权阶层中心灵敏感的人才能在下面这些事实中看出罪恶：人和社会之间并不存在有机的关系；每个人所作的贡献都得不到充分的承认；生活中美好的事物往往对有些人来说却变成了最坏的事物。霍克海默本人正是特权阶级中心灵敏感的人们中的一员。他是怎么看他的任务的呢？对他来说同情那些参与当前斗争的人是显得草率的。"[比起天主教神职人员]我们资产阶级道德要更为严厉。如果有人心底里藏着革命的观念，那么他就被责成大声地说出来，即便这是毫无意义的，或者说正因为毫无意义才要让他大声地说出来——这样才能迫害他。"另一方面，他也批评了他的一些同行："用学院化风格来转译马克思主义，尤其在战后，是一种打消无产阶级对资本主义的斗争意志的尝试。"教授们，即"代表整个人类的专业知识分子们"对这一话题的讨论，将阶级冲突的根源转变成了一般化的问题，并且使得人们认为现实的罪恶情有可原。"他们在一本本有教养的书里，在一篇篇文章里以'科学'的语言讨论着社会主义社会理论和其他问题，但讨论完了之后他们又充满怀疑地退回到现时代的事务中去——他们就是这样维护着现有的体系的。"[75] 那么还有什么其他的行动方式吗？

霍克海默在对这个问题的思考中为自己确定了一个基本目标：那就是保持对"现世事物的一切秩序"的不满（这种不满原来掩藏在宗教之中），通过批判、通过将自己的全部精力投入"科学的社会理论"而同一切新的形形色色的形而上学伪装划清界限。这种方式将使霍克海默有可能——至少是在理论层面——把现实层面由于工人阶级的分化而产生的分裂弥合起来。这种分裂就是："实际的知识"与"对这种〔资本主义劳动过程的〕总体非人性的体验"以及"对变革的迫切需要"等等"根本原则的理解"之间的分裂。[76]

霍克海默对面临的任务所做的这种阐释，确定了他对自己在法兰克福的同事卡尔·曼海姆（Karl Mannheim）提出批评的指导原则。曼海姆的《意识形态与乌托邦》正是霍克海默第一篇长文的中心论题，此文 1930 年发表在格吕恩堡主编的《文献》杂志的最后一期上。[77] 霍克海默批评曼海姆固守着某种无力的德国古典哲学的变体——以作为形而上学实体的"成人（becoming human）"为基础，并认为依此建立知识社会学能够澄清关于这一形而上学实体的种种问题；他还批评曼海姆把由历史和社会决定的所有真理都说成是一样相对的，并因而是意识形态的。知识的被决定性和局限性恰恰为知识本身赋予了意义，它的意义就在于去改进对它起决定和限定作用的那些条件：这是一种具体的、存在主义的立场（尽管霍克海默没有这么称呼它），在《资产阶级历史哲学的起源》一书中，霍克海默对这一立场也是持同情的支持态度的。倘若科学完全无视它的时代的苦难、悲惨和局限，那么它就没有什么实际的作用了。谁要是以思想观念乃是被历史决定的这一点为由，徒劳地证明思想观念的相对性和模糊性，而没有看到这一点恰恰证明了思想观念本身就是与当时人类利益紧密相关的，这只能说明他对那些真正的问题——即，同日常生活强加给他们的巨大痛苦斗争的普通人所关心的问题——是漠不关心的。

51

霍克海默既没像马克思和卢卡奇那样去进行大胆无畏的理论建构，也没有像他们那样认为，在历史发展的驱动下无产阶级会发展成为一个自为的阶级，借助自我意识并在自己的阶级领导下继续发展已有的一切成就（尽管以往是通过异化方式实现那些成就的），继续完成社会的再生产。霍克海默的重点只是要阐明：那些生活在悲惨世界中的人们完全有理由选择物质利己主义，而且认为"通过对人类生存条件更有益的建构来改善物质生存"乃是"现今世界的第一要务"也并不是什么低级庸俗的想法。在这种改善的基础上，不仅使"人类的基本需要——最基本的和现实的目标——得到更好的满足，而且也让一切所谓的文化价值和观念价值得以实现"。[78]

在上述思想中，我们听到了他在 1931 年的就职演讲中没有发出的声音，听到了关于受造物 (creature) 之有限性、肉身性及其利益一致性 (solidarity) 的某种叔本华主义观念的回声，相反，感受不到德国唯心主义哲学那种激进主义的悲悯。在一定程度上，霍克海默似乎给这种对人类存在的有限性和短暂性的意识赋予了历史唯物主义的基础。先验哲学的存在主义改造在这里被再一次改造，从而获得了社会历史的方向。海德格尔的立场是："此在的本质规定不能靠列举关乎实事的'什么'[eines sachhaltigen Was] 来进行……它的本质毋宁在于：它所包含的存在向来就是它有待于去是的那个存在，并且将此作为自身。"后来萨特的立场是：除了"自我造就的人类之外"，根本就没有人类本质这种东西。霍克海默的观点则是："当社会学家曼海姆谈到'存在的'大写人（其发展是通过或在文化形式之内得以完成并得到表现的）的时候，几乎无法理解他在说什么……历史没有目的，甚至历史的发生也不来自于对它进行筹划和决定的人类有意识的目的。"[79] 霍克海默认为自己站在贯穿了康德、法国启蒙、黑格尔和马克思这条线的延长线的一端——在这个意义上他将自己看作是马克思主义学说的捍卫者。但是，在这个自 1930 年起坐上研究所主任位子的主任的办公室里，却挂着叔本华的画像。当你看到霍克海默站在这个画像前面，当你听到他说对他影响最大的一个人就是叔本华的时候，你也许会想到柯尔施《马克思主义和哲学》里面的一个段话。柯尔施说，人们不得不（像第二国际的马克思主义理论家们那样）认为马克思主义并不包含任何哲学上的特定立场，因为"一个第一流的马克思主义理论家在他的个人哲学生活中也不是不可能成为阿图尔·叔本华的追随者的"。[80] 当时的威利·施策勒维茨是研究所奖学金的获得者之一，他 1928 年夏天来到研究所，1931 年以论文《科学在马克斯·韦伯那里的界限》[81] 获得博士学位。同许多青年左翼知识分子一样，他对卢卡奇的《历史与阶级意识》和列宁充满了热情，并因此推迟了与共产党脱离关系的决定。霍克海默给施策勒维茨留下的印象是：一个中产阶级哲学家，亲近马克思主义和共产主义，但还有些半康德主义半实证主义；一个教师，乐于公开讨论，很少点名提到马克思，既不关心卢卡奇的马克思主义，也不关心阿多诺和本雅明的"解释"哲学。

艾里希·弗洛姆

他整日坐在他开的赖以为生的小店里研究《塔木德》。有顾客来的时候，他总是不情愿地抬起头看看，并说道："您看看还有别的小店可去吗？"这就是艾里希·弗洛姆为我们讲述的他祖父赛里格曼·弗洛姆 (Seligmann Fromm) 的故事。赛里格曼·弗洛姆在家中德高望重，在弗洛姆心里是个理想化了的偶像。艾里希·弗洛姆 1900 年 3 月 23 日生于美因河畔法兰克福，是家里的独子。父母双方都出自拉比之家，而且都是正统的犹太人。弗洛姆的父亲是个水果酒商，但深以自己的行当为耻，而宁愿做一个拉比。在法兰克福度过大学中的两个学期之后，弗洛姆 1919 年来到海德堡开始潜心研究社会学、心理学和哲学。在那里他在阿尔弗雷德·韦伯 (Alfred Weber) 的指导下以论文《犹太律法：也论犹太人大流散的社会学》[82] 获得博士学位。他在接受中学和大学教育的同时，私下里也专注于对《塔木德》的研究。法兰克福最大的犹太教堂的拉比尼希米·诺贝尔 (Nehemiah Nobel)，以及跟随一个犹太俄国革命者一起流亡到海德堡的出身于哈西德教派家庭的拉比萨尔曼·巴鲁赫·拉宾考 (Salmann Baruch Rabinkow)，都为弗洛姆做出了活生生的榜样——他们证明了怎样将保守的犹太教和人道主义相结合，怎样将宗教信条和生命本身相结合。

在 1920 年代早期，弗洛姆在自由犹太人读书之家 (Ereies Jüdisches Leehrhaus) 任教。他在创立犹太成人教育组织（即读书之家的前身）时也出了不少力。在读书之家前面冠以"自由"是因为，只要交了听课费，没有任何参加的限制；除了教师和学生之外没有任何人能够干预教学计划。它的第一任主管是弗朗茨·罗森茨威格 (Franz Rosenzweig)，他是被同化的犹太人中边缘群体里的一员，当时他们中越来越多的人都赞成归宗犹太传统。这种归宗是对当时社会实际的一种反应：德国十一月革命之后，大多数犹太人群体起码体验到了一种名义上的平等，即使十一月革命之后犹太知识分子的社会地位因反犹主义情绪的增长变得岌岌可危。反归犹太传统采取了不同的形式：或者采取犹太复国主义（锡安主义），或者制定在巴勒斯坦或苏联的犹太人定居计划，在生活方式上遵守犹太教食物禁忌，遵守安息日和犹太教其他宗教节日，或者通过犹太神秘主义改造哲学上的或其他方面的观念。罗森茨威格希望自由犹太人读书之家可以带来犹太知识分子圈子的复兴，希望这个读书之家作为犹太社区的核心能在犹太社区和犹太经典文本之间建立生动活泼的关系，并因而激励犹太人的生活。

这成为了一项颇具影响力的任务。1920 至 1926 年之间，读书之家共计举办了 90 次讲座，组织了 180 个研究小组、研讨会和讨论班，有 64 位教师参与了这些活动。在读书之家的鼎盛时期，在一个有三万人组成的犹太社区的小城市里，就有 600 名在校大学生参与读书之家的活动。诺贝尔拉比（于 1922 年 1 月去世）和自 1922 年以来就积极投身读书之家活动的马丁·布伯 (Martin Buber) 分别为各自的课程吸引来 200 名学生。另一方面，在研究小组里大学生们小范围地聚在一起潜心研究。举个例子来说吧，格尔绍姆·朔勒姆 (Gershom Scholem) 在 1923 年移居耶路撒冷之前曾经在法兰克福逗留了几个月，在这期间他和几个同仁组成了一个不多于十二人的小团体，一起阅读和阐释希伯来原文的神话、预言和叙事文本。弗洛姆就是这个小团体的成员。

但是罗森茨威格的许多愿望都没有实现。举办讲座课程原来的目的一则是为小型的、更专精的研究小组筹措资金，一则是为那些对犹太生活有严肃兴趣的人们提供引介性的入门，可是在 1920 年代后五年中，大讲座的吸引力开始逐渐下降。虽说其他许多城市纷纷在此时效仿读书之家的计划，但这个计划还是破灭了，直到 1933 年才又作为对纳粹上台的抗议复兴了起来。

弗洛姆 1920 年代中期通过另一家正统犹太机构开始学习精神分析。1924 年犹太精神分析师弗丽达·赖希曼 (Frieda Reichmann) 在海德堡开设了一家私人精神分析诊疗所。恩斯特·西蒙 (Ernst Simon) 54 （他和弗洛姆与洛文塔尔一样都是海德堡的大学生、同时也是自由犹太人读书之家的教师和弗丽达·赖希曼的"门诊病人"）回忆说：

> 犹太人的"生活节奏"是 [这个诊疗所] 集体里精神生活不可分割的一部分，它是纯然犹太性的。在进餐时人们祈祷并摘读犹太圣经里面的段落。安息日和犹太节日也被认真遵守着。这一切使得这个诊疗所获得了"托拉疗法诊所"的绰号。在那时，这很对弗洛姆的胃口。[83]

弗洛姆被培训成一个精神分析师，并与弗丽达·赖希曼结婚，于 1927 年开设了自己的诊所。同年，他发表了第一篇关于深层心理学的长文《安息日》(Der Sabbat)。弗洛姆后来断言自己"在整个大学期间都是个真正的弗洛伊德主义者"；[84] 在一篇文章中，他得出结论说"安息日起到了对弑父获母 [这一原罪] 的暗示作用；勿工作的戒律是通过回归前性器欲期 (pre-genital stage) 而实现的对原罪及其重演的忏悔"[85]。他在宗教社会学和心理分析方面的知识，以及对佛教、巴霍芬(Ba-chofen) 和马克思的了解意味着，弗洛姆将能够比他的这些人道主义犹太法师榜样们——诺贝尔和拉宾考——更进一步，他将摆脱正统的犹太教，成为一个社会主义的人道主义者。1920 年代晚期和 1930 年代早期的弗洛姆和威尔海姆·赖希（Wilhelm Reich）、西格弗里德·伯恩费尔德（Siegfried Bernfeld）一样，是一名左派弗洛伊德主义者，首次尝试着将弗洛伊德本能驱动理论和马克思阶级斗争学说相结合。[86] 另外，他还是在柏林担任精神分析师、法兰克福精神分析研究所的讲师，还是社会研究所在社会心理学方面的助理研究员。

法兰克福精神分析研究所的建立，实现了以弗丽达·赖希曼为中心的海德堡圈子在 1926 年制定的计划。这个精神分析研究所的第一任主任是卡尔·兰道尔和海因里希·门格（Heinrich Meng），弗丽达·弗洛姆－赖希曼和艾里希·弗洛姆都在该研究所担任讲师。由于艾里希·弗洛姆、弗丽达·赖希曼、列奥·洛文塔尔、马克斯·霍克海默和卡尔·兰道尔之间人际交往的关系，法兰克福精神分析研究所（这是德国第二所精神分析研究所，第一所在柏林）获得了社会研究所大楼里的几间办公室。这也意味着在精神分析和大学之间首次建立起了联系（即便这种联系是间接的），在这之后的 1930 年就发生了法兰克福市将歌德奖颁发给弗洛伊德所引起的巨大争论，但最终法兰克福公众承认了这位精神分析学说的创始人。精神分析与历史唯物主义的社会研究之间共有的理论前提，也使得二者之间建立了机构上的联系。

弗洛姆是 1929 年 2 月 16 日精神分析研究所正式成立大会的发言人之一。他作了《精神分析在社会学和宗教研究中的运用》的报告。在这个简短的、规划性的报告中，他认为心理学和社会学都是必需的，对研究那些最重大问题尤为必要，并认为一个"最重要的心理学和社会学问题"就是研究"人类的社会发展（尤其是经济和技术发展）与人类心理机能的发展（尤其是人类的自我构成 [ego-organization]）之间有什么样的关联"。[87] 他大致勾勒了一种反形而上学的历史人类学观念，后者为威尔海姆·赖希和西格弗里德·伯恩费尔德已经开始尝试的用心理学范畴书写历史的事业赋予一种普遍的、历史唯物主义形式。这其实已经预示了霍克海默随后将在《资产阶级历史哲学的起源》中发展起来的那些观点。为了给心理学提供参与社会学问题研究的原则上的合法性，弗洛姆在报告的结尾引用了"一位最卓越的社会学家"的话："历史什么事情也没有做。它'并不拥有任何无穷尽的丰富性',它并'没有在任何战斗中作战'！创造这一切、拥有这一切并为这一切而斗争的，不是'历史'，而正是人，现实的、活生生的人。"[88] 这是《神圣家族》中的一段话，在这里马克思和恩格斯要保卫费尔巴哈"真正的人道主义"，批判了布鲁诺·鲍威尔及其他人所支持的思辨唯心主义的幻想。[89] 弗洛姆对青年马克思的引用很符合卢卡奇和柯尔施的观点，他们认为马克思主义方法的核心就是从人与人之间的社会关系去考察一切经济和社会现象，从而脱去这些现象的拜物教式对象化的假相，重新把它们看作人类本身创造的结果，即使这些结果多少已经脱离了人类的掌握。但是，弗洛姆的报告，还回应了另外一些观点。这些观点是像保罗·蒂里希这样的宗教社会学家所支持的。保罗·蒂里希就曾强调，为了能够实现完满的人的存在，就必须进行激进的社会主义变革。他们都以某种青年马克思为参照系，认为青年马克思批判资本主义社会的目的就是要对被经济思想优先性遮蔽了的人的本质进行反思。精神分析研究所的另一位主任海因里希·门格，曾在他的自传中写道："我们的讲师们和神学家保罗·蒂里希之间保持着私人的、在学术上富有成效的接触。比如，他所讨论的一个论题就是'青年马克思'。他在发表的成果中和进行的讨论中，证明了马克思曾经多么坚定地强调过人道主义是社会主义的核心。"[90]

在随后的几年中，弗洛姆的著作可以被视为"激进的马克思主义社会心理学"，包括赫伯特·马尔库塞和威尔海姆在内的许多人都是这么认为的。[91] 弗洛姆将正统的精神分析和正统的马克思主义相结合，从而产生一种新的研究设想——但是如果仔细考察，这一设想的结果却令人悲观。他写出了研究专著《基督教义的发展：宗教的社会心理功能研究》，反对西奥多·里克（Theodor Reik）所代表的在观念史基础上对基督教义的精神分析阐释。里克曾是弗洛姆在柏林精神分析研究所的老师之一，他的文章"教义和强迫冲动"(Dogma und Zwangsidee)发表在1927年的《意象》(Imago)杂志上。弗洛姆对里克的批判很像马克思和恩格斯对他们同代的"唯灵论"青年黑格尔派的批判。

> 他把群众的同一性（uniformness）看作是理所当然的，并没有试着去根据他们所处的客观生活情境去考察他们……相反，他拘泥于由群众创造出来的观念和意识形态，而从来不关心表述着这些观念的真正的人——活生生的人类——和他们的具体心理情境。他并不认为意识形态是人类的产物。相反，他从他们的意识形态去重构人类。[92]

与此同时，霍克海默在对知识社会学的批判中也采用了相同的模式。他批评知识社会学"对人类的客观斗争以怎样复杂的方式决定着他们的观念未加探讨，就考察起精神史"，"把客观存在的矛盾再阐释为两种观念之间的"、"思想风格"和"体系性世界观"之间的矛盾"。[93] 不管是弗洛姆那里还是霍克海默，均将批判的核心放在关注下层阶级被压迫及其悲惨生活之类的条件因素上，认为正是这些条件因素产生出了各种各样的观念、世界观和宗教。他们进而证明，任何关于精神现象的研究观点，如果不从生产方式的决定性作用出发，不从社会的阶级分化出发，必然会延续不断地抑制人们对于悲惨境遇和不公正的种种意识（awareness），而这些意识恰恰是精神现象基础。即便这种研究观点换上精神分析或是知识社会学的外衣，它还是会起这样的抑制作用。

弗洛姆将马克思主义运用于弗洛伊德思想所产生的理论，解释了阶级社会的稳定性，但似乎又暗示：这种悲惨的不公的世界将会永固长存。弗洛姆为弗洛伊德赋予阶级斗争学说的框架，其核心思想就是：阶级社会的权力结构为服从的人们复制了婴儿期情境。这些人们在体验中认为他们的统治者是有权力的、强大的和可敬的。反抗统治者没什么意义，倒是通过爱和服从来换得统治者的保护和善意相对理性一些。关于神的观念要求人们（即便是成人）具备这样一种心理，那就是自愿服从父亲形象并理想化地看待统治者。

里克把人子和天父本体上同一这种本体同一论（homoousian）观念（公元325年尼西亚会议所确立）看作是反抗父亲的这种倾向的胜利；

这种观念可以被理解为个体强迫性神经症状的类似现象。但是弗洛姆将这种观念看作是对反抗父亲态度的放弃，看作是几百年来适应过程的结果，这种适应过程并不影响个体全部的心理结构，而仅仅影响到每个个体所共有的那部分心理结构。这是一种对存在的现实社会情境的适应过程，在那种情境中不存在对统治阶级灭亡和自己阶级胜利的希望，甚至"从精神的角度看，坚持早期基督教无产者的那种典型的'憎恨'态度是没有意义的，是不划算的"。以人类的生活和命运为基础来思考观念，这构成了弗洛姆的社会心理学方法采用的基本步骤。他坚持认为，宗教观念不可能通过与精神分析学意义上的个体心理作类比而被还原为种种病理症状，而是应该将它们视为"正常"人的集体幻想，即"现实对于人类整体的精神情境所产生的影响，远远强于对那些神经症患者的影响"。[91]弗洛姆的方法步骤产生了意料不到的后果。他研究中的种种洞见，虽然从表面看上去充满了对群众日益增长的自我否定和精神异化的义愤，并因这种义愤而深化，可实际上弗洛姆非常严格地坚持了存在决定意识的马克思主义观点。弗洛姆一般性地断言（没有建立在更多的例证之上）在任何集体中，仇父和爱父心理必定会伴随该集体的客观生活状况交替地起支配作用，并由此推断各种宗教观念也完全与各种客观生活状况相对应，所起的作用也只是以一种完全功能性的方式复制各种客观生活状况。对穷人和受压迫者来说，针对统治阶级的暴力反抗和无力的仇视以及自虐性的自我否定，似乎都是同等有效的行为方式，每种方式都是在心理上对于情境的合理反应。弗洛姆的整个推论逻辑如下：神经症个体患者以这种或那种方式停留在这个阶段的婴儿期童年情境，在某种意义上说是可以结束的。这种心理疾病的完全消除是可能的，对患者的治疗是有目可循的。然而阶级社会将大部分成员宣判在婴儿期，却是一种稳固长存的现实，反叛这种社会虽说是可以理解，但似乎在心理上接受它更理性一些，这正如孩子反抗父亲虽说是可以理解的，但肯定还是尊重父母更在社会上行得通一样。因此，造反是得不到支持的。

弗洛姆把精神分析社会心理学还用于研究当代德国工人阶级这一

社会群体，所采用的方式与他在研究基督教义发展的历史现象时所采用的方式多少有些相同。他与社会研究所合作开展这项工作。研究所已于 1930 年任命他为本研究所社会心理学部的主任，这个主任位置没有期限限制。在 1929 年 11 月 1 日给科学、艺术和教育部部长的信中，费利克斯·韦尔就已经将"工人阶级过去及当前的状况"列入了研究所计划长期开展的六个研究领域之一。目前已在开展的两项计划中较大的一个，其第一阶段的完成至少需要 5 年时间，就是要：

> 尽力收集关于工人阶级这个重要社会阶层的物质和精神状况的材料。这项工作不仅利用现成的印刷或（社会保险）文件材料，而且也已经采用了大规模独立研究的方式。我们确信专家之间以及和工人的领导组织之间的合作将使得这项工作得以完成。

含有 271 项调查内容的 3300 份问卷调查表，已经于 1929 年底下发到工人手中。这项关于工人阶级的研究结果在研究所逃离纳粹之后，也就是在最后证明了德国工人阶级的无能之后的那段时期才能出来。然而，依据弗洛姆同一时期所做的其他研究以及这项问卷调查本身的内容，我们也可以合理地推测，他到底想要在这项他负责起草和发起的研究项目中得出什么样的结论。

弗洛姆归纳了他对基督教教义发展的研究得出的结论：新教已经站在一个社会新纪元的门槛上了，在这样的社会中群众有可能采用一种积极的态度，这"与中世纪那种婴儿式消极的态度截然相反"。在中世纪，天主教带着"掩藏的向母祖（Great Mother）宗教的退化"，为完全被婴儿化的人群提供了一种被母亲宠爱的婴儿式的幻想型满足。[95] 当弗洛姆开始研究工人的真实情境、精神结构和政治信念之间的关系时，我们可以认为他将马克思主义和社会主义观念当成了最早期基督徒的革命宗教观念的现代对等物。考茨基在《基督教之基础》中就已经说过，"就阶级仇恨而言，现代无产者也未必能达到基督教无产者当时所达到的那种程度"。[96] 这样的类比不也暗示着拥有革命的观点就能替代参加革命斗争吗？革命斗争并没有发生这一事实，在弗洛姆看来难道不意味着拥有革命的观念正是工人阶级为适应垄断资本主义时代的客观社会情境而采用的充分形式吗？1920 年代晚期使得很多职业消失的合理化工业标准和 1929 年爆发的世界经济危机，是否强化了工资劳动者的无力感，而不是增强了他们对生产力的进步解放作用的信心，这还是一个尚待研究的问题。除了这一点，当时的客观社会情境依然表现为阶级分化，弗洛姆认为正是阶级分化在群众中起到了复制婴儿期情境的关键作用。

　　另一方面，即便弗洛姆希望他的研究可以为绝大多数无产阶级会被迫革命这个观点提供确证（而这恰恰与他所遵循的精神分析社会心理学所暗含的内容相反），但揭示无意识的情感冲动和精神结构也不一定就是最好的方式。比如，对参加俄国革命的那些人，对参加慕尼黑或匈牙利苏维埃政府的那些人的社会精神分析，就一定能显示出他们大多数支持对孩子进行不加体罚的教育，就能显示出他们支持已婚妇女工作吗？或者，就能够显示出他们所持有的另外一些观点就一定是深刻的反权威主义吗？诸如此类的疑虑马上就会在心里面产生，这一事实正说明那种认为经验研究（无论多么精深）可以揭示革命前景的观点是多么的荒谬。

　　在一篇发表于 1931 年、名为"政治与精神分析"（Politik und Psychoanalyse）的文章中，弗洛姆提到了恩格斯 1893 年 7 月 14 日给梅林的一封信。恩格斯在这封信中批评了一种忽视经济基础的思想方法：即忽视具体的政治、法和其他意识形态均源于基本的经济现实。弗洛姆在他的文章中称赞精神分析，说它最终提出了一种方法，可以"沿着一条从经济决定论出发，经由人的内心和精神，直接进入意识形态总结的道路"。

　　　精神分析在这里对社会学大有助益。因为社会的一致性和稳定性并不仅仅是由那些机械的和理性的事实（来自国家权威和共有的自我利益的强制等等）所构成和保证的，而且还是由存在于社

> 会中的，尤其是存在于各种不同的社会阶级成员之间的一系列利比多关系所构成和保证的（试比较，将小资产阶级和统治阶级连接起来的婴儿期纽带，以及由此而来的理智上的胁迫）。

弗洛姆以一种即使面临明显的悖论也毫不畏缩的坚定性坚持认为，经济决定着人类的命运。"群众的类神经症行为是他们应对无法逃避的、有害的、无意义的生活条件的正常反应，因此，这种行为无法通过'分析'而被'治愈'。"只有通过改变并根除这些生活条件，这种行为才能得到"治愈"。[97] 尽管他不承认，但实际上这种表述将历史唯物主义观念简约成了荒谬的东西。首先，这种观念表明：严密的社会机制不允许在生存条件方面有任何根本的变革。既而，它又说只有生存条件的根本变革才能改变群众的行为。但是，如果发生了这类变革，也只会导致新的意识形态上层建筑的产生——"这是经济和社会基础的必然要求"。这样看来，对弗洛姆这样坚信所有人都可能实现生命完满的人来说，肯定会转向弥赛亚人道主义，因为后者可以使人们即刻逃离存在与意识的无尽锁链。

弗里德利希·波洛克

32 岁的弗里德利希·波洛克对卡尔·马克思表现出的真挚的、无限的热情几乎无人能够比拟，虽说有些笨拙和朴实。波洛克认为，30 岁的时候马克思就"清楚地确定了自己的哲学、社会和政治观点，终其一生，没有什么可以让改变自己的观点"。马克思"不顾任何阻碍，为无产阶级事业奋斗终生"。[98] 他在 1926 年发表了关于维尔讷·宋巴特(Werner Sombart)《无产者的社会主义》(*Der proletarische Sozialismus*)一书的商榷文章，在文中表达了对马克思的这种忠诚。宋巴特以前是马克思主义的追随者，曾和恩格斯保持过通信关系，可是 1920 年代期间转而支持"德国"社会主义形式，成为反犹主义者，与奥斯瓦尔德·斯宾格勒 (Oswald Spengler)、约翰·普兰格和奥特马尔·施潘 (Othemar

Spann）保持着精神上的联系。[99] 波洛克坚持经验研究的重要性，而反对宋巴特对现象学"本质直观"（Wesensschau）的依赖。[100] 宋巴特断言马克思和恩格斯所赞成的是一种"平民主义"的"基本价值"，这是波洛克强烈反对的，相反他认为科学社会主义具有自然科学的性质。波洛克还驳斥了那种认为唯物主义辩证法只是无产阶级历史形而上学的一个组成部分的说法，他援引恩格斯的《反杜林论》以证明马克思和恩格斯都对辩证法的普遍有效性坚信不疑。

所有这一切说明了波洛克的典型特征。他1894年生于弗莱堡。和霍克海默的情况一样，家里本来希望他接替父亲的生意。波洛克对犹太教以及那些犹太习俗的漠不关心，他的潜藏着的反抗品质和简单、冷静的性格，这些都给16岁的霍克海默留下了深刻的印象，由此开始了一段持续终生的特殊友谊。波洛克很少像霍克海默那样表现出对社会不公的厌恶，但是他也很少像霍克海默那样表现出对公开投身于马克思主义和共产主义的犹豫不安：1919年5月慕尼黑苏维埃共和国瓦解的时候，他将自己的护照给了一位希望逃离出境的俄国人；这个逃亡者最后被抓住了，而波洛克也惹上了被捕的麻烦。尽管波洛克也像其他人那样研究哲学，可是这只是他专业兴趣之外的业余领域。他的专业是经济学，1923年他以关于马克思的货币理论的论文获得了经济学博士学位。他1928年在格吕恩堡的《文献》中发表了论文"论马克思的货币理论"。在文中他还对"马克思体系中经济和哲学要素的不幸分离"表示了不满。[101] 其实他终身都对哲学理论保持着一种庸俗的（philistine）轻视态度，并固守着前列宁主义的马克思主义正统信条。

应大卫·梁赞诺夫之邀，波洛克1927年去苏联参加十月革命十周年纪念。他的《苏联计划经济中的实验（1917-1927）》一书就是这次访问的成果之一，1928年他还以此书参加了授课资格答辩。这本书是研究所系列出版物"社会研究所丛书"（Schriften des Institus für Sozialforschung）中的第二本著作，整部书的写作风格同卡尔·格吕恩堡惯有的那种风格相似，后者被马克斯·阿德勒[102]在其七秩华诞纪念文集中称为"研究社会存在的历史现实主义大师"。在该书的前言中，波洛克坦言从他"父亲般的朋友、老师卡尔·格吕恩堡教授"那里受惠颇多。读者们从前言第一句话中得知"在随后的作品中将要对材料进行理论分析",可是这根本没有兑现。波洛克对俄国革命从一开始就面临的各种非常不利的条件,对他们所面临的艰巨而长期的困境,对他们所犯的常常是很明显的错误,对他们指导方针的不断变化以及频繁的改组等情况进行了描述。在篇幅最大的一章,也就是倒数第二章"国家计划委员会(Gosplan)及其工作"中,他用上面提到的那些描述来证明,虽然在一开始计划的制定非常不充分,甚至到了荒唐的地步,但是后来逐渐变得越来越现实了。冷静地描述范围广泛的材料,这是全书的特点,可是本书也流露出波洛克 [对苏联计划经济的] 同情、理解和幻想,甚至流露出他对那些"计划经济的英雄先烈"的钦佩,流露出对他们为通过不同的计划创造出一个"充分完整的计划"所进行的不懈努力的赞扬之情——这个"充分完整的计划"如果"发展到最充分的阶段,将会自觉地在整体上将整个经济过程联成一体",并逐渐为"有意识地协调整个经济过程和它的各个组成部分"提供保证。[103]

波洛克相信,他对俄国实验的描述证明了"社会主义计划经济是不可能的"这个说法是一派胡言,尽管他得出这个结论的方法是禁不住推敲的。与格罗斯曼不同,波洛克认为资本主义的弱点不在于利润率下降的趋势,而在于各种不同经济部门之间的不协调。在导言中,他指出:

62   一切社会主义理论都认为,与"无政府的"资本主义经济不同,社会主义经济必须是经过计划的,必须是有计划可循的。但不能认为这是社会主义经济的惟一特性,要是这样,那么法老治下的经济、重商主义经济、德国战时经济,以及完全由卡特尔控制的资本主义经济形式等等这些千差万别的经济系统都可以被看作是社会主义的了。

波洛克因此下了一个定义:"如果要给'社会主义'计划经济划出范围,它不仅要包括社会主义的经济条件,而且也要包括社会主义的政治条件（无阶级社会，以及由此决定的生产资料社会所有制）。"但是在本书中，他还是决定"把政治放在一边"，[104] 他的整个想法实际基本上是围绕"自由市场／计划"的对比展开的。他的立场所反映出的逻辑如下：(1) 选择社会主义计划经济作为论题；(2) 以苏维埃俄国的经济为例证，证明计划和指导经济是可能的；(3) 由此得出结论，肯定社会主义计划经济的可能性。

他的这种将社会主义计划经济所特有的东西"完全放在一边"的思考，不同样可以，或者更能证明法西斯主义和资本主义的计划经济也是可能的吗？他怎么能够排除这种可能性呢？他的这种对"社会主义"苏联的描述毕竟基本是建立在布尔什维克有针对性的公告的基础上的。他引用了托洛茨基在 1920－1921 年间苏联首次尝试建立有计划的、免除市场限制的（market-free）经济的那段时期所发表的讲话，讲话说："如果我们愿意严肃对待计划经济，如果劳动力可以按照经济计划在每个发展阶段的情况来实现就业，那么工人阶级就不会过那种游牧式的生活了。工人阶级就会像军队那样，必须得到重新配置、实现再就业，重新回到工作岗位。"[105] 但波洛克自己得出结论说："如果这些实验不能基本保持食物生产的稳定，如果十分有限的工业产品供应—工业条件无法满足全部人口的需要（那样的供应水平和工业条件在人口密度很大的其他工业国家里是根本不行的），那么进行这类莽撞的实验将是不可能的。"波洛克本人还明确地说过，"从马克思以来直到现在，所有的社会主义理论家都曾认为，建立社会主义经济秩序的必要条件之一就是高度发达的资本主义经济。"[106] 这些都在暗示，苏联正在发生的事情丝毫不意味着一种社会主义经济体系或一种不受阶级支配的计划经济在理论上是可能的。

虽然怀着种种疑虑，波洛克还是认为，与高度发达的资本主义国家相比，俄国似乎更接近社会主义。霍克海默跟他的观点相同——尽管没 63 有特别公开地表示——而且也希望人类"以无阶级的、计划的经济来替代资本主义企业之间的斗争"。在写于 1930 年的一则笔记中，霍克海默表达了如下的观点：

谁看到了帝国主义世界毫无意义的、根本不能用技术无法改进现状来解释的不公正，谁就会把苏联发生的事件视为试图克服这些令人惊骇的不公而进行的连贯的、痛苦的尝试。至少，他会怀着怦然而跳的心情去询问这一尝试该不该进行下去。如果表面现象显示的是相反情况，那么他也会守护着纯洁的希望，就像癌症患者要牢牢抓住那些可能被发现但并不确定的癌症疗方信息那样。[107]

但是，一般所说的已被苏联发现的又是怎样的一种疗方呢？比起有众多工人政党参与的国家，由职业革命家所组成的党所垄断的国家会更接近于社会主义吗？波洛克在他的书中，报告了 1927 年第一个五年计划的草案，并引用了其中的一段话，这段话提到了"社会工程师的技艺(art)，他们的职责就是去重建整个社会基础"。波洛克也注意到，苏联计划经济委员会领导班子 24 位成员中有 13 名工程师。对此他所作的惟一反应也只是说，工程师需要让"'专家和理论家们密切地参与到他们的研究中'，从而获得合法性，尽管专家和理论家们的工作往往是被忽视的"。[108] 通过专家和理论家们而获得合法性的社会工程形式，不是像把有组织的资本主义当成通向社会主义的道路一样成问题吗？

波洛克和霍克海默先是接受以布尔什维克方式组织和控制经济的必要性——所谓布尔什维克方式，就是让具有主动性的少数人对国家实施权力垄断，这种方式对共产主义者来说理所当然，但却受到社会民主党人的憎恶，后来他们兜了个圈子，在如何实现社会主义这个问题上最终又回到了与社会民主党相同的观点。1927 年鲁道夫·希法亭[109] 发表了"社会民主党在共和国内的任务"一文，同年将它提交给了社会民主党在基尔召开的会议。他在这篇文章中写道：

> "有组织的"资本主义实际上就是将自由竞争的资本主义原则替换为计划生产的社会主义原则。这种有计划的、经过有意识地指导的经济能够在更大程度上服从社会的有意识的干预，也就是说

更能服从在社会中惟一支配着强制权力的那种自觉组织的干预，即国家的干预。[110]

波洛克在 1930 年格吕恩堡的《文献》最后一期上就几本讨论资本 主义前景和俄国实验前景的书发表了一个长篇书评。在这篇书评中波洛克抱怨说，现在没人——即使他是马克思主义者——对发生在资本主义体系内的结构转型做出分析。[111] 也许正是这一点使得波洛克和霍克海默继续对俄国实验抱有希望。对苏联境内发生的事件抱有的善意态度必定使他们的注意力聚焦于潜藏在自由市场和社会主义经济之间灰色地带里的经济和政治机会。但是在转入对资本主义的分析时，他们心里很清楚在社会主义到来之前资本主义（即使在它当前的危机中）究竟能为这些机会的实现留出多大的余地。

霍克海默在两个人中更有天赋，也更具野心，相反波洛克更温和，对自己作为行政人员和经济学家的身份也很知足。因此，尽管波洛克是格吕恩堡的副手和韦尔的密友，而且从一开始就是研究所的成员，可最后当上研究所主任的不是他，而是霍克海默。波洛克发表的作品和他的行政才能都是四平八稳的，因此没人会对这样的结果提出反对，或者说没有一条反对理由起码是能够站得住脚的。到了 1930 年代波洛克就这样稳步地确立了自己作为研究所行政和财政主管、社会研究所行政工作主持人的角色。

列奥·洛文塔尔

列奥·洛文塔尔一直引以为豪的一件事，是他将艾里希·弗洛姆带进了研究所。在后来成为霍克海默圈子成员的那些人中，洛文塔尔是在整个 1920 年代和犹太教保持着密切关系的人之一。和弗洛姆一样，洛文塔尔也是 1900 年出生在美因河畔法兰克福的。他的父亲是一名中产阶级医生，后来成为了机械唯物主义的追随者和坚定的科学力量的信仰者，这完全跟他自己的父亲，一个严格正统的犹太人的做法背道而驰。这位医生鼓励他的儿子阅读达尔文、黑克尔[112]、歌德和叔本华。每个下午，列奥·洛文塔尔都同那些来自富裕犹太家庭的学校好友们一起讨论陀思妥耶夫斯基、左拉、巴尔扎克和弗洛伊德。他先在学校通过他们共同的良师益友——西格弗里德·克拉考尔——认识了阿多诺，后来又通过先做柯奈留斯的研究助手，终于与当上社会研究所主任的霍克海默和阿多诺继续保持关系——洛文塔尔与阿多诺之间建立起来的是持续一生的爱恨交织的关系。

一"一战"最后几个月中，洛文塔尔参加了战时特殊的离校考试之后，应征入伍，在法兰克福附近服役。战争结束时，他在法兰克福、吉森和海德堡开始了大学生活，"没有固定的目标……除了医学什么都学"。[113] 对他来说，转向社会主义和对犹太教的复归是一起进行的。1918年，他和弗朗茨·诺伊曼、恩斯特·弗兰克尔 (Ernst Fränkel) 还有其他一些人一起，在法兰克福建立了社会主义学生团。1920年代初在海德堡，他也组织起了社会主义和犹太复国主义的学生。与此同时，他开始为法兰克福的自由犹太人读书之家工作。他第一次公开发表的作品是为《拉比诺贝尔博士五十岁寿辰纪念文集》一书撰写的一篇文章，标题是"魔力：否定的宗教哲学论纲"。[114] 当时他"最亲密的私人的和思想上的良师益友"[115] 克拉考尔批评了这篇文章。在克拉考尔看来，这篇文章中的某些地方是在缅怀布洛赫，缅怀布洛赫哲学中被马克斯·舍勒比喻成"对上帝无节制的疯狂"的那种东西。但是另一方面，洛文塔尔却受到了布洛赫本人的热情赞扬——他和布洛赫是在海德堡相识的。1923年洛文塔尔以论文《弗朗茨·冯·巴德尔的社会哲学：宗教哲学难题一例》获得博士学位。[116] 巴德尔使洛文塔尔着迷，他将巴德尔视为对抗世俗化了的中产阶级的教会和下层阶级联盟的代表。这篇论文也充满了布洛赫那种精神。布洛赫的《乌托邦精神》出版于1918年，在这部书中他勾画了一个由等级制构成国家整体的乌托邦蓝图，这个国家：

> 将消除一切混乱和引起悲惨结果的事物，整个国家将采用物资生产的公有制形式，确立有利于整个人类的经济形式，私人的经

济活动将被废除。同时，这也将使精神上的痛苦、焦虑和所有问题以前所未有的强度暴露出来——它们都无法通过社会途径得到解决，而只能求助教会所施的伟大的、超人的神恩。必然地、超验地说，教会的摆位仅次于社会主义。[117]

洛文塔尔的第一任妻子就是一位锡安主义者（犹太复国主义者）。从 1924 年起，他们在海德堡就是以弗丽达·赖希曼的"托拉疗法诊所"为中心的圈子里的成员。此外，洛文塔尔还为法兰克福东方犹太难民咨询中心工作。当时这些东方犹太难民常常处于困境之中，而且由于他们与犹太教有着显眼的联系，西方犹太人也拒绝接受他们。1920 年代中期，他和恩斯特·西蒙一起编辑《犹太人周刊》。同艾里希·弗洛姆一样，洛文塔尔把对犹太教、社会主义和精神分析的关注混合在一起，到了 1920 年代末，这种混合性的关注使他投身于一种新的理论计划。

从 1926 年起，洛文塔尔和阿多诺一起竞争柯奈留斯主持的授课资格答辩的机会。在这期间他是一所中学的教师，在社会民主党人民剧院担任助手，而且还是社会研究所的奖学金获得者。克拉考尔和霍克海默都没有给柯奈留斯施加影响，以决定是这一位还是那一位，最后他们谁也没有从柯奈留斯那里获得授课资格的认可。但是不管怎么说，两篇申请授课资格的论文还是写出来了，一个是阿多诺的《先验心灵学说中的无意识概念》，另一篇是洛文塔尔的《爱尔维修的哲学》。[118]

1930 年，洛文塔尔成为了社会研究所正式的助理研究员。在 1930 年 9 月 14 日的国民议会大选中，纳粹党继社会民主党之后，获得票数最多，得到了 107 个席位。费利克斯·韦乐、马克斯·霍克海默、弗里茨·波洛克和列奥·洛文塔尔聚在一起商议未来的对策，洛文塔尔曾力劝韦乐："你必须把钱为我们集中起来，在日内瓦开设分部。我们绝对不能在这里再待下去了，我们必须准备移民。"[119]洛文塔尔以前的工作领域太多了，但是他的主要职责后来还是筹备和编辑《社会研究学刊》，这是研究所的新刊物，替代了格吕恩堡的《文献》。

西奥多·魏森格隆德－阿多诺

"此时此刻的他完全同卢卡奇合为一体了",这是西格弗里德·克拉考尔 1921 年 12 月在写给他另一个宠爱的学生洛文塔尔的信中谈及西奥多·魏森格隆德时说的一句话。在这一年之前,魏森格隆德已经被批准参加了离校考试,并被免于口试,17 岁的魏森格隆德在法兰克福开始了大学生活,学习哲学、音乐、心理学和社会学。

> 他也许缺乏你所具有的对哲学的爱欲。在他那里有太多的东西来自智力和意志,而不是来自本性的深度。但他拥有我们俩都无法比拟的优长,极佳的物质生活和令人着迷的自信品格。他真是个优雅的人物,即使我对他的未来多少有点怀疑,可是他目前的状态还是令我很欣慰。[120]

西奥多·魏森格隆德 1903 年 9 月 11 日生于美因河畔法兰克福。魏森格隆德－阿多诺是他出生时他母亲要求登记的名字,也是他在魏玛时期从事音乐批评时使用的名字。1943 年流亡加利福尼亚期间,他的官方登记名字就变成了阿多诺,而"魏森格隆德"只以大写开头字母"W"代替了。他的父亲奥斯卡·魏森格隆德 (Oscar Wiesengrund) 是一位德国犹太人,在他儿子出生前不久改宗新教,而他的儿子也在新教教堂接受了洗礼。奥斯卡·魏森格隆德是一家 1922 年建于法兰克福的大型造酒企业的拥有者。西奥多的母亲本名叫玛利亚·卡尔维利－阿多诺·德拉·皮亚纳 (Maria Calvelli-Adorno della Piana),是个天主教徒,是出身于科西嘉贵族家庭的法国军官的女儿。在结婚之前她就是个成功的歌唱家了。她的妹妹是个知名的钢琴家,一直生活在她的家里。

阿多诺在严格的保护之下度过了他的童年和少年时期,他的整个这段时期都打上了他的"两个母亲"和音乐的烙印。在 16 岁的时候,他已经是一位非常有天赋的高中生,并在高等音乐学校学习了。西奥多的作曲教师是贝尔纳德·赛克莱斯 (Bernhard Sekles),"一战"前保罗·

欣德米特（Paul Hindemith）就曾跟随他学习。比他年长 14 岁的良师益友西格弗里德·克拉考尔与阿多诺在一战结束时相识，在理论教育方面对阿多诺十分关心。他们好几年都在每个星期六下午一起以非传统的方式研究康德的《纯粹理性批判》。在克拉考尔的指导下，阿多诺在这部书中体验到的并非某种认识论学说，而是某种被编码的写作，精神的历史条件可以通过这种写作方式得到破译，而且在这种写作方式中客观主义和主观主义、本体论和唯心主义都加入了战斗。1921 年是他高中的最后一年，在这年春天，他发现了卢卡奇的《小说理论》。克拉考尔也为法兰克福的《艺术与文学杂志》（*Blätter für Kunst und Literatur*）写了一篇具有说服力的文章，评论这部"具有伟大诗史形式的历史哲学作品"，认为它出色地揭示了"经典诗史"与小说的区别：前者是对充满众神与意义的世界的"自足文化（closed culture）"进行描绘的诗史写作方式，后者是对被众神和意义所抛弃的世界中成问题的文化、对完全罪恶的时代进行描绘的诗史写作方式。在克拉考尔的眼中，卢卡奇发现了最重要的东西：那就是使"希望之焰"继续燃烧，对"已消失的意义"重生希望。阿多诺对布洛赫与卢卡奇的密切关系早已有所耳闻，这一年他也读了布洛赫的《乌托邦精神》。在回忆中，他写道：

> 这本深棕色的书有 400 多页，[字] 印在厚厚的纸张上，似乎为人允诺了他希望从中世纪书本里得到的东西，而它为我许诺了一个孩子能从猪革装订的《英雄宝藏》（*Heldenschatz*）——一本近年出版的论述 18 世纪以来的魔法的书——里感受到的东西……它是一种哲学，却可以与最出色的文学比肩而立，它从未把人引向一种对方法的可鄙的顺从。像"内心的历程"（Abfahrt nach innnen）这样的概念，由于恰恰处在魔法（magic formula）和理论命题之间的狭窄分界线上，就是这一情况的明证。[121]

所有这些事情合在一起，促使阿多诺变成了一个早熟的年轻人，而在此之前，他对战争、政治和劳工生活一直没有体验，就像他后来在《伦理随想录——对被毁损的生活的反思》（*Minima Moralia：Reflexionen aus dem beschädigten Leben*）* 中的自我批评格言中对自己的称呼那样，是"温室里的植物"。

多亏了西格弗里德·克拉考尔，阿多诺才能对他所处时代的历史哲学和当代分析非常熟悉。西格弗里德·克拉考尔生于 1889 年，是法兰克福一位商人的儿子。克拉考尔从童年时期起就经受着明显的语言障碍的痛苦。由于父亲的早逝，克拉考尔由他的叔父带大，他的叔父是法兰克福慈善学校（Frankfurt Philanthropin）的教授，是一位专攻法兰克福犹太人史的历史学家。克拉考尔最早为了事业上的打算和为生计考虑，以建筑学为他的主要研究方向，而哲学和社会学只是副科。他那时无法听从格奥尔格·西美尔（Georg Simmel）[122] 的建议完全投身于哲学。1921 年他放弃了建筑行业的工作，转而成为了《法兰克福报》文学副刊的编辑之一，这是一个他能欣然接受的折中之举，这可以使他利用职业上的便利涉及哲学和社会学方面的论题。

在战后和 1920 年代前五年那段时期，克拉考尔用来批判性地为自己确立思考方向的哲学立场体现在以下两个方面：一方面是西美尔的相对主义及其在理论上显得浅薄的"生活哲学"，连同马克斯·韦伯对价值相对主义和科学客观性两者所做的明确区分；另一方面是马克斯·舍勒对天主教的赞扬，或毋宁说对有宗教倾向的现象学的赞扬，以及格奥尔格·卢卡奇对陀思妥耶夫斯基的作品和对俄罗斯精神的赞扬——他认为俄罗斯精神是对充满意义的世界的渴望的实现。他从这些哲学家那里多方吸取他们对于时代的分析，把它们当成是对这个世界、对人类之间关系以及对科学的无能的一种去神秘化（demystification），并将这种去神秘化视为走出当前危机的出路。在他的第一部书《社会学作为一门科学：认识论探讨》中，他大致提到了卢卡奇的《小说理论》，提到了将会阐发得更为清

---

* 此书德文原名 *Minima Moralia：Reflexionen aus dem beschädigten Leben*，英译名为 *Minima Moralia：Reflections from Damaged Life*，国内一般译为《最低限度的道德》，此译法参考了海外华裔学者的最新提法。——中译者注

楚的认识论内容。第一章是这么开头的：

> 在一个被意义充塞着的时代，一切事物都指向神圣的意义，在这种意义之内科学方式所构想的那种空洞的空间和空洞的时间都是不存在的。相反，时空构成了一种必不可少的封膜，把与意义具有各自特定关系的所有物质都包裹了起来……我、你、所有对象和事件都从这个神圣意义那里获得了它们的意义，并被厝置于多重结构性的宇宙之中……这些石头正是神圣存在的证明。

> 当意义失落的时候（在西方，这是由于天主教权力的转让造成的），当简洁的信仰愈来愈被当作束缚所用的教条，被当作令人懊恼的理性的桎梏而被加以保存的时候，被意义粘合在一起的宇宙解体了，世界自身分裂为存在着的事物的多样性和面对着这种多样性的主体。这个主体以前内在于那些充塞于世界的各种结构的运动之中，可现在因混乱而降格为精神的惟一担当者，在主体面前展开了一个无法测度的现实领域。主体被弹射到空洞时空展现的冷漠的无限性之中，发现自己面对着已被剥去了一切意义的物质。主体必须依照自身内心具有的那些理念（这些理念是从有意义的时代保留下来的）来加工和塑造这种物质。[123]

69

对克拉考尔来说——甚至同样对包括瓦尔特·本雅明在内的诸多相关的思想家来说，康德的认识论批判变得无比重要，因为那是形而上学的导论，而不是大多数新康德主义形式那样的对形而上学的怀疑拒斥。把思辨理性限制在经验领域在康德看来具有积极的作用，因为它能防止将经验世界的范畴扩展到其他每一种可以构想出来的领域并因而无法给纯粹理性的实践运用留出余地。以此类推，克拉考尔致力于为那种宣称自己具有客观性和必然性、价值中立的社会科学划定界限。因此，仅在内在（主观）领域有效的范畴将不会绝对化而致使其他那些适用于社会化的人的超验领域的范畴因此受到限制。

这部著作是建立在一个假设基础之上的，即在高度超验的条件下，存在着一种结构性的现实，它使世界和自我在同一个范围内统一为一体。因而本著作的意图也就是尝试对每种内在哲学形式（主要是唯心主义思想形式）做出批判，从而在小范围内为转化做好准备——这种转化其实已经是随处可见的了，它将引导迷失的人类重新回归到有上帝充塞于其间的既新颖又古老的现实王国。[124]

克拉考尔不像舍勒和卢卡奇，他可以赞赏但决不会具有他们的"宗教冲动和形而上的激情"[125]；他也非常不同于布洛赫，他曾经在洛文塔尔面前将布洛赫树立为一个应引以为戒的"私通上帝"的榜样。克拉考尔也是"那些处在期待之中的人们"（Those Who Wait）当中的一员。1922年，他以此为题在《法兰克福报》上发表了一篇充满尼采式风格的文章，在该文中他大致描画了一些道路，许多人沿着这些道路走下去的时候确信他们找到了新的精神家园，（他确信）这与其说是出于对"现时代之混乱"的应对，不如说是出于对"世界深层意义的缺乏而致的形而上痛苦"的应对。有代表性的思想就是鲁道尔夫·施泰纳（Rudolf Steiner）的人类学学说、恩斯特·布洛赫等人的弥赛亚共产主义、格奥尔格圈子对结构的信仰，以及新教、天主教和犹太教中给共同体（community）重新赋予的意义。给克拉考尔留下最深刻印象的态度是怀疑论者对信条和思想暴徒（intellectual desperado）所持的怀疑态度，而马克斯·韦伯正是具有这一态度的代表人物。但是，克拉考尔本人为之辩护的则是这样一种怀疑主义，它不会陷入一种信条式的怀疑主义，而是具有不偏不倚的开放胸怀、在犹豫之中有期待的怀疑主义。那些期待之中的人们不会像暴徒那样"通过否定他们所期待的东西来迁就当前不如意的情况，他们也不会将自己轻易地托付给奔涌的期望之流，后者也许会让他们失去头脑，被吸引到那些懂得某种虚假完满的人那里"。[126]此处尚不清楚的是，通过这样的努力——从力图实现"理论自我向现实人自我的重心转移，从由无形力量、意义缺失的维度所构成的单子化的、非现实的世界向现实世界以及它所包容的领域的返

70

归"——他究竟能够推导出什么。惟一清楚的是，克拉考尔把拒绝一味超前，把要求严肃对待当下此刻、对待世俗事物和表面事物的倾向，看作是"完美进入"和体验真正现实的前提条件。

直到 1920 年代，克拉考尔还一直批评社会主义运动，说它除了经济承诺之外没有宗教承诺。只有到了 1920 年代中期，他才认为当代真理存在于马克思主义学说之中——甚至认为马克思主义学说代表了这样一种信念：将物质和世俗的事物当成根本宗旨是能够避免的，如果能首先把物质和世俗的事物严肃地当成最根本事情的话。

卢卡奇、克拉考尔和布洛赫都不在学院圈子之内，因此光靠他们阿多诺并不能在法兰克福大学取得很大的进展。由于阿多诺是个早熟的年轻人，他对学术界的蔑视要更强烈一些。1924 年，他以论文《胡塞尔现象学中事物和意向之先验性》[127] 在柯奈留斯指导下获得博士学位。1924年 7 月他给洛文塔尔写信说："5 月中旬我计划好了博士论文，26 日我把有关的主要想法报告给柯奈留斯，得到了他的认可。我于 6 月 6 日写完论文。本来说 11 日上交论文，可是到了 14 日才交上去。"[128] 在博士论文中阿多诺为自己确立的任务是，解决胡塞尔对象—事物(Ding) 理论中先验观念论因素和先验实在论因素之间的矛盾。他从柯奈留斯的"纯粹内在哲学"[129] 观点出发，断言这一矛盾本身就是一个伪问题，从而完成了这项任务。这种解决问题的办法将事物视为一种由规律控制的表象关联，并服从于经验的修正和个人意识统一性的构造，从而认为事物既是观念的又同时是经验的。在他给洛文塔尔的信中谈到他的博士论文时，阿多诺说："即便对我来说，它的可信度比它应该具有的要弱——也就是说，它是柯奈留斯主义的。"

差不多在阿多诺开始学术研究的同时，音乐批评和音乐美学也成了他的现实研究领域，在这里，他可以作为卢卡奇、克拉考尔和布洛赫的学生积极从事各种研究活动。从 1921 年到 1932 年，他发表了百来篇讨论音乐批评和音乐美学的文章。与之相较，他直到 1933 年才发表了第一篇哲学作品，那是他为授课资格答辩而准备的论克尔凯郭尔（Kierkegaard）的论文。

　　阿多诺在法兰克福就涉足这样一种音乐圈子：对现代音乐抱有非同寻常的包容态度，甚至以勋伯格派或赫尔曼·雪亨（Hermann Scherchen）的追随者而自夸——赫尔曼·雪亨曾经是法兰克福博物馆音乐会的总指挥。有些在克拉考尔看来是表达某种存在主义观点的东西，在阿多诺看来却是对某种音乐形式的合理性的证明。在阿多诺的第一篇评论中，阿诺德·勋伯格（Arnold Schoenberg）就已经是核心参照点了。这篇评论1921 年发表在法兰克福《艺术与文学新杂志》(Neue Blätter für Kunst und Literatur）上，主要论题是他的作曲教师贝尔纳德·赛克莱斯创作的一部歌剧。也就是在当时的那几年中，勋伯格刚刚获得世界范围内的声誉——尽管这些赞誉主要授予他早期的印象主义作品。1922 年初阿多诺为在法兰克福上演的《月光下的皮埃罗》(Pierrot Lunaire）撰写了评论。他这样描述勋伯格：这位作曲家"降生在一个邪恶的时代"，因而在《皮埃罗》一剧中"为我们灵魂的无家可归的状态而吟唱"；在他那里，"曾经一度是创造性作品的形式前提的事物，现在成为了作品本身的实际存在和内容"；他靠自己独一无二的天赋"用严格的、外在限定的，却又是在整体上活泼的（durchseelt）形式"成功地创造出了音乐结构。[130] 尽管阿多诺接受并赞赏另一位作曲家菲利普·雅尔纳赫（Philip Jarnach）对"形式的肯定"——并认为那是"无政府的、碎片化了的时代中对于艺术最基本的精神态度"，但还是告诫他说：

　　　　人们不可能通过将主体性转化为建立在各种形而上学的、美学的和社会学的前提上的异化形式而获得客观性……惟一可能的是，让自我从自我本身，从它的实际决断开始成长起来。我们周围不存在客观的帐篷，我们必须依靠我们自己建造我们的家园。[131]

在一篇对斯特拉文斯基（Igor Stravinsky）的《士兵的故事》(Histoire du Sodat）的评论中，阿多诺批评斯特拉文斯基是在实践达达主义——据说在这部作品中，"无形的灵魂"在被毁坏的旧形式的废墟之上尽情狂欢。同时他又称赞了另一位作曲家鲁迪·斯特凡（Rudi Stephan），欣赏他那"创造形式的不倦热情"。[132]

所以说，从一开始，阿多诺就对艺术作品提出了明确的要求：它们必须提供充满灵感的（beseelte）形式。对他来说，现实显然无法提供安顿灵魂的家园。对他来说，同样显而易见的是，尽管所处的是这样一个世界，可在艺术领域内去拥有活泼的形式还是可能的：勋伯格的作品就是这一点的证明。在给另一位作曲家作品的演出所写的评论（1923 年发表在《音乐杂志》[*Zeitschrift für Musik*] 上）的结尾，阿多诺附带说道：

> 它与勋伯格的《格奥尔格浪漫曲》（*George-Lieder*）比起来显得很逊色，后者伴以令人震惊的大规模的击打节拍，猛然进入到市面正在上演所有其他音乐中间。它们甚至离开了作为它们基础的诗，让这些诗成为它们下面的阴影。在一篇草就的评论中要说清楚这些浪漫曲的性质及意义是不太合适的；我目前还不能站到离它们更远的地方对它们进行审视。[133]

1928 年 5 月，他在《音乐》（*Die Musik*）杂志发表了关于勋伯格的《小   72 单簧管组曲》的评论。在这篇评论中，他的这一观点得到了更为彻底的表达："在今天不可能对勋伯格作品有任何的批评；真理本身在这些作品中得到确证。对它的思考应该只限于材料分析去揭示它们已经达到的认识深度。"[134] 勋伯格因此正好符合阿多诺起初从他最重要的老师赖因霍尔德·齐克尔（Reinhold Zickel）那里学来的东西，他的这位老师是个顽固的国家主义者（而后来则成为顽固的纳粹主义者），是一战老兵、教师和诗人。从这位老师那里，阿多诺学会了去抛弃文化自由主义，转而支持一种超越了一切自由放任主义形式的客观真理观念。[135]

1924 年是阿多诺面临重大危机的年份，正是在这一年，他有了这样的想法："通过天主教的祈祷历书（ordo）也许可以来拯救这个已经日渐倾斜的世界"；也正是在这一年，他开始"倾向于改宗"天主教，想要

"公开迈出坚实的一步，以成为高尚的天主教母亲的儿子"。[136] 这一年的6月，他第一次在法兰克福德意志音乐社团（Allgemeiner Deutscher Musikverin）的音乐节上听到了贝尔格（Berg）的歌剧《沃采克》（Wozzeck）的三个演出片断。《沃采克》是一部真正在音乐中体现表现主义典型特征的作品，而且也是勋伯格流派最成功的作品。在阿多诺看来，这些片断"一下子把勋伯格和马勒（Mahler）联为一体，在我心里这是地地道道的新音乐"。对他来说，勋伯格和马勒一下子联为一体意味着：一种建构起渴望的音乐，一种对于已消逝的意义的渴望，一种对摆脱邪恶的、同时又自鸣得意的世界的渴望。在与贝尔格商定之后，他获准可以尽快到维也纳去做贝尔格的学生。1925 年初，阿多诺拿到哲学博士学位之后就去了维也纳，踌躇满志地要做一名作曲家和乐团钢琴师。

> 当我来到维也纳的时候，我认为勋伯格圈子应该同格奥尔格圈子一样，多少是有组织的。但情况已经不是这样了。婚后的勋伯格住在默德林（Mödling）；他那年轻优雅的妻子多少已经使他（或者在保守派看来是这样）同他的那些老友们隔绝了。魏伯恩（Webern）远离城市，住在玛利亚·恩泽尔斯多夫。人们相互之间并不经常见面。[137]

阿多诺很幸运地遇到并结识了勋伯格圈子里的很多重要的人物，因为1925 年汉斯·艾斯勒（Hanns Eisler）去了柏林，1926 年 1 月勋伯格也前往柏林之后，这个圈子最后就散了。在费卢西奥·布索尼（Ferruccio Busoni）去世之后，勋伯格在柏林成功地接替了他在柏林艺术研究院（Berlin Akademie der Künst）的职位。

阿尔班·贝尔格教阿多诺作曲，爱德华·施托伊尔曼（Eduard Steuermann）——勋伯格圈子里一流的演奏家——教他钢琴，同时还跟随勋伯格的内弟小提琴家鲁道夫·柯里什（Rudolf Kolisch）学习。贝尔格是勋伯格圈子中最友善、最大度的人，他教给阿多诺的东西"无疑是

'我们这个流派'中的金科玉律"。[138] "勋伯格主义的一切都是神圣的"，阿多诺写信给克拉考尔说，"在当代其他音乐中只有马勒还算得上一家。无论是谁，只要反对勋伯格，都将被击得粉碎。"他在与勋伯格能说上话之前，曾经见过他几面。他这样描述勋伯格本人：

> 他的脸是一张阴郁的人、甚至是邪恶的人的脸……在这张脸上没有任何"安详"可言（完全没有年龄特征），它彻底充满了困惑。他有一双几乎玻璃一样的大眼睛和一个有力的前额。他的面颊显得有些不可思议，尤其是他想对你示以安慰的时候就更是如此。贝尔格曾经把他［对这张脸的］的分析写下来给我，我没要，因为那分析看上去太像我本人了，当时我不知道那写的是谁的脸，可是我立即就看出来在这张脸上追寻搜索和沉着镇定同时并存的那种特征。整体来说，我认为他基本是健康的。[139]

阿多诺在这个他认为与自己有着某种同一性的人面前退缩了，与此同时，阿多诺从来到维也纳伊始，似乎就想从这种夹杂着毫无顾忌的勇敢又渴望得到承认的混合体，从这种陈腐和妄想、名誉和贫困的结合体中退回来；而伟大艺术，这个对他来说意味着一切的东西，却恰恰是在这样的混合体中发展起来的。

阿诺德·勋伯格在参加毕业考试之前就离开了中学。当他由于公司歇业而失去了银行职员的职业时，他把这看成是一种解脱，从此他就可以完全献身于音乐了。勋伯格 1874 年生于维也纳，是一位犹太小业主的儿子，8 岁时就开始演奏小提琴了。9 岁时他就开始作一些小曲子了。一位朋友教给他一些和声的基本知识，他也从迈尔的《百科辞典》(Konversationslexikon)[140] 的"奏鸣曲"词条中学会了怎么创作出他的第一个弦乐四重奏曲。这部《百科辞典》是他和他的朋友以分期付款的方式买下来的。他听的音乐会都是军乐队在公园里演奏的。在失业之后，他在"圣歌女神"(Polyhymnia) 弦乐队里结识了长他两岁的亚历山大·冯·

齐姆林斯基（Alexander von Zemlinsky）。齐姆林斯基成为了他的朋友和老师。他把"勃拉姆斯风格"的勋伯格介绍给了瓦格纳（Wagner），并在1898年组织筹划了勋伯格作品的首次演出。演出非常成功。但是当勋伯格的一些歌曲在同一年被搬上音乐会演出时，最早的"丑闻"发生了。"从那时起"，勋伯格后来对他的一个学生说，"丑闻就没有断过！"[141]

财政上的困难一再阻碍着勋伯格的音乐事业。很多年中他不得不在弦乐队里演奏别的作曲家的小歌剧。《古雷之歌》（Gurrelieder）是勋伯格第一部真正成功的作品。他最先开始创作这部作品是为了应征1899年的作曲奖，但是由于不断的中断和分心旁骛，直到1911年才完成。从1901年到1903年、从1911年到第一次世界大战、从1926年到第三帝国的兴起，他怀着改善他的经济状况的希望，怀着为他的音乐找到更为广阔的天地，并能够使之更好地为人所承认的希望，曾三次离开维也纳前往柏林。建筑师阿道夫·鲁斯（Adolf Loos）是他在维也纳最亲近的朋友之一，这位建筑师1919年还编辑了一本刊物，标题为《他者：旨在将西方文化引介到奥地利的论文》（阿道夫·鲁斯著）。[142]勋伯格本人不断做着那些对维也纳文化状况深感不满的人所做的事情——他（照着绘画界"维也纳分离主义者"的样子）发起了一个俱乐部。1914年他和齐姆林斯基一起创建了音响艺术家创作协会（Verein schaffender Tonkünster），古斯塔夫·马勒担任该协会的名誉会长和主持人；1918年他又创立了私人音乐演奏协会（Verien für musikalische Privatauf-führungen）。勋伯格反复强调，这种作曲家组织旨在将艺术家和公众从音乐会承办人和演出公司那里解放出来，那些音乐会承办人和演出公司总是将不大可能保证经济上成功的节目从它们的节目单上排除，"它们那些一成不变的、千篇一律的节目单已经造成了音乐趣味的普遍衰退"。大量而经常的一流演出将会让人们对新音乐的熟悉成为可能。这是一切新音乐鉴赏得以发展的前提，同时，他认为，随着新音乐的日益复杂，批评鉴赏也具有了前所未有的必要性。

自勋伯格1904年在维也纳开设课程以来，具有作曲天赋的人几乎没有谁去听课，因此勋伯格最终放弃了这种公众教育形式，代之以招收真正具有天赋的学生，给他们进行私人授课。这些学生中就有安东·魏伯恩（Anton Webern）和阿尔班·贝尔格。贝尔格是自学成才的。直到他的家庭条件有所改善之前，勋伯格一直为他免费授课。1919 到 1923 年，他也一直为另一个自学者汉斯·艾斯勒免费授课。艾斯勒是他的第二批学生中最有天赋的一个。免费授课的动机完全源于他对真正的艺术家，对有创作冲动的艺术家的尊敬："他一直感觉到，他所做的是他必须做的事情。事情看上去似乎是，他是在出于某种冲动，或是出于他心里说不上来的其他动机在做这件事。"[143] "艺术家就是天才"这种观念说明了他一直对人隐瞒着的动机，而那个时代读过叔本华的艺术家都是很熟悉这种观念的。就勋伯格而言，这种动机中还夹杂着断定音乐永远在进步、"当艺术家深而又深地探入无意识的黑暗王国取回统一的形式和内容的时候"，他们创造出来的一切都是合理的这样一种信念[144]。勋伯格的《古雷之歌》1913 年在维也纳上演并大获成功的时候，他早就告别了晚期浪漫派的音乐世界了，此时他尚处于漫长但并非不多产的危机之中。在他发现了为他的作品的连续统一性提供保证的那个新观念之后，自由的无调性危机时期从 1905 年差不多一直持续到 1920 年代的头几年——这个新观念就是用十二音阶来作曲的方法，每个音阶只在两两之间相互联系。他"对于表现的需要"，使得他能够在他之前试图自由地打破调性作曲法的那些重要艺术家止步的地方继续走下去。通过十二音阶技法，他创造出了他"仿佛在一个'可理解'、可控制的梦境中听到"的各种音乐形式。[145]

　　尽管吸引阿多诺的是贝尔格，可勋伯格才是阿多诺眼中至关重要的作曲家，才是阿多诺在最早的一篇音乐评论中对音乐所提出的那些要求的实践者："惟一可能的是，让自我从自我本身，从它的实际决断开始成长起来。我们周围不存在客观的帐篷；我们必须依靠我们自己建造我们的家园。"这个充满激情的 22 岁的年轻人再清楚不过地感觉到，他不可能从勋伯格那里获得认可。阿多诺根本不是什么有创作冲动的多产的艺术家，而且他在技术分析上还是很笨拙的，而那在勋伯格派看来非常重要。"极其热情"却还"背着哲学包袱"[146] 的阿多诺给勋伯格留下的印象是，他既非一个作曲家，亦非一位音乐美学家。

阿多诺曾描述过他与另一位大人物格奥尔格·卢卡奇相遇时的情景，后者一直是他年轻时代的光辉榜样。这个描述也表露出某种矛盾复杂的反应。1925 年 6 月，通过贝尔格的另一位学生佐玛·摩尔根施泰因（Soma Morgenstern）的介绍，阿多诺拜见了当时作为流亡者住在维也纳的卢卡奇。阿多诺写信给克拉考尔说：

> 我的第一印象是强烈和深刻的。一个矮小、柔弱、不太协调的金发碧眼的东方犹太人，他有着塔木德式鼻子和一双奇妙而深不可测的眼睛；他穿着一件条纹亚麻运动衫，非常有学者的风度，他的言谈举止透射出一种不拘俗套、极其明快而柔和的氛围，他的身上宁静地表露出某种羞怯。他代表了那种不张扬的典范，当然也是一种难以把握的形象。我立即就觉察到，他甚至超脱于人际关系的可能性之外，在我们长达三小时的讨论过程当中，我相机行事并且处处退守。

但是他也发现讨论本身是相当严肃的。卢卡奇"首先全盘否定了他的小说理论，理由是它是'唯心主义的和神话学的'。他比较了马克思的辩证法与自己的小说理论在赋予历史以内容的方式上存在的差异"。卢卡奇还强烈反对布洛赫对他的"不可知论"的解释。在连载于 1923 年 10 月至 1924 年 3 月的《新墨丘利》（*Neuer Merkur*）*上的发表对于

---

* 德国不同历史时期有三份文化政治博物的名称都带有"*Merkur*"一词。*Merkur*（墨丘利）在罗马神话中是传译信息的神便，后来也被称作商业之神，以它作为刊物之名，意在突显文化智慧的传播和交流。此处的 *Der Neuer Merkur*（《新墨丘利》）是指魏玛共和国时期的一份文化政治刊物，1914 年创刊，1925 年停刊（1916–1919 年有中断）。之所以称"新墨丘利"，是因为 140 年前（1773 年）著名作家克里斯多夫·马丁·维兰德（Christoph Martin Wieland, 1733–1813）曾创办过一个非常有影响力的文学杂志 *Der teutsche Merkur*（《日耳曼墨丘利》）或《日耳曼信使》，该刊 1790 年后又改为 *Der neue teutsche Merkur*（《新日耳曼墨丘利》），1810 年停刊。该刊之所以用罗马神话中的信使之神墨丘利来命名，旨在推动对启蒙主义的宣传。另一份杂志是创刊于 1947 年的 *Merkur*（《墨丘利》），目前已经成为第一流的德语文化政治类刊物，发表文章以散文随笔为主。——中译者注

《历史与阶级意识》的评论，布洛赫将卢卡奇对精神（inwardness）和
形而上学的反驳描述成一种"英雄式的"、"初步的和辩证的不可知论"，
并认为它"以一种完全负责任的方式，在通向超验的路途之中设置了诸
种障碍"，并且表达了对"过于草率地使用标签的所有自我建构的形而
上学的厌恶"，"布洛赫视为'麸皮'的东西对他来说却意味着整个世
界"。卢卡奇还猛烈抨击克尔凯郭尔："克尔凯郭尔对黑格尔的批判适用
于'泛逻辑主义地误解了自身'的黑格尔，但是不适用于被提纯了的、
马克思主义版本的黑格尔……他是（在这里他以平常的那种方式充满
憎恨地说）正在消失的资产阶级的意识形态方面的代表"。卢卡奇在一
点上让阿多诺感到震惊："他告诉我说，在他与第三国际的冲突中他的
对手是对的，可他又说他对辩证法的正确而辩证的处理方式是绝对必
要的。他的人格的伟大和突然颠倒辩证法的悲剧就蕴藏在这种疯狂之
中。"[147]

　　这就是阿多诺初会卢卡奇时卢卡奇留给他的印象。卢卡奇在第五
次世界共产国际大会上被认为有左倾偏向，稍后他的《历史与阶级意
识》也因其"唯心主义的"和"神秘"倾向受到了共产党人的批评。卢
卡奇似乎准备不惜一切代价使自己融入布尔什维克共产主义党。克拉
考尔在转而信仰"马克思主义学说"之前和之后都严厉地批评《历史
与阶级意识》。这部书对他来说，就像对布洛赫和本雅明一样，整个就
是通过对外部世俗世界的分析来取代神学的一种尝试。在克拉考尔看
来，疲惫的唯心主义在卢卡奇的著作中并没有得到超越，相反却是得
到了发扬，而马克思主义也没有被现实所充实，相反却由于运用了某
种无能的、疲惫的哲学而削弱和剥夺了它所有的革命能量。[148]

　　银行主管约瑟夫·冯·卢卡奇的独子 1908 年 23 岁时就以其《现代
戏剧发展史》[149] 获得了布达佩斯基斯法卢迪协会（Kisfaludy Society）的
大奖。约瑟夫写信给儿子说道：

　　　　我对你的希望，因而也是对我的希望是，即使在你的朋友们

面前，你也应该向外界证明你对这样一种高度是能够保持冷静的，有时是近乎严厉无情的客观性的。正如你所说的那样，我放手让你自由发展，让你自主选择。我是有意识这么做的，因为我绝对相信你，并且无限地爱着你——我牺牲了一切，就是为了能够看到你成为了不起的人物、获得认可和名誉——如果人们会对我说我就是格奥尔格·卢卡奇的父亲，那么这将是我可以得到的最大幸福。[150]

卢卡奇的父亲，这位外省犹太手工艺工匠的儿子，靠着自己的努力在布达佩斯加速工业化时期进入了高等中产阶级阶层。在世纪之初他还获得了贵族的头衔。伴随着这些成功的是他政治上的保守主义和对艺术的慷慨资助。他这个原来被期望走父亲老路的儿子在修完法律和经济学之后获得了政治科学博士学位，并在匈牙利皇家商业部获得了一个职位。但不久之后，他放弃了这个职位而去继续进行他的研究，这时他完全投入到文学、艺术史和哲学之中去了。父亲就是儿子的赞助人。而他，就像经历了社会迅速进步、已被同化的诸多上层中产阶级犹太家庭的儿子一样，背叛了父辈得以赚钱的那个世界，变成了一位反资本主义的理论家。

在狄尔泰（Wilhelm Dilthey）和西美尔的影响之下，卢卡奇1906年至1907年在柏林研究期间写下了《现代戏剧发展史》的第一个版本。这项研究的出发点是希腊城邦和资产阶级社会之间的比较：在希腊城邦这种历史上的社会构成之中，文化与日常的现实很接近；但是在资产阶级社会里，无政府式生产和竞争产生的异化劳动使得社会组带愈来愈抽象和复杂，并使得个体愈来愈封闭，因此真正意义上的艺术也不再可能了。在这个受西美尔《货币哲学》（*Philosophie des Geldes*）启发的大背景之下，通过借鉴滕尼斯（Tönnies）对共同体与社会两种范式所作的区分来展开对现代性的诊断，卢卡奇将现代戏剧的时代描绘为资产阶级走向衰落的英雄史诗时代。在布达佩斯，作为戏剧批评家的卢卡奇曾尝试着给几家杂志当撰稿人；作为一家自由剧院的支持者，他还试图将现代西方文化引介到他的家乡——他认为他的家乡总是有着外省的习气。他做这些的终极标准就是他对"大规模的、纪念碑式庞大的艺术"形式的艺术理想。[151]

如其父亲所愿,儿子的确取得了重大成就。而且他也保持了那种近乎严厉无情的客观性。他有这样一种信念:由于他本人对生活的无能和他对他伟大工作的责任,他必须离弃女画家伊尔玛·塞德勒 (Irma Seidler) 这个向他展现了具体生活的女人。在她自杀之后,他通过他的对话体作品"论精神的贫困"中的人物之口说出了下面的话:"她只有死去,这样我的工作才能完成,因此这个世界留给我的东西,只有我的作品。"他的《心灵与形式》就是献给她的回忆。在这部作品所包含的文章中,他抱怨说,在非本质的生活中,无论是本质生活还是那些渴望本质生活的人们之间的交流沟通都是不可能的。有一个显而易见的事情,从通常的角度看是"不可理解的和被误解的",这就是:"没有质量的生活 (unlived life)"一方面是那些从生活中成长起来的艺术家和哲学家的作品,另一方面也是有着伟大心灵的、对异化生活不抱任何幻想的英雄们"构造的生活"。[152]

在遍游柏林和佛罗伦萨之后,卢卡奇 1913 年应布洛赫之邀定居在海德堡。他是通过西美尔认识布洛赫的。在那些年中,卢卡奇和布洛赫之间的共性在于,他们都彻底否定了异化了的、没有文化的资产阶级—资本主义世界,他们都尝试着勾画出一副固守千禧年主义的、宗教性质的乌托邦蓝图。与布洛赫相反,卢卡奇同时还考虑到要通过技术哲学来解释美学问题,考虑到要在方法论上解释艺术作品中的社会和美学关系。这种综合考虑使他对马克斯·韦伯发生了兴趣并与之产生了共鸣。他原先就是和韦伯的圈子是有联系的。

卢卡奇从一开始就反对"一战"。他对这场战争的回应,就是中断了他的美学著作的写作,转而开始了对陀思妥耶夫斯基的长期研究,卢卡奇将他的形而上学伦理学和历史哲学都包含在这项研究之中。他希望通过他的这项工作证明他是一位伟大的思想家,能够超越德国唯心主义,并且能够以德国唯心主义补充德国古典作家和浪漫派的那种方

78

式对陀思妥耶夫斯基的创造性作品进行哲学上的补充。费伦克·费艾尔（Ferenc Fehér）曾概要评述陀思妥耶夫斯基的创作概况以及卢卡奇对陀氏作品所作的注释和笔记，他说：

> "俄国"，这个进行革命、应诺并显现了"共同体"的地方：它是卢卡奇为"西欧"提供的神话式的、激进的答案——西欧在客观精神和个体存在问题方面的思考已经陷于停滞，战争的事实也清楚地证明了西欧已经走进了死胡同里。对"西欧"来说，"俄国"代表了"未来的光明"。[153]

可这项研究只完成了导论部分，这一部分最后以《小说理论》为题发表。卢卡奇将这部分书题献给和他在 1914 年结婚的第一任妻子叶莲娜·格拉本科（Yelena Grabenko）。她是一个俄国人，以前曾是在监狱里度过许多年的俄国恐怖主义者。在他的朋友贝拉·巴拉兹（Béla Balázs）看来，她是"陀思妥耶夫斯基作品中人物的一个极佳的样板"，她是卢卡奇的"一间实验室，是他的难题和道德律令的人化现实"。[154]

在匈牙利共产党于 1918 年 12 月成立后不久，由"伽利略学圈"的左翼中产阶级知识分子出版的杂志《自由思想》（*Szabadgondolat*）就发了一期讨论布尔什维主义的专号。这期专号中就包括卢卡奇的一篇《作为一个道德问题的布尔什维主义》。在这篇文章里，他反对布尔什维主义的理由是（震惊于有人竟然赞美黑贝尔 [Hebbel] 笔下的犹滴 [Judith] 所说的话——"既然上帝在我与我必须做的事情之间设置了罪孽，我从中偷偷逃走我是谁呢？"很伟大），他不能同意布尔什维克的这样一种信仰，即专政、恐怖主义和阶级统治的最后（因而也是最无情的）形式将会终止一切阶级统治。他也不能同意"对布尔什维主义的形而上学式的合理化"，这种合理化总是说："善是通过恶产生出来的，或者正如陀思妥耶夫斯基《罪与罚》中的拉祖米金（Razumikhin）所说的那样，人们可以通过谎言通向真理（one can lie one's way to truth）。"[155] 12 月中旬，在海德堡大学刚刚通知他的授课资格答辩申请

　　　　　　　　　　　法兰克福学派：历史、理论及政治影响

被驳回——理由是他是个外国人——之后不久，他就加入了匈牙利共产党。以库恩·贝拉（Béla Kun）为首的第一届中央委员会大多数成员于1919年2月被捕之后，卢卡奇本人也成了中央委员会的成员之一，而且还是党的报纸编辑委员会成员之一。在中产阶级政府于3月自愿将权力交给社会民主党和共产党的联盟之后，在从3月到8月匈牙利苏维埃共和国存在期间，卢卡奇成为了人民教育部副部长，后来他还担任匈牙利红军第五师政治委员之职。

卢卡奇加入匈牙利共产党后所写的第一批文章，表现出他从一位⁷⁹资产阶级—资本主义社会的批判者通过某种连续性的进步成为了一名马克思主义者和共产主义者，还表现出他主动积极地将共产主义运用于他的观点——几乎到了消极服从的地步。他的资产阶级—资本主义社会批判完全成了对共产主义极端变革的文化革命阐释。他此前不久提到无产阶级和社会主义的时候（最近的就是那篇"作为道德问题的布尔什维主义"），还批评说社会主义秩序在伦理和历史哲学方面缺乏"充实整个心灵的宗教伟力"，而它的那些目标又是彻底意识形态性的。但卢卡奇现在宣称，文化革命和思想革命乃是无产阶级斗争的核心。在他看来，无产阶级自我意识的觉醒、阶级意识的形成将会使得全部社会发展历程进入意识；日常生活将被本质生活所充实；而人类将成为真正现实中的积极的承担者。在1919年6月的青年工人大会上，卢卡奇宣称，在实现苏维埃专政之前，教育和文化的斗争只是众多斗争目标当中的一个目标。现在最终目标是：

> 经济生活中有罪的、邪恶的独立性将被消除，而且经济生活和生产将会服务于人性（博爱）、人道主义理念和文化。正如你们从经济斗争中脱颖而出并投身于文化一样，你们也正在致力于成为社会调控的组成部分，并将为未来的社会创造出核心的思想。[156]

作为文化教育部副部长，卢卡奇努力使艺术家从他们作品的销售状况中摆脱出来，从而克服艺术品的商业性质。对艺术的控制交还到了艺术家的手中。举个例子，一个由贝拉·巴托克 (Béla Bartók)、佐尔丹·柯达依 (Zoltán Kodály) 和恩斯特·冯·多纳尼 (Ernst von Dohnányi) 组成的音乐理事会被建立了起来。如果艺术能够摆脱其商业性质，如果经济能从文化的目的出发来进行、如果武装保卫匈牙利苏维埃共和国成功了——这也许是三十四年来的一个革命夙愿，那么本质生活至少会再次成为可能。

由协约国支持的罗马尼亚的武装进攻导致了匈牙利苏维埃共和国的覆灭，卢卡奇逃亡到了维也纳。在维也纳流亡者中，他首先是匈牙利共产党的高层领导人和第三国际在东南欧的官方喉舌《共产主义》(*Kommunismus*) 杂志的首席编辑。该杂志在 1921 年 10 月被第三国际执行委员会以不够忠诚为由责令停刊。卢卡奇抽取出他发表在该刊物上的几篇文章，补上了以"物化和无产阶级革命"为主的几篇文章之后，于 1923 年出版成书，题目是《历史与阶级意识：马克思主义辩证法研究》。

在卢卡奇看来，这本书在某种意义上基本上总结了他的那种尝试：
80 试图将共产主义或马克思主义构想成为旨在消灭无灵魂的社会秩序并代之以有灵魂的社会秩序的一种规划。这本书的标题点出了贯穿着其中几篇文章的一条红线。"历史"是指社会结构的表面上刚性的、本质的、物化的因素都会在其进程中被消解的一种过程。"所有限定都退化为幻想恰恰就是历史的本质：历史就是塑造着人的生活的客观形式不断被颠覆的历史。""阶级意识"则是指对历史总体性主体的发现，这一主体能够重建"人与人之间、人与自然之间的非物化关系"。

> 只有阶级才能以一种实践的革命方式和现实整体发生联系。("种"不可能做到这一点，因为它无非是已经被一种思辨精神神话化和程式化了的个体。) 当阶级能够通过既有现实世界的物化对象性看到也是它自己的命运的那个进程时，它将能够控制现实整体。

在卢卡奇的眼中，只有一个阶级有能力实现这种黑格尔主义的思想母题：无产阶级。"工人生活中纯粹抽象的否定性在客观上是对物化最典型的证明，它是资本主义社会化的基本构成类型。但正是因此，它在主观上也使得这一结构进入意识成为可能，也使得这一结构被打破成为可能。"[157] 对卢卡奇来说，关键的因素不是由认识指导的并由愤怒激发的彻底变革的过程。关键要有这样一种认识，它作为认识却具有实践性，它是一种获得意识的行为，而这种意识本身就是行动。韦伯的理性化理论和马克思的商品拜物教理论与空想的阶级斗争历史哲学的这种结合，使"物化和无产阶级的阶级意识"成为了在全书中给人留下最深刻印象的文章。

许多共产党人都欢呼《历史与阶级意识》表现了一种革命的、行动主义的马克思主义。比如，这些人当中不仅当然地包括卡尔·柯尔施，而且在卢卡奇于第三国际第四次大会上受到官方批判之前还包括魏特夫。在随后的几年中，这本书对许多青年知识分子来说，成为了继续留在那时已经布尔什维克化了的共产党之内，或者首先是加入共产党，至少是同情共产主义事业的一种理由。威利·施策勒维茨（1933 年之前社会研究所的一名博士研究生）还记得，对他来说有两位哲学家是最重要的：卢卡奇和海德格尔。他们两人都把异化摆在了哲学讨论的中心位置；都严肃地将哲学看作为了起到它的作用因而正在终结旧有形式的某种具有新形式的事物，看作实现新的、真实的生活的关键要素。

在克拉考尔看来，卢卡奇那里的新形式还不够新，而且在那里唯心主义还没有得到足够地改造。"今天的道路应该沿着朴素的唯物主义直接走下去"，他在给布洛赫论《历史与阶级意识》的那几封信的答复中这么说。[158] 克拉考尔自己的立场在某种程度上说是一种观望的立场，这种立场把他引向了一种几乎类似于蒙太奇的经验主义，这使他拒绝那些理论构造。但是阿多诺在卢卡奇那里发现了一种思考历史的哲学方式，后者成为 1920 年代晚期阿多诺关于音乐及其进步的哲学的灵感之源。然而，阿多诺于 1925 年拜访的《历史与阶级意识》的作者，甚至根本不准备为自己早期所作的那种使马克思主义理论的哲学内容紧跟时代的黑格尔化努力做辩护。

阿多诺显然更适合写有关音乐的东西，而不是创作音乐，他也感觉到他不大可能被勋伯格圈子所承认，对被他谴责为经济落后、文化轻浮的维也纳也颇有不满。他对法兰克福思乡成病，非常想回到他的朋友克拉考尔那里。1925 年夏天，他回到了他的家乡，在这之后只去过维也纳几次。虽然他还没有彻底放弃成为一名音乐家的希望，可是他的条件越来越强烈地促使他希望以哲学家作为学术职业，或许会重点关注美学。不管怎么说，在维也纳的逗留最终确立了维也纳新音乐在阿多诺美学和哲学思想中的关键地位。作为《音乐杂志》、《音乐》、《乐谱架与指挥棒》(*Paul und Taktstock*) 以及《破晓音乐报》(*Musikblätter des Anbruch*) 等重要刊物的撰稿人，他还是勋伯格派的支持者。但他一直有这样一种基本的感受，那就是，像勋伯格这样只对文化感兴趣并信仰君主政体和贵族制的人，无论如何都不会去在音乐中引发一场革命。

1927 年夏，阿多诺完成了对《先验心灵学说中的无意识概念》的扩展研究，[159] 他打算用这篇论文在柯奈留斯那里进行他的授课资格答辩。他毫无保留地再一次把柯奈留斯的先验哲学当成自己的基础。这是出于策略上的考虑。他这么考虑肯定是对的。1923 年他通过克拉考尔结识了本雅明，后来在本雅明造访法兰克福期间他们经常见面。1925 年本雅明在法兰克福没能以他的论文《德国悲苦剧的起源》通过授课资格答辩。柯奈留斯是以他作为艺术学者的能力来审查本雅明的论文的，他给这个论文的作者写了封信寻求帮助，问他是否能就这个作品的艺术史方面的问题做出解答。最后，甚至连善意对待这部作品的柯奈留斯，以及他的助手霍克海默都将它判定为是一部不可理解的作品。阿多诺做出把自己拴在柯奈留斯先验哲学上的决定，也不仅仅出于策略上的考虑，而且出于这样一个事实（正如他写信给曾建议他在马克斯·舍勒的指导下做音乐哲学的论文的克拉考尔所说的那样）：他还无法确信自己能"拿出一部名副其实的成果作为授课资格答辩的论文"。

尽管阿多诺写这篇论文时没有感受到多大的乐趣，并且强迫所有内容都完全恪守柯奈留斯的认识论，但他毕竟清晰地展露了是什么激发了他：这就是追求"意识第一性"、追求广泛包容的理性观念的一种热情。他一方面认为无意识概念是对认识的一种限定，另一方面又将它解释为是对那些可以同意识联系起来的无意识事实的一种描述。他认为弗洛伊德的精神分析是一种关于无意识的经验科学，这种经验科学可以填充到由先验哲学所提供的基本框架当中。"我们之所以会认为精神分析具有非常重要的意义，不仅因为它对无意识的研究并不需要负载任何不相称的形而上学悲情，还因为它的研究旨在消除无意识状态，并因此为反对任何方式的对本能的形而上学化、对单调的有机生命的神圣化提供了重要的武器。"

克拉考尔的影响在这种追求拓展了范围的唯理观念的热情之中，再一次凸显了出来。从 1920 年代中期以来，阿多诺的这位良师益友就已经看出，资本主义最大的罪恶就在于这样一个事实：它还不够理性化，它停留在适合于开发自然的态度上，并从理性观念中排除了"生活的真实内容"。克拉考尔 1927 年在《法兰克福报》上发表了一篇题为"大众的装饰"的文章，充分地发挥了他的这一观点。

阿多诺的这篇论文在结论处相当令人惊奇地转向了马克思主义。他说道，他所批判的无意识学说正在起到意识形态的作用，这种意识形态一方面粉饰着支配性的经济秩序，另一方面转移人们对这种经济秩序的注意力。以"经济竞争"和"帝国主义倾向"为所体现的这些社会条件，限制了启蒙的进程。总之，尽管没有挑明，可他还是表达了自己坚信社会存在决定社会意识的马克思主义学说。

柯奈留斯并没有接受这篇论文。在读了这篇论文的前三分之二后，他很清楚地意识到，"虽然点缀了很多词汇"，可它不外是"对他从我本人的课程和书中得到的东西的简单重复"。阿多诺主要是被霍克海默所激怒，撤回了他的授课资格答辩的"请求"，因为他怀疑霍克海默因为论文对他来说还不够马克思主义而没有下足够工夫帮他的忙。在后来填写新的授课资格答辩履历表的时候，他把这些事情一笔带过："1927年曾写过一部未发表的、拓展认识论研究著作。"

同时，由于能得到他慷慨大度的父亲的资助，他继续从事他的私人研究，并仍旧希望作为一名音乐批评家干一番事业。自 1927 年以来，他常常去柏林。他的女朋友格蕾特尔·卡尔普鲁斯 (Gretel Karplus) 就住在柏林，她和本雅明也很熟。在柏林，阿多诺经常与本雅明、布洛赫、布莱希特、库尔特·魏尔 (Kurt Weill) 和洛特·莱妮娅 (Lotte Lenya) 交往。他曾经试图在乌尔施泰因出版社所属的《柏林先驱报》(Berliner Zeitung) 谋求一个音乐批评家的职位，可是没有成功。

83 这个时候，本雅明对于阿多诺来说，可能已经变得比克拉考尔还要重要了。无论是本雅明到法兰克福还是阿多诺到柏林，他们总要见面。

　　"威克斯多尔夫 (Wickersdorf) 在既有的现实世界中是个保持清醒的避难所"，17 岁的瓦尔特·本雅明给他的同辈人——犹太复国主义者和东方犹太文学的翻译家路德维希·施特劳希 (Ludwig Strauss)——写信这么说。威克斯多尔夫的"自由师生社团" (Freie Schulgemende) 1906年由古斯塔夫·维内肯 (Gustav Wyneken) 等人创建。维内肯是当时青年运动最突出的领导人之一，尽管实际上青年运动中只有很少一部分人追随他。他的思想用三言两语就能概括——青年、青年文化和青年领导。1895 年生于柏林的本雅明在图林吉亚豪宾达 (Haubinda in Thuringia) 的寄宿学校上学的那两年 (1905—1907)，就开始和维内肯保持联系。维内肯一度在那所学校任教。由于本雅明当时上文科高中 (Gymnasium) 有些困难，于是就被送到了豪宾达的这所寄宿学校。作为一个被倍加呵护的孩子，本雅明以前只是通过家庭教师和由上流社会家庭的孩子们组成的圈子接受教育。家庭教师的教育要比以训练学生考入文科高中为目的的预科学校高一个台阶。本雅明的父亲认为预科学校的教育看上去与他们的家庭状况是不相宜的。本雅明的父亲出身于普法战争后移居到威廉帝国蒸蒸日上的首都柏林的一个商业家庭。他作为一家艺术品拍卖行的拍卖人和股东进入了上层中产阶级社会。从 1910 年起，瓦尔特·本雅明开始为鼓吹维内肯思想的青年杂志《开端》(Der Anfang) 撰稿，"维内肯主义者"本雅明这样写道：

信任青年吧，他们现在可以开始学着去劳作，去严肃对待自己，去自我教育，这样人类也就是在信任它自己的未来、信任它惟一能去敬畏的非理性——青年，他们不仅有更多丰富的未来精神，而且确实在智力和精神方面都非常丰富——青年，他们在自己身上就能感受到新文化代表的快乐与勇气。[162]

本雅明从 1912 年起，开始先后在布莱斯高的弗莱堡 (Freiburg im Breisgau) 和柏林研究哲学、德国文学和心理学。在为《开端》撰稿的同时，他还是柏林"青年演讲厅"(Sprechsaal der Jugend) 的参加者——这是一个提供有关家庭和学校、艺术与性爱方面的资讯和讨论的青年中心。他还是"自由大学生协会"(Frei Studentenschaft) 的成员，这个组织代表了那些不参与提倡决斗的学生社团的成员。他往来于犹太人占很大优势的那些社交圈子。这不仅是因为别的组织要么拒绝，要么不太情愿接受犹太人，而且部分地是因为犹太学生也发现那些组织是不太令他们满意的。本雅明感到，"在我可以倾诉我的思想的那些人中，基本上只有犹太人同我在智力和实践上可以相互交流。"他由此得出结论，认为犹太主义"绝不是目的本身"，而是"一种应该受到高度重视的传递媒介，是精神生活的代表"。[163]

他的另一篇写于 1912 年的文本"关于今日宗教虔信的对话"(一直没有发表)，显然与像青年卢卡奇这样的现代世界的其他批判者的思想有相似之处。他的中心思想就是渴望能使文化、精神和宗教生活统一起来的那种力量的复兴。除了犹太人之外，他还将"文人"(Literati) 看作是文化的代表，他这么写道：

他们想成为最诚实正直的人，他们想展现他们对艺术的热情，对"最遥远的事物的爱"，就像尼采所说的那样——他们本人在某种病态的自我消解之中去扑灭他们自己身上一切太人性的、为芸芸众生所需的东西。希望给他们生活赋予意义的人们采用的这种方式却使他们成为习俗的麻烦；我们的虚伪谴责他们是局外人，谴责他们太滥情，并迫使他们变得思想贫乏。如果我们不想用我们的个人才智去填充社会生活的这些形式的话，那么我们将永远无法把才智注入到习俗之中。恰恰是在这一点上，文人和新宗教可以帮助我们。宗教赋予日常生活和习俗以新的基础和高贵性。它将成为一种崇拜和礼拜的形式。它难道不是我们渴望着的一种思想的、礼拜的习俗吗？[164]

1915 年本雅明因维内肯对战争的狂热而与之决裂。这也是使他在 1914 年与《开端》杂志疏远的主要原因：他认为该杂志的政治化使他无法与纯粹思想保持一致。战争与青年运动的失败，也为他献身青年事业的行动画上了句号。但是他对精神生活的献身投入和对腓利士人式的无教养的鄙视则是愈来愈甚。他的朋友格尔绍姆·朔勒姆曾经描绘过这两种因素在他身上相结合而形成的态度：

> 在他身上有一种纯粹和绝对的东西。他完全投身于精神生活，就像个生在另一个世界的犹太经文抄写者，一直在寻找着他的"经文"。我与他接近并必须承认这种东西具有某些缺陷，这对我来说不啻是一个危机……本雅明对资产阶级社会的态度太狂放恣肆，太虚无主义，让我都受不了。他只承认他教养出身的那个生活领域和知识界的道德。……本雅明宣称，像我们这样的人只应该对我们的同类人，而不应该对我们所弃绝的那个社会的规则负责。[165]

1918 年至 1919 年期间在柏林，格尔绍姆·朔勒姆与本雅明及其妻子住得很近，那时本雅明为了躲避战争逃到那里，并希望在那里取得博士学位。在朔勒姆看来，本雅明认为自己未来将会成为一名哲学讲师。在发表于 1915 年的"大学生生活"一文中，本雅明就着重强调，真正的哲学并不是"范围狭小的学院专家哲学所提出来的那些问题，而是柏拉图和斯宾诺莎的、浪漫派和尼采的那些问题"。[166] 这些观点在一份写于 1917 的"未来哲学论纲"的手稿中得到了更为确切的表达。曾一度赞颂青年一

法兰克福学派：历史、理论及政治影响

代"冷静而浪漫"的本雅明，现在心里所想的就是把康德的冷静——他并不将青年对深刻性的要求拒于哲学之外，而且写作了《未来形而上学导论》——同这样一种浪漫主义结合起来，即强调使有限与无限达成和解，并出于对最高存在之物的考虑，决不准备单单依赖情感来进行。在本雅明看来，康德已经建立了一种简约化了的关于经验的概念。而现在要做的就是，"运用典型康德风格的思想在认识论上创立更完善的关于经验的概念"，这种概念的确立"不仅能使机械经验，而且能使宗教经验在逻辑上成为可能"。[167] 朔勒姆回忆，在这一时期本雅明最极端的一个提法就是："无法清楚地解释并包容用茶叶渣算命的可能性的哲学就不是真正的哲学。"[168] 这明显与布洛赫也展现过的那些玄奥晦涩的思想有某种大胆的联系。本雅明 1918 年在柏林会见过布洛赫。

本雅明 1919 年写作的博士论文《德国浪漫主义的艺术批评观》就是实施这一论纲的第一步。这项研究的主题——艺术批评的概念——就是作为更完善的经验形式，作为冷静反思的某种形式被呈现出来的。在论文开始的段落中，他写道：

> 当哲学史通过康德明白简洁地宣告可以构想出智性直观
> (intellectual intuition)，但同时又宣告它在经验王国中是不可能的
> (尽管这不是第一次了)之后，立即引发了各种各样的，几乎是狂
> 热的努力，它们都想为哲学争取到这个概念以作为哲学最高主张
> 的担保。这种努力始于费希特、史莱格尔、诺瓦利斯和谢林。

与费希特不同，早期浪漫派认为艺术作品（而不是自我）才是反思的绝对媒介。"在艺术品对象"、"意识的精细化表达"之中"……展开反思"就是浪漫派所说的艺术批评的任务。批评就应该不多不少地去"揭示作品自身的秘密结构，实现其隐藏的意图……使其完整。显而易见：对浪漫派来说，批评与其说是对一部作品的判断，不如说是一种使它完善的方法。"本雅明以下面这段话为论文作结：

使艺术品得以完善的这种批评过程，可以被描绘成一个在作品周围制造一种光晕的过程。这种光晕——冷静之光——使得艺术品的多样性逐渐消失了。它是理念。[169]

本雅明在《未来哲学论纲》中暗示他要表述的东西，在这里最终得到了充分的表达：

在康德体系的基础上创造一种与经验概念相符的认识概念，在这样的经验概念中认识本身即理论。在这种认识概念更为普遍的领域，这样一种哲学要么被描绘成神学自身，要么可以优于神学，因为它包含了历史和哲学的因素。[170]

此处神学教义式的口吻是典型的本雅明风格。这使本雅明能够使用一种他本人对其用途和可靠性尚存疑问的思想资源（apparatus），以一种富于成效的激动人心的方式进行工作。在1929年9月14日给克拉考尔的信中，阿多诺将本雅明形容为"神设下的一个让人眩晕的陷阱"。

《歌德的〈亲和力〉》和《德国悲苦剧的起源》是1920年代本雅明发表的篇幅最长的两部作品。它们与本雅明论艺术批评的书在基本精神上是相同的。发表它们是为了参加授课资格答辩，同时他还想借此劝说他那一直坚持让儿子从事中产阶级职业的父亲，希望他能长期资助他过私人学者的生活。

《歌德的〈亲和力〉》是本雅明"完全通过作品内部来阐明作品"[171]的一种尝试，或者说是实现与黑格尔传统所谓的"内在批评"紧密相关的浪漫派所谓的"完美"或"完成"的一种努力。出于这一目的，本雅明将这部小说中的四对男女和这部小说中包含的一个故事"任性的青年邻居们"中的一对恋人作比较。他认为小说中的四对男女生活在自然和法则的神话式力量所统治的世界之中。面对行将瓦解的婚姻所表现出来的冷漠；笼罩着全部风景的暗淡的光；本书人物名字出现得如此之少；大量的预示的和平行的情节；"相同事物的永恒复生"；纯粹物质的东西的重要含义——本雅明将所有这一切都解释为体现神话的自然观念的象征，人类无处不体现着这一自然，体现着这种"将活生生的本性封闭在有罪与忏悔的惟一结构之中的命定的存在形式"。相反，任性的青年邻居们的故事却充满了不顾一切真心相爱的人的"明亮的光"、"柔和的光"。[172] 在这种大胆的类比阐释之中，本雅明以他自己的那些神学和哲学概念作为前提，就好像它们毫无疑问是真实有效的教义似的；这些概念集中在这么几个关键词之上：自然、语言、救赎和上帝。他说，被那个少年搭救免于溺水身亡的那个少女的毫无遮掩的裸体超越了美的领域（美将理念之神秘而不是将理念本身变得可见，即使在艺术品中也是这样）而指向了上帝的理念——在上帝面前无物神秘。这对年轻邻居的爱情，违背习俗并将生命置于风险之中；通过这则故事，这篇小说指明了"在作品中相当超自然的事物和具体可感的事物"达成的和谐。在歌德那里，中心点是奥蒂利的"温柔的、被遮掩的美丽"。但是她也正是"歌德通过毫不留情的艺术手法"对"沉入自身的黑暗、神秘的自然"的反映。奥蒂利没有清楚地说出来，在本雅明看来，她的自杀不是出于道德决断，而是一种本能冲动的结果。多亏本雅明对这部作品的"完善"，哲学替代了神话可以成为解释作品的指导原则。通过把作品中"错误的、被误解的整体"化约为作品未完成部分的状态，完成过程（即批评过程）可以通过作品的独特性和惟一性将其作为"真实世界的碎片"而拯救出来。[173]

在《德国悲苦剧的起源》中，本雅明将"拯救式批评"运用于德国悲苦剧以及作为其内部典型特征的寓言（allegory）性质。德国悲苦剧常常被谴责为对古代戏剧的拙劣模仿，而寓言常常被看作是低于象征（symbol）的艺术表达方式。在他的"认识论前言"中，本雅明试图将康德主义认识论理论与他自己的语言神学结合起来，以便对哲学反思进行一般描述。这像往常一样又要从一开始就花费很大力气投入到特殊而离奇的事物之中，并通过概念分析去对它进行仔细研究。"正是通过概念的作用现象才能聚拢到一起，由于理智的分辨能力在这些概念中得以进行的区分，则是最重要的，因为区分一下子完成了两件事情：拯救了现象，呈现出了理念。"因此，关键不是通过建立关于世界的普遍概念去获得安全（比如说，因为几部文学作品具有共性，就把它们挑选出来，并在此基础上将它们纳入一个单一的概念，从而建立起某种关于世界的普遍概念），而是去构想那些在本质上，或作为一种理念之呈现的示范性的东西，不管它是多么独特和碎片化。这样概念就被剥夺了概括的作用，而是起到将基本现象组织为星群的作用，星群"并不会使相似的东西成为同一，而……会在两个极端之间达成一种综合"，在其中，"个体……都成了差异的存在：一种总体性。"[175]

本雅明注意到全然不同的各种很多的理念是可以找到的，并依此尖锐地反驳了归纳推理和演绎式的概念联接。他用语言学的和神秘化的柏拉图回忆理论来回答所有这些理念来自哪里的问题。在哲学沉思中，"理念从表现为词语的现实（reality）的核心释放出来，并行使它的赋名权"。[176] 哲学家是这部现实经书（scripture）的读者或阐释者。现实是用原初的亚当语言为哲学家书写下来的——正如在《论语言本身和人的语言》一文中他暗示性地承认的那样，本雅明本人坚持认为这种原初的语言是"最终的现实，只可在其现象上感知，但又是不可说的和神秘的"。[177]

凡是在理念可以从现实的最深层迸发出来的地方，哲学沉思的眼睛就能找到理念的起源。"起源 [Ursprung] 尽管完全是个历史范畴，可是它却与发生 [Entstehung] 根本无关。起源一词并不是用来描述存在成为存在的过程，而是描述从形成到消失的过程中浮现出来的存在。"在文本的主要部分对悲苦剧的分析表明，悲苦剧在哲学史中有对应的位置，后者通过浪漫派（对他们来说，"寓言……已发展成了一种自我沉思的形式"）引导哲学回过头思考巴洛克时期的悲苦剧——作为对衰败时期的反应，回过头思考那种疏离于上帝的生活体验。本雅明提到了这种情形不可避免的内在本质，说它的生命已经"陈腐"了，成了"一个虚空的世界"，就像在丢勒的《忧郁》（*Dürer's Melencolia*）的背景里一样，在这个世界中，"闲置在地板上的忙碌生活的盆盆罐罐，成了沉思的对象".[178] 这让人想起了卢卡奇提到小说在哲学史中的位置和"第二自然"、"异化"、"物化"等范畴时所使用的描述方式。悲苦剧将历史呈现为上帝受造物的短暂的自然史。寓言阐释的核心，就是要领悟到历史作为"世界的激情"只有"在衰落的境遇中"才显得更有深意。"由于在象征之中，毁灭被理想化了，于是被美化的自然之容在救赎之光的照映下迅即显出原貌；而在寓言中，观察者会与这样的历史碰面，它一脸'希波克拉底相'(Facies hippocratica)*，像是一片呆滞原始的景象。""古典主义因其本质而看不到自由的匮乏、缺陷以及物理的美丽自然界的衰竭。可是就在它夸张其辞的铺张扬厉之下，却恰恰潜藏着巴洛克寓言以史无前例的强调所宣称的东西。"[179]

巴洛克不仅对古典主义的调和性，而且对艺术自身的调和性来说，都是一种拨正，这一点表现得比浪漫主义和表现主义还要明显。正是因为如此，悲苦剧的理念才来自于对17世纪德国巴洛克悲剧的哲学反思。"从对无限性的信仰中汲取灵感的浪漫派在批评上强调了对于形式的和理念的完美创造，因此，对寓言的深刻洞见会把事物和作品一下子转变成躁动活跃的写作。"[180] 像蒂克 (Tieck) 的反讽戏剧或让·保尔(Jean Paul)粗糙的小说这类浪漫派反讽作品，都悖论性地试图"通过某种瓦解的过程、通过在作品中展示它本身与理念的关系而成为创造性的",[181] 但是它们都被巴洛克悲苦剧宣布为徒劳——悲苦剧的寓言结构从一开始就给出了"有意识地被构造出来的废墟"，这废墟恰恰就是等着哲学真知去认识的。[182] 哲学沉思（这也是本雅明对他本人的作品所寄予的希望）"将……在表现主义者们的伪造物面前……复原真相",[183] 将通过对寓言的解救来彻底强化对艺术难题的当下意识，并以此带出对真实世界的体验。

通过他对于青年、犹太人和作为智性代表的"文人"所进行的思考的发展进程，并且通过他对象征性艺术作品的揭露和对寓言性艺术作

---

* "Facies hippocratica"，西医术语。指双眼深陷，双颊、太阳穴下凹，嘴唇松弛、肤色铅黑的病容。通常有这种相的一般都是长期患严重疾病接近死亡的患者。——中译者注

品的强调这样的思想，本雅明站到了某种唯物史观的起点之上，这种唯物史观与克拉考尔和布洛赫也在这几年中达成一致的那种唯物史观是有联系——本雅明曾与他们两人讨论过这些想法。在他写作论悲苦剧这部书期间，有一些萦怀于心的理论难题——比如，艺术品与历史之间是何种关系，对于历史的哲学沉思与对于艺术品和自然的哲学沉思相比有何特殊性，[184] 这些问题使得卢卡奇的《历史与阶级意识》对本雅明来说成了一本"非常重要的、甚至专为我而写的"书。[185] 他对共产党员、导演、演员和教师阿西娅·拉西斯 (Asja Lacis) 的爱，也强化了他对马克思主义学说的兴趣。他是 1924 年在写作论悲苦剧的书期间与她在卡普里 (Capri) 相识的。他对她的爱，也成为他于 1926–1927 年冬天前往莫斯科旅行背后的原动力。他出版于 1928 年的格言录《单向街》也是题献给这位女性的。这本书是一个万花筒式的小篇什合集，记录了一个男人的经历：他打算获得授课资格可失败了，还寓居在父母别墅的一个小间里，他的父亲并没有准备为他所向往的私人学者生活提供资助，他现在是个从事文学批评的自由职业者，是个同情共产主义的作家和播音员。

89

　　本雅明现在的希望，就是成为德国一流的文学批评家。正是超现实主义小说家们（从 1926 年起他就频繁游历巴黎）使他对现代文学在像他所处的这样一个衰败时期应该是个什么样子的构想充满了信心。但是他在哲学方面的雄心也丝毫没有消减。他的《拱廊街》(Passagen-Werk) 计划源于一篇论十九世纪巴黎拱廊街的随笔。这个《拱廊街》占据了此后的整整一生。他总是不断地打断这项研究去从事更能挣到钱的工作，又不断地返回到这项研究，但他最终也没能使这项工作超越零散的片断阶段。他想"通过哲学上的福丁布拉 (Fortinbras) * 的绝对权力来占有超现实主义的遗产"，并想看看"它在哲学史的语境中可以'具体'到什么程度"，"对一个时代来说"它最可能达到的"极限具体性"又是什么。[186]

＊ 莎士比亚《哈姆雷特》一剧中的人物，挪威王子。——中译者注

《拱廊街》与历史唯物主义探讨的是同一类问题：力图了解资本主义。但是本雅明在给资本主义下定义时使用的概念——自然、梦、神话——来自于他自己的形而上学和神学思想模式。[187]《拱廊街》也是本雅明与阿多诺在法兰克福和柯尼施泰因进行的那些讨论中的关键点——当时霍克海默、格蕾特尔·卡尔普鲁斯和阿西娅·拉西斯也时常加入讨论。对本雅明来说，这些讨论为"粗疏的拟古、简单的哲学化"时期画上了句号。"这是狂想曲的天真的终结。这种浪漫主义的思想方式已经被突如其来的进展超过了，但是在随后的几年中我对其他不同的思想方式甚至连最微弱的观念也没有。"[188]可能是受到了霍克海默、阿多诺的影响，或是受到了布莱希特（他自 1928 年以来就成为了柯尔施的朋友，本雅明 1929 年春结识了他）的影响，1930 年初本雅明告诉朔勒姆说，为了想继续他自己的研究，他将不得不研究黑格尔哲学的某些方面和马克思《资本论》的某些部分。[189]得益于"柯尼施泰因那些难忘的讨论"，[190]阿多诺很快就熟悉了本雅明那些新的母题与范畴：比如奢华舒适 (plushness)、内在、时尚、广告、卖淫、收集者、游手好闲者 (flaneurs)、赌徒、厌倦、光怪陆离 (phantasmagoria) 等等。这些讨论为阿多诺展示了新的思考视野，这些新视野是本雅明那不循惯例的艺术哲学和历史哲学开拓出来的，这种哲学通过社会日常生活的全景去寻求唯物主义的方方面面，并完全专注于对细节的阐释之中。

1920 年代末，阿多诺开始首次大胆运用从克拉考尔、卢卡奇、勋伯格、布洛赫和本雅明那里学来的东西。《论十二音阶技法》(*Zur Zwölftontechnik*)、《反动与进步》(*Reaktion und Fortschritt*) 是他出色的文章。它们发表在 1929 年和 1930 年的维也纳音乐刊物《破晓》上，而他也是该杂志的合作编辑。卢卡奇从历史哲学观点出发的黑格尔化的阶级意识理论、克拉考尔对不真诚的资本主义理性化的批判、本雅明在神话（虚构）自然与救赎的冷静之光之间所作的比较，所有这些都被阿多诺结合起来，以论证勋伯格音乐中的革命的正当性。他把这种革命表述为对"借助最先进的意识来净化它自身溃烂肌体腐败物质的历史强制力所下的一个理性的死刑判决"。[191] 音乐素材的历史条件被无调性音乐展现为它的最具典型性的形式。就它本身而言，无调性音乐是转向以母题和变奏为基础的完整通节歌曲式（Durchkonstruktion）[192]、转向半音阶（和声）丰富性的历史趋势所产生的结果。在十二音阶音乐中，音乐素材的历史条件获得了意识——或者用阿多诺几年之后在一篇论"辩证作曲家"勋伯格的文章中的话说，在勋伯格那里"艺术家同他的材料之间的辩证法获得了黑格尔式的自我意识"。通过十二音阶技法，勋伯格创造了一种组织材料的新观念，就像在发展的前一阶段通过调性观念对它进行过的系统化编排一样。通过与调性相比较，阿多诺认为十二音阶技法意味着"欧洲音乐理性化过程"和"去神话化（demythologizing）音乐"过程中取得的进步：

> 事实也许是，在当前的社会条件下，贝多芬的或甚至是巴赫的那种庄严之作已经彻底被排斥了……音乐素材已经越来越明快和自由，永远从由泛音音列和调性和谐所指导的数的神话限制解放了出来。我们一度可以那么清晰地勾画出的被解放的人类形象，显然可以被压制在今日的社会之内——这一形象挑战着这个社会的神话基础。但它永远不可能被遗忘和毁灭……那在本质上不可被改变的东西也许就被那么放着，让它自己照看好它自己。而在它能被改变的地方，我们就要立即改变它。但是，一种倔强地坚持着它自己那忧郁而悲伤的方式、不得不躲避明亮而温暖的意识之光的自然状态，肯定是要受到怀疑的。在真正的人道主义艺术中没有它的位置。[193]

完全掌握自然的思想，在正统马克思主义有关生产力解放的观念与本雅明在《单向街》最后一则格言中所勾画的有节制地掌握自然的观念之间模棱两可地游移。这种观念在新音乐上的运用，使得阿多诺能够作为先锋派、揭露者、社会实践的代言人或代表去开展作曲实践，有可能去追求一种将它本身表述为马克思主义音乐理论的音乐理论，尽管它并不试着去对音乐与社会之间的具体社会学中介进行分析。

　　1929 年夏，保罗·蒂里希作为（已去世的）马克斯·舍勒的继承人，接替了柯奈留斯的哲学教席。长布洛赫和卢卡奇一岁的蒂里希，是一位年轻的新教神学家。与"辩证神学家"卡尔·巴特（Karl Barth）、鲁道夫·布尔特曼（Rudolf Bultmann）和弗里德利希·戈伽尔登（Friedrich Gogarten）相似，他也在 1920 年代致力于重新反思基督教信仰。蒂里希的独特性在于除了神学领域之外，他的兴趣涉及德国唯心主义和马克思主义、社会哲学、心理学和政治学。1919 年，他加入了围绕卡尔·孟尼克（Karl Mennicke）形成的"柏林学圈"，这个"学圈"在 1920 年至 1927 年间还出版过《宗教社会主义报》（*Blätter für religiösen Sozialismus*），后来在 1930 年至 1933 年间继续出版过《宗教社会主义新报》（*Neue Blätter für religiösen Sozialismus*）。蒂里希将社会主义视为对抗资产阶级社会的重要力量，认为在资本主义社会中精神由于要服务于对物质世界的理性控制而受到了束缚，并因而失去了其与永恒事物的联系。他一心想将社会主义运动从资产阶级化的危险中，也就是说从那种把它本身限定于改善无产阶级物质条件的限制中解救出来，加强它的超验因素。正是这个原因，他才接受了无政府主义和工团主义运动，才接受了像格奥尔格·卢卡奇、古斯塔夫·兰道尔（Gustav Landauer）[194]这样的人物，才接受了青年运动的影响——他本人就是该运动的成员。

　　蒂里希的到来对阿多诺来说是个机会，这使他能够运用他朋友那种从神学中获得灵感的唯物主义，不仅将它运用于音乐，而且也运用于哲学，并且能让学术界容易接近它。1931 年，他在蒂里希指导下通过了授课资格答辩，在这之前他实际上就是蒂里希的研究助手了，他的授课资格答辩论文是《克尔凯郭尔美学的建构》。这篇论文经深入修改之后，以《克尔凯郭尔：美学建构》[195]为题在 1933 年出版成书，题辞献给"我的朋友西格弗里德·克拉考尔"。1920 年代中期，本雅明以他的论悲苦剧的论文申请授课资格答辩，论文经德国教授弗朗茨·舒尔茨（Franz Schultz）、哲学家柯奈留斯教授和霍克海默审阅，但未能通过。可阿多诺却以他的论文大获成功，他的这篇论文是由神学家、哲学家蒂里希和当时已是社会哲学家的霍克海默审阅的。这本书受惠于克拉考尔，也同样受惠于本雅明；阿多诺本人谈到这本书时说，在某种意义上它介于卢卡奇和本雅明之间，试图用一个来修正另一个。当他写作此书时，他致信克拉考尔：

> 霍克海默已经读了第四章的全文而且很高兴，只不过发现它异乎寻常地难读，比论巴洛克的那本书还要难读。对此我无能为力，这是论题的性质决定的，我已经解释了克尔凯郭尔存在概念的神话—魔力特性，如果这不能被理解为施瓦本马克思主义(Swabian Marxism)的话，我就没办法了。[196]

阿多诺在他的授课资格答辩论文中分析克尔凯郭尔的方法与本雅明分析歌德的《亲和力》的方法相同：即以一种破坏性批判态度努力保存那些可以拯救的东西。他试图在一种唯物主义和神学理论的框架下"完善"他归之为晚期唯心主义形式的克尔凯郭尔哲学。他认为克尔凯郭尔对中产阶级家庭内景意象的无意识使用显示出一种"无对象的内省"(objectless inwardness)，后者呈现为克尔凯郭尔哲学的最显著特征。他将这种无对象的内省解释为克尔凯郭尔哲学中显现精神自我满足的一种特定历史形式克尔凯郭尔。这种精神将一切超验性都拖入内在性之中，因而无法使它本身切断与神话的自然观念的联系。运用本雅明在论《亲和力》与悲苦剧的书中所使用的分析方法，阿多诺希望在克尔凯郭尔那里找到逃脱神话自然魔力的出发点。他在美学概念中看到了这一出发点，而这在克尔凯郭尔看来只是人类的最低存在层次，即受到感观奴役的存在层次。"美学建构"对阿多诺来说意味着将克尔凯郭尔那里多种多样的基本要素（克尔凯郭尔本人很少在意的那些要素）排列成某种结构，在这种结构中，美学自身呈现为一种明显的和解。

> "倘若你不得不说你无法忍受这个世界了，那么你就必须开始去寻求一个更好的。""伦理的"的代表们在这里轻蔑地指责美学

家狂妄自大（hubris of greatness），恰恰是在描绘他最好的特性。正是他那里孕育出的唯物主义萌芽在寻求"一个更好的世界"——绝不梦想般地为了忘却当下世界，而是要通过一个形象的力量向它提出挑战。这种形象，总体来看的确可能会"按照最抽象的尺度被勾画出来"，但它的架构将在每一个辩证时刻中得到明确而实质性的充实。克尔凯郭尔的"美学领域"正是这些形象的体现。[197]

当他完成了这本书之后，他写信给克拉考尔说："我进入神学范畴的程度比我打算的还要深入，我害怕我会对拯救，当然最重要的还有和解是不是强调得有点过分了。"[198]为此书的出版所作的修订，并没有多少实质的改动。作为将神学母题历史唯物主义具象化的尝试，它首次提示了一个将会成为阿多诺思考中心的观念：社会已经将盲目自然力的观念内化到了这样一种程度，即为了逃避自然的强迫，它只需适当召回（recall）它自身的自然就足够了。

93

蒂里希在他的审阅人意见书中赞赏了论文复杂而"理路交错的"品质，在论文中魏森格隆德努力将克尔凯郭尔从存在哲学和辩证神学中剥离出来，并通过他对克尔凯郭尔的"美学拯救"通向了他本人未来哲学的发展路向——这种哲学的"真理存在于对每个历史时刻最细小的剖面的阐释之中"。[199]霍克海默作为第二审阅人，同意蒂里希的评价，他承认，"这篇授课资格答辩论文呈现给我们的哲学关注方向、思考方式和语言形式，与我本人的那些哲学热望是不同的。如果说魏森格隆德认为他已经使克尔凯郭尔思想中一切事物克尔凯郭尔重新获得了希望与和解，那么他也因而表达了一种基本的神学信念，指向与我截然不同的哲学意向，而且这一点在论文的每一句话中都能看得出来。但是我知道，这部作品背后潜藏的不仅仅是强烈的哲学求真意志，还潜藏着在诸多意义重大的方向上推进哲学的力量。"[200]

1931年5月8日星期五，也就是霍克海默接受社会哲学教席，就任社会研究所主任并发表就职演说（《社会哲学现状和摆在社会研究所面前的任务》）之后大概三个月，阿多诺也作为哲学编外讲师发表了他的就职演说:"哲学的现状（The Actuality of Philosophy）"。他说,鉴于曾有人提出了某些异议,他现在要详细阐明一种新的理论,"到现在为止我从事的实际的哲学阐释都依照着"这种理论。[201] 然后他阐发了本雅明在论悲苦剧那本书的前言中提出的认识论批判的某种变体。鉴于这种认识论批判一直被"整理为一种理论论",[202] 现在阿多诺的理论则呈现为与唯物主义和科学相关的理论。

> 仅从现阶段的各个科学学科之中,哲学就能获取大量的材料和使问题具体化的新方法。但是它决不会将自己凌驾于各门科学学科之上,甚而将它们的"结果"视为既成事实并保持一种安全的距离去审视它们。毋宁说,哲学问题总是——从某种意义上说是不可避免地——隐藏在各门科学学科最专门的问题当中。

阿多诺把社会学说成是对哲学来说最重要的一门科学。他着重指出,较之于纯粹"科学的"思考方式,基础存在论（fundamental ontology）同他对哲学当代任务的理解甚至更容易产生矛盾。另外,哲学与科学之间关系更为确切的定义将表明,哲学应该通过"一种恰当的想像方式"把握那些特定科学门类之成果,这种想像性

> 严格限制在科学为它所提供的材料范围之中,但是它又在它的处置方式的一些精细的方面超越了科学——诚然,这些方面必然源于科学。如果我业已提出的哲学阐释观念是正确的,那么它也可以被表达为不断去思考由现实而产生的问题的要求,通过把一种想像形式运用在这些问题上,这种要求得以呈现,其想像对问题的要素进行重组,但又不会超出这些要素的范畴。这种想像的恰当性可以通过问题的消失来衡量。[203]

显而易见,这——也就是对细小的、表面上看或多或少无意义的那些细节进行阐释性的重新组织——在阿多诺看来就是唯物主义的。而且他认

为他的理论是辩证的，因为哲学阐释并不是在封闭的思路中进行的，相反，那些拒绝使它们自己接受解释的现实存在，以及源于主体间真理的那些反对意见总在打断这种哲学阐释，并使它处于"一种断续交替的辩证法"之中。阐释总是不得不重新开始。

阿多诺的就职演讲看上去是在霍克海默的方向上迈出的一步，但最根本的核心是受到本雅明和克拉考尔启发的神学—唯物主义计划。没人喜欢他的这篇讲演——霍克海默不喜欢，曼海姆不喜欢，韦特海默尔不喜欢，甚至克拉考尔也从柏林写信给他说，在一篇描述计划的演讲中将自己称为唯物主义辩证法家在战术上是笨拙的，因为它丝毫没有进行真正辩证法意义上的质询，或者说它刚刚说到能使辩证唯物主义的因果推论进入，或者说"刺入"那些教授们的心灵的时候就打住了，并没有与他们形成对抗和交锋。阿多诺本打算发表这篇讲演并将它题献给本雅明，但最后没有发表，因而他想借此向本雅明表达的敬意也没能公开。

阿多诺一直很认真地对待这个计划。实际上它首先意味着把本雅明的思想引入学术领域。在 1932 年至 1933 年之间的冬季学期，本雅明告诉朔勒姆说，阿多诺已经"在主持第二个学期的研讨班了，作为上个学期研讨班的继续，讨论的就是论悲苦剧那本书……但这一点没有在课程表上清楚地反映出来"。[204] 1932 年 7 月，阿多诺给康德研究会（Kant Society）法兰克福分会作了一场关于"自然史观念"[205] 的讲座。[95] 他把卢卡奇的《小说理论》和本雅明的《德国悲苦剧的起源》当作这一概念的理论资源加以援引。在某种程度上说，这个讲座是对海德格尔 1929 年 1 月在法兰克福作的关于"哲学人类学和此在的形而上学"[206] 那场讲座的答复。它也是对"法兰克福讨论"（阿多诺本人这么称呼它）的一个答复，库尔特·里泽勒尔（Kurt Riezler）在这场讨论中捍卫海德格尔。和阿多诺一样，里泽勒尔也属于所谓的"小聚会"（Kränzchen）成员。这个"小聚会"是法兰克福的一个讨论小组，蒂里希、霍克海默、波洛克、曼海姆、阿道尔夫·洛威和卡尔·孟尼克也都是该小组成员。在他的讲座中，阿多诺捍卫了这样一种立场：为了避免误解，他不说"历史存在论"，而更愿意用"历史"和"自然"的概念来定义它。海德格尔式的历史存在论借助历史性这个范畴将历史贬低为新存在的场所，但自然史概念将会揭示历史的全部，将它呈现为必然地与自然相勾连的在场，呈现为由"囚禁人类原始本质的那些不断变换的历史囚牢"[207] 所组成的场景。同时，这个讲座还提出了一种在历史与自然之间进行和解的思想，历史通过这种和解以自然史形式出现，将成为本质的新存在的场所。"自然史"，阿多诺在他的讲座中说，"是整体观念（perceptive）的变换"。[208] 正是这种整体观念的变换形成了一种敏锐感观，既可以在新的中辨别什么是旧的，又可以在旧的中辨别什么是新的。真正是新存在的存在将会通过使精神（Geist）意识到自身乃是自然的一个方面而超越它与自然的联系。在这个激进的自我意识（self-recognition）理论之中，阿多诺其实就是在支持卢卡奇在《历史与阶级意识》中阐发的黑格尔主义—马克思主义立场——但他脱离了这种立场的阶级考虑，而将它作为毫无愧疚之意的思辨来支持。与此同时，阿多诺毫无疑问地抛开了这一事实，即在这几年音乐批评领域的某些创作中，他是阶级斗争学说的追随者，也是哲学工作和艺术工作具有特定阶级属性的这一观点的追随者。

赫伯特·马尔库塞

对赫伯特·马尔库塞产生最大影响的是两位专论异化、物化和非本真性（inauthenticity）的伟大哲学家——都在 1920 年代声名鹊起，他们就是格奥尔格·卢卡奇和马丁·海德格尔。马尔库塞 1898 年 7 月 19 日生于柏林。他的父亲，一位来自博拉美尼亚外省的犹太人，跟随他哥哥来到柏林，努力工作，成为一家纺织厂的股东，最后又同一位建筑师合营，创建了一个名叫"弗里登塔尔和马尔库塞"的建筑公司。他能够为他的妻子和三个孩子提供上流社会生活的舒适和特权。马尔库塞从 1918 年初开始作为空军预备役军人服兵役，而且还是德国社会民主党不太积极的党员；他的父亲对这个党是瞧不起的，因为那是个工人的政

96

党。同年 11 月，他开始大学学习生活之后，还当选为柏林雷尼肯多尔夫（Reinickendorf）地区的士兵委员会成员。他还是巴伐利亚临时总理库尔特·恩斯特（Kurt Einst）明确提出的那类社会主义政策的拥护者。

军队中很多军官随后被选入士兵委员会，这激怒了马尔库塞，他因此而离开了这个委员会；他也不满社会民主党的领导，批评它是谋杀罗莎·卢森堡和卡尔·李卜克内西（Karl Liebknecht）的同谋，并因而退出了社会民主党，一心一意投入到他的研究之中。他开始研究德国现代史，先是在柏林学习，后来在布莱斯高的弗莱堡学习，而且同时辅修哲学和经济学。1922 年他以论文《关于艺术家的德国小说》在弗莱堡获得博士学位。这篇论文很大程度上受惠于卢卡奇的《心灵与形式》和《小说理论》以及黑格尔的《美学》。这篇论文依据维京人文化（Viking culture）和古代文化背景，在这种背景中艺术家和总体性的生活形式融为一体——生命与精神、生活与艺术在那里是一回事。借着这个背景，马尔库塞将关涉艺术家生活的众多德国小说描述为一个时代的表达，艺术与生活的统一瓦解于这个时代，曾经"在形而上学方面向往理念及其实现"的艺术家在这个时代被封闭在"现实生活形式的整体性的琐屑和空虚"之中。论文总结说：

> 伟大的欧洲文学中有关艺术家生活的小说只在一种文学中才不是作为意识形态冲突出现的：那就是俄罗斯文学。在这种文学中真正存在着生活—形式的统一体：艺术家和人民之间的深层统一。在这种文学中，艺术家也是苦难中的一个兄弟，是他的人民的安慰者、先知和唤醒者。在关于艺术家的德国小说中，艺术家和人民之间的互利并非是一个既定事实，而是某种已经被抛弃了的东西。仅通过下面这些文学史难题就可以瞥见人类历史之一页：德国人为了建立新共同体的斗争。[209]

已于 1924 年完婚的马尔库塞，获得博士学位之后继续回到柏林生活。他的父亲为他提供了住宅，并给了他一份出版业和古旧书业的股份。这时马尔库塞还发起了一个左翼文学沙龙，马克思主义学说、格式塔心理学、抽象绘画和资产阶级哲学种种潮流都是这个沙龙讨论的论题。[210] 海德格尔的《存在与时间》刚出版不久，他就和他的密友们开始研究讨论它，在研究过程中他们都一致认为这本书关注的正是（以卢卡奇的《历史与阶级意识》为主导精神的那种）马克思主义理论所忽视的东西：存在要素、该书所采用的以异化的日常生活形式为其出发点的那种方式，以及它对本真的人的存在问题的澄清。马尔库塞决定返回弗莱堡。他以前就在那里毫无兴味地听过胡塞尔的讲座。他下了决心，要作为哲学家开始学术生涯。马尔库塞偕妻带子于 1928 年动身前往弗莱堡，并被任命为海德格尔的助手。海德格尔那时刚刚成功地接替了胡塞尔的教席。

马尔库塞所朝觐的这位哲学家的事业生涯显然与卢卡奇、布洛赫、本雅明以及克拉考尔的大不相同。海德格尔的思考已经深深打上了神学的烙印。但是他的神学中又全然缺乏任何安全、和解和救赎的前景。另外，他幽居于安全的学术界之内，对任何与政治和马克思主义有关的东西都十分厌恶。

马丁·海德格尔 1889 年生于巴登州的梅斯基尔希镇（Mess-kirch），是一位信仰天主教的箍桶能手兼本教区教堂执事的儿子。他先是在康茨坦地区的一所耶稣会书院上中学，后来 1909 年到 1913 年间在弗莱堡大学学习——开始时研究神学和哲学，后来则主修哲学，辅修数学和自然科学。1913 年，他在天主教哲学家阿尔托·施奈德尔（Arthur Schneider）的指导下以论文《心理主义中的判断学说》获得博士学位。[211] 这篇论文是对指导他论文的那位信守亚里士多德主义和新经院主义教义的导师的心理主义（psychologism），也是对他的另一位论文导师——新康德主义价值理论家海因利希·李凯尔特（Heinrich Rickert）——的批判。

按照海德格尔后来 1950 年代回忆时所说的，"一战"前给他留下深刻印象的还有一些事，包括"几乎达到第一版篇幅两倍的尼采《权力意志》第二版、克尔凯郭尔和陀思妥耶夫斯基作品的译本，对黑格尔和谢林，对里尔克和特拉克尔（Trakl）的诗以及狄尔泰《选集》不断增长的兴趣"。[212]

在被证明不适合服兵役之后，他 1916 年在李凯尔特那里通过了授课资格答辩，提交答辩的论文是《邓斯·司各脱的范畴和意义学说》。[213] 在论文中主要探讨了中世纪的思辨术（speculative grammar）概念，并在结论中说，在他看来形而上学乃是哲学的真正任务。1919 年他成为编外讲师，并被任命为李凯尔特的接替者埃德蒙德·胡塞尔的助手。1913 年出版的胡塞尔《纯粹现象学和现象学哲学的观念》[214] 一书给他留下深刻印象的是"先验主体性"这一现代概念，它"通过现象学到达了一个更为本原、更为普遍的领域"。[215] 胡塞尔用来表示想建立作为纯粹科学的哲学，并以不容辩驳的方式表达出来的警句"回到事情本身！"对舍勒说来，而且现在同样对海德格尔说来，成了一种激励，激励他们重新获得对本真的、具有重要性的哲学的信念，激励他们坚信"现象学的观看"乃是主体向形而上学事物的一种敞开。

海德格尔所开的课程和研讨班，很快使他自己获得了一个杰出哲学家的声誉。尽管自他写了授课资格答辩论文之后十多年来几乎再没出版过任何东西，可这并不曾影响他的声誉。对于那些听过他的课的人（霍克海默也是其中之一）来说，他就像是个活生生的证明，证明了哲学对生活来说意味着某种东西——某种在个体那里乃是非常重要的东西。布洛赫和本雅明也以与此相同的方式影响了阿多诺。"海德格尔思想推进之中那种可感的紧张度和晦涩不明的深度，"胡塞尔的学生卡尔·洛维特（Karl Löwith）在回忆时写道，"使得其他事物变得苍白无力并因而失去意义，并诱惑着将我们离开胡塞尔那对最后的哲学方法的单纯信仰。"[216] 与布洛赫和勋伯格一样，海德格尔以一种表现主义方式，将自己视为是一种更高必然性的最适合的中介（instrument）。他 1920 年致信给卡尔·洛维特说，他关心的是"生活在今日革命形势之中的我'必然'会体验到的那些东西，而不考虑是否从其中会产生出一

98

种'文化',是否会加速毁灭"。在 1921 年,他写道:

> 我所做的都是我必须做的,而且是我认为必要的事,我以我可能的方式来做这事——我并没有为了让它适合某种普遍的"当今"而粉饰我的哲学工作……我工作的基础是我之"所是"和我的……事实本原 (factic origin)。存在因这种事实性而充满激情。[217]

1923 年,他被派到马堡 (Marburg),获得了一个私人教席。马堡当时还是新康德主义重镇,虽说这个思想流派已经趋于没落了。他和鲁道夫·布尔特曼成为了朋友,后者是新约研究方面的教授,与卡尔·巴特和弗里德利希·戈伽尔登一样,是"辩证神学"的主要代表之一。布尔特曼捍卫如下立场:将天主圣言 (Word of God) 神学同自由主义新清教神学的"人—神"说对立起来,并认为基督信仰是一种冒险,人类与上帝双方是不可调和地对立的,并认为如果一旦能够断言神学本真性的话,宗教与科学、信仰与神学之间的分离就未必会持续下去。

1927 年春,《存在与时间:第一部分》发表在胡塞尔编辑的《现象学和现象学研究年鉴》(*Jahrbuch Für Phänomenologie und phänomenologische Forschung*) 这个刊物上,这部著作同时还以书的形式出版。它一下子使海德格尔声名鹊起,巩固了他作为谈论生活中某种基础性事务的哲学家所获得的声誉。这部书不仅仅只是将胡塞尔现象学运用于历史和当下,它所关心的还有这一事实,即人类已经被存在所抛弃,虽然它依赖于存在;这是一部严肃对待存在者与时间、存在者与此在 (Dasein) 的著作。海德格尔从"存在问题的优先地位"出发,并将这一追问存在在人类那里,也就是说在此在那里的意义问题的出发点看作现实存在 (existent being)"在本体存在方面所呈现出如下的特征",即"在真正的存在中,存在才是一个与其相关的问题"。由于此在的这种基础性角色,他把对此在存在的结构分析称为"基础存在论"。[218] 海德格尔并没有触及这个问题,即从此在出发——当然,如果这种选择不是任意的——是否意味着存在不仅仅是被此在理解着的,毋宁说它就是被此在建构着的，也就是说是否意味着存在以此在为基础。无论是《存在与时间》的第二部，还是第一部的第三编"时间与存在"，都没能完成。这说明了海德格尔在尝试着进行调和时感到了困难——他试图使由《存在与时间》已发表部分中的论点典型地勾勒出来的存有主义（这个"存有主义"就是后来一般而言的存在主义，即取消了存在问题的对人类存在之分析）与关于万物发生之源的存在的观念协调起来。

对海德格尔来说，将此在当作出发点使他有可能在对学院哲学领域很少涉及的现象进行描述时获得某种具体感，并有可能获得一种方法，使他能够处理好那些看上去可能是派生的，甚至是无意义的标准哲学难题。《存在与时间》的这两个方面在很大程度上为这本书赢得了声誉。具体的，被"抛入"世界的人类存在取代了康德或胡塞尔所关心的纯粹意识。与纯粹意识类似，这种存在与最高层次的事务相关，而且为这些事务赋予了至关重要的意义。这就是本真生活或非本真生活的问题。"此在总是从它的生存来领会自己本身：重视从它本身的可能性——是它自身或不是它自身——来领会自己本身。"

> 此在在本质上总是它的可能性，所以这个存在者可以在它的存在中"选择"自己本身、获得自己本身；它也可能失去自身，或者说绝非获得自身而只是"貌似"获得自身。只有当它就其本质而言可能是**本真的**存在者时，也就是说，可能是拥有本己的存在者时，它才可能已经失去自身，它才可能还没有获得自身。[219]

海德格尔在本书第一篇中进行的描述，大多是对卢卡奇、布洛赫、克拉考尔和本雅明等人通过历史哲学加以描画的那个时代进行的形而上学诊断。用胡塞尔使其广为人知的一个概念来说，这是一种生活世界（Lebenswelt）分析。从胡塞尔这方面讲，他也从海德格尔那里汲取了灵感。海德格尔捍卫着这个生活世界，使其免遭科学世界图景的理论化和绝对化的侵害，但同时也揭露了这个生活世界的非本真性。

闲言与两可，一切都见过了，一切都懂得了，这些东西培养出自以为是，此在的这样随手可得的与占统治地位的展开状态似乎能够向它保证：它的一切存在之可能性是牢靠、真实而充分的。常人的自信与坚决传布着一种日益增长的无需乎本真地现身领会的情绪。常人自以为培育着而且过着完满真实的"生活"；这种自以为是把一种安定带入此在；从这种安定情绪看来，一切都在"最好的安排中"，一切大门都敞开着。沉沦在世对它已起到引诱作用同时也起到安定作用 (beruhigend)。

非本真存在的这种安定却不是把人引诱向寂静无为、而是赶到"畅为"(Betireb) 无阻中去……多方探求的好奇和焦躁不安的"一切皆知"冒充为一种对于此在的普遍理解。归根到底却仍然没有确定而且没有诘问：究竟要加以理解的是什么？仍然没有理解：理解本身就是一种能在，这种能在唯有在最本己的此在中才会必然变成自由。当这种得到安定的、"理解"一切的此在拿自身同一切相比较的时候，此在就趋向一种异化 (Entfremdung)，在这种异化中，最本己的能在对此在隐而不露。[220]

按照海德格尔的说法，此在通过"畏"而在此种沉沦中得到拯救。而决定着在世存在的畏，尽管只是潜在地作为一个法则，也是人类之生存、他们与存在关系的本质证明之一部分。畏使得熟悉的日常世界呈现为一种"不熟悉"状态，并且使此在直接面对"它为它存在的本真性，为这种本真性作为此在一直所是的可能性而呈现的自由状态"。此在感受着本真性的召唤，它永恒不变的基本特征就是操心。海德格尔在死亡中看到了此在"最本己的可能性"。没有人能从另一个人那里偷窃其死亡。在这个意义上说死亡乃是它最本己的经验。它指向"生存之根本不可能之可能性"。[221] 它甚至是终极的可能性。在接近死亡的过程中，此在承当其被限定性。海德格尔从这种向死的接近之结构出发，解释了本真性生存的存在论结构：它的未来性特征。当下源于已经在那儿的未来。也就是说，我乃是我从我本己的可能性出发而已经创造的。此在乃

　　　　　　　　　　　法兰克福学派：历史、理论及政治影响

一有限的事件，但又绵延于未来、过去和当下之中，而未来、过去和当下全部被此在本身时间化。这种时间性的有限性——这是海德格尔向"历史性"的过渡——使此在成为历史的。

在本真的和非本真的历史性生存间的区分中，死亡也被海德格尔赋予了非常重要的角色。

> 只有自由地为死存在，才干干脆脆地把目标给予此在并把生存推入其有终性之中。溺乐、拈轻避重这些自行提供出来的近便的可能性形形色色、无终无穷，而生存的被掌握的有终性就从这无穷的形形色色中扯回自身而把此在带入其命运的单纯境界之中。我们用命运来标识此在在本真决心中的源始演历；此在在这种源始演历中自由地面对死、而且借一种继承下来的、然而又是选择出来的可能性把自己承传给自己。[222]

海德格尔在本真的和非本真的历史性生存之间做出的区分是很难理解的。这两种生存样式都是在世存在之"被抛性"和过去所决定的。但是在一种情况下，过去被说成是本真生存的一种可能性，而在另一种情况下，它却仅仅是一种残迹。在一种情况下，它被说成是一件决然接受的事，而在另一种情况下则恰恰相反，它却又被认为仅仅事关保存。作品给读者的信息是不清楚的。如果读者想要成为那些本真的生存者的一员，那么当下对他们来说就必将呈现为非本真的、异化了的、受"常人"支配的世界；为了有可能建立起一种此在的构造必须废黜当下这个受"常人"支配的世界，而这种此在构造在过去之中从未被洞察到的，尽管它早就清清楚楚地存在着。但是，由于"常人"被视为一种"生存质（existentiale）"，[223] 那么，比现存的此在构造更为本真的此在构造又是如何可能的呢？如果最本真的可能性乃一种承当而没有关于被抛入最本己之"此"（Da）的任何幻想，那么对于"常人"（属于被废黜的一部分）的废黜又怎么能够带来本真性的增长呢？剩下的只是对现存条件的喑哑无声的抗议，这种抗议不曾描画出那些条件的原因，这种抗议的最主要特征就是一种对于英雄宿命论的情感领悟。

　　1928 年，海德格尔作为胡塞尔的继任者返回弗莱堡。翌年 7 月，他在那里作了他的就职报告——"形而上学是什么？"，这个报告在 1929 年出版。他将这篇文章视为以思考无的途径来思考存在的一种尝试。[224] 海德格尔早期的存在主义在这篇文章中达到了顶峰。他将哲学和逻辑的以及理解的科学相比较，把哲学视为"惟有通过本己的生存的一种独特跳跃，即本己的生存跃入此在整体的基本可能性之中的独特跳跃，才运转起来"的某种东西。[225] 就像对卢卡奇来说无产阶级成了真正的历史哲学家，对海德格尔来说真正的哲学家就是生存着的人类。"只要人生存，人就以某种方式进行哲思"。通过理解去把握所存在的整体是不可能的。情况常常是，所存在的整体往往袭入情绪之中——比如说在"无聊"中就是这样。"这种深刻的无聊犹如寂然无声的雾弥漫在此在的深渊中，把万物、人以及与之共在的某人本身共同移入一种奇特的冷漠状态中。这种无聊启示出存在者整体。"他特别强调了作为一种特殊情绪的畏，这在《存在与时间》中是个普遍的主题。"畏使我们漂浮，因为畏使存在者整体脱落了。"[226] 在畏中，此在体验到它自身被带离而进入无，在那里生存向它展现为完全别样的，它进入了一种绝对陌生之中，这种陌生是它迄那时为止一直在遮蔽着的。作为"无的场地的守护者"，人从根本上超越、超逾了作为整体的存在者，人天生就是形而上学的。[227] 在科学、逻辑和理解的领域当中，否定恰恰就是一种弱化了的虚无化形式。"起主导作用的虚无化 (nihilating) 行为"表现在"固执的对抗和激烈的指责"之中，表现在"难堪的失败与无情的禁止"之中，表现在"痛苦的匮乏"之中。被畏的气息以一种持续的方式所震颤的人们是一些"勇者"，他们"为那个支持他们的东西耗尽心血以求因此保存此在的最终伟大"。[228]

　　在他的就职报告中，海德格尔找到了一个探讨无这一问题的进路，而关于无的问题看上去既有些像狡辩，又有些像空想，完全建立在文字游戏的基础上。维也纳新实证主义哲学圈子里最著名的哲学家鲁道夫·卡尔纳普 (Rudolf Carnap) 就曾用这样的文字游戏例子来证明形而上学问题是无意义的。这个就职报告表明，人类或多或少是脆弱而易受攻击的。摆脱了可能被神圣化为理性的一切东西之后，他们必须准备着把他们自身献祭给另外某种东西，这种东西最为人所知的地方就是它需要朴素和匮乏——可是这一点是怎么被人所知却未曾得到解释。

在《存在与时间》出版后的那几年中，这种哲学为海德格尔那些无数的工作讲演和聚会讲演提供了材料。这些讲演的高潮就是他和恩斯特·卡西尔（Ernst Cassirer）之间的辩论。恩斯特·卡西尔是新康德主义马堡学派的代表人物，而这场辩论就发生在 1929 年 3 月在达沃斯举办的大学演讲上。在这场辩论中海德格尔主张，哲学的任务就是"撇开人类的一切自由不谈"，"通过一些人误用的观点"为人类展现"它的此在的无"，"这些误用者仅仅用学术著作将人类抛回到命运之严苛性当中"。[229]

当马尔库塞 1928 年来到弗莱堡加入海德格尔圈子的时候，他已经有了自己的哲学计划，并且对海德格尔的重要性已经形成了自己明确的想法。他的计划就是"具体哲学"。他对海德格尔的想法就是，海氏作品代表了这样一个关键之点，在这个点上"资产阶级哲学可以从内部被超越，并且在一种新的'具体哲学'的方向上运动"。[230] 在 1933 年流亡瑞士期间，他写作了一篇研究卡尔·雅斯贝尔斯（Karl Jaspers）的作品——《失败哲学》——的文章，这篇文章也是在德国发表的最后一篇文章。他在这篇文章中认为："人之生存的历史性本质规定应该使哲学重新获得它久已遗失了的具体化的敏锐性，重新把握到人类事务的最终严肃性，在这种严肃性中一切事情都是真正生死攸关的，尤其是当下即刻必需之事就是最重要的事的时候。"[231] 马尔库塞从他一开始发表哲学著作以来，就批评海德格尔，因为虽然海德格尔的确关怀"现时代及其形势"，但他却并没有解决最关键的问题："具体的本真生存是什么？它的性质又是怎样的？可能的本真生存到底是什么？"海德格尔并没有进入"使具体此在生存的具体历史条件"；他没有促进决断的行动，而是落入了孤独的此在。[232]

在马尔库塞那里，"行动"以及对"现时代及其形势"进行思考都是一些含混不清的观念，他本人在政治上无论如何都说不上是积极的。他将理论视为最高的实践形式，在 1930 年代他从事的研究工作就是撰写"黑格尔的存在论和一种历史理论的基础"，[233] 他想用这篇论文在海德格尔那里通过授课资格答辩。所有这些都使我们可以想见，除了上面提到的缺乏具体性之外，马尔库塞原则上并没有与海德格尔有什么理论冲突，1933 年海德格尔公开他的纳粹信念，这使马尔库塞完全惊呆了。如果说马尔库塞在某种程度上并不忠于海德格尔，这也仅仅是因为他发现了其他的哲学家，他们"卓绝的具体化"要胜过海德格尔的具体化：他们就是狄尔泰和黑格尔。但是当马尔库塞发现了《1844 年经济学—哲学手稿》之后所有这些哲学家就都处在马克思的阴影之中了。《1844 年经济学—哲学手稿》1932 年作为《马克思恩格斯全集》(MEGA) 的一部分首次发表。马尔库塞 1932 年在希法亭编辑的刊物《社会》(*Die Gesllschaft*) 上发表了一篇文章，名为"历史唯物主义基础的新来源"。在这篇文章中，马尔库塞就这份巴黎手稿给出了一种开拓性的阐释。他在这些手稿中看出，"为经济学打下了哲学基础，在某种意义上说这是一种理论革命"，[234] 也就是说他看到了马克思的存在论——如果我们将这篇文章和他论黑格尔的那篇文章比较一下就会这么称呼它了。按照马尔库塞的说法，马克思的存在论与黑格尔的存在论不同，因为事实上马克思主义的存在论是"以生命及其历史性的生存论概念为指归的"，[235] 因为马克思主义的存在论总是历史性人类之存在论。同时，马尔库塞还试图解决使历史必然性和特殊生存形式的更高价值相互联系起来的问题：即，"为历史必然性的自由存在"为什么会成为向"存在之真理"前进的一种手段。

> 在马克思那里，本质和真实性、本质的历史之情境和实际的历史之情境不再是各自无关的分离的领域或层面：人的历史性就包含在他的本质决断之中……但是对人本质的历史性之揭示并不意味着人的本质之历史和他的实际的历史是相等同的。我们已经听

说过，人从来都不是直觉地"进行生命活动的类"，毋宁说他使自己与这样的类相区别并与之"相关"。在这里本质和生存是截然不同的：他的生存是实现他的本质的"手段"，或者，在异化的情况下，他的本质是实现他的肉体生存的手段。如果本质和生存以这种方式继续分离，那么与此同时在能够达到的程度上使这两个方面重新统一，就是人类实践的真正无条件的目标，既而，如果说真实性在完全颠倒人类本质方面一直在进步着，那么彻底废黜这种真实性就成了最高目标。对人的本质的毅然决然的预见必将成为通向彻底革命的不可抗拒的动力：在资本主义的实际情境中不仅仅只存在经济危机和政治危机的问题，而且存在着人类本质大灾难的问题——这一发现宣告了一切仅仅在经济方面或政治方面进行的改良从一开始就注定了要失败，并无条件地要求通过总体革命以毁灭性的方式废黜现有的实际条件。[236]

关于人类本质的历史性及其完全颠倒的谈论，遭到了一种诉求的抗拒，后者期待确立关于人类本质的坚定观念，这种观念牢固地形成于对一切实际颠倒的洞察，而且被作为马克思主义生存存在论者的马尔库塞当成了不可动摇的标准。存在论人类学，即关于一个未定的有限的人而被抛入世界之中的理论，被马尔库塞当作这样一种观念加以消解：人类只能间接地实现与他们本己的本质之相符。马尔库塞反对他自己最早希望的那种哲学，那种哲学只是一种人类的"'自我沉思'、只是对世界历史当下形势的一种沉思，这种当下形势总是被回想起来并被向前推进的" "被理解为关于存在者可能性和必然性、关于浮现于此形势之中的行动和变化之沉思的沉思"。[237] 与此不同，他获得了这样一种哲学，这种哲学以扫荡一切的气势宣称现时代正是由非人的资本主义生存形式构成的，只有通过总体革命才能使它符合人的本质——看得出来，这种哲学得益于青年马克思。

正如马尔库塞在后来与哈贝马斯的对话中所说的那样，他当时发现了这样一个新的马克思，他"是真正具体的，并且超越了那些政治党派持有的那种僵化的实践马克思主义和理论马克思主义"。在这个意义上，他成了马克思主义哲学家，他再也不认为他必须依靠海德格尔为马克思主义提供哲学基础，相反他认为马克思本人提供出了最好的哲学基础。正是在这之后，他开始发现他的授课资格答辩计划是不现实的，因此他就不带任何目的地发表了他这部论黑格尔的书。按照马尔库塞本人的说法，这事情大概发生在 1932 年，因为那时一个犹太人、一个马克思主义者已经不可能参加授课资格答辩了。[238] 然而，从胡塞尔写给里泽勒尔的信件——后来西德战争赔偿程序依据这封信受理了马尔库塞本应该按照正常程序参加授课资格答辩而成为教授的赔偿申请。——可以看出，马尔库塞的授课资格答辩实际上，或者说特别受到了海德格尔的阻挠。胡塞尔为马尔库塞在里泽勒尔跟前说项，而里泽勒尔又请霍克海默帮马尔库塞的忙。可是最初这些努力都是徒劳的。直到 1933 年，马尔库塞与列奥·洛文塔尔会谈之后，经由后者在霍克海默跟前大力举荐，才加入了流亡瑞士日内瓦的社会研究所。

这种传记式的综合描述表明，霍克海默圈子里的这些人当中没有一个在政治上是积极的；也没有一个人出身于工人运动或马克思主义；他们所有人都来自犹太家庭，虽说他们的家庭与犹太教之间的关系非常多样化——有的是完全同化了的家庭，有的又是正统犹太教家庭。对他们所有人来说，对反犹主义的认识与他们的学术活动相较显得不那么重要。只有在霍克海默那里，对被侮辱与被损害者的命运的恐惧才是思考的根本性的刺激因素。对于其他人来说，马克思主义学说之所以具有吸引力，仅仅是因为它看上去允诺了对似乎无法解决的那些理论难题的解决办法，或者说它看上去是对异化了的资产阶级—资本主义社会惟一彻底的批判，这种批判既在理论上成熟老练，又没有失去和现实的联系。就霍克海默的交叉学科计划而言，他们形成的这一群体组合注定是一个没多大希望的组合。他们所有人都或多或少熟悉哲学，可除了弗洛姆和波洛克之外他们都不是某个科学学科里的专业人士，科学学科间的合作就是打算推进社会研究所里进行的社会理论研究。

在他们能够扮演独立思想家的重要社会角色的时期，他们的思想都返回了他们青年时期切身经历的革命性转变。"尽管名字被改了，但为什么还仍旧是'破晓'（Anbruch）呢？"1928年的音乐刊物《破晓音乐报》（从1928年开始阿多诺就成为了它实际上的主任编辑）在为新标题下出版的第一期所撰写的编辑导言中这么问道。

> 我们从来都是忠实于名称的，因为我们忠实于它所代表的东西。我们相信，我们在这么多页中为之辩护的新音乐，就其最出色的代表作品而言，属于转变了的、彻底转变了的意识状态；我们相信为新音乐而辩同时也就意味着为这种新的、转变了的意识而辩。我们并没有在战后被平复稳定下来的客观精神中看到这种意识；我们充满疑虑地发问，我们在其中谈论破晓与黄昏的这个备受责骂的新时期，是与转变了的意识有更大关系呢，还是与当下形势有更大关系——在当下形势之中人们非但不创造意识的转变，甚至不再迫切需要意识的转变了……我们希望"破晓"[Anbruch]能为音乐形势——也不仅仅是音乐形势——的向前推进带入一种新开端的推动力，在目前的形势下，如果我们不想沦为最可怕的反动倒退——即在良心上自鸣得意的赶时髦——的牺牲品，那么推动力就是绝对必需的。[239]

当法兰克福社会研究所1930年代改弦更张的时候，这个推动力的确是极其强烈的。在霍克海默的圈子渐渐接近一个新的开端之时，资产阶级—资本主义社会也愈加腐朽衰败，法西斯主义狂飙突进，而社会主义陷于停滞。

政治—学术政治—学术工作

> 只要你留心一下人们的行动方式，那么你将会发现那些掌控巨量财富和巨大权力的人，无一不是通过欺诈就是通过暴力而获得它们的；接下来，他们通过给欺骗或暴力侵占的东西加上了一个欺骗性的名字——收益回报，从而掩盖了获得行为的丑恶，并使得这些获得变得体面而得体。而那些不是因为不精明就是因为太愚蠢而规避这些行为方式的人，则总是在奴役和贫困中困厄而死。因为忠信的仆人总是仆人而好人总是穷人。[240]

马基雅维利在他的《佛罗伦萨史》中借一个充满激情、经验丰富的革命者的口说出了这些话。霍克海默在《资产阶级历史哲学的起源》一开始就引用了这段话。[241] 这话与霍克海默一生所坚持的观点是相符的："对那些取得了权力的人来说，有更多的人会突然变成追在他身后与他为善、向他表示支持的一群。而对绝对的无权者——比如说动物吧——来说，同样追在它身后的只是牲口贩子和屠夫。"这是《破晓与黄昏》中"性格相对性"一章的结论。[242] 那些想让自己过上好日子的人需要权力。可那些想帮助他人的人更需要权力。那些获得了权力，或者说掌握着权力的人则必须不带任何幻想地着眼于现实，必须能够跟上权力游戏的进程。阿多诺在他 70 岁生日给霍克海默的一封"公开信"中说：

> 你不仅知道生活是多么艰难，而且知道它是多么复杂。你是一个能够恰切地洞察事物背后驱动力的人，一个想以不同的方式重新安排这些事物的人，也是坚决果断并毫不低头坚持自己立场的那种人。批判性地看待自我保存（self-preservation）的原理，却又能撇开这一点，尽力让自己超越于藉此获得的知识而获得自我保存——你身上实实在在地体现了这一悖论。

霍克海默想得到，并已经得到的是这样一种生存方式：既要以探究关于社会的学问为目标，又要不惜一切代价获得舒适的生活方式。他与波洛克之间的那种伙伴关系的典型特征，在以下两个方面都有体现：一方面使波洛克的服从角色——有点受虐色情狂的意味——被牢固地确立起来，另一方面，又强调实现更美好的共同生活乃是这一伙伴关系的明确目标。"圈内总是优先于圈外"，[243] 1935 年霍克海默在《对基本原则进行重新阐释的一些材料》中写道。他总是不时写一些东西来重新阐释他与波洛克之间的协作原则，这篇东西就是其中之一。这里的"圈内"指霍克海默和波洛克之间的合作关系，这一合作关系的目标就是探求知识。"我们对世界的态度：欢乐、勇敢、高傲（gaîté、courage、fierté）。"研究所是这对伙伴的重要的生活组成部分。霍克海默在他的《一些材料》中，在"共同的生活"标题下写了这些话：

> 共同的生活应该体现在日常生活中的欢乐与共、忧愁与共当中，而不仅止体现在对一些大得多的难题的共同思考上。比如，对研究所、对其工作及其合作者所抱的态度。这个研究所，不是"公司"，不是"研究所"，而是一个有着共同态度和目标的集体。大家有必要共同留意，让研究所核心成员尽可能地保持同调，在选择较密切的合作者时一定要慎之又慎。

然而，不管怎么说，人们恐怕还是得警惕"高估了"研究所。虽说研究所尽可能按照"圈内"的价值体系而被建立起来，但也仅仅是圈内人所使用的一个工具。

"圈内"集体投身于与资产阶级世界的斗争，但它从一开始就受到了那个世界的侵蚀。反资产阶级的表现主义的哀歌成为了霍克海默社会批判的发源地，这一点在他 1930 年代那些自传文本和自我批评文本里面都能得到证明。

> 缺乏自豪感，对自己或别人缺乏乐趣，缺乏自信，沮丧，犯罪感

（尽管已出于某些特定的原因做出了某种特定生活的决断）——所有这一切在资产阶级的本能结构里都有它们的根源，这个结构是由我们的教养形成的（总是被阻止去做有趣的事情）。有意识的高傲使我们的伙伴关系的权利和价值与那个充满敌意的世界相对立，也只有这种意识才能帮助我们克服这种本能结构，正是这种本能结构不断地使我们怀疑"欢乐"和"勇敢"的座右铭。

在《一些材料》里面，霍克海默理解的世界就是一种权力斗争，并由此得出了他自己的结论，而这些结论只是部分地符合马克思主义的结论。这种对世界的理解一方面是由犹太人的集体经验唤起的，另一方面是通过对与他自己的和他父亲的事业相关的那些条件进行的清醒冷静的估量而形成的。

如果你一直都关注如下事实，那么看待社会的正确态度就会形成了：在今天的社会里，人类之间的一切关系都被扭曲了，最终没有什么贯穿在友谊、支持、善意这整个范围内的东西能被当真了。惟一能被当真的事情就是阶级内部的竞争斗争和阶级之间的斗争……所有友好的表示都不是给哪个人的，而是给他在社会中的地位的——当同一个人由于斗争条件（股票交易、对犹太人的迫害）中或主要或次要的变化而失了势，这一事实就会极其残酷地暴露出来。这里的问题不是得出抽象的结论。相反，你必须经常意识到，当包围着你的那些善意好心的人发现你已经没有权力了，你本人就得受他们摆布。结论：不要和监禁者们保持一致步调；永远和受害者团结起来。（注意：在这个社会中，除了它的科层官僚，也还**存在着人类**，尤其在妇女中。但是他们在很大程度上比一般想像的还要稀有！）

有一种关系仅次于霍克海默和波洛克之间的这种伙伴关系：马克斯·霍克海默和他的妻子麦顿之间的爱的关系和兴趣上的一致。这是

108

一种令人愉快的、自然的关系。但是这种关系也的确为霍克海默增添了过度的担心，使他一心想要获得某种契约上的担保，为他们的婚后生活争取到有利的物质基础。由于波洛克是费利克斯·韦尔及其继承人的执行代理人，所以霍克海默通过波洛克在 1930 年 10 月聘任协议的条款之外又获得了更多的附加条件（依照这些条款，虽然研究所主任职位是作为名誉席位设立的，但是凡是与他的这种学术指导身份相关的一切对外活动、调研旅行以及其他义务皆由研究所社会研究会承担费用，且没有任何限制，也不需任何收据）。例如，1932 年 1 月，添加了如下一项附加条款：

> 如果您不论出于何种原因失去了作为美因河畔法兰克福大学教授的薪俸，我们将负责连本带息支付您的全部收入，并将按照您将应得的普鲁士大学教授最高生活费的标准支付你的养老金。

1932 年 2 月又添加了如下条款：

> 为了保证您的学术研究有一个持续稳固的物质基础，我将代表我和我的继承人保证向您提供终生月薪，金额为 RM 1500（一千五百帝国马克），或 Frs SS 1875（一千八百七十五瑞士法郎），或 Hfl.900（九百荷兰盾），或 Frs Fcs 9000（九千法国法郎）、或 $ 375（三百七十五美元）。货币的选择和支付地点由您而定。您从普鲁士国家获得的、或以您作为社会研究所主任的身份获得的收入将从这一总数中扣除。

霍克海默本人就是他在《破晓与黄昏》一则格言中语带心酸地描绘的那种"奇怪的心理学"的典型一例。但研究所的确找到了一个在艰难时刻既能创造外部条件也能创造内部条件从而使得学术研究顺利展开的年轻学院管理者。霍克海默经常抱怨波洛克，说他在研究所的学术事业上没有表露出足够的兴趣，反而只是表露出对独裁研究所事务安排的兴趣。霍克海默对两个方面都感兴趣。

在政治领域和在学术政治方面对研究所的捍卫，是同时连在一起进行的。1930 年到 1932 年这几年间，他们不再对社会民主党、中央党以及民主党之间的议会合作体现的阶级妥协心存幻想了。共产党员在人数上增长了，尽管这种势头是不稳定的，是建立在知识分子和失业者的支持基础之上的；同时，纳粹势力发展迅猛。纳粹在意大利也隐约有同样的发展：那里发生了纳粹"革命"，这一"革命"为人们所接受，而且也没有招致中产阶级政党的任何反对，保守主义政党和国家机关或多或少也对它持一种善意的容忍态度。早在 1928 年，奥地利的社会民主保障同盟的领导人尤利乌斯·多伊彻（Julius Deutsch）就发表了《欧洲法西斯主义》的调查，宪法学家、社会民主党人赫尔曼·黑勒（Hermann Heller）去意大利做了六个月调查，为他下一年出版的《欧洲和法西斯主义》一书收集资料。这本《欧洲与法西斯主义》是最早在广泛的欧洲范围内进行考察这种"复兴运动"的意识形态和实践的详尽分析之一。[244] 直到那时，法西斯主义也只在意大利掌握着权力。在意大利法西斯主义以摧毁资产阶级文化为代价排除了无产者的要求，保护了"自由"经济。但法西斯主义作为一种运动在大多数欧洲国家都是存在的，只是受到了许多政府的控制，尽管这些政府中集权政府要多于民主政府。

在 1930 年 9 月的大选之后，纳粹党以 107 个席位成为了国民议会中的第二大党。在投票的前十天，仅在普鲁士就有 24 人被杀，285 人被打伤，并发生了几十起炸弹袭击事件。这些都促使研究所的管理层——霍克海默、波洛克、费利克斯·韦尔和列奥·洛文塔尔——决定开始着手筹划应对方案，以便在研究所万一必须撤离的情况下有所准备。在霍克海默的建议之下，采取的第一步措施就是在日内瓦开设研究所的分部。研究所官方声明，这纯粹是为了方便研究工作，使用设在那里的国际劳工局的档案材料。早在 1930 年 12 月，霍克海默就致信黑森一拿骚省高级部长、驻美因河畔法兰克福大学的州代表，要求在本学期或者下学期准许他离职"三或四次，每次四到五天"。

我自今年 8 月 1 日以来担任研究所主任，研究所现准备对工人阶级上层的社会文化立场做一系列广泛的研究。为了这一目的，研究所必须和日内瓦国际劳工局建立充分彻底的合作关系，因为它的学术研究人员和在那里搜集起来的资料有助于我们自己的学术计划的顺利完成。有些特殊材料需要经过我们社会学研究人员在劳工局严格监督之下做出专业分析。因此社会学研究所决定在日内瓦设立长期的研究工作站。因此，我，作为研究所主任，必须和劳工局建立必要的联系并要经常获悉我们研究所人员研究的进展情况。[245]

1931 年研究所主任在日内瓦获得了一套公寓，研究所的指导者们也将研究所的基金从德国提出，转移到了荷兰。"在法兰克福德意志银行里，我们只有一张作为研究所每月开销的虚假凭证的信用证。"[246] 研究所图书馆的所有权最早被转让给了苏黎世社会学研究会，它也是研究所的一个分支机构，继而在 1932 年末或 1933 年初又被转让给了伦敦经济学院。

正是在这一背景之下，研究所开始重新确定研究工作的方向。新方向的确定发生在法兰克福大学的全盛期。在 1930 年代初，法兰克福大学的教授们包括：哲学家和神学家保罗·蒂利希、经济学家阿道尔夫·洛威、教育家卡尔·孟尼克（他们三个人都是宗教社会主义者）、社会学家卡尔·曼海姆、法律社会学家胡戈·辛茨海默（Hugo Sinzheimer）、宪法理论家和社会学家赫尔曼·黑勒（从 1932 年起）、金融经济学家威廉·戈尔洛夫（Wilhelm Gerlott）、犹太教哲学家马丁·布伯、文学史家马克斯·科默雷尔（Max Kommerell）、历史学家恩斯特·康托洛维茨（Ernst Kantorowicz）[这后两人和格奥尔格圈子渊源甚深[247]]、古典语言学家瓦尔特·弗里德利希·奥托（Walter Friedrich Otto）和卡尔·赖因哈尔特（Karl Reinhardt）、格式塔心理学家马克斯·韦特海默尔，以及社会心理学家亨德利克·德·曼（Hendrik de Man）。这一时期的一名学生，卡尔·考恩（Karl Korn）在他的回忆录里回忆了法兰克福那些年的学术和思想氛围：

> 有了这些名字和人物，我们想像我们能与海德堡或其他大学
> 相匹敌了，它们都有着同样的声望，我们甚至不仅在声望上超过了
> 它们，而且比它们有更让人振奋的学术和政治环境。

> 那时法兰克福大学有两个系——日尔曼研究系和社会学系已
> 经成为了思想讨论和政治讨论的中心……一方面是哲学家们和社
> 会学家们，另一方面是日耳曼和古典研究系的哲学家们，他们相互
> 之间都认识，聚在一起，一同展开讨论。这两派都有一点排外。如
> 果你作为学生想要加入所有这些讨论，那么你就不得不"熟悉其中
> 的情况"，这样才能知道聚会是在什么时候、什么地点开始。但是
> 关键之点在于，实际上最开始相互都是朋友的格奥尔格圈子和社
> 会学家们之间存在着一个主要的中心，这个中心牢牢地固守着学
> 术生活的老传统，并将这一传统发扬光大。这起到了很有益的作
> 用，限制了那些常常是趋炎附势的精明的局外人，使他们不敢在学
> 术上不严肃。当时各种各样的左翼思潮也都汇聚在哲学系，这些思
> 潮对那些专攻人文学科的人们来说，尤其是对文学方面的教授和
> 大学生来说有着某种吸引力——不管怎么说这种吸引力都是有益
> 的。可要是认为可以把这些思潮统统简单地贴上"马克思主义"的
> 标签，那就错了……那整个是一个万花筒……

> **要是**有人想在 1930 年前后哲学系发展起来的知识左派那里找
> 出一种共同点的话，那么他肯定会这么说：意识形态和意识形态批
> 判第一次在这里成为了一个系统的论题，也就是说，在最广泛意义
> 上所说的观念之间的联系，以及它们的社会基础都将会在这里得
> 到考察。[248]

知识左派是由以卡尔·曼海姆为首的社会学系、以霍克海默为首
的社会研究所，以及在保罗·蒂里希周围形成的团体组成的。曾一度到
过法兰克福担任曼海姆助手的诺伯特·埃利亚斯（Norbert Elias），在后

来接受法兰克福市颁发的阿多诺奖时发表的演说中强调说，实际上社会研究所和社会学系之间没有什么联系，尽管社会学家们都在研究所大楼的底层办公。但是，曼海姆、霍克海默和阿多诺的确都属于一个"圈子"，他们都随时准备和蒂里希周围形成的团体进行合作。只要看一下这一时期的课程表，就会产生这样的印象：知识左派相互紧密联系，形成了一个团结的组织，而且就霍克海默的学科间社会学学说理论计划而言，支持他的也不乏其人。霍克海默和蒂里希一起开设一些课程：1930 年夏季学期，开设了"哲学文本阅读"[249] 的研讨班；1930 年至 1931 年冬季学期开设了关于洛克的研讨班；1931 年夏开设了关于哲学著作家的研讨班。而且蒂里希和魏森格隆德也联合授课：1931 年至 1932 年冬季学期开设了探讨黑格尔的哲学史选篇的研讨班；1932 年夏开设了"莱辛:《人类教育》"的研讨班；1932 年至 1933 年冬季学期开设了"西美尔:哲学主要问题"的研讨班。蒂里希、里泽勒尔、戈尔贝和韦特海默尔联合在一起在 1930 年夏还开设了一个研讨班课程，并于 1931 年夏天举行了一个哲学讨论会。从 1931 年至 1932 年的冬天直到研究所 1933 年疏散，曼海姆、洛威、贝格斯特莱泽尔（Bergstraesser）和诺阿克(Noack) 还一起组成了一个社会史和观念史研究小组。霍克海默和阿多诺计划的第一个联合课程是"托马斯·霍布斯（Thomas Hobbes) 的宪法理论"，预告是 1933 年夏季学期开始，可实际上一直没有开起来。

科隆大学社会学系在列奥波特·冯·维泽的领导下，社会学被搞成了一种枯燥无味的关系学说，其开展的一些经验研究也被限制在偶尔出外进行实地考察这一方面。曾经的德国社会学中心海德堡大学，自从曼海姆离开去了法兰克福之后，也失去了它最成功的社会学家。这样一来，在 1930 年代早期，法兰克福已经成了所有关注社会理论的思想的汇集之地——这一点在当时的德国来说是独一无二的。

霍克海默在学术政治上的成就则在于，他让社会研究所的工作具有了明晰的特性，同时使得研究所的工作免受一些人的防御性攻击的干扰，这些人认为他们的知识产权（intellectual property）受到了研究所重新定位的威胁。当着法兰克福大学公众的面，霍克海默很恰当地对他的计划的现实性和他提出的"强大的经验研究工具"进行了宣传。同时，他也以这种方式使自己与德国社会学中存在的人文主义和形而上学趋势区别开来。考虑到专业化的社会学及其捍卫者，霍克海默强调说他决不认为自己提出了一个专业课题，他提出的"仅仅"是把社会过程作为一个整体进行分析的计划。对那些试图把社会学建立成一个单独学科的人来说，霍克海默的计划肯定显得是妄自尊大的，而且看上去就是把社会学当作一门无所不包的科学的观念的回归。这种规划显然并非将自己构想为一种"社会学"，但是它将专业化的社会学看作是自身存在的前提条件，因此他们其实不必认为这样的规划可能会损害他们做出的努力。列奥波特·冯·维泽此时担任作为德国第一个社会科学研究机构的科隆社会学系的主任，还是这个部门的学术刊物的编辑。这个刊物的内容全部是专注于社会学方面的研究。他从 1923 年以来开始出版德国社会学学会通讯。作为这一学会的主席，他在当时德国社会学发展中具有举足轻重的地位。霍克海默将列奥·洛文塔尔派到维泽那里，向他说明《社会研究学刊》绝对无意于同《科隆社会学季刊》（*Könlner Vierteljahreshefte für Soziologie*）竞争。因此，霍克海默完全能够使研究所不卷入社会学领域内的争论，并能使研究所按照它本来那个样子存在下去。

　　尽管霍克海默并不像保罗·蒂里希那样为社会主义辩护，也不像胡戈·辛茨海默或赫尔曼·黑勒那样属于公开的民主党人并公开反对纳粹主义，但是让研究所不卷入带有政治色彩的争论也是不可能的。自从 1930 年纳粹在选举中获胜以后，政治冲突，甚至是在中产阶级的、社会民主党当政的法兰克福市（纳粹称之为"法兰克约旦河边的新耶路撒冷"）里面的政治冲突，也上升成为肢体冲突。9 月选举之后的一天，一群穿着制服的救世军出现在法兰克福大学的一个大门前，唱着"豪斯特·威塞尔之歌"（Horst Wessel song）。这首歌是全德国纳粹在游行时都要唱的。在研究所的一个奖学金获得者约瑟夫·迪奈尔（Joseph Dünner）看来，这种情况为红色大学生团（Rote Studentengruppe）的成

113

员、犹太教和天主教学生俱乐部的成员、劳工研究会和工会的成员组织起一个自我保护的团体提供了绝好的理由。"直到 1933 年最初的那几周",迪奈尔在他的回忆录中回忆道,"纳粹在法兰克福大学才知道,如果他们想占据主要的大门,或者要在校园里和左翼学生或者犹太学生挑起争端,他们肯定会头破血流的——当时这样的大学在德国只有很少的几所。""纳粹——顺便说一句,[250] 他们都是些勇敢的家伙——近期以来常常用暴力的方式拜访我们","格奥尔格主义者"马克斯·科默雷尔 1932 年夏天在某个主要大学的主建筑里受到纳粹攻击之后这么承认。"也许这一事实触怒了他们:歌德大学,至少就其哲学和社会学领域而言,是马克思主义思想微生物的温床……遗憾的是,纳粹可怜的思想装备还是够用的!"[251] 甚至在法兰克福大学,左翼与右翼之间的自由争论在这些年中也终止了。卡尔·考恩回忆说,社会学甚至被说成是"犹太科学"。[252]

正是在这种背景之下,研究所展开了对德国工人阶级的研究。这一研究计划由弗洛姆起草,霍克海默宣告它是研究所的长期经验研究规划的第一步。当时的环境在法兰克福甚至要更糟,但正是在这一环境之下,研究所于 1932 年夏自霍克海默成为主任以来第一次发行了它的出版物:《社会研究学刊》。[253]

工人阶级研究的最初目标是要揭示手工劳动工人和非手工劳动工人的体质结构是什么样的。前期的工人阶级研究引发了他们深入研究这一论题的兴趣。在这个领域开展的研究背后隐藏的事实是,在被雇用者中白领工人同比增长迅速,而蓝领工人 1925 年所占比例就已经低于 50%,并且比例在继续下降,甚至在像手工劳动工人仍是主要人群的重工业和矿业领域,情况也是如此。这一研究领域中最重要的作品包括:艾弥尔·勒德雷尔的文章"危机之前资本主义中无产阶级和阶级之间社会阶层的变化",[254] 1929 年发表在《新评论》(Neue Rundshau)上;还有西格弗里德·克拉考尔的研究专著《白领工人:一份来自德国的最新报告》,以连载形式于 1929 年发表在《法兰克福报》上,后于 1930年出版成书。[255] 勒德雷尔在两个基本假设之间犹豫不决。第一个假设:

所有的自我决定权残余的消失，以及工人对于争取在更大范围控制那些更易理解的生产过程的体验，终将在某天会使蓝领工人和白领工人联合为一体，他们都尝试着从根本上重构经济秩序，这种经济秩序又注定使得他们都依赖于它。勒德雷尔的第二个假设：与蓝领工人相比，在"无力自主经营"的那些个人当中，白领工人和公务员所占比例也在不断上升，就此而言，社会存在这一个日益分化的趋势：统治者数量越来越少，而依附于他们的人群数量将越来越大。与此相应，这一趋势将支持一个等级制的社会结构，在这种社会结构中，经过强烈捍卫的身份差异将在所有尚未发展完全的形式中被固定下来。

114

克拉考尔那篇精到的报告出色地说明了他的唯物主义学说观念完全是通过经验材料体现出来的。他的报告对第一种假设提出了置疑性的争论。他的全部叙述都在揭示，为了过上白领工人满意的生活要付出的超常代价和要保持的表面上的舆论认同——所谓白领工人的生活就是由沉闷老套的工作和沉闷老套的资产阶级生活点缀构成的。

> 就在各个工厂进行合理化调整的同时，这些场馆设施 [也就是"祖国官"(Haus Vaterland)，柏林的"莱西影院"(Resi-Kino)，也叫"京都影院"以及"默凯福地"(Moka-Efti)咖啡屋等等] 也把提供给非手工劳动工人的娱乐合理化了。当我问他们为什么以批量方式为大众提供这种娱乐时，一个职员悲伤地告诉我说："因为人们的生活太糟糕了，他们甚至无法再进行和自己的判断力有关的任何事情了。"无论事实是否如此，大众的确在这些组织设施里、在他们自己的工作团体里面感到很自在。这不是出于对公司所有者的商业利益的考虑，而是由于他们自己的无意识的无能感。他们在相互之间汲取温暖，相互慰藉，因为他们无法摆脱他们作为纯粹成员数量的命运。他们周围高雅的、华丽的环境使得他们仅仅作为一种量的单位还可以感到更好忍受一些。[256]

资本主义看上去再也不能按照它的老样子继续下去了，而且它的支持者甚至也开始讨论资本主义崩溃的可能性了——因为他们看到了经济危机和集权主义政府的出现。但是高层雇员似乎比以往任何时候都缺乏对新经济秩序的要求。对白领工人"未被注意到的极其恶劣的道德生存状况"[257] 的补偿就是在工作外增加娱乐活动，这种娱乐既五光十色又可起到转移注意力的作用。这似乎成了蓝领工人一心向往的生活理想，另一方面白领工人似乎不大可能越来越接近无产阶级的阶级意识——尽管大公司里的白领工人也是 1925 年到 1928 年的那段合理化时期所推行的机械化和流水线工艺的牺牲品。

在霍克海默那里也存在着这两种相互矛盾的预期。一方面他观察到，服从阶级缺乏独立性并不仅仅因为"他们得到的食物很少"，而且因为他们被限制在虚假的思想精神状况之中，还因为"他们是他们的监禁者的拙劣的模仿者，他们崇拜他们囚牢的象征，不是准备着去攻击他们的看守者，相反，谁要试着把他们从看守那里解救出来，他们就会把谁撕得粉碎"。[258] 另一方面，他认为

社会发展正在将……社会各个阶层里，首先是底层中产阶级和工人阶级里的健康家庭，这个人与人间直接关联的惟一所在毁灭掉。自然群体成员在很大程度上对群体是没有意识的，而这种群体近代以来解体的产物就是小家庭，但小家庭现在也正濒临消失——社会发展使得某些无产者群体内部形成了建立在追求共同利益基础上的新的、自觉的结合……这种无产者联合形式的出现也是那毁灭家庭的同一过程的结果。[259]

马克思也曾试图说明生产力水平的提高必然导致人们的觉醒和恐惧感。觉醒和恐惧感被认为是工作的非人化和悲惨条件的结果，资本主义生产过程中工人劳动力的随处可得则被认为是生产力水平提高的原因。如果说以往旧经济方式中被忽略了的那些活动预示了某种新的、高级的经济方式，那么这种解释听上去是有道理的。但是无论是蓝领工人从事的工作，还是白领工人所从事的工作都无法用这一观点来解释。用

类似的说法解释家庭生活、文化生活等等领域的情况听上去也是不可信的。雷德勒尔、克拉考尔、霍克海默和弗洛姆，他们无论在哪个方面都似乎不相信现在服从的这些人们会是未来高级的经济方式和未来高级的生存方式的代表。这样势必让他们返回头去思量在一心追求特权条件的无产阶级大众和一小部分进步组织之间做出选择。然而，就革命意识而言，这些组织也不见得比进步的中产阶级团体强多少。对生产力与生产关系之间的辩证法的信仰、坚信生产力正在松动着资本主义生产关系这一观念，是霍克海默对革命前景所抱的最根本的信念，他不大相信某个特殊阶级能实现革命。但是，即便大众不是革命的，他们至少能和进步组织保持一么？就这个问题，霍克海默甚至连一个暂时的答案也不想给出来，因为"情况是极其复杂的。一个行将朽烂的颓败的社会也还在履行着将人类生存维持在某个层面使之得以为继的功能——尽管代价是不必要的痛苦"。[260]

116　　　总共发下去了 3300 份问卷，* 1931 年末全部反馈回来。但是对这些问卷的分析做得不是太细致，一方面是因为霍克海默和弗洛姆长期患病，另一方面也是因为他们不仅缺乏经验研究的经验，而且也缺乏对问卷结果所透露出来的征兆做出反应的经验。西奥多·盖格 (Theodor Geiger) 1931 年在社会民主党刊物《社会》上发表了"工人心理学研究批判"一文，文章从批判的观点提到了当时进行的工人阶级社会心理学研究所采用的几种主要形式。[261] 但社会研究所对工人阶级的调查和这些形式是不同的，区别主要在于：社会研究所的调查有个缺点，那就是为了保证有代表性，调查对象的圈子只限于和调查者认识的那些人，但由于财政原因调查者也无法与被访者进行心理分析式的深入交谈。调查试图以问卷的方式部分地补偿这方面的不足。由 271 个组成部分构成的问卷非常易于理解，问卷里包含的一些问题看上去近乎愚蠢，但这些问题恰恰有助于对潜藏着的人格特征和态度做出结论。接受调查的人做出的回答反映出来的总体情况，在某种程度上检验了这些结论。

---

* 此处英文为"1100 份"，但前面提到是"3300 份"，恐有误。——中译者注

读过弗洛姆的《基督教义的发展》(*Development of Christian Dogma*)的人都不会对这次调查的结论感到吃惊。左倾的政治态度被证明只是为工人提供满足的各种形式中的一种。如没有这种观点，工人就会完全在心理上认同于阶级社会。大多数政治上左倾的工人在性质上和资产阶级—资本主义社会成员是相同的。即使将这一结论以具有科学严格性的形式公开发表出来，它也不大会使左翼更警觉或更团结一致；相反，这只能证明右派的胜利。出于这种原因，更是应该对方法上的一些不当之处和一些不确定的结论持严格的保留态度。分析了这种情况之后，霍克海默很快转变了看法，倾向于认为首次调查是有意义的：调查本身发展起来了一套方法工具，只需再作深入研究并扩大其经验基础就可以将它的结论公布出来。

在新主任治下，《社会研究学刊》也成了研究所的研究目标和研究能力的最好的文字说明。与交叉学科的研究计划一样，这份刊物也是霍克海默的创意。这份一年出三期的刊物的编辑主任是列奥·洛文塔尔。由于他在研究所的工作排得很满，因此他放弃了教学，不再承担大学里的事务。洛文塔尔将自己的全部工作能量投入到了研究所，尤其是《社会研究学刊》之中。这样的情形差不多一直持续了十年之久。这本期刊与格吕恩堡的《文献》是同一个发行人（莱比锡的赫尔施菲尔德），而且形制也相仿，除此之外这份期刊与它的前身有着显著的区别。刊物的论文部分几乎全是由研究所成员的文章构成的（在研究所搬出德国之后，这部分更是由清一色研究所成员的文章构成），因此刊物看上去就像研究所的"机构刊物"（在 1938 年出版的那份研究所简介就直截了当地这么描述这份刊物）。关于社会史和经济史的作品，尤其是档案材料情报（这一直是《文献》中的一大板块）已经退居次要地位了，现在占主导地位的是那些探讨发达资本主义国家当前形势的文章。评论部分都是由小文章构成的。这一部分被分作以下几个领域：哲学、普通社会学、心理学、历史、社会运动和社会政策、专业社会学以及经济学(每两期安排一次"文学"类评论)。这一点说明了他们严肃认真地做出了"不间断地审视各科学学科之工作"的努力。这是由霍克海默 1937 年在刊

117

物第六期上提出来的。

第一期（两期合刊）论文类板块的组织方式在很多方面都是具有指导性的。除了霍克海默写的一篇总论之外，这期文章板块包含有两篇经济学论文、两篇心理学论文和两篇探讨文化上层建筑的论文。文章的安排没有按照常规按类型归类的方式编排。而是作了如下安排：先是霍克海默和他的首席助手及实际代理人波洛克的文章，然后是弗洛姆的文章，专论分析学派的社会心理学并点明了跨学科研究计划的实质；然后是格罗斯曼的文章——作为一个多年来享有声望的研究所研究合作者和老成员，作为一个不可能被忽视的，研究所也不想忽视的马克思主义经济学家（霍克海默也说他的文章"在某种程度上符合我们的观点"[262]），格罗斯曼代表了研究所的某种老传统；然后是洛文塔尔的文章——对霍克海默来说，作为研究所中一名富有自我牺牲精神的多面手，作为刊物的主任编辑，洛文塔尔是个不可或缺的人物；最后是当时还不是研究所成员的魏森格隆德－阿多诺的文章——音乐，他的这个专业领域在一个社会研究刊物中显得有些风格突兀。但是阿多诺的才华给霍克海默留下了深刻印象，因此还是接受了这篇对刊物来说篇幅长得出奇的文章，并在下一期刊物上刊出这篇文章的第二部分。

这样的安排准确地反映出研究所的重新定位，也反映出了格吕恩堡传统现在仅仅是研究所研究的一个方面。在这样的安排中有一个人被漏掉了，他就是魏特夫。研究所的几个负责人本来为他提供了一个去中国访问的机会，并每月为他提供资助，以便他为《中国的经济与社会》（该书受到了非常高的评价）的后续研究打下基础。可是魏特夫鉴于当时德国的危机态势，决定完全投身于政治斗争当中去。研究所的负责人也接受了他的选择，而且继续为他提供一笔"不是很多但是固定的薪水"。[263] 这里面有霍克海默的策略考虑因素，共同表现在以下几个方面：一方面，魏特夫在研究所的支持之下，可以独立于研究所的机构继续围绕反犹主义和纳粹的社会和经济成因以及纳粹在大众中的胜利等等问题进行写作或发表讲演，而另一方面《社会研究学刊》对这些问题只字不提，而且刊物中即使有几篇文章探讨当时灾难性的经济和政治事件，也只是采用"危机"、"垄断资本主义"这样的中立概念来进行表述。

第一期里收入的这些文章与其说是对当前形势的分析，不如说是为唯物史观和经济史观而作的辩护词，它们都是这些观念在极其不同领域内的应用（这些概念当时被广泛运用，警觉的研究所成员也不忌讳）。除了波洛克和格罗斯曼这两个格吕恩堡的前助手，所有作者都在他们的文章中简要地对历史唯物主义勾勒了一番。这反映了在某种程度上霍克海默、弗洛姆、洛文塔尔和阿多诺都感觉自己是他们各自领域中唯物主义的开路先锋——他们都和格罗斯曼和波洛克不同。格罗斯曼和波洛克是经济主义者，对他们来说接受马克思主义立场，至少是接受作为学科史的一部分的马克思主义立场才是关键。

对霍克海默、弗洛姆、洛文塔尔和阿多诺来说，唯物史观代表了一种对既有社会的阶级结构和权力结构进行分析的能力，是一种从社会存在决定意识的角度看问题的方法。霍克海默在他的"论科学与危机"中认为，唯物主义的历史就是解放生产力和解放作为一种生产力的科学的基础。[264] 波洛克在他"资本主义的当前形势和计划经济的前景"一文中认为，唯物主义历史就是通过以计划经济的方式重组经济中的生产力从而使其摆脱桎梏的过程。弗洛姆在他"分析的社会心理学的方法和任务"一文中认为，唯物主义的历史就是自我管理和服从能力的扩展过程，就是性器欲性格特征的膨胀过程。而阿多诺在他"音乐的社会地位"一文中认为，唯物主义历史就是指音乐创造性摆脱桎梏的过程。[265] 所有这些作者似乎都感觉到他们被历史这辆火车载着一路向前，这就像格吕恩堡 1924 年在研究所成立典礼上做的就职讲演时所说的一样。和格吕恩堡的情形一样，他们似乎只有在解释进步中的停滞现象时才会改变他们的基本信念——这些信念绝对不会因为非教条性、假说性、有待经验检验的特征而受到损害。这些特征正是洛文塔尔和霍克海默共同强调的。

实际上，情况要复杂得多。波洛克认为"世界经济的计划组织方式的前提"已经"在现有的经济体系内发展到了一个非常成熟的阶段"。

人们已经认识到了由规模庞大的批量生产、达到了高度发展的集中化过程，以及完成经济集中化所必需的技术手段和组织方式构成的大规模工业生产，但是对其生产力仍持相当的保留态度。而波洛克却毫不怀疑地认为，仅从经济观点来看，"这个危机"（世界经济危机）"可以通过资本主义方式得到克服，而且在目前无法预计的很长时间以内'垄断'资本主义还能够继续存在"。在波洛克看来，资本主义计划经济和社会主义计划经济一样是可能的，前者只是在政治方面是成问题的。生产资料的所有者决不会甘愿使自己降格为食利者。对他而言，在可预见的未来社会主义计划经济的前景不见得比资本主义计划经济的前景好。在计划经济中能得到客观利益的那些阶级很少表现出对计划经济的主观兴趣。[266] 在一年之前，波洛克就已经在很大程度上让政治期待给资本主义计划经济让步了。"资本所有权退化成纯粹的投资收益权将使得资本主义计划经济无法被人接受——这是我们以前所持的观点，但这一观点作为反对意见已经不再有效了，因为资本主义计划经济控制大众的能力已经是显而易见的了。"归根到底，"总是不断地成为无法被改造的桎梏的生产关系"终有一天"不再同生产力要求相抵牾"——这一观点仅仅是一个预言，而且似乎只是出于一种义务才不得不提到这个预言。[267] 与格罗斯曼不同，波洛克并不相信，资本"有机构成"上升和利润率下降的趋势是资本主义体系中致命的结构性缺陷。波洛克认为关键的难题是生产的无政府状态，这种状态在受国家保护的顽固的大型生产领域已经无法再通过市场的自我调节机制得到控制了。但是，就资本主义体系内所能允许的计划经济是否能达到消除生产的无政府状态或消除由此产生的各工业部门之间的失调的程度这一问题，波洛克并没有做出任何说明。

弗洛姆给《社会研究学刊》第一期所撰写的稿子，谨小慎微地涉及关于性格发展的一个观念——性格是作为一种"生产力"而发展的。在他第一篇稿子中，他提到了本能冲动和环境之间的"新陈代谢式交换"，这种交换按着某种趋势改造着人本身，总的来说这种趋势就是自我管理能力的增强以及服从限度的相应增长。在他为第三期撰写的稿子"精神分析性格学及其对社会心理学的意义"一文中，他提到了一个难题：就无产阶级而言，能在什么意义上说其性器欲性格特征（不同于与早期发展阶段相对应的肛欲性格特征和口腔欲性格特征）增长了，同样，就资产阶级客观上最先进的那部分成员而言，又能在什么意义上这样说。[268] 无产阶级的性格和中产阶级中最先进的那部分成员的性格在性器欲发展上都是按照先定的发展模式展开的，他们的性格会使他们适应于要求解放的生产力，或者使他们适应于更高级的社会环境，而且这种高级社会已经从旧有社会的母体中浮现出来了——这只是一个很难站得住脚的大胆观点。这种观点或许可以增强一种乐观的马克思主义进步观，但恰恰和在弗洛姆看来最有道理的功能主义观点相反。这种功能主义观点认为，所有社会阶级的力比多结构都适应于仍处统治地位的生产关系，都适应于人类实际的生存条件。在弗洛姆那里，下面这种观点只是一个没有根据的信条：社会里客观矛盾的增长也意味着力比多冲动的作用不再是社会的黏合剂而是炸药，将会促生新的社会构成结构。[269]

在他的"论科学与危机"一文中，霍克海默说"科学由于其古典时期的局限而为自己划定的范围"应该受到质疑并最终被打破，这样才能解放"科学中固有的理性因素"。因此，必须通过搞清楚作为整体的社会过程，通过一种"关于当前社会形势的理论"来了解科学的危机。科学的桎梏是由社会决定的。只有"在历史实践中改造科学的真正条件"才能打破这一桎梏。[270] 现在人类社会的生产资料的丰富性和高素质工人的数量是以往任何时代都无法比拟的，但就是在这样一个时代中，学者们却徒劳地在等待着科学的真正条件的转变。这一事实说明现在迫切需要一种新的心理学，迫切需要霍克海默在他给第一期学刊撰写的第二篇稿子里所提出的"历史学和心理学"。他所说的这种心理学将研究"各种心理机制是怎样形成的，正是这些心理机制使原本可能由于经济因素而公开化的阶级矛盾隐而不显"。霍克海默强调说，"各种各样的人类力量和由对抗自然引起的各种各样的陈旧的社会形式之间形成的辩证关系"代表了"历史的动力"，这一观点不是可以取代具体研究的万能的结构图，而仅仅是"符合现有知识的历史经验公式"。然而他不会去回顾性地研究"不同的国家和社会制度总是不断地取代那些不发达的国家和社会制度的真正原因"。[271] 相反，他的兴趣集中在探讨理论领域的进步和理性化。在谈到他坚信理论应该起一种确定步调的作用时，他写道："要揭穿当前危机的伪装，就得让有助于实现更好的人类条件的那些力量，甚至是理性的、科学的思考方式本身负起责任来。"[272] 说完了这一点之后，他只是附带地谈了谈只有通过真正的革命性变革才能实现科学生产力的解放。

阿多诺从一开始接受唯物史观的时候，就把进步和理性的信仰作为上层建筑的一种表现抛弃了。在他为刊物撰写的关于勋伯格的文章中，他说道：

> 现时代最进步的作曲作品，恰恰是它们自身难题展开的内在冲动的产物。这些作品通过作曲活动为自己设置的基础不仅是创造性的个性及其灵魂的表现、私人感觉和被启蒙了的心灵世界，而且是资产阶级那些范畴。它们让极其理性和清晰的作曲原则发挥着它们的作用。虽说这种音乐注定是和资产阶级生产过程联系在一起的，虽说这种音乐还不能被视为"无阶级性的"，还不能被视为未来的新音乐，但是它在某种程度上可以被视为这样一种音乐形式——这种音乐极其严格地履行着它的辩证法和认识功能。

勋伯格已经

> 使私人的、资产阶级个人的表现性音乐按照自身的逻辑走到了自己的终点，并因而使它发展到了必须被取代的地步。他已经创造了一种形式迥异的音乐。我们无法给这种音乐形式指派任何直接的社会功能，实际上这种音乐已经将它与听众之间交流的最后联系完全切断了，而且首先在其内在性、音乐特质上，其次在它物质化出来的辩证法的启蒙性上，将同时代的其他音乐形式远远地

抛在身后。这种音乐是绝对理性的，而且是被完美地构造出来的，这种情况意味着它同现存的社会建制之间毫无调和的可能，而这种社会建制正在无意识地借助所有显而易见的关键图像（critical figures）捍卫自身，并在"自然"那里寻求帮助以对抗我们从勋伯格音乐那里体验到的意识的攻击。在勋伯格那里，意识也许在音乐史上第一次抓住并掌握了音乐的自然物质性。

但是，阿多诺也确切地意识到，有必要

> 坚持这样一种观点：音乐与社会的疏离，所有狂热的、理性上落后的音乐改良主义祸害，如个人主义和艺术性、技巧性的深奥艰涩，本身就是个社会事实，本身就是社会的产物。而且，正因这样，这种情形不可能在音乐内部得到修正；而只能通过社会的改变得到社会性的修正。[273]

阿多诺客观地说在社会中无法预见任何变革的可能性。通过这段评论，他暗示，人们对当前存在着的这类变革趋势重视不够。他本人恰恰认为音乐领域和理论领域内的持续的"合理化"过程就是缺乏重视的表现。

122

> 阶级统治为了自保而提倡的日常社会的经验意识陷于狭隘和蒙昧之中，甚至还停留在神经质的愚蠢的阶段，这种意识……根本无法被当作判断属人的音乐形式的标准，这里的"人"是不再异化的、自由的人。政治对这种意识状态无法采取一种超然的态度，而政治又是社会辩证法的核心要素。科学认识也无法与这种意识状态划清界限，因为科学意识所运用的意识状态也是由阶级统治所决定的，而且即便科学认识的意识表现为无产阶级的阶级意识，它也因为阶级机制而带上了阶级统治的烙印。[274]

在仅仅接受了生产力和生产关系发展观念的同时，唯物史观的本质构成部分在这里被抛弃了吗？所有这些文章中没有一篇像阿多诺的文章这么经常地使用"垄断资本主义"这个词。从当时的共产主义信条出发，他甚至认为"法西斯主义"——他就是这么称呼它的（在所有人中也就只有他提到了这个概念）——是被垄断资本主义所控制的。[275] 这让人产生了一种印象，那就是，他宣称自己相信马克思主义的一些关键概念以及思想进步的观念，其实是借此试图为自己对现代音乐的阐释——为他本人，也是为左派——创造有利的声势。他本人是想从左派那里获得更多的对新音乐的支持的。

在他们当中，只有洛文塔尔在他的文章"论文学的社会地位"一文中是将唯物史观当作一个现成的概念来使用的。他运用唯物史观，并由此出发要求对文学作唯物主义研究。这种文学研究，相对于当时已经或多或少形而上学化了的研究方式而言，应该以19世纪的历史研究和实证主义研究为基础。"真正解释性的文学史应该是唯物主义的文学史。也就是说，它必须按照基础的经济结构在文学中所反映出来的样子来分析它们，而且必须分析解释文学作品——如果从唯物主义角度解释的话——对经济主导的社会的影响。"他举出了他运用新方法得出的几个结论。"当古茨科（Gutzkow）尝试性的对话反思着德国刚刚形成的尚处在初始阶段的自由主义资产阶级经济团体的时候，斯皮尔哈根(Spielhagen)的技巧已经体现了资产阶级的经济胜利了，而印象主义也为资产阶级的危机提供了意识形态伪装，或者说承认了它的某种混乱状态。""施托姆（Storm）的小资产阶级灵魂为自己而哭泣的时候，迈耶尔（Meyer）以其强力为世界带来了他的人物形象，他为1870年左右占统治地位的资产阶级的幻想提供了满足。""当斯达尔夫人还是拿破仑的资产阶级贵族的小说家时，古斯塔夫·弗莱塔克（Gustav Freytag）就已经为本世纪中叶的德国自由主义资产阶级唱赞歌了。"[276] 洛文塔尔仅仅将文学看作是经济和社会发展的附属品。他没有探讨可能和社会发展处于紧张关系状态的那种文学进步过程，而阿多诺是试图从这一角度来探讨音乐领域的相似问题的。洛文塔尔也没有探讨也许为无产阶级或资产阶级中最进步的那部分人提供支持的社会进步过程，这和弗洛姆是不同的。他惟一感兴趣的方面似乎是可以将唯物史观运用到文学研究上的科学进步。

如果从总体上看，霍克海默圈子成员所写的，发表在学刊第一期上的这些文章表现出了某些显著的共同特征。他们所有人都热情地宣布自己信仰唯物史观，他们所说的唯物史观正是马克思著名的《〈政治经济学批判〉序言》[277] 和《德意志意识形态》[278] 论费尔巴哈部分所包含的一般结论。可是他们中没有人对无产阶级寄予希望。波洛克就在工人阶级那里发现了对社会变革主体性愿望的缺乏。当霍克海默提到"底层的社会阶级"的时候，他也是指出他们易于得到各种各样的满足。阿多诺也断然对工人阶级能扮演进步角色予以否定。只有弗洛姆在他头一篇文章中把"那种领导他的阶级并完全与本阶级相认同且为服务于它的各种愿望的无产者"同"那种以强人、以扩大化的家庭里的有权力的家长面对群众发号施令的领导"区分了开来。他在第二篇文章写道，"无产阶级"——与大商人阶层相类似——"似乎并没有明显证据说明他们与小资产阶级具有相同程度的肛欲性格特征"，但是他并没有深入探讨产生这类现象的可能的动力机制。[279] 他们所有人都没有对法治的福利国家、魏玛民主制和意大利法西斯主义这样的论题进行探讨。但是他们都不怀疑，未来是属于社会主义的。

然而，对世界经济危机的后果、对资本主义应付危机的政策和计划经济的分析逐渐地瓦解了这种乐观主义。这些分析研究是由研究所的经济学家们——波洛克、库尔特·曼德鲍姆（Kurt Mandelbaum，即库尔特·鲍曼 [Kurt Baumann] 的化名）以及格哈尔特·迈耶尔（Gerhard Meyer）——开展的。他们对当前形势都十分关注。"如果不研究社会中存在的向计划调控经济过渡的趋势"，霍克海默在他为学刊第一期撰写的前言中说道，"如果不对这一点所连带的种种难题进行研究"就不可能认识当代社会，"这些难题在今日之经济学、社会学研究和文化史研究当中扮演着举足轻重的角色，必须特别予以注意"。在当时甚至包括托马斯·曼在内的一些人都对计划经济的实现有很大的信心。托马斯·曼于 1932 年 3 月曾在柏林普鲁士艺术研究院举行的歌德逝世 100 周年纪念大会上做了名为"作为资产阶级时代代言人的歌德"的讲演，在这篇讲演中他说：

> 在新社会的世界里，在团结和计划的有组织的世界里，人将摆脱低级状态，摆脱不必要的痛苦，摆脱这些使理性不快的事物——这种世界即将到来了，它是绝对的节制的产物，对腐朽的、乏味的小资产阶级多愁善感深恶痛绝的所有人，所有那些伟大人物都对此深信不疑。这种世界将要到来了，它会具有公开的、理性的秩序，而且适合于人类精神所达到的这个阶段。这一世界必将被创造出来——就最坏的情况而言，它将通过暴力革命而得以创生，而且真正的情感也将因此重新获得它存在的理由，人类的良知、人的意识也将因而复苏。[280]

但是，波洛克、迈耶尔和曼德尔鲍姆截至 1935 年发表的一系列文章，使得那些相信当代社会具有向社会主义计划经济过渡趋势的想法越来越捉襟见肘。波洛克认为，资本主义所执行的一套是对计划经济的曲解，这一点已经日益明显。迈耶尔和曼德尔鲍姆只认为"计划经济"是一个社会主义经济秩序的概念，他们也相信他们完全可以论证计划经济在经济上是可行的，同时他们也发现资本主义国家应付危机采用的都是政治措施，而且根本看不到有对经济进行计划调控的趋势。霍克海默圈子里的这些作家们都认为（计划经济）持续增长的客观可能性有赖于某些政党在上层建筑方面所发挥的先锋作用，虽说这些政党没有意识到自己缺乏独立性，但是它们毕竟是和高度发展了的生产力保持一致的。尽管他们对法西斯主义的节节胜利表示绝望，正是这一想法使他们还对社会主义抱有希望，也正是这一想法使他们避免了一些尴尬的问题：他们可以对无产阶级、苏联社会主义、西方经济体系的发展趋势等等问题避而不谈。

学刊第一期中还有一篇最重要的文章没有提到，这就是弗朗茨·

伯克瑙（Franz Borkenau）的"机械论世界观社会学"。这篇文章是他《从封建的到资产阶级的世界观的过渡：制造业时代哲学史研究》一书的缩节。伯克瑙出身于维也纳一个上层阶级的"半犹太家庭"，从1921年起加入德国共产党，在1920年代中期成为红色大学生团的全国性领袖。部分出于对"社会法西斯主义"策略的厌恶，他公开宣称社会民主党是主要的敌人，因此于1929年被开除出党。受到卢卡奇"对物化有穿透力的研究"[281]的启发，伯克瑙尝试依据社会存在的转变来解释17世纪的新思想形式和现代世界观的出现，这种世界观的认识论革命是与关于自然和人类社会的新观念的形成同时完成的。他认为制造业的工序过程就是对一切有形之物进行的无所不包的抽象范式。此外，他的阐释依据的就是"阶级斗争"，而且阶级斗争"首先在新生产方式出现中表现出来"。[282]伯克瑙遵循的研究座右铭是："理解一个思想家，只有通过他所投入的斗争来理解他，才能说得上真正理解了他。"[283]例如，理性主义拜物教的笛卡尔被伯克瑙视为法兰西贵族的意识形态专家，而霍布斯则被视为"土地贵族最先进那部分人的意识形态专家"。与洛文塔尔论文学相似，伯克瑙的方法基本上就是在给不同的阶级或者阶级的不同阶层分派思想形态，划分出先进或滞后、乐观或悲观、进步或退步、或优柔寡断。与洛文塔尔和弗洛姆一样，这些解释让人困惑的主要问题就是它们天衣无缝的功能主义。最后伯克瑙也偏离了他的座右铭，他认为用几段引文，特别是用几段帕斯卡尔（Pascal）的引文就能概括他所研究的这个时期——这个帕斯卡尔正是"在无望救赎的世界中"表达了"对救赎的抽象渴望"的人。[284]但是在伯克瑙看来，作为"资产阶级"哲学家的帕斯卡尔自然只是把这种渴望看作是人类自身的本质，而不是他的时代的本质。

此外他还从历史和社会角度出发解释了许多自然科学家的"发现"，而且他的观点与显然崇拜自然科学的正统马克思主义及其苏维埃变体也截然不同，这一点使得伯克瑙的这部著作成为了西方马克思主义重要的构成部分。伯克瑙的著作是早期批判科学史的一个代表。然而，当这部开创性的著作初次在研究所丛书系列中出版时，霍克海默被搞得左右为难，一方面因为格罗斯曼反对伯克瑙对制造业工艺程序的那种评价，另一方面或许也是因为伯克瑙日渐明显的对共产主义的批判态度，于是他就给它加上了一篇谨小慎微的序言，而这篇序言既没有对著作中实质性的论题予以概括，也根本没有表明自己对这些论题的态度和立场。

学刊中范围广泛的一般性评论文章往往集中在对工人阶级状况、家庭、失业和闲暇等问题的讨论上，这些评论文章很乐于关注能为研究所自身的经验性调查提供支持的科学研究最新成果。作为关于工人阶级的那个研究计划的补充，研究所的第二个研究计划是关于性道德的问卷调查，这些问卷被下发给不同的专家医师。1932 年 360 名德国医生拿到了问卷表，他们分别来自皮肤科、性病科、妇科和神经科等不同领域。这些问卷包括五个是非问题（比如"青年人中绝大多数在婚前是否是性节制的？"(a) 和战前比较，您是否发现战后在这方面有了变化？(b) 最近一段时间以来——1930 年以来——您在这方面是否发现了什么变化？)，包括三个涉及事情判断的问题（比如，"在什么年龄段之前年轻人应该保持性节制？"），之所以要特别加上这些问题，是因为它们可以用以评估医师回答问题时的主观因素，并使得调查者能够充分考虑到这些主观因素是可能导致错误的原因。而且问卷者要求医生们明确指出他们回答时所涉及的人属于哪一个社会阶层。问卷者希望从此次问卷中就性道德变化问题获得一些重要的信息。弗洛姆就认为，在力比多结构适应占优势地位的社会结构的过程中，性道德转变起着关键的作用。[285] 调查者们希望，第三方的这些观察结果可以使他们在工人阶级研究中收集起来的、与性道德领域有关的一些信息得到补充——这个领域对评估精神结构来说是非常重要的。

可是工人阶级研究还没能来得及按照计划拓展到"对欧洲其他高度发达国家"[286] 里的情况进行研究时，研究所就不得不从它的敌人那里逃离了。虽然研究所从行政方面早就对这个敌人有所提防，但是一直未能从研究的角度对它给予充分的重视。

注释：

[1] Robert Wilbrandt, *Ich glücklichen Augen*. *Lebenserinnerungen* (Stuttgart, 1947), p. 337.

[2] Felix Weil, *Sozialisierung*. *Versuch einer begrifflichen Grundlegung nebst einer Kritik der Sozialisierungspläne* (Jena, 1922), p. 85.

[3] Robert Wilbrandt, 'Seid die Sozialisten Sozialistisch genug?', *Sozialismus und Kultur*, 3 (Berlin, 1919), pp. 11, 25−6.

[4] 'Programm der Sozialisierungskommission vom 11. Dezember 1918', in E. Schraepler (ed.) *Ursachen und Folgen*. *Vlom Zusammenbuch 1918 und 1945 bis zur staatlichen Neuordnung* (Berlin, 1958), vol. 3, pp. 33−4.

[5] Weil, *Sozialisierung*.

[6] 这是在德国大学中讲师的一种，他们已经通过了授课资格论文的答辩（Habilitation），虽然有资格授课，但是在学校里没有正式的教席。

[7] Weil, *Sozialisierung*, p. 83.

[8] 关于赫尔曼·韦尔（Hermann Weil），参阅 Ulrike Migdal, *Die Frühgeschichte des Frankfurter Instituts für Sozialforschung* (Frankfurt am Main, 1981)；以及 Robert Helmuth Eisenbach, 'Millionär, Agitator und Doktorand. Die Tübinger Studentenzeit des Felix Weil (1919)', in *Bausteine zur Tübinger Universitätsgeschichte*, 3 (Tübingen, 1987)。

[9] 这是费利克斯·韦尔（Felix Weil）自己的说法，参见他未完成的"回忆录"（*Erinnerungen*），转引自埃森巴赫（Eisenbach）的著作。

[10] 克拉拉·蔡特金（1857-1933），从1920到1933年担任德国社会民主党妇女杂志《平等》（*Die Gleichheit*）的编辑，1919年加入德国共产党，1920-1933年担任共和国国民议会议员。保罗·弗勒利希（1884-1953），德国共产党缔造者之一，但1928年被开除出党，1928-1930年担任共和国国民议会议员。他是罗莎·卢森堡（Rosa Luxemburg）的著作的编辑者。1932年加入社会主义劳动党（SAP），1934年以后在流亡中继续领导该党。1950年返回德国，重新加入他在1908年退出的德国社会民主党。

[11] Hede Massing, *Die gross Täuschung*. *Geschichte einer Sowjetagentin* (Freiburg, 1967), p. 69. 关于"马克思主义研究周"，参见 Michael Buckmiller, 'Die "Marxistische Arbeitswoche" 1923', in *Grand Hotel Abgrund*, *Eine Philosophy der kritischen Theorie*, ed. Willem van Reijen and Gunzelin Schmid Noerr (Hamburg, 1988), pp. 141−79。

[12] Georg Lukács, *History and Class Consciousness: Studies in Marxist Dialectics*, trans. Rodney Livingstone (London, 1971); Karl Korsch, *Marxism and Philosophy*, trans. Fred Halliday (New York, 1971).

[13] 'A Contribution to the Critique of Hegel's Philosophy of Right. Introduction', trans. Gregor Benton, in Karl Marx, *Early Writings* (Harmondsworth, 1975), p. 250. 中文版参见《马克思恩格斯选集》(第一卷),北京:人民出版社 1995 年版,第 8 页。

[14] Migdal, *Die Frühgeschichte des Frankfurter Instituts*, p. 35.

[15] 在德国大学体制中,只有通过授课资格答辩才能有正式授课资格,进而才能有获得教授职称的资格。

[16] Buckmiller, ' Die "Marxistische Arbeitswoche" 1923', p. 35.

[17] *Die Bedeutung des Arbeiterinnenschutzes*.

[18] 彼得·冯·哈塞尔贝尔格 (Peter von Haselberg) 这么推测。

[19] 指德国各城市政府中负责教育机构的部门。这一部门直接在行政上控制着各个大学。

[20] 韦尔 1929 年 11 月 1 日给科学、艺术和教育部部长的信。康拉德·黑尼希是第一位社会民主党的普鲁士文化部部长,在任上大力推行激进改革。

[21] *Denkschrift über die Begründung eines Instituts für Sozialforschung*,附有费利克斯·韦尔 1922 年 9 月 22 日致法兰克福大学校董会的信。

[22] Karl Heinlisch Becker, *Gedanken zur Hochschulreform* (Leipzig, 1919), p. 9.

[23] *Kölner Vierteljahreshefte für Soziologie*, 1 (1920), pp. 16−17; Ludolph Brauer, Alberecht Mendelssohn Bartholdy Adolf Mayer and Johannes Lemcke (eds), *Forschungsinstitute. Ihre Geschichte, Organisation, und Ziele* (Hamburg, 1930), vol. 2, pp. 290−1.

[24] Ernst Herhaus, 'Institute für Sozialforschung', transcript of the tape recording of a report by Pollock in 1965, in Ernst Herhaus, *Notizen während der Abschaffung des Denkens* (Frankfurt am Main, 1970), pp. 41 and 48.

[25] Günther Nenning, 'Biographie', *Indexband zum Archiv für die Geschichte des Sozialismus und der Arbeiterbewegung* (Graz, 1973), p. 43.

[26] Carl Grünberg, *Die Bauernbefreiung und die Auflösung des gutsherrlich bäuerlichen Verhältnisses in Böhmen, Mähren und Schlesien* (Leipzig, 1894); 'Sozialismus und Kommunismus' and 'Anarchismus', in *Wörterbuch der Volkswirtschaft*, ed. Ludwig Elster (Jena, 1898), 2 vols, vol. 2, pp. 527−76; vol. 1, pp. 66−71. 格吕恩堡还写了一篇论社会民主主义的文章, vol. 2, pp. 509−27。

[27] Rosa Meyer-Leviné, *Im inneren Kreis. Erinnerungen einer Kommunistin in Deutschland 1920—1933*, ed Hermann Weber (London, 1977), p. 101. 罗莎·迈耶尔·莱文纳是奥根·莱文纳 (Eugen Leviné) 的妻子, 奥根·莱文纳因为参与德国第二个共产主义苏维埃共和国, 曾于 1919 年 7 月 5 日被行刑队执行枪决。她后来嫁给了恩斯特·迈耶尔, 他曾是德国共产党 1921—1922 年间和 1926—1927 年间的领导人。

[28] 格吕恩堡在这里实际上是因势利导, 顺势发挥。他原来的讲演稿上称法兰克福研究所为教学机构, 但是招致了系里的强烈反对, 后来就把这段从讲演稿上划掉了。

[29] Carl Grünberg, *Festrede, gehalten zur Einweihung des Instituts für Sozialforschungan der Universität Frankfurt am Main am 22. Juni 1924*, Frankfurter Universitätsreden, 20 (Frankfurt am Main, 1924), pp. 8—9.

[30] Ibid., pp. 10—11.

[31] Ibid., p. 12; Christian Ekert, 'Des Forschungsinstitut für Sozialwissenschaften in Köln', in Brauer et al. (eds), *Forschungsinstitute*, vol. 2, p. 291.

[32]《社会主义和工人运动历史文献》Leipzig, 1911—30; repr. Graz, Austria, 1966—73.

[33] Friedrich Pollock, 'Das Institut für Sozialforschung an der Universität Frankfurt a. M. ', in Brauer et al. (eds), *Forschungsinstitute*, vol. 2, p.352.

[34] Cf. Migdal, *Die Frügeschichte des Frankfurter Instituts*, pp. 94—5.

[35] 漂鸟协会是创办于 1895 年的一个德国青年运动组织, 他们的理念来自于 19 世纪末期的文化批判, 希望通过为年轻人提供一种新的生活方式来克服城市文明化的影响, 远足、野营、民族歌曲和民族舞蹈是这种生活方式的重要组成部分。这一组织 1933 年被纳粹取缔。

[36] Henryk Grosmann, *Das Akkumulations-und Zusammenbruchsgesetz des kapitalistischen Systems* (Leipzig, 1929), Friedrich Pollock, *Die planwirtschaftlichen Versuche in der Sowjtunion 1977—1927*, (Leipzig, 1929); Karl Wittfogel, *Wirtschaft und Gellschaft Chinas* (Leipzig, 1931).

[37] Kurt Mandelbaum, *Die Erörterung innerhalb der deutschen Sozialdemokratie über das Problem des Imperialismus 1895—1914*; Hilde Weiss, *Abbé und Ford. Kapitalistische Utopien*.

[38] Paul Massing, *Die Agrarverhältnisse Frankreichs im 19. Jahrhundert und das Agrarprogramm der französischen Sozialistischen Parteien*.

[39] Julian Gumperz, *Zur Theorie kapitalistischen Agrarkrie. Ein Beitrag zur Erklärung der structurwandlungen in der amerikanischen Landwirtschaft*.

[40] Loe Lowenthal, *Soziologie der deutschen Novelle im 19. Jahrhundert*.

[41] 爱德华·伯恩斯坦 (1850−1932)，1872 年加入德国社会民主党，1902−1928 年间担任国民议会议员，在流亡伦敦期间和恩格斯建立了友好关系；奥古斯特·倍倍尔 (1840−1913) 是德国社会民主党的缔造者和领导人，从 1867 年直到牺牲一直担任国民议会议员。Franz Schiller, 'Das Marx-Engels Istitut in Moskau', *Archiv für die Geschichte des Sozialismus und der Arbeiterbevegung*, 15 (1930), p. 417.

[42] Marx-Engles Archiv, vol. 1, p. 462.

[43] Note by Carl Grünberg in D. Rjasanoff [David Borisovich Ryazanov], 'Neueste Mitteilungen über den literarischen Nachlass von Kar marx und Friedrich Engels', *Archiv für die Geschichte des Sozialismus und der Arbeiterbevegung*, 11 (1924), p. 400.

[44] Cf. Migdal, *Die Frühgeschichte des Frankfurter Instituts*, pp. 100−1.

[45] 系主任格洛尔夫 (Geroloff) 1926 年给校董事会的信。Cited in ibid., pp. 104−5.

[46] Lecture Guide (*Vorlesunscerzeichnis*) (Frankfurt University, 1972−3), p. 5; Paul Tillich, 'Autobiographische Betrachtungen', in *Gesammelte Werke*, vol. 12 (Stuttgart, 1971), p. 69.

[47] 费利克斯·韦尔 1929 年 11 月 1 日，致科学、艺术和教育部部长的信。

[48] 弗里茨·施密特 1930 年 7 月 25 日致该部主管里希特的信，引自 Paul Kluke, *Die Stifungsuniversität Frankfurt am Main* (Frankfurt am Main, 1973), p. 504。

[49] 按照对格吕恩堡任命的规定，格吕恩堡的主任任期截至于这个日期，这天是他 71 岁的最后一天。

[50] 1926 年至 1931 年阿道夫·洛威在基尔接替滕尼斯 (Tönnies) 的经济理论和社会学教授职位，成为世界经济研究所科研部主任。这个积极的社会民主党人和宗教社会学家是霍克海默的好朋友，他们儿童时代在斯图加特就是好友。

[51] 1942 年 3 月 10 日霍克海默给韦尔的信；Leo Lowenthal, *An Unmastered Past: The Autobiographical Reflections of Leo Lowenthal* (Berkeley, 1987), p. 53；1930 年 6 月 26 日哲学系给科学、文化和教育部部长的信 (Horkeimer personnel file in the archive of the former Faculty of Philosophy, J. W. Geothe University, Frankfurt am Main)。

[52] Max Horkheimer, *Die gegenwärtige Lage der Sozialphilosophie und die Aufgaben eines Instituts für Sozialforschung*, Frankfurter Universitätsreden, 37 (Frankfurt am Main, 1931)；repr. in Horkheimer, *Sozialphilosophische Studien*, ed. Werner Brede (Frankfurt, am Main, 1972), pp. 41−2.

[53] Sigmund Freud, *Gesammelte Werke*, vol. 14 (Frankfurt am Main, 1963), pp. 373−4；[cf. the translation by Angela Richards in 'The Future of an Illusion', Freud, *Civili-*

zation, *Society*, *and Religion*: *Group Psychology*, *Civilization and its Discontents*, *and Other Works*, Pelican Freud Library, 12 (Harmondsworth, 1985), p.233.] 中文版参考杨韶岗译、彭运石校《一个幻觉的未来》，见《弗洛伊德文集》(车文博主编)，长春出版社 1998 年版，第 200－201 页。此处译文有改动。

[54] In Ignaz Jastrow (ed.), *Die Reform der staatswissenschaftlichen Studien* (Mnich, 1920), pp. 92－3.

[55] *Institut für Sozialforschung an der Universität Frankfurt am Main*, 这是一篇可能发表于 1931 年的简介性文章。

[56] 1963 年 12 月 8 日霍克海默给马尔库塞的信。里茨勒是外交部政治处德国事务顾问，1919 年坚决支持针对慕尼黑苏维埃共和国的武力干涉；从 1919 年起他还担任月刊《德意志民族》(*Die Deutsche Nation*) 的副主编，并任美因河畔法兰克福大学评议会执行主席和名誉哲学教授。1930 年要授予弗洛伊德法兰克福歌德奖的时候，他是最激烈的反对者之一。他曾试图将他的朋友海德格尔调入法兰克福大学，未果。

[57] 'Das Schlimme erwarten und doch das Gute versuchen. Ein Gespräch mit Professor Dr. Max Horkheimer', in Gerhard Rein (ed.), *Diestagsgespräche mit Zeitgenossen* (Stutgart, 1976), p. 151.

[58] Cited in Helmut Gumnior abd Rudolf Ringguth, *Max Horkheimer* (Reinbek bei Hamburg, 1973), p. 16.

[59] Arthur Schopenhauer, 'Aphorisms on he Wisdom of Life', in *Parerga and Paralipomena*: *Short Philosophical Essays*, trans. E. F. J. Payne (Oxford, 1974), Vol. 2, pp. 311－497.

[60] Max Horkheimer, *Aus der Pubertät*, *Novellen und Tagebuchblätter* (Munich, 1974), pp. 196－7.

[61] 恩斯特·托勒 (1893－1939)，政治家、作家。他是独立社会民主党人，在 1918 年是慕尼黑苏维埃政府成员。共和国瓦解之后，他被判五年徒刑；1933 年移民美国。

[62] Hans Cornelius, in Frankfurter Universitäten, 20 (Frankfurt am Main, 1924), pp. 196－7.

[63] 1921 年 11 月 30 日霍克海默给麦顿，即罗泽·里科尔的信。

[64] Max Horkheimer, *Gestaltveränderungen in der farbenblinden Zone des blinden Flecks im Auge. Zur Antinomie der teleologischen Urteilskraft*.

[65] 魏森格隆德 1924 年 7 月 16 日给洛文塔尔的信；in Leo Lowenthal, *Mitmachen wollte ich nie* (Frankfurt am Main, 1980), pp.248－9.

[66] Max Horkheimer, *Kants 'Kritik der Urteilskraft' als Bindeglied zwischen theore-*

tischer und praktischer Philosophie (Stuttgart, 1925), pp. 62—3.

[67] 'Heinrich Regius', i. e. Max Horkheimer, *Dämmerung. Notizen in Deutschland* (Zurich, 1934); in Horkheimer, *Gesammelte Schriften*, ed. Alfred Schmidt and Gunzelin Schmid Noerr (Frankfurt am Main, 1985-), vol. 2, pp. 309—452. Trans. Michael Shaw, in Max Horkheimer, *Dawn and Decline: 1929 —1931 and 1950 —1969* (New York, 1978), pp. 15—112. 这个英译本将原书中 136 条格言漏译了 28 条, 也没有译出它的题记 (莱瑙 [Lenau] 的六行诗句), 只对标明日期为 1933 年的前言说明做了部分摘译。

[68] *Anfänge der bürgerlichen Geschichtsphilosophie*, 'Ein neur Ideologiegegriff?'; and *Die gegenwärtige Lage der Sozialphilosophie und dei Aufgaben eines Instituts für Sozialforschung*.

[69] Horkheimer, *Dämmerung in Gesammelte Schriften*, vol. 2, p. 425. [new translation; cf. *Dawn and Decline*, p. 98].

[70] Ibid. pp. 380, 356, 351 [*Dawn and Decline*, pp. 67, 47, 43].

[71] Ibid. pp. 319, 356—7, 426 [*Dawn and Decline*, pp. 21, 47, 43].

[72] Ibid. p. 344 [*Dawn and Decline*, pp. 37].

[73] Cf. ibid., pp. 373—8; 'Die Ohnmacht der deutschen Arbeiterklasse' ['The Powelessness of the German Working Class'; *Dawn and Decline*, pp. 61—5].

[74] Ibid. p. 377, 378, 348 [*Dawn and Decline*, pp. 64, 65, 41].

[75] Ibid. p. 416—17, 383, 392, 343 [*Dawn and Decline*, pp. 92, 96, 75, 37].

[76] Ibid. p. 371, 377, 378 [*Dawn and Decline*, pp. 58, 64, 65].

[77] Max Horkheimer, 'Ein neuer Ideologiebegriff?' *Archiv für die Geschichte des Sozialismus und der Arbeiterbewegung*, 15 (1930), pp. 33—56.

[78] Horkheimer, *Dämmerung*, p. 419 [*Dawn and Decline*, pp. 93—94].

[79] Martin Heidegger, *Being and Time*, trans. John Macquarrie and Edward Robinson (Oxford, 1973), pp. 32—33 [中译本参见 《存在与时间》,陈嘉映、王庆节译,熊伟校,三联书店 1999 年版,第 15 页]; Jean-Paul Sartre, *L'Existentialisme est un humaniseme* (Paris, 1970), p. 22 (L'homme n'est rien d'autre que ce qu'l se fait); Max Horkheimer, 'Ein neuer Ideologiebegriff?', pp. 40, 45.

[80] Karl Korsch, 'Marxismus und Philosophie', *Archiv für die Geschichte des Sozialismus und der Arbeiterbewegung*, 11 (1924), p55.

[81] *Die Grenzen der Wissenschaft bei Max Weber*.

[82] *Das jüdische Gesetz. Ein Beitrag zur Soziologie des Diasporajudentums*.

[83] Ernst Simon, *Erinnerungen an Erich Fromm*, Stadtarchiv, Frankfurt am Main.

[恩斯特·A.西蒙（1899— ），宗教哲学家和教师，马丁·布伯的助手，与弗洛姆合作编辑过《犹太人周刊》(*Jüdisches Wochenblatt*)，后来在耶路撒冷成为教育学教授；据洛文塔尔说，西蒙当时"在法兰克福犹太人圈子里很有影响"。(Lowenthal, *An Unmastered Past*, p. 22.)]

[84] Interview in *Die Zeit*, 21, March 1980, p. 52.

[85] Erich Fromm, Gesamtausgabe, ed. Rainer Funk (Stuttgart, 1980—1), vol. 6. p. 9.

[86] 约翰·雅克布·巴霍芬 (John Jacob Bachofen, 1815—1857)，苏黎世罗马法教授，发展了对古代神话和象征的浪漫主义阐释，被认为是发现了古代世界中母权制度的存在；威尔还姆·赖希 (1897—1957)，弗洛伊德主义心理学家，后来发展了"生命原动力"理论；西格弗里德·伯恩费尔德 (1892—1953)，是弗洛伊德的弟子，社会主义者和反权威主义的教育家；see Bernfeld, *Antiautortäre Erziehung und Psychoanalyse. Ausgewählte Schriften*, ed. Lutz, von Werder and Reinhart Wolff, 3 vols (Frankfurt am Main, 1969—70)。

[87] Erich Fromm, 'Die Anwengung der Psychoanalyse auf Soziologie und Religionswissenschaft', *Zeitschrift für psychoanalytische Pädagogik*, 3 (91928—90), p. 269.

[88] Max Horkheimer, *Afänge der bügerlichen Geschichtsphilosophie* (Stuttgart, 1930), p. 270. 马克思和恩格斯《神圣家族》，见《马克思恩格斯全集》(第二卷)，人民出版社 1956 年版，第 118 页。

[89] 路德维希·费尔巴哈 (Ludwig Feuerbach, 1804—1872)，唯物主义哲学家和黑格尔的批判者，《基督教的本质》(1841) 的作者，该书"将黑格尔的唯心主义改造为激进的人道主义"并认为"宗教是人类自身权力的异化，是人类的创造物后来对人类自己的统治"。(David Fernbach, 'Introduction', in Karl Marx, *The Revolutions of 1848* (Harmondsworth, 1973), p. 11)。布鲁诺·鲍威尔 (Bruno Bauer, 1809—1892)，青年黑格尔派哲学家，马克思的同事，后来马克思和恩格斯在《神圣家族》一书中批判了他的唯心主义。

[90] Heinrich Meng, *Leben als Begegnung* (Stuttgart, 1971), p. 78.

[91] Jürgen Habermas, Silva Bovenschen et al., *Gespräche mit Herbert Marcuse* (Frankfurt am Main, 1978), p.15.

[92] Erich Fromm, 'Die Entwicklung des Christusdogma. Eine psychoanalytische Studie zur Sozialpsychologischen Funktion der Religion', *Imago*, 16 (1930) pp. 305—73; repr. in *Das Christusdogma und andere Essays* (Munich, 1965), p. 83.

[93] Horkheimer, 'Ein neur Ideologiebegriff?', pp. 54 and 56.

[94] Fromm, *Das Christusdogma*, pp. 91, 65, 15.

[95] Ibid., p. 91.

[96] Karl Kautsky, *Der Ursprung des Christentums. Ein historische Untersuchung* (Stuttgart, 1908), cited in Fromm, *Das Christusdogma*, p. 44. 卡尔·考茨基（1854－1938），在马克思和恩格斯流亡伦敦时期曾是他们的助手，社会民主党和第二国际的理论家，曾帮助社会民主党起草艾尔福特纲领（Erfurt programme, 1891）。1917 年之后，他反对暴力革命和左派独裁，暂时成为独立社会民主党（USPD）成员。1922 年重新加入社会民主党，并为之起草了海德堡纲领（Heidelberg programme, 1925）。考茨基的这本书的英文版是 *Foundations of Christianity：A Study in Christian Origins*, trans. Jacob W. Hartmann (London, 1925)。

[97] Fromm, *Gesamtausgabe*, vol. 1, pp. 34, 36.

[98] Fredrich Pollock, *Sombarts 'Widerlegung' des Sozialismus*, Beihefte zum Archiv für dei Geschichte des Sozialismus und der Arbeiterbewegung, 3, ed. Carl Grüngerg (Leipzig, 1926), pp. 53－54.

[99] 奥斯瓦尔德·斯宾格勒（1880－1936），《西方的没落》（*Untergang des Abendlandes*, 1918－22, English trans. 1926）的作者，认为在未来时期内西方将无可挽回地没落下去。他的观点与纳粹的某些信条相似，但是他也受到了纳粹的批评，从 1933 年直到他去世一直生活在孤独之中。约翰·普兰格（1874－1949），1933 年之前一直是明斯特的社会学教授。奥特马尔·施潘（1878－1950），奥地利经济学教授，1938 年被开除教授职位，他的反自由主义、多元主义、反马克思主义的理论在奥地利保守主义和奥地利法西斯主义中颇具影响。

[100] On 'phenomenological intuition', see Herbert Spiegelberg, *The Phenomenological Movement：A Historical Introduction* (The Hague, 1982), pp. 104－5.

[101] Friedrich Pollock, 'Zur Marxschen Geldtheorie', in *Archiv für die Geschichte des Sozialismus und der Arbeiterbewegung*, 13 (1928), p. 203.

[102] 马克斯·阿德勒（1873－1937），奥地利学派马克思主义者，维也纳的社会学教授。他试图综合康德和马克思，力图提出一种真正社会主义的文化生活形式。

[103] Friedrich Pollock, *Die planwirtschaftlichen Versuche in der Sowjetunion 1917－1927* (Leipzig, 1929), pp. 382, 288, 291.

[104] Ibid., p. 2 and note 4.

[105] *Rete Trotzkis auf dem 9. Kongress der KPR*, April 1920, cited in ibid., pp. 57－8.

[106] Ibid., pp.365, 366.

[107] Horkheimer, *Dämmerung*, *in Gesammelte Schrifen*, vol. 2, pp. 361, 386. [*Dawn and Decline*, pp. 51, 72].

[108] Pollock, *Die planwirtschaftlichen Versuche*, pp. 316, 278, note 116, and p. 323.

[111] 鲁道夫·希法亭 (1877−1941), 政治和医学博士, 生于维也纳, 是奥地利学派的马克思主义者。曾任德国社会民主党报纸《前进报》(*Vorwärts*) 编辑, 一次世界大战期间脱离社会民主党加入了独立社会民主党 (USPD), 担任该党报纸《自由》(*Freiheit*) 编辑。后来复又加入社会民主党, 1924 至 1933 年担任国民议会议员和财政部长。

[110] Rudolf Hilferding, 'Die Aufgabender Sozialdemokratie in der Republik', in *Protokoll der Verhandlungen des Sozialdemokratischen Parteitags 1927 in Kiel* (Berlin, 1927), p. 168.

[111] 这是在旁敲侧击地批评亨利耶克·格罗斯曼和他的资本主义崩溃理论, 他的这一理论是建立在对马克思三卷《资本论》的阐释的基础之上的。

[112] 恩斯特·黑克尔 (Ernst Haekel, 1834−1919), 耶拿的生物学教授, 是达尔文主义热情的捍卫者。

[113] Lowenthal, *Unmastered Past*, p. 43.

[114] Leo Lowenthal, 'Das Dämonische: Entwurf einer negativen Religionsphilosophie', in *Gabe Herrn Rabbiner Dr. Nobel zum 50. Geburtstag* (1921).

[115] Lowenthal, An Unmastered Past, p. 49.

[116] *Die Sozialphilosophie Franz von Baaders. Beispiel und Problem einer religiösen Philosophie.*

[117] Ernst Bloch, *Geist der Utopie* (Munich and Leipzig, 1918), p. 410.

[118] 'Der Begriff des Unbewussten in der transzendentalen Seelenlehre' and 'Die Philosophie des Helvétius'.

[119] Lowenthal, *Mitmachen wollte ich nie*, p. 67, cf *An Unmastered Past*, p. 54.

[120] Kracauer to Lowenthal, 4, December 1921 [translated in part in Leo Lowenthal, *An Unmastered Past*, p. 203].

[121] Theodor W. Adorno, 'Henkel, Krug und frühe Erfahrung', in *Gesammelte Schriften*, ed. Rolf Tiedemann (Frankfurt am Main, 1970−86), vol. 11, pp. 556−7.

[122] 格奥尔格·西美尔 (1858−1918), 先在柏林, 后在斯特拉斯堡任哲学教授; see Rudolph H. Eeingartner, *Experience and Culure: The Philosophy of Geog Simmel*, Middletown, Conn., 1960.

[123] Siegfried Kracauer, *Soziologie als Wissenschaft. Eine erkenntnistheoretische Untersuchung* (Dresden, 1921); in Kracauer, *Schriften*, ed. Karsten Witte (Frankfurt am Main, 1978), vol. 1, pp. 13-14.

[124] Ibid. p. 11.

[125] 克拉考尔 1921 年 12 月 4 日给洛文塔尔的信；cited in Lowenthal, *Mitmachen wollte ich nie*, p. 245.

[126] Kracauer, 'Die Wartenden', *Frankfurter Zeitung*, 12 March 1922; repr. in *Das Ornament der Masse. Essays* (Frankfurt am Main, 1977), p. 117.

[127] *Die Transzendenz des Dinglichen und Noematischen in Husserls Phänomenologie*.

[128] 阿多诺 1924 年 7 月 16 日给洛文塔尔的信；cited in Lowenthal, *Mitmachen wollte ich nie*, p. 247.

[129] Adorno, *Gesammelte Schriften*, vol. 1. p. 11.

[130] Adorno, *Neue Blätter für Kunst und Literatur*, 6 (1921−2), pp. 88−9. [将 durchseelt 译为 "活泼泼的" (animated) 的译法，见 Adorno, 'Spengler Today', *SPSS*, 9 (1941), p. 322.]

[131] *Neue Blätter für Kunst und Literatur*, 1 (1922−3), 18 September 1922, pp. 11.

[132] *Zeitschrift für Musik*, 11 August 1923, pp. 315-16.

[133] Ibid., p. 49.

[134] *Die Musik*, 20 (1928), p. 322.

[135] Theodor W. Adorno, 'Gedichte von Reinhold Zickel', *Akzente*, 3 (1958), pp. 275−6.

[136] 阿多诺 1934 年 10 月 7 日给克赖内特 (Krenet) 的信。

[137] Theodor W. Adorno, *Berg, Der Master des kleinen Übergangs* (Vienna, 1968), pp. 24, 44−5.

[138] Ibid., p. 49.

[139] 阿多诺 1925 年 3 月 8 日，以及 4 月 10 日给克拉考尔的信。

[140] 一部很著名的百科全书。

[141] Cited by Willi Reich, *Arnold Schoenberg oder Der konservative Revolutionär* (Munich, 1974), p. 17.

[142] *Das Andere. Ein Blatt zür Einfürung abendlädischer Kultur in Österreich: Geschriebn von Adolf Loos*.

[143] Arnold Schoenberg, *Harmonielehre*, 7th edn (Vienna, 1966), p. 497.

法兰克福学派：历史、理论及政治影响

[144] Arnold Schoenberg, 'Franz Listz Werk und Wesen' (1911), in *Stil und Gedanke*. *Aufsätze zur Musik*, ed Ivan Vojtech (Frankfurt am Main, 1976), p. 171.[145] Schoenberg, 'Komposition mit 12 Tönen', in ibid., p. 75.

[146] Adorno, Berg, p. 45.

[147] 阿迪诺 1925 年 6 月 17 日给克拉考尔的信。

[148] 克拉考尔 1926 年 5 月 27 日给布洛赫的信。Cited in Ernst Bloch, *Briefe 1903 – 1975*, ed, Karola Bloch et al. (Frankfurt am Main, 1985), vol.1, pp. 274 – 5.

[149] *A modern drama feijldöésének története* (Budapest, 1911).

[150] Éva Fekete and Éva Karádi (ed.) *Gorge Lukács. Sein Leben in Bildern*, *Selbstzeugnissen und Dokumenten* (Stuttgart, 1981), p. 33.

[151] Georg Lukács, *Entwicklungsgenschichte des modernen Dramas*, ed. Frank Benseler (Darmstadt, 1981), p.359.

[152] Georg Lukács, 'Von der Armut am Geiste' and *Soul and Form*, trans. Anna Bostock (London, 1974).

[153] Ferenc Fehér, 'Am Scheideweg des romantischen Antikapitalismus', in Agnes Heller et al., *Die Seele und das Leben* (Frankfurt am Main, 1977), p.301.

[154] Cited in Fekete and Karádi (ed.), *Georg Lukács*, p. 62.

[155] Georg Lukács, 'Der Bolschewismus als moralisches Problem', *BrechtJahrbuch* (1979), p. 18.

[156] Georg Lukács, *Werke* (Neuwied/Berlin, 1968), vol.2, p. 81.

[157] Georg Lukács, *History and Class Consciousness*, pp.186, 237, 193, 172.

[158] 克拉考尔 1926 年 6 月给布洛赫的信, in Bloch, *Briefe*, vol. 2. p. 283.

[159] Theodor Adorno, *Der Begriff des Unbewussten in der transzendentalen Seelenlehre*, first published in *Gesammelte Schriften*, vol.1.

[160] Adorno, *Gesammelte Schriften*, vol. 1, pp. 91, 222, 320.

[161] 柯奈留斯 1928 年 1 月 8 日给他一位哲学系同事的信: Theodor Adorno file of the Faculty of Philosophy.

[162] Walter Benjamin, 'Die Schulreform, eine Kultrbewegung' (1912), in *Gesammelte Schriften*, ed. Rudolf Tiedemann and Hermann Schweppenhäuser (Frankfurt am Main, 1974 – 85), vol. 2, p.839. 'Dialog über die Religiösität der Gegenwart', in *Gesammelte Schriften*, vol., 2, p. 839.

[163] 本雅明 1912 年 11 月给施特劳斯的信, cited in Benjamin, *Gesammelte Schriften*, vol.2, p. 839.

[164] Walter Benjamin, 'Dialog über die Religiösität der Gegenwart', in *Gesammalte Schriften*, vol. 2, pp. 28 – 9. [文中出现的尼采的话，原文是："我劝告你爱你邻人 (Nächstenliebe) 了吗？ 毋宁说我劝告你逃离你的邻人去爱那最遥远的 (Fernsten-Liebe)。" Friedrich Nietzsche, *Thus Spake Zarathrustra: A Book for Everyone and to No-one*, trans. R. J. Hollingdale (Harmondsworth, 1961), p. 87.]

[165] Gershom Scholem, *Water Benjamin: The Story of a Friendship* (London, 1982), p. 87.

[166] Walter Benjamin, 'Das Leben der Studenten', in *Gesammelte Schriften*, vol. 2, p. 82.

[167] Walter Benjamin, 'Über das Programm der kommenden Philosophie', in ibid., pp. 160, 164.

[168] Scholem, *Walter Benjamin*, p. 77.

[169] Walter Benjamin, *Der Begriff der Kunstkritik in der deutschen Romantik* (Frankfurt am Main, 1973 paperback edn), pp. 15, 63, 113.

[170] Benjamin, *Gesammelte Schriften*, vol. 2, p. 168.

[171] Benjamin, 'Drei Lebensläufe', in *Gesammelte Schriften*, vol. 6, p. 218.

[172] Benjamin, *Gesammelte Schriften*, vol. 1, pp. 138, 169, 186.

[173] Ibid, pp. 184, 186, 147, 181.

[174] 本雅明仔细区分了古典悲剧 (Tragödie) 和巴洛克时期德国悲苦剧 (Trauerspiel)，英译本虽然在题目中没有使用"悲苦剧"这一德语词，可是在文本中这么做了。

[175] Walter Benjamin, *Origin of German Tragic Drama*, trans. John Osborne (London, 1977), pp. 35, 41 (cf. p. 35), 46.

[176] Ibid., p. 37.

[177] Walter Benjamin, "On Language as such and on Language of Man", in *One-street, and Other Writings*, trans. Edmund Jephcott and Kingsley Shorter (London, 1979), p. 114.

[178] Benjamin, *Oringin of Tragic Drama*, pp. 45, 138, 139, 140.

[179] Ibid., pp. 166, 167.

[180] Ibid., p. 176.

[181] Benjamin, *Der Begriff der Kunstkritik*, p. 81.

[182] Benjamin, *Origin of German Tragic Drama*, p. 182

[183] 瓦尔特·本雅明 1924 年 12 月 22 日给格尔绍姆·朔勒姆的信, in Benjamin, *Briefe*, ed. Theodor W. Adorno and Gershom Scholem (Frankfurt am Main, 1966),

p. 366。

[184] 本雅明给朗格 (Rong) 的信，1923 年 12 月 9 日；*Briefe*，p. 332。

[185] 本雅明给朔勒姆的信，1924 年 6 月 13 日；*Briefe*，p. 350。

[186] 本雅明给朔勒姆的信，1928 年 10 月 30 日和 4 月 23 日，1929 年 3 月 15 日；*Briefe*，pp. 483, 470, 491。

[187] Cf. Rolf Tidemann, 'Einleitung', in *Passagen-Werk*, *Gesammelte Schriften*, vol. 5, p. 21.

[188] 本雅明给阿多诺的信，1935 年 5 月 31 日；*Briefe*，p.663。

[189] 本雅明给朔勒姆的信，1930 年 1 月 20 日；*Briefe*，p.506。

[190] 阿多诺给本雅明的信，1938 年 11 月 10 日；*Briefe*，p.783。

[191] Theodor. W. Adorno, 'Zur Zwölftontechnik', repr. In Adorno and Ernst Krenek, *Briefwechsel*, ed. Wolfgang Rogge (Frankfurt am Main, 1974), p. 168.

[192] 参见 *The New Dictionary of Music and Musicians*, ed, Stanley Sadie (London, 1980), vol, 18：“通节歌曲式 (德语 durchkomponiert)。该词一般指这样一组音乐，其中每一小节音乐都是不同的，不像分节反复中那样这一节的音乐还会在下一节中重复。因而这样的音乐形式并不必然由诗节所决定，但通过与诗节中的思想、形象和情境建立起微妙精细的对应关系，这种音乐形式也具有某种连续性。它当然并未排除主题性母题的复现。”又见 *The New Oxford Companion to Music*, ed. Denis Arnold (Oxford, 1983), vol., 2：“通节歌曲式……任何不出于其形式设计的目的而依赖音乐小节的重复的作曲方式都可以被称为通节歌曲式。但是该术语常常用来指其中每一小节的乐曲都不同的歌曲。”

[193] Theodor W. Adorno, 'Reaktion und Fortschritt', in Adorno and Krenek, *Briefwechsel*, p. 180.

[194] 古斯塔夫·兰道尔 (1870—1919)，德国作家和政治家。受克鲁泡特金的影响，他投身于非教条主义的社会主义运动和非暴力无政府主义。1919 年他是慕尼黑苏维埃共和国政府成员，后被义勇军 (*Freikorps*) 成员暗杀。

[195] Theodor W. Adorno, *Kierkegaard. Konstuktion des Ästhetischen* (Tübingen, 1933；repr. Frankfurt am Main, 1974).

[196] 阿多诺给克拉考尔的信，1930 年 7 月 25 日。

[197] Adorno, *Kierkegaard*, (1974 edn), p. 234.

[198] 阿多诺给克拉考尔的信，1930 年 8 月 6 日。

[199] Paul Tillich, 'Gutachten über die Arbeit von Dr. Weisengrund: *Die Konstruktion des Aesthetischen* [sic] *bei Kierkegaard*', in the Theodor Adorno file (1924—68),

Philosophy Faculty of the University of Frankfurt am Main.

[200] Max Horkheimer, 'Bemerkungen in Sachen der Habilitation Dr Wiesengrund', February 1931, in ibid.

[201] Theodor. Adorno, 'Die Aktualität der Philosophie', in Adorno, *Gesammelte Schriften*, vol. 1, p. 342.

[202] 本雅明给朔勒姆的信, 1925 年 2 月 19 日, *Briefe*, p. 372。

[203] Adorno, *Gesammelte Schrieften*, vol. 1, pp. 334 and 342.

[204] 本雅明给朔勒姆的信, 1933 年 1 月 15 日, in *Walter Benjamin-Gershom Scholem*, *Briefwechsel 1933 − 1940*, ed. Gershom Scholem (Frankfurt am Main, 1980), p. 36.

[205] 'Die Idee der Naturgeschichte'.

[206] See Hermann Mörchen, *Adorno ung Heidegger* (Stuttgart, 1981), p. 13.

[207] Adorno, *Kierkegaard*, p. 111.

[208] Adorno, *Gesammelte Schriften*, vol. 1, p. 356.

[209] Herbert Marcuse, *Der deutsche künstlerroman*, in *Schriften*, vol. 1 (Frankfurt am Main, 1978), pp. 16 and 333.

[210] Cf. Barry Katz, *Herbert Marcuse and the Art of Liberation: An Intellectual Biography* (London, 1982), p. 55.

[211] *Die Lehre vom Urteil im Psychologismus*.

[212] *Jahreshefte der Heidelberger Akademie der Wissenschaften 1857 − 58* (Heidelberg, 1959), p. 20, cited in Winfried Franzen, *Martin Heidegger* (Stuttgart, 1976), p. 25.

[213] *Die Kategorien-und Bedeutungslehre des Duns Scotus*.

[214] Edmund Hussel, *Ideen zu einer reinen Phänomenologie ung phänomennologischen Philosophie*, vol. 1 (1913).

[215] Martin Heidegger, 'My way to Phenomenology', in *On Time and Being* (New York, 1972), p. 77.

[216] Karl Löwith, 'Curriculum vitae' (1959), in Löwith, *Sämtliche Schriften*, ed. Klaus Stichewh and Marc B. De Launay, vol. 1 (Stuttgart, 1981), p. 451.

[217] Cited in Paul Hühneerfeld, *In Sachen Heidegger. Versuch über ein deutsches Genie* (Hamburg, 1959), p. 51; see also Franzen, *Martin Heidegger*, p. 26.

[218] Martin Heidegger, *Time and Being*, trans, John Macquarrie and Edward Robinson (Oxford, 1973), p. 21, 32, 34, 中文版参见《存在与时间》，陈嘉映、王庆节

译，熊伟校，三联书店 1999 年版，第 3 页、第 14 页、第 16 页。

[219] Ibid. , p.33 and 68. 中译本见第 15 页和第 50 页。

[220] Ibid. , p.222. 中译本见第 206 页。

[221] Ibid. , p.233, 232, 307. 中译本参见第 216 页、第 217 页和第 301 页。

[222] Ibid. , p.435. 中译本见第 434 页。

[223] ["常人是一种生存论环节并作为源始现象而属于此在之积极状态"，*Time and Being*, p.167, 中译本参见第 150 页（原英译作者给此句加了着重号）。"生存论性质"是对此在之"存在特性"的一种规定，和"范畴"相对，范畴是"非此在式的存在者的存在规定"（英译本第 70 页）。

[224] Martin Heidegger, 'Was ist Metaphysik?', in Heidegger, *Wegmarken* (Frankfurt am Main, 1967), p. 22. 这里指的这一是在海德格尔 1949 年为"形而上学是什么？"所作的导言里，并没和"形而上学是什么？"译在一起，见 Martin Heidegger, *Basic Writings*, ed. and trans. David Parrell Krell (London, 1978), pp. 94−112。中文版参见"形而上学是什么？"，《路标》，孙周兴译，商务印书馆 2000 年版，第 138 页。

[225] 参见"形而上学是什么？"，《路标》，孙周兴译，商务印书馆 2000 年版，第 141 页。本段引文皆见该文。

[226]《路标》，孙周兴译，商务印书馆 2000 年版，第 127 页、第 129 页。

[227]《路标》，孙周兴译，商务印书馆 2000 年版，第 137 页。

[228]《路标》，孙周兴译，商务印书馆 2000 年版，第 135 页、第 136 页。有改动。

[229] 'Davos Disputation', in Martin Heidegger, *Kant und das Problem der Metaphysik*, 4th. Edn (Frankfurt am Main, 1973). 这个版本第一次收入达沃斯辩论，在英文本的《康德和形而上学问题》中并不包括达沃斯辩论的译文，*Kant and the Problem of Metaphysics*, trans. James S. Churchill (Bloomington, 1962).

[230] Marcuse, *Schriften*, vol.1, pp.358 and 385.

[231] Herbert Marcuse, 'Philosophie des Scheiterns. Karl Jaspers' Werk' *Unterhaltungsblatt, der Vossischen Zeitung*, 14, December 1933.

[232] Herbert Marcuse, 'Beiträge zu einer Phänomenologie des Historischen Materialismus' ('Contribution to a Phenomenology of Historical Materialism'), published in the *Philosophische Hefte* of his friend, the Husserlian Maximilian Beck (special issue on Heidegger's *Being and Time*, 1928), pp.45−68, *Schriften*, vol.1, pp.364−5.

[233] Herbert Marcuse, *Hegels ontologie und die Grundlegung einer Theorie der Geschichtlichkeit* (Frankfurt am Main, 1932)

[234] Herbert Marcuse, 'Neue Quellen zer Grundlegung des historischen Materialis-

mus', *Die Gesellschaft*, 9 (1932), pp. *136−74*; *in Schriften*, vol.1, p. 509.

[235] Marcuse, *Hegels Ontologie*, p.3.

[236] Marcuse, *Schriften*, vol.1, p.536.

[237] Ibid., p.486.

[238] Cf. Karz, *Herbert Marcuse and the Art of Liberation*, p.84.

[239] Cited from the reprint of the editorial introduction which appeared in the *Frankfurter Zeitung*, 25 January 1929.

[240] Niccoló Machiavelli, *Florentine Histories*, trans. Laura F. Banfield and Harvey Mansfield (Princeton, 1988), p.123. (Book 3, chapter 13).

[241] Marx Horkheimer, *Anfäng der bürgerlichen Geschichtsphilosophie* (Stuttgart, 1930).

[242] Marx Horkheimer, 'Zur Relativität des Charakters', *Dämmerung*, in *Gesammelte Schriften*, vol.2, p.449.

[243] Marx Horkheimer and Friedrich Pollock, *Materialien für Neuformulierung von Grundsätzen*, (New York, August 1935) (MHA: XXIV 97).

[244] Julius Deutsch, *Faschismus in Europa* (1928); Hermann Heller, *Europa und der Faschismus* (Berlin, 1929).

[245] Horkheimer to Sinior President (*Oberpräsident*) of the Province of Hessen-Nassau and State Commissar of the University of Frankfurt am Main, in Kassel, 4 December 1930.

[246] Lowenthal, *An Unmastered Past*, p.54.

[247] "格奥尔格圈子"(*George-Kreis*)是一个作家、画家批评家组成的团体,兴盛于1890年代。这个圈子的中心人物是诗人斯泰凡·格奥尔格(Stefan George, 1868−1933)。他们的目标是复兴德国文学语言。许多知名作家都属于这个圈子并为它的刊物《艺术报》(*Blätter für die Kunst*, 1892−1919)撰稿。它的成员除了科默雷尔和康托洛维茨之外,还包括胡戈·冯·霍夫曼斯塔尔(Hugo von Hofmannsthal)和哲学家路德维希·克拉格斯(Ludwig Klages)。

[248] Karl Korn, *Lange Lehrzeit. Ein deutsches Leben* (Munich, 1979), pp.115−16.

[249] 讨论莱辛的《人类教育》(*Erziechung des Menschengeschlechts*),它的一个批评性读本由 L. F. Helbig 编辑,于 1980 年在柏林出版。

[250] Joseph Dünner, *Zur Protokoll gegenben. Mein Leben als Deutscher und Jude* (Munich, 1971), pp.65−6.

[251] Kommerell to Heusler, 10, July 1932, in Max Kommerell, *Briefe und Aufzeich-*

nungen 1919 —1944, ed. Inge Jens (Olten, 1967), p. 26 — 7.

[252] Korn, *Lange Lehrzeit*, p. 134.

[253] 此外还有魏特夫（Karl Wittfogel）的《中国的经济与社会》(*Wirtschaft und Gellschaft Chinas*, Leipzig, 1931), 该书是 "社会研究所丛书" 的第三卷。

[254] 'Die Umschichtung des Proletariats und die kapitalistischen Zwischenschichten vor der Krise'.

[255] Siegfried Kracauer, *Die Angestellten*. *Aus dem neuesten Deuschland* (Frankfurt am Main, 1930).

[256] Kracauer, *Schriften*, vol. 1, pp. 285 — 6.

[257] Ibid., p. 298.

[258] Horkheimer, *Dämmerung*, p. 412. [*Dawn and Decline*, pp. 88 — 9.]

[259] Ibid., p. 439 [引自格言 "Menschliche Beziehung", 这一格言在英译本中被删掉了。]

[260] Ibid., p. 333. [*Dawn and Decline*, pp. 29.]

[261] Theodor Geiger, 'Zur Kritik der arbeiter-psychologischen Forschung', repr. in Geiger, *Arbeiten zur Soziologie* (Berlin, 1962).

[262] 霍克海默给波洛克的信, 1934 年 8 月 12 日。

[263] Karl August Wittfogel, cited in Mathias Greffrath, *Die Zerstörung einer Zukunft. Gespräche mit emigrierten Sozialwissenschaften* (Reinbek bei Hamberg, 1979), p. 316.

[264] Max Horkheimer, 'Bemerkungen über Wissenschaft und Krise', *ZfS*, 1 (1932), p. 1; 'Remark on Science and the Crisis', in Max Horkheimer, *Critical Theory: Selected Essays*, trans. Matthew J. O'Connell et al. (New York, 1986), p. 4.

[265] Friedrich Pollock, 'Die gegenwärtige Lage des Kapitalismus und die Aussichten einer planwirtschaftlichen Neuordnung', in *ZfS*, 1 (1932), p. 19; Erich Fromm, 'über Method und Aufgabe einer analytischen Sozialpsychologie', ibid., p. 47; Theodor W. Adorno, 'Zur gesellschaftlichen Lage der Musik', ibid., p. 123.

[266] Pollock, 'Die gegenwärtige Lage des Kapitalismus und die Aussichten einer planwirtschaftlichen Neuordnung', pp. 21, 20, 16, 27, 17.

[267] Friedrich Pollock, 'Bemerkungen zur Wirtschaftskrise', in *ZfS*, 2 (1933), p. 349.

[268] Erich Fromm, 'Die psychoanalytische Charakterologie und ihre Bedeutung für die Sozialpsychologie', *ZfS*, 1 (1932), pp. 275, 276.

[269] Erich Fromm, 'Über Method und Aufgabe einer analytischen Sozialpsychologie', in *ZfS*, 1 (1932), p.51.

[270] Horkheimer, 'Bemerkungen über Wissenschaft und Krise', *ZfS*, 1 (1932), pp. 4, 7, 6.

[271] Max Horkheimer, 'Geschichte und Psychologie', *ZfS*, 1 (1932), pp. 136, 131−2, 133. 131.

[272] Horkheimer, 'Bemerkungen über Wissenschaft und Krise', p.2.

[273] Adorno, 'Zur gesellschaftlichen Lage der Musik', *ZfS*, 1 (1932), pp. 106, 109−10, 104.

[274] Ibid., p. 106.

[275] Ibid., p. 116.

[276] Leo Lowenthal, 'Zur gesellschaftlichen Lage der Literatur', *ZfS*, 1 (1932), pp.93, 97, 98, 99.

[277] [In Karl Marx, *Early Writings*, tran. Rodney Livingstone and Gregory Benton (Harmondsworth, 1975), pp. 424−8.]

[278] [Karl Marx, *The German Ideology*, trans. C. Dutt, W. Lough and C. P. Maggill (London, 1965).]

[279] Fromm, 'Über Method und Aufgabe', p.52; 'Die psychoanalytische Charakterologie', p. 276.

[280] "Goethe als Repräsentant des bürgerlichen Zeitalters", Neue Rundschau (April, 1932), repr. In Thomas Mann, *Schriften und Reden zur Literatur Kunst und Philosophie* (Frankfurt am Main, 1968), vol.2, pp.88−9.

[281] Franz Borkenau, *Der Übergang vom feudalen zum burgerlichen Weltbild*, Studien zur Geschichte der Philosophie in der Manufaktur periode (Paris, 1934), p.iii.

[282] Franz Borkenau, 'Zur Soziologie des mechanistischen Weltbildes', *ZfS*, 1 (1932), pp.312, 313.

[283] Borkenau, *Der Übergang vom feudalen zum burgerlichen Weltbild*, pp. 323, 355.

[284] Borkenau, 'Zur Soziologie des mechanistischen Weltbildes', p.21.

[285] Fromm, 'Die psychoanalytische Charakterologie', p.267.

[286] Max Horkheimer, 'Die gegenwärtige Lage der Sozialphilosophie', *ZfS*, 1 (1932), p.44.

第二章　逃离

　　1933 年 1 月 30 日，星期一，兴登堡总统任命希特勒为共和国总理（Chancellor）。在这之前，兴登堡显然出于对纳粹一党专政危险的考虑一直拒绝这么做。就在同一天，霍克海默和波洛克位于科隆贝尔格（Kronberg）的住所被纳粹冲锋队（SA）没收，并被变成了一座兵营。[1] 霍克海默及其妻子在收到警告之后已经搬到了一家靠近法兰克福火车站的旅馆里。在那一学期剩下的日子里，霍克海默专门为自己雇用了私人汽车，每周一次从他在日内瓦的寓所前往法兰克福授课。在该学期所剩不多的几周内，自由概念成了他在自己开设的"哲学导论"课上讨论的惟一主题。《破晓与黄昏》一书是在 1933 年 2 月底完成于德国的，1934 年才在瑞士出版。该书的序言这样写道：

　　　　这本书是过时的。它所包含的思想都是在 1926 年到 1931 年之间间或记下的断想偶得……它们总是不断地批判性地指向"形而上学"、"性质"、"道德"、"人格"和"人的价值"等等诸如此类的概念，它们的那种指涉方式似乎表明在资本主义的这样一个时期里这些概念还是有效的。

　　　　由于它们属于纳粹最终取得胜利之前的那个时代，因而参照的是在今日看来已经过时的那个世界。社会民主党的文化政策、同情革命的资产阶级文学，还有一度曾经创造了一种思想氛围的学术马克思主义胜景等等，诸如此类的问题现在都消失了。但这本书的作者（就生活方式而言他是一个个人主义者）曾经有过的思想也许在日后能引起人们的兴趣。[2]

希特勒被任命为总理之时，魏特夫正在瑞士进行他的巡回讲座。他不顾此时已移居瑞士的波洛克的警告于 2 月返回柏林。3 月 2 日最后一名留守的研究所正式助教洛文塔尔离开研究所和法兰克福。阿多诺那时既非声名远扬的“马克思主义重镇”，在政治上也不活跃，他“仅仅”是被留下来的“半个犹太人”。他后来在给霍克海默的一封信中抱怨说根本没有人通知他研究所最后迁至日内瓦，而且在“研究所未就该去哪里或该怎么应对作任何通知”[3] 的情况下他被留了下来。

尽管当时恐怖主义盛行而且官方认可了独裁专制，可在 3 月为第八届国民议会做准备的选举中，国家社会主义党（纳粹）和德国国家人民党的联合统治也只是赢得了 51.8% 的选票。但是这样的票数足够使希特勒借以提出继续扩大纳粹统治范围的要求——中产阶级的重要政党的屈从也为这一情况提供了方便，它们于 3 月 24 日通过授权法使国民议会自我解散合法化了。

3 月 13 日警方开始调查并关闭了研究所。5 月研究所大楼一层的房间全部开放，使用权归纳粹学生团所有。位于柏林阿尔布莱希特亲王大街的秘密国家警察（Gestapo）办公室于 1933 年 7 月 14 日发来通知如下：

致　美因河畔法兰克福市社会研究所

根据 1933 年 5 月 26 日关于没收共产主义分子财产的法案第一条款和第三条款之规定，鉴于美因河畔法兰克福市社会研究所一直鼓励种种妨害国家的行为，现为保护普鲁士自由国家之故查封并没收该研究所。

签名：全权代表　李希特－布卢姆博士

研究所惟一一位落入纳粹之手的重要成员是魏特夫。3月中旬他在试图穿越欣根的德国边界时被捕。他先后被送往好几个集中营，后于1933年11月被释放之后设法通过英格兰移民美国。

4月14日《德国汇报》(Deutsche Allgemeine Zeitung)报道了为贯彻4月7日通过的"关于文职专业公务人员的重新调整"法案而采取的种种措施。这项法案的意图完全就是要把文职公务员中的犹太人、共产主义者和社会民主党员清除出去。"第一批嫌疑分子"(这一年期间很快就会被开除国家公职和停薪)中包括黑勒、霍克海默、洛威、曼海姆、辛茨海默和蒂里希等法兰克福市的教授。这份报纸报道说："文化部长鲁斯特博士 (Dr. Rust) 想要直接通过这种方式来解决犹太人问题(文职公务员法第三条款)。可以肯定，更大规模的人员变动将会在5月1日之前完成，这样可以避免扰乱新学期的开学。"与在全德国发生的情况一样，法兰克福大学从来就没有向被它清除和迫害的那些雇员伸出过援手。4月3日，法兰克福大学董事会向文化部提出申请，要求中止"我们大学和'社会研究所'之间现有的合作关系——尽管这种关系一直是松散的"。1932年10月就任校长的威廉·戈尔洛夫在任职伊始就发出过反对"沙文主义纳粹主义"的警告。1933年5月，当他被公开信奉纳粹的恩斯特·克里克 (Ernst Krieck) 提前接替的时候，他没有提交通常都要有的述职报告。[4] 在4月3日就中止大学和研究所的合作关系提出的申请中，他在谈到其理由时，这样说道："研究所的实际发展以及它的来访者圈子所依循的路线有悖于本大学的意图，在这样的事务上大学也根本无法对其施加任何影响。"[5]

在新政治制度最初的"革命"时期内，全国平均有14%的大学人员和11%的教授被清除出去。根据文化部的统计，在纳粹夺权后的五年中，有45%的任期内的学术职位被重新分派。[6] 法兰克福是开除大学人员第二多的城市，仅次于柏林。有三分之一的法兰克福市的大学教师失去了他们的职位。像德国大学体系这样特别具有国家主义色彩的保守机构是服从这种大规模清洗运动的，只要考虑到希特勒和纳粹对一切和理智相关的事物，对所有不直接为纳粹意识形态和政策服务的学术活动的仇恨，这种情况就可以得到解释了。甚至像库尔特·里泽勒尔这样的人早在 1933 年也被从他的职位上清除掉了，理由是他任命不慎，"对国家不可靠"——他不仅为法兰克福引进了科默雷尔和康托洛维茨这样的"格奥尔格圈子中人"，而且也请来了社会主义者曼海姆和社会民主党人洛威。然而，里泽勒尔过去就是一个坚定的国家主义者。在 1930 年，他就曾经激烈地反对把法兰克福市歌德奖授予弗洛伊德，当时他说：

> 弗洛伊德描述的世界里的那种决定性的因果律和机械性、它的过分理性的结构、它那与人在心底深处感知的一切宇宙观念背道而驰的结构性、它把人类的不幸病态和佯装的规矩守礼作为人性的中心这一事实，都包含了大量的非歌德主义的，实际上是反歌德主义的特质……精神分析正确与否与这里的问题毫无关系。将这两个名字 [弗洛伊德和歌德] 放在歌德奖这个锅里做成的菜，在对这两个人各自的心灵观了然于心的公众看来，似乎只能是一道索然无味的大杂烩。[7]

130　在维护自己文职专业公务员的权益的时候，里泽勒尔也指出，作为负责教职任命的教务主任，他也曾任用过海德格尔、施米特、诺伊曼、鲍默勒尔等"纳粹主义代表"。[8]

"[研究所] 彻底正规化"（洛文塔尔语）这一段时间之后，霍克海默 3 月 18 日从日内瓦写信给大学校长戈尔洛夫和哲学系主任洛马奇（Lomamatzsch），提到报纸对查封研究所的报道的时候，他这样说道：

> 在我看来，审查的理由无可置疑。我前任的研究所主任曾从世界各地收集了大量新的工人运动史文献……事实上，这些材料里面包含了许多社会主义文献。这可能会给一个局外的观察者留下政治倾向性的印象。尤其在早些年的时候，与关心工人运动问题的右翼学生相比，有更多的 [研究所] 学生被各种社会主义立场所吸

引，但是近些年来这种情况已经有所改变。我在就任研究所主任之职后，就意识到，早先的这种历史应该让研究所主任明确他的职责：务必保持研究所的政治中立性。

霍克海默希望从他们那里得到一些建议，告诉他该如何消除当局对研究所具有非学术倾向性的错误怀疑，而"下级的有关机构"基于这种怀疑"很可能延误，甚至阻止 [研究所] 向政府澄清有关情况"。但是，霍克海默从这两位也希望大学"正规化"的同事那里得到的答复是：非常遗憾，他们现在无法就此给出任何建议。

在报纸对他的"暂时停职"予以报道之后，霍克海默 4 月 21 日给柏林的普鲁士科学、艺术和人民教育部长去了一封将近三页的亲笔信。霍克海默是作为一名高贵而博学的市民来写这封信的。在信中，霍克海默简明扼要地论述了柯奈留斯、康德和黑格尔在他教学活动中的重要性。他指出，在众多的当代社会理论中，他尤其赞成用经济的观点来考察历史的理论。

> 当然，我积极地运用这种理论并指出过它的认识论价值。在我看来，它在科学上是有效的。必须让远离人民大众的学生学着去详尽地了解那些理论，他们将来充满激情的观点——无论是积极的还是消极的——都将源于那些理论，我认为，这乃是大学的任务之一。

他的信这样总结道：

> 就在去年的冬季学期我的课程结束时，我来到了日内瓦。研究所的许多同事都在这里与其他研究所进行合作研究，他们正在就失业对家庭生活造成的影响以及与家庭相关的其他问题进行调查。上个学期州代表已经好几次准许我前来日内瓦。我暂离职位绝对与德国国内的政治事件无关。就在此期间，我负责的研究所被关

闭，我的信件被没收，最后就是在未告知对我提出的任何严重指控的情况下，对我本人采取了前面提到的那项措施——停职。我认为，这种程序对管理大学教师的高层部门来说是不相宜的。今天我不揣冒昧将我一切可能的疑虑和盘托出，因为我相信，部长先生，我应该向您呈上这份报告。

在我被任命之前或之后我从来都不属于任何政党。我试图以对哲学和科学有益的方式恪尽职责。想到要离开研究所不禁让人伤神，因为我原来一直都认为教授我的学生实在是一件幸事，我们的联系从未曾受到过任何政治风向的干扰。从历史上来说，德国大学生在全世界都数得上是最活跃最有天赋的。我不知道，当局究竟是因为断定我有罪还是因为我的犹太出身而对我采取这项措施的。当局的这两个出发点都有悖于最优秀的德国哲学传统。德国哲学要求，对它的评判必须立足于对它学说本身的评判，在哲学自身之外是不能对其学说做出任何宣判的；它们绝不是由当局任意决断的。真理无须符合统治的规则，而无论它怎么强硬、有怎样深厚的群众基础。Caesar non est supra grammticos [恺撒也不能凌驾于语法之上]。当黑格尔说"犹太人首先是人"，"而不仅仅是表面的、抽象的质"时，* 他只是在表达一个哲学上的共识。发展到巅峰状态的德国古典哲学把对人类尊严的探究以及对它的信念都当成是文化上的价值标准，并认为放弃它们将会从根本上对理智生活造成伤害。对理智生活的毁败——尽管在现今占统治地位的价值体系基础上形成的既有法律没有这样谴责这种行为——最终将成为科学思想发展的桎梏。

您真诚的

马克斯·霍克海默（教授）

---

* 参见黑格尔《法哲学原理》，范扬，张企泰译，北京：商务印书馆1961年版，第274页注。——中译者注

这样的信与当时那种守法但却专政的局势一样荒谬。流亡中的研究所和法兰克福大学之间日渐增长的矛盾冲突甚至也越来越显得古怪，因为，社会研究会不得不承担格吕恩堡的退休金，而且还要为霍克海默和洛威在被开除前所占据的两个教席支付薪水，因为这两个教席是它资助设立的。[9]霍克海默的信说不上是英雄式的，更谈不上是精明的，但却是成功的，因为它向其对手中有教养的那部分人说话，而且毫不妥协，从而以自己的方式打击了对手。作为一个流亡者，霍克海默无法取回留在德国境内属于自己的东西。对研究所来说，情况也是这样。然而霍克海默写这些信的时候，他还"立即"聘请了"一位相当出色而且非常有影响的人当我的律师……他不仅成功地使当局公开表示不对研究所主任做出任何有关行为不端的起诉，而且设法使得我的全部财产得以解冻，同时获得了同意将我相当大一部分财产转移到国外的许可。"[10]

1933 年 2 月社会研究会已经被总部设在日内瓦的"社会研究国际协会"(Société Internationale de Recherches Sociales) 所替代。社会研究所日内瓦分部就这样成了该研究会的官方行政总部。鉴于离纳粹德国非常近，十分危险，同时由于瑞士人对移民的态度，为学术计，日内瓦分部只能充当临时总部。在一次与赫尔穆特·杜比艾尔 (Helmut Dubiel) 的访谈中，洛文塔尔说：

> 只有霍克海默持有无限期的居留许可证，因此也只有他才能在那里拥有放置他全套家具的住所。波洛克、马尔库塞和我所能做的只能是：把我们的藏书和家具放置在日内瓦海关署的临时存放处里。我们一直只是游客。我们持有的是旅游签证，每隔几个星期我们就得穿过边境去贝莱加尔特 (Bellegarde)，然后再拿着新的签证重新进入日内瓦。而且甚至还有更多的困难。我们常常发现，他们对犹太移民检查得特别仔细，各种规章制度在对他们的检查中执行得极其严格。我们认为这种情况是一个信号：法西斯将要不断地蔓延到整个欧洲。[11]

研究所的领导者们特别乐于接受来自巴黎和伦敦的帮助，虽说与这两地合作开设新的研究所总部是不可能的。研究所在巴黎高等师范学校档案中心成立了一个新的分部，当时档案中心的主任是涂尔干的弟子塞勒斯坦·布格雷（Célestin Bouglé）。1936 年之前巴黎分部的事务一直由保罗·霍尼希斯海默（Paul Honigsheim）负责。他父母一个是德国人，一个是法国人，而他本人以前曾是列奥波特·冯·维泽的第一任助手。在霍尼希斯海默移民之前，他一直是科隆成人教育中心的主任。伦敦方面也给研究所在伦敦社会学研究所的所在地 Le Play House 腾出了一间办公室。

巴黎分部的重要性日渐显著——它是研究所在这个城市的主要支柱，《社会研究学刊》的新出版社在巴黎分部设立了总办事处；它也是几项国际性经验研究计划的基地；最重要的是，它是研究所在欧洲的前哨。虽然耽搁了一段时间，学刊第二卷的第一版还是由原来的出版者在1933 年 5 月发行。但随后赫尔施菲尔德告诉霍克海默说，他不再冒这个风险了。从此，学刊的印刷和发行就由巴黎的 Felix Alcan 出版社接手，这家出版社在社会学界向来享有很好的声誉。研究所向发行人认购了 300 册，而对方也同意在发行 800 册的同时加印 50 册。[12] Felix Alcan出版社使得社会学刊能够继续作为学术出版物在德国发行。霍克海默在 9 月发行的学刊第二期第二版前言中写道：

> 研究所将继续投身于它的事业，将继续把社会理论作为关于社会的总体性的科学学科而加以推进。来自几个不同学科领域的年轻学者们组成的研究团体认为，理论乃是有益于改善社会的一个重要因素。对于社会中的各种权力来说，概念性的思考当然有着不同的价值。从某些角度出发，概念性的思考的确可以被看作是一种无益的负担；可是它在人类不断进步的力量中又总是必不可少的。

在流亡开始六个多月之后，霍克海默还仍然像在就职演说中所做的那样，严格地对近来的突发事件和政治事件保持缄默。这是一种社会学态度，它与阿多诺在为学刊第一期撰写的谈音乐的文章中曾说的那种态度是相似的："对它来说绝望地对着整个社会目瞪口呆是没用的，它在自己的材料和形式法则范围内将自身内部已存在的社会问题向社会表达出来，从而更为实际地服务于社会。"霍克海默领导下的研究所一贯奉行慎重节制的政策，它不仅远离任何政治活动，而且在有组织地、以集体身份将德国事态公之于众或是向移民提供支持这样的事情上也是慎之又慎。1970 年代于尔根·哈贝马斯曾问赫伯特·马尔库塞："那么，研究所与移民中带有强烈政治色彩的那些组织团体有关系吗？""那是被严格禁止的。霍克海默从一开始就坚持认为，我们是哥伦比亚大学的客人，是哲学家和学者。"[13] 即便是对霍克海默圈子的成员这一群不幸而又万幸的人们来说，从纳粹统治之下逃离也已经使得他们真正感到惊悚不安了。然而，霍克海默圈子却也因此能够形成前所未有的团结。他们只有下更大力气去做他们以往"平时"所做的那件事情——作为怀着不被社会接受的社会目标的局外人，致力于在社会和学术体系中获得承认。研究所的领导们尽他们所能避免一切干扰，继续开展研究所的学术工作。尽管存在一系列的不利因素，可是这一努力还是取得了惊人的成功。

组成研究所核心的成员中至少有三个人都在日内瓦，他们是霍克海默、波洛克和洛文塔尔。弗洛姆当时因患结核病必须调养身体，因而在达沃斯呆了很长一段时间，即便这样，他仍然参与研究所的工作。从学刊在国外发行的第一期开始，马尔库塞就开始合作参与学刊的编辑，主要负责哲学评论部分。在一篇对马尔库塞关于黑格尔的书的评论中，阿多诺已经认识到，马尔库塞正在"从'存在意义'转向对生存的阐释；从基础存在论转向历史哲学；从历史性转向历史"。[14] 马尔库塞就这样接替了阿多诺的工作，而以前哲学评论栏的文章几乎全是阿多诺在他的助手道尔夫·施坦恩贝尔格（Ddolf Sternberger）的协助下一手写出来的。(纳粹上台和研究所外迁毁了阿多诺的希望。1933 年 1 月他还曾告诉克拉考尔说，他现在和霍克海默一道负责学刊的哲学评论栏，这份学刊将会"成为我们的喉舌"。"我们周围的人都非常卓越",阿多诺曾写信给克拉考尔,试图劝他加入时说,"本雅明和卢卡奇都给予我们支持,所有的哲学评论几乎都是我本人写的。而且我已经把所有不称职的人都打发走了,只留下了真正有天赋的马尔库塞和施坦恩贝尔格。")

　　魏特夫和格罗斯曼作为独立的研究者,他们的工作方式没有什么根本的改变。魏特夫直到1934年初到伦敦之后才继续开始他的工作,而格罗斯曼则在巴黎忙于修改《资本主义体系的积累规律及其崩溃》[15]一书的法文本(实际上这本书的法文版最后没有出版)。这些都未对研究所每天都在进行着的工作造成任何影响。1932年阿多诺就为本雅明与研究所的合作铺平了道路,可直到研究所流亡瑞士期间本雅明才开始为研究所撰写文章,学刊在1934年刊出了他的题为"论当前法国作家所处的社会环境"[16]的文章。本雅明作为自由撰稿人靠的就是出版自由,因此像《社会研究学刊》这样的刊物对他来说已经成为了一份日益重要的出版物。尽管如此,他还是在1933年6月写信给朔勒姆,谈到他给学刊撰写的第一篇文章(该文是他在伊维萨岛那种不利环境下写出的)时,说道:"法西斯主义在德国以外的群众中发展得甚至更快。我从《社会研究学刊》就这篇谈当前法国作家所处的社会环境的文章向我提出的修改建议中,可以想见瑞士的情形是个什么样子。"[17]继前一期学刊上的"唯物主义和形而上学"之后,霍克海默在头一期国外发行的学刊上发表了他的第二篇长文:"唯物主义与道德"。在这两篇长文中,霍克海默试图将自己各种不同的思想观点归拢到一个新确立的传统之中。他将这一传统意味深长地描述为"唯物主义"和"唯物主义学说"传统,这也正是他在许多年中对自己的立场的称呼。这种描述确立了一条线索,将某种特定的唯物主义思想传统与当代对社会的理解和理论洞见联系了起来。

　　　　当生活从头到尾都被证明是一种幻象,对幸福的欲望被抛在一边,只剩下对幸福的渴望时,变革那些造成不幸福的外部条件,就成为唯物主义思想的目标。这个目标在不同的历史境况下采取着不同的形态。在古代生产力发展的水平上，即便是唯物主义哲学家也不得不面临着这样的苦恼：殚精竭虑地思索内心生活的技巧。当所有外在的手段失却效力后，灵魂的安宁便是苦难深重中惟一的退路了。相反，资本主义发展早期的唯物主义，则旨在发展对自然的认识以便获得新的控制自然和人的力量。我们本身所处的时代的痛苦是与社会的结构相联系的。因此，社会理论便构成当代唯物主义的主要内容。[18]

这些都是霍克海默具有代表性的观点：(1) 一个假设：作为终有一死的、在并无"来世"可言的世界之中只能依靠相互团结而生存的人总要追求幸福——这一要求不需要任何理由，但也从未得到过满足；(2) 一个强调之点：社会历史就是人类本能结构和人类知识的演化史；(3) 一个信念：就人类控制自然的先进水平而言，人类把在计划经济基础上实现个别利益和特殊利益的真正统一作为这种控制的目标。现在，这些观点被综合成了对一种社会理论的构想，这种社会理论对其哲学基础有着某种自觉，而且在霍克海默看来，人类通过这种理论获得了明晰的表达能力和自觉意识。他还打算出版一本唯物主义读本，把从古代到19 世纪末期的西方哲学选篇收入其中。文本是否探讨"历史上的苦难和贫困、世界的无意义、不公与压迫、对宗教和道德的批判、理论与历史性实践的联系、如何实现更好的社会组织方式"[19] 等问题，乃是唯物主义读本的选篇标准。

霍克海默确信，人类的全部愿望就是完全掌握自然，"通过理性的手段支配外部和内部的自然"。[20] 在论及黑格尔和马克思时，霍克海默将这一观念，即借助无限的理性手段完美地实现对自然的支配，描述为一种辩证的支配。在写于瑞士的"当前哲学中关于非理性主义的争论"一文里，他第一次从两个方面彻底为这种支配进行了辩护。他一方面反对理性主义，另一方面也反对非理性主义。就理性主义（在霍克海默看来其主要代表形式就是实证主义）而言，它只将当代的诸种科学学科当作合法的知识

136

形式，认为思辨思想没有能力从整体上探讨社会问题。霍克海默因此指出，这种理性主义只是一种有缺陷的、僵死的、枯竭的理性形式。就非理性主义（在霍克海默看来，例如生命哲学 [Lebensphilosophie] 和生存论哲学等等学说就是其代表）而言，它把思考当作一种破坏性的力量而加以谴责，而在面对生活中的关键问题时只会去依赖心灵和直觉的决断。因此这种思想流派更不需要什么理性。霍克海默认为，资产阶级—资本主义社会的上升时期，那些无法从整体把握事实却又高估自己能力的个人必然会表达出那种理性主义。相反，垄断资本主义时期大多数中产阶级也会产生日益严重的无能感，并因而产生那种非理性主义的思想形式。非理性主义，就是个体向更大的，然而也是更加难以理解的整体屈服的一种表现形式。按照霍克海默的说法，

> 非理性主义正确地意识到了理性主义的破产，但却得出了错误的结论。它没有从如何组织起一个与人类实际可获得的资源相符合的世界的角度出发对那种片面的思想和个人主义予以批判。相反，它没有在根本上触动导致了今天的境况的那种经济法则，却在为掌握着经济权力的那些人，也就是经济力量的代表们服务，鼓励对他们的盲目的认可，要求人们服从于所谓更大的普遍利益。[21]

霍克海默没有把这些文章中讨论的论题进一步发展成经验研究的材料或主题。研究所在流亡瑞士期间实验研究工作重点所发生的转移，绝不是出于哲学观念的推动（霍克海默在就职演讲中提出的把哲学、科学学科和实验研究相结合的要求，也许是出于这种原因），也不是参与合作的研究者商量的结果，而是一种自然而然的转移。对特别严重的经济危机时期内家庭结构的变化（这种变化可以被视为资本主义终结的开始）的研究，取代了对特殊社会群体，也就是熟练工人和白领工人的群体内部物质和精神文化之间的社会心理调节机制的研究。安德里斯·施坦恩海姆（Andries Sternheim）曾写过一篇"关于失业与家庭问题的新材料"，发表在《社会研究学刊》1933 年第三期上。这份报告中

的一个注脚说："长期失业从根本上改变了家庭中个体间的关系（尤其是心理、精神关系），近来社会研究所通过对不同国家的此类问题进行有组织的调查，从而使得这种变化的程度问题得到了研究。"[22] 施坦恩海姆是一位荷兰社会学家，霍克海默说他是一个"正直、勤奋的人"。日内瓦国际劳工署向霍克海默举荐施坦恩海姆，1934 年当波洛克去美国后，施坦恩海姆接任研究所日内瓦分部主任。

　　研究重点的转移一方面意味着研究对象规模的缩小（从阶级到家庭），另一方面也意味着对象规模的扩大（从阶级特征明确的对象到阶级特征不明确的对象）。同时，对弗洛姆和霍克海默来说，这种变化也意味着他们长期以来都具有的那种预见现在显示了其重要性。在弗洛姆首次为《社会研究学刊》撰写的文章中，他就顺带提到过，在既有的"权威型"社会产生严重危机时，"一个社会在经济、社会、心理上越解体，把社会凝结成一整体的统治阶级的那种统一的、强制的力量越涣散，各个阶级的心理结构差异也就越大。"另外，他也还指出过在他看来随着家庭结构中阶级属性的日益增长，社会整体的发展的可能方向是什么："情感关系，比如说资产阶级中、父系社会中的父与子的情感关系，完全不同于母系社会'家庭'中的那种情感关系。"[23] 他在为学刊撰写的第二篇文章中谈到无产阶级和资产阶级客观上最先进的那部分的"性器欲特征发展"前景时，也预见了"父亲权威在心理领域中的瓦解"，以及随之而来的"与母亲相关的那部分性格的增长"。这些想法在他 1934 年撰写的"母权制学说的社会心理学意义"[24] 一文中成为了中心性的观点。但甚至在这之前，罗伯特·布里富尔特（Robert Briffault）为学刊撰写的，加上了弗洛姆引言的关于"家庭情感"的文章，就已经明确地说出了弗洛姆和霍克海默的想法，指明了家庭研究中那个大有可为的新领域。

　　布里富尔特是一位哲学家、心理学家和人类学家，生于英国，18 岁 138 的时候移居新西兰，后来移居美国，当时住在巴黎。1927 年他发表了一部三卷本的著作：《母亲：情感和制度起源研究》，试图说明，母亲和后辈之间的亲密关系使得以母亲为中心组织起来了最早的社会，而由父亲主导的家庭只是后来发生的有利于个人继承私有财产的经济变化的结果。布里富尔特希望以此封住那些父权社会辩护者之口，使他们无法再说他们只是在为从来都是如此存在的社会基础而辩护。在"家庭情感"一文中，布里富尔特重申并归纳了他的这些观点，最后他提出了谴责：家庭纽带神圣不可侵犯的"权威的、父权家庭"总是要求它的子女放弃他们自己独立的发展。他在结尾时表达了一种预期，认为个人主义的、竞争型经济的严重危机不断增长将会使父权家庭走向衰落，那时不再以竞争为其典型特征的社会最终将会使社会情感能够超越狭隘的、扭曲的家庭圈子，并因而得以解放。

这里有一个关键的问题，那就是，家庭中发生的这些变化有可能改变家庭再生产父权制特征的这种作用，但是会不会也瓦解了建立在这种父权制形式之上的无产阶级团结（霍克海默在《破晓与黄昏》中就曾思考过这种团结 [25] ）? 直接参与经验研究的那些人中，无论是合作研究者安德里斯·施坦恩海姆、还是波洛克和洛文塔尔，似乎都没有澄清这一问题。1934 年中期，那时为发表这项集体研究的结果而撰写的初稿已经写成，直到那时，已经到了美国的霍克海默和弗洛姆才有些懊恼地注意到，日内瓦方面的专家们认为关键是对一般家庭，而不是对家庭权威的研究。[26] 这不仅意味着研究中责任划分不当，而且也意味着这些理论家们渐渐开始认识到权威这一主题不仅具有社会动力学意义上的重要性，而且对安排理论与经验研究的关系来说也应是一个重要的出发点。霍克海默曾于 1937 年初在研究所为哥伦比亚大学社会学系举行的午餐会上提交过一份报告，报告说：

> 我在研究所工作的最初两年全部用于此类合作（在不同科学分支之间、理论科学与经验科学之间的合作）的实验研究。我们最终为这类共同研究选取的最富有成果的论题就是探讨权威这一文化现象与经济生活从常态到大萧条转变之间的关系。然而权威问题领域太过宽泛，以至于无法穷尽地研究。我们因此选定了社会机构中的一个加以研究。这一机构在权威关系方面，以及与经济生

139

活事件相联系的方面发生的变化最容易被观察到。这一机构就是家庭……我们接着就通过各种方法，在不同的欧洲国家内开始从这一视角出发对家庭展开研究。

在流亡瑞士这一段时期，研究所开始了三项各自独立的问卷调查。

(1) 1933 年研究所开始在法国城市家庭中间发放一份问卷，这些家庭的男主人都是失业至少六个月以上的白领或熟练工人。问卷除了对工作环境、收入和食宿等问题提问之外，还包括关于闲暇时间的使用问题、失业引起的家庭关系变化问题，以及失业给家庭成员个体带来的有利的或不利的后果等问题。最后，这次问卷调查还试图就被调查者对一些特殊问题（比如，"经济危机的原因是什么"、"当今最伟大的人物是谁"等问题）的反应做出分析。问卷的这种设计方式使它无法由被调查者本人单方面完成，而必须靠经验丰富的调查者来完成。由于难于找到足够的完成这项任务的助手，这个问卷研究计划在最初阶段就搁浅了，后来只是作为一项在法国失业者中间进行的有关家庭和权威问题的"尝试性调查"被收入《权威与家庭研究》。

(2) 1933 年末，日内瓦分部在瑞士、奥地利、法国、比利时和荷兰发放了一份问卷。这就是《权威与家庭研究》中"就权威与家庭问题给专家的问卷"。总共有 589 份问卷被发放到专家们手中，他们包括学院和大学里心理学和教育学的教师、少年法庭的法官、社会工作者、牧师和神父、青年工作者、中学教师和家庭监护人。问卷中有十六项问题涉及如下主题：父亲、母亲和哥哥姐姐的权威，家庭关系中权威的变化，家庭的经济支持与权威的关系（有一个问题这样问："父亲在家庭中的地位是不是总是和他是主要的工资收入者这一事实相关呢？"），家庭教养方式对孩子性格形成的影响。这些专家来自不同的社会阶层，他们的观察范围也不尽相同。这些差异也决定了他们反馈回来的信息的不同。于是，调查者把收回的问卷做了归类，有 99 份适于对工人阶级的分析，27 份适用于对中产阶级的分析，还有 24 份适于对乡下农民阶层的分析。

这份问卷调查的报告后来被收入安德里斯·施坦恩海默和恩斯特·沙赫特尔 (Ernst Schachtel) 编的《权威与家庭研究》一书中。后一个编者是弗洛姆在海德堡大学时期就结识的一位好友，在研究所长期担任助理研究员。我们可以预见这份研究报告的那些结论。反馈回来的 251 份全部被做完的问卷表明，不同阶级存在着显著的差异，"相对于工人阶级家庭来说，乡村农民家庭似乎代表了更为极端的父权家庭类型"。[27] 当然还有其他结论。专家们还注意到父母权威影响力的下降，青少年独立性的增长，或者两种情况并存的现象。他们中的大多数人都认为这与失业、战争、闲暇时间的使用、道德状况恶化、非宗教化等问题相关。

此外，还有一项需要做补充性问卷调查的研究计划，这个补充问卷涉及诸多问题，如失业给家庭团结带来的后果、青年关于性道德的观念等等。但是这个计划最后被取消了。

(3) 1933—1934 年研究所在日内瓦分部、巴黎分部和伦敦分部就权威和家庭问题在青少年中进行调查。瑞士的调查进行得最成功，这些调查材料在后来的《权威与家庭研究》中也使用得最多。奥地利社会民主党人克特·莱希特 (Käthe Leichter) 负责这份问卷的起草和落实具体调查工作。她出身于维也纳的资产阶级自由主义犹太家庭，是卡尔·格吕恩堡的学生和朋友，曾和他一起在"奥地利社会化委员会"工作。格吕恩堡曾邀请她来法兰克福社会研究所担任他的研究助手，可是由于她当时还有别的工作，没能接受格吕恩堡的这一邀请。多尔弗斯(Dollfuss) 政权 1934 年 2 月在奥地利激起的暴动失败后，她秘密移民到瑞士。在瑞士，她先后于 1934 年和 1936 年为社会研究所工作。(1938 年她在维也纳落入盖世太保之手。1942 年包括她在内的 1500 名犹太妇女被用运送牲口的大闷罐车从马格德贝尔德附近的拉文斯布律克 [Ravensbrück] 集中营转移到别的地方，在转移途中，她们被党卫军押送者用"试验气体"杀死。）

1000 名瑞典青年回答了这份问卷。这份问卷不仅包括与青年本身有关的问题，而且包括 13 个涉及父母兄弟姐妹的家庭生活问题。（比如，这些问题包括："你经常就你自己的难题向你的父亲或母亲求助吗？为什么？"；"作为孩子，你受到过体罚吗？"；还有从那次对工人阶级进行的问卷直接拿过来的问题："当你有了你自己的孩子的时候，你会体罚他们吗？你的教育方式可能是严厉的还是宽松的？"，"你最敬重的当今伟人是哪一位？"）回答这份问卷的中产阶级家庭的青年和工人阶级家庭的青年差不多是一半对一半。但是，在她为《权威与家庭研究》对这些材料做出分析的时候，她却就家庭结构按照社会结构分化的问题 141得出了下面这样的结论：

> 尽管中产阶级和工人阶级之间的区别是明显的，可是在社会心理方面却又不尽然。对工人阶级的调查已经表明，在某种程度上说工人阶级中也存在着典型的小资产阶级的心理结构。在瑞士这种情况甚至更为严重，工人阶级在很大程度上可以被视为心理学意义上的中产阶级。差别主要是生活标准的差别。这也就是说，从这种观点出发，我们只能区别经济条件好的中产阶级和经济条件差的中产阶级。我们之所以不这样做，是因为不想混淆不同的经济范畴，但是我们要强调说，我们在按照社会差异来区分权威结构时，则必须考虑到这一观点。[28]

因为失业仅仅从 1933 年以后才开始在瑞士成为问题，所以对经济危机时期家庭结构变化问题的调查成果不是很显著。保罗·拉萨斯菲尔德（Paul Lazarsfeld）后来对一半做完的问卷进行了分析，但也没有对阶级特征明显的家庭结构变化问题拿出什么结论。

法国分部方面收回了 1651 份问卷，可是在法国进行的对青年的研究成果却更少。为《权威与家庭研究》草拟的报告也仅仅对法国显然未受动摇的父权家庭，对父亲是受尊敬的一家之长而母亲是可信任的体已知交这种家庭角色分别作了泛泛之论。伦敦分部 1934 年起开始发放问卷给各种组织，让它们的成员填写。而这些问卷显然一直就没有被分析过。[29]

这项研究缺乏广泛的基础，对德国工人阶级的调查不够系统。这次研究没有建立在精神分析阐释可能性的基础上，它惟一的新颖之处就是有关青年与他们父母之间关系，以及这些关系可能的变化的那些问题。当这项研究仍在进行之中的时候，为《社会研究学刊》1934 年夏季号撰写的那些文章在某种程度上表达了霍克海默圈子对纳粹胜利所做的跨学科的第一反应。马尔库塞的"反对极权主义国家观中的自由主义的斗争"、弗洛姆的"母权制学说的社会心理学意义"，以及曼德尔鲍姆和迈耶尔的"论计划经济的理论"（霍克海默作序）一起明确指出资本主义制度和社会主义目标之间的区别，资本主义的消极方面已经全然暴露在极权主义状态之中。"自由权威主义向极权权威主义的过渡发生的基础完全就是同一个社会秩序"，马尔库塞如是说。"极权权威主义国家制造出适合于资本主义垄断阶段的社会组织和社会学说"，[30]弗洛姆说：

> 社会的种种矛盾在限制了生产力发展的同时，造成了退化性的心理发展，强化了父亲中心情结，这一点可以在反马克思主义斗争中形成的各种运动中看得出来。在理当追求全人类都应享有幸福的地方，这些运动的意识形态表征（ideological representative）却再一次把责任感放置在它们价值体系的中心位置。然而，由于经济情况的关系，这种责任感已经没有任何经济内容，而仅仅是一种空洞的要求，要求人们去履行一种英雄式的行为，要求他们为了集体而承受苦难。[31]

"现在人类在自由经济和极权国家秩序之间根本没有选择余地"，霍克海默写道，"因为前者总会转向后者，这正是因为后者在今天能够最有效地为自由主义要求服务，使得最重要的社会资源的私有权得以继续。"[32] 曼德尔鲍姆和迈耶尔总结说：

> 因此，凡是想依靠中产阶级的帮助实现社会主义，并在一种并非暂时的基础上和他们达成权力和政策妥协的人，尽管他们怀有世界上最良好的愿望，也仅仅只能实现某种形式的社会化——充其量也只能实现形式上的社会主义。在现在这个时代，那种社会主义实际上只能是受到国家资本主义调节的垄断资本主义，二者在政治上和经济上都是根据共同的基础组织起来的。[33]

意识形态批判家马尔库塞、社会心理学家弗洛姆、经济学家曼德尔鲍姆和迈耶尔、社会哲学家霍克海默，他们就这样一致地从共产主义角度对时代进行了阐释，这种阐释认为，法西斯主义不仅是自由主义的逻辑后果，而且是垄断资本主义所采用的政治统治形式。他们诊断中的共同点是再清楚不过的。但是，这种跨学科方法没有满足我们的期待——这里缺乏新发展：从不同的材料和视角中，他们没有发展出能激发他们深化或辨析理论的新东西，也没能发展出刺激他们去进行更为精确的、立意更新鲜的经验工作的新东西。尽管如此，相比之下弗洛姆仍然是研究所最具有创造性的主要研究人员。

在瑞士的流亡仅仅是暂时的。一方面，除了他们很少有同情者之外，人们都反对他们将巴黎或伦敦分部发展成研究所总部。但是，最主要的一方面则是，霍克海默圈子的人认为法西斯主义将要席卷欧洲。波洛克的研究助手朱利安·库姆佩尔茨出生在美国，是美国公民。社会研究所于1933年就把库姆佩尔茨派去美国摸清楚各方面的情况。弗洛姆以前就曾经访问过美国，1933年末又应芝加哥精神分析研究所之邀再次访美，而此时社会研究所的未来还尚属未定之天。后来库姆佩尔茨和弗洛姆汇报的关于美国的情况使得他们顿生希望。因此，社会研究所的领导者们开始认真考虑移民美国的可能性，尽管他们对新世界还心存疑虑。霍克海默希望在最终作决定之前亲自实地考察一番。在偕夫人开始他的长途旅行之前，霍克海默又再一次探访了研究所的巴黎分部和伦敦分部。1934 年 2 月 10 日，他从巴黎写信给当时尚在日内瓦的洛文塔尔说："明天我们就要去老英格兰了。天气很凉爽。再见……"4 月 26 日，他和麦顿在勒阿弗尔登上了"乔治·华盛顿"号轮船。39 岁的霍克海默开始了他的北美之行，以便作出决定：研究所是不是应该落户在美国的什么地方。

一周后，也就是 5 月 3 日，这对夫妇抵达纽约，朱利安·库姆佩尔茨在港口迎接他们。霍克海默在到达不久写信给波洛克说："由于身体原因我兴致不高，即使我可以肯定这里比欧洲情况要好——欧洲那里的一切看上去越来越黑暗。"他的妻子充满热情地写信给波洛克说："纽约是个巨大的城市，如果你没有亲眼见过你就根本不可能想像得到它是个什么样子，简直难以置信，太美妙了——巴黎、伦敦，整个欧洲相形之下就像是非洲的村庄！"

几周后，霍克海默本人不需要做什么太多的决定，事情将会按着什么样的方式发展已经有了眉目。他当时生了病，他的妻子也身体不适。他们都住在中央公园一家豪华的饭店里，那里比纽约的任何地方都要更凉爽、安静，也更适合他们居住。霍克海默 5 月 27 日写信给波洛克说：

> 从整体上说，我的印象是，与欧洲相比世界上这个地方更适合于未来几年中的平静的学术工作。那里的报纸上的消息每天都让我担惊受怕。但是必须承认，美国的经济和政治局势也并不是一片大好的。实际上，这里的事情比我想像中的要糟得多。我们必须对经济局势的急剧恶化有思想准备。正是在这一考虑的基础上，我开始了解加拿大的情况。另一方面，我认为这里肯定还是能够容得下与世隔绝的学术工作的，而这很快在欧洲就会成为不可想像的事情了。
>
> 当然，我们是作为互不相干的私人学者去工作，还是成立一个类似于社会研究协会的组织，还是一个问题。G ［库姆尔佩茨］向我担保说，这里所有人都建议我们建立组织，但实际上那不可避免

144

地要打上官方的招牌。

当时已经明确了一点，那就是，研究所的主要成员都要来到北美。霍克海默极其明确地意识到，纽约将会成为在美国最有利的基地（尽管他曾经希望在加拿大找一个更小、更安静的城市，在那里他们的团体可以永久地定居下来）。然而，他当时还拿不准哥伦比亚大学的态度。

哥伦比亚大学作为常春藤联合会的成员，是一所在美国享有极高声誉的大学。富兰克林·亨利·吉丁斯（Franklin Henry Giddings，1855－1931）创建了哥伦比亚大学的第二大系——社会学系。吉丁斯是美国社会学的创始人之一，1894 年在哥伦比亚成为美国第一位正式社会学教授。1930 年代中期美国最重要的社会学代表人物是罗伯特·S.林德（Robert S. Lynd）和罗伯特·麦克伊维尔（Robert MacIver）。库姆佩尔茨和哥伦比亚大学建立起来的联系持续而富有成效，这多亏了林德的善意态度。自 1931 年以来林德开始在哥伦比亚大学担任社会学教授。如果拿新政那一代的左派自由主义为标准来衡量，林德就是一位左翼激进分子，他还是共同体社会学的先驱之一。1929 年他和他的妻子共同发表了《中型城镇》，这是一部经验研究著作，其研究对象是蒙西镇——印第安纳的一个工业城镇。这本书很快成为一部社会学经典著作。这本书对细节描述充满热情，它的研究表明，这个城镇的人口可以很明确地被划分为"工人阶级"和"商人阶级"，而城镇就是属于"那里的上层阶级"的。[34]（林德在1937 年发表了《转变中的中型城镇》，对阶级矛盾的扩大和未来某种法西斯主义的可能性进行了探讨；还于 1938 年发表了一本名为《求知为何？》[Knowledge for What?] 的书，这两份东西能够更清楚地证明林德与批判社会学的亲合性。）林德似乎并不认为来自法兰克福的学者们是他可能的竞争者，毋宁说他认为他们的到来将会强化他所支持的那种社会学研究。他把法兰克福的这个学术团体介绍给了他的同事、社会学系主任罗伯特·麦克伊维尔。从 1927 年起在哥伦比亚大学担任政治科学教授的罗伯特·麦克伊维尔采纳了林德的建议，并竭力劝说尼古拉斯·默里·巴特勒（Nicolas Murray Butler）为法兰克福的学人们提供帮助。巴特勒是个保守主义自由派，1902 年以来担任哥伦比亚大学校长，还是 1921 年美国副总统的共和党候选人。

1934 年 6 月 4 日麦克伊维尔致信巴特勒：

145

> 亲爱的校长先生：
>
> 近悉，成立于美因河畔法兰克福一学者团正准备落脚本国。他们的《社会研究学刊》是一份广受认可并极具价值的社会科学研究杂志。幸运的是他们把研究基金放在德国之外——就他们再也无法在法兰克福继续他们的研究这一事实而言，他们这样的一种处境是幸运的。他们急切地希望得到来自美国大学的认可。就我所知，芝加哥大学，还有普林斯顿大学已经向他们发出了邀请。但是他们更希望与哥伦比亚大学建立联系。正是由于这最后一点原因，我们尚不可能制定出确定隶属关系的日程表，而且在决定采取何种步骤以使他们隶属于我们之前，我们无疑还要对各种问题进行周密的考虑。如果哥伦比亚大学可以为他们提供机构安置方面的便利条件的话，我建议，在表达最良好的善意的同时，我们可以开始与他们建立更近一步的联系。[35]

巴特勒接受了这一建议。这么快，这么轻易地得到哥伦比亚大学的慷慨邀请，把霍克海默搞糊涂了。在一次库姆佩尔茨安排的与林德的会晤中，霍克海默问他，哥伦比亚大学的决策者，最主要的是校长，是否了解研究所的出版物。林德给出了极其肯定的回答。在会晤完毕之后，库姆佩尔茨向霍克海默保证，在作出关键性的决策之前，林德给有关方面传看了研究所的出版物。其实，有关方面对他们出版物的认识充其量不过是来自于对德文版出版物的快速浏览，或是对几篇英文概要的阅读。就此而论，霍克海默采取的避免马克思主义名词和惹眼术语的策略的确是有效的。

大学有关负责人还是希望从林德那里得到书面的担保，以确保如果被安排教学任务或被委以系里的任务，研究所能够按照校方希望的方式行事。对此，林德是这样表态的：

> 总的来说，在这种事情上惟一可能的麻烦是，研究所支持激进自由主义。我就此已经提请麦克伊维尔注意，我知道他已经清醒地意识到了这一点。我读了一点他们的书，也和库姆佩尔茨谈过，通过这些我知道下这样的结论是中肯的：他们是具有高水准的研究机构，而且对宣传无甚兴趣。

大学从没有从库姆佩尔茨那里收到任何文字性的要求。

> 我通过旁人了解到，库姆佩尔茨考虑到他向哥伦比亚大学提出要求有可能被驳回，因此他不打算公开提出要求，倒是希望哥伦比亚大学主动发出邀请。这完全不难理解——只要想一下会谈从头到尾的基调就清楚了，他一直都在强调与大学的松散的隶属关系，我们政治科学系可以在他们的管辖范围内为我们的人员安排一到两个职位，但是他们要保持彻底的自主权。[37]

校方对实际的事务的态度已经十分明确了——为"库姆佩尔茨的团体"提供三到四年的建筑使用权。但是霍克海默仍然犹犹豫豫，并委托律师对整个事情可能引发的法律后果进行了仔细的分析。直到七月中旬他才最终接受了哥伦比亚提供的帮助，接受了第117大道429号的为期三到四年的办公地点，当然该处的任何修缮费用全由研究所承担。

霍克海默犹豫不决，这个仅是他的过分小心，或是缺乏决断的性格造成的，而且因为他还在左左右右里里外外地权衡：一方面想继续研究，另一方面又想从事学术事务的管理，行使权力；一方面渴望着完全的独立，另一方面又渴望得到安全的保障和官方的认可。后来之所以形成了一个在资产阶级社会包围下的父权制结构的孤岛式小团体圈子，实际上根源于他的这种摇摆心态。在流亡的境况之中，霍克海默的支配地位得到了前所未有的加强，他的同事们也比以往更依赖他，作为独立的左翼知识共同体的研究所也比以往任何时期都具有吸引力。

弗洛姆曾在 5 月底去过美国，并逗留一月。"我经常想起这四个星期，当得知我们将能够把那样的时光延续下去的时候，我感到非常高兴"，1934 年 7 月在因健康原因前往新墨西哥位于圣达菲附近一家诊所的途中，他写给霍克海默的信中这么说。返回之后，他将自己的精神分析诊所迁至纽约，并接受了哥伦比亚大学的邀请，成为了哥伦比亚大学的客座教授，这样他再一次地与研究所联系在了一起。尽管他自己认为，他是个不合群的人，在美国无论何时他的精神分析诊所也能够使他过不依赖研究所的独立生活，尽管当时他是那么专注于他的精神分析诊所，可是他对他和霍克海默的合作还是十分重视的。就霍克海默这方面而言，霍克海默意识到弗洛姆是独立于他的，并把他当作有着同样权利的理智上平等的伙伴来对待，因为他知道弗洛姆对研究所的理论工作和经验性工作能起到非常重要的作用。

147

第一个与霍克海默联合的人是 7 月初被他从日内瓦带出来的马尔库塞。马尔库塞在日内瓦派不上用场，所以他来美担任霍克海默的哲学合作者，共同开展哲学讨论。霍克海默希望从哲学讨论中能够为他以唯物主义逻辑为主题的书提供素材和灵感，他从 1930 年代早期就一直在筹划写出这样一本书。在那些年中，阿多诺、马尔库塞和柯尔施都时不时地为霍克海默的这个哲学计划工作。在研究所领导者看来，马尔库塞是一位能力有限的哲学文献专家。波洛克甚至说要把马尔库塞放在"助理和助手这种次要位置"上——尽管说这话是为了反驳阿多诺的意见，当时阿多诺要求把马尔库塞弄出研究所，这样他就能取而代之。[38] 最主要的是，由于马尔库塞以前有过师从海德格尔的经历，所以他被视为尚待长期查看并需要学着接受正确理论的人。马尔库塞本人也是这么看待自己的。1935 年底为《社会研究学刊》重写他的论文"论本质的概念"时，他写信给霍克海默说："我将在美国住满整一年了，此时我想对你说，作为这个包容宽大的学术共同体的一分子我的感受是多么强烈。我相信我学了很多，并因此要向你表达我的谢意。"[39]

接着霍克海默在 8 月初把洛文塔尔带了出来。因为那时他急需帮手在新学期开始之前起草好研究所的计划书。霍克海默需要波洛克做助手，因为他能够全身心地投入。霍克海默 1934 年 7 月收到了一封洛文塔尔的来信，信中说开往巴黎的火车载着马尔库塞驶出车站的时候，他只能眼巴巴地看着。他当时是多么想和马尔库塞一道离开，赶紧结束他与霍克海默的分离。当时洛文塔尔的想法是，尽管还要挨过艰难的几周，可霍克海默已经能够调集一切力量要美国方面为他开具证明，也确已能够建立一套广泛而复杂的关系网了。至于对研究所的想法——波洛克此前某个时候曾把准备与哥伦比亚大学建立联系的计划告诉了他——洛文塔尔认为应该像对国际社会研究协会的安排一样：所有职位都应该在核心成员小圈子之内来分配。当洛文塔尔最后终于可以离开日内瓦去和霍克海默会合的时候，他不得不留下他从德国革命以来开始收集的思想激进的藏书。霍克海默担心如果美国海关打开洛文塔尔的书箱子的话，研究所的成员们都得直接被驱逐出境。[40]

8 月底波洛克也和霍克海默重逢了——不过是在魁北克，当时霍克海默一家正在短途旅行，穿过加拿大，在那里歇脚。与霍克海默相比，波洛克在同意哥伦比亚大学计划之前甚至更犹豫不决。他担心他们这个密谋家集团的任务会受到影响。他写信给霍克海默说："表面上看这是个了不起的成功。但由于我们考虑周密而对这种成功抱有怀疑。利克斯[指费利克斯·韦尔]一定会为了这个成功乐得大喊大叫，如果你写信告诉他的话……但是我担心你的工作就完了，所有人的工作加起来都没有你的工作重要。"[41]当魏特夫于 1934 年 9 月底也到了美国的时148候，研究所的常备军除格罗斯曼之外重又会聚一堂。整个转移的过程就算结束了。国际社会研究协会的总部还保留在日内瓦，可是纽约分部已经成为了研究所的中心，而此时的研究所也改称（用英文书写的）"国际社会研究所"，"二战"期间又去掉了"国际"二字。

注释：

[1] W. Gerloff, lawyer, to the Landgericht Frankfurt am Main, Court of Restitution and Compensation (*Wiedergutmachungskammer*), 21 June 1949.

[2] Max Horkheimer, *Dämmerung* (Zurich, 1934) [英译本前言只收入了这一部分, *Dawn and Decline; Notes 1926 −1931 and 1950 −1969*, trans. Michael Shaw (New York, 1978), p. 13.]

[3] Adorno to Horkheimer, Oxford, 2 November 1934.

[4] Cf. Gerda Stuchlik, *Goethe im Braunhemd. Universität Frankfurt* 1933 −1945 (Frankfurt am Main, 1984), pp. 88−89.

[5] Cited by Wolfgang Schivelbusch, *Intellektuellendämmerung. Zur Lage der Frankfurter Intelligenz in den zwanziger Jahren* (Frankfurt am Main, 1982), p.94.

[6] Karl Dietrich Erdmann, *Deutschland unter der Herrschaft des National Sozialismus, 1933−1939* (Munich, 1980), p. 171.

[7] Cited in Schivelbusch, *Intellektuellendämmerung*, p. 88.

[8] See Kurt Riezler, *Tagebücher, Aufsätze, Dokumente*, ed. Karl Dietrich Erdmann (Göttingen, 1972), p. 144.

[9] Cf. Schivelbusch, *Intellektuellendämmerung*, pp. 95−6.

[10] Horkheimer to Adorno, 16 November 1934.

[11] Leo Lowenthal, *An Unmastered Past; The Autobiographical Reflections of Leo Lowenthal* (Berkeley, 1987), p. 56.

[12] Alcan to Horkheimer, 20 June 1933.

[13] Jügen Habermas et al. *Gespräche mit Herbert Marcuse* (Frankfurt am Main, 1978), p. 19.

[14] In *ZfS*, 1 (1932), p. 410.

[15] Henryk Grossmann, *Das Akkumulations-und Zusammenbruchsgesetz des kapitalistischen Systems* (Leipzig, 1929) .

[16] Walter Benjamin, 'Zum gegenwärtigen gesellschaftlichen Standort des französischen Schriftstellers', *ZfS*, 3 (1934), pp. 54−78.

[17] Benjamin to Scholem, 29 June 1933; in *Walter Benjamin-Gershom Scholem, Briefwechsel*, ed. Gershom Scholem (Frankfurt am Main, 1980), p. 83.

[18] 'Materialism and Metaphysics', in Horkheimer, *Critical Theory; Selected Essays*, trans. Matthew J. O'Connell et al. (New York, 1986), p. 24. 'Materialismus und Metaphysik', *ZfS*, 2 (1933), p. 14. 中文版参考《批判理论》，李小兵等译，重庆出版

社 1989 年版, 第 22 页。

[19] Cf. Marcuse and Horkheimer to Bloch, 6 May 1936, in Ernst Bloch, *Briefe 1903 −1975*, ed Karola Bloch et al. (Frankfurt am Main, 1985), vol.2, pp. 674−5.

[20] Max Horkheimer, 'Zum Problem der Voraussage in den Sozialwissenschaften', *ZfS*, 2 (1933), p. 412.

[21] Max Horkheimer, 'Zum Rationalismusstreit in der gegenwärtigen Philosophie', *ZfS*, 3 (1934), pp. 50−1.

[22] Andries Sternheim, 'Neue Literatur über Arbeitslosigkeit und Familie', *ZfS*, 3 (1933), p. 413.

[23] Erich Fromm, 'Über Methode und Aufgabe einer analytischen Sozialpsychologie', *ZfS*, 1 (1932), p. 36, footnote 1; p.35.

[24] Erich Fromm, 'Die Sozialpsychologische Bedeutung der Mutterrechtstheorie', *ZfS*, 3 (1934), pp.196−227.

[25] See p. 115 above.

[26] Horkheimer to Lowenthal, 6 July 1934; Fromm to Horkheimer, 15 July 1934.

[27] *Studien über Autorität und Familie. Forschungsberiche aus dem Institut für Sozialforschung* (Paris, 1936). P. 317.

[28] Ibid., p. 364.

[29] Ibid., pp. 449 and 445.

[30] Herbert Marcuse, 'Der Kampf gegen den Liberalismus in der totalitären Staatsauffassung', *ZfS*, 3 1934), pp. 174−5; translated as 'The Struggle against Liberalism in the Totalitarian View of the State' in *Negations: Essays in Critical Theory*, trans. Jeremy J. Shapiro (Boston, Mass., 1968), pp.3−42.

[31] Erich Fromm, 'Die Sozialpsychologische Bedeutung der Mutterrechtstheorie', p. 226.

[32] Kurt Mandelbaum and Gerhard Meyer, 'Zur Theorie der Planwirtschaft', *ZfS*, 3 (1934), introduction by Horkheimer, p. 230.

[33] Ibid., p. 261.

[34] Cf. Ralf Dahrendorf, *Die angewandte Aufklärung. Gesellschaft und Soziologie in Amerika* (Frankfurt am Main, 1968), p. 52.

[35] Cited in Lewis S. Feuer, 'The Frankfurt Marxists and the Columbia Liberals', *Survey* (Summer 1980), p. 157.

[36] Horkheimer to Pollock, 21 June 1934.

[37] Lynd to Fackenthal, 25 June 1934, cited in Feuer, 'The Frankfurt Marxists',
p. 163.

[38] Adorno to Horkheimer, 13 May 1935.

[39] Herbert Marcuse, 'Zum Begriff des Wesens', *ZfS*, 5 (1936), pp. 1−39; Marcuse to Horkheimer, 13 December 1935.

[40] Lowenthal, *An Unmastered Past*, pp. 48−9.

[41] Pollock to Horkheimer, 21 July 1934.

第三章　在新世界（上）：从事社会批判
　　　　 研究的独立研究所

权威与家庭研究：集体的"推进研究"片断

　　霍克海默和他的同伴们到达美国的时候，罗斯福（Franklin D. Roose-velt）上台刚一年，最严重的经济危机似乎也快要过去了。1933 年初，美国的失业人口超过了 1400 万。1932 年至 1933 年从美国离境移居国外的人口比移居入境的人口多出 57000 人——这一现象在美国历史上是闻所未闻的。霍克海默圈子入境的这个时期，美国政府比较同情知识分子，并打算给他们委以重任。按美国标准来讲，这是一个左派政府，同时也是一个成功的、受人欢迎的政府。许多赴美团体带来了大量资金，而且他们来的时候那些为了躲避纳粹的美国入境移民人数还不是很多。在《社会研究学刊》一篇题为"美国政党系统的社会学"的文章上，库姆佩尔茨断言美国政党体系是全世界最先进的，这种政党体系实践着"为既定的政治体系所要采取的措施制造认同的政治艺术"。[1] 给人留下深刻印象的是，罗斯福上台第一年，他的政府就努力用非同寻常的方法尽量减少经济危机的影响，那些措施就是人们常说的"新政"。可是波洛克却说，这个政府和意大利政府、德国政府在精神上相似，是国家资本主义介入和选举制度下的独裁。我们且不谈这些问题——霍克海默圈子毕竟又可以集中精力进行他们手头的研究了。

　　流亡美国的头一年，研究所就它的集体研究发表了第一篇报告书——

《权威与家庭研究》。[2] 除了连续发行的学刊之外，研究所在以后的 20
年里还不断地发表这样的研究报告。霍克海默曾经一再提到"各学科的
代表之间的持续合作，以及理论建构与经验方法之间的融会贯通"（他
在《权威与家庭研究》的前言中又这样重申），而他所强调的这一切，
都很好地体现在了《权威与家庭研究》一书中。

"马尔库塞带来的稿子似乎对我没什么用"，1934 年 7 月初霍克海默
写信给日内瓦的洛文塔尔这样说，而这时马尔库塞刚到纽约。在写完论
文"德国战前对陀思妥耶夫斯基的理解"[3] 后，洛文塔尔又打算开始着
手写一篇关于唯物主义美学的论文，而此时波洛克又请他出谋划策，一
起为问卷和汇报上来的材料进行分类，并委托他负责组织这个研究结
果的出版工作。波洛克经常在没有与霍克海默和弗洛姆商量的情况下
决定各种具体的研究主题，当时他有一个想法，希望开展有关家庭结构
转型的国际合作研究。

> 我最近已经意识到，这里 [日内瓦] 搞的材料整理的出版计划
> 对家庭研究的看法是不正确的，它关心的不是家庭中权威的问题。
> 这种出版计划把各种各样的材料都囊括进来，这不仅不科学，而且
> 甚至更糟。就我现在的想法而言，我们目前最多只能出版 250 页左
> 右的一卷本。马尔库塞可以负责撰写家庭问题在文献中的反映
> （利用施坦恩海默的报告和这里的图书馆），波洛克或者由他指导
> 的经济学家可以负责撰写关于经济的那一部分，弗洛姆可以撰写
> 关于精神分析的那部分，至于你，要和我保持联系，负责撰写一般
> （"社会学"）理论的部分。我们应该定期召开碰头会确定这些文
> 章的总指导方针，文章应以形成一套关于家庭的唯物主义理论为
> 目标，这种理论应该涵盖家庭的方方面面，应该由各种假说构
> 成。[4]

这些假说围绕一个问题形成，那就是家庭权威乃是社会粘合剂的一种。
包括问卷在内的所有其他材料将以附录的形式出现，霍克海默在后来

法兰克福学派：历史、理论及政治影响

的一封信中说，它们可以说明"我们的观点不仅仅源于直觉，而且是在对这一知识领域的广泛研究活动过程中发展起来的"。[5]

霍克海默原不打算作为作者之一在书中出现。他认为发展辩证逻辑才是需要自己完成的更重要的任务。但是也许因为他渐渐清楚地意识到，研究所的第一份报告对它在新世界的形象至关重要，所以最后还是自己写了一般理论的那部分。他探讨的"这许多范畴其真正意义是逻辑上的"，[6]这是他写作这部分的一个根本前提。

最后这个研究报告出成了一本 1000 多页的书，其主要部分由三篇文章组成（计划中关于经济的那篇文章最终没有写成）。这本书多出了两个部分，却没有像原来计划的那样附有附录。两部分中第一块由问卷材料组成，第二部分则是关于调查和文献的报告，这两个部分都要比理论部分篇幅大。理论部分根本没有涉及问卷材料，也没有涉及调查和文献报告，这一情况极具戏剧性地说明了"理论建构与经验方法之间的融会贯通"的范围是多么有限。同时，霍克海默和弗洛姆的通信表明，经验研究以及他们对其他各种科学学科动态的自觉了解，为研究所的这两个主要理论家充当了保护屏障。在这样的保护屏障之下，他们追求的理论一方面能够自觉地与纯哲学区别开来，另一方面也能对科学的不同分支和经验研究持一种怀疑态度，并保持自身身份的不确定性。

他们本来打算把"理论纲要"当作全书的中心，后来书的出版也是这样安排的。这些文章由三篇相关的论文组成了一个理论三重唱，实际上这样的文章也适合于发表在《社会研究学刊》上。与以前发表的作品相比，霍克海默的文章几乎没有包含什么新东西。他只是尽可能地在文章中使用"权威主义的"或"权威"这样的词语。在谈到非计划的经济过程产生的难以让人察觉的作用时，他说到了"物化了的经济权威性"和"经济事实的权威性"。[7]马尔库塞论观念史的论文与书的第三部分里他所写的关于科学文献的研究报告相比，其典型作用就是形成意识形态批判的基础，从而为其他两篇文章论资产阶级权威结构时所表现出的相同观念提供支撑——对资产阶级权威结构的分析是这两篇文章的中心内容。

书中所收的弗洛姆的论文是他所写的论文中最出色的，尽管它的重要性与其说是发展出了什么新思想，不如说是发现了已有思想的简明表达方式。

他的这篇文章最重要的成就就是创造了施虐—受虐人格或权威主义人格的概念，这是他以前文章中使用的一系列概念表述的最新发展。在"精神分析性格学及其对社会心理学的意义"一文中，他曾指出(维尔纳·宋巴特和马克斯·韦伯这样的社会学家所使用的)"资产阶级—资本主义精神"与（借自弗洛伊德和卡尔·阿伯拉罕 [Karl Abraham] 的）"肛门性格"的相互联系。[8] 在"母权制学说的社会心理学意义"一文中，他也是将父权制社会、清教—父权制社会与"父权性格类型"联系起来解释的。[9] 现在，在他为《权威与家庭研究》撰写的文章中，他又将"权威主义社会形式"和"权威主义人格"联系了起来。在文章中弗洛姆先对性器欲性格和母权制性格做了实证性的比较，然后又提到了"革命"性格类型。然而"革命"性格类型只提到一次，弗洛姆不仅没有做进一步的解释，甚至也没有对这种性格类型做社会学分类。这篇文章没有过多地点明他已经看到的清教主义后果，因为他已经在谈基督教义发展的那篇文章的结论部分描述过了。

> 儿童所经验的恐惧与威胁的强度，在很大程度上取决于他或她以后作为成人对社会产生的恐惧强度。因此并不是儿童生理上的无助迫使他或她对超我和本能权威产生强烈的要求；源于其生理上的无助的那些要求是可以得到满足的——只要遇到一个对儿童友善的，不威胁他或她的人就可以满足。所以说，正是成人在社会意义上的无助境况给孩童的生理上的无助打上了烙印，并因而使超我和权威在孩童成长过程中具有了如此重要的作用。[10]

社会意义上的无助、恐惧和必然的对本能冲动的压抑，这些"在下层阶级中自然比在那些控制着社会权力手段的人当中要严重得多"。[11] 通过家庭组织而获得自信和自我抵抗力（ego-strength）的机会对下层阶级的人来说是少而又少，必然的结果是，他们更可能陷入与无助的儿童一样的境地——或者至少可以这样说，如果有人能够让他们认为他们就处在无助的儿童的那种境地的话，他们便更有可能做出类似儿童的反应。

> 如果有人能证明自己非常强大而且非常危险，甚至任何反抗他的斗争都是无济于事的，那么自保最好的方式就是服从了，或者说，如果他能证明自己非常和善而且有能力保护别人，以至于人们任何自保的行动似乎是没有必要的——换句话说，如果当运用自我机能已属不可能或多余时，只要凸现自我所必需的那些机能不能或不必要得到运用，自我也就退席了。

垄断资本主义社会是这样一种社会，"其中在经济上占统治地位的人数很少的阶级越来越明显地与经济上依赖它的、任它支配的绝大多数人相区别"[12]——而且，文章还暗示说，这种社会隐匿地行使着它的权力。这样一种社会形式能使大众产生无能感，让他们易于接受深谙如何"用其两面——威胁与保护"来制造"超级权力"表象的人或运动。

弗洛姆进而能够对由这些社会经济条件产生的本能结构进行重新界定，把这些社会经济条件一方面与受虐狂性格类型（像弗洛伊德、赖希和霍尔尼 [Horney] 这样的精神分析学家都研究过这种性格类型）联系起来，另一方面与普遍存在于权威主义社会的关系形式联系起来。下面就是他的观察的出发点：

153

> 我们社会中的大多数人都有这种非病理表现的受虐狂性格，这种情况非常普遍，以至于认为资产阶级是"正常人"和"自然人"的那些研究者不把它作为一个科学问题来对待。另外，精神分析学家们都着迷于作为非正常行为的受虐倒错，它的吸引力如此巨大，以至于让精神分析学家们忽视了更为重要的问题：受虐狂性格。[13]

"性格"一词是从弗洛伊德那里，更多地是从威尔海姆·赖希《性格分析》一书[14]中借来的。现在弗洛姆用这个词来指称他以前所说的"力比多结构"，即本能结构通过升华和形成习惯性行为来适应特定社会条件的一种结果。性格特征是被改造了的本能冲动，不同性格类型的行为方式往往都反映着已经被理性化压抑了的本能冲动的无意识满足。在谈到精神分析发现时，弗洛姆认为，包含受虐狂特征的性格结构中必然也包含着施虐狂性格特征。他对施虐—受虐性格和肛门性格概念做了比较，前一种性格的典型反应就是顺强凌弱，而后一种性格典型特征是热衷于收集、保存和占有，把这些当作目的本身，并且对同伴毫无同情心，难于和同伴相处。因此施虐—受虐性格这个概念除了适用于财产所有权不特别重要，不那么起决定作用的情况之外，更适用于权力关系起决定作用的情况。

弗洛姆在谈及 1920 年代以来就在很广泛的领域内展开的关于权威主义极权国家的讨论时，他将这种国家称为权威主义社会形式。在这样一种社会形式中，所有人一起构成了分化为上层阶级和底层阶级的互相依赖的体系。在弗洛姆看来，这乃是施虐—受虐性格和权威主义社会形式之间有机互动存在的前提条件。他在结论部分说："我们已经努力表明权威主义社会结构既引发又满足着在施虐—受虐性格基础上发展起来的那些需要。"[15]"施虐—受虐"和"权威主义"这两种表述在他那里成了同义词。然而"权威主义"这个术语还有一些尚待解释的地方，比如"权威主义"与本能结构以及性心理发展的关系、"权威主义"与可能形成的社会反应的限度的关系，这些都没有明确地得到说明。相反文章只把"权威主义"与国家的特定社会类型联系起来谈。

弗洛姆和霍克海默持有如下相同的看法：在现阶段，对当时历史整体至关重要的一个特殊现实已经非常明朗了。弗洛姆所列举的权威关系制造满足的方式给人留下了非常深刻的印象，这些满足方式再加上他们的那种看法，让人觉得更是前途无望。[16]在父权制原子式家庭危机的整个过程中，阶级社会必然具有的心理服务功能并没有被剥夺掉。毋宁说，更强大的权威主义社会在它的新成员身上越来越直接地施加着

154

影响。按照霍克海默在他的前言里的说法，研究所的研究调查的目的就是通过类型学方式对一些问题进行分类并描述其性质，这些问题包括："不同性格的人对国家权威和社会权威的不同态度、经济危机造成的家庭权威的衰落的表现形式、更强的或更柔和的家庭权威状况及其后果、多数公众对教育目的的认识以及其他等等类似问题"。就最好的方面而言，可以说研究调查反映了一个事实，那就是父权制权威、父亲权威正在解体，同时母权制权威、母亲权威则越来越有力。但这些调查说明，就像《社会研究学刊》有些与家庭有关的研究所表明的那样，尽管就大多数情况而言父亲权威衰落与母亲地位的提升同时出现，可是这并未产生任何实际的后果——因为母权制结构所必需的经济基础并未出现，而且国家权威也在日渐增长。

　　但从他的辩证观点出发，霍克海默还是强调了存在于家庭内部的、与资产阶级社会保持对抗关系的那些因素——在妇女决定着人与人关系的基础上形成的家庭往往保存着与世界的完全毁败相对抗的能量，而且包含着反权威主义的因素。但是这些反权威主义因素经常会成为既有境况的稳定剂，并且往往夹杂着趋向于努力服从既有权威主义关系的那种妇女品性。霍克海默提到他一度对无产阶级寄予希望，但随后马上指出，由于经济危机的关系，"众所周知，这种指向未来出路方向的家庭类型越来越稀有了；彻底的无助使得这种家庭也陷入了彻底的堕落，使它向随便一个什么主人屈服了"。霍克海默第一次表现出了用一种赞许的眼光看早期自由主义资产阶级的倾向——这种倾向也许是他在文章中一直表达的某种信念（权威主义体系终将瓦解）的基础。

　　　　在资产阶级的鼎盛期，家庭和社会之间富有成果的互动是可　　155
　　能的：父亲权威的基础正是他的社会角色，而社会也因为以行使权
　　威为教育重心的父权制教育而生气勃勃。可是现在，众所周知，公
　　认的必不可少的家庭仅仅事关行政管理程序……尽管近期的种种
　　措施有助于稳定家庭形式，可是整个中产阶级的重要性无可挽回
　　地在丧失——因为以往在男主人的自由职业活动基础上形成的那

种中产阶级独立力量已经不复存在了。[17]

霍克海默为了解释革命性格（他没有直接用这个词来描述这种性格）所举的那些例子更有留恋的味道，也带有反资产阶级的资产阶级浪漫主义特征。他举了罗密欧与朱丽叶，还有唐·璜为例，这些在霍克海默眼中都总是与革命领域相关的，甚至是与权威主义社会中的革命领域相关的象征性文学形象，在这个领域中个人提出了追求自己幸福的要求，提出了追求与社会命令相冲突的爱的要求。

权威主义社会如果不繁殖"富有生气的"[18]专家或权威，就无法维持自身的存在——从霍克海默矛盾重重的观点表述中我们可以认为这是他最终的想法。可是这类"富有生气的"权威——权威主义社会不可能繁殖这类权威——究竟从哪里来，弗洛姆所说的在团结和共同利益基础上形成的理性的权威关系究竟从哪里来呢？这个问题让"理论纲要"的作者们颇感踟蹰。

关于权威与家庭的"集体研究著作"，或者严格说，关于这一论题的第一卷合作专著完成于 1935 年年中。霍克海默撰写的前言标明的日期是 1935 年 4 月。他在前言结尾时这样写道：

> 我们有一个基本共识，在随后的研究阶段我们还将出版本书的其他各卷；因此，我们目前不把研究所收集的书目材料作为附录收入本卷。在本卷中问题已经在一个极宽泛的范围内被呈现了出来，这固然重要，可是我们将在以后的研究中把精力集中在尽可能全面地收集和分析经验材料上。我们一直确信，我们所开创的方向，即各学科代表之间的持续合作，以及理论建构与经验方法之间的融会贯通，已经在现阶段的科学认识中得到了证明。[19]

156　后来的情况表明，融会理论研究与经验研究的学科间合作的高潮，实际上在《权威与家庭研究》第一卷出版之后就过去了。经验研究还在继续，可是不再像完成《研究》的合作那样了，尽管那种合作也是松散的。经验研究只是顺其自然地进行着，从中丝毫看不出有"融会贯通"的打算。

霍克海默和阿多诺的重新合作

《权威与家庭研究》合订本编辑工作就要在美国完成时，弗洛姆从他的度假地加拿大的路易斯湖给霍克海默写了一封信。这是他信中比较饶舌，也颇具思想的一封。在信中他谈到了许多想法：关于受虐狂的、关于唯物主义的以及关于宗教的。唯物主义和幸福的实现紧密相连，同样宗教则与受虐狂紧密相连。

> 对无意识地信宗教的人进行分析将是一个关键的精神分析问题，将是18、19世纪的宗教批判的继续与必然结果……我认为，如果我们在即将到来的冬天就这些问题进行合作的话，成果必定是非常丰富的。可以十分清楚地预见到，无论我们从什么地方开始，结果都会发现咱们回到了相同的洞见之上……特别是现在，在这么平静安宁的环境中，我非常强烈地感觉到去年我们的合作是多么激动人心、多么富有成果。[20]

尽管弗洛姆当时仍然是霍克海默在流亡的合作者中发现的惟一对理论问题敏感的人，可是就在那时他已经意识到了竞争的严重性。1934年霍克海默就已经主动和阿多诺恢复了中断的联系。他责怪阿多诺从1933年3月以来就没有和他联系过。

> 如果说这时从事理论工作的人们之间的关系毕竟是富有成果的话，你和研究所的长期合作却说不上是这样的。这仅仅是因为你和我们失去了联系。我们不能说在这件事情上你必须负全责。我们当时几乎不可能要求你应该离开德国到这里来和我们会合，这完

全是因为你自己的缘故。本来当然是可以找到某种权宜的办法的。[21]

阿多诺从他的角度出发也责怪研究所，认为它在没有通知他，也没有给他留下任何指示的情况下就离开了他。

157

> 很清楚，无论是在表面上，还是在行政上，我从来都没有和研究所脱离关系——你知道，我多年以来差不多像个迫切要完婚的女友一样，几次要求加入研究所——应该下决断的不是我，而是研究所……我绝不是研究所不得不养起来的局外人：正如我从你的信里面读到的那样，我会说，像你本人、波洛克和洛文塔尔一样，我是研究所的一部分和一分子。研究所应该首先为这三个人提供物质保障，因为他们是研究所最重要的生产力——你也许不会认为这是研究所对我们朋友的背叛吧……我本人也是这样的看法。[22]

蒂里希也没有提到过研究所有接纳阿多诺的意思。他曾是阿多诺同日内瓦方面的沟通纽带。

这封信是阿多诺在牛津写的。因为他想"把一个拓展了的学术计划做完"，[23] 便于1933年4月在德国提前取消了即将开始的大学夏季学期课程。部里颁布了一项法令之后，哲学系系主任7月就通知他："在夏季学期修假的，或是在此期间不从事教学的人，在冬季学期也排不上课。"[24] 9月有关部门吊销了他的授课资格。他也看到校方很快连荒谬的托词都不再需要了，因此希望在柏林的自由主义报纸《福斯日报》(Vossische Zeitung) 谋到一个音乐批评家的职位。但是这份报纸于1934年4月被关闭了。他仍然相信可以韬光养晦，避过正在发生的一切，此时他发表的音乐评论越来越少，就在其中一篇评论中阿多诺表现得像一个典型的政治机会主义者。这篇文章就是他为赫伯特·孟泽尔 (Herbert Müntzel) 的《被迫害者的旗帜：改编自巴尔杜·冯·施拉赫的同名组诗的男生合唱》[25] 撰写的评论，发表在很有影响的《音乐》杂志上。当时这份杂志还没有完全被条条框框束缚住。阿多诺强调，并且是出于赞赏而强调说，这组男生合唱"因为改编自施拉赫的诗而自觉地体现了国家社会主义的精神"，"它唤起了人们对新浪漫主义的想像"，"也许还让人想起了戈培尔大力倡导的那种'浪漫的现实主义'"。他在评论中还称赞说，"由于这种日趋严格的创作方式，浪漫主义和谐会瓦解了；当然，这并不意味着恢复了充满古风和谐形式，毋宁说，它预示了一种新的和谐形式，这种形式本身包含着对位性的力量。"[26] 当阿多诺 1934 年 11 月写信给霍克海默说他"在德国写了些东西，而且没有做出任何让步"的时候，他也许会想到这篇假惺惺的赞美文字。此时，也就是 1934 年夏天，他开始寄希望于在英国继续他的学术生涯。事实上这比他想像的要困难，1934 年 6 月学术援助委员会给他发出了邀请，通知他可以在莫顿学院注册为研究生，这时他也松了一口气。委员会之所以能考虑阿多诺的申请，多亏了约翰·梅纳德·肯尼斯 (John Maynard Keynes)，他是阿多诺素来亲英的父亲的朋友。肯尼斯建议他在牛津读哲学博士学位，为此他必须在那里学习两年。但是拿到博士学位是否有助于他得到教职还不确定。他打算用他已经开始着手写的一部篇幅很长的专著的一部分来作他的博士论文，论文的可行的题目是"现象学二律背反：辩证逻辑导言"。[27] 他的导师是"日常语言"哲学家吉尔伯特·赖尔 (Gilbert Ryle)。阿多诺时常感觉到，由于自己来自富裕家庭，因而为解决紧急突发事件而设立的学术援助委员会忽视了他。阿多诺很苦恼，因为他担心经济上不那么宽裕的德国学者可能会被优先任命教职。除了在学期中待在牛津之外，他更大一部分时间都是在德国度过的。在结束他在牛津给霍克海默写的第一封信时，他这样描述自己在那里的境遇——就像"一个中世纪大学生的境况，这是一场梦到不得不重返学校读书的焦虑梦。总之，这是第三帝国的延续"。

　　在他的第二封信中，霍克海默继续老谋深算地试图争取阿多诺，让阿多诺为他自己的工作和研究所的工作尽其所能，同时他并没有为此做出什么让步。他再一次把终止他们合作的责任推给了阿多诺。使霍克海默不能相信的是，阿多诺会因为危难而抽身事外，结果断绝了与研

158

所及其学刊的合作，而这种合作本是最适合阿多诺的。针对研究所的所有控诉都被驳回了，他们的一位同事甚至在德国被逮捕、被关押的时候还依旧为学刊撰稿。接着霍克海默利用阿多诺希望属于一个带有布道团意味的小圈子的愿望，企图在这一点上说动他：

> 研究所现在正试着开展一些特殊的理论工作。你仍然属于研究所里极少的那一部分人，只有你们才能为研究所提供理论上的一切——除非你彻底变了。这些人的人数，研究所目前可依靠的这些人的总数正在减少。这个圈子的人少得多了，可正是因此，可担负的责任以及未来在职务上晋升的可能就更大了。我们是惟一一个这样的团体，它的存在不是建立在趋同的基础上，它可以保持已在德国形成的先进理论，并将在未来继续加以推进。[28]

159　　他多次提到他自己愿意做出牺牲，强调了他的审慎态度，而且将研究所当时的情形描述为"辉煌的孤独"："我们在美国得到了出乎意料的慷慨帮助。美国方面对我们的系列出版物、学刊、问卷研究工作有惊人的了解，在此基础上，他们把一个适宜工作的小型建筑交给我们使用。"在说完这些之后，他又补充道："说实在的，目前我们还没有太多资助，因此只能开出可怜的一点薪水，我们的资金只能应付日常的开支……[很多事情] 都是财政管理的责任，也就是说是波洛克的责任，你怎么指责他都不为过……也许明年情况就会好起来。"阿多诺应该来美国作一次旅行，"尽管研究所无法为他提供物质上的帮助"，可是和在英国相比，他也许在这里能看到更好的前景。

　　在回信中阿多诺再一次毫无保留地表现出对霍克海默和他们共同事业的热忱。他断言，1933 年 3 月以来发生的种种误会无疑都应由蒂里希负责。他以前有一种印象，1933 年 3 月之前研究所在有些事上总是对他保密，对他有所保留。但显而易见他之所以产生这种印象，过错不在霍克海默，而在他的朋友波洛克。波洛克的性格总倾向于对别人有所保留，而洛文塔尔利用了他的这一倾向，通过强权手腕来反对他阿多诺。澄清了这些之后，阿多诺表示要重新开始为《社会研究学刊》工作。他打算把他正在做的两篇论文（一篇是对曼海姆未发表的手稿"文化危机和大众民主"的评论，另一篇是关于胡塞尔的研究文章）修改之后投给学刊。他还说要写一篇关于帕雷托（Pareto）[29]的东西，这样"能使柯尔施派上用场"。他还告诉霍克海默说要警惕伯克瑙。他要为学刊就与精神分析难题有关的一些原理问题写一篇稿子（"在这篇文章中我会表明对错误的、表面性的劳动分工的保留态度"），他谈问题将从赖希开始，因为与弗洛姆不同，赖希坚持认为个体精神分析学不能够轻易地被转化成社会学说。

　　这一切正是霍克海默所希望看到的。将近1935年底，霍克海默在巴黎见到了阿多诺。随后他写信给波洛克这样说：

　　　　我感觉和阿多诺合作是十分必要的，尽管会谈中有些时候让我很懊恼，这完全是因为他的性格。除了马尔库塞之外，他是我能够与之合作完成辩证逻辑的惟一人选。由于他还要在牛津待一年或十八个月才能取得他的学位，所以具体地安排我们的合作还不是当务之急。出于种种原因，我认为纽约不合适。在与马尔库塞一道处理完大量关于手稿的工作之后，我也许会在某个合适的时间访问欧洲。但是在此期间，泰[指泰迪，就是阿多诺]应该拿出提高学刊评论部分的水平的计划，这样才能证明他和研究所是一条心。也许泰还可以参与一些论文部分的工作。

160

　　直到1938年2月阿多诺移居美国之前，阿多诺写的长信和霍克海默的短短的回复，反映出了一种奇特的矛盾状态：一方面他们互相在一些关键问题上都有所保留，另一方面他们在心理和理论上又相互依赖，只要霍克海默有分寸地、有选择地激发，阿多诺总能在心理上产生火花。阿多诺对"拯救绝望"母题所抱有的热情却根本引不起霍克海默的兴趣，那一母题是阿多诺从本雅明关于歌德的《亲和力》的著作中借来的。[30]阿多诺对他在研究胡塞尔的过程中形成的那些看法也抱有极大的热情，他打算"在哲学这个历史凝结物的最抽象部分击打出最持久的火花"，"把所有哲学中最不辩证的这种哲学（它无论如何都是最先进的资产阶级认识论）彻彻底底地改造成辩证的"，"从内部对唯心主义进行清算"，[31] 可这种热情也引不起霍克海默的兴趣。阿多诺论胡塞尔和曼海姆的文章很让霍克海默吃惊，因为它们"乍一看上去根本没有触及当前形势的关键问题"。[32] 这两篇论胡塞尔和曼海姆的文章尽管多年来经阿多诺几次修改，但始终没有在《社会研究学刊》上刊出。阿多诺所写的文章自 1933 年以来第一次在《社会研究学刊》上发表是在 1936 年夏天，这篇文章就是"爵士乐研究"，文章署名是他的笔名海科特·洛特维勒尔（Hektor Rottweiler）。[33] 直到 1938 年秋天署他名的文章才在学刊上刊出。

但不管怎么说，霍克海默始终都对阿多诺抱有真正的兴趣，这不仅仅是因为他相信只有阿多诺才有助于完成那本关于逻辑的书。阿多诺还非常适合霍克海默圈子的心理构成。他依赖于霍克海默，嫉妒其他所有人。他一次又一次地沉浸在对"我们真正的共同事业，也就是辩证逻辑"的狂喜之中，1935 年 2 月 22 日他给霍克海默的信中这么说，他梦想着在法国南部的某个地方写出一本书，只和霍克海默合作。他向霍克海默保证："要是我在你的位子上，要是我就是你，那么如果一旦觉得必要就会毫不犹豫地把一些人踢出去……当然，在这里我特别指的是马尔库塞的位子。"[34] 在他看来马尔库塞只是个最薄弱的环节；他同样不喜欢洛文塔尔和波洛克。

另外，阿多诺认为自己就能代表研究所的方向，并从这个角度出发衡量一切事情。他以前认为本雅明的《单向街》里有太多的形而上学的东西，因而和研究所的研究计划不相宜。可是在读了本雅明的研究概述之后他又极力要求给予本雅明经济支持，他的理由是：

> 我已经开始相信，这本书的内容完全可以得到辩证唯物主义观点的辩护。书中以前那一章充满隐喻的即兴之作现在完全没有了。我的意思并不是要说这本书能被完全肯定（它将在我们中继

续引起现在就必然发生的争论）；但是无论如何，这本书已经按照研究所的工作计划修正了自身，适合作为研究所的研究项目，就这一点而言，它是能得到肯定的。[35]

在弗洛姆的"精神分析理论的社会决定因素"[36]一文中，阿多诺看到了"对学刊路线的真正威胁"，这是因为文章批评权威很片面（如果没有权威，"列宁的先锋队和专政就是不可想像的"），而且还"小资产阶级个人主义"式地要求权威发慈悲。[37]在1938年3月，阿多诺在就克拉考尔论"德国和意大利的极权主义宣传"所写的报告中，这么说：

> 对我来说，判断克拉考尔的著作，光是用我们自己的范畴来衡量他，看他在多大程度上符合我们的范畴，还不够。一开始我们不能假设在理论观点上他就是我们中的一员，也不能在研究方式上把他当成一个学者型的著述家。做到了这些之后，我们还要问一下他的著作是否能够为我们提供有价值的东西，能让我们在学刊编辑或我们自己的理论创造方面加以利用。

他得出的结论是：只有经他阿多诺修改之后再发表克拉考尔的文章才能"不过多地在政治上损害我们"。这个计划没能奏效，因为克拉考尔拒绝发表署着阿多诺名字的修订版。霍克海默先前已经同意发表阿多诺那篇关于曼海姆的文章，可是后来1938年又告诉他不发了，得知此事后阿多诺写信给霍克海默说：

> 我搞不明白这是怎么回事，也许你有你策略上的考虑。请不要把这头受伤的鹿（它就是我本人）的哀鸣当作个人虚荣的表现。我想，这哀鸣……是可以理解的，它是就要发作的创痛的症状，即使一个真正受过教育的，有自制力的人受伤时也会这样。[38]

霍克海默总是为了研究所的特殊理论事业而让别人受虐，这就是一例。

阿多诺认为希特勒是西方垄断资本主义力量与莫斯科对抗的马前卒，而且在 1936 年就担心"最多两年之内，德国就要袭击俄国，而到那时候法国和英国会根据它们签订的条约作壁上观"。另一方面他也发现苏联做出的示范性公审以及文化政策也是令人失望的，并且认为"此时向苏维埃联盟表忠诚的办法也许只能是保持沉默"。他还像表演情节剧那样表示，在他看来"在现在的形势下"——尽管当前形势真的使人绝望——"我们必须不惜一切代价（没有人比我更清楚地知道这代价是什么！）捍卫原则，决不能发表任何可能损害俄国的东西"，[39] 在说这些话的时候他的前述观点得到了充分的表达。可是这一切都同霍克海默的路线相去甚远。

在霍克海默看来，阿多诺"对现有环境所具有的那种充满敌意而又尖锐的眼光"[40] 和他的好斗的性格才是最重要的。他希望弗洛姆也具有这些品格，1934 年 6 月在他第一次在美国和弗洛姆会合之后，他对波洛克说弗洛姆"对他没有什么特别的吸引力。他有很多有益的思想，但是他跟很多人关系都很好，这样我们就不怎么能谈得来，我感觉他讨好的人太多了"。[41] 1936 年底，阿尔弗雷德·索恩－雷塔尔（Alfred Sohn-Rethel）在牛津拜访了阿多诺。在这之后阿多诺热情地为他在霍克海默面前说项，要求给索恩－雷塔尔提供资助，理由是他在独立从事工作，而且工作目的和阿多诺本人的完全一样，也就是说他是在为从内部摧毁唯心主义而工作。霍克海默读了索恩－雷塔尔写的《知识社会学理论》[42] 之后，反应冷淡，认为尽管"被意义含量巨大的词语挤满的沉闷的句子后面"包含了非常强大的理智能量，可是这部作品"本身的历史地位，实际上和亚斯贝尔斯或别的什么教授的作品的地位没什么区别"。"书中到处可见对马克思范畴阴阳怪气的讽刺"；索恩－雷塔尔非常成功地用曼海姆都没能想到的方法"把剥削概念的侵略性内容剔得一干二净"。作者所做的绝对说不上揭示了什么新东西，只不过对陈旧的发现"从唯心主义角度进行了一番修饰，反而使得它们无法引人注目"。阿多诺对索恩－雷塔尔所抱有的这种热情给了霍克海默一次机会来"强调你和他两个人之间思想方式之间的巨大区别"：

> 如果可以说你那部关于克尔凯郭尔的著作还带有唯心主义思想方式的痕迹，而你通过这部书的写作已经告别了那种思想方式的话，也可以说在书中许多地方，恰恰是你对现有环境所具有的那种充满敌意而又尖锐的眼光发现了特别值得注意的关键之处。实际上，我发现你的思想与既有的客观精神存在着不可调和的矛盾的地方，也正是我对那些思想的正确性产生怀疑的地方。[43]

163

洛文塔尔曾经向霍克海默批评阿多诺说，与霍克海默不同，阿多诺表现出来的那种热情总是带着某种怨恨感。但是正是这一点才让霍克海默高兴。在他看来，这种富于热情的侵略性恰恰可以探测出洛文塔尔、马尔库塞、弗洛姆，甚至其他人的著作是否对资产阶级学院体系做出了让步，因此这种富于热情的侵略性应该正确地加以输导，也就是说把它引入有利于社会理论发展的轨道。

可是对阿多诺来说，霍克海默的"施瓦本马克思主义"还需要彻底追求更加严格的唯物主义理论形式。他以前曾经为本雅明、克拉考尔、索恩－雷塔尔和布洛赫成为研究所与学刊的合作者而奔走，他的这些努力之所以失败，并不全是因为他本人的过失所致。这些努力表明他的旧梦尚存——那就是梦想着让他所持的理论和他的那些神学—唯物主义朋友们来代表学刊和研究所。但是纳粹胜利以及迁徙国外削弱了这些朋友的社会地位以及他们在学刊的地位，却加强了霍克海默的地位，以至于现在他把霍克海默某些与自己意见相左的行为也看作是对研究所有利的长期策略的一部分，反过来将克拉考尔以及其他思想伙伴的类似行为视为愚蠢的表现。1937 年 1 月，他在一封写给霍克海默的信中说："要找到我们真正能够与之合作的人真是太困难了，六个月以来我一直在试图寻找，结果我越来越趋向于接受你的观点，也就是说我认为我们只能凭我们自己的力量才能赢得这场战役"，没几天之后他又写信说："我尽力吸引那些进步知识分子，也不能说我的这些努力正在使研究所变成疯人院。"[44] 可是阿多诺和霍克海默都认为本雅明是个例外。本雅明在《社会研究学刊》上发表了"爱德华·福赫斯：收藏家和历史学家"[45] 之后，阿多诺写信说：

> 我断定本雅明是最伟大的天才之一——我也试图寻找新人，那是一段令人沮丧的经历，在这之后，我认为他是那些罕见的人才中的一个。如果我们能妥善地为他提供工作，就会从他那里期待巨大的回报。因此我认为，这是个关涉研究所客观利益的大事情，会极大地影响我们的公众形象。[46]

1937 年 9 月霍克海默访问欧洲时在巴黎与本雅明进行了第二次会晤，随后写信给阿多诺说："与本雅明在一起的几个小时是最愉快的时光。到目前为止在他们所有人中，他是和我们最接近的。"[47] 1937 年深秋，本雅明成为了研究所的固定成员。1935 年《拱廊街》已经被研究所接受，成了一项受资助的研究项目，而在 1936 年 2 月霍克海默去巴黎期间，他就已经同意为本雅明支付一份比以前工资高的定期薪水。2 月之晤后本雅明致信阿多诺，说："你也就要更密切地介入到研究所的工作中了，因此我可以看到——这不是鲁莽的乐观——将来的结果对我们的理论前景以及我们实际环境来说都会是好的。"[18]

总的来说，霍克海默和阿多诺之间的合作始于 1930 年代初的法兰克福，就这样在 1935 年到 1936 年之间继续着——这个合作过程是令人惊异的。霍克海默是一位唯物主义社会理论家，他在哲学上希望促成对社会整体的多学科分析，希望满足安身立命于此时此地的人都会有的对幸福的要求。阿多诺是一位阐释型的唯物主义者，他总是对与唯心主义纠缠不清的那些细小的、碎片式的、偶然的现象进行"建构性阐释"和说明，试图借此辩证地把能够拯救这些现象并能够产生更好的理性形式的那些因素释放出来。对种种唯心主义的批判，他们对"未完成的"（霍克海默语）和"断断续续的"（阿多诺语）辩证法的共同兴趣、对

法兰克福学派：历史、理论及政治影响

既不能通过体系也不能通过某种抽身事外的精神加以描画的活生生的事物所包含的逻辑的共同兴趣，这些都使霍克海默和阿多诺的全部努力凝聚到了一起。若非两个人立场发生了某种同化，这种紧密的合作似乎就是不可想像的。这种同化的发展方向其实很早就表现了出来，甚至在霍克海默肯定阿多诺对本雅明的赞扬之前——在这个唯物主义社会理论家（霍克海默）对阐释型唯物主义者（阿多诺）所写的论爵士乐的文章的反应中就表现了出来。霍克海默致信阿多诺说：

> 在我看来，论爵士乐的这篇文章是一份特别出色的研究报告。你试图用严格分析这种表面上无关紧要的现象的方式去揭示作为整体的社会，暴露它的全部矛盾。无论发表与否，它已经是一篇坚实的抵抗文字[*a pièce de résistance*]了。在这一期学刊里，它还有利于杜绝那种错误的印象，以免使别人认为我们的方法仅仅只适用于所谓宏大问题或无所不包的历史时期，只有你的表现表明，看待问题的正确方式和浅薄之辈认为的科学研究中重要紧迫的东西是不相干的。[49]

在完成的下一份计划书中，阿多诺的方法被作为研究所工作指导性方法得到了强调。在他对阿多诺的方法所抱的热情里面，霍克海默表露出，他随时乐意以开阔的视域去看待他原来的计划，去看待哲学与各个科学分支相结合、理论和经验主义相结合、"抽象科学与具体科学相结合"的计划——为不同的理论变奏留出地盘。   165

1930 年代研究所从事的其他经验研究项目

1935 年至 1938 年之间有四个领域的工作构成了研究所研究计划的一部分：

1.调查女大学生对权威的态度（调查对象主要是纽约撒拉·劳伦斯学院的大学生群体）。

2.调查失业对家庭内部权威结构的影响（调查对象主要是内瓦克、新泽西的家庭群体；研究所还打算在维也纳和巴黎展开平行式调查）。

3.对《权威与家庭研究》所利用的问卷进行穷尽式的分析，以往对这些问卷的分析太过草率了。这些问卷能反映出欧洲各个国家里的青年人和他们父母之间的权威关系的变化。

4.对研究所以问卷为基础的第一次调查，也就是关于德国工人阶级的调查做穷尽式的分析。

对纽约撒拉·劳伦斯学院的女生对权威的态度进行调查，其目的在于揭示这些大学生对她们教授权威的态度，以及她们对她们整个学院的态度，希望明确分析出哪些观点是典型的，它们与学生所属的社会、文化以及家庭环境有着怎样的关系，与特定的性格结构又有着怎样的关系。尽管这是个老研究项目，可是现在却被用在对处于特殊环境中的青年的调查中。这项研究开始于 1935 年深秋，负责人是弗洛姆，但是后来一直被耽搁了，从来没有超出它的最初阶段。

关于失业给美国家庭内部权威结构造成影响的研究任务被交给保罗·拉萨斯菲尔德负责。霍克海默和研究所在整个滞留美国期间一直和他保持着密切的联系。

同霍克海默相比，虽说保罗·F.拉萨斯菲尔德未尝没有一点社会批判的倾向，但在社会科学领域内他更是一个实证型的、按着方法论行事的典型"管理型学者"。当在学院地盘内为鼓吹马克思主义学说而设立的基金尚不可能为研究提供坚实的基础的时候，也只有在高度的进取精神和即兴创造的热望相互携手并乐意相互配合的情况下，经验主义的社会科学研究群体才能相当成功地联合起来。

166　　　拉萨斯菲尔德 1901 年生于维也纳的一个犹太人家庭。维克托尔·阿德勒（Victor Adler）、鲁道尔夫·希法廷和奥托·鲍尔[50] 都是这家的常客。他的母亲索菲亚·拉萨斯菲尔德 (Sophie Lazarsfeld) 曾在阿尔弗雷德·阿德勒 (Alfred Adler)[51] 门下学习，曾开设精神分析诊所，而且是一系列鼓吹妇女解放的富有攻击性的著作的作者。[52] 因此他从早年就熟知奥地利马克思主义和奥地利社会民主党非常看重的阿德勒主义精神分析。1920 年代他积极参加奥地利社会民主党的青年运动，并因此和西格弗里德·伯恩菲尔德 (Siegfied Bernfeld) 相识，后者是弗洛伊德的弟子和成立于 1919 年的维也纳战争孤儿之家 (Kinderheim für Kriegswaisen) 的负责人。伯恩菲尔德的儿童自我管理的理念作为一个模式给了拉萨斯菲尔德灵感，他也在社会民主党工人运动中为青少年组织了假日营活动。拉萨斯菲尔德在成为一名数学教师之后，听从伯恩菲尔德的建议去听夏洛特·比勒尔和卡尔·比勒尔 (Charlotte and Karl Bühler) 在维也纳的讲座，比勒尔夫妇在 1922 年至 1923 年间在维也纳大学创立了精神分析研究所。精神分析研究所像块磁铁一样吸引着信奉社会主义的大学生，他们都期待着获得正确的教育从而能够去干一番大事业以促生"新的人类"。卡尔·比勒尔还参与了作为社会民主党员的教育部长奥托·格吕克尔勒推行的学校改革计划；夏洛特·比尔勒的主要兴趣则是儿童成长心理学。这样，理论工作和经验研究在一开始就是相互结合着的。夏洛特·比勒尔在她《青年的内心生活》(*Das Seelenleben des Jugendlichen*) 一书中就曾采用过儿童日记的统计分析方法，年轻的数学家拉萨斯菲尔德那时就被她邀请为助手。

1927 年拉萨斯菲尔德创立了"经济与心理学研究小组"(Wirtschaftspsychologische Forschungsstelle)，它是精神分析研究所的一个部分。小组为了获得资金支持曾签过一个研究合同，根据合同要求，该小组完成了对奥地利市场的首次调研，并对偏好奥地利广播公司节目的听众进行了大规模的问卷调查。拉萨斯菲尔德非常痴迷于方法论，所有这些研究项目在他看来都非常有教益。比如说，在对消费者选择所作统计分析的过程中，他希望获得更多的东西来帮助他对人的职业选择做出统计分析。[53] 研究小组不仅一方面为资本主义经济效劳一方面为社会民主党的机构工作，而且也有它自己的研究任务。

在拉萨斯菲尔德的第一本书《青年与职业》中，有一段话能够很典型地反映出他对在"红色维也纳"的氛围中进一步得到发展的经验主义社会心理学的态度。（"红色"与奥托·诺伊拉特 [Otto Neurath]、鲁道夫·卡尔纳普、汉斯·哈恩 [Hans Hahn] 和埃德加·齐尔塞尔 [Edgar Zilsel] 有直接的关系。）这段话出现在论述"青年工人"那一部分里面，那一部分的重点对象就是为他的研究带来马克思主义色彩的青年工人：

> 研究者必须贴近他生活中的问题，并从而感觉到有必要为了创造出概念的和方法的工具而进行内省反思，必须抛开他的个人成见，在科学上果敢地将他的经验转化为可供检验的数据与公式，或通过假设的因果联系表述他的经验，这些假设在原则上必须能够合情合理地解释此类现象——只有这样的研究者才能有助于澄清形形色色的青春期阶段的心理问题，使它们不要像现在这样晦涩难解。[54]

1930 年开始的"玛丽恩塔尔的失业者"研究比当时所有的其他研究更好地体现了他的这一看法。按照拉萨斯菲尔德在"玛丽恩塔尔的失业者"的导言中的说法，这项研究采用了如下视角："我们研究人员不应该以报告人或观察者的身份出现在玛丽恩塔尔，他们更应该通过承担这样那样对当地人有益的工作从而自然而然地融入当地的生活。"[55] 这项调查的微薄资助是由维也纳工会（Arbeitkammer）和由夏洛特·比勒尔、卡尔·比勒尔担任执行人的洛克菲勒基金提供的。

由于玛丽恩塔尔研究的缘故，洛克菲勒基金邀请拉萨斯菲尔德访美。拉萨斯菲尔德于 1933 年 9 月开始了这次访问。1934 年 2 月奥地利宪法被废除，社会主义党被禁，同时在奥地利也形成了以意大利为样板的纳粹势力，而拉萨斯菲尔德的犹太家庭中大多数成员都被投入了监狱。拉萨斯菲尔德成功地申请延期在美国做访问学者。1935 年访问学者期限到期，他在罗伯特·林德的帮助下，在基地设立于新泽西内瓦克大学的国家青年管理局获得了一个职位。在那里他将负责对年龄在14—25岁之间的青年填写的 10,000 份问卷进行分析，同时在大学里任教。在他的建议下，内瓦克大学在 1936 年秋建立起了一个社会研究小组，由他担任负责人。

内瓦克大学非常小，而且经济状况也不好，这个研究小组的负责人只有一半薪水，另一半得由他自己想办法。拉萨斯菲尔德不得不像他在维也纳那时一样寻求订立研究合同来维持小组的正常运转。在这种境况之中，霍克海默的研究所为他提供了帮助，霍克海默让内瓦克研究中心承担了自己研究所的一部分工作，并为拉萨斯菲尔德手下少部分工作人员的监理工作支付薪金。其实这仅仅是研究所和拉萨斯菲尔德长期合作中的一个小插曲——社会研究所曾让维也纳经济与心理学研究小组承担在奥地利青年人中进行调查的工作，那时，他们的联系就已经开始了。1935 年这种合作关系依然持续，那时他对克特·莱希特为《权威与家庭研究》所进行的瑞士青年调查材料进行分析。在为《权威与家庭研究》的工作完成之后，霍克海默致信拉萨斯菲尔德：

> 您给予了研究所以巨大的帮助，这不仅因为您那审慎和趣味盎然的［对青年人的研究］工作，而且因为您进行这项工作的速度的确是迅速非常。
>
> 您所具有的独一无二的经验对研究所的研究领域有着非常重要的意义，因此当我们听说您对匹兹堡大学有兴趣，我们虽然很高兴，可是想到您明年就要离开美国，我们又不禁非常沮丧……我们都认识的尊敬的朋友林德教授有个想法，想让我们研究所为您提供一个位置：您每月至少可以抽出几天从匹兹堡来纽约。为您留出的这个位置，主要目的是想让您有可能将来也能参与我们的工作。

拉萨斯菲尔德用英文回信说：

> 您当然不必怀疑，我非常赞同您的建议。从很多方面来说它都

和我的计划是相宜的。首先，我本人非常愿意和您以及您的研究所保持联系；其次，为我提供的这个位置也使我有机会和纽约方面进行交流……另外经济上的这笔账算下来也是很诱人的。[56]

拉萨斯菲尔德在内瓦克期间他们之间的合作尤其紧密。拉萨斯菲尔德和他的助手们，特别是和赫尔塔·赫左格（Herta Herzog）——她在维也纳就与他共同工作而且后来成为了他的第二任妻子——都为研究所提供方法论的建议和数据分析技术的帮助。研究所也把拉萨斯菲尔德作为研究合作者列入了计划书。1937年洛克菲勒基金会要求拉萨斯菲尔德完成一项"广播研究项目"，1938年拉萨斯菲尔德告诉霍克海默他有兴趣让阿多诺担任该计划音乐部分的负责人。这样他就给霍克海默提供了一个将阿多诺带来纽约的机会。拉萨斯菲尔德在1940年成了哥伦比亚大学的教授，把他的研究小组也迁往那里，他与霍克海默之间的互利性合作也一直持续到1940年代，那时他们在怎样对付他们的资助人的策略问题上达成了一致。在研究所流亡美国期间，拉萨斯菲尔德一直充当着研究所和那里的学术圈子之间的中间人角色。同样地，拉萨斯菲尔德和法兰克福批判理论家组成的研究所的合作也给他留下了这样一种印象：他并没有彻底背叛他奥地利马克思主义的过去，即使他当时完全融入了美国的学术体制。

关于失业对美国家庭权威结构影响的研究计划是霍克海默研究所设计出来的，他希望这一计划能够说明研究所对它所造访的这个国家是有了解的。但是正如弗洛姆1936年给霍克海默的信中所说，主要的问题是：

我们正在出于某些根本上乃是战术上的原因而进行着这项研究，想让即将离开的拉萨斯菲尔德来完成这项研究中的大部分工作；可是另一方面，我们的确也希望研究内容在某种程度上能够符合我们自己的标准。由于拉萨斯菲尔德尚未足够充分地领会我们

法兰克福学派：历史、理论及政治影响

的理论观点，所以我们也无法在研究中抽身事外。从另一方面说，花太多精力在这项研究上将是一个错误。[57]

1935 年以后，这项研究工作由米拉·柯玛洛夫斯基（Mirra Komar-
ovsky）在拉萨斯菲尔德指导下进行。米拉·柯玛洛夫斯基是与拉萨斯
菲尔德相熟稔的一位社会学家。研究问卷涉及 59 个内瓦克家庭，这些
家庭的成员都生活在相似的条件下，他们的名单是由名为"紧急救济管
理局"的一个福利机构提供的。对单个家庭的一系列访谈构成了研究的
方法之一。归纳问卷用上了对同类对象进行类型学分类的方法，拉萨
斯菲尔德曾在一篇发表于 1937 年《社会研究学刊》上的文章中探讨
过这类方法，那篇文章的题目是"对社会研究中类型分类法的几点说
明"。[58] 研究结果再次印证了施坦恩海默在《有关失业与家庭的最新文
献》[59] 中所说的和《权威与家庭研究》中所表明的东西：家庭父亲权威
常常由于失业而受到削弱。孩子年龄越大，父亲权威削弱越严重，父亲
权威甚至还要取决于失业前那一段时间内的家庭权威结构。内瓦克研
究报告 1940 年用英语出版，是社会研究所的出版物之一。

在维也纳和巴黎开展的同步研究计划中，研究所的欧洲分部准备
与玛丽·雅胡达（Marie Jahoda）和奥托·诺伊拉特的研究机构进行合
作。雅胡达曾是拉萨斯菲尔德在维也纳的助手和他的第一任妻子，也是
《玛丽恩塔尔的失业者》的主要作者，活跃的社会民主党员。在拉萨斯
菲尔德离开之后，她就成了维也纳经济与心理研究小组的领导人。霍克
海默希望在开支允许的情况下，通过与维也纳小组之间进行有计划的
合作保持研究所工作的国际性特征。1936 年玛丽·雅胡达由于为社会
主义者进行非法工作而被捕，1937 年被驱逐出了奥地利。

拉萨斯菲尔德的参与对深入分析关于青年人对权威与家庭态度的
问卷十分关键。奥地利方面问卷材料的准备工作由克特·莱希特负责
完成，她早在瑞士的问卷工作中就已经证明了自己的能力。拉萨斯菲尔
德作为她在法国从事问卷调查工作的助手，也给了她不少建议。最后将
通过所有这些工作拿出来一份瑞士、奥地利和法国三地材料的比较分

析。出于这一目的，拉萨斯菲尔德希望能对瑞士问卷的另一半进行统计分析，因为他在为《权威与家庭研究》工作时没有机会见到这另一半问卷。但是这个计划最终没能完成。

170 　研究所与拉萨斯菲尔德的内瓦克研究小组最紧密的合作，要算是对体力工人和非体力工人的调查进行的后续分析工作了。几乎所有参与此次工作的人员都被作为社会心理学系和实地调查研究的助理列入了 1938 年研究所的计划书：艾里希·弗洛姆、拉萨斯菲尔德和恩斯特·沙赫特尔，以及三名助手中的两人——赫尔特·赫左格和安娜·哈尔达齐 (Anna Hartoch)。拉萨斯菲尔德和这两名女助手首先是属于内瓦克研究小组的。弗洛姆希望安娜·哈尔多赫在工作上为他提供第一流的帮助，因为安娜具有"出色的心理学知识，对劳动者有丰富的文化和政治经验"。弗洛姆的"精神分析咨询费比以前有所提高"，他将用"咨询费多出的部分"直接为安娜提供每月 50 美元的薪金，因此"支付这笔钱并不占用研究所的开支"。[60] 就保罗·拉萨斯菲尔德和赫尔塔·赫左格而言，弗洛姆认为，他们"对微妙的心理学问题并没有什么特别深刻的理解，而这些问题恰恰非常重要，因为它们能使这项工作更有价值"。但是有那么多准备性工作和描述工作要完成，因此不管怎么说他们的合作还是非常有益的。

1936 年初弗洛姆希望从对工人阶级的问卷分析中得出以下三个结果：

1. 分析应该呈现出 1929 年到 1930 年间德国工人所具有的政治、社会和文化的观念的图景。由于有大量的回答都非常相同，因此甚至在 700 份具有代表性的问卷材料的基础上就可以做出某种总结。

2. 我预期所要达到的目标是阐明一些社会—心理类型，例如在小资产阶级"造反"性格类型与革命性格类型之间做出区分——尽管能在多大程度上实现这一目标我尚无把握。我们必须考察在不同政党人员构成中发现各种不同性格类型的可能范围是什么：例如，在共产党人中发现"造反"性格类型和革命性格类型的几率是怎样的，在纳粹党人中

发现小资产阶级个人主义性格类型和社会性集体主义性格类型的几率
又是怎样的，如此等等。在那本书［《权威与家庭研究》］中我曾暗示
把性格类型划分成三类，但是现在有必要更细致地区分不同的性格
类型。

3.第三个可能的结果，也是可以很自然地得出的结果是，这次成功
的问卷将能够有助于说明，在方法论上，什么是可以通过问卷的方式获
得的，什么又是无法获得的。我们将从方法论角度出发细致处理问卷。
这些细密的方法论处理方式非常新颖，从这个观点看，它们也必然会使
发表研究报告具有实用价值。[61]

在他为《权威与家庭研究》问卷部分（这一部分是他负责的）所写
的导言中，弗洛姆清晰地阐述了他方法论理念最重要的几个方面，虽然
他的这些论述在单个的研究报告中并没有得到反映。他所提到的这些
方面包括：试图"通过把每一份问卷的回答看成一个整体，进而推断回
答者的性格结构"，系统地在问卷中纳入这样一些问题，"我们可以预计
到对这些问题的回答，这些回答有助于我们对受访者的无意识趋向做
出结论，并进而有助于对该受访者本能结构做出结论"；结合其他回
答，也就是说结合被访者的整体性格结构，"对某一回答的内涵进行阐
释。那种内涵往往是被受访者掩盖着的"。[62]弗洛姆认为，对典型性格
结构的阐释应以一种"清晰的心理学学说"为基础，根据"研究本身的
经验材料不断地进行调整"。[63]所有这些方面都旨在形成一种方法，推
进分析的社会心理学各项任务的完成。弗洛姆在他为《社会研究学刊》
撰写的第一篇文章中就曾指出社会心理学的各项任务，即揭示力比多
结构，把这些结构描述出来，指出这些结构一方面是社会经济条件对本
能冲动所造成的影响的产物，另一方面又是决定着各个社会阶级情感
发展的重要因素和意识形态上层建筑构成的决定性因素。[64]

直到1938年，问卷结果的处理工作仍然在继续进行着。仅就下面
这一事实而言，工作是有进展的：40年后社会科学家沃尔夫冈·彭斯
(Wolfgang Bonss) 在弗洛姆的允许之下，根据留下的两份未完成的英文

材料重新整理出了一个可以发表的文本。那两个英文材料显然大部分是由弗洛姆写的。这个文本于 1980 年在德国发表。写于 1937 年至 1938 年的分析文章的核心部分就是弗洛姆对分析的社会心理学的任务的阐述。第一章主要论述研究的目的和方法，在这一章中他写道："分析的主旨在于完整地呈现个体情感的气质特征和他的政治观点之间的关系。"[65] 如果依照弗洛姆纲领性的方法陈述，人们可以这样设想，只要由这些问卷答案构成的复杂网络体系有助于在心理学分析阐释方面训练有素的分析者推断出深层人格特征，那么他就可以事先归纳出个体主体的力比多结构，这样一来这些问卷回答就能有一个心理学基础，分析者也能对这些回答进行经验上的类型分类。这样，各种性格类型在意识中所反映出的固定政治观念和其他种种观念就可以得到解释，不同的社会—经济条件对各种性格类型发展产生的作用也可以得到考察。

172　　　但令人感到奇怪的是，分析文章采用了非常不同的方法。一开始就是对（584 份问卷组成的）抽样在性格、社会、经济和政治方面的整体状况的概述。根据被分析主体的职业身份，抽样又被分作熟练工人、非熟练工人、白领工人和其他类型的工人；为了避免分类过细，文章省去了进一步的划分。根据政治趋向的标准，抽样又被分为共产党人、（社会民主党内的）社会主义左派、社会民主主义者、中产阶级和中央党人、纳粹党人（人数很少，只有 17 人）和未参与投票选举者；在两组人数最多的分类中，共产党人（150 人）和社会民主党人（262 人）又分别按照公务人员、参与投票选举者和不确定者进行了进一步划分。

在没有对每份问卷之间的关系做任何说明的情况下，研究文章接下来就对政治观点、总的世界观、文化和审美偏好，以及对妇女儿童、对同伴和自己的态度方面的问卷回答做了描述性的分类——这种分类甚至在这一阶段就已经是阐释性的了。(这也就是说，分析者先洞悉了在问题中未直接言明的深层性格特征，在此基础上对这些问题进行解释和分类。)接下来，则是对抽样受访者的各类回答在政治群体——最主要是经济群体——中的分布情形所做的考察。

分析者最后又把每份问卷当成一个整体来对待。问卷虽然没有勾画出每一种性格的大致情况，可是也的确提供了重要的个体性格特征的一般图景。四份问卷被用来说明典型的政治态度，六份问卷被用来说明典型的深层人格结构。政治态度和人格结构之间在多大程度上具有因果关联，这种关联的性质又如何，这些问题都得到了考察。被调查主体中大多数人都被列入了三种主要性格类型中的一种。接下来分析者又分析了政治归属和职业选择在这些性格类型中的分布状况。

分析的行文组织方式和得出这三种主要性格类型的方式一样令人感到诧异。这些性格类型没有心理学根据，它们不是通过精神分析考察（例如，依据性心理发展阶段的那种精神分析考察）得出的。相反，对它们进行阐释的基础是德国"意识形态"政党所代表的那些社会政治观点之间的"理想型"差异。源自"社会主义—共产主义哲学"的"激进态度"代表了"理想型"的心理态度中的一种，对这种心理态度来说政治信条的作用极其重要。"有折中趋向的改良主义态度"源自"自由主义—改良主义哲学"，而"权威主义态度"则源自"反社会的权威主义哲学"。[66]分析还特别强调，这些态度和理想型的构成基础不是持各种政治观念的那些人的"精神气质"，而根本上就是那些政治观念。[67]分析创造出"R中心气质（激进）"和"A中心气质（权威）"这两个内涵丰富的范畴来代表激进倾向和权威主义倾向，并通过这种方式将主体与特定的精神气质联系了起来。

研究的结论看上去像是一篇客观的报告，报告中反映出，左翼政党追随者中很少一部分人体现了理想型的激进态度，而他们中的大多数或多或少都处于某种政治观点和人格结构之间的矛盾之中。

> 最重要的**结论**无疑就是，[由社会民主党人、社会主义左派和共产党人构成的]左派中只有很少一部分人能在思想和感情上与社会主义路线达成一致。他们中只有15%的很少一部分人表现出在危机时刻会拿出勇气、有着作出牺牲的准备以及唤起不积极的其他人去战胜敌人所必需的那种自发性。尽管左派党在大多数工人当中赢得了政治忠诚和选票，可是它们却无法成功地将它们的

追随者的人格结构加以调整，无法使这些追随者在危机形势中也保持其可靠性。另一方面，社会民主党人和共产党人中有 25% 的成员虽然不能说和他们的党保持一致，可是也没有表露出任何迹象能够证明他们的人格特征有悖于他们的左派倾向。可以说他们是可靠的支持者，但是绝不是热情的追随者。就这一点而言，我们得出这样一幅令人迷惑的图景：一方面，如果我们只考虑人数的话，那么乍一看去会认为左派政党是有活力的，可实际上它们的力量比看上去要小得多；另一方面，左翼政党没有一个战斗者组成的中坚组织，因而也无法在某种情况下——也就是说在它们有了强有力的领导，政治时机也发展成熟的情况下——调动起缺乏战斗精神的那部分人。

我们切不可忘记，工人政党的支持者中有 20% 的人在他们的观念和情感上表现出了明显的权威主义倾向。只有 5% 的人一贯具有权威主义倾向；15% 的人模棱两可地表露出此种态度。此外，19% 的社会党人和共产党人明显在 R 回应和 A 回应之间摇摆不定，表露出造反—权威主义的双重态度。5% 的左派具有折中调和的态度，总体上 16% 的人都可划入中立症候群范畴。[68]

在对比了共产党人和社会民主党人（不包括社会主义左派）这两类左派中最主要的群体之后，研究得出的结论是，共产党人的表现明显要好得多。比如说，明确持激进态度的共产党工作人员人数比例是
40%，而这类社会民主党工作人员的比例只有 20%。在共产党工作人员中，没有人有明确的权威主义倾向，而 5% 的社会民主党工作人员具有明确的权威主义倾向。[69] 如果我们仔细考量这个详细的结论的话，我们会发现整个分析建构中的明显弱点。只要被访者在政治上对马克思主义学说抱有忠诚的信念，那么分析者就不会把他列为权威主义者。例如，如果他们对"你认为什么能改善世界形势"这类问题的回答是"社会主义"，而对"你认为谁应对通货膨胀负责"这类问题的回答是"资本家"或"资本主义"（这类随机问题都是按照这个标准归类的），那么他

们就不会被确定为权威主义者。但是如果做出此类回答的被访者的确被证明是具有"权威主义态度"的权威主义者或是对他们同伴表现出个人主义态度的话，那么他们就会被归类为"矛盾综合体"或"造反—权威主义型"。分析者这样论述这种类型：

> 这些人充满了对有钱人或享受生活的人的憎恨与愤怒。社会主义方案中推翻有产者阶级的那部分纲领对这些人有着特别的吸引力。另一方面，自由和平等的纲领却丝毫无法引起他们的兴趣，因为他们随时准备着服从他们所认可的任何强有力的权威；他们总是想控制别人，只要他们所具有的权力允许他们这么做。当把国家社会主义所主张的这类计划提供给他们的时候，他们的不可靠性就完全暴露了出来。这类计划不仅和他们支持社会主义计划的那种情感相符，而且更加贴近他们的本性，社会主义不仅不能满足这种本性，而且还同这种本性的无意识相抵触。一旦这种情况发生，他们就会从不可靠的左派转变成公开纳粹信仰的国家社会主义者。[70]

因此，分析排除了这种可能性，即一个人既可以保持对共产党及其纲领的忠诚，又可以是权威主义者。同时也排除了这样一种可能性：一个人可以不公开信仰共产党及其纲领，但同时他又完全可以是持激进态度的。

通过分析个体与其党派身份之间、与其性格结构之间关系的方式"为个体政治观的深层原因及其表现描绘一个图样"[71] 的计划就这样得出了这个结论：工人政党的追随者对他们中最进步的那部分人支持远远不够，因此是应该受到谴责的——而最进步的那部分人恰恰是由党的工作人员所代表的。只要想一想下面这个事实，这个结论就不那么可信了：很多工人一直准备着积极地通过暴力方式捍卫自身，而党的工作人员却没能调动起这种正当防卫的要求，最主要的是，共产党和社会民主党的工作人员相互之间都视若仇敌。

作为第三帝国中体力工人和白领工人境况和心理的历史性见证、作为分析的社会心理学方面一篇经验研究的开山之作，这个研究当然是非常有意思的，而且直到 1940 年代，研究所不断地宣布计划出版"埃里希·弗洛姆（主编）"的这部《魏玛共和国的德国工人》。这部有着特殊意义的著作的出版未果让人感到非常吃惊，因为 (1) 在很大程度上说分析已经基本完成；(2) 随后的问卷也不再像初次进行的那样按照弗洛姆在《社会研究学刊》上所提出的要求是为分析的社会心理学设计的了；(3) 在这次研究过程中像弗洛姆和拉萨斯菲尔德这样的学者都花费了很大的功夫，而且 (4) 从此次经验研究中得出的具体结论对树立研究所的形象意义重大。可能的原因是，本来打算用英文出版的这项研究成果在霍克海默看来似乎的确是太马克思主义了，弗洛姆后来对沃尔夫冈·彭斯就是这么说的。另一方面，如果说它是马克思主义的话，它又不够"精致"。另外，霍克海默本人所寻求的思想激励从弗洛姆转向阿多诺也使得霍克海默不愿意出这部著作，尽管在这部著作中弗洛姆在经验社会研究方面的方法论成就突出，给人留下了深刻的印象。

　　卡尔·奥古斯特·魏特夫和他那时的妻子奥尔加 (Olga) 的中国研究之旅，也在某种意义上构成了研究所研究领域的一部分。这次旅行始于 1935 年春（当时毛泽东和朱德领导下的红军已经开始忙于长征好几个月了，他们希望通过长征的方式避免被蒋介石领导下的国民党武装彻底歼灭），一直到 1937 年夏才结束（这时日军已经侵入华北，红军和国民党政府宣布成立抗日民族统一阵线）。此次学术旅行的经费由研究所和纽约太平洋关系研究所共同承担。研究所希望此次旅行能够取得的成果是魏特夫可以拿出《中国的经济与社会》的补卷，[72] 这部书的前一卷作为研究所系列出版物已经出版，另外研究所希望他能拿出关于中国家庭的权威结构的问卷材料，可以用来与欧洲和美国的材料进行比较。魏特夫夫妇回来的时候除了得到别的成果之外，拿回来了一些对"现代产业工人"和"氏族大家庭"的访谈纪录，还有由 1725 名在校学生和大学生填写的问卷（问卷是一些关于"大"人物和好书、好电影和好报刊等等此类的问题），还拿回来了关于中国经济社会史的大量丰富的材料。

1937 年 11 月，研究所为哥伦比亚大学社会科学系举行了一次午餐
会，在会上魏特夫汇报了他负责的研究情况以及有待进一步开展的一
些计划。在 1938 年的计划书上，研究所曾公布要出版《中国的家庭与
社会》一书，同时计划出版三卷本的《中国：她的社会发展》——如果
能找到出版资金，还将以中文和英文两种语言出版八到十卷关于中国
历史的原始材料。最终，除了魏特夫的研究报告、发表于 1938 年《社会
研究学刊》的文章"东方社会理论"，发表于 1939 年学刊上的文章"史
前中国社会"之外，所有这些出版物都没能按照研究所计划的那样出
版。1939 年的这篇文章是《古代中国的经济与社会史》这本没能出版
的书的第一章。在"东方社会理论"一文中，魏特夫再次为如下观点辩
护：只有从分析生产力结构开始才能勾画出东方社会运动的特殊法则，
才既能解释东方社会的停滞性，又能解释西方产业社会作为历史的一
种普世未来的兴起。他认为要解释中央集权官僚势力在东方社会中的
决定性作用，就要看到这一事实：这种力量特别适合于"东方"农业生
产工艺的要求。这些势力不仅见于东方社会——只要某些地方必需大规
模灌溉工程，那里就会出现这些势力。依照马克思的学说，他将中国说
成是"亚细亚生产方式"造成的社会形式的高级典范，在生产关系层面
上符合"东方社会"的特征，在政治关系上又符合"东方集权主义"特
征。[73] 这篇文章激起了人们的怀疑，也在相同程度上激起了人们的期
待，可是它所预告的出版物都没能面世。

因此《权威与家庭研究》不仅一直是涉及经验研究的"集体"劳动
的惟一成果，而且也一直是研究所 1930 年代期间就经验研究成果所发
表的惟一出版物。研究所的财政困难并不是解释这一事实的合理原因。
如果研究所的负责人认为这类研究对他们来说意义重大，他们还是有
足够资金出版的。用美国研究标准的束缚来作解释也不能令人信服。一
方面，霍克海默圈子很明显地意识到了美国的社会科学的危险就在于
总是仅仅满足于收罗经验材料。美国最受尊敬的历史学家之一查尔
斯·A. 比尔德（Charles A. Beard）在 1935 年的《社会研究学刊》上也

强调了这一事实：不管怎样，一切都得以是否能把特别研究的琐细的材料塞入特定社会理论为转移。[74] 另一方面，由于有弗洛姆和拉萨斯菲尔德，研究所形成了一个非常关注研究方法的研究队伍，这个队伍引领着最先进的潮流，能力超出了美国学界的平均水平。"形成社会研究方法论"[75] 在研究所研究规划中是个非常明确的要点。而研究所本身所进行的经验研究对方法论陈述来说绝对是个特别合适的题目。

177

研究所之所以不愿意出版经验研究结果，一定别有原因。在发表就职讲演时，霍克海默就曾经要求运用"最细致的科学方法"，举例来说，受到精神分析启发的弗洛姆和拉萨斯菲尔德也在描述性分类和阐释性分类之间、在显性结构和隐性结构之间做出了区分，从而构造出了细致的方法。可在霍克海默看来，研究所的工作首先要在理论层面与资产阶级科学区别开来，在这里最主要的问题就是实现各个科学学科合作得出的经验调查研究结果与探讨社会整体运作方式的理论的统一。[76] 另外，他们只能紧随形势来处理问卷，头脑中必须有放之任何时代而皆准的一种社会整体理论，从而必须采用一种选择性极强的方式来对待问卷。出于这种原因，理论研究和经验研究必须保持相当松散的关系，这样理论才不会受到牵制，或者说才不会在不需要经验结论的论述之处似是而非引人怀疑。如果事实如此，那么研究所的真正成就是理论方面的。在经验研究和科学研究领域，研究所所做的一切，只不过是完成了别人一样能做而没能做出来的调查研究——这仅仅是因为别人感兴趣的主题不同而已。

辩证法项目

霍克海默自己把他 1930 年代的作品归在了"辩证逻辑"的名称之下。1939 年 2 月，他写信给研究所日内瓦办公室的秘书法薇女士（Mme Favez）说："现在，我们所有的计划就是在今后几年内撰写一部著作，而我们此前所有的研究，不管是已经出版的还是没有出版的，都只不过是给它打下的基础。"这是一部论辩证法或辩证逻辑的著作，当他还在欧洲时就已经准备开始写作了。1934年，他把马尔库塞从日内瓦带到美国帮助他从事这项工作，马尔库塞因此成为第一个与他进行此项合作的人。霍克海默1934年7月给弗洛姆写了一封长信，详细阐述了他对唯心主义辩证法和唯物主义辩证法的细致区分，弗洛姆回信说，"我非常希望所有这些能够被写进《逻辑学》当中；如果真是这样，那将是非常令人愉快的，而我们对此也充满信心。"然而接着，霍克海默认为他只能在阿多诺的帮助下撰写这部著作。1938年，他想让卡尔·柯尔 178施承担一些相关的任务，同年10月，柯尔施在写给他的朋友保罗·马蒂克（Paul Mattick）的信中说，"几乎（小圈子里的）每个人都在谈论那个'计划'"。[77]

柯尔施认为他1923年出版的《马克思主义与哲学》一书只是"对唯物主义辩证法问题的历史和逻辑研究"这部著作的第一部分。同一年，卢卡奇把他的论文集《历史与阶级意识》的副标题定为"马克思主义辩证法研究"。在序言中，卢卡奇提到了马克思1868年写给约瑟夫·狄慈根（Joseph Dietzgen）的信，在那封信中，马克思写道："一旦我卸下经济负担，我就要写《辩证法》。辩证法的真正规律在黑格尔那里已经有了，自然是具有神秘的形式。必须把它们从这种形式中解放出来。"[78]

然而，马克思在他关于政治经济学批判和社会理论的著作中对辩证方法仅是进行了临时性的表述，而霍克海默则恰恰相反，他在1930年代的一系列著作表明了这一点。"辩证法"工程贯穿在他关于社会理论的哲学基础的工作之中，同时这一工程也是他对科学中理性的限制作用——这一点他在发表于《社会研究学刊》第一期的《论科学与危机》中就已指出[79]——及"科学主义"所造成的理性人格化所作出的回应。在各种形而上学形式中，辩证法都遭到理性主义者以科学名义的拒绝，对此，人们希望辩证法能够通过对科学的批判获得进一步的发展，并对自身在形而上学范围内进行校正。这样一来，关于社会理论的工作就隐入后台了。在霍克海默和他最亲密的同伴们的文章中经常提到社会理论，而且霍克海默圈子也给人一种印象，即他们已经有了这样的理论，而且这一理论经常被简单地称为"正确的理论"，尽管它还需要在未来加以完善。在《权威与家庭研究》的序言中，霍克海默指出，他们所探究的问题的复杂性"在其真正意义上，只能从一种综合性的社会生活理论背景上看出"。

在他的就职演说中，霍克海默提出，作为研究所的总体要求和工作计划，哲学家、社会学家、经济学家、历史学家和心理学家应当联合起来进行持久的合作，并应在社会研究领域中把哲学理论和具体的科学实践辩证地结合起来。而这是单个人所无法完成的。这里所需要的不是单纯的哲学家和单纯的科学专家之间的合作，而是不同理论家之间的合作，这些理论家每人都熟知一门科学学科，而哲学是这些学科之一。根据认识论的哲学传统、科学理论以及传统的当代形式，很容易区分理论家们研究方法的具体特征。这种个人之间的理论和科学专业的合作至少在一开始，就没有认真地考虑"哲学理论和科学实践的持续的辩证结合"这一表述的准确含义。是否可以对这一含义作如下表述呢？即并非机械地，而是根据综合性社会理论的具体结构及该理论的当前发展状况对不同学科的方法和结论加以运用，并（像《社会研究学刊》的计划书所说）从每一学科自身的发展出发，致力于调整和扩展这一理论。面对这些问题，霍克海默认为可以用黑格尔的知性和理性之间的关系来处理不同科学学科和社会理论之间的关系问题。在 1935 年发表于《社会研究学刊》的《真理问题》一文中，霍克海默全面阐述了"辩证思想诸特点"：

> 辩证思想意识到了主体、客体及其相互关系的变化，并在相对的意义上理解每一个孤立的、具有多重含义的定义。（从一个假定的绝对出发产生唯心主义的东西，而在唯物主义之中则要利用不断获得的经验。）它并不是一个一个地罗列客体的各种特性，而是试图通过分析特殊客体的每一总体特征，表明自身所进行的这一总体化过程也同时与这一客体相矛盾，而且，为了正确地理解这一

点，也必须考虑到该客体的相反特征及整个知识体系。接下来就达到了这一原则，即只有从完整的理论整体出发进行考察才是正确的，因此对每一项考察，应当把它的表述和理论的结构性原则与实践倾向相联系，以这样的方式对它进行概念化的理解。与所有这些紧密相关的是，尽管应当坚定地忠于基本的理想、目标及时代的历史性任务，但其表现形式应是"对立统一"而不是"非此即彼"。一个基本的原则就是，在自然和人类历史中，后退的冲动和前进的冲动、保护的冲动和破坏的冲动，以及具体情况下好的和坏的方面都是不可分割的。当为了与现实和解而转向形而上学和宗教时，不应当简单接受具体科学中合理的分析和抽象，而应当努力把由分析所获得的概念相互结合起来，并根据这些概念重新建构现实。辩证理性的这些特征及所有其他特征都同复杂现实的形式相对应，并在细节上不断调整。[80]

霍克海默勾画了一种深入开放的、复杂的整体思维模式，这一模式 180 和阿多诺的阐释性哲学方式不同，其原因并不在于它使不同的科学学科在严格意义上具有了多么大的科学性，而在于它赋予它所要解释的现实以完全非神学的社会历史特征。和形而上学的直觉不同，社会理论不能忽视具体科学的研究成果。因而，一个人是否在一定程度上对社会性质具有洞察力，要比他是否具有广博的专业知识更重要。

现在，也许可以根据掌握知识的多寡来区分不同的人群，但这一区分不应关注人们掌握了多少学院知识，而应关注人们的某些行为迹象，这些行为表现出人们对于社会斗争的态度。因为如果必要的话，一个已经具有果断洞察力的人会运用其他领域的知识。[81]

1936 年，霍克海默发表了《利己主义和自由运动：资产阶级时代的人类学》一文，这可能是他最重要的一篇文章。这篇文章和他其他少数几篇文章一样，没有涉及对其他理论倾向的批评，也没有涉及唯物主义认识理论及其纲要。但它论述了唯物主义的社会理论。就社会理论的辩证方法而言，可以从这篇文章得到什么收获呢？它具有多么大的合理性和解释性呢？这篇文章是辩证的，因此，在霍克海默的批评眼光看来，资产阶级哲学人类学中的悲观主义和乐观主义倾向，不仅仅是相互对立的，而且是相互转化的，二者在本质上是同一的。

> 悲观主义者愤世嫉俗地认为人类的天性就是罪恶的和危险的，因此必须以强有力的体系对其进行控制（并给人们灌输个体脱罪的清教主义学说，以严格的纪律使他们的本能完全服从于他们的责任）；与之相反，乐观主义者认为人类的天性本来是纯洁的、趋向和睦的，只是被当今时代有限而败坏的环境给搞乱了。很明显，这两种看似相反的看法都预设了同一个前提，即要坚决摒弃人类的每一种自私的本能。[82]

这一点被霍克海默的描述所支持，因为霍克海默证明了这一社会作用，即通过对唯我论的共同谴责，两种根本不同的人类学倾向，可以在同等程度上发挥作用。在资产阶级社会中，竞争性的原则越多，那些深陷于资产阶级世界的人们就越是发现，为了在残酷的现实中生存，他们必须越来越多地迫使自己发挥自己天性中自私的和敌对的一面。对唯我论的憎恶可以让成功人士的成功免受质疑，而如果那些不太成功的人一旦无节制地效法他们，这种质疑便会产生。

> 或是断言存在着更为高贵的人类天性，或是简单地给它贴上兽性的标签，人类学以这样的方式对唯我论进行指责。但这种指责根本改变不了追求权力的强烈野心，改变不了悲惨与繁荣并存的生活，改变不了过时的、不公正的社会形式的继续存在。在资产阶级胜利之后，哲学伦理学更机巧地在这一点上做到了不偏不倚。大多数人必须学会控制他们追求幸福的要求，必须学会粉碎他们希图像少数人那样快乐生活的欲望——但更切近地审视，那些少数人

的确是快乐的，尽管快乐本身被这一方便的道德裁决断定为有罪……典型的上流资产阶级分子受到他自己阶级对社会其他阶级的道德宣传的影响，结果是，按照他的意识形态来看，剥削以及对人力、物力的随意支配根本不能给他带来快乐。毋宁说，那必须被看作是一种公共服务，被看作是社会义务以及对注定要接受的生活道路的履行，这样他就能够在其中融入自己的信念并对它由衷拥护。[83]

资产阶级人类学中悲观主义和乐观主义的倾向都按照使现实所造就的人的状态漫画化的方式去把握人。霍克海默通过证明这两种倾向具有决定性的共同之处，提出了与这一共同之处相反的假说："自由的愉悦是不能理性化的，也就是说，对它的追求不需要任何证明"，它是"绝对的快乐冲动"[84]，这在某种程度上说是好的唯我论形式。而对真正唯我论的厌恶不仅有利于造成贫富不平等，而且还会影响到唯我论本来就有的较好的方面。

对资产阶级性格来说，那些愉快的时刻并不会带来伴随终生的快乐，也不能使生命中那些并不愉快的部分也充满快乐，相反，唯心主义者对优雅风度和自我克制的鼓吹削弱了人们直接体验快乐的能力，使之变得粗俗甚至经常完全丧失。没有大的灾祸，心灵没有冲突，或者说，摆脱了内在和外在痛苦和折磨的相对的自由；还有那种不偏不倚但常常是忧郁的、并惯于在极端忙碌和无聊的单调之间摇摆不定的精神状态——所有这些都被错当成了幸福。那关于令人厌恶的"共通的"快乐的观念如此成功，以至于普通公民，如果他们允许自己耽于享乐的话，就会变得卑鄙而不是自由，粗鲁而不是文雅，愚蠢而不是明智。[85]

在霍克海默写的这篇文章当中，丝毫没有说明这些反唯我论的人类学信条——必须依赖于发展着的人类能力和社会结构之间的辩证法——

182

是如何产生的。他也没有指出，唯我论的固有的好的方面来自何处，其中的突变如何发生，以及它植根于何种经济和社会趋势。他只是提到类似的历史利益的代表与"天主教对某些人类反应方式的宽容"相决裂，这些"反应方式妨害了新经济秩序的引入"，提到了自由竞争原则最初的先进性，还提到了远在资产阶级产生之初文明进程呈现出的不确定性：一方面使人获得解放，一方面又使人受到精神上的奴役。[86]

在这篇论文的末尾，描述了资产阶级人类学的转变：

> 当前，无论是束缚和困扰大众的唯我论，还是经济方面的利己主义原则，实际上都已经变得很有破坏性。经济上的利己主义原则只是在经济上表现出了它最野蛮的一面。如果后者得以克服，那么前者就能够在新的意义上成为生产性的力量……唯心主义道德使得这一点不为人所察知，它还不能被抛弃，但它必须被历史地认识并因而还不能绕过去。唯我论的前途命运如何？对这个问题还没有一个明确的答案，而"走向死亡和毁灭"的那个答案现在受到了一种更理性的现实形式的普遍谴责。近来有些迹象都指向了这一点，并得出了与此相同的结论。某些反对主流观念的思想家，既不隐藏自己的利己主义信念、也不减弱或反对这一信念，而是支持这一信念。在一些经济学家和杰里米·边沁（Jeremy Bentham）看来，唯我论并不表现为悲惨的、抽象的构想，相反，它表现为享乐和幸福的最大尺度，其中也包括对于残暴欲望的满足。这些思想家并未把历史给予的任何原初本能予以理想化——相反，他们揭露了官方意识形态对这些本能的歪曲……这些心理学家 [享乐主义心理学家，阿里斯第帕（Aristippus）、伊壁鸠鲁（Epicurus）、曼德维尔（Mandeville）、爱尔维修（Helvetius）、德·萨德（de Sade）和尼采（Nietzsche）] 自己的存在似乎就表明，从禁欲主义的道德中解放出来，连同它的虚无主义的后果，会使人性转变到与精神净化相反的方向上去。这个超越了精神净化的进程，并未使人性回到早先的精神阶段，就好像第一个过程从未发生一样。它使人性到达了

一个新的、更高的存在形式。这些思想家很少致力于使这一过程变成普遍现实；而这一过程首先是那些能把理论和社会实践相统一的历史人物的任务。在他们那里，作为他们生活中决定性力量和理论目标的资产阶级心理学机制，在他们的历史使命面前消失得无影无踪……因为衰败时代那否定幸福的令人沮丧的时代精神对他们没有什么作用可言。[87]

这是一个呼吁，希望未被扭曲的利己主义要素能从唯心主义道德与被唯心主义道德所指责的唯我主义精神之间的对立中，从资产阶级社会意识形态与现实的矛盾中辩证地发展起来。这种利己主义将能把可以把握现实而不是试图美化现实的唯心主义道德结合进来。这一呼吁也包含着唯物主义的内涵，即必须看到，所有这些只有通过社会进步才能实现，而且，还应看到，无产阶级的进步理论家和进步代表已经开始着手实现这一要求。但这很难被视为唯物主义辩证法的典型胜利，也许它所展示的只是辩证法程序本身的启发价值。霍克海默从唯物主义的角度解释了这一程序，也就是说，他把概念意义的变化同这些概念的社会功能联系了起来。他推测可能存在的辩证发展依赖于一个假设，即存在着这么一个过程，它可以作用于一切可能的领域，抑制或释放渴求最好人类状况的那些力量。这一点很难与黑格尔唯心主义辩证法的决定论区分开来。

可以说，霍克海默在这里所表述的一切，依据的是他对资产阶级时代他能记起来的众多"黑暗"作家的认识，而且这些表述或多或少偏离了科学研究的特定道路。这篇文章，加上大部头的《权威与家庭研究》，以及他为1938年探讨怀疑主义功能变化而写的《蒙田和怀疑主义的功能》[88]一文，这三部作品都典型地说明了他更相信要用辩证的眼光来看透事物背后的东西，而不是用太多时间去孤立地研究事实本身。

在1937年的两篇长文——《对形而上学的最新抨击》、《传统理论和批判理论》中[89]，霍克海默对观念和态度的功能所发生的改变进行了意识形态批判，这些批判通常也是社会心理批判，这些批判与对科学理论的研究相结合，旨在对他自己的辩证理论做最终的社会的和人类学的论述。《对形而上学的最新抨击》代表了研究所对实证哲学的主要批评。1936 年 11 月霍克海默写信给格罗斯曼说：

> 在研究所里，我们已经可以在下午或晚上进行讨论了，就像我们去年夏天所做的那样。这些讨论部分是关于经济问题、部分是关于哲学问题的。而在后者中，所谓逻辑经验主义占了大部分。众所周知，这是当前学术圈子里最受欢迎的哲学时尚……这一路向在整个科学圈子里、尤其是在英美世界获得了成功，但它获得成功的方式却是不能被夸大的。[90]

霍克海默的批判并不温和。他把逻辑实证主义作为唯名论倾向的现代代表，这一倾向现在所起的作用已经是退步的而不是进步的。专业科学由于它们在客观性和准确性观念上的转变，通过一方面舍弃与感知性的主体的联系，另一方面舍弃与旨在完全控制自然和社会的积极的理性能力的联系，已经背叛了自由主义里的进步要素。这意味着从自由主义的反动要素中产生的极权主义正使科学面临着恐怖的情势。霍克海默考察了实证主义经验理论对实践生活的隐含意义之后，就以《破晓与黄昏》中激进的批判精神指出了实证主义经验理论中心命题的真正含义。

> 思想是一种了解世界的工具，而不能够被直接观察到……这种对于我们来说似乎是完全不可思议的观点，却在维也纳小组的一本著作中得到了确切表达。这一点在一个表面上有着引人注目的统一和秩序、而其内部却充满了混乱和痛苦的世界上，尤其具有意义。独裁者、残酷的殖民统治者、有虐待狂癖的监狱看守，总是怀着实证主义的心理期待着到访者。如果科学作为一个整体受到经验主义的指导，如果知识分子不再迫切地和充满信心地研究各

种错综复杂的观察结果，以发掘出关于世界的更多的情况，而不是仅仅关心我们有趣的每日新闻，如果真是这样，那么就在被动地参与着对于普遍的不公正状态的维护。[91]

例如，尽管实证主义者并不拒绝抗议极权主义政权，但这一抗议还是被看作一种超越了理性和非理性界限的"评价"。实证主义者因此就为旨在控制受自然法则支配的过程的那些程序保留着威望，并通过思维和理性澄清这些程序。为了澄清并贯彻对社会来说是理性的过程，可以排除他们。

还有另外一个重要的论断霍克海默没有使用：实证主义者视为实体化的计算性思想（calculative thinking）本身绝不是价值中立的。这一思想产生于控制自然的兴趣，就如同霍克海默所捍卫的社会理论产生于建立合理社会的兴趣一样。因此，实证主义者关于为思想设限的基本论断，也同样影响到他们自己的思想。但是，不管霍克海默怎样理解控制自然的概念，这一概念对他来说都过于不证自明了，以至于他对此视而不见，他甚至希望将这一概念用于控制人类的天性。他根据阶级上升和衰落的模型进行了分类——"在目前凄惨的情况下，新浪漫主义形而上学和激进的实证主义同样植根于中间阶级的大部分。这个中间阶级已经放弃了所有通过自己的行动改善境况的希望，并且害怕社会体系发生彻底变革，因此它投入到资产阶级经济领袖的怀中"[92]——并且将这一分类扩展到一种与费希特《科学理论导论》[93]中那段著名段落相近的社会的和人类学的说明，在这里，霍克海默区分了两种主要的人种或人类的两个阶段：

> 计算性的、"常识性的"思想是那一类依然相对无权力的人所为。尽管他们具有行动的天性，但常常在重大事件上消极被动。组织和管理的功能，在任何情况下都会越来越多地变成最有权力者的特权，在今天被分割的世界上，这些功能比理性具有多得多的服从和狡猾的特性。由于更大范围的自发性有赖于形成一个共同接

185

受的主题，因此个人自身仅凭裁定绝不可能使之建立起来。形成这一自发性的一种方式是……个人不应当限于记录、预测事实和单纯的计算之中，而应当学会看到事实的背后，区分表面现象和本质（当然，并不忽视表面现象），明确表达那些不是简单地对事实进行分类的概念，始终根据确定的、而不是虚构的目标来建构他的整个经验；总而言之，个人应当学会辩证地思考。[94]

独立行动的人在每一个地方都看到整体和部分，而顺从的意识把每个事物都看成是孤立的，反之亦然。[95]

在 1937 年下半年，《传统理论和批判理论》发表（在同一年的《社会研究学刊》第三期上增加了霍克海默和马尔库塞的文章《哲学和批判理论》[96]），由于它在标题和结构上的两分法及其概括性的特征，这篇文章后来成为霍克海默最著名的文章。在写完了他的《传统理论和批判理论》之后，他在 1937 年 7 月写信给亨利耶克·格罗斯曼说："我已经完成了一篇论述理论概念的文章，它实际上是一篇纪念文章。" 1936 年格罗斯曼就建议出版一期关于马克思或经济学的学刊，以纪念马克思的《资本论》发表 70 周年。霍克海默之所以认为他的文章是《资本论》的纪念文章，是因为，尽管在文章里他并未提及纪念一事，但文章明确提出辩证逻辑作为逻辑结构是政治经济学批判的基础。对于社会的和理论上的唯物主义来说，"批判理论"或"社会批判理论"是社会的和理论的唯物主义的新标签，但无论是这个新标签还是旧标签"唯物主义理论"都不表明他完全接近马克思主义。这篇文章引人注目地把青年黑格尔的"理性的反崇高化"（哈贝马斯语）与马克思特有的理性的敏锐结合起来，形成一种积极干预世界的思考。这一批判立场的无法调和的、几乎是存在主义的特征在"传统理论"的末尾也得到了充分表达，而"批判理论"以这样的文字开始反对它："存在着这样一种人的活动，它把社会本身视为自己的对象"，在这句话的注释中说，"在后面几页中，这种活动被称为'批判的'活动"。正文中继续写道，"这种活动的目的并不只是为了消除各种弊端，因为它认为这些弊端同社会结构的组织方式有着必然的联系"。[97]

霍克海默圈子并不想从实证主义和资产阶级学术方法的体系中把各门科学学科拯救出来。相反，他们显得越来越蔑视科学和实证主义的科学哲学。至于弗洛伊德精神分析学说，那就更容易了，因为研究所在其全盛时期所反映的弗洛伊德精神分析学说根本不能被规为专门的科学学科。弗洛姆、霍克海默和阿多诺许多最具启发性的观点都来自弗洛伊德精神分析学说，精神分析学说延续了资产阶级时代倾向于心理学或人类学的"黑暗"小说家传统。这是一个中心要素，它使得霍克海默及他的最重要的理论同伴认识到，通过涉猎专门学科可以获得——或者更好地获得——重要的洞察力。例如，弗洛姆从不认为自己是一位受过训练的哲学家，但在 1938 年 3 月，他却能写信给霍克海默，信中并未贬低自己："我刚刚读到一篇绝妙的评论，我会复印给你，不过可能你已经读到了：'不管是谁，如果他进入了专门的科学学科而没有获得任何哲学知识，那么他就像是帕涅萝帕（Penelope）＊的求婚者，在无法得到女主人的时候就同女奴们调情。'"在 1930 年代，哲学同专门科学的关系变得有点更不可靠，尽管这对研究所活动的全景没有多少影响。 187

阿多诺的情况从一开始就不同于霍克海默。他的主要兴趣并不在社会理论，而是在当代社会中的艺术及艺术如何可能的问题。[98] 有了这一兴趣，就可望规避那种使用某些历史哲学观点对艺术作品进行技术性分析的做法。在阿多诺论克尔凯郭尔的著作出版之后，精神（Geist）与自然的和解的思想越来越成为阿多诺最重要的思想之一。这一思想表明了一种信念：在内部被理解的神秘自然和同样在内部被理解的精神，无须从外部获得拯救，而且超越性就是内在性本身所固有的。但对如何从社会的和历史的角度进行阐释却并未提及。阿多诺满意地看到，在音乐中有一些东西符合他对拯救的设想。在 1936 年的《维也纳音乐

＊ 尤利西斯在外历经 20 年漂泊，帕涅萝帕在家中苦苦守候。妄图占有她和伊达卡王国的贵族们一直试图向她求婚，但帕涅萝帕坚守妇道，在家中纺线，终于等到了丈夫的归来。——中译者注

杂志》第 23 期上，发表了阿多诺的"关于马勒的旁注"(Marginalia on Mahler)，他写道：

> （马勒）对音乐的批评不可能忘记它的现实，不可能被打扮成音乐里的堂吉诃德去和现实作战。他以最严肃的方式关注着音乐的物化（reification）——严肃得以至于使之粉碎。物化的残迹以及与之相关的感情的残迹，就是他的素材；而多声部的理性对于这些残迹进行着有力和有序的控制。

但阿多诺并未尝试说明——即使是以图示方式说明——作为理性的一种自主的、主观的形式，能再现内在关系的多声部理性何以能够使自己改造为更好的并成为支配性的理性，从而使精神和自然相互补充、自由发展。惟一的线索就是晦暗不明的现象，其后可能掩藏着上升或衰落、开始或结束、崩溃或再生。

> 马勒让存在的东西仍居其位，但却从内部将其耗尽。现在，旧形式的藩篱与其说是对已经发生的事，不如说是对将要发生的事的讽喻……撒旦式的反抗的最后姿态——这一姿态在讽喻的崩塌中分崩离析——也许实际上意味着和解；而对那些毫无希望的人来说，在近旁燃烧的毁坏之火也许实际上是闪耀在他们头上的遥远的拯救之光。这二者也许都存在于马勒的音乐中。在《地球之歌》的结尾，美丽的雪就是这样模棱两可：就像一个孤独的人会在其中死于寒冷，雪也会消失在单纯存在的恐慌之中，但雪可能也是神圣的喜乐的白色，作为最后的存在，它使获得拯救的人拥有实在，并像希望之星一样激励那些后来的人，把他们吸引到窗前。[99]

188

这种寓言式的哲学，也恰恰同阿多诺把自己看作是受神学启发的思想家的一贯看法相一致。[100]

这一设想使阿多诺能够以一种方式处理每一件可能的事情，那就是"打破它"并"解放"它。在他多年间写给霍克海默的那些致使他去往纽约的信件中，内在的转变是他喜欢谈论的话题。在论胡塞尔的著作中，他一次又一次强调，他正在构思从内部打破唯心主义的计划。1936年5月，他建议霍克海默写一个长篇评论，以一种"高度辩证的方式"评论"纳粹主义哲学"，从而使这种哲学和谎言从内部瓦解掉，"极大地推进到让它再不能够隐瞒真相的程度"。他还曾就霍克海默后来发表在1937年《社会研究学刊》上的"对形而上学的最新抨击"提出了一些建议。紧随这些建议，他还补充写道："我将最着重于从相关的两点上关注内在的驳斥：轮盘赌桌上的逻辑和无主体的经验，即，缺乏人的经验。因为，伴随着作为整体的概念体系的崩溃，这两点是真正致命的。"1936年12月他告诉霍克海默，他已经建议索恩-雷塔尔应当"让克拉格斯（Klages）辩证化，从而让他不仅表现为浪漫主义的反动者——这是显而易见的，而且也要让他表现为资产阶级工作意识形态的批判者"。1937年3月，他只对霍克海默的关于实证主义的文章手稿中的一个段落提了惟一一条真正的反对意见，因为霍克海默在这一段落中说"不可能以一种内在性方式压倒逻辑实证主义"。这个说法非常站不住脚，而且和内在批判要素相矛盾，而本文正是一种内在批判。这一反对意见使霍克海默删去了那个表述。1937年4月阿多诺强烈要求对"非常棘手的克努特·汉姆生（Knut Hamsun）的情况"提高警惕，洛文塔尔已经打算就汉姆生写一篇文章，而阿多诺认为"要证明汉姆生是一个法西斯主义者是容易的，而要从中得出更富有价值的成果则要困难得多，而最棘手的就是如何从汉姆生本人那里拯救一个汉姆生"，而这恰恰是关键所在。这一警告并未阻止阿多诺给洛文塔尔那篇论汉姆生的、完全"非辩证的"文章增加一个关于 J. 西贝柳斯（Jean Sibelius）的脚注，而这一做法如同这篇文章一样是"非辩证的"。1937年10月他绝望地再次要求自己那篇论胡塞尔的文章手稿应在《社会研究学刊》上刊出，但结果是徒劳的，霍克海默反对发表这篇文章，理由是它在其最连贯的形式中并未对唯心主义进行内在反驳：这一反驳不是内在的，胡塞尔主义哲学不是最连贯的唯心主义形式，而且，对胡塞尔主义哲学与当前历史情境的关系也没有清晰说明。

　　因此对阿多诺来说，辩证法，就像黑格尔在其《逻辑学》中表明的那样，就意味着我要进入与我对立的力量之中，并通过使已经变得模糊的、事物之间的区分重新凸显出来从而使对方的立足点自然而然地陷入矛盾。当时还是黑格尔左派的马克思在《〈黑格尔法哲学批判〉导言》中说过一句话："应当对这些僵化了的关系唱一唱它们自己的曲调，迫使它们跳起舞来！"[101] 这句话让阿多诺深受启发。

　　阿多诺和霍克海默之间的共同之处在于他们都接近黑格尔辩证法，尽管他们对黑格尔辩证法的不同方面的运用各有侧重。对霍克海默来说，辩证法首先意味着在相对的整体中进行思考，建立起一种关于科学的批判理论，并用其来证明存在一种可以取代各种科学学科和形而上学之狭隘思维的思想方法。对阿多诺来说，辩证法意味着一种对当代事件的广阔领域进行祛魅化（demythologizing）和祛神秘化（demystifying）的可能性。这又使他们同布洛赫和本雅明具有了关联之处。对阿多诺来说，就如同对布洛赫和本雅明一样，扬弃概念（Aufhebung）在如下意义上与神学有关：它突破各种内在关系的限制，解放那些局限于它们之内、可能逃脱的要素。阿多诺同布洛赫和本雅明的另一点相近之处在于：他确信，哲学从艺术——也就是说，从现代艺术——那里比从科学那里可以获得更多的收获。他们四个人能走到一起，是因为他们都对不受限制的经验和不受限制的理性感兴趣，他们都确信：因为历史唯物主义包括一系列先前被遗漏的要素，因此只有历史唯物主义才能满足他们的需要；他们还确信，跨越最广阔战线的最丰富的斗争正在进行。

　　布洛赫 1935 年在苏黎世出版了《我们时代的遗产》一书，在这本书中，他勾勒出了这个战场的全景（他曾经提到"马克思主义者，霍克海默"，更经常地提到魏森格隆德，并多次提及本雅明这位具有超现实主义思想风格的哲学家）。这本书的核心思想，一方面是反对法西斯主义对精神欣快症的利用，并对这种利用进行启蒙式的谴责，另一方面认为，问题的关键是如何取代精神欣快症。

不只是在一个阶级革命性的兴起或它的繁荣时期，而且在它的衰落期以及这种衰亡所释放的各种内容当中，可以发现具有辩证意义的"遗产"。就其本身来看，直接可以发现，法西斯主义引人注目或者精神欣快的幻象志不在小，它们用这一幻象驱赶那些正在陷入贫困的阶级，并将他们投入黑暗之中。然而，间接地看，可以在非理性的精神欣快之中看到，从那些不仅仅只对资本主义有利的深渊中正在升腾起潜在的能量。在德国恐怖的每时每刻、每个言辞当中，透露出来的不是残酷和无言的野蛮，不是愚蠢和惊慌失措的轻信，而是对资本主义的某种老旧的浪漫主义的反驳，这种反驳在当下生活中怀念着某种东西，渴念一种不同的但目前依然隐而不显的生活。农业工人和白领工人脆弱的境况在这里反映出了许多的情况，不仅有某种倒退，还有间或的某种真实的"时空错乱"，也就是说，某种来自早期世代的经济和意识形态的残余。当今这种时空错乱当中的矛盾仅仅有利于倒退；但这儿也有一个具体的马克思主义问题：如何在几乎不引起任何骚乱的情况下利用这一矛盾。存在于不充分的资本主义理性（ratio）之中的非理性（irratio），只是在过于抽象的层面上被排除掉了，而没有对其进行具体地审查，也没有对这种关系本身的矛盾做出必要的明确描述。[102]

布洛赫与本雅明在如下一些范畴上有着广泛的共同基础：梦想与神话、早期和晚期以及古代的和辩证的观念都是他们共同的中心概念。本雅明也明确地考察了衰亡时期。[103] 在他看来，在针对法西斯主义的革命斗争中，所需要的是一种权力形式，这种权力"源自历史的深处，其深度不亚于法西斯主义者的权力"。[104] 本雅明把超现实主义看成是一个赢得"陶醉于革命的力量"的重要步骤。[105] 他还强调必须超越"有关陶醉之本质的非辩证的超现实主义观点"。在他早期的《拱廊街》笔记中，他写道，"尽管阿拉贡（Aragon）仍沉浸在梦想世界之中，但这里现实的情况却令人警醒。在阿拉贡身上有着印象主义的要素——'神话学'……但在这里,'神话学'在历史空间中却遭到消解。"[106] 但是,布洛赫与本雅明的理论基调和一般看法还是很不一样的:布洛赫的理论基调是欢快的,本雅明的理论基调是痛苦的;布洛赫相信"生命"具有不能毁灭、无法控制的性质,"生命在任何时期都未能完全实现";[107] 本雅明绝望地考察克拉考尔称为"危险游戏"的历史过程,这一历史过程只能利用越来越少的资源使更多的东西获得拯救。

1937 年,在与霍克海默商量之后,阿多诺请布洛赫惠寄其著作手稿中论唯物主义问题的那部分。他和霍克海默想同布洛赫进行一种交换:他们在杂志上发表布洛赫著作中的部分章节,作为交换,布洛赫在其著作中要提到霍克海默圈子的唯物主义理论。但阅读了布洛赫的手稿之后,阿多诺证实了自己的担心——他担心的不是布洛赫的"乌托邦主义"或者"党派忠诚",而是"哲学上某种不负责任的即兴发挥"。[108] 研究所从未发表布洛赫的任何东西,学刊也没有对他的书作过任何评论,只是 1940 年代早期的一段时间每月资助过布洛赫 50 美元的薪水。[109]

阿多诺期待本雅明能提出一种布洛赫和克拉考尔都无力提出的哲学 (对于克拉考尔在逃往法国期间写的《雅克·奥芬巴赫 [Jacques Offenbach] 和他的巴黎时代》[110] 一书,阿多诺在写给他的前任顾问的信中提出了毁灭性的批评,认为该书是旨在获得成功销售的可怜尝试),这种哲学应当既是具体的,又是超越的,应当把经验的确定性和思想的严格性结合起来,从而找到走出资产阶级固有梦想状态的途径。在1930 年代,阿多诺就像一个监督者一样,尽力促使本雅明用历史唯物主义反思神学,他认为,霍克海默越来越赞赏这种反思。

霍克海默表现出既谨慎又开放的态度,就像当初对待弗洛姆加入研究所那样,他认为本雅明的研究项目是对唯物主义理论的丰富,并让研究所在资金上予以支持——尽管他是以一位研究所指导者所特有的犹豫的和无法预测的方式这样做的。(在本雅明写给朔勒姆的信中,霍克海默因为这一态度几乎表现为虐待狂,但这在很大程度上要归因于本雅明性格上的缺点。本雅明仍然认为,为了使他能全身心地投入到他的学术工作之中，社会必须保证他的生活。）在本雅明看来，霍克海默在资助这样一个人——当辩证法项目（the dialectics project）实现的时候，他将成为这一项目实际上的指路明星。

瓦尔特·本雅明—《拱廊街》—研究所和阿多诺

本雅明成为《社会研究学刊》的写作成员后，他获得了每月 500 法郎的收入——但这比维持生活的最低收入水平还要低。这一收入水平让他仍然需要来自各个方面的帮助：他的前妻、阿多诺、阿多诺的姨妈和魏森格隆德家的一位朋友、他和阿多诺共同的朋友格蕾特尔·卡尔普鲁斯——当时她还是柏林皮革厂的股东，还有贝托尔特·布莱希特（Bertolt Brecht）。[111] 本雅明希望研究所能给他足够的收入，使他过上一种体面的生活，并能使他完成他的《拱廊街》项目。写作论巴黎行政长官奥斯曼（Haussmann）的文章可以得到一笔钱，在金钱的激励下，本雅明于 1934 年重新开始了这一研究。但这篇文章终未写成，部分原因是由于他完全沉浸在《拱廊街》的整体研究之中，将之当成了一个避难所，同时却没有其他可以提供预付酬金的短期资助。

阿多诺作为本雅明"监督者"的活动，首先就表现在这一时期的书信里。阿多诺不喜欢本雅明给《社会研究学刊》写的论法国作家社会地位的稿件，也不喜欢他对马克斯·科默雷尔论让·保尔的著作所作的评论，[112] 因此，很长一段时间他没有给本雅明写信。他不满的原因是明显的：本雅明通过这种方式变成了关心革命的知识分子。在他发表在学刊第一期上的《论音乐的社会地位》一文中[113]，阿多诺强调，只有当音乐不是向外盯着社会，不让自己被无产阶级的意识所阻碍，而是在其自身问题的内在发展中前进时，音乐才能最好地完成它的社会功能。无产阶级被阶级控制所损坏。在这一点上，阿多诺的见解仅仅是他从本雅明那里学到的东西。本雅明把 1928 年出版的《单向街》题献给曾一度担任工会宣传演出导演的共产党员阿西娅·拉西斯，在这本书中，本雅

192

明写到了"马拉美在他的与世隔绝的空间中独自作出的发现"在当前的意义,"这些发现是通过预先接受我们时代在经济、技术和公共生活领域中的所有决定性的事件而获得的"[114]。而在文章的末尾,本雅明表述了相反的观点。在任何艺术中,激进派的最为前卫和大胆的作品的惟一的观众一直是上层中产阶级。关键是要对知识分子进行适当的定位——超现实主义者也认真地接受了这一点——就像通过使他们的技术服务于无产阶级而对技术工人进行定位一样,因为只有无产阶级依赖于最先进技术。阿多诺认为,这些观点显示出布莱希特,那个"疯子"(阅读了本雅明的手稿《机械复制时代的艺术作品》后,阿多诺在写给霍克海默的信中这样称呼布莱希特[115])对本雅明的影响。1934 年夏天,本雅明和布莱希特一起在丹麦的斯文堡 (Svendborg) 流亡,在之后的几年里,他很长时间经常与布莱希特呆在一起。

当阿多诺在牛津听说本雅明已经重新开始了《拱廊街》的写作,他非常高兴。

> 你所提到的你的散文时期的结束,尤其是你开始写作《拱廊街》,这确实是多年来你告诉我的最好消息。你知道,我把这部著作视为已经给予我们的**第一哲学**的一部分,我的一个希望就是,在经过长期的和痛苦的中断之后,你能以这项任务所要求的坚定和能力来完成它。如果你不介意的话,我愿意在这项工作开始之时提出我的希望,那就是:应当毫不迟疑地在那些所涉及的最极端的论题中,充实足够的神学内容及**字面意义** (*literalness*)。(简单来说,这一工作应当毫不迟疑地忽略掉布莱希特无神论的反对意见,这种无神论作为一种颠倒的神学,也许将来有一天我们必须去拯救它,但我们现在的任务却并非是利用它!)而且,为了它所做出的承诺,这一工作也必须尽可能地避免同社会理论在外观上的联系。因为在我看来,这一工作确实是最重要的问题和最严肃的事情,必须对其进行充分、完整的探讨,在不回避神学的情况下使之充分地概念化。我也相信,在马克思主义理论的这个决定性的层面上,我

193

们是大有可为的，而不只是顺从地接受它。而且，如果阶级理论仅仅是一种机械降神（*deus ex machina*），那么"审美"将以一种阶级理论所无法比拟的更为深刻、更具革命性的方式触及现实。[116]

1935 年春波洛克在旅行欧洲期间和本雅明谈论起着手研究工作的事情。本雅明开始草拟《拱廊街》的提纲。研究所也把薪水提高到每月1000 法郎，起初只是暂时性的，后来就固定下来。然而，当阿多诺在访问欧洲期间遇到波洛克时，他提醒波洛克说，本雅明的著作将有过多的形而上学内容，不符合研究所的工作计划——就像阿多诺自己关于克尔凯郭尔的著作那样。格蕾特尔·卡尔普鲁斯写信给本雅明说：

> 我很吃惊，弗里茨［波洛克］对笔记感兴趣——你正在为杂志考虑论文吗？实际上，我把这视为巨大的危险，而其规模相对较小。你根本无法写出你的真正的朋友们多年来期待于你的著作。伟大的哲学著作不会做出任何让步，它只为自身而存在。但它的重要性，将会补偿你在过去几年里的遭遇。[117]

阿多诺仍然希望把他自己及他的神学唯物主义朋友的立场置于杂志的突出位置。但他显然也有疑虑，不知道对这一立场的重点推出在研究所的工作架构内是否可能。而且，另一方面，他也不想引起人们怀疑他对霍克海默和研究所的忠诚。

在 1935 年 5 月末写给阿多诺的信中，本雅明提出了他的《巴黎，19 世纪的首都》的提纲，并竭力破除两方面的疑虑。

> （令我惊奇的是）这本书与我论巴洛克风格的书之间有很多类似之处，而且这一点比以前任何一个阶段都表现得更为明显。恕我直言，这一具有特殊意义的事件标志着一个重组过程，这一过程把所有那些起初由形而上学激起的思想整合进一种状态之中，在这一状态中，辩证概念所构成的世界可以免受形而上学带来的任何

一种异议。

　　在工作的这一阶段,(我也是现在首次承认)我能够平静地思考正统的马克思主义在反对我使用的研究方法时会提出怎样的责难。但是相反,我认为我在马克思主义者关于方法的**长期**讨论中,已经找到了一个安全的位置,即使只是因为历史观念这一重要问题在这里第一次得到了充分的讨论。当一部著作所包含的哲学不是同它的专用术语,而是同它所处理的区域相联系时,我相信这确实是菲利斯塔斯 (Felicitas) [即格蕾特尔·卡尔普鲁斯] 所提到的那种“伟大哲学著作”的纲要,尽管它目前还仅是一种我不很满意的粗略描述。你知道,我把它看作是与 19 世纪的原初史 (protohistory) 相关的事情。[118]

本雅明的提纲及信件显然让阿多诺确信:这些材料并未背离本雅明原先的计划,不过也不会适合研究所的工作计划。在把神学主题纳入唯物主义改造的秩序中这一点上,有望获得某些成果。在收到提纲一周以后,阿多诺一时冲动写信给霍克海默,坚决地支持本雅明。他已经相信

　　这一工作不包含任何不受辩证唯物主义观点检验的东西。它原先所具有的形而上学的临时创作的性质现在已经完全消失了。我并不仅仅是说最终它会是积极的 (这将必然导致我们之间的争论),而是说在研究所的工作范围内,对于研究的适当性来说,它在任何情况下都是积极的,对此它会自我**调整**。而且,它的优点是,它提出的问题具有创新性,而且它的方法完全不同于学术体制内通常的研究方法。它试图运用作为辩证观念的“商品”概念把 19 世纪当作一种“风格”进行研究。

在阿多诺看来,霍克海默本人在“卡尔顿饭店 (Carlton Hotel) 1920 年代末那次有纪念意义的谈话”中就已明确表示,成为历史图景这一特征乃是商品的核心特征,因此霍克海默本人已经开始重新定位本雅明和

阿多诺的思想了。

> 你也许记得一两个月之前我在写给你的信中提到，我认为在
> 社会和心理学之间起调节作用的重要概念不是家庭，而是商品特
> 性……当时我并不知道本雅明沿着同样的思路思考——那个提纲
> 在很大程度上祛除了我的疑虑。商品拜物教被当作意识活动的关
> 键，尤其被当作 19 世纪资产阶级无意识思想的关键。在关于世界 195
> 展示的一章，尤其是在关于波德莱尔的优秀章节中包含着这方面
> 的重要材料。

他建议推迟对于社会民主主义文化历史学家爱德华·福赫斯的研究，
并且推迟对社会民主主义周刊《新时代》（*Die Neue Zeit*，1883 年至
1922 年出版）的文化观的研究，这一刊物曾在很长一段时间获得霍克
海默和本雅明的赞赏。"既然这种力量的多产性能量——我们毕竟不能
因我们的生产条件而束缚这些能量——就摆在我们面前"，[119] 本雅明就
不会对这些特别感兴趣。

因此，阿多诺赞成的东西恰恰是植根于他对马克思《资本论》一个
段落的崭新读解的兴趣，对于魏玛时期的左派知识分子来说，马克思关
于商品拜物教的那一段论述被认为极其重要。[120] 要考察商品世界就需
要具备阐释寓言的语文学家的眼光，这种语文学家类似于美学现代主
义的第一个代表人物波德莱尔。在阿多诺看来，这将使这样一种对于资
本主义的阐释得以形成：在物质上衰败的世界这一神学范畴将被阐释
成马克思主义的商品拜物教范畴。这种阐释并不与辩证唯物主义相冲
突，而是使之更为彻底，因为它把商品世界解释为一种神话式的原始图
景，解释为真实世界的某种可怕的、否定的影像。

霍克海默支持这份提纲。"你的工作将会十分出色"，1935 年 9 月他
写信给本雅明说，"立足于细小的、表面的症状来把握时代的方法在这
一时刻显现出它的全部力量。您正在取得极大的进展，以超越此前对审
美现象的唯物主义解释。"这一研究清楚地表明，"不存在抽象的美学理

论，只有一直同具体历史时期相联系的理论。"当霍克海默冬季去欧洲时，他与本雅明讨论的最主要的问题就是本雅明独具特色和优点的方法所必然具有的特殊作用。"您不是在生产过程的形式及其总体趋势中，而是在具体细节中借鉴了经济因素。这些努力肯定具有特殊的解释效力和特殊的价值。"[121]

《拱廊街》项目被正式列入研究所的资助研究计划当中。在国际社会研究协会 1936 年的报告中，波洛克在"研究资助"标题下的几条信息中提到了"法国的文化历史研究"。在 1938 年出版的研究所的第二份计划书中，本雅明被列为研究人员，他的课题是"美学"。在"向德裔欧洲学者提供的资助"这一栏目的"社会学特殊领域"类别中列有 20 多部书稿，而本雅明的《19 世纪巴黎的社会历史》就列在第一位。

霍克海默让阿多诺对本雅明的纲要细节进行考察。这一考察仅仅是两人之间一直持续到本雅明去世的长期讨论的第一个阶段。这一讨论以书信、文章的形式进行，也（在研究所发起的一系列会议上，从 1936 年初的巴黎会议到 1937 年末 1938 年初的圣利摩会议）口头进行。本雅明在 1930 年代后半期的所有较长的研究文章都由《社会研究学刊》发表，并或多或少地成为《拱廊街》研究的一部分。《机械复制时代的艺术作品》(1936 年) 准确地指出了当代的历史时刻，它构成了本雅明转向 19 世纪历史重构的转折点。[122] 在《爱德华·福赫斯，收藏者和历史学家》(1937 年)[123] 中，本雅明最终完成了他的推迟了很长时间的研究，并有机会把自己的关于历史唯物主义历史编年的构想与文化史的构想相对比，后者是由福赫斯以引人注目的方式提出的，而本雅明在这里则对之提出了批判。《论波德莱尔的几个主题》(1939 年)[124] 是本雅明的《拱廊街》中围绕波德莱尔那部分内容的第二种表述（第一种表述是，《波德莱尔的第二帝国的巴黎》，阿多诺认为"分量太轻"）。《历史哲学论纲》没有发表在杂志上，而是发表在 1942 年研究所油印的合订本《纪念瓦尔特·本雅明》[125] 上。这一文本包含着一系列思考，它们对深入研究波德莱尔具有基础性作用，本雅明打算把它寄给研究所用于讨论，而他的去世则使之成为他留给研究所的遗产。通过发表在

《社会研究学刊》上的文章，本雅明体现了他与阿多诺建立起来的这样一种关系模式，即一方面他们之间有紧密无间的团结，另一方面他们共同对抗作为意识形态批评家的马尔库塞和洛文塔尔。这是两个阵营的对峙，一个是根据美学的现代性经验建立起来的历史哲学阵营，另一个则是在历史唯物主义中使用古典唯心主义艺术观的阵营。

本雅明《拱廊街》的注释涉及的范围很广，对于本雅明来说，这些注释既是一种思考的过程，同时也保存了一些当时更短小的研究。如果我们想要通过考察本雅明的这些注释来追寻他 19 世纪研究的意图，我们就会发现大量无法协调的表述，例如：

抓住（他的同时代人和总体上属于他的时代的）童年世界。[126]

使 19 世纪的虚华达到其临界点。[127]

找到一种能把人们从 19 世纪唤醒的方式。[128]

调查以下这些东西的表现性特征：最早的工业产品，最早的工业建筑，最早的机器以及最早的小商店和广告等等。[129]

把经济活动看成是清晰的、基本的现象，这些现象显示出巴黎拱廊街道上的（因而也是在 19 世纪的）所有生活。[130]

搞清楚从 19 世纪的内部装饰发端的技术之最早的引诱和威胁的方面。[131]

把 19 世纪看作是原初史的最初形式。[132]
表现出深层属于 19 世纪的波德莱尔。[133]

把 19 世纪艺术的历史命运和当代进行对比。在当代，艺术已经到了最后关头。[134]

把越来越多的清晰性和马克思主义方法的运用联系起来。[135]

然而，这些和其他一些规划性的注释有一个共同的出发点：它们要表现出，19 世纪的历史图景作为自发的记忆，在危急时刻是如何展现在历史主体面前的；以这种方式，它们要使过去的这一部分免于传统的物化（reification）；并因此给予当前时代以力量，使之能够把技术改造成人与宇宙进行交流的中介。

本雅明的两个核心观念构成了这种思想的基础。第一个观念与方法有关。从梦想和狂喜的典型经验中，本雅明力图总结出一套超出日常学术研究工作范围的感知方法的原理：即对意识进行冷静扩展的原理。他首先在克拉格斯、普鲁斯特和超现实主义者们那里找到了对这些原则的重要洞见。

1920 年，本雅明写信给路德维希·克拉格斯，询问克拉格斯的文章《论梦意识》的进展情况——这篇文章发表于 1914 年，克拉格斯曾寄给本雅明一份。这组文章实际上并没有完成，克拉格斯不想解释梦的内容，而只是关心梦的形式，即梦中空间与醒时空间、梦中时间与醒时时间之间的特性差异。这一形式分析不仅适用于狭义的梦，也一般地适用于由以下各类刺激引起的梦的情绪：

> 当我们在夜晚的寂静中听到汽车驶过，它的声音慢慢消失的时候；看到烟火渐渐远去，或静静地闪耀的时候；也许，经历了风雨人生，多年以后归家的时候；或者相反，感到异常陌生的时候；……经常乘火车旅行，和另一个人在一个车厢里相处的时候；以及这样一些罕见的情景，在我们筋疲力尽的时候，感到绝望的悲伤和巨大的痛苦的时候，或者刚刚服用了麻醉剂的时候。[136]

克拉格斯强调了梦的三个方面：第一感知被动性——任印象自由放纵，

这只有在摆脱或者冲破感知的传统形式之时才是可能的；第二，远逝感
——这种感觉甚至可以与近在手头的东西联系起来，所以它是一种对距
离的印象；第三，飞离感——可以是看到火车车窗外风景的向后疾驰，
也可以是看到夜晚汽车（它在经过我们之前就已经很难靠近我们了）
的飞驰，或者，是我们通过凋落的叶子、飞腾的烟雾、不断消失的泡
沫，抑或是通过参照百年的树木、千年的金字塔或远古时期的山脉那样
的持续不变的面貌而感受到的自身生命的飞逝。

在 1922 年初版的《宇宙化生的爱欲》(The Cosmogonic Eros) 中，
克拉格斯在考察狂喜的本质的同时，继续讨论了他所称为"意识的沉思
状态"的特性，这一状态与"梦的情绪"几乎相同。

> 一个倾向于做区分的观察者甚至可以把遥远的东西看成仿佛
> 近在手边，并且为了能把对象分成一个一个点去把握，也就是说为
> 了把对象分开来把握而放弃被沉思的形象。相反，陷于沉思之中的
> 人的凝视，甚至是对近旁目标的凝视，则摆脱了所有隐含的目的，
> 因而完全被此目标呈现的形象所支配。至少，这意味着被一种形式
> 所支配，这种形式不在既定的界限之内，而在一个由那些毗邻的形
> 象所构成的整体当中。并不是与目标之间的距离，而是观察的性质
> 决定着它是在近旁还是在远处；没有人可以否定接近的逼真性或
> 距离的鲜活性。[137]

克拉格斯把被作为原型注视的事物里蕴含的距离性称做它们的"灵晕" 199
(aura) 或"光晕"(nimbus)。他所提到的这种距离性就是世界的灵魂，
它首先存在于我们和远古世界之间的暂时性的距离之中。沉思状态
"'使'我们进入'那种无法进入的境界'，进入已经逝去的事物的本源
世界之中，或者……把我们带回到那些早已消逝的事物的'精神'之
中。"世界的命运在启蒙的时刻显明了；对于时空的深邃性来说，任何
曾经发生的和正在发生的事，不管它消逝得多么快，都会从其景象中获
得信息和意义。"[138]

忽视这些景象就意味着忽视世界的灵魂和鼓励人性的堕落。1913
年，克拉格斯为在霍尔·梅斯奈尔（Hoher Meissner）举行的"自由德
国青年"的世纪庆典而写作了论文"人性和大地"，这也许是他最知名
的文章。[139] 其中写道：

> 在中世纪被作为一种苦修而内在地养成的对于各种观念的憎
> 恨，一旦达到了其目的，即摒弃人与大地灵魂之间的联系，就会向
> 外在方面发展。在人类对其他生物的残酷斗争中，人类只是结束了
> 先前被加之于自身的东西：为了那种脱离世界的人类智能的毫无根
> 基的优越感，而牺牲掉了观念的多样性和生命的无尽财富……我们
> 提出，人类的独特性并不在于通过实验去窥探自然，也不在于使自
> 然成为机器的奴隶，或运用自然自身的力量去征服自然。也许现在
> 我们可以补充说，人们本应厌恶这样的做法。树木和泉水，峭壁和
> 树荫，对于他们来说充满了神圣的生命。在高高的山顶上有着神灵
> 的敬畏（这一敬畏并不缺少"对自然的感情"，这就是他们并不登
> 上这些山峰的原因！）。雷雨和冰雹打断了战争游戏，带来了威胁或
> 是希望。希腊人过河时，会请求河神原谅人类的专横，请求给予方
> 便；在古代德国，故意毁坏树木会付出血的代价。今天，一个不了
> 解行星运动的人，把所有这些只是看成是幼稚的迷信。但他忘记
> 了，这些想像性的解释像是树上正在枯萎的花朵，是内在生命的表
> 现，同所有的科学比起来，其中隐藏着更为深刻的知识：这是关于
> 世界创造的知识，并和那种把所有事物联系起来的爱的能力相交
> 织。只有当这种爱在人性中重新生长时，人类智能对人性所造成的
> 创伤才有可能开始愈合。[140]

200　　　1926 年，本雅明就一本关于巴霍芬的书[141]写了一篇评论，其中表
达了对克拉格斯，"这位伟大的哲学家和人类学家"在《宇宙化生的爱
欲》一书中提出的有关衰败的有力预言的敬意。但是，他也批评了克拉
格斯"对现存的'技术的'、'机械化的'世界的拒绝是毫无希望的"，[142]

他看到，这一拒绝来自于一种神学核心，并向朔勒姆强调了对这一神学核心进行彻底分析的必要性。甚至在 1930 年代，本雅明和阿多诺认为急需同克拉格斯及其形象理论进行全面的辩论，以澄清他们各自的立场及辩证想像（dialectical image）这一概念。

对本雅明来说，路易·阿拉贡一定是克拉格斯的衰落预言的一位积极的、现代的反对者。在 1926 年出版的《巴黎的农民》一书中，阿拉贡明确提出要创造一种现代神话。[143] 本雅明在 1935 年 5 月写给阿多诺的信中提到，在他开始写作《拱廊街》时就读到了这本书，"每天晚上在床上只能读两三页，因为我的心跳非常剧烈，直到不得不把书放下"。[144] 在这本书的两个主要部分《巴黎歌剧院的通道》和《自然在比泰—沙蒙公园里的意义》中，阿拉贡写了一个城市居民，在靠近即将坍塌的巴黎歌剧院的路口的破旧的商店、酒吧和其他场所之间游荡。他不会为任何确定的意图而分心，也没有任何目的和兴趣，他发现了"神秘、未知的地方"，发现了"难以关闭的通向无限的大门"，看到了"无限的真容"[145]——这就像那三位超现实主义者所发现的一样，当时，他们在比泰—沙蒙公园的角落里游荡，公园中人工湖上横跨着"自杀大桥"，直通向自然峭壁，他们游荡的地方离游客常去的景点很远，人迹罕至，阴沉晦暗的春日傍晚让他们十分疲倦。"未知的"、"无限的"、"神秘的"、"神话"——文章用这些令人吃惊的词语对一般被认为是贫乏、单调的日常生活进行感人的、动情的细节描绘。这篇文本整篇充斥着对贫困的华丽描绘和对理智的谴责。阿拉贡的方法就是要让现象以形象的形式得以保留，尽管他知道这些形象是虚幻的，尽管他知道这些形象终将在现实面前崩解，可他就是要以在露天市场摊位上叫卖的方式陈列这些形象：

> 一种新的恶行产生了，人类陷入了有组织的混乱之中：那就是黯淡和疯狂之子，**超现实主义**。向前，向前！从这里开始，就是转瞬即逝的王国。
>
> 被从一千零一夜的奇迹和狂喜的梦境中唤醒的人们，会多么嫉妒你，现代的大麻吸食者，因为你不需要辅助，就能产生令人惊

讶的喜悦，一直持续至今，并能使自己拥有这种超越世界的想像力……尽管有优雅干净的双手，但理性和自我保护的直觉，都不能阻止你过度吸食……那种叫做超现实主义的恶行由对药物想像的无节制的热情运用构成——或者说为其自身起见，由想像的无节制的刺激构成……光荣的毁坏！效用性原则变得依赖于所有那些实施这一自负恶行的人。他们的精神将完全终止。他们会看到精神的界限，并同那些被视为空想者、贪婪者的人一起陷入麻醉之中。年轻人会放纵热情投入到这种危险无益的游戏中。这将扭曲他们的生活。[146]

本雅明试图参照利用克拉格斯和阿拉贡等人提出的这类扩展意识的方法。这类方法和普鲁斯特《追忆逝水年华》所运用的文学方法类似，也和普鲁斯特本人使用药物的经验一样，具有反智力特征而且无关于历史和社会现实，并不以解决当前迫切问题为务。但本雅明抓住了这些方法里面的核心，并在《单向街》的结尾首次进行了详尽的论述，这也成了他的一个中心观点。这个观点就是：技术要么在人民大众手中变成表达总体世界欣快经验的客观工具，否则即将来临的便是比第一次世界大战更加可怕的大灾难。这正是要努力辨别的技术革新的负面影响，本雅明相信，这会使人们的洞察力深入到一直延续至今的史前恐怖之中，也会深入到前述建设性倾向之中，这一倾向提出了清除魔力的方法。要么技术变成奴役的工具，要么根本不存在奴役。它能为清除魔力而效力，否则将无法从这些魔力中摆脱出来。

在本雅明看来，当今危机是由"对技术的不当接受"所构成的破坏性后果引起的。这种不当接受突出表现在 19 世纪，因为 19 世纪在接受技术时忽视了如下事实："技术服务于社会只针对商品生产"。实证主义在"技术发展之中"看到的"只是科学的进步而不是社会的退化……而社会民主党理论家当中的实证主义者则没有看到技术的发展使无产阶级越来越难以掌握技术——而对技术的掌握显然被视为越来越必需"[147]。资产阶级以及构成社会民主党的大部分成员的实证主义者们对于技术的观念，基本上都来自《园中凉亭》(*Die Gartenlaube*)^[148]。

> 这个世纪的资产阶级所喜欢的那种舒适安逸究竟是不是源于
> 那种从未对生产力发展有切身体验的某种糊里糊涂的满足感，这
> 的确值得怀疑。而那种经验被留给了接下来的世纪。人们日益发
> 现，交通速度同人们在读写方面的复制能力一样，已经超过了人的
> 需求。一旦技术发展超过自身的界限，其能量就是破坏性的。它会
> 首先用于发展战争的技术，进而用于战争宣传。^[149]

在这些条件之下，技术的产物，甚至直到今天在那些从原型角度把它们
看作神话事件的人们眼中，也显得像各种神秘的事件：

> 在古希腊，人们指出了通向地狱的入口。我们清醒时的存在状
> 态也是一个景象，这里有一些通向隐蔽之处地狱之门的入口，这里
> 也充满了梦境所流动到的那些不明显的地方。我们每天都充满信
> 任地走过这些地方；但是，只有当我们迅速地折向它们，并沉迷于
> 它们黑暗的通道之中时，睡眠才会来临。市镇中错综复杂的建筑，
> 在光天化日之下就像意识一样。在白天，拱廊（它们指向了市镇过
> 去的存在）伸入街道并不引人注意。但到夜晚，在建筑物的巨大阴
> 影中，拱廊的更深的黑暗令人恐惧地出现了，迟到的行人匆匆经过
> 这里，除非我们已经鼓动他穿过一条狭窄的巷道。
> 　　但是，巴黎还有另外一个地下的系统：地铁。这里到了夜晚，
> 灯就开始发出红色的光芒，这些灯指示着通向地狱的道路名称。战
> 斗（Combat）—爱丽舍宫—乔治五世—埃蒂纳·马塞尔（Etienne
> Marcel）—索尔费里诺（Solférino）—荣军院（Invalides）—沃格拉
> 德（Vaugirard），这些名称后面已经不用连着可耻的"马路"、"广
> 场"了，这里，灯光穿透了黑暗，到处都是尖声的哨音，这些名称
> 已经变成阴沟的畸形的神灵，变成了陵寝中的妖精。在这座迷宫
> 里，隐藏了不是一头、而是一打瞎眼的、横冲直撞的公牛，每天早

晨，不是一个周岁的底比斯少女，而是数千位贫血的办公室女性和疲倦的商店职员要把自己投入它们的口中。[150]

这是以寓言的手法对资本主义展开的批判。他清楚地说明，发生于资本主义条件下的祛神秘化并未减弱包围着每个人的黑暗恐怖，而只是压抑着并延宕着这种黑暗恐怖。虽然神话正在失去桎梏心灵的力量，可还是以已衰变了的形式沉入了日常生活的基层，仍然继续强有力地塑造着人们的行为和环境。人与技术之间错误的关系已经导致了日常生活的神秘形式，并进而使人和世界的毁败成为了可能。在这个危机时刻，才有可能回望过去那些阶段（准确地说就是 19 世纪那些阶段），在那个时代，技术似乎还可以打破那些守着自己私人财产的人们的安慰感和乏味的满足感。在那个时代，艺术形式似乎并没有忽视已然成为19 世纪背景的技术发展，而是力图将它们时代的巨大技术装备变成人的真正神经。

从赛格弗里德·吉登（Sigfried Giedion）的著作《法国建筑，钢铁建筑和强化混凝土建筑》中，本雅明为他的 19 世纪原初史观念汲取了重要灵感。吉登的广泛研究从工程开始，并同海因里希·沃尔夫林（Heinrich Wölfflin）一道研究艺术史，一道获得博士学位，他还在国际现代建筑学会的一个重要时期担任总书记，这一学会是由他帮助建立的。这一组织的领导成员是葛劳皮乌斯（Gropius），勒·柯布西耶(Le Corbusier) 和阿尔瓦·阿尔托（Alvar Aalto）。吉登是"新建筑"的热情支持者，在魏玛共和国里，没有其他的组织像这一组织那样，典型地体现出对简洁、透明和建设性的理性的热爱，这些特点本雅明同样也具备。吉登的著作是这样开始的：

> 今天对于我们来说，历史学家的任务……就是：从过去时代的无比的复杂性中，找出那些开启未来时代的因素。
>
> 无论是在哪个领域，19 世纪都把它的所有新的创造隐藏在历史化的面具之下——在建筑领域也像是在工业或社会领域那样。新

的建筑方法被创造出来，但同时却引起人们的恐惧，人们一致同意在石制的表面限制它们的使用……另一方面，我们不能忘记充满了19世纪的**向前的冲力**……当清除了报纸上的数十年的灰尘，可以看到，我们今天的问题在一个多世纪以前就已经被讨论了，并且仍未解决。

　　同时，还可以看到……今天被称为"新"建筑的是整个世纪发展的一个合理部分……**"新"建筑起源于1830年前后的工业革命，当时是从手工劳动向工业生产过程转变的时期。我们根本上很难把我们获得进步的冒险精神同19世纪相比较。当代的任务是：把19世纪那种只能以一种抽象的建筑方式——这在我们看来，在精神上是十分单调的——表现出来的东西，用一种熟悉的方式加以表现。**[151]

　　本雅明想要把这些19世纪的观点同该世纪的产品中魔幻神秘的特　204性结合起来，对这一特性，超现实主义者和像朱利安·格林（Julien Green）这样的作家做过阐释。通过这一结合，本雅明得出了一种19世纪的原初史观念，这一观念指出，新的创造和生活方式，首先是那些由商品生产决定的方式，并没有产生出新的社会形式，也没有带来自由发展，只是取得了一种被物化的文化概念狭隘地限定了和误导了的发展，这种发展同时伴有千变万化的景象。[152]

　　19世纪的大胆创造使自身呈现为千变万化的景象，这一事实使这一时代具有了传奇性。因此，谈到19世纪的原初史，不仅仅意味着让歌德的基因类型概念"脱离开自然的异教语境，进入犹太的历史语境之中"。[153]同时，它还指出了时代的黑暗面，即它的恶魔般的、晦暗的、无法补救的特性。"19世纪的原初史"也形成了世俗启蒙，后者从这段历史传奇性的因素中产生出来，并只能从其中产生出来——例如，每天的新奇感，就使得采光良好的建筑结构成为现实。《拱廊街》的一个注释中写道，"在辩证想像中，尽管清除了神话，但房间仍然用来制造'梦境'。"[154]

在关于某一时代的原初史的辩证想像当中，当前历史连续性的断裂与过去的时代相关，当代所宣称的某种全新的事物也与过去相关。由这种僵局而产生了新与旧之间的关系，本雅明在提到"停滞中的辩证法"时涉及了这一点。这一表述并未涉及辩证法中的僵局，而是涉及了在停滞状态中才开始起作用的辩证法。这是"当前"在事物中的表现，[155] 对本雅明来说，这是辩证的——这并不是像在阿多诺或黑格尔那里那样，是一种转移或突然的变形，而是从同质的时间转变成满足人愿的时间，是历史连续性的断裂，它突破了那种伴随着神秘的冷酷性不断走向消逝的进步，但却没有决定性的方向。本雅明把这些想像称为"辩证的"，认为它们是对过去的记忆，因为它们既不是永恒的，也不是由连续的、同质的事件流程组成的各个瞬间，而是现在和过去之间的瞬间关系形态。[156] 被遗忘和被忽视的过去在现在可以被认识和接受。现在所挖掘出的过去也可以使现在摆脱其自身的限制。

本雅明希望辩证想像，以及对技术的圆满的关系成为可能，而这需要把灵晕已经被破坏的艺术形式与以顺从方式听任艺术作品灵晕被破坏的大众联合起来。他在 1930 年《文学世界》(*Literarische Welt*) 上发表的《巴黎日记》中，描述了对于他的艺术理论发展来说非常关键的经验。书商阿德里奈·莫奈 (Adrienne Monnier) 和法国重要的先锋作家有紧密联系，她反驳了本雅明原先对绘画摄影所持的那种激烈而保守的偏见——决不应该对绘画进行摄影复制。

当我继续把这样一种处理艺术的方式称之为不幸的和令人恼怒的事情的时候，她变得很固执，说道："伟大的艺术品不能被看作是个人的作品。它们是集体性的东西，它们是那么大，因此只有缩小它们的尺寸才能让它们被人们欣赏，这几乎是必然的。机械复制方法则是在尺寸上缩小事物的基本技术。这种技术使人们对作品的掌握程度大大提高，而没有这一点，人们是谈不上欣赏作品的。"因此，我用一张她在我们见面伊始便答应给我的《斯特拉斯

堡的聪明女子》的照片，换回了一种对我也许具有更大价值的再
生产的理论。[157]

在 1931 年《文学世界》上发表的"摄影小史"一文中，本雅明用从
事物的灵晕中解放事物的概念概括了他本人关于对伟大艺术品的化
简、对绘画作品和建筑作品的灵晕的破坏的思想。这篇文章是他那篇机
械复制时代艺术品的文章的先兆。在"摄影小史"中，他以一种更为清
晰的方式，把听上去充满怀旧意味的灵晕定义与他对这种定义必然瓦
解的乐观评论进行了鲜明的对照：

> 灵晕实际上是什么？是对时空的新颖的编织：是对距离的独特
> 的表现或者呈现，而不管目标离得多么近。在夏日的正午休息，描画
> 天际的群山，或者向观察者投下阴影的枝条，直到这一时刻或这成
> 为它们的一部分——这就意味着领略高山、枝条的灵晕。[158]

他接着又谈到当代热衷于通过大量复制方式尽可能地控制艺术作品，
并把这种情形看作是伟大向粗劣下滑的过程，但同时他也认为这有助
于消除令人窒息的灵晕氛围，而灵晕只能以人工制造的方式得到延续。
这里有一个大胆的假设，或者说，有一个乌托邦式的看法：复制技术中
缩减尺寸的效果与一种有益的异化和明晰化（salutary alienation and
plainness）有紧密的联系；先锋艺术家们的观念与人民大众的看法有紧
密的联系。

由维利·哈斯（Willy Haas）流亡布拉格时编辑的杂志《语词中的世 206
界》，于 1933 年末发表了本雅明的"经验与贫乏"一文，本雅明写道：

> 布莱希特是否认为共产主义不是财富的分配，而是贫穷的分
> 配，或者现代建筑的先躯，阿道夫·罗斯（Adolf Loos）是否宣称
> 过"我只为那些具有现代感觉的人写作……我不为那些思慕文艺
> 复兴或者洛可可艺术的人写作"，这些都是无关紧要的。那些像画

家保尔·克里（Paul Klee）一样复杂，像罗斯一样程式化的艺术家，都拒绝那些由过去的存留所装扮起来的人性的传统的、著名的、高贵的观念，旨在转向那些像新生儿那样在褴褛中尖声啼哭的、赤裸的同代人（naked contemporary）。[159]

本雅明对"赤裸的同代人"的描绘表现在他的论文"机械复制时代的艺术作品"和《拱廊街》的各种注释之中。他把建立在复制性基础上的大众与现实、与艺术品的关系描述为这样一种关系——呈现为由梦的感知形式所构成的种种因素。而在有的地方，他断言那些沉迷于大麻的人对类似性有着更敏锐的感受，在后来他那篇论机械复制时代的艺术品的文章中，他强调这一特征与大众有关系。在第一篇讨论波德莱尔的文章中，他认为心不在焉地、仿佛迷失在自己的思想和忧虑之中那般在城市中游荡，乃是成功表现大城市的先决条件（例如狄更斯）。如果大众还没有提供这种大城市的图景，而且似乎现在也不可能提供这样的图景，这也决不能否定如下的假设："在经历过的阶段所构成的暗室中形成的意象"[160]，在大众回想起它们之前还一直未被大众所察知。当本雅明提到集体梦意识时，这个提法暗示了对大众的赞赏，因为在他们当中发生着一些不为人知的事，只有艺术家、哲学家和理论家才多多少少对这些事件的片段有所察觉。当他把街巷当作集体居住地来谈论时，他也就承认了，大众正在以无意识方式实践着他所赞成的新建筑主张——街道和居住地的合而为一。[161] 他坚持认为，大众趣味能够从最落后的反应（如对毕加索的看法）突然转向最进步的反应（如对查理·卓别林的电影的看法），[162] 在这么说的时候也就是在表明，他尊重与有格调的、古典的、严肃或高雅的东西相对的那种伤感而滑稽的东西。可以这样说，以这种方式展现典型特征的人民大众，拥有了一种对过去的知识，尽管这知识可能还只是无意识的知识，[163] 且不关注连续性，但却包蕴那些记录了各种重大时刻的本能记忆的意象。

本雅明寄希望于大众，希望他们能用那些灵晕已被毁坏的艺术形式，即，邻近的、可触及的、能作为消遣和娱乐来欣赏的艺术形式，去

207

取代那些富有灵晕的艺术形式，即，那种有距离的、不可触及的、在某种程度上只能在个体梦境中欣赏的艺术形式。这种取代，就是用某种为了人性目的而能够占有技术的梦意识来取代对技术的那种"《园中凉亭》式的"[164]关系，被这种梦意识支配的技术也就是前卫艺术家在他们的建筑、绘画和人性故事中呈现的技术，它"尽其可能地保存着文化"[165]。

　　是绒毛还是钢铁，是对于历史踪迹的内在散播还是没有任何踪迹的透明状态，是"收藏家或古物专家的行李"还是"新的、肯定性的野蛮概念"[166]——本雅明总是使自己不必要地屈服于这种粗糙的二元选择，难道不是吗？像"经验与贫乏"和"机械复制时代的艺术作品"这样的文章可以同另一些文章，如"普鲁斯特的肖像"、"弗朗茨·卡夫卡"或"讲故事的人"相协调，并进而构成这样一种文本，它将展现人类如何把已成为其重负的财富甩落在后并与之相搏斗的情况，这样做有可能吗？从最低限度之处重新开始，就一定意味着要重新开始与过去同化吗？摆脱被复制的传统，是否真的就涉及要适应那些跨越我们生活路径的事物，就涉及要完全躲过那吹打我们遗忘的风暴吗？[167]本雅明并没有像克拉格斯那样谈论"人民"，而是谈论"大众"、"人群"；不是谈论"想像"，而是谈论"辩证想像"；不是谈论"史前史"，而是谈论"19世纪的原初史"。克拉格斯认为，最高的价值就是感受到史前时期的气息，而本雅明则认为应该是感受到即将到来的黎明的气息。在《拱廊街》的一个注释里，他写道：

　　　　每个真正的艺术品都会有一个独特之处，能够使每位可以投入到这一点上的欣赏者本人感受到一股像是从即将来临的黎明吹来的冷气。从这一点上可以看到，通常被认为与进步没有什么联系的艺术，实际上可以有助于说明什么是**真正的**进步。进步并不在于时间进程的连续，而是在于对这种连续性的阻碍，无论是在家里，或是在其他什么地方，只要有真正崭新的东西让它自身第一次感受到黎明的清醒，进步就在这种阻碍之中。[168]

但是，在本雅明所认为的那种必然会产生出与技术的良好关系的社会关系内部，有那些可以把未来的黎明之风吹入历史连续性的真正的艺术品的地盘吗？可以设想在贫乏、摆脱了灵晕的艺术与对技术的吸收之间建立某种合理的联系吗？本雅明对如下难题——如何使神学—形而上学，历史唯物主义，使自己思想中的神秘主义和政治的这两极进入某种具有说服力的关系——是有所意识的。在更为基础的层面上，这一难题取决于三个基础性要素的正确性以及它们之间的联系。首先，本雅明把如下事实——即使已经被技术普及化了的真正艺术作品，也很难为大众所获得——描述为一种创造性的贫乏。其次，他还阐明了一种"在政治上起作用的美学"[169]纲领能使工人阶级写作和审美先锋派相协调，并能使历史的连续性向未来黎明之风敞开。最后，他指明了人民大众对于新媒体的着迷显示出人们总是愿意利用技术设备的。

欧洲发生的一系列事件，使这个"瓶颈"观念——人类只能携带最少量的行李才可通过——转变对形势的误判，而当时的形势已经越来越失控了。最后，这一系列事件也使得本雅明看待问题的整个方式以及通过联系他那多样的核心主题推断的思路，都显得很不合时宜了。

本雅明的《拱廊街》的大纲计划写六章：《傅立叶或拱廊》、《达古勒或立体透视图》、《格朗维耶或世界展览会》、《路易·菲利浦或室内布景》、《波德莱尔或巴黎的街道》、《奥斯曼或街垒》。拱廊、立体透视图、世界展览会、室内布景作为集体梦境的腐烂的建筑残迹，同作为能够唤醒历史开放空间的景象的街道和街垒相对立，也同能够产生辩证想像的梦意识相对立。但是，本雅明只是进一步阐述了关于波德莱尔的那部分，因为研究所坚持要求，在不久的将来要有东西在《社会研究学刊》上发表。关于波德莱尔的第一篇文章写于 1938 年的夏天和秋天，当时他和布莱希特在斯文堡。第二篇文章写于 1939 年春的巴黎。第一篇文章"波德莱尔笔下的第二帝国时期的巴黎"，包括"放荡不羁的人"、"浪荡子"和"现代主义"三部分，这篇文章被看作是关于波德莱尔的著作中的核心部分，他把这部著作看作是《拱廊街》的缩影。他把第二篇文章——"论波德莱尔的几个主题"，看作是第一篇文章第二部分的另一版本。但实际的情况是，"在这个起初被设想为重写'浪荡子'的讨论中，游手好闲者已经被明确地排除在外"。只有这一部分中的大众的主题被保留下来，并同关于艺术作品和"讲故事的人"的论文中的重要主题相结合。在论波德莱尔的头一篇文章中缺乏使"机械复制时代的艺术作品"具有其特性的那种要素，也就是说缺乏对新建筑学的那种同情理解，在第二篇文章中则连那种同情理解的踪迹都没有了。本雅明从他两年前对电影院常客的观察中所得出的结论，反映在"波德莱尔笔下的第二帝国时期的巴黎"一文中，但只是作为一种回顾性的滑稽模仿。他写道，这些花花公子们"把一种非常迅速的反应和一种轻松的，甚至是懒散的行为和面部表情结合起来"。[170] 本雅明认为这种面相就是波德莱尔笔下扭曲的面部。然而，作为诗人，波德莱尔是现代性的英雄，但他是隔绝于熙攘人群的英雄，这些人群虽则让他感到激动兴奋，可这人群中散发出来的那种气息也使他高度警觉。

209

波德莱尔是现代性的诗人，他自己在1859年创造了"现代性"这个词，他比他之前的任何人都更为敏锐地提出了现代诗人的问题：在技术化的资本主义社会中，诗如何才能为诗？他的诗和他关于诗歌理论的著述给出了答案：现代诗歌必须"足够灵活，足够具有抵抗性，以使自身适应灵魂的热情刺激，适应梦的波动和意识的震惊"。[171] 当波德莱尔享受到由他所诅咒的工业化和他所诅咒的进步所带来的现代社会的特殊气氛时，当他不仅感受到了人性的败坏，也感受到了一种至今在大城市的残破的荒郊中未被发现的、神秘的美——这显示出了在一个没有尊严的时代寻找尊严的努力。

在"论波德莱尔的几个主题"中根本没有"新建筑中的欢乐"或"向大众传递博爱"这样的论题。这篇文章，比第一篇严谨得多、有特色得多，主要研究的是现代性的代价（cost）。本雅明将这个关键性的问题作了："在震惊体验 [Erlebnis] 已成为体验之常态的情况下，抒情诗如何使体验 [Erfahrung] 成为它的基础？"[172] 这类表述。"震惊的形象"现在更多被认为与波德莱尔的"接触大都市的人群"有内在的联系。而这些

"大都市的人群"对于法西斯主义的大众规训过程来说，现在仅仅被描绘为自反的（reflexive）、难以定型的原料。与他以前论述机械复制时代艺术作品的文章不同，摄影现在不再被认为是一件迫不得已必须从中找优点的事，不再被认为是一种机遇，相反，被纯粹认为是一种贫乏的表现："对于双眼来说，绘画是它们永远看不厌的东西，但摄影则像饥饿时的食物或是干渴时的水一样"，只解一时的饥渴。他一度曾寄希望于气定神闲，而现在只提及一种丧失："在关切性的眼光中，根本不会做着白日梦跟随遥远的事物去遨游。这甚至会使一个人在这种任性的堕落中体验到某种快感。"[173] 本文以"虎跃入往昔"忧郁地结束全文：

> 人群因其流动和自身的灵魂而闪烁着让浪荡子感到眩晕的光彩，但这种光彩对于他来说已经日益黯淡无光……由于这些仅剩的盟友都背叛了他，波德莱尔就以一种迎风斗雨式的狂怒向大众宣战。这就是体验 [Erlebnis] 的本性，波德莱尔赋予它以全部经验 [Erfahrung] 的分量。他暗示，现代人的感觉可能为此要付出的代价：在震惊体验中灵晕消解。他因为赞同这种消解而付出了高昂的代价——但这正是他的诗歌的法则。[174]

本雅明在这种黯淡的痛苦中似乎走向了阿多诺的立场，但这种痛苦仍然反映出，他确信，启蒙要么是公开的启蒙，要么就根本不存在，要么只有大众文化，要么根本就没有文化。

霍克海默建议并赞成删去这篇讨论艺术作品的文章的引言部分。本雅明在这里明确提到了马克思的分析和预言方法，他提出，他的工作的目标就是在当前的生产条件下，推进关于艺术发展趋势的研究。同样是霍克海默，根据对历史唯物主义观念的总体思考，建议并赞成缩短关于爱德华·福赫斯的论文的引言部分。诸如"法西斯主义"、"共产主义"这样的表述，被"极权主义学说"、"人性中的建设性力量"之类的其他表述所取代。这些删减的原因同样就在霍克海默留给阿多诺的话当中，他1938年初在伦敦社会学研究所的演讲中提到，"从极其科学的意义上说","没有一个词能够被政治性地解释","甚至要避免像'唯物主义'这样的表述……为此不惜任何代价"。[175] 作为"一个科学组织"或一个科学机构,杂志和研究所必须受到保护,以免"陷入任何政治性的宣传讨论之中"。[176] 霍克海默保留了他自己对于研究所政治和理论定位的根本意见,以便使他能够以一种同研究所相配的方式提出这些意见。

但是,作为本雅明的盟友,阿多诺反对的是本雅明这部作品的哪个方面呢?阿多诺又提出了怎样的观点来抵消他的这种反对呢?这些问题的答案可以在本雅明所说的阿多诺的那些"长信"中找到。那些长信是阿多诺在本雅明写完论卡夫卡的文章之后,也是阿多诺本人在1930年代后半期《社会研究学刊》上发表了他的那些文章之后写成的,专门评论了本雅明的作品。而阿多诺的那些文章本身就构成了与本雅明论文之间的对话。阿多诺的"论爵士乐"、"论音乐中的拜物教特征和聆听的退化"是对本雅明"机械复制时代的艺术作品"的反驳。"论瓦格纳"则可以视作与本雅明头一篇论波德莱尔的文章针锋相对的论文;而本雅明发表在《社会研究学刊》上的论波德莱尔的第二个版本则是进一步对阿多诺文章的回应。

阿多诺的"长信"[177] 清楚说明了诸多最重要的问题。阿多诺看到,211他同本雅明在"核心的哲学论点"上是一致的。在他看来,这由以下事实所构成,他们两人都用一种辩证的结构来整合神话和历史的关系,从而对神话进行了辩证地自我分解;他们两人都基于一种"反"神学,这种思想是从已经获得救赎的观点来看待现世的生活,并把被物质扭曲了的生活要素看作是希望的象征。

阿多诺对本雅明的批评基于三种复杂的因素:(1)在重要问题上,他觉得本雅明太保守,或者太拘泥于神话,缺乏足够的辩证超越性,完全不够辩证。(2)"艺术的祛神秘化"是一种特殊情况下的神话的辩证自我分解,在这个问题上,阿多诺指责本雅明,认为他一方面低估了自治的艺术的技术理性,以及由此而来的灵晕的消失;另一方面低估了日常艺术固有的非理性,以及观众、大众,包括无产阶级的"自反性"特征。(3)另外,他认为,本雅明把一系列的事实看成与历史哲学无关,看成某种"集体性的主观现象",这是一个致命的错误。因此,在阿多诺看来,本雅明无法解释商品拜物教的客观力量,他所运用的非马克思主义心理研究已经危险地靠近了荣格 (C. G. Jung)。这使他无法获得对商品拜物教的正确、全面辩证的分析,也无法令人满意地解释艺术作品的社会协调作用。

当本雅明感谢阿多诺对他的思考抱有强烈的兴趣,并强调阿多诺已经准确理解了他的意图时,这不仅仅是出于一种对他所依赖的、支持他的人的礼貌。尽管阿多诺并没有完全理解本雅明所有的想法,但他确实要比朔勒姆,或是布莱希特,或是其他人理解得更多,正是他以最引人注目的方式进入了本雅明的思想之中,他比其他任何人,都更多地吸收了本雅明的思想。本雅明在谈到他们彼此之间的差别之前,特别强调了两人之间深刻的一致性。这听起来像是哀求,阿多诺在这里看到了本雅明是多么孤独。在大多数情况下本雅明宁愿在私下会面中摆出他们的差别,但在信中谈到的这些差异还是非常有启发性的。总体上说,这些差别表明,与阿多诺的研究相比,本雅明围绕他的中心难题展开的研究要困难得多。无论是大众艺术及其与自治艺术的关系问题还是艺术与社会关系问题,同样,无论是神学与历史唯物主义关系问题还是马克思主义理论阐释能力或其有效性限度问题,本雅明的研究思路要复杂得多。

本雅明在论述他自己关于艺术的论文同阿多诺的"论爵士乐"
(1936 年)、"论音乐中的拜物教特征和聆听的退化"(1938 年)之间的关系时指出,就像阿多诺清晰地阐明了问题的消极方面那样,他试图清晰地指出积极的方面。他提出,这也许不是理论上的分歧,而是正处于研究之中的事物的差异:"要让听觉感知和视觉感知中的革命性转变以相同方式实现,根本没有必要。这也许与这一事实有关:你的文章在结论中希望扭转聆听的行为,这对于那些不能理解马勒的人来说,并不完全清楚。"[178] 在这里,本雅明提出了许多谦恭的建议。阿多诺关心的是彻底的辩证化以及完全地拯救那些物化最严重的东西,他宣布爵士乐和大众艺术是无法拯救的,这就显得有些武断,而且源于一种与本雅明对电影的肯定观点同样片面的否定性观点。在他的"论音乐中的拜物教特征"一文的末尾，阿多诺提出，退化的聆听也许最终会"突然好转，只要艺术与社会一起，可以离开永远同一的路线"，而且继续指出，"不是流行音乐，而是古典音乐创造出了这种可能性的模型"——然后，他提到了古斯塔夫·马勒（Gustav Mahler）的名字。[179] 这似乎也非常武断，并且源自于那种只考虑自治艺术的期望而不关心大众艺术期望的观点——不管阿多诺在最低级的和最高尚的现象中运用了多少辩证法。[180]

本雅明在《拱廊街》的注释中最为坚定地表达了他对这一问题的看法

> 无论多么理想化，我们永远也不可能在更高的艺术形式上赢得大众。只有在某种比较接近大众的艺术形式上才可能赢得大众。显然，问题的难点正好在于，需要以如下方式——可以问心无愧地宣称它就是更高的艺术形式——来创造这种艺术形式。而这一点几乎不需要考虑资产阶级先锋派所散布的思想就可以完成……相比较来说，那些真正不断生长的、有活力的形式，包含了某种温暖的、有益的和最终令人振奋的东西。辩证地看，它们接受了"媚俗"，因此使得它们自身更接近大众，但随后征服了大众。今天，也许只有电影能完成这一任务；至少，它更容易接近这一任务。[181]

这一洞见使本雅明不再到那些根本没有希望找到答案的地方——即，自治的艺术——去寻找答案。另一方面，阿多诺也正好在自反的大众与自治的艺术之间存在的鸿沟中看到了对于后者的挑战，即只要大众是自反性的这一鸿沟就会持续存在——而且，今天在艺术中要做的事，一个合理的社会以后将会当常规来做的事。对他来说，问题不是如何把艺术与大众结合起来，而是如何为使自治的艺术成为这样一个场所——在其中承认社会的重要问题，并有可能创造出一种救赎模型——提供可靠的条件。

阿多诺希望详细讨论这一问题的兴趣，表现在他关于编辑一组

"面向大众消费的艺术（Art for Mass Consumption）"的论文计划上。这项计划想把本雅明关于艺术作品的论文，他自己关于爵士乐的论文，同克拉考尔关于侦探小说的社会理论文章，以及布洛赫和其他一些人探讨诸如建筑和画报的文章结合在一起，同时加上霍克海默写作的一篇重要的导言。它要展现"如何第一次把理论具体地（而不是俄国理论家那种纲要式地）运用到所谓'文化'的当前形式上"。[182] 由于有许多其他计划，这一计划根本未能落实。同许多其他的事情一样，这项计划的问题意识和探讨问题的要求，比后来的出版物所能显示的要强烈得多。

阿多诺对本雅明论波德莱尔的首篇文章提出的批评，除了别的以外，直接针对本雅明采用的方法："把波德莱尔作品中的语用（pragmatic）内容直接归因于他所处时代的社会史的相关方面，尤其一种经济本质的相关方面。"因此他自己的这些文章必然被视为探讨如下问题的模型，即他是如何考虑"通过考察时代的社会经济总趋势"来完成"对于文化特征的唯物主义决定"[183] 这一任务的。

在"论爵士乐"一文中，他以如下的方式着手做这项工作。通过一种可称之为技术性的分析，阿多诺强调了爵士乐的各种特征，特别是它的切分音——这种切分音形式当中恰恰保持了基本的拍子记号。在这种切分音形式中存在着某种幻想性的突破，某种对僵化东西的革新，但这些突破和革新意味着来得太早了。阿多诺把这些看作是爵士乐社会意义的展现。他拓展了这些特征的涵义拓展：把"来得太早"看作是精神分析意义上因忧虑造成的性高潮的提前（premature orgasm）。残损的个体所产生的虚弱的、蹒跚的、纯粹虚幻的突破，被视为集体所具有的那种主导力量的确证。可以把爵士乐看作是对于标准化的商品性所赋予的表面上很个性的格调，看作是一种不得不既发展又抑制自己的生产力的社会的反映。在"论爵士乐"一文的摘要中，阿多诺指出爵士乐乃是一种展现自我向集体屈从的僵化的仪式。阿多诺结合爵士乐的其他特征得出了这样的结论："与此同时，爵士乐维护了对句（couplet）和叠句(refrain)之间关系的原始涵义，并且将这种涵义又一次融入自身当中：把歌手或是舞者当作人牲这种祭品是再合适不过的了，尽管这只是一种替代性的祭品。"[184]

在论述瓦格纳的著作中，阿多诺指出，之所以把瓦格纳音乐的社会意义解释成一种将革命歪曲成简单造反（即弗洛姆所说的顺从权威的那种造反）的背叛，原因就在于它具有那种把革命和退化联系起来的畏缩不前的姿态。这一结论在阿多诺论瓦格纳的书[185]（当时，其中只有一少部分在《社会研究学刊》上以"瓦格纳片论"的题目发表）中是作为美学分析和技术分析的结果而提出来的。但与爵士乐不同的是，阿多诺正好在瓦格纳音乐中各种退化环节中看到了某些好的东西，也就是说，他看到了一种对于自我的并非纯粹受虐狂式的放任：这种自我放任的许多方面指向了物化了的存在之外。但他又指出，控制着瓦格纳音乐的结构法则就是用产品外观掩盖生产过程的法则，因而他认为这种音乐也具有商品特征。其商品特征不仅包括购买者一方纯粹欺骗性的愿望满足，同时也包括了对生产商品的劳动过程的掩盖。[186]

阿多诺的方法并未提供一套在整体的社会和经济过程当中调节文化特征的思想模式。相反，他在讨论艺术品的各个方面之时，才提到那些可以泛泛地说与社会相关的事情。技术分析极端简略，因为基于内容分析、接受历史、传记和社会心理的那些阐释一直纠缠着阿多诺，直到他的概念和主题的整个模板充分完善为至。然而就这些分析本身而言，它们在谈及物化、异化、商品性和反身个体之时浅尝辄止不能深化，这是其消极方面；但不管怎么说，这些分析形成了理智拒绝权威的这样一种思想，这又是其积极的方面。阿多诺在他对于艺术作品的分析中，乐意并愿意向所有的人承认商品和拜物教的特征，并且相信可以证明其中某些东西——当然是指自治的艺术——已经完全辩证地消除了它们的物化。这样，尽管已经诊断出了一种包罗万象的社会祸因，但他仍然可以把自治的艺术描述为已经脱离了这种祸因的东西。

神学和历史唯物主义的功能，以及它们所面临的机会，就像自治艺术和大众艺术的社会功能和面临的机会那样具有争议和尚未解决。阿多诺就本雅明的第一篇关于波德莱尔的论文的主题写信给本雅明说：

> 你同研究所保持一致，对此没人比我更高兴，这也使得你开始推崇马克思主义，你的推崇确实并非是要奉承马克思主义或是你自己。以上帝的名义，只有一个真理。如果你的思想力量以范畴的形式抓住了这一真理，即使从你的唯物主义观念来看，这一真理似乎是不足信的，然而与你用那种你每次接触时手都会产生抵抗的心理禀赋来武装自己相比，你仍然可以通过这些范畴对一个真理有更多的理解。毕竟，这一真理会更多地存在于尼采的《道德的谱系》而不是布哈林的《ABC》(布哈林和布里奥布拉任斯基 [E. A. Preobrazhensky] 的《共产主义 ABC 》）当中。我想，就我个人的观点来看，这个命题没有人可怀疑为是随意而为或调和折衷的结果。与酒税*和文学增刊作家行为的光怪陆离的演绎相比，《亲和力》和论巴洛克的书是更好的马克思主义。这里，你可以相信，我们准备把你理论上的最极端的试验当成我们自己的试验。[187]

在研究所对本雅明的期望中，这显现了一个令人惊讶的转变所带来的挑战。阿多诺最初建议不资助《拱廊街》计划，因为他认为这一计划具有形而上学的特征。但随后，他又非常热情地推荐支持这一计划，因为他认为这一计划摆脱了形而上学，而且它提出的问题和使用的方法都是全新的。他对霍克海默强调说，他在巴黎和本雅明的讨论取得的一个最为确定的成果就是，"他们两人都清楚地看到，必须避免对神学概念的任何明确使用"。[188] 但在与霍克海默的通信中，阿多诺一次又一次地坚持神学主题的理由，并试图证明霍克海默在他自己的文章《论西奥多·海克尔（Theodor Haecker）：基督徒和历史》中，明确使用了神学

---

* 在《拱廊街》计划论波德莱尔的文章"波德莱尔笔下的第二帝国时期的巴黎"里，本雅明曾分析说波德莱尔关于醉酒的名诗《拾荒人的酒》(The Ragpickers' Wine) 是对酒税的回应，阿多诺认为本雅明在这里是对马克思主义社会分析方法的滥用，故有此说。——中译者注

概念——这一使用没有遇到任何有力的抗议。[189] 1938 年，阿多诺已经成为研究所在美国的专任合作者，并可以对霍克海默作为唯物主义者和叔本华主义者的容忍限度做出可靠的判断。也许，他想重新让本雅明（现在正接受研究所的资金资助）认识到，"在最极端的论题中所有的神学内容和文字"都不会考虑与马克思主义理论的任何"外在的类似"。很显然，他在本雅明身上看到了这样一个人的形象，他能像勋伯格在音乐中所做的那样，转回到社会，运用自己具有含蓄的神学和秘密意味的那些材料去创造革命：社会理论领域带有悖论性色彩的革命。

阿多诺认为，与本雅明相比，自己有些方面稍强，有些方面稍弱。一方面，他更加自觉地融合马克思主义理论和神学主题，另一方面，他在神秘思想和神学思想方面显得不如本雅明激进。但本雅明却反对阿多诺赋予他的角色。在谈到阿多诺和格蕾特尔·卡尔普鲁斯（Gretel Karplus）两人赴美之前阿多诺与他的最后一次会见时，本雅明写道：

> 如果说我在那种情况下拒绝从我自己创造兴趣（productive interests）的考虑出发而任由我的思想向神秘方面发展，以致照常进行研究而不考虑辩证唯物主义或研究所的兴趣的话，归根到底这并不仅仅是出于我与研究所的团结或对辩证唯物主义的忠诚，而毋宁是出于我对最近十五年来我们都具有的那种经验的忠诚的缘故。因此，这也是关系到我自己创造兴趣的事情。我并不否认，这些兴趣会时不时地同我原先的兴趣相冲突。在这里存在一种对立，我希望它能存在一千年。战胜这一对立构成了工作中的问题，问题在于如何解释这一对立。[190]

从他作为一名左派知识分子作家的经验和担负的工作来看，本雅明实际上应当比阿多诺更接近马克思主义理论。但他真的更有能力去实践他在《历史哲学论纲》中所写的东西吗？——即历史唯物主义"如果获得神学的帮助，就能很容易与任何人相结合，而据我们所知，这一点在今天被压制和被忽视了"。[191] 在对第一篇论波德莱尔的论文的批评中，阿多诺根据本雅明自己的高标准，正确地要求本雅明，应当再次仔细检查论述商品和浪荡子的段落，"给予最大的关注，尤其要以马克思（《资本论》）第一卷中关于商品拜物教的章节与之对照"。杂志"正确地断言，在这一领域，马克思主义是绝对可以胜任的"，而且，在论述音乐拜物教特征的文章中，他自己也重新表述了关于交换价值的替代物的段落，"同马克思一起去应对无尽的问题，改掉草稿里莽撞的地方"。[192]

但在后来的工作中，本雅明放弃了他对马克思胜任能力的坚持。第二篇论波德莱尔的文章遵循着他从更早的那篇"讲故事的人"总结出来的方式写作。虽说这种方式或许可以被视为向阿多诺所珍视的那种思想趋势的返归，被视为向本雅明那些特有的范畴的返归，但是总体上来说以下特征是很明显的：调和神学和马克思主义学说并不是本雅明真正关心的事情，而且它抑制着而不是鼓励着他思想中核心原创性论题的展开。本雅明在 1940 年 2 月 29 日写给阿多诺的回信（阿多诺在前一封信中高度赞扬了第二篇论波德莱尔的论文，但同时也提出了几点批评）中说："我清楚地想起了 [你] 关于瓦格纳 [的手稿] 的第五章里的那个段落"，

> 可即便灵晕是某种"人性的、但是已被忘记"的东西，它也不一定就是在我的著作中出现的东西。树木和灌木，它们的形象可以被借用，但它们不是人造的。因此，事物中必然会有某些人的因素，但事物不是由劳动创造的。但这里我最好打住。[193]

217

在阿多诺认为由马克思主义思想方式解决了本雅明的一个难题的地方，本雅明却看到了对这个难题的简化，这个问题在其未被删改的形式中仍然是一个谜。

较之本雅明而言，阿多诺在许多方面对这一难题进行了简化。他指责本雅明有保守偏见，但他自己在运用辩证超越性时却太过粗心。他到处贴上"神话的"、"拜物教的"、"物化的"、"异化的"这样的标签，在他

看来，勋伯格圈子的音乐是一个典范，"将对象彻底地辩证化"，相信热烈的、清晰的意识能力。与此不同，对本雅明来说，他曾在1912年所写"关于当代虔敬的对话"一文里的那些东西仍旧非常重要："我们对自然性的那黑暗面的有力洞见"应归功于浪漫主义，"这个黑暗面本质上不是善的，它是陌生的、恐怖的、令人恐惧的、可怕的。这就是说……浪漫主义所发现的就是对慢慢进入我们生活中的那些令人恐惧的、无法感知的和粗俗的东西的欣赏"[194]尽管本雅明比阿多诺更加怀疑意识的能力及其进步，但他同时也比阿多诺更为慎重地评价神话及其被理性征服的能力。

本雅明的不少观念看上去让人有些难以理解：人类通过某种技术形式可以与总体世界相结合；通过大众媒体可以训练人去掌握已经失控的技术形式；通过历史意识可以让未来从过去中绽出。但是关键性的问题恰恰就藏在他所说的这些论域之中，而不在由"负责任的"自治艺术品中"善意理性（benevolent rationality）"的进步所构成的那种纯净化的氛围之中，也不在先锋音乐对于自然的善意支配所达到的那种自然与心灵的和谐之中。让阿多诺感到高兴的是，本雅明在他第二篇论波德莱尔的文章中已经写出了"自反特性（reflexive character）的原初史"，而阿多诺本人自从来美国之后所有关于唯物主义人类学的思考都是围绕这一原初史展开的。[195]但他没看到的是，本雅明也许不会太轻易地同意他的这个说法，因为本雅明和阿多诺一样并不信任自治艺术的善意理性。另一方面，本雅明在阿多诺论音乐拜物教特性的那篇文章的末尾注意到对进步概念的保留性评价，而进步概念正是本雅明本人特别留意的，于是本雅明说："目前，你只是就'进步'这一术语的历史证明了这一保留在过去的合理性。我将从根本上接受它，在其起源上考察它。"[196]

尽管本雅明和阿多诺之间的差异是多方面的，但他们都同意祛魅 218 不可避免，甚至是有益的，而且，重要的是再也不会有什么新咒语会使它晦暗不明了。就目前世界的情况而言，只有在传统艺术的持续衰败之中才存在着机遇。任何无法从这一衰败和祛魅中被拯救的东西，自然也无法从过去被认为——甚至现在依然被认为——是不能祛魅的、完全和谐的或古典特性必须具有的东西中被拯救出来。阿多诺写道:"在'神圣和解的衰败'中,我(以使音乐变得滑稽的方式)看到某种确实积极的东西,我的文章当然与你对复制的研究是有联系的,这种联系比任何时候都要紧密。如果这一点在文中还没有得到清楚表明,我将认为这是个严重的缺陷。"[197]

意识形态的批评家:赫伯特·马尔库塞和列奥·洛文塔尔论艺术

当本雅明和阿多诺在欧洲忙于讨论关于现代艺术和文化之形式和功能的合理观点时,纽约的霍克海默圈子也没有停止唯物主义美学领域内的工作。1937 年,学刊上发表了马尔库塞的论文"文化的肯定性"和洛文塔尔的文章"科纳特·汉姆生:权威主义意识形态的史前史"。[198](此前洛文塔尔发表了关于康拉德·费尔迪纳特·迈耶尔[Conrad Ferdinand Meyer]、陀思妥耶夫斯基和易卜生的文章,而这篇关于汉姆生的文章不仅是洛文塔尔关于资产阶级古典文化系列论文中的最后一篇,而且也是他在《社会研究学刊》上发表的最后一篇文章。)这两篇文章似乎完全没有受到本雅明和阿多诺发表在《社会研究学刊》上的"论音乐的社会地位"和"机械复制时代的艺术作品"之中所提观点的影响。它们既没有反映出应该专注于作品本身及其艺术手段和意义层面的要求,也没有反映出这一事实,即现代主义从 19 世纪中期以来已经获得了发展——现代主义的特性之一就是艺术美化功能的衰退。

洛文塔尔给《社会研究学刊》的这最后一篇文章体现了他本人与马尔库塞的一致性,马尔库塞就高度重视汉姆生。洛文塔尔此文的方法基本上就是阶级社会学和意识形态批判的方法。他区分了资产阶级对自然的感情的较早和较晚的形式。较早的形式是积极的,对人性循序渐进地控制自然充满信心,而这来自于自由资本主义中已经适应了物质进步的大多数领域阶层的乐观态度。较晚的形式是消极的，对显得有些混乱而难以驾驭的自然充满了盲目的忠诚，而这来自于小资产阶级中的受虐狂式的态度：面对垄断资本主义，小资产阶级变得迷惑，他们顺从形势、崇拜权力。在这些介绍性的比较之后，洛文塔尔开始分析汉姆生的小说："汉姆生的作品揭示了那种意识形态"——也就是，小资产阶级的意识形态。洛文塔尔的分析看上去甚为突兀，他指责汉姆生缺乏社会理论上的清晰性因而对社会的非理性持鼓励态度。这一分析在方法论上是成问题的，它不认为汉姆生的小说具有文学特征，只是将其小说当作某个原始权威主义意识形态专家的宣言，而且这种分析只以纯粹的内容分析为基础去阐释汉姆生小说的社会作用。

219

经过这样一种分析，对汉姆生作品的接受只能被设想为对他的后自由主义意识形态的拒绝或接受，而无法被视为多义的艺术作品通过其多样性的意义层面而得到理解的持续过程，也无法被视为批评家可以借以表达他们自己对艺术的一孔之见的批评过程。爱德华·伯恩斯坦（Eduard Bernstein）就汉姆生的《神秘》说过这样的话："即便对话的不连贯，情境的不连贯，整个小说情节——如果还能说那是情节的话——的不连贯不是由作者的平庸和神经质造成的，它们也一定能使读者变得平庸和神经质。"[199] 洛文塔尔援引了"当时仍然坚定的伯恩斯坦"的这一"明确立场"。[200] 在洛文塔尔看来，这一评论表明在这里汉姆生小资产阶级的、原始权威主义的意识形态是被拒绝了的，尽管自第一次世界大战以来汉姆生就被《新时代》捧上了天。伯恩斯坦的这一说法除了表明他更喜欢古典叙事形式，更关注社会意识，以及对他的趣味而言汉姆生太现代了之外，还可以怎么理解呢？而后来《新时代》不再批评汉姆生"空洞的情绪"和"纯粹神经质的刺激"，却转而称赞其小说"对生命和灵魂令人激动的写照"，倘若我们事先没有确认哪些是对同一些小说较早的看法而哪一些又是较晚的看法，伯恩斯坦的说法又可以怎么理解呢？在这儿又有什么可以表明这些说法是对汉姆生同一种后自由主义意识形态的不同反应，而不是对同一部艺术作品里不同意义层面的感知反应呢？在读了洛文塔尔关于陀思妥耶夫斯基的文章后，本雅明问他：

> 这种德国式的接受方式能应对陀思妥耶夫斯基的挑战吗？从
> 这篇文章的角度来看，还能构想其他接受的方式吗？……对我来
> 说——尽管我很长时间都没读过陀思妥耶夫斯基的作品了——这些
> 问题似乎比对你显得更开放。我认为可以这么来想，恰恰在你的心
> 理分析观点所通往的该作品的各个隐秘的角落，可以找到某些催
> 化剂，它们不能被等同于小资产阶级的思想方式。总之，可以这么
> 来想，对一个作家的接受并不必然地意味着要以这个行将消亡的
> 阶级而终止。[201]

他对洛文塔尔对于汉姆生作品的解释也持同样的反对意见。

马尔库塞的论文方式像洛文塔尔的一样，也忽视了艺术本身及其
历史。而霍克海默则认为马尔库塞的论文"非常成功"，[202]并在学刊第
6卷的导言中，把此文形容为研究所工作的典范。"与探讨实证主义的文
章一起"（也就是霍克海默的"对形而上学的最新抨击"[203]），"对肯定性
的文化概念的分析"已经"从共同的讨论中"形成，这种分析以一种肯
定的（positive）方式显示出形而上学的梦想可以通过如下方式在理论
层面得到真正的满足：即，把对形而上学范畴的批判同历史理论的具体
运用结合起来。"这篇文章表明了这种有效的思想方式，尽管实证主义
一直都在威胁要我们完全摆脱这种方法。"[204]

马尔库塞接受了有教养的阶级对文化的经典定义——真、善、美，
并把肯定性的文化定义为西方资产阶级时代的文化，这一时代认为真、
善、美代表着一个包括了所有人的精神的、智力的，或是内在的世
界。[205] 马尔库塞重复了那个源于马克思在《〈黑格尔法哲学批判〉导
言》中提出的最为尖锐的宗教批判的传统主题：通过给罪恶世界提供
一种"神圣的补偿"，真、善、美促成了这一事实，即，现在的世界是值
得忍受的。但是在某些情况下，真、善、美不是产生对现存世界的满
足，而是产生对它的不满，并唤醒希望以改造现实世界，使之更接近于

真、善、美。这也符合马克思极其尖锐地提出过的如下主题：通过实现
[verwirklichen] 哲学来消灭 [aufheben] 哲学。[206] 可以说这些理想是模
棱两可的：它们既能产生满足也能产生不满，既能促使人们接受现实，
又能促使人们意识到现实与理想也许是完全不同的。

　　在他这篇文章的结尾部分，马尔库塞考察了肯定性文化那种法西
斯主义的表面上的超越，并把它和非肯定性文化中的真正超越相对立。
肯定性文化的法西斯主义的表面上的超越，实际上纯粹只是对自我合
理化的那部分构成因素的加强，结果它们既成了人类勇武的表现，也是
对人类蔑视的表现；而在非肯定性文化的真正超越中，美就是指现实的
快乐经验。因此，对马尔库塞来说只有一种选择：要么是资产阶级唯心
主义和法西斯英雄主义的肯定性文化，要么是现实形式的文化的真正
超越，在其中人们将"在火山上舞蹈，在悲哀中欢笑，同死亡嬉戏"。然 221
而在这两者之中，文化都不可能具有自觉批判性。肯定性的文化，它们
表现为真、善、美的形式和灵魂、美、人格的观念，是极端脆弱的、几
乎不可捉摸的构造物。马尔库塞一直认为它是"大资产阶级艺术"，其
典型作用就是一方面对痛苦、悲哀、艰难和孤独加以强化而使它们成为
形而上学权力，另一方面则是对带着来自此世的灿烂色彩的极度幸福
加以渲染。[207] 在这儿不可能有现代艺术中那些因素，不可能有对敌对
社会以不和谐方式进行反抗的那些因素。在马尔库塞看来，那种替代
法西斯主义艺术和文化的选择，因其牢记那些伟大的资产阶级古典艺
术的典范，因而是一种希望在实践中实现那种伟大艺术中所表现的那
些理想的尝试。

　　这样一来，马尔库塞的文章招致了阿多诺的反对。在阅读了这篇文
章后，阿多诺写信给霍克海默：

　　　　关于马尔库塞的文章，你像往常那样准确地估计到了我的反
　　应。尽管我非常高兴地看到，在所有那些比我们承担着更多的学院
　　化"观念史"遗产的人当中，马尔库塞在这篇文章中作出了极大的
　　努力，我的保留意见仍然很多……特别之处在于，你提到了肯定性

的文化概念，而马尔库塞所提出应加以考虑的却是文化的肯定性特征，也就是，文化的内容，而且首先完全是艺术的内容。——我认为他本来可以更深入，而且，如果他能坚持文化概念，关注文化的形成与功能，坚持对把这一功能发展成所谓"文化批评"的方式进行分析的话——换句话说，如果他已经以唯物主义的方式考察了观念史上一个被准确界定的概念，这件工作就更适合他去做了。然而事实上，他现在陷入了那些只能通过极其慎重、甚至极其严格的努力才能接近的领域。他的艺术观念似乎本质上是魏玛古典主义的；我想知道他是怎样解释《危险关系》、波德莱尔、勋伯格或是卡夫卡的。我似乎觉得，他完全没有注意到艺术还有一个完整的、至关重要的层面：也就是说，没有注意到在资产阶级科学无法获得意义上的知识和发现的层面。"生活中到处都是玫瑰"——这种事确实只对第六种形式来说是足够好的。关于不愉快的现实的艺术与关于理想的艺术相对立，这种辩证的对立主题太过浅薄，无法接近明确的艺术效果。这对应于那种惊人的天真，凭着这种天真，他把当代大众艺术的某些感觉主义的方面作为积极的方面加以接受。

222　一旦涉及那些具体现象中的问题，比如纳粹对于文化意识形态的看法，这篇文章就是非常出色的，而且文章也成功地评述了文化衰败和文化拜物教化之间的一致性。

　　但是，正如你所说，它确实"太粗略了"，准确地说，太唯心主义了。例如，这也可以在如下事实中发现：古典主义美学被想当然地当作前提，而没有受到如下质疑：体现古典主义美学的最杰出的代表——我想到了歌德或贝多芬……——所运用的方法是否与赫尔德（Herder）的《关于人类历史哲学的反思》、康德的《判断力批判》或席勒的《审美教育书简》有关；就在艺术之中，资产阶级在理论和实践上的分裂是否无足轻重，也就是说，古典主义美学是不是并未否认在《亲和力》或《浮士德》第二部中实际出现的东西。马尔库塞认为这些都是同样的方式，这一事实表明，他受到了唯心主义的欺骗；无可否认，他很容易摆脱这一点。[208]

尽管霍克海默对马尔库塞和洛文塔尔在意识形态批评中的立场非常感兴趣——毕竟，文章是在与霍克海默保持紧密联系的时候写出来的——但《社会研究学刊》以后再也没有发表他们关于艺术或唯物主义美学的文章。讨论的主题被本雅明和阿多诺所垄断。1938 年研究所（用英文）发表了一份计划书：

> 社会学研究的另一分支已经致力于各种不同的文化领域。研究所的工作来自于这一假说：依据适当的社会理论对具体的科学或艺术作品进行分析，经常可以提供有关社会实际结构的深刻洞察，就像许多领域通过多种多样的人员和资源所进行的研究那样。我们在文学和艺术社会学领域的研究，一直就集中在那些对于欧洲专制世界观（authoritarian Weltanschauung）的传播有典型意义的作品和艺术品上面。

在写这段话——这确实是洛文塔尔和阿多诺的工作——的时候，研究所也为自己在两种阐释艺术作品的社会—理论解释模式之中做选择留有余地。这两种模式一个是指洛文塔尔的研究，另一个则是指阿多诺的研究，前者以资产阶级的文化概念为中心，后者以审美现代主义为中心。但是最终本雅明和阿多诺的立场在社会研究里得到了认可，正是这个立场使审美现代主义在经验上成为了社会批判观念的基础。

弗朗茨·诺伊曼和奥托·基希海默：深度跨学科研究错失的机会

弗朗茨·诺伊曼和奥托·基希海默到纽约甚至要早于阿多诺。他们在逃亡中就已经开始为欧洲的研究所工作了。研究所给这两位学者的待遇，生动地体现了这些特别着眼于跨学科的社会理论研究计划的研究所领导是以何种方式制定并贯彻他们的人事政策的。研究所的领导们并未全力争取专业学科史专家的合作；[209] 他们也从未给作为法律、政府和政治方面专家的弗朗茨·诺伊曼和奥托·基希海默提供过全职工作。

弗朗茨·诺伊曼是政治流亡者，他在伦敦经济学院获得了第二个研究生学位，导师是哈洛德·拉斯基 (Harold Laski) 和卡尔·曼海姆 (Karl Mannheim)，他们在德国和霍克海默同时被从学术岗位上停职。诺伊曼被研究所接纳——或许是由于拉斯基的推荐，或许是曼海姆的推荐——去管理研究所的图书馆，图书馆的所有权已经被转移给了伦敦经济学院 (LSE)，目的是使图书馆能离开德国。

弗朗茨·诺伊曼受研究所之聘处理它的法律事务。但对于霍克海默希望有一个同类研究助手圈子的想法而言，诺伊曼并不是一个合适的人选。直到 1933 年，他还是贸易组织和社会民主党的律师，只是在逃亡中他才成为一个专业学者。他的立场非常接近哈洛德·拉斯基，后者是劳动党首要的改革派理论家。

诺伊曼 1932 年法律博士论文后附的履历开头是这么写的：“我，弗朗茨·列奥波德·诺伊曼，1900 年 5 月 23 日生于卡托维兹。我是犹太人。”[210] 他是西里西亚的卡托维兹的犹太体力劳动者和店主的儿子（卡托维兹现在属于波兰），当时该地属于德国。他在柏林、莱比锡（1918 年他在这里与士兵和工人一起在街垒里作战）、罗斯托克和法兰克福（他在这里和列奥·洛文塔尔一起，成为社会主义学生组织的创建者）学习法律、哲学和经济学。在法兰克福作为实习办事员接受法律训练的时候，他与社会民主党员胡戈·辛茨海默一起工作，后者是德国雇佣法的建立者，是魏玛宪法的创建者之一。诺伊曼主要受到辛茨海默的影响，同时奥地利马克思主义者卡尔·伦讷和奥托·鲍尔也对他产生过影响。诺伊曼持社会民主党的改革主张，并发表了关于雇佣法的文章。他还在法兰克福劳动学院（Labour Academy）任教，并给工会培训班授课。在所有这些活动中，他都是一个非常成功的、清正廉洁的、几乎狂热的工作者，一个既不情绪化也不诙谐风趣的敏锐的逻辑思想家，一个只要有可能就决意寻求社会承认的人。

1928 年，诺伊曼去了柏林。在那里他和恩斯特·弗兰克尔（Ernst Fraenkel）在一起，开始了法律活动。后者和他一样，都是辛茨海默的学生，是犹太人以及社会民主党员，而且后来写了一本关于纳粹主义的重要著作《双重国家》。诺伊曼成为建筑业工会的律师，后来是其他组织的律师，他在莱比锡的国家劳动法庭上出庭，在超过 500 案例中为劳动诉讼提起上诉。他发表了关于雇佣法、工业法、出版法、卡特尔和垄断法的文章，大部分文章发表在工会报纸、社会民主党的学术期刊《社会》(Gesellschaft) 以及其他多少具有左翼色彩的报纸上。他在政治学院就雇佣法发表演说，并参与了赫尔曼·黑勒和卡尔·施米特的研讨班。[211]

在工会的年轻一代和社会民主党的律师中，诺伊曼是最为活跃的成员之一。在强烈的政治和社会运动中，他们由于信仰而坚强，他们被魏玛共和国越来越明显的危机所激励，这些年轻的律师用他们所拥有的专业知识，在魏玛宪法的资产阶级立场和社会主义立场之间寻求妥协，反对对社会主义因素的方兴未艾的抑制。诺伊曼持改革派和法律派的立场。1930 年 9 月，工会杂志《劳动》(Die Arbeit) 发表了诺伊曼的文章"魏玛宪法中基本权利的社会意义"，文章结论是：

> 社会主义宪法法律的中心任务就是发展魏玛宪法第二部分中积极的社会方面，并以确定的形式提出它们……社会主义法学的中心任务就是……对基本权利进行社会主义的解释，以防止它们在资产阶级宪法理论中复活。社会主义政治学的任务就是在实践中实现这些基本权利。当辛茨海默在他的题目中问道，"魏玛——之后呢？"，他接近了共产主义的思想方式，而回答只能是："先试试魏玛！" [212]

1932 年夏天，社会民主党的领导任命诺伊曼作为全党的官方律师。1955 年，恩斯特·弗兰克尔在一次纪念诺伊曼的谈话中回忆说：

> 以那种身份，他作为一名宪法律师，以拼死的勇气，与出版限制、解散会议、逮捕、解雇在任官员的行为作斗争，与巴本（Papen）政府、施莱舍尔（Schleicher）政府和希特勒政府的类似专制行为作斗争。尽管他在政治上处境危险，作为犹太人还受到威胁，他还是坚守在他的职位上，一直到 1933 年 5 月 2 日。1933 年 5 月 2 日纳粹冲锋队占领了阿尔特·雅各布大街五金工人大楼里我们的律师所。在德国要再做什么已属不可能了。我当时和他在一个律师所，我们有着超过 15 年的共同希望和共同努力。他离开我时说，"我已经看够了世界历史。"一个充满荣耀的行业被败坏了，让社会接受雇佣法的斗争已经失败，宪法国家已然坍塌，民主遭到破坏……弗朗茨·诺伊曼身无分文地到了英国。[213]

225　　或许要感谢拉斯基，劳动党的理论领袖，他当时仍以马克思主义的术语进行思考。有了他的调解，诺伊曼才从伦敦经济学院获得助学金，并受到犹太组织的资金帮助。他作为一个失败的改革派和法律派到达英国。1933 年末的《政治季刊》发表了"德国民主的衰退"，这篇文章是他流亡时期发表的第一篇东西，在其中他分析了形势："制度体系在介于资本主义和社会主义之间的基础上被建立了起来，只要没有经济危机的干扰，它就能维持。"而当经济危机到来时，

> 所有反动的政党都致力于一个目标：破坏作为工人解放的宪法讲台的议会民主。他们成功了，因为宪法大纲和实践使得他们很容易做到这一点，因为社会民主党和工会，魏玛体系的惟一的保卫者，被削弱了。[214]

改革派的失败就像自残那样不可避免。

在英国，诺伊曼先是在社会民主党的出版物上以笔名撰写文章，努力鼓励德国本土的反抗者。但是不久他就放弃了政治活动，因为他认为，这只是一种徒劳。这位劳动运动的律师和理论法学家，成了政治和社会科学领域中的一名学者，他正努力去理解已经发生的事。他并没有轻视法律和宪法的作用，只是现在，他在马克思主义关于资产阶级社会政治和经济发展的框架中看待这一作用。

1936 年，诺伊曼在英国完成了他的政治科学的研究，获得博士学位。他的博士论文题目是《法规统治：竞争社会中政治理论、法律体系和社会背景间关系之研究》。这本书在方法论上受卡尔·曼海姆、马克斯·韦伯和马克思很多影响，在内容上受哈洛德·拉斯基的影响，它基本上分为两大部分。第一部分涉及思想史，诺伊曼从如何看待国家的统治权和个体自由之间关系的角度，考察了从托马斯·阿奎那到黑格尔的政治理论。在第二部分中，他重构了 19、20 世纪英国和德国的经济、政治和法律体系之间的关系。这一部分所针对的问题是，在评估法律所扮演的角色，以及在国家统治和个体自由之间进行调解的机会的大小时，我们可以从中学到什么。结论可归为如下两个方面。一方面是合法的功能主义概念：在合法的理论和合法的实践中，最需要思考的是，在通行的经济和政治条件下，一种理论或解释是否履行了一种"进步的社会功能"。另一方面，诺伊曼认为自由宪法国家放弃了某些进步要素，而这些要素是任何严肃对待个体自由的国家的基本构成因素：

> 因此，法律的普遍性、法官的独立性、分权学说，因保护个人 226 的自由与平等而使自己的功能超越了竞争性资本主义的需要。法律的普遍性和法官的独立性掩盖了社会中一个阶层的权力，它们使交换过程可以计算，也为穷人创造了个人自由和安全。所有这三项功能都是有意义的，它们不仅仅是像自由主义批评家所坚持的那样，使经济过程可以计算。我们重复一遍，在竞争性资本主义时期，所有这三项功能都实现了，但重要的是它们之间的区别。如果

有人没有认识到这些区别，而且在法律的普遍性之中，只看到资本主义经济的需求，那么当然他会和卡尔·施米特一起推断，资本主义灭亡时，普遍性法律、法官的独立、分权一定会被废止。[215]

这只是温和的结论。如果自由主义经过垄断资本主义发展到法西斯主义的过程，就像诺伊曼看到的那样，被看作一个维持生产方式私人所有权的统治、连续而有效的转换过程，那么，如何可以设想，能够重新建立那些在竞争性资本主义条件下被利用的、自由政体的旧有的好的方面？在这样的先决条件下，作为具有社会进步性而被保卫的合法的理论和阐释，如何可以想象？如果某种类似于自由宪政国家的体制能够得到重建，而其统治阶级又不敢采取法西斯主义的解决办法的话，也可能存在希望。尽管现在诺伊曼是在社会—理论分析的层面上以马克思主义的方式进行思考，但他仍像他的老师拉斯基那样，是一位政治改革主义者，他的全部希望都寄托在这样一种政治改良的基础之上：即只要重建了宪法条件，就可促进工人运动组织的政治发展。

1936年初，在他完成他的政治科学研究之前，诺伊曼遇到了霍克海默。一到欧洲，霍克海默就访问了研究所在欧洲的办公室，并会见了诺伊曼，后者是研究所图书馆的律师。诺伊曼从他在法兰克福时就记住了霍克海默，但此前一直未引起霍克海默的注意。这次会见之后，诺伊曼则从仅仅是研究所的律师，成为研究所在英国的宣传者。例如，他努力分送《社会研究学刊》，组织关于《权威与家庭研究》的讲座课程。在与霍克海默会见后不久，诺伊曼写道：

> 明天我要和拉斯基一起喝茶。我非常确信，我将获得他对社会研究所和《社会研究学刊》的完全支持。报告见后。非常高兴能在这么多年后重新见到你（或者，是开始认识你），并希望能再次看到你的那些用英语汇集和出版的文章，以在某种程度上清除围绕着马克思主义的意识形态混乱。

227

几天后他写道："拉斯基说他也很愿意以书评或者文章的形式同《社会研究学刊》合作。他保证以各种方式支持研究所，只要它'坚守马克思主义'。"同一年，为避免移民限制，研究所提供给诺伊曼一份雇佣合同，送他去了美国。拉斯基把诺伊曼介绍给了他在旅行期间结识的许多著名大学的朋友。其中有哈佛法学院的教授费利克斯·法兰克福特（Felix Frankfuter），后者是罗斯福智囊团成员，1939年被派往最高法院供职。诺伊曼的第一印象——1952年回忆时，诺伊曼认为这次经验对他是决定性的——就反映出他的观点与霍克海默圈子的观点之间有巨大的差异。

> 我相信留下了三个印象：罗斯福新政、人民的品格以及大学扮演的角色……罗斯福新政向一个好怀疑的德国人表明：自1917年以来就在宣传的威尔逊主义，不仅仅是一种宣传的产物，而且的确就是现实。它表明，一种自卫型民主（militant democracy）能够正好解决那些曾经毁灭了德意志共和国的问题。[217]

诺伊曼在美国大学任职的机会并未出现。相反，他基本上负责研究所的法律和行政事务。他来到美国之前，研究所领导派他去了布宜诺斯艾利斯六个月，处理费利克斯·韦尔（Felix Weil）的一个案件。1936年10月，他从布宜诺斯艾利斯写信给霍克海默：

> 三年来我一直希望能够重新"正常"工作，一旦机会来临，我就不再搞这些对所有人来说都很厌恶的事务。我非常希望能去授课。我还从来没给学生们上过课，以前只给工人们上过。我很怀疑，大学生是否会像德国工人那样对我讲的东西感兴趣。[218]

这里提到的是研究所承担的哥伦比亚大学推广部1936—1937年冬季学期的系列讲座，讲座的主题是极权国家，诺伊曼也是主讲人之一。诺伊曼在布宜诺斯艾利斯负责的案件成功胜诉——对费利克斯·韦尔来说，   228

没有什么比这更让他高兴的了——之后，讲座课程如期进行。

从那以后，他定期为研究所授课，他的课在学生中获得了巨大的成功。另外，尽管他在处理研究所的图书馆事务中并不成功，他仍是研究所的法律顾问。比如，在对研究所的诽谤案中，在研究所与研究所奖学金获得者格奥尔格·卢舍（Georg Rusche）的争讼中，诺伊曼都出了力。他几乎无法从事学术著述。除了一系列书评外，诺伊曼只在《社会研究学刊》上发表过两篇文章（1936 年至 1942 年之间他几乎未在其他杂志上发表过东西）。第一篇文章"资产阶级社会法律体系中法的功能的转变"，[219] 发表于 1937 年，或多或少是诺伊曼那次英语讲座第二部分的简要叙述。第二篇文章"自然法类型"，发表于《社会研究学刊》的短期替代杂志《哲学和社会科学研究》上，则是对他的讲座第一部分的简要叙述。[220] 此外，诺伊曼还写了 1918–1933 年德国工人的社会史，这是对研究所关于工人阶级研究的出版物的导论，同时诺伊曼还忙于不同项目的准备性研究。直到 1939 年夏天他才开始《巨兽》（Behemoth）的写作，后者成为研究所对纳粹主义的主要分析。

研究所于 1936 年为诺伊曼争取到了紧急委员会提供的 "2000 元津贴"，以保证诺伊曼将会成为全职研究员，1938 年的研究所简章，开始把诺伊曼列为全职研究员。然而，像对其他大部分人那样，研究所并未与诺伊曼签订正式的雇佣合同。研究所的领导认为，诺伊曼作为学术外交家、律师和实践顾问，要比他作为长期合作的、具有法律和政治科学资格的社会理论家更具价值。1939 年夏天，诺伊曼感觉到霍克海默和波洛克正在认真考虑削减研究所的"外部成员"。9 月初，他被告知必须在 1940 年 10 月 1 日前离开研究所。稍后，他写信给霍克海默：

> 这个消息令我非常不安，因为我非常支持研究所的工作及其
> 理论基础，因此，要解除与研究所的联系对我来说是非常困难的。
> 在美国的机构中，我的理论态度和政治态度很难维持长期的雇佣
> 关系，尤其是在这里不断增长的法西斯主义倾向——像你总是对自
> 己强调的那样——比以往任何时候都更为严重地抑制了我们这类

人的期望。

早先我并未寻求另一个职位，因为你和波洛克都经常告诉我和其他成员，我是研究所的永久成员。我仍记得去年夏天在伍德兰同波洛克的谈话，当时他告诉我，会为我减薪。在那时，研究所处于非常危急的时刻，他对我说，研究所里的团结是最重要的，而且研究所的永久成员不会被完全放弃。

然而，我在美国的机构中谋求职位同样很艰难，因为在三年半的时间里我一直属于研究所，我一直做着行政工作。这既不符合你的意图，也不是我的愿望。在我被任命时，是你要我成为合作研究者。事情发展得却完全是另外一种情况。我并不怨恨任何人。但是结果我的学术作品非常少。在过去三年半的时间里，我几乎没有任何东西可以向美国的机构展示。就像我已经告诉你的，我试图从某个第三方获得足以支持我在研究所的职位的资金。我已经请求斯佩尔曼基金支持我的雇佣法的理论基础的项目，我还要向古根海姆（Guggenheim）申请一笔年金以支持我对自然权利复兴问题的研究。所有这些论题都已经引起有关组织的特殊兴趣，并予以接受。我为关于法西斯主义的理论和历史基础的研究所做的准备性工作，在过去的几个月里已经有了相当大的进展，我希望我能找到一位出版商。

另外，我已经设法去争取美国大学的职位。尽管对我来说非常困难，我将利用所有的关系以获得任命，减轻研究所的资金负担。如果情况需要，我将接受波洛克的建议，年内去华盛顿或其他大学。

但是，如果我的所有努力都失败了，如果你能考虑到我所提出的情况，考虑到我的人事职位，从而改变你的决定，我会非常感激你。[221]

结果研究所做出让步，延期解聘，延期到1942年底。在此期间，诺伊曼完成了他的《巨兽》。这部著作成了他离开研究所进入成功职业生涯的通行证。

　　研究所的领导对奥托·基希海默采取的政策像对诺伊曼采取的政策一样奇怪，尽管这两人的情况非常不同。基希海默在流亡巴黎期间，通过时间长短不一的研究合同，进入了由国际社会研究协会支持的年轻学者的流动圈子。这些合同，部分是用来帮助年轻学者进行深造，部分是用来保证独立的学术工作得以开展。

230　　"他是一位优秀的青年知识分子，但对实践政治最终的确不感兴趣"，这与弗朗茨·诺伊曼恰好相反——这是奥托·苏尔的妻子回忆魏玛共和国的最后几年时对基希海默的评价，当时弗朗茨·诺伊曼、奥托·基希海默、恩斯特·弗兰克尔以及其他左翼律师经常到苏尔的家中拜访。[222] 奥托·基希海默 1905 年 11 月 11 日生于黑尔布劳恩的一个犹太家庭。1924-1928 年，他先在明斯特学习哲学和历史，接着到了科隆、柏林和波恩，在马克斯·舍勒、卡尔·施米特、赫尔曼·黑勒、鲁道夫·斯门德 (Rudolf Smend) [223] 等人指导下学习法律和社会科学。1928 年，他在卡尔·施米特指导下获得博士学位，博士论文题目是《社会主义和布尔什维主义的宪法理论》。[224] 这是对施米特的魏玛议会民主批判的左翼激进回答。基希海默在其中看到了现代规范民主的典范。由于在现存的各种力量之间总是有着精确的平衡，彼此冲突的阶级最终获得了这样的默许："只要存在平衡，选举和偶然的大多数就能决定谁上台。"对政府权力也进行了精确限制，以使"那些认为他们控制了国家事务的人……发现他们受法律过程的制约"。[225]

　　像诺伊曼一样，基希海默也是社会民主党的成员，但他属于其中青年社会主义派别，相反诺伊曼属于中间偏右的派别。基希海默的博士论文清楚地表明，他鄙视社会民主党对议会民主和宪法的尊敬，追慕布尔什维克的立场，他用施米特的统治权和敌人的概念指出该立场的特点。在基希海默看来，社会民主党相信"双重发展"，相信资本主义经济会随着人性教育的进步而一同进步。但是列宁已经用全面、总体斗争的学说取代了这一学说。社会民主党人迷信国家，这种国家无非就是靠某个确定的敌人而得以界定自身的主权国家或曰宪法国家。然而，布尔什维克的俄国，不仅仅是一个国家：它宣布阶级是一种主权权力，因而支撑起了世界革命这个有直接效果的神话，这一神话绝非什么理性乌托邦，它还具有一个至尊的专政概念和一个绝对的敌人概念。

完成了法律学习后，基希海默成为埃尔富特和柏林的普鲁士法庭的一名职员。同时，他 1930 年前就在工会学院授课，在论述魏玛共和国的宪法法律和宪法状况的犀利文章和著作中表达自己的观点。对诺伊曼和他在柏林的社会民主党同伴恩斯特·弗兰克尔、奥托·卡恩·弗莱文特（Otto Kahn-Freund）和马丁·德拉特（Martin Draht）来说，重要的是利用魏玛宪法提供的可能性。但对基希海默来说，重要的是理解，宪法不是一个机会而是一个陷阱。宪法模糊了这一认识：获得宪法保证的资产阶级财产的利益要高于获得宪法保证的工人阶级需求的利益；它削弱了工人实现需求的意愿；当统治阶级恢复它们的权威时，宪法鼓励对事件的消极考察。

《魏玛——之后呢？》（1930 年）[226] 是对社会民主党人的紧急警告：当他们坚持宪法和议会，把全部力量投入其中，而这时统治阶级早就使自己不受宪法的约束了。他们正在利用由宪法的双重性和阶级力量的暂时平衡所造成的官僚政治的繁荣。基希海默认为，认为有可能通过宪法改革，即通过使已经恶化的状况规范化和合法化而阻止衰败的希望是完全错误的。在 1929 年基希海默就提出了这样的问题，每次大选结果一再向德国资产阶级表明：为什么绝大多数大众并不真的希望有利于资产阶级的条件发生改变，但他们却拒绝现有的宪法立场并为了资产阶级专政而斗争。基希海默的回答是，资产阶级"希望革命——因为他们在决断性的一刻，所缺乏的就是终极安全和最终确定性"。他们所希望的就是"为了资产阶级政治的目的，对国内的所有力量进行绝对可靠的集中和控制"[227]。

在《剥夺的界限》（1930 年）[228] 中，基希海默出色地说明，魏玛宪法所保证的基本权利怎样一点一点地被法律判决和法律力量暗中破坏，宪法中的旧的资产阶级要素怎样把其他要素排挤到一旁。魏玛宪法中的平等原则和关于剥夺的条款——许多社会主义者希望用它们使资产阶级国家合法地发生彻底变革——已经被德国最高法院变成了私人资本主义的保障。基希海默在这里表现的批判敏锐性可以与霍克海默在《破晓与黄昏》格言集中的那种敏锐性相提并论。基希海默以此敏锐性从历史和社会学角度勾勒了法律机构及其作用方式何以发生了改变，并以此为背景分析了资产阶级宪法国家的反社会的复兴。

那些明显成为经济上更强大的阶级的累赘的法律，在正义的名义下被武断抛弃，这并不符合魏玛宪法。显然，满足对正义的要求的这种明显的非正义，就包含在魏玛宪法的社会体系中。显然，当平等被认为是一种实质价值时，必须认识到，在社会平等创造出条件，使法律能够真正平等地运用于所有人之前，法律面前平等的原则仅仅是一项纸上的权利……一个宪法国家会创造某些外部条件，无论好歹，会用它们控制个体或单个的阶级。它只能那样做。例如，它会确保，一个有钱人的儿子，骑摩托车三次违反交通规则并与警察发生冲突，会像一位有四个孩子的司机一样，被吊销驾驶执照。这一事实，一个人失去了一种形式的欢乐，另一个人却失去了他的生计，在法律看来是毫不相干的。就在社会平等必须开始的地方，宪法国家无所作为，听任事情或许是永远处于不完善中。使法律面前平等的原则进入资产阶级宪法秩序已经消失的世界中，就是以平等自身的名义禁止平等。[229]

然而在这里他坚持"感觉"和"意图"，可另一方面他又断言宪法是惟一可以获得支持的阶级力量，他没能避免这个绝望的悖论。但是他确实认为，十年来，工人阶级的力量在不断削弱，而统治阶级的力量却同时不断加强，并部分地以一种新的方式获得重构。

在他最终的政府机关考试后，基希海默定居柏林成为一名律师。像其他社会民主党的年轻律师一样，他经常参加赫尔曼·黑勒和卡尔·施米特的研讨班。在纳粹上台之前，基希海默和他的同事纳坦·莱特斯

(Nathan Leites) 发表了对卡尔·施米特 (Carl Schmitt)《合法性与正当性》的全面批判。基希海默明确表示，他并不认同施米特的如下信念：民主在多样化的社会中根本行不通因而必须予以摒弃。他是不是也因而抛弃了他早先和施米特对非主权 (non-sovereign) 国家共有的蔑视呢？施米特想的只是卢梭有关极端民主的思想和议会讨论这种理性乌托邦，目的在于用使这些观念变得可笑的现实来比照这些观念，目的在于取消这些观念，目的在于让这些观念与民主的所有形式和解决政治难题的理性方式一道变成荒谬，基希海默清楚地看到了这一点吗？基希海默的立场已经变得模糊了。这一批判以一种逃避性的看法结束：重要的是考虑到"宪法发展可能性的丰富性，而这一丰富性并不来自于宪法领域自身，而是来自其他领域"。"情况似乎是，宪法理论只能通过对某种为期尚远才能出现的普遍性质的综合表述，因而也只能通过与几乎涉及所有社会领域研究的其他学科的紧密合作，才能为这些难题提供解决。"[230]

　　1933 年夏，基希海默去了巴黎，主要从事由伦敦经济学院资助启动的刑法研究。1935 年他以"赫尔曼·塞茨 (Hermann Seitz) 博士"的笔名发表了一本小册子《第三帝国的国家结构和法律》。[231] 这本小册子被伪装成"今日德国"系列丛书的第十二册被偷偷带入德国。而这套丛书的编辑就是卡尔·施米特。施米特当时追随获得胜利的纳粹，成为普鲁士政府的议会议员，是德国法律学会的成员，还是保护法律国家社会主义联盟大学教师团的国家领导团的成员。[232] 这本小册子引起了《德国法学报》的厌恶性反应，这学报也是由卡尔·施米特担任编辑。该学报认为这是试图暗中破坏德国争取国际理解的努力的"恶意煽动"，正无望地挣扎在两难境地之中，试图"同时使用共产主义——马克思主义和自由资产阶级的宪法论据，以反对对法律体系的国家社会主义重构"。[233]

基希海默受研究所资助的中心研究论题是刑法和法国宪法。他为《社会研究学刊》写了关于许多法国书的书评。1937 年，他也开始想办法去美国。霍克海默为此写了一封信，就像他在前几年为诺伊曼提供的雇佣合同一样，旨在于配额之外帮助基希海默去美国。这封信（原信是英文）说：

> 我们的诺伊曼博士从欧洲回来，报告说您有意在不远的将来在纽约加入我们。我们为您的决定而高兴，同时希望能早日欢迎您的到来。
>
> 诺伊曼博士已经告诉您，现在我们不能为您提供全职工作，但在大学暑假之后，我们将考虑给予您全职工作。因此，我们相信，在至少一年时间里，我们会邀请您作为兼任的合作研究者，薪水每月 100 美元，从您到来的时候算起。[234]

从 1937 年冬天到 1938 年夏天，基希海默一直忙于修改格奥尔格·卢舍 477 页的著作手稿《劳动力市场和刑罚体系》(Arbeitsmarkt und Strafvollzug)。这部手稿是研究所从 1930 年代就开始资助的、由卢舍主持的研究项目的成果。卢舍凭借 1930 年在《法兰克福报》上的文章"监狱暴动还是社会政策？"[235]，引起了霍克海默和波洛克的高度注意。1933 年，卢舍论"劳动力市场和刑罚体系"的一篇文章作为他的研究中期报告发表在《社会研究学刊》上。[236] 研究所称之为审查员的两名美国犯罪学家建议对此文进行修改，尤其是关于美国感化院体系的批判性段落。卢舍当时已经去了巴勒斯坦，他答应很快组织这些段落，但是直到 1937 年夏天卢舍再未提起此事。基希海默认为非常必要的费力的修订工作，结果却导致了有关版权的诉讼，诺伊曼在此次诉讼中代表研究所的利益作法律辩护。

1939 年，卢舍和基希海默发表了《惩罚和社会结构》——这是研究所自《权威与家庭研究》以来发表的第一本学术著作，并且是用英文首次发表。在前言中，霍克海默称这本书是研究所出版物的"新美国丛书的开端"。在专论 20 世纪情况的那个章节中根本未提及东道国美国的情况，而根据序言和导言，美国的惩罚体系由基希海默写作。很明显，这234 是过分谨慎的结果。在其他方面，基希海默可能还增加了法律和政治内容，以适应新的标题《惩罚和社会结构》，这比原来的标题更具综合性。在定稿中，尤其是在基希海默用统计数据在很大程度上支持他的论据的那些章节，这本书表明，惩罚政策对犯罪率没有影响，而且，旨在阻止的严厉政策和旨在进行人的品格改革（character reform）的温和政策，都不能使人们适应无法忍受的条件。而且，本书作为整体借以展现其材料价值和历史方法的那部分说明，犯罪的性质和程度以及监狱政策的范围完全取决于社会秩序，而现有社会秩序是敌对性的，只有改变其经济和政治形式才能改变其敌对性。本书得出的结论是：

> 只要社会意识还不能理解刑罚进步进程和普遍进步之间的必然联系并以这一理解指导行为，刑罚改革的任何进步的成功都将是可疑的，而且如果失败，就会把失败归因于人类天性的邪恶而不是社会体系本身。不可避免的结果就是回到那种悲观的学说，即人类的邪恶本性只能通过把入狱标准降到自由阶级的最低标准之下才会得到驯服。严厉的惩罚和残酷的处置也许会无数次地被证明是无效的，但只要社会无法解决它的社会问题，人们通常就会接受这种不费力的方法。[237]

这本书在理论主张上是温和的，并从总体上避免了精神分析的思考方式，因此，它几乎没有给霍克海默留下任何印象，后者表述冷淡的前言证实了这一点。这件徒劳的工作并没有给予基希海默任何发展他自己才能的机会。他仍是研究所的一名兼职合作者，承担着经济统计的任务，要么就是——比方说吧——被波洛克要求去编卡片索引。他也辅助费利克斯·韦尔进行研究——韦尔有时为研究所去哥伦比亚大学推广部上讲座课并参加研究所"内部"讨论会。1939 年 8 月霍克海默因没有基希海默的地址（这是在假期），就致信诺伊曼，要他通知基希海默，"我将高兴地支持每一项挽留他的措施。他在这里期间，我已经认为他具有出色的学术能力。"[238] 这种自相矛盾的态度产生的结果，非常类似于随后在诺伊曼那里发生的结果。基希海默被研究所任意使用但拿的钱却非常少，而且没有固定合同，但却从霍克海默那里获得了自信，同时不断地从霍克海默那里获得工作推荐和津贴申请推荐，尽管多年来这些推荐无一成功。

　　基希海默的三篇文章发表在 1940 和 1941 年的《哲学和社会科学研究》上，由于战争爆发，《社会研究学刊》停刊近一年后在美国以英文重新出现，《哲学和社会科学研究》这份杂志就是《社会研究学刊》的继续，在霍克海默看来，它只是对本应尽可能再次抛弃的学术体系的让步。在魏玛时期，霍克海默没有注意到基希海默的光辉，而在美国，基希海默没有机会证明自己的光辉。霍克海默在基希海默所写的那些文章中看不到自己迫切关心的理论的任何运用，这更加确证了霍克海默对学刊的看法。

　　1940 年夏天基希海默发表的文章"国家社会主义德国的刑法"强调，法律体系从一个独立的国家机构转换成一个行政性的官僚机构，这是自 1933 年以来德国司法体系所发生的影响最为深远的转变。然而，这一官僚机构司法领域已经被行政权威在数量上的巨大增长严格限制了，后者有它们自己的刑罚惩罚的权力。

　　基希海默的"政治妥协的结构转型"，发表在杂志 1941 年第二期上。先是纽约的阿多诺，然后是洛杉矶的霍克海默，他们都试图以出版物的形式刊出该文。基希海默为此在 1941 年 10 月致信霍克海默说："请允许我借此机会向您为通读我的文章而付出的巨大努力表示衷心的感谢。您的修改使主要观点得到了更好的表述；我希望我今后的作品也能从您的关注中获益。"[240] 自由主义，其特征是，把钱作为普遍的交换媒介使用，在个别议员和政府、议员和政府之间谋求妥协，它之后是"大众民主"，其特征是，存在能同政府竞争的中央银行，在统治集团、资本、劳工以及它们的附属组织之间缔结自愿的契约。在基希海默看来，法西斯主义，作为前两个阶段的继承者，已经使自己成为一个系统，这在以下事实中得到了证明：在一种极端的形式中，个人权利被并入集体权利，而这一点被国家所认可。因此，国家获得了对劳动力的垄断，而国家权力也伴随着工业的私人垄断。"因此，组织卡特尔的过程就在私人权力和公共组织的合并中达到了它的逻辑终点。"然而，只有通过法西斯主义的领土扩张计划，那些妥协中的不同的合作者——垄断者、军队、工业、农业以及党派官僚政治的不同层次，它们的利益才能具有一个公分母。[241] 基希海默论述政治妥协的文章和波洛克的"国家资本主义"发表在杂志的同一期上。[242] 基希海默的文章之所以被收入这一期之中，只是因为在霍克海默看来"它的材料可以丰富"本期杂志的论题，而如果放在下一期里就不那么合适了。霍克海默并不认为它对"国家资本主义"这一论题而言是"根本性的"，也并不认为它是代表研究所的立场的研究成果。

基希海默的第三篇文章"国家社会主义的法律秩序"发表在《哲学和社会科学研究》1942 年的最后一期上。[243] 该文是他在 1941 年圣诞节前承担的研究所为哥伦比亚大学推广部开设的系列讲座的讲稿。其中心论点是，个人被社会分化和国家官僚机构所监视，集体的官僚机构的权威同政府给予它的行政责任的数量在不断增长。这些论点通过如下评论而构成了本文的高潮：某种形式的技术理性控制将变得无所不在，这种理性只对拥有权力的人而言才是"理性的"。

若没有基希海默这样材料丰富、以普遍观念和概念为中心的研究，社会理论就不可能获得进一步的发展。甚至霍克海默也无法想像没有这类研究情况会是什么样的。可是，霍克海默同其他专家在社会理论方面合作的愿望和能力，以及在经验性专门学科研究中进行大范围合作的愿望和能力，都是不足的。他无法抵抗的诱惑是，他可以通过忽略对具体材料的（与抽样分析不同的）系统分析而摆脱这一挑战。最终，他的轻视占了上风。他和基希海默的关系从来都只是一种临时性的相遇，冷淡而有礼貌。

阿多诺、拉萨斯菲尔德和普林斯顿广播研究项目

1937 年 10 月，斯泰凡·茨威格（Stefan Zweig）邀请阿多诺写一本

关于勋伯格的书。不久以前，阿多诺为一本意外获得成功的关于阿尔班·贝尔格（Alban Berg）的书写了其中大部分，而这本关于勋伯格的新书也将由同一出版商出版。阿多诺10月19日致信霍克海默问道，"你觉得怎么样？"多年来他一直在考虑写一本关于勋伯格的书。1936年2月到4月，阿多诺利用做他的主要工作——论爵士乐的文章和论胡塞尔的书的主要部分——的空余时间，完成了关于贝尔格的那本书中他所承担部分内容的写作。由于有了关于这一问题的细致研究，因此有望在两年的空闲时间里写完关于勋伯格的书。

237

> 最终我确信，一旦我写出一本关于勋伯格的书，它将是非常重要的——这也表现在它的内容方面［也就是说，除了研究所从中获得的良好的宣传效果外］。正如你所知道的，我倾向于从弗洛伊德和卡尔·克劳斯的观点来看待勋伯格的成就，并且，以同样的感觉和同样的资格，把他的目标看成是我们自己的目标。阐明这一点将是这本书的主要任务。[244]

写下这些话时，他正忙于写作论瓦格纳的书、论胡塞尔的书，并在为获得牛津的博士学位作准备。

第二天，10月20日，他就收到了霍克海默的电报："你到美国的可能性即将出现如有兴趣可以兼职两年进行普林斯顿大学新广播项目每月保证400美元定期确定即告我……祝好霍克海默。"在霍克海默发出邀请时，阿多诺在几个月前就已经首次到了美国，度过了六月的几周。他两天后发电报答复说："高兴并原则接受去普林斯顿工作希望即刻去困难是18个月的协议……和从德国搬家望尽快回电祝好泰迪。"很显然，阿多诺认为他获得博士学位是非常轻松的事，而且获得这个资格对他来说无足轻重。通过接受霍克海默已经交给他的工作，阿多诺并没有完全坚持最初的想法：如果在研究所或是大学有一个全职岗位，就从英国去美国。但是他不确定，是否有一天他会完全失去他父母的资金供应，是否会爆发战争，这种不确定使事情变得紧迫——尽管他和霍克海默都认为，西方民主和纳粹德国，都是资本主义的傀儡，不会发生相互战争。霍克海默鼓励阿多诺说：

> 同拉萨斯菲尔德的研究项目的合作，不仅提供了某种资金保证，而且也提供了一种途径，使你能同学术圈子和其他对你重要的圈子开展接触。当然，不用说，我们愿意你在我们中间，另一方面，希望你为你的生活争取到充足的物质基础，你理所当然应该追求这种物质基础，而且即便你不只依赖研究所也可以获得。我确实认为，对你和格蕾特尔来说，过真正的上层阶级生活的机会就在美国。[245]

拉萨斯菲尔德给阿多诺介绍工作，不只是要报答研究所，因为他知道研究所想送阿多诺去美国。他非常想与他十分尊敬的、在《社会研究学刊》上发表"论音乐的社会地位"一文的这位富于见解的作者成为同事，并与之进行合作。一旦阿多诺同意，拉萨斯菲尔德将迫不及待地同他一起开始工作。

> 亲爱的魏森格隆德博士：
>
> 在最后的几天里，我和我的合作者讨论了我们希望从您和我们在一起的未来的工作中获得什么。请让我告诉您一个扼要的观点，以便我们能在您来这个国家之前就可以就此观点开始通信……可以说，我想使音乐的部分成为"欧洲方式"的猎场。我说这话要表达两点意思：其一是指对所研究的问题持更理论的态度，其二是指对技术进步工具持更悲观的态度。
>
> 尤其是第一点，我希望能引起您的注意。我们的项目确实是经验研究。但我和您一样相信，通过广泛的、初步的理论思考，对事实的发现能够获得极大改善。例如，我看了您发表在研究所刊物上的文章之后对情况有了如下理解：这正是我们希望从您那里获得的东西，但它必须在两个方面得到推进：

（1）针对经验研究问题；

（2）针对这一领域工作的实际执行。

拉萨斯菲尔德要求阿多诺给他寄去阿多诺本人认为特别重要的问题清单。

> 我有意没有给你任何在广播和音乐领域里我自己已经形成的具体问题和观点，因为我认为，让你以不同的方式思考，同时不受我们的影响，这对我们来说更有益处。[246]

阿多诺从他的立场强调说：

> 我的理论态度并不厌恶经验研究。相反，"经验"概念，在准确的意义上，正在越来越接近我的思考的核心……在理论和经验研究之间有一种相互关系，我们称之为辩证方法……我认为，音乐在广播上经历着某些质的变化，这为对音乐的感知提供了一个全新的基础。[247]

必须首先对生产进行分析。必须"搞清楚，并确证这一事实，广播中音乐现象之技术性质代表着其社会意义的关键"。一旦对生产的技术分析理解了"音乐广播的图示性"和其他可能的特性，"就可能发展出分析它们与听者的'相互关联'的方法"，他给拉萨斯菲尔德写了一封六页的信，信中所有观点都围绕一份16页的《问题和论题》大纲，大纲同样富于见解。在《问题与论题》的15点讨论中，他勾画出"广播的辩证理论"和"广播的社会理论"的出发点，并批评广播的现有形式抑制了广播所包含的进步趋势。

带着些许的吃惊，拉萨斯菲尔德在回信中强调：

> 我也同意你的观点，这样一种方法首先需要理论分析，也许必

239

须从对音乐生产的分析开始。这恰好可以作为开展任何研究之前进行理论分析的根据地，我期待你来这里开展这些研究。另一方面，我们必须认识到你最后一定要落实到对听者的实际研究上，尽管在很多情形下，仅仅由于时间原因我们不得不停止对于理论问题的表述，对于回答听众的技巧的讨论。[248]

此时阿多诺已经完婚。阿多诺夫妇再次去圣利摩度假，并遇到了本雅明，后者住在前妻的客房里。阿多诺夫妇要在那里度过三到四周的自由时间。1938 年 2 月 16 日，阿多诺一家从卡普兰（Champlain）前往纽约。2 月 26 日，阿多诺和拉萨斯菲尔德就将要展开的工作进行了第一次讨论。现在阿多诺是普林斯顿广播研究项目的音乐部分研究的负责人。普林斯顿广播研究项目的全称是"广播对于各类听众的实质价值"。

负责这一项目的两个领导是心理学家哈德莱·坎特里尔（Hadley Cantril）和弗兰克·斯坦顿（Frank Stanton），前一位同他著名的同事戈登·阿尔波特（Gordon Allport）几年前就写了一本关于广播心理学的书，后一位当时是哥伦比亚广播体系（CBS）研究的领导。两人为该项目写了最初的草案，借此草案，普林斯顿大学在 1937 年获得了洛克菲勒基金相当可观的资助：在两年期间提供 67000 美元的资助。罗伯特·林德热情推荐拉萨斯菲尔德担任研究首脑的职位（薪水是他难以置信的，一年 6000 美元）。在一封他为拉萨斯菲尔德提供职位的信中，坎特里尔写道，"我们试图最终确定，广播在不同类型听众的生活中所扮演的角色，在心理学上广播对人们所具有的价值以及他们喜欢广播的不同原因。"[249] 坎特里尔和斯坦顿认为，需要两年的时间发展一种方法论，在接下来的两年多的时间里，用这一方法论获得"最后的答案"，为此他们希望（准确地说，最终）获得额外的资金。

拉萨斯菲尔德在内瓦克他自己的研究所内成功安排了这一项目的实际管理工作。这个小研究所的整个预算不及广播研究项目的三分之一，因此，它获得了一份巨大的合同。在拉萨斯菲尔德自己给坎特里尔

240

和斯坦顿的备忘录中,他写道,"我们认为自己本质上就是服务组织,它并不设定目标,而是希望帮助选择和实现目标。因此,我们的研究计划就只能这样,我们的结果要适合实际政策的多样性。"在备忘录中完全没有或者说很好地隐藏了批评的意思。当拉萨斯菲尔德提到商业广播和非商业广播的区分时,他谈到了"销售效果"问题之外还强调了"教育者"的作用——人们是否听到了教育者在广播上推荐的东西,或者说人们是否去了他广告推荐的博物馆。"教育者想要比商业赞助者在长得多的时期内以普遍得多的方式影响听众的文化和社会生活。"广播仍然是相对新颖的并因而富于争议的媒体。根据这份备忘录,重要的是用多种多样的研究技巧去处理那些在有关讨论中反复提出的多种多样的问题。这些问题是:在广播中听新闻和在报纸上读新闻,二者以什么样的方式相互影响?广播有助于乡村地区的城市化吗?广播所造成的新的听觉效果会影响音乐的进一步发展吗?研究的中心应是广播节目设置的四个主要领域:音乐节目、有声读物节目、新闻和政治。但是拉萨斯菲尔德很快就把音乐当作了一个特别重要的领域。广播应该放在美国文化与社会的普遍背景下来考察,而且拉萨斯菲尔德认为,这一分析必定带来的争议性结果如果是从音乐基础分析而来的将会容易被接受得多。[250]

阿多诺后来回忆起他对建立在废弃的啤酒厂上的内瓦克研究中心的第一印象。

> 根据拉萨斯菲尔德的建议,我从一个房间到另一个房间,和同事们交谈,听到"喜欢或是不喜欢研究"、"一个计划的成功或是失败"这样的话,起初我对此无能为力。但我对此非常理解:它涉及资料的收集,这被认为有益于大众传媒领域的计划部门,也就是说无论对文化工业本身或文化咨询委员会及类似团体都是有益的。我第一次看到了"行政研究"。现在,我不记得是拉萨斯菲尔德使用了这一术语,还是我自己惊奇地在一种被特别定向的科学种类中使用了它。确实一点都想不起来了。[251]

这些印象并不完全准确。拉萨斯菲尔德的真正特点是他对专用技巧（technicalities）的喜爱——表现为在集体性的社会—心理学研究中可以运用多种方法解决那些曾经被简化为检验项目（checkable items）的问题——使他易于调节他自己学者化的兴趣（虽说这些学者化的兴趣非常特别）与他的客户及学术系统对他的期望之间的关系。

在与阿多诺合作一周以后，拉萨斯菲尔德从他的立场，在备忘录中向领导坎特里尔和斯坦顿报告说："他看来完全是你所想像的那种非常心不在焉的德国教授，他的行为很有外国味，以致我感觉就像是五月花协会（Mayflower Society）的一员。然而，当你和他交谈时，他会有大量有趣的观点。"这种陈述是善意的，而且很具策略。几年后，当拉萨斯菲尔德被任命为哥伦比亚大学的教授时，他的朋友塞缪尔·斯托弗（Samuel Stouffer）写信给任命委员会：

> 尽管他已经在这个国家居住了 7 年甚至更长的时间，他还是具有完全不同的相貌和浓重的口音。这是一些人反对他的偏见，而我认为某些人有着更深的偏见，因为他们觉得，在他的态度中时有傲慢。实际上，保罗是最温和的人之一，只是他以一种特别德国的方式提出论点，而这会让某些人觉得，他是在提出论点不如说是建议让他们和他一起去克服困难。我想这些批评有时是对的，但我能从经验证实，在他们的塔尔山（them thar hills）* 里有大量真金。[253]

拉萨斯菲尔德因此尽力使阿多诺这位欧洲理论家融入美国的研究体系。拉萨斯菲尔德尽管略微被自己在维也纳时期那段开创社会革命事业的回忆所困扰，但他毕竟还是可以接受美国的体系。

---

* "他们的塔尔山（them thar hills）"：1934 在美国上映的一部特别流行的黑白喜剧电影的名称。——中译者注

作为国际社会研究所的合作者，阿多诺完成了在英国开始的论瓦格纳的著作，并写了文章"论音乐中的拜物特性和聆听的退化"。作为普林斯顿广播研究项目的合作者，他研究了听众给广播电台的信，主持了访谈节目（"我……仍记得，当我亲自为了我自己的倾向指导一系列当然是非常随机和不成体系的访谈时，我是多么高兴，我从中学到了那么多东西"[254]），并且和广播业界人士交谈（"他对广播工业从业者的访谈招致了不少抱怨，抱怨说问题具有倾向性而回答也随之受到歪曲"[255]）。阿多诺也和音乐家谈话（"后者觉得，他们在向美国的高中生传播文化"——据拉萨斯菲尔德的说法，阿多诺告诉他们"他们是多么蠢"）[256]，他还写备忘录：例如关于 1938 年 5 月作曲家联盟举办的电声乐器演出晚会的备忘录，在这份备忘录中他表达了这样一个想法，即也许能把电声乐器和广播结合起来，这样人们就可以不再通过广播"播放"而是直接"演奏广播"了。"对自然音响和广播音响之间差异的取消满足了我对被复制的音响进行清算的要求。"但在 1938 年春天和夏天，他主要忙于写一份关于"广播中的音乐"的长篇备忘录。拉萨斯菲尔德本来希望让这篇备忘录在各类专家中传阅，以回击此前各个方面对阿多诺的批评，从而确保委员会支持他的工作。可是，阿多诺的这份备忘录却迫使拉萨斯菲尔德写了一封批评性的长信。

> 只是因为你表达了新颖而富于挑衅性的观点，你应当尤其小心不要受到合理的攻击，而我很抱歉地说，你的备忘录的许多部分确实没有达到理智清晰性、规范和责任的标准，而这些对积极从事学术工作的人来说是必需的。我希望你把我的坦率看作是帮助你的工作达到它应有的成功的一种最为诚挚的努力。
>
> 我的反对意见集中在以下三点上：
>
> I.你不应该详论你自己陈述的逻辑取舍（alternative），这样结果就是，你所说的很多东西或者是错误的，或者是无根据的、有偏见的。
>
> II.你对经验研究工作没有充分的知识，但却以权威的语言来

写，这样，读者就不得不怀疑你在自己的音乐领域的权威性。

Ⅲ.你攻击其他人是拜物教、神经质和多愁善感，但你自己却清楚地表现出同样的特性。

用阿多诺备忘录里的大量例证讨论了这些反对意见之后，拉萨斯菲尔德继续写道："你似乎是用右手给予我们你的观点，但由于在你的表述中缺乏训练，你又用左手把它们拿走了。"

拉萨斯菲尔德的无害的批评触及了阿多诺的关键的弱点。阿多诺当时 35 岁，只比拉萨斯菲尔德年轻两岁，他拒绝了这一批评。他在某些地方有理由地保卫自己，他并不固执己见，但却不能或是不愿利用重要的机会去学习，实际上没有其他人会为他提供这样的机会。"我想你只需要看看我发表的一篇文章，例如对爵士乐的研究，看看你用以指责我的那些事实，它们并不是任何内心混乱的结果，而是实践上混乱的结果。"[257] 在阿多诺看来，他的论爵士乐的那篇论文是从包含着"已经确证的论点"的手稿基础上发展形成的，完全属于经验研究。因而情形变得非常奇怪：阿多诺完全接受拉萨斯菲尔德的要求，并认为自己也完全符合这些要求。他同意拉萨斯菲尔德的观点，赞成应该得出听众类型学，这样就能使用问卷去评估不同类型的数量分布。但他继而又描述了听众的情感类型，比如，他主张哭喊是分析音乐情感方面的最具意义的因素之一。对拉萨斯菲尔德来说，这等于是拒绝进入对听众的具体研究，而他在第一封信中就给阿多诺强调过具体研究的重要性。

经验研究的价值问题以一种令人困惑的方式与应该进行改良还是革命这一问题有了关联。在现存的社会条件下，以当前广播的组织方式，如何使好的音乐吸引尽可能多的人的问题，对阿多诺来说毫无意义。他写的音乐研究的文章清楚地表明了这一点。在 1940 年 1 月的《各办公室间的备忘录》中，当时洛克菲勒基金负责普林斯顿广播研究项目的官员约翰·马绍尔（John Marshall）写道，阿多诺似乎"凭借他辨别缺点的能力，正忙于从心理学方面进行音乐广播研究，这使他寻找补救方法的努力变得可疑"。要指望从阿多诺那里得出富于成果的东西，似乎就得有这样的条件："应该有个人去与他合作，这个人既要代表现有体制，又要有足够忍耐力去包容阿多诺判断何者对体制有益的那种立场，并且能把这一切解释给必定无法容忍的人们听。"[258] 拉萨斯菲尔德确信，这种情况一定会发生。但是，即使是 1940 年 6 月拉萨斯菲尔德和阿多诺对马绍尔的私人拜访，也没能改变马绍尔终止资助音乐研究的决定。在可预见的未来，看不到任何成果能够有助于矫正目前广播音乐的缺陷。因此，1940 年夏天，阿多诺和普林斯顿广播研究项目的合作就终止了。

拉萨斯菲尔德认为，阿多诺的广播音乐研究文章中，只有一篇适合发表在该项目的出版物中，这就是"广播交响乐"。这篇文章于 1941 年发表在由拉萨斯菲尔德和斯坦顿编辑的《1941 年广播研究》中。这篇文章是他对本雅明的"机械复制时代的艺术作品"所进行的研究的延伸；在其中，阿多诺采取了这一立场：广播中的交响乐仅仅表现了现场演奏的幻象，就像戏剧的胶片仅仅是生活幻象一样。为此原因，广播业向大众传播严肃音乐的要求从根本上就是可疑的。

244　　　　交响乐所剩下的所有的东西就是室内交响乐……了解未被歪曲的原作的听众越少（尤其是那些被广播傲慢地邀请参与音乐文化的听众），他们对广播声音的依赖就越强，就越无力地受到它的中性化的影响，对此他们却毫无意识……惟一能够敏感地使用广播的人就是专家，对他们来说，从音乐厅的庄重和紧张中获得净化的交响乐，被放大了，就像透过放大镜看原文一样。有了总谱和节拍器，他们就无法抗拒地跟随音乐的表现并暴露出其错误。但是，这当然不是目的。[259]

阿多诺进行广播音乐研究的另外三篇文章有："广播音乐的社会批判"（最初是 1939 年对广播项目全体职员的演讲），它包含了阿多诺的基本观点，发表在 1945 年的 *Kenyon Review* 上；"论流行音乐"，发表在 1941 年的《哲学和社会科学研究》(*SPSS*) 上；以及一篇研究 NBC 音乐欣赏时间的未发表的文章，此文后来部分收入以德文发表的一篇论"受人欣赏的音乐"的论文当中。[260] 所有这些论文都包含对美国广播和美国社会体系的强烈批判。"论流行音乐"是阿多诺文章中最清晰、最简明的之一，甚至在《纽约先驱论坛报》上受到称赞。像其他文章一样，这篇文章也是和阿多诺的"编辑伙伴"，乔治·辛普森（George Simpson）合写的。回头看看，阿多诺说，辛普森使他"第一次试图用美国社会学的语言来表述我的特殊成果"。[261] 使用与"恒量"、"新奇"概念相关的主题，阿多诺从他和本雅明的讨论中，获得了对流行音乐（他暗暗地把这一概念作为轻音乐的同义词使用）及对其成功背后的策略的精辟分析。

> 发行者想要的音乐，既要从根本上同目前所有其他成功的表演相同，同时又要从根本上与之不同。只有当它相同时，它才能自动地被销售，而不需要费力去影响顾客。只有当它不同时，它才能和其他歌曲区分开来——这是被记住和因此获得成功的条件。
>
> 可以说，歌曲成功的标准化通过塑造听众的听力而牢牢地控制了他们。就伪个体化这方面来说，它通过让听众忘记他们将要听的音乐已经有人替他们听过了——或者说"预先消化"过了——这件事，从而把听众牢牢控制起来。[262]

在对流行音乐的产品、销售和结构等客观方面进行分析的基础上，阿多诺在文章的第二部分提出了一种"听众理论"。这包括一系列中心"论题"——例如，在欣赏"优秀的严肃音乐"中理解总是超越认识，总是能把握某种完全新颖的东西，然而在听流行音乐的过程中，理解充其量只是对片段的识别；还有：

> 实际工作所具有的疲惫和厌倦导致了人们在闲暇时间里逃避努力，而这些闲暇是获得真正新的经验的惟一机会，作为替代，他们渴望一种刺激。流行音乐提供的就是这种刺激。它带来的各种刺激正好迎合了某种无法在永恒的同一（ever-identical）上赋予努力

的无能感……赏识的时刻也就是毫不费力感动的时候。附属于这一时刻的突然关注会立即瓦解自身，并把听众转移到疏忽和精神涣散的状态。一方面，生产和广告宣传的环节预先假定听众是精神涣散的，另一方面又生产这种精神涣散。[263]

在结束的部分，他对大众对待音乐及流行音乐的行为反应所体现的两种不同的社会心理模式进行了区分。阿多诺认为，在年轻人中通常能看到"节奏服从型"的人，尽管乐曲中有许多切分音但其中基本的节奏会紧紧抓住这种类型的人，并进而让他们在服从中表达自己的快感。这种看法与他论爵士乐的文章的观点有关，在那篇文章中，爵士乐迷被看成受虐狂式地服从于集体权威。相反，"情感型"则是利用情绪化的音乐摆脱情绪——首先是不愉快的情绪。在阿多诺看来，这两种类型都顺从于它们的社会境况，尽管第一种类型表现为强迫行进（marching），而第二种类型表现为哭泣。

如果把阿多诺这些文章当作一个整体来看，可以说，尽管其中有对社会的尖锐批判，但都表明了一种立场，即对他所批判的社会结构的受害者本身进行谴责的立场；他对这些受害者下了一道判决，但却并未试图立即或事先找机会向他们宣读这道判决。阿多诺一直不停地对那些受害者借以表达自身的方式进行否定性的阐释，从而使自己受到了拉萨斯菲尔德的批评：由于他把对这一问题的所有逻辑可能性的解释都看作是多余的，从而任由他自己坚持自己的偏见。在阿多诺看来，很多人以歪曲方式用口哨吹出他们熟悉的旋律，这与虐待他们的宠物狗的小孩子是一样的。而这也许是对一个主题的变奏，也许是出于某人自己的目的以一种无礼的方式利用熟悉的东西，阿多诺认为这两个明显相似的可能性是不值得探讨的。因此用经验方法去检验他的设想的想法完全不会出现。阿多诺的文本充满了类似的情况。

246　　　有一种观念诱使阿多诺对他所分析的人类对象所具有的愉快方面持一种傲慢的冷漠态度。这种观念有规律地出现在他对于自己的思路、从内部突然打开事物、突然转变以及思想波动的推论当中。"论流行音乐"关于听众的理论以这样的句子结尾："为能被改造成昆虫，人类也需要有能使它成功改造为人的力量。"[264] 但是，一种远离其探讨话题的看法，与那种缺乏任何社会批判背景、无所顾忌地只通过问卷或事先设计的实验情境来证明话题自身的主张一样，都是可疑的。

在行动和犹豫之间平衡

当拉萨斯菲尔德在普林斯顿广播研究项目中试图使阿多诺这个欧洲人的观点服从拉萨斯菲尔德自己在最佳时期提出的美国经验研究——合同研究时，经验研究在国际社会研究所内部已经完全停止了。被草拟为《权威与家庭研究》后续的、各种各样的关于家庭、权力、失业的项目，也慢慢停止了。霍克海默 1935 年在《权威与家庭研究》前言里所宣布的、对经验材料的收集和分析也没能进行。没有证据表明，为了集体研究工作的继续，霍克海默在前言里宣布的计划有任何发展。"把建设性的方法和经验方法结合起来"在实践上似乎已经完全被抛弃了。"不同专家之间的持续合作"已经成为临时结合，通常变成了通过经常的私人联系和非正式的编辑会议等方式对论题的交流。在纽约为霍克海默担任多年秘书的爱丽思·迈尔（Alice Maier）回忆说：

> 我们在纽约的工作地点是 117 西大街 429 号，这里一度是私人公寓。每一层有两个房子。第一层没有办公室，只有厨房和负责卫生和照看物品的穆尔道西太太的卧室。在第二层，马尔库塞住在前面的房间，诺伊曼住在后面的房间。在第三层，波洛克住在前面，洛文塔尔的卧室连同杂志的编辑室都在后面。霍克海默先生在第五层的前面房间工作，另外一位秘书和我在这一层的另一房间。在顶层有三、四个更小的房间。我的丈夫 [约瑟芬·迈尔（Joseph Maier）] 住在其中一间，奥托·基希海默住在另一间。[265]

247

弗洛姆不在他的咨询室时，就总是在家工作，1938 年和 1939 年，他因为健康原因在瑞士呆了很长时间。两个"共产主义者"，魏特夫和格罗斯曼，在研究所也没有办公室。魏特夫在哥伦比亚大学的波特勒图书馆有一个房间，并在太平洋关系研究所小有名气。格罗斯曼作为由社会研究所资助的学者，就住在家里。他的冗长的、沉闷的手稿根本无法满足研究所领导的期望，而且，他过着非常不幸福的生活，生活极其困窘。阿多诺有时在内瓦克工作，有时在家工作。

这些是构成研究所工作背景的物质条件。"不同专家之间的持续合作"变成了只能与研究所相关的诸多限制一起使用的一句话，而较之于以往"建设性方法和经验研究的融会贯通"的努力也越来越少。为什么会出现这种现象呢？在这一现象背后的是什么？这是怀疑大规模的集体研究的持续意义的结果吗？这是在流亡中人们迷失方向的结果吗？这仅仅是重新定向的中断吗？

《权威与家庭研究》只是一个阶段性成果。但在这个阶段性成果完成之后，不仅对研究所的领导，而且对依赖于他的整个研究所而言，似乎开始了一个怀疑、犹豫和迷失方向的阶段。作为研究所集体研究出发点的观点是这样一个信念：权威处于衰落过程之中，至少从长远看来是这样的。在 1930 年代后半期，几乎无人怀疑纳粹主义的生存能力，而家庭的削弱和失业的持续减少看上去也符合个体应该服从于权威主义社会条件的这一要求。因此，这些条件恰恰无法支持研究所原来的那种观点。同时，美国的罗斯福时期也表明，即便是在非法西斯主义的国家里，权威主义的（或逆来顺受的）思想和行为甚至从长远看来也没有衰退，相反却是在不断增长。罗斯福本人也谈到过"权威主义实验"。例如，托马斯·曼 1940 年 11 月在 BBC 为德国听众所作的一篇广播演讲中主张：

> 欧洲的破坏者，所有人权的侵犯者，正好在罗斯福身上看到了他们最有力的对手……在大众的时代——领导者的观念就属于这一时代，应该由美国来创造一个现代大众领袖的欢乐景象，这个领

袖追求良善和智慧，追求真正属于未来的一切，他乃追求和平与自由之人。[266]

这正是罗斯福的观点。这一观点在德国移民中相当普遍，也常常伴随着对罗斯福本人的支持和热情。[267]

　　罗斯福新政加强了工会，有时鼓励、有时限制大企业。它使犹太人和左翼人士首次进入重要的政治和行政岗位，使所谓"红色十年"、"反抗三十年"得以可能。但是，它的意图和后果都不包括改变经济结构。1938年的衰退使失业人数回升到一千万，罗斯福在一次公开声明中承认，摆脱衰退的惟一方法就是刺激军工企业。这明确表明了，美国的发展虽然要比欧洲更少罪恶，但也绝不是社会主义民主的先兆。得到加强的工会成为一个巨大的、等级制的游说组织。无中生有地创造出许多负责管理的部门，也是具有新政特色的一项措施。这一举措给人造成的印象是，花样百出的人道组织中的某一个随时都有可能实施干预——罗斯福的"炉边闲谈"广播伴随着轻柔的背景音乐透露出暂时性权威主义福利国家的先兆。

　　在欧洲法西斯主义接连胜利的阴郁背景下，要对此进行准确评估并不容易。到1930年代末，研究所要在欧洲和美国同时进行经验研究都不再可能，它只能局限在美国。要认清复杂的社会危机难题需要时间。这些难题既是美国状况的反映，同时也是研究所奉行的小心谨慎的策略的根据。霍克海默越来越没有耐心去从事对各科学学科的批评，但在指认哪种理论和哲学倾向是对社会无批判的、是作为对既有状况的接受和认叮的形式而在美国大获成功的这个方面却表现得日趋严厉。这也许能部分地说明经验和集体研究何以在研究所完全停滞的原因，也能部分地说明拉萨斯费尔德却代表了研究所至今仍在沿用的研究方法的原因——尽管从1930年代开始霍克海默和阿多诺就认定拉萨斯菲尔德是一个实证主义者。而且，这也能说明为什么学刊继续发行，而且是以德语继续发行的原因。也只有在学刊上才能让研究工作以欧洲人的方式继续开展。

此外，还有一个原因。1938 年 10 月，霍克海默写信给研究所的日内瓦办公室的秘书法薇女士说：

> 11 月 1 日我们准备搬家。我们要搬去的地方是叫斯伽尔斯达勒（Scarsdale）的郊区。那是一套小房间……地处多树木的地区，我想我会在这里工作得很好。所以我将能够最终开始写作关于辩证哲学的著作。我只能每周去一次研究所，因为每周的那天我都有课。同一天我还要在研究所主持关于斯宾诺莎的小型研讨班。[268]

在霍克海默的想法里，已经有了完成他的著作的更为详细的计划。这个珍藏多年的、同阿多诺在法国南部共同写作的计划，在 1939 年由于欧洲的状况而无法实现，霍克海默希望在加利福尼亚完成这本书。1938年夏天他和妻子到达加利福尼亚，并在靠近好莱坞的圣莫尼卡，热情地致信洛文塔尔："这里的风景，有时甚至是建筑，真的很漂亮——天气也有疗养作用。如果 1939 年秋天我们只剩下一分钱，而且不可能去法国，我们就来这里。你知道，这里很便宜……住在东部是愚蠢的，除非绝对必要。"[269] 他之所以最终决定开始进行这项严肃工作，进行他眼中的这项主要研究任务，同时也是最必要的研究任务，他之所以最终决定通过辩证法著作进行理论拓展，其中有很大一部分原因是财政考虑。

研究所是一个给人深刻印象的组织。1938 年，它的永久成员，除了霍克海默和波洛克，就是弗洛姆、格罗斯曼、库姆佩尔茨、洛文塔尔、马尔库塞、诺伊曼、阿多诺和魏特夫。研究合作者年年在改变，但奥托·基希海默和弗里茨·卡尔森（Fritz Karsen）却长期名列其中，同时还有 6-8 个短期成员。这里还有 4-6 个秘书。还有两位年轻的历史学家，莫西·芬克尔斯坦因（后来改称芬莱 [Finley]）(Moses Finkelstein) 和本雅明·纳尔森（Benjamin Nelson），他们是翻译者和编辑助手。另外还有一些有关经验研究的短期和兼职岗位。研究所的花费情况是：根据波洛克的估计，在 1933-1942 年十年间，大约有二十万美元用以资助移民学者，以个人奖学金的方式资助了约 130 人。[270] 这一组织，被研究所的两个领导以复杂的感情看作是"外部的"，而且突然好像危及到了辩证法项目。这是为什么呢？

确实，国际社会研究协会的资产，在 1937 年就已经从 390 万瑞士法郎降至 350 万瑞士法郎，资本也第一次被挪用。[271] 尽管有这些不好的情况，但也并未违背韦尔的捐赠计划，韦尔提出，钱不能作为资本，而应当长期逐渐花掉。1938 年的衰退并未带来任何改善，但却带来了一场急剧的恶化，对此，波洛克自己承认负有责任。他的办公室的一面墙被用作股票交易行情表，但是他在投资上并不幸运。本来开始也许只是研究所巨大资产的临时减少，但这绝不是使经验研究项目慢慢停止，同时开始新的集体研究项目的充足理由。减少的资金足以应付比《权威与家庭研究》更少雄心抱负的经验研究的数据收集工作。

研究所这个机构对于辩证法项目来说已经呈现出一种危险，同时辩证法研究项目也越来越脱离于研究所原有的促使经验研究、专业研究与思辨研究相结合的规划，这种情况的出现有一个明确的原因。这正是霍克海默所担心的事情：没有大笔充足的资金可供使用。这种担心使霍克海默在《破晓与黄昏》的格言中对资产阶级提出了一些最严厉的批评，然而同时，这种担心也使他和上面提到的社会研究协会建立起古怪的联系。1940 年夏天，在去洛杉矶定居的途中，他写信给洛文塔尔，"在整个途中我始终看到：'金钱是最好的保护，金钱是最好的保护，金钱是……'"[272] 通常容易看到事物的阴暗面的波洛克加重了这种担心，他提醒霍克海默，鉴于越来越不安全的资金形势，关于辩证法的著作必须被放在首位。

但是，担心也有一种重要的动机：把研究所的工作保持在一个尽可能令人敬畏的水平上。在哥伦比亚大学的庇护下，研究所是一个重要的保障；没有它，霍克海默就会觉得完全像是在社会中流亡的被抛弃的个体，在社会中，如同他所看到的，只有强大的组织提供着保障，而个人和他们的财产都处在垄断资本主义时代所有被操纵的"意外事件"的掌控之中。他在理论领域对成就的需要并不低于他对自尊的需要，而后一

250

种需要正是通过他作为科学机构的管理专家和主管的角色得到满足的。这种内在的冲突形成了一种妥协，那就是，研究所的业务继续维持，但却没有任何特殊方向。从 1938-1939 年冬天开始，研究所（非常半心半意地）试图获取官方基金并吸纳对其整体或个别研究活动有兴趣的私人身份的公民参与进来（研究所 1938 年令人印象深刻的计划书对此有简单说明），其目的还是获得基金。（霍克海默写信给本雅明说，"与你想像的一样，我们的工作在这里比在其他地方更易被认为是一种奢侈——至少用这种语言中介来表达，它是奢侈的，而就我们工作的特殊性质而言，这项活动在我看来的确不好开展。"[273]）许多职员，被或多或少的关于研究所就要财政崩溃的秘密迹象，被费解的减薪搞得很困惑和缺乏信心。霍克海默急于赶快写完他关于辩证法的书，但总是腾不出时间来做。他带着轻视和屈尊的态度来看待研究所对哥伦比亚大学所承担的义务，并且同时还在思考如何让哥伦比亚大学方面明白：他们并没有对研究所表达应有的感激。

1930 年代晚期研究所失去方向，这迫使它采取一些平衡措施。虽然说研究所历来在搞平衡，比方说在适应其学术环境方面搞平衡，但现在做起来则更为困难。研讨班实际上是研究所的合作者的讨论团体，美国学生只是偶尔参与。研究所的工作人员把简章上介绍的讨论会变成他们私下的讨论，这样他们会觉得多少安全一些。研究所举办了以下这些研讨班：霍克海默"逻辑史中的选择难题——以社会史基本概念为参照"讨论班（1936-1938），库姆佩尔茨和波洛克"商业周期理论"讨论班（1936-1937），韦尔"国家社会主义德国的生活标准"讨论班，以及阿多诺"理查德·瓦格纳的音乐的社会背景"讨论班（1938）。当"霍克海默博士和国际社会研究协会全体成员"自 1936 年开始给哥伦比亚大学推广部开设系列讲座的时候，他们也在很大程度上把这个任务分配给他们的私人圈子。这些讲座题目大同小异，探讨的都是欧洲权威主义思想和权威主义体制。比方说，在 1937 年到 1938 年，霍克海默的讲座是哲学导论，而马尔库塞主讲支配和服从的思想史，稍晚些时候，洛文塔尔则主讲文学中的权威问题，诺伊曼主讲权威主义国家，弗洛姆主讲现代性格结构。至少对霍克海默来说，所有这些都是对实际工作令人愤怒的干扰。他不想在其中花费很多时间和精力，尤其对学生们所热衷的问题不感兴趣。另一方面，在推广部做无关乎研究主题的这种很难投入的讲座，从长远来看，无益于增加他的声望。在 1939 年到 1940 年，不是霍克海默而是诺伊曼——他作为大学教师非常成功——被任命为哥伦比亚的教授，这时，霍克海默、洛文塔尔和阿多诺都认为，这对研究所来说是一个耻辱。[274] 这就是霍克海默和他的支持者认为他们正在面临的两难境况的典型反映：他们想和学院体制保持距离，但同时还想被视为以指引方向的姿态参与其中的人。

　　另一种平衡行为体现在如下努力之中：竭力不背叛左派事业，但同时又使自己避免被怀疑为左派——竭力避免阿多诺和霍克海默本人指责别的知识分子的那些缺点。当阿多诺有可能与巴黎伽利马 (Gallimard) 出版社的出版商伯纳德·格勒图生 (Bernard Groethuysen) ——一 252位居住巴黎多年的本雅明的熟人——一起出版法语版的霍克海默文集时，就表达了阿多诺和霍克海默眼中的两种忧虑："首先，对他的马克思主义朋友来说，你的书恐怕太学术化了。第二，恐怕官方大学的人觉得它太马克思主义了。"[275] 霍克海默引申了这一观点：

> 官方对我们的厌恶仍可以看作是这一观点——马克思主义理论背后潜藏着某种力量——的后果，尽管这种潜藏的力量正因为放弃了马克思主义理论而可悲地萎缩了。对所有"学术"的厌恶……仅仅是那种对于批评的惊慌失措的恐惧造成的，这种批评把思想本身看作是可疑的……这两种对立的力量却很相似，两者两次相互结合成一股力量只是时间的问题。思想正在日益变成公敌……实际上我们在法兰克福就见证了这一过程的开始。这个过程现在普遍化了，而且正在把那些一度相互对立的团体团结起来。[276]

霍克海默采取了这样的策略，对内把对"马克思主义友人"的立场称为激进思想的立场，而对"官方大学的那些人"则把这种立场称为在人文学科和哲学中忠于欧洲传统的立场。

但实际上,把欧洲知识分子传统当幌子的这种做法,并无助于使研究所在这个国家里摆脱怀疑。在这个国家里,社会研究差不多就应该是经验研究,而且,习惯上要同研究委托人保持紧密合作,要有研究成果连续出版。1943 年研究所发表了一份声明以解除某些怀疑——而且这不是研究所第一次发表声明(尽管声明文件也许从来没有达到过解除怀疑的目的)。在这份声明中,霍克海默说:

> 另一个错误是,我们把我们自己称作研究所而不是基金会或捐赠基金,对此我负有部分责任,但它也许可以从我们的背景获得解释。当我们到这个国家时,我们的想法是,用我们带来的资金,帮助那些由于独裁抬头而失去职位的欧洲学者继续他们自己的工作。当我们开始意识到,我们的一些美国朋友希望社会科学研究所能够参与到对有关的社会问题、实地调查工作和其他经验调查的研究中时,我们也尽力满足这些要求,但我们内心所专注的还是人文科学意义上的个体独立研究和对文化的哲学分析。

> 自从我们不再依赖外部资金,我们就认为,欧洲老式的人文学科已经丧失了它们的家园而又在其他国家无以树立,因而保存发展这类人文学科的某些典型研究则是我们责无旁贷的任务。这个目标体现在研究所工作的内容、方法和组织之中。这也是我们在长时期内仍以德语和法语继续出版刊物而并不关心大量出版著作的原因所在。[277]

几年中,《社会研究学刊》是研究所工作的惟一出版物,1939 年在其中还有《权威与家庭研究》的整页广告。在 1937 年 1 月哥伦比亚大学社会科学学院举行的午餐会上提交的一份文件中,霍克海默表明了要以德语为主要语言继续出版学刊的坚决态度。对根本理论问题的讨论延续着德国哲学和社会学的传统,而这种讨论,以"我们国外的朋友们"的观点来看,较之于用难以令人满意的英语和法语进行而言,用德国的本土语言进行当然是更好的。

> 我们相信，在从一种语言翻译到另一语言的过程中，从德语到英语或者从英语到德语，其意义差别的细微改变是不可避免的。尤其是在哲学、社会学和历史中，翻译的过程本身总是包含着简化和泛化的危险。到目前为止，我们已经避免了这个困境。今天，《学刊》是在我们的科学领域里，惟一一个以德语出版的、完全独立的出版物。

霍克海默一贯坚持清晰明白的表述方式，《社会研究学刊》的撰稿者，除本雅明和阿多诺之外，几乎所有其他人的作品在语言上基本极少修饰，因此这种语言上的敏感性并不具有说服力。战略上的考虑也是决定性的。用德语出版杂志，这是霍克海默、洛文塔尔和弗洛姆都同意的。这将尽可能少地给试图"干预"或"控制"它的那些人提供机会。[278] 而且，以德语出版的一个令人愉快的副作用就是，研究所促进了德国人当中的思想抵抗（intellectual resistance）。日内瓦办公室的秘书法薇夫人，1938 年问霍克海默，她是否能以低价向一群德国学生提供几卷《社会研究学刊》，这些学生逃到巴塞尔，他们长时间以来都高度赞赏研究所的工作，而且现在想要学习这种研究工作的方法。霍克海默非常高兴，"甚至今天，我们的工作并不完全是徒劳的"，[279] 霍克海默大为高兴，并引用了一封移民挪威的德国教授的信，对他和他在德国的朋友来说，这份杂志是"思想堕落和荒芜中的一片绿洲，它今天支配着德国的哲学和智力生活"。

尽管霍克海默和他的同事的担忧和警惕经常好像是夸张和荒谬的，但这些担忧和警惕未必没有原因，或者说至少渐渐有了一些充分的根据。在 1930 年代末，他们在流亡中所经历的一些情况，让他们想起了在魏玛共和国最后几年里的处境。1930 年代后期，当新政停止之时，红色十年也行将结束。左派曾经在政治、行政和媒体中占据突出的位置，或者说后来被指责是这样的，然而随着希特勒—斯大林协定引发的 254

觉醒，情况为之一变，出现了一股确定无疑的反共产主义的力量。1930年代，甚至对那些无法容忍移民的美国成功人士来说，左派立场也是可接受的。而在哥伦比亚大学的庇护之下的左派移民最有安全感。哥伦比亚大学是这样一类大学之一，它们的教授大多是左派自由主义者，对新政和罗斯福本人（或至少其中之一）持友好态度。哥伦比亚大学的共和党保守派校长，尼古拉斯·默里·巴特勒也为他的下属进入罗斯福政府这一事实而自豪。

1930年代晚期的这种政治气候已经变得令人难以忍受。在当时的政治气候之下，研究所日益受到某种暧昧的怀疑，这种怀疑显然是由持不同信仰的移民团体煽动起来的。研究所和新社会研究学院（New School for Social Research）的关系非常紧张。[280] 新社会研究学院一战后由一批自由主义者建立，多年来一直是美国学术界进步知识分子的中心。例如，托勒斯坦·凡勃伦（Thorstein Veblen），直到1927年一直在那里授课。1920年代，在阿尔文·约翰逊（Alvin Johnson）的领导下，学校开始变得保守，并成为依赖财政津贴的、进行成人教育的普通机构。1930年代，"流亡大学"与新社会研究学院合并成一所真正的大学，而新社会研究学院也成为了在美移民学者最大的聚集地。洛克菲勒基金非常爽快地同意了约翰逊为100个教授职位提出的资助要求——但实际上新社会研究学院这100个教授职位从来没有实现过满额。1934年，约翰逊为移民学者办了一份杂志《社会研究》。反马克思主义的阿道夫·洛威和反弗洛伊德主义的马克斯·韦特海默尔都是新社会研究学院的成员，他们是霍克海默在法兰克福时就打过交道的老熟人。汉斯·斯皮尔（Hans Speier）也是反弗洛伊德主义者，1936年他在《社会研究》上写了一篇针对《权威与家庭研究》的高高在上的、屈尊俯就的书评。受到约翰逊特别照顾的艾弥尔·勒德雷尔（Emil Lederer）直到1939年去世之前一直扮演着新社会研究学院中移民学者领袖的角色。勒德雷尔是反马克思主义者，甚至还是新政的反对者。勒德雷尔把沃尔夫冈·豪尔嘉登（Wolfgang Hallgarten）的《论帝国主义》手稿原封不动地寄回了在法国的作者手中，就因为他认为作者是个马克思主义者。

但洛威与霍克海默之间私交甚笃，而且蒂里希与这两个社会研究团体都有联系，并且汉斯·艾斯勒这样的共产主义者也在新社会研究学院执教，这些情况造成了令人费解的战略困境。

新社会研究学院的一些成员，以及想让研究所在美国基金组织面前丧失信誉或只是想以煽动怀疑发泄愤恨的其他一些移民，到处放风说研究所内有共产主义者或研究所是马克思主义的研究所，是某种前哨机构。面对这些怀疑，研究所的领导者们不得不有所应对。1940 年 7 月 30 日，在大学假期中，两名警察来到了研究所。当时只有洛文塔尔和一名秘书在场。洛文塔尔向霍克海默报告说：

> 在长时间的谈话过程中，他们对包括一名美国人在内的几个职员的情况进行了详细的调查，详细询问了他们的情况，调查了他们在这里工作有多长时间，并且记下了他们的家庭地址和度假地地址。正在写作的论文的标题、我们的小册子 [1938 年简章]、卢舍和基希海默的书、新杂志 [指《哲学和社会科学研究》，《社会研究学刊》的英文延续刊物] 的标题和目录以及社会研究所里的所有东西，这些都给他们留下了深刻印象。[281]

这次来访据称是对外国机构的一般性检查的一部分，但洛文塔尔发现在学术圈子里没有其他机构受到检查。

很难坐实地说研究所正经历的困境就是由被怀疑为马克思主义研究所这一情况所造成的。1940 年代初，当研究所正在寻求支持两个计划的研究资金时，诺伊曼同卡尔·约阿钦姆·弗里德利希（Carl Joachim Friedrich）进行了一次谈话，后者是一位著名的、非常繁忙的政治学教授，早在 1921 年就移居美国并在哈佛大学执教。1941 年 8 月诺伊曼向霍克海默报告说：

> 我问弗里德利希对我们"国家社会主义文化面面观"项目的意见，他说，如果由"适当的、无偏见的、非教条主义的学者"来实

第三章 在新世界（上）：从事社会批判研究的独立研究所 331

施，这会是一个出色的项目。当他这样说的时候，我立刻发现，弗里德利希认为研究所纯粹是马克思主义机构，所以不相信我们能以无偏见的态度实施这一项目的研究。惟一的问题就是应采取何种策略给以回应，在那种情况下我一时冲动作了决定。我可以愤怒地在这种隐含的指责面前捍卫自己，也可以半挑明地与之周旋。我选择了后者。于是我坦率地问他，他是否是在说研究所纯粹是马克思主义的，是不是认为研究所的教条主义无法保证客观地实施这一项目的研究工作。他回答说"是"。我对他解释说，首先，马克思主义和马克思主义之间还有差别，其次，说研究所由马克思主义者组成并不准确。一些是马克思主义者，另一些则不是。无论如何，它的成员中没有一个人直接或间接地隶属于共产党。此后是半小时的讨论，我向他解释了研究所的理论基础和我们相信我们必须落实的任务。最后，我问他是否仍坚持他起初的看法，回答是"不"。[282]

像这样澄清事实的小小成功肯定行之不远，而且最终被如下事实所阻挠：霍克海默的这个研究所不由自主地显得更为左倾——仅仅是因为与其他更多如今不再守旧的流亡者相比，他们撤离原有观点的速度慢了一拍。而从当时德国移民所持种种观点的背景来看，霍克海默在论文"犹太人与欧洲"第一页上的声明显得非常大胆。由于使用的是英语，这段清晰的表达更是冒着大风险："没人能要求流亡者拿着镜子在他们得到庇护的地方照出一个制造着法西斯主义的世界。谁要不愿谈论资本主义，谁就应对法西斯主义保持沉默。"[283]

在表述这种观点的过程中，霍克海默把自己看成是一个利用研究所的独立性说出真理的人，而其他移民，至少如果他们还没有失去判断力的话，是不敢说出的。实际上，原来的宗教社会主义者保罗·蒂里希和爱德华·海曼 (Eduard Heinmann) 已经同时转向了如下这一看法：法西斯主义不可能一定具有阶级特性，或在法西斯主义与资本主义之间不可能一定有重要联系。[284]《新日记》(*Neues Tagebuch*) 的编辑，利奥波德·施瓦茨齐尔德（Leopold Schwarzschild），是一位前左派，他认为对希特勒的支持，更多的是来自工人阶级，而不是资产阶级。新社会研究学院的阿尔托·费勒（Arthur Feiler）和他的同事，意大利移民马克斯·阿斯考利（Max Ascoli）在 1938 年出版了《谁的法西斯主义？》，认为纳粹主义是俄国布尔什维主义的德国形式。弗朗茨·伯克瑙，一位前共产主义者和一段时期内研究所的奖学金获得者，在 1939 年他的《极权主义敌人》中写道，"纳粹主义就是褐色布尔什维主义，就像布尔什维主义可以被称为'红色法西斯主义'一样。"艾弥尔·勒德雷尔的《大众国家》，出版于他死后的 1940 年，该书以这样的句子开始，"现代独裁既不是资本主义的最后保卫战……也不是中产阶级针对他们衰落的反抗。"他把极权主义独裁看作是"废除历史"。"废除历史"这一浪漫的、启示录式的提法是赫尔曼·劳施宁（Hermann Rauschning）[*]极力提倡的。劳施宁在 1936 年与希特勒决裂之前一直是纳粹的领导和但泽（Danzig）参议会主席。劳施宁把纳粹主义看作"虚无主义的革命"。劳施宁以此为标题的著作 1938 年以德文在苏黎世出版，一年后以英文在纽约与他的《毁灭的声音》一起出版，该书成为在美移民对纳粹主义所做的最成功、最有影响力的阐释。

从此开始，到美国的移民倾向于保守，而共产主义的移民更多地集 257 中在莫斯科。[285] 占在美德裔移民总数 90% 以上的犹太移民大部分是政治难民。他们是纳粹政策的牺牲品，而实际上又不隶属于任何反对党。许多被所有或多或少都有点反犹倾向的右翼分子推向政治左派的人，在美国又能够返回到那种更适合他们的偏右翼立场。这些人中有很多是上层犹太人，他们曾尝试着尽可能地在纳粹统治下继续活动，后来才移民美国。与此相应的是，他们中反法西斯主义者人数非常之少。

以此为背景，霍克海默的"犹太人与欧洲"所具有的冲击力才能得到充分认识。这是他第一篇关于法西斯主义的文章，是自 1933 和 1934

---

[*] 赫尔曼·劳施宁（Hermann Rauschning, 1887—1982），纳粹党前领袖，1936 年与希特勒决裂后，流亡国外，成为纳粹的坚决反对者，并通过《与希特勒的谈话》、《虚无主义革命》、《毁灭的声音》、《保守主义革命》、《民主的救赎》等著作揭露希特勒纳粹的本质。——中译者注

年波洛克和马尔库塞的文章发表以来，霍克海默圈子里第一篇论法西斯主义的文章。此外，此文也是在霍克海默时期的研究所所显示出的某种独特的政治表态。本文发表之前，与通常情况相比，霍克海默犹豫了很长时间。文章于 1938 年底写成，但是直到 1939 年 9 月初希特勒—斯大林协定签署以及一周后德国入侵波兰之际才交付印刷。文章发表在《社会研究学刊》最后一期上。这期学刊也是研究所最后一份德语杂志。在这一期上霍克海默没把他的长文放在卷首发表，这种情况还是第一次。他的最亲密的同事对此文章进行了仔细的斟酌，文章是在这些斟酌的基础上改定的。例如，有关俄国的段落经过多次删削以减弱其力度，而一则关于俄国的寻找遗产的注释则被完全删掉了。尽管如此，霍克海默还是担心逃脱不了可能会引起的怀疑。

　　文章采用的观点是，法西斯主义是垄断资本主义的政治形式，因而文章在表面上看是忠实于"法西斯主义就是大商业的代理者"这一共产主义理论的。但实际上，文章本质上已经超越了这一理论，因为它认为法西斯主义是这样一种权威主义国家形式，这种国家形式不仅仅是资本主义的后果，而且只要哪里有"以物质生产资料的实际占有为基础的少数统治"、哪里为了克服社会矛盾而使经济权力集中变成了有组织的暴力、哪里的官僚体系享有决定生死的大权，哪里就会有这种国家形式。[286] (早在 1938 年，当《社会研究学刊》发表魏特夫的"东方社会理论"时，霍克海默关于研究所和研究所工作的一个演说的文本就已经指出，研究所关于非资本主义社会形式的研究已经特别关注中国。中国"许多世纪以来一直有官僚社会等级制，而从欧洲的一般发展，首先是德国和俄国发展的观点来看，这种等级制有着不断增长的理论重要性。这表明，简单地把历史分成古代奴隶经济、封建主义和资本主义的这种分期方式必须通过对中国进行理论上的基础研究而从根本上进行详细的论证，尽管历史哲学长期以来都是这么分期的"[这里的历史哲学是对马克思主义理论的委婉说法]。) 在霍克海默看来，民族和种族的观念已经变得非常不现实，而且德国人实际上已经不再相信这些观念了。通过这种听起来比较乐观的论述，他表面上似乎在证明共产主义理论对法西斯主义的解释——法西斯主义是资本主义衰亡前的最后挣扎。但实际上他又采用弗洛姆的社会心理学的功能主义理论否认了所有此类希望。这种社会心理学功能主义理论认为，正在发生某种人类学根本转变，它能使人类在没有文化幻想和对任何意识形态的笃信的条件下顺从并逢迎他们的统治者。

> 个人将服从于新的选择性教养形式，这将影响社会人格的建立。把 19 世纪受到压迫的失业工人变成法西斯主义组织的服从者的转变，在其历史意义上，让人想起了通过宗教改革把中世纪的工匠变成新教市民的转变，或是把英国乡村的穷人变成现代产业工人的转变。[287]

这一看法不仅仅是霍克海默使用来明确表明其"长时段经济展望"的表述，而且也以暗示的方式承认了法西斯主义的长时段意义上的社会心理形成和政治未来。

这种观点一定会冒犯支持资本主义的民主人士，支持苏联、中央集权制和计划经济的马克思主义者，以及所有的反法西斯主义者和那些移民，他们担心，关于法西斯主义的有利预测会强化美国的不断增长的孤立倾向。魏特夫的第二任妻子，奥尔加·朗格（Olga Lang），时常在研究所工作，她的著作《中国人的家庭和社会》就是由研究所资助在 1946 年出版的。1940 年 4 月，她写信给霍克海默说：

> 我希望许多人能理解这篇文章，尤其是因为它的论证不仅是直接针对犹太人，而且也是针对支持资本主义、希望自由主义复兴的整个移民群体的……但我也希望没人能理解它，希望哥伦比亚大学的人仅满足于读懂它的摘要。[288]

霍克海默也对不同的人群进行了严厉的评判。他批评"流亡知识分子"似乎不仅失去了公民权，而且还有他们的思想。在这一时刻，"资本 259

主义社会中，社会和谐和进步的可能性已经成为幻想，这一点，自由市场经济的批评家一直在说，因为尽管有技术进步，但危机，就像预测的那样，已经成为永恒，自由企业的继承者只能通过废除国内自由来维持他们的地位"——但在这样的时刻，这些人松了一口气，抛掉了"一度从伦敦进入德国左派的'犹太—黑格尔主义术语'"（这是霍克海默首肯的一种对马克思主义理论的婉转说法），他们回到"新人文主义，歌德的个性，真正的德国以及其他这样一些文化财富"。他批评犹太移民说，他们一度倚重或者说甚至仍在倚重"与每个具体阶段的特定实用性条件格格不入的某种理性……这种理性正在变得危险和难以为继"。他还批评在美国获得成功的犹太移民，他们没有意识到"在恐怖的条件下，家园的观念……对每一个在幸福时代经验过这样的家园的犹太人来说，必定是谎言和嘲弄的象征"。在霍克海默看来，不仅那些法西斯主义者因为"已经看透了"犹太人想要返回的那种状态的"脆弱性"而比他所批评的人更开明，而且"那些德国人，他们绝望地表达对元首的信念，而且较之于那些称希特勒为疯子却称俾斯麦（Bismarck）为天才的人更明白地看透了元首"，[289] 这类德国人也比他所批评的人要开明。

霍克海默给犹太人的建议是：他们应当回到"抽象的一神论，拒绝信任幻象，拒绝使有限的东西成为无限"。[290] 对把自己美化为神灵的存在毫无敬意，乃是"在'铁后跟'的欧洲从未放弃过投身于建设更好世界的人们的宗教"。[291] 因此，霍克海默建议犹太人采取神学—唯物主义态度。它所预示的前景就是"向自由的飞跃"。[292] 考虑到计划经济和国家干预的法西斯主义因素，所以文中不再明确表达计划经济是可行的这一观念。计划经济，霍克海默一度总是用来描述更好社会的这个概念被偷偷去掉了。反过来，他使用自由概念，然而从他的观点来看，这一概念一开始就被"自由主义"玷污了。

在文章末尾，霍克海默嘲笑道：

> 进步力量已经被击败，法西斯主义能永远存在的观念使知识分子不知如何思考。他们认为，任何起作用的事物都一定有某些好

的东西，并且得出结论说，法西斯主义因此不能起作用。但是确有这样一些时期，生存状况因其具有的力量和效果而变得极其不幸。

哪些观念使霍克海默本人没有"不知如何思考"呢？1938年12月，霍克海默写信给法薇夫人，

> 人们还能对人性感到高兴的惟一的安慰就是，这个也许仍会 260
> 持续数十年的可怕的混乱时代，像古代的衰落那样，也会播下新
> 的、更完美的文化的种子。只有非常少的种子，而且每天有更多的
> 在消失。但最终，如果没有对人类产生影响，这种经验就完全不能
> 持续。专制和奴隶制在古代创造了关于个体灵魂、怜悯和兄弟般共
> 同体的无限价值的观念。甚至极权主义的大众歇斯底里也要让位
> 于比从前更为具体的自由观……夜晚不会永远持续，这一事实甚
> 至对那些在其中死亡的人也是一种安慰。[293]

研究所用书面担保——用作移民当局的参考——和资助方式帮助了许多人从旧世界逃到新世界。例如，卡尔·柯尔施1936年到纽约和妻子团聚，一开始就从研究所获得每月100美元。路德维希·马尔库塞(Ludwig Marcuse)，曾受研究所邀请写一个关于"体育之父"扬恩的专论的纲要，[294]但后来被拒绝了，他甚至在没有提出请求的情况下，就于1938年春获得了研究所的书面担保。当他1939年复活节到达纽约，等候在码头之时，"一位'社会研究所'的朋友，就已经为我预定好了房间"。[295] 1938年以前，西奥多和格蕾特尔·阿多诺一再邀请瓦尔特·本雅明去美国。他比路德维希·马尔库塞犹豫的时间更长，对移民美国的想法甚至更加警惕，本雅明本想去新世界以外的其他地方，因为新世界对他与其说是新的，不如说是可怕的，因此，本雅明的逃离变得更加困难；他的死亡并不是研究所不加帮助的结果。1938年，霍克海默的父母到了瑞士，当时他们已经失去了大部分财产，但是他们仍然受到很好的照顾。阿多诺和洛文塔尔的年长的父母，则经过古巴到达美国。

注释：

[1] Julian Gumperz, 'Zur Soziologie des amerikanischen Parteiensystems', *ZfS*, 1 (1932), p. 300.

[2] *Studien über Autorität und Familie. Forschungsberichte aus dem Institut für Sozial-forschung* (Paris, 1936).

[3] Leo Lowenthal, 'Die Auffassung Dostojewskis im Vorkriegsdeutschland', *ZfS*, 3 (1933), p. 343—82.

[4] Horkheimer to Lowenthal, 6 July 1934.

[5] Horkheimer to Pollock, 3 August 1934.

[6] Horkheimer to Adorno, 15 March 1935.

[7] *Studien über Autorität und Familie*. pp. 35, 39.

[8] Erich Fromm, 'Die psychoanalytische Charakterologie und ihre Bedeutung für die Sozialpsychologie', *ZfS*, 1 (1932), p274.

[9] Erich Fromm, 'Die Sozialpsychologische Bedeutung der Mutterrechtstheorie', *ZfS*, 3 (1934), p222.

[10] *Studien über Autorität und Familie*. pp. 117, 131, 100.

[11] Ibid. , pp. 103, 101.

[12] Ibid. , pp. 107, 133.

[13] Ibid. , p. 113.

[14] Wilheim Reich, *Charakteranalyse. Technik und Grundlage für studierende und praktizierende Analytiker* (Vienna, 1933); *Character Analysis*, trans. Theodore P. Wolfe, 3rd edn (New York, 1949).

[15] *Studien über Autorität und Familie*. pp. 67—9, 72—3, 75.

[16] Ibid. , pp. 123—4.

[17] Ibid. , pp. 67—9, 72—3, 75.

[18] Ibid. , p. 75.

[19] Ibid. , xii.

[20] Fromm to Horkheimer, 17 July 1935.

[21] Horkheimer to Adorno, 25 October 1934.

[22] Adorno to Horkheimer, 2 November 1934. Horkheimer had mentioned 'starving

friends' whose claims on assistance from the Institute took precedence over Adorno's.

[23] Wiesengrund to the dean of the Faculty of Philosophy, Lommatzsch, 5 April 1933.

[24] Lommatzsch, the dean of the Faculty of Philosophy, to Wiesengrund, 19 July 1933.

[25] Herbert Müntzel, Die Fahne der Verfolgten. Ein Zyklus für Männerchornach dem gleichnamigen Gedichtband von Baldur von Schirach.

[26] Die Musik (1934), p. 712.

[27] 'Die phänomenologischen Antinomien. Prolegomena zur dialektischen Logik'. Cf. Adorno to Kracauer, 5 July 1935.

[28] Horkheimer to Adorno, 16 November 1934.

[29] 维尔弗雷多·帕雷托 (Vilfredo Pareto, 1848−1923)，意大利经济学家和社会学家。他的"精英循环"理论对法西斯意识形态有很大影响。

[30] Adorno to Horkheimer, 25 February 1935.

[31] Adorno to Horkheimer, 24 November 1934, 25 February 1935, 25 June 1936.

[32] Horkheimer to Adorno, 2 January 1935.

[33] Theodor W. Adorno, 'Über Jazz', ZfS, 5 (1936), pp. 235−59.

[34] Adorno to Horkheimer, 13 May 1935.

[35] Adorno to Horkheimer, 8 June 1935.

[36] Erich Fromm, 'Die gesellschaftliche Bedingtheit der psychoanalytischen Therapie', ZfS, 5 (1936), pp. 235−59.

[37] Adorno to Horkheimer, 21 March 1936.

[38] Adorno to Horkheimer, 28 January 1938.

[39] Adorno to Horkheimer, 21 March, 26 October and 28 November 1936.

[40] Horkheimer to Adorno, 8 December 1936.

[41] Horkheimer to Pollock, 4 June 1934.

[42] Alfred Sohn-Rethel, Sozialogische Theorie der Erkenntnis (firs published Frankfurt am Main, 1985).

[43] Horkheimer to Adorno, 8 December 1936.

[44] Adorno to Horkheimer, 21 and 25 January 1937.

[45] Walter Benjamin, 'Eduard Fuchs: der Sammler und der Historiker', ZfS, 6 (1937), pp. 346−81.

[46] Adorno to Horkheimer, 23 April 1937.

[47] Benjamin to Adorno, 13 October 1937.

[48] Benjamin to Adorno, 7 Februray 1936, cited in Benjamin, *Das Passagen-Werk*, *Gesammelte Schriften*, vol. 5 (Frankfurt am Main, 1982), p. 1152.

[49] Horkheimer to Adorno, 23 October 1936.

[50] 维克托尔·阿德勒 (1852—1918), 奥地利社会主义者, 奥地利社会民主党的领袖,《工人报》(*Arbeiterzeitung*) 的创始人。鲁道尔夫·希法亭, 见第一章注释 109, 110。奥托·鲍尔 (1882—1938), 奥地利社会主义政治家,《工人报》编辑, 奥地利马克思主义的主要代表人物。

[51] 阿尔弗雷德·阿德勒 (1870—1937), 心理学家。他于 1911 年与弗洛伊德学派决裂另立门户, 把对金钱、权力和承认的追求视为最主要的心理冲动。

[52] Cf. Knoll et al. 'Derösterreichische Beitrag zur Soziologie von der Jahrhunderwende bis 1938', in *Kölner Zeitschrift für Soziologie und Sozialpsychologie*, special issue, 23, pp. 90—1.

[53] Paul Lasazfeld, 'Eine Eposode in der Geschichte der empirischen Sozialforschung' m in Talcott Parsons, Edward Shils and Paul Lasazfeld (eds), *Soziologie—autobiographisch* (Stuttgart, 1975), p. 155.

[54] Paul Lazasfeld, *Jugend und Beruf* (Jena, 1931), p. 63.

[55] Marie Jahoda, Paul F. Lazarsfeld and Hans Zeisel, *Die Arbeitslosen von Marienthal. Ein soziographischer Versuch über die Wirkungen langandauernder Arbeitslosigkeit. Mit einem Anhang zur Geschichte der Soziograpie* (Leipzig, 1933; repr. Frankfurt am Main, 1975), p. 28.

[56] Horkheimer to Lazarsfeld, 16 May 1935; Lazarsfeld to Horkheimer, 27 May 1935.

[57] Fromm to Horkheimer, 10 January 1936.

[58] *ZfS*, 6 (1937), pp. 119—39 [in English].

[59] Andries Sternheim, 'Neue Literatur über Arbeitslosigkeit und Familie', *ZfS*, 2 (1933), pp. 413—20.

[60] Fromm to Horkheimer, 10 January 1936.

[61] Ibid.

[62] *Studien über Autorität und Familie*, pp. 235, 237, 236.

[63] Ibid., p. 235.

[64] Cf. *ZfS*, 1 (1932), pp. 53 and 40.

[65] Erich Fromm, *The Working Class in Weimar Germany: A Psychological and Soci-*

ological Study, trans. Barbara Weinberger, ed., Wolfgang Bonss (Leamington Spa, 1984), p. 42.

[66] Ibid., pp. 208 and 210.

[67] Ibid., pp. 208—9.

[68] Ibid., pp. 228—30.

[69] Ibid., p. 229.

[70] Ibid., p. 43.

[71] Ibid., p. 61.

[72] Karl August Wittfogel, *Wirtschaft und Gesellschaft Chinas* (Leipzig, 1931).

[73] Karl August Wittfogel, 'Die Theorie der orientalischen Gesellschaft', *ZfS*, 7 (1938), pp. 91, 120, 102.

[74] Cf. ZfS, 4 (1935), p. 65.

[75] International Institute of Social Research, *International Institute of Social Research; A Report on its History, Aims and Activities 1933—1938* (New York, 1938), p.5.

[76] Cf. Wolfgang Bonss, *Die Einübung des Tatsachenblicks. Zur Struktur und Veränderung empirischer Sozialforschung* (Frankfurt am Main, 1982), esp. p. 182; and Bonss and Schindler, 'Kritische Theorie als interdisziplinärer Materialismus', in Wolfgang Bonss and Axel Honneth (eds), *Sozialforschung als Kritik. Zum Sozialwissenschaftlichen Potential der Kritischen Theorie* (Frankfurt am Main, 1982), p. 57.

[77] Karl Korsch, 'Briefe an Paul Partos, Paul Mattick und Bert Brecht', ed. Michael Buckmiller and Götz Langkau, in *Jahrbuch Arbeiterbewegung*, 2 (1974), p.188.

[78] *Marx-Engels Werke*. Vol. 32, p. 547 [Lukács, *History and Class Consciousness*, p. xlv]. 中文版可参《马克思恩格斯全集》第 32 卷，人民出版社 1975 年版，第 535 页。

[79] 'Bemerkungen über Wissenschaft und Krise', *ZfS*, 1 (1932), pp.1—7; in Marx Horkheimer, *Critical Theory; Selected Essays*, trans. Matthew J. O'Connell et al. (New York, 1986), pp.3—9.

[80] Marx Horkheimer, 'Zum Problem der Wahrheit', *ZfS*, 4 (1935), pp.321—64; 'On the Problem of Truth', in Andrew Arato and Eike Gebhardt (eds), *The Essential Frankfurt School Reader* (Oxford, 1978), pp.432—3.

[81] Marx Horkheimer, 'Zum Rationalismusstreit', *ZfS*, 3 (1934), p. 49.

[82] Marx Horkheimer, 'Egoismus und Freiheitsbewegung (Zur Anthropologie des bürgerlichen Zeitalters)', *ZfS*, 5 (1936), pp. 164—5.

[83] Ibid., pp. 168, 170−1.

[84] Ibid., pp. 167, 171, 170.

[85] Ibid., pp. 172.

[86] Ibid., pp. 165, 172.

[87] Ibid., pp. 229−30.

[88] Max Horkheimer, 'Montaigne und die Funktion der Skepsis', *ZfS*, 7 (1938), pp. 1−54.

[89] Max Horkheimer, 'Der neueste Angriff auf die Metaphysik', *ZfS*, 6 (1937), pp. 4−53, and 'Traditionelle und kritische Theorie', *ZfS*, 6 (1937), pp. 245−94; in Horkheimer, *Critical Theory: Selected Essays*, pp. 132−87 and 188−243.

[90] Horkheimer to Grossmann, 27 November 1936.

[91] Horkheimer, *Critical Theory*, p. 151; 'Der neueste Angriff auf die Metaphysik', *ZfS*, 6 (1937), p. 21. The Vienna circle work cited by Horkheimer was: Hans Hahn, 'Logik, Mathematik und Naturerkennen', in *Einheitswissenschaft*, ed. Otto Neurath et al., vol. 2 (Vienna 1933), p.9.

[92] Horkheimer, *Critical Theory*, p. 140; *ZfS*, 6 (1937), p. 11.

[93] *Erste Einleitung in die Wissenschaftslehre*.

[94] Horkheimer, *ZfS*, 6 (1937), pp. 46−7; cf. *Critical Theory*, p. 181.

[95] Ibid., p. 31; cf. *Critical Theory*, p. 163.

[96] Max Horkheimer and Herbert Marcuse, 'Philosophie und kritische Theorie', *ZfS*, 6 (1937), pp. 625−44. [霍克海默对该文的 "附记" 收入 《批判理论》, pp. 244−52.]

[97] Horkheimer, 'Traditionelle und kritische Theorie', ZfS, 6 (1937), p. 261; *Critical Theory*, pp. 206−7. 中译参见霍克海默：《传统理论和批判理论》, 见《法兰克福学派论著选辑》（上卷）, 上海社会科学院哲学研究所外国哲学研究室编, 商务印书馆 1998 年版, 第 56 页。

[98] Cf. Theodor W. Adorno, 'Offener Brief an Max Horkheimer', in *Die Zeit*, 12 February 1965.

[99] Theodor W. Adorno, 'Marginalien zu Mahler', 23, 8 June 1936.

[100] Cf. pp. 92−3 above, and also, for example, Adorno to Kracauer, 14 March 1933, and Adorno to Horkheimer, 4 September 1941.

[101] Karl Marx, *Early Writing*, Gregor Benton trans., Harmondsworth, 1975, p. 247. 中译本见《马克思恩格斯选集》（第一卷）, 人民出版社 1995 年版, 第 5 页。

[102] Ernst Bloch, *Erbschaft dieser Zeit* (Zurich, 1935; expanded edn, Frankurt am Main, 1962), p, 12.

[103] Benjamin, *Passagen-Werk*, *Gesammelte Schriften*, vol. 5, p. 1023.

[104] Walter Benjamin, *Understanding Brecht*, trans. Anna Bostock (London, 1973), p. 120.

[105] Walter Benjamin, 'Surrealism; the Last Snapshot of the European Intelligentsia', trans. Edmund Jephcott, in *One-Way Street*, *and Other Writings* (London, 1979), p. 237.

[106] Benjamin, *Passagen-Werk*, p. 1014.

[107] Bloch, *Erbschaft dieser Zeit*, p. 121.

[108] Adorno to Horkheimer, 22 September 1937.

[109] For details of the dishwasher story, see Ernst Bloch, *Brief 1903 –1975*, ed. Karola Bloch et al. (Frankfurt am Main, 1985), vol. 2, pp. 443–4. 布洛赫写信给阿多诺，感谢研究所从前给给他的 100 美元资金，但他称，他已经被迫做洗碟子的工作，并且因为太慢而被解雇。他现在正在做每天 8 小时的包裹打包和运送的工作，已经中断了他的著作。这些都不是事实，但研究所还是立即给予他六个月、每月 50 美元的资金。

[110] Siegfried Kracauer, *Jacques Offenbach und das Paris seiner Zeit* (Amsterdam, 1937).

[111] Cf. Rolf Tiedemann, in Benjamin, *Passagen-Werk*, *Gesammelte Schriften*, vol. 5, p. 1097; and Gershom Scholem, in *Walter Benjamin- Gershom Scholem*, *Briefwechsel 1933 –1940*, ed. Gershom Scholem (Frankfurt am Main, 1980), p. 301, note 1.

[112] Walter Benjamin, 'Zum gegenwärtigen gesellschaftlichen Standort des französischen Schriftstellers', *ZfS*, 3 (1934), pp. 54 – 78; K. A. Stempflinger (i. e. Walter Benjamin), 'Der eingetunkte Zauberstab' (review of Max Kommerell, *Jean Paul* [Frankfurt am Main, 1933]), *Frankfurt Zeitung*, 29 March 1934, Reichsausgabe, p. 10.

[113] Theodor Wiesengrund- Adorno, 'Zur gesellschaftlichen Lage der Musik'. *ZfS*, 1 (1932), pp. 103–24.

[114] Walter Benjamin, *One-Way Street*, *and Other Writings*, trans. Edmund Jephcott and Kingsley Shorter (London, 1979), p. 62.

[115] In Walter Benjamin, *Illuminations*, trans. Harry Zohn (Glasgow, 1973), pp. 219–53.

[116] Adorno to Benjamin, 6 November 1934, cited in Benjamin, *Passagen-Werk*.

P. 1106.

[117] Karplus to Benjamin, 28 May 1935, cited in ibid., p. 1115.

[118] Benjamin to Adorno, 31 May 1935, cited in ibid., p. 1117−18, and in Walter Benjamin, *Brief*, ed. Theodor W. Adorno and Gershom Scholem (Frankfurt am Main, 1966), p. 664.

[119] Adorno to Horkheimer, Oxford, 8 June 1935.

[120] Karl Marx, *Capital*, vol. 1, trans. Ben Fowkes (Harmondsworth, 1976), pp. 163−77.

[121] Horkheimer to Benjamin, New York, 18 September 1935.

[122] Walter Benjamin, 'L'oeuvre d'art á l'époque de sa reproduction mécanisée'. *ZfS*, 5 (1936), pp. 40−68. in Benjamin, *Illuminations*, pp. 219−53; Benjamin to Horkheimer, Paris, 16 October 1935, in Benjamin, *Briefe*, p. 690.

[123] Walter Benjamin, 'Eduard Fuchs, der Sammler und der Historiker', *ZfS*, 6 (1937), pp. 346−81, In Benjamin, *One-Way Street*, *and Other Writings*, pp. 349−86.

[124] Walter Benjamin, 'über einige Motive bei Baudelaire', *ZfS*, 8 (1939), pp. 50−91, in Benjamin, *Illuminations*, pp. 157−202.

[125] Walter Benjamin, 'über den Begriff der Geschichte', in *Walter Benjamin zum Gedächtnis*, ed. Institute of Social Research (Los Angeles, 1942), pp. 1−6; in Benjamin, *Illuminations*, pp. 255−66.

[126] Benjamin, Passagen-Werk, p. 490.

[127] Ibid., p. 500.

[128] Ibid., p. 571, 580.

[129] Ibid., p. 574.

[130] Loc. cit.

[131] Ibid., p. 496.

[132] Ibid., p. 579.

[133] Ibid., p. 405.

[134] Benjamin to Horkheimer, 16 October 1935, in Benjamin, *Briefe*, p. 690.

[135] Benjamin, *Passagen-Werk*, p. 578.

[136] Ludwig Klages, 'Vom Traumbewusstsein', in *Sämtliche Werke* (Bonn, 1974), vol. 3, p. 162.

[137] Ludwig Klages, *Vom kosmogonischen Eros*, 2nd edn (Jena, 1926), pp. 128−9.

[138] Ibid., p. 142−3, 126.

[139] 自由德国青年（Freideutsche Jugend）是构成当时青年运动的学生组织，它于1913 年 10 月在黑森山的高原——豪尔·梅斯奈尔（Hoher Meissner）举行了第一次自由德国会议。本雅明的老师维尼肯（Wyneken）一度想成为自由德国青年的领导者，但并未成功。在豪尔·梅斯奈尔的会议上，公布了组织的纲领，所谓的"梅斯奈尔规划"，它促进了年轻人在自我决定、自治、内在真理和内在自由的基础上建立他们的生活的观念。会议禁止烟酒。1919 年组织解散。

[140] Ludwig Klages, 'Mensch und Erde', in *Mensch und Erde. Zehn Abhandlungen* (Stuttgart, 1956), pp. 22-3.

[141] 约翰·雅克布·巴霍芬（John Jacob Bachofen, 1815-1857），苏黎世罗马法教授，发展了对古代神话和象征的浪漫主义阐释，被认为发现了古代世界中母权制度的存在。

[142] Benjamin, *Gershom Scholem*, vol. 3 (Frankfurt am Main, 1972), p. 44.

[143] Louis Aragon, *Le Paysan de Paris* (Paris, 1970), p. 145.

[144] Benjamin to Adorno, Paris, 31 May 1935, in Benjamin, *Briefe*, p. 663.

[145] Aragon, *Le Paysan de Paris*, pp. 19-20, 20, 144.

[146] Ibid., pp. 82-4.

[147] Walter Benjamin, 'Eduard Fuchs, Collector and Historian', in Benjamin, *One-Way Street, and Other Writings*, pp. 357-8.

[148] 发表感伤作品的一份 19 世纪德国杂志。

[149] Ibid., p. 358.

[150] Benjamin, *Passagen-Werk*, *Gesammelte Schriften*, vol. 5, p. 136.

[151] Siegfried Giedion, *Bauen in Frankreich*, *Bauen in Eisen*, *Bauen in Eisenbeton* (Leipzig, 1928), pp. 1-2.

[152] Walter Benjamin, second summary, 1939, in *Passagen-Werk*, p. 1256.

[153] Benjamin, *Passagen-Werk*, p. 577.

[154] Ibid., p. 1174.

[155] Ibid., p. 1034.

[156] Cf. ibid., pp. 576, 578.

[157] Walter Benjamin, 'Pariser Tagebuch', in *Gesammelte Schriften*, vol. 4 (Frankfurt am Main, 1972), p. 582.

[158] Walter Benjamin, 'A Small History of Photography', trans. Kingsley Shorter, in Benjamin, *One-Way Street, and Other Writings*, p. 250.

[159] Walter Benjamin, 'Erfahrung und Armut', in *Gesammelte Schriften*, vol. 2

(Frankfurt am Main, 1977), p. 216.

[160] Cf. the notes on Proust and Baudelaire accompanying 'Zum Bilde Prousts', in Benjamin, *Gesammelte Schriften*, vol. 2, p. 63.

[161] Benjamin, *Passagen-Werk*, pp. 467, 533, 534.

[162] Benjamin, *Gesammelte Schriften*, vol. 1 (Frankfurt am Main, 1974), p. 459.

[163] Benjamin, *Passagen-Werk*, p. 572.

[164] 见上面注释 148。

[165] Benjamin, 'Erfahrung and Armut', in *Gesammelte Schriften*, vol. 2, p. 219.

[166] Benjamin, *Gesammelte Schriften*, vol. 2., pp. 961, 215.

[167] Ibid., vol. 1, p. 438; vol. 4, p. 579; vol. 2, p. 436.

[168] Benjamin, *Passagen-Werk*, p. 593.

[169] Bernd Witte, *Walter Benjamin*, (Reinbek bei Hamburg, 1985).

[170] Walter Benjamin, *Charles Baudelaire: A Lyric Poet in the Era of High Capitalism*, trans. Harry Zohn (London, 1973), p. 96.

[171] Baudelaire, in the dedication to the *Spleen de Paris*, cited by Benjamin, *Charles Baudelaire*, p. 67; Benjamin, 'On Some Motifs in Baudelaire', in *Illuminations*, p. 167.

[172] Benjamin, *Charles Baudelaire*, p. 110 ; Benjamin, *Illuminations*, p. 164.

[173] Benjamin, *Illuminations*, p. 167, 189, 193.

[174] Ibid., pp. 195−6.

[175] Horkheimer to Adorno, 24 December 1937.

[176] Horkheimer to Benjamin, 18 March 1936 ; cited in Benjamin, *Gesammelte Schriften*, vol. 1, p. 997.

[177] 17 December 1934, on Benjamin's Kafka essay; 2 August 1935, on his first prospectus for the *Passagen*; 18 March 1936, on the essay on the work of art; 10 November 1938 and 1 February 1939, on the first Baudelaire essay; 29 February 1940, on the second Baudelaire essay. The letters are collected in Theodor W. Adorno, *über Walter Benjamin*, ed. Rolf Tiedemann (Frankfurt am Main, 1970).

[178] Benjamin to Adorno, 9 December 1938; Benjamin, *Briefe*, pp. 797−8.

[179] Theodor W. Adorno, 'über den Fetischcharakter in der Musik und die Regression des Hörens', *ZfS*, 7 (1938), pp. 321−56; cited, with minor alterations, from the translation 'On the Fetish Character in Music and the Regression in Listening', in Arato and Gebhart (eds), *The Essential Frankfurt School Reader*, p. 298.

[180] Adorno, über Walter Benjamin, p. 129.

[181] Benjamin, Passagen-Werk, pp. 499−500.

[182] Adorno to Horkheimer, 23 November 1936.

[183] Adorno, über Walter Benjamin, pp. 138 and 139.

[184] 'Hektor Rottweiler' (pseudo. of Theodor W. Adorno), 'über Jazz', in ZfS, 5 (1936), pp. 256, 254.

[185] Theodor W. Adorno, In Search of Wagner, trans. Rodney Livingstone (London 1981). Cf. Adorno to Horkheimer, 19 October 1937.

[186] Theodor W. Adorno, 'Fragmente über Wagner', ZfS, 8 (1939), pp. 46, 17, 21, 22.

[187] Adorno to Benjamin, 10 November 1938, in Adorno, über Walter Benjamin, p. 141−2.

[188] Adorno to Horkheimer, 21 January 1937.

[189] Max Horkheimer, 'Zur Theodor Haecker: Der Christ und die Geschichte'. ZfS, 5 (1936), pp. 372−83; cf. Adorno to Horkheimer, 25 January 1937.

[190] Benjamin to Adorno, 9 December 1938, in Benjamin, Gesammelte Schriften, vol. 1, p. 1103.

[191] Benjamin, Illuminations, pp. 255.

[192] Adorno to Benjamin, 1 February 1939, in Adorno, über Walter Benjamin, p. 154.

[193] Benjamin to Adorno, 7 May 1940, in Benjamin, Briefe, p. 849.

[194] Walter Benjamin, 'Dialog über die Religiösität der Gegenwart', in Gesammelte Schriften, vol. 2, pp. 22, 24.

[195] Adorno to Benjamin, 29 February 1940, in Adorno, über Walter Benjamin, p. 158.

[196] Benjamin to Adorno, 9 February 1938, in Briefe, p. 798.

[197] Adorno to Benjamin, 1 February 1939; the 'text' Adorno refers to is his essay on the fetish character in music.

[198] Herbert Marcuse, 'über den affirmativen Charakter der Kultur', ZfS, 6 (1937), pp. 54 − 94; Leo Lowenthal, 'Knut Hamsun. Zur Vorgeschichte der autoritären Ideologie', ZfS, 6 (1937), pp. 295−345, translated as 'Knut Hamsun', in Arato and Gebhart (eds), The Essential Frankfurt School Reader, pp. 319−45.

[199] Knut Hamsun, Mysteries, trans. A. G. Chater (New York, 1927); Eduard

Bernstein, *Die Neue Zeit*, 2 (1893—4), p. 376, cited by Lowenthal in 'Knut Hamsun. Zur Vorgeschichte der autoritären Ideologie', p. 340. [论伯恩斯坦，见第 663 页，前注 41。]

[200] Ibid., p. 340.

[201] Benjamin to Lowenthal, 1 July 1934, in Benjamin, *Gesammelte Schriften*, vol. 2, pp. 978—9.

[202] Horkheimer to Adorno, 22 February 1937.

[203] Max Horkheimer, 'Der neueste Angriff auf die Metaphysik', in ZfS, 6 (1937), pp. 4—53, in Horkheimer, *Critical Theory*, pp. 132—87.

[204] Max Horkheimer, in *ZfS*, 6 (1937), pp. 1—2.

[205] Marcuse, 'über den affirmativen Charakter der Kultur', p. 56.

[206] 马克思，《〈黑格尔法哲学批判〉导言》，参见《马克思恩格斯选集》（第一卷），人民出版社 1995 年版，第 8 页。

[207] Marcuse, 'über den affirmativen Charakter der Kultur', p. 90, 91, 63.

[208] Adorno to Horkheimer, 12 May 1937.

[209] 发表在学刊上的惟一一篇专业历史学家的作品是"对希腊诗歌的社会学考察"，ZfS, 6 (1937), pp. 382—99, 作者是莫里斯·伯拉 (Maurice Bowra)。他是一位非马克思主义者，得到了阿多诺的举荐。

[210] Cited by Alfons Söllner, in Rainer Erd (ed.) *Reform und Resignation. Gespräche über Franz L. Neumann* (Frankfurt am Main, 1985), p. 30; for the following materials, see in particular Söllner's introduction to Franz Neumann, *Wirtschaft, Staat, Demokratie: Aufsätze 1930—1954*, ed. Alfons Söllner (Frankfurt am Main, 1978).

[211] 赫尔曼·赫勒 (Hermann Heller, 1891—1933)，社会学家，1928—1932 在柏林，1932—1933 年在法兰克福担任宪法法教授。流亡中死于马德里。卡尔·施米特 (1888—1985)，政治理论家和柏林的政治学教授，1933 年纳粹上台后加入该党。

[212] Franz Neumann, 'Die Soziale Bedeutung der Grundrechte in der Weimarer Verfassung', in *Wirtschaft, Staat, Demokratie*, p. 74.

[213] Ernst Fraenkel, *Reformismus und Pluralismus. Materialien zu einer ungeschriebenen politischen Autobiographie*, ed. Falk Esche and Frank Grube (Hamburg, 1973), p. 175.

[214] Neumann, *Wirtschaft, Staat, Demokratie*, pp. 109—10.

[215] Franz Neumann, *The Rule of Law: Political Theory and the Legal System in*

Modern Society, ed. Matthias Ruete (Leamington Spa, 1986), pp. 285, 257.

[216] Neumann to Horkheimer, 15 and 19 January 1936.

[217] Neumann, *Wirtschaft*, *Staat*, *Demokratie*, p. 415.

[218] Neumann to Horkheimer, 5 October 1936.

[219] Franz Neumann, 'Der Funktionswandel des Gesetzes im Recht der bürgerlichen Gesellschaft', *ZfS*, 6 (1937), pp. 542−96.

[220] Franz Neumann, 'Types of Natural Law', *Studies in Philosophy and Social Science*, 8 (1940), pp. 338−61.

[221] Neumann to Horkheimer, 24 September 1939.

[222] Cited by Alfons Söllner in Erd (ed.), *Reform und Resignation*. P. 42.

[223] 马克斯·舍勒 (1874−1928), 1920 年代早期在马丁·海德格尔之前, 是现象学运动中次于胡塞尔的重要人物。鲁道夫·斯门德 (1851−1930), 巴塞尔大学和哥廷根大学的神学教授。

[224] *Zur Staatstheorie des Sozialismus und Bolschewismus*.

[225] 'Zur Staatstheorie des Sozialismus und Bolschewismus', an excerpt from Zur Staatstheorie des Sozialismus und Bolschewismus, in Otto Kirchheimer, *Von der Weimarer Republik zum Faschismus* (Frankfurt am Main, 1976), p. 35 and 37.

[226] Otto Kirchheimer, *Weimar-und was dann? Entstehung und Gegenwart der Weimarer Verfassung* (Berlin, 1930).

[227] 'Verfassungswirklichkeit und politische Zukunft der Arbeiterklasse', in Kirchheimer, *Von der Weimarer Republik zum Faschismus*, p. 75.

[228] Otto Kirchheimer, *Die Grenzen der Enteignung. Ein Beitrag zur Entwicklungsgeschichts des Enteignungsinstituts und zur Auslegung des Art. 153 der Weimarer Verfassung* (Berlin, 1930).

[229] Otto Kirchheimer, 'Die Grenzen der Enteignung', in *Funktionen des Staats und der Verfassung* (Frankfurt am Main, 1972), pp. 257−8.

[230] Otto Kirchheimer and Nathan Leites, 'Bemerkungen zu Carl Schmitts *Legalität und Legitimität* ', in Kirchheimer, *Von der Weimarer Republik zum Faschismus*, p. 151.

[231] *Staatsgefüge und Recht des Dritten Reiches*.

[232] *Reichsgruppenwalter der Reichsgruppe Hochschullehrer des NationalSozialistischen Rechtswahrerbundes*.

[233] *Deutsche Juristen-Zeitung*, 15 September 1935, p. 1004.

[234] Horkheimer to Kirchheimer, 16 February 1937.

[235] 'Zuchthausrevolten oder Sozialpolitik'.

[236] Georg Rusche, 'Arbeitsmarkt und Strafvollzug', *ZfS*, 2 (1933), pp. 63—78.

[237] Georg Rusche and Otto Kirchheimer, *Punishment and Social Structure* (New York, 1939), p. 207.

[238] Horkheimer to Neumann, 10 August 1939.

[239] Otto Kirchheimer, 'Criminal Law in National Socialist Germany', *Studies in Philosophy and Social Science* (*SPSS*), 8 (1940), p. 462.

[240] Kirchheimer to Horkheimer, 15 October 1941.

[241] Otto Kirchheimer, 'Changes in the Structure of Political Compromise', *SPSS*, 9 (1941), pp. 280, 276, 288.

[242] Frederick [sic] Pollock, 'State Capitalism', *SPSS*, 9 (1941), pp. 200—25.

[243] Otto Kirchheimer, 'The Legal Order of National Socialism', *SPSS*, 9 (1941), pp. 456—75.

[244] Adorno to Horkheimer, 19 October 1937.

[245] Horkheimer to Adorno, 24 December 1937.

[246] Lazarsfeld to Adorno, 29 November 1937.

[247] Adorno to Lazarsfeld, 24 January 1938.

[248] Lazarsfeld to Adorno, 3 February 1938.

[249] Cited in Paul F. Lazarsfeld, 'An Episode in the History of Social Research: a Memoir', in *Perspectives in American History*, 2 (1968), p. 305.

[250] Cf. David E. Morrison, '*Kultur* and Culture: the Case of Theodor W. Adorno and Paul F. Lazarsfeld', in *Social Research*, 45 (1978), pp. 339—40, 342..

[251] Theodor W. Adorno, 'Scientific Experiences of a European Scholar in America', trans. Donald Fleming, in *Perspectives in American History*, 2 (1968), p. 342—43.

[252] Lazarsfeld, 'An Episode in the History of Social Research', p. 301.

[253] Cited in ibid., p. 301.

[254] Adorno, 'Scientific Experiences of a European Scholar in America', p. 343.

[255] Lazarsfeld, 'An Episode in the History of Social Research', p. 323.

[256] Morrison, '*Kultur* and Culture', p. 348.

[257] Adorno to Lazarsfeld, 6 September 1938.

[258] Cited in Morrison, 'Kultur and Culture', pp. 347 and 348.

[259] Theodor W. Adorno, 'The Radio Symphony: an Experiment in Theory', in

法兰克福学派：历史、理论及政治影响

Paul F. Lazarsfeld and Frank Stanton (eds), *Radio Research 1941* (New York, 1941), pp. 110−39; in Adorno, *Gesammelte Schriften*, vol. 15, pp. 378−9.

[260] Theodor W. Adorno, 'A Social Critique of Radio Music', *Kenyon Review*, 8 (1945), pp. 208−17; 'On Popular Music', *SPSS*, 9 (1941), pp. 17−48; 'Die gewürdigte Musik', in Adorno, *Der getreue Korrepetitor. Lehrschriften zur musikalischen Praxis* (Frankfurt am Main, 1963), repr, in Adorno, *Gesammelte Schriften* (Frankfurt am Main, 1970−86), vol. 15.

[261] Adorno, 'Scientific Experience of a European Scholar in America', p. 351.

[262] Adorno, 'On Popular Music', pp. 27−8, 25.

[263] Ibid., pp. 33, 38−9.

[264] Ibid., p. 48.

[265] Alice Maier, in Erd (ed.), *Reform und Resignation*, p. 99.

[266] Thomas Mann, *Politische Schriften und Reden*, vol. 3 (Frankfurt am Main, 1949), p. 189.

[267] Joachim Radkau offers convincing evidence of this in his work on *Die deutsche Emigration in den USA. Ihr Einfluss auf die amerikanische Europapolitik 1933−1945* (Düsseldorf, 1971), which is in every sense extensive.

[268] Horkheimer to Favez, 13 October 1938.

[269] Horkheimer to Lowenthal, 21, June 1938.

[270] Friedrich Pollock, *Memorandum for P. T. on Certain Questions regarding the Institute of Social Research* (1943), in the Max Horkheimer Archive, IX 258.

[271] Friedrich Pollock, *Rapport Annuel sur le Bilan et le Compte de Recettes et Dépenses de 1937, présenté á la ème Assemblée Générale Ordinaire du 9 avril 1938*, Max Horkheimer Archive, IX 277. 7.

[272] Horkheimer to Lowenthal, 25 July 1940.

[273] Horkheimer to Benjamin, 17 December 1938.

[274] The appointment only came into effect after the war, however.

[275] Adorno to Horkheimer, Oxford, 12 October 1936.

[276] Horkheimer to Adorno, 22 October 1936.

[277] *Statement of Prof. Dr Max Horkheimer, Research Director of the Institute of Social Research, on June 9, 1943. Re: Certain Charges made against the Institute of Social Research (Columbia University)*, Max Horkheimer Archive, IX 63.

[278] Fromm to Horkheimer, 19 December 1935.

[279] Horkheimer to Favez, 13 October 1938.

[280] On the following, see in particular the section on the 'University in Exile' at the New School for Social Research, in Radkau, *Die deutsche Emigration in den USA*.

[281] Lowenthal to Horkheimer, 4 August 1940.

[282] Neumann to Horkheimer, New York, 13 August 1941.

[283] Max Horkheimer, 'Die Juden und Europa', *ZfS*, 8 (1939), p. 115.

[284] On this and the following, see Radkau, *Die deutsche Emigration in den USA*, pp. 232, 234 and 241−2.

[285] On this too, see ibid., p. 287 and passim.

[286] Horkheimer, 'Die Juden und Europa', pp. 121, 122, 128.

[287] Ibid., p. 118. The 'new form of selective breeding' lay in the creation of totalitarian domination by one particular interest group over the whole population.

[288] Lang to Horkheimer, 15 April 1940.

[289] Horkheimer, 'Die Juden und Europa', pp. 115, 130, 131, 135.

[290] Ibid., p. 136.

[291]《铁后跟》(*The Iron Heel*) 是杰克·伦敦发表于 1908 年的一部小说的标题。在这部小说中，经过几个世纪斗争而最终取得胜利的社会主义组织中一名成员手中的一些文件让人想起了当初"铁后跟"长达几世纪的统治建立伊始的情形。"铁后跟"也就是随时准备动用赤裸裸的暴力的资本主义的隐喻。这部小说给杰克·伦敦招来了他的社会主义同伴的批评，他们指责这部小说宣扬失败主义。

[292] Horkheimer, 'Die Juden und Europa', p. 135.

[293] Horkheimer to Favez, 6 December 1938.

[294] 弗里德里希·路德维希·扬恩 (Friedrich Ludwig Jahn, 1778−1852)，德国体育运动的创立者。

[295] Ludwig Marcuse, *Mein zwanzigstes Jahrhundert* (Zurich 1975), p. 253.

第四章 在新世界（下）：在理论多产中没落

"基金的使用条例绝不是专为经营研究所而定的"

研究所的危机依然继续。研究所的领导人专断而秘密地把研究基金挪为己用，是造成危机的部分原因，更是加剧危机的主要原因。这也是对那种宣称研究所代表了社会批判理论家组成的一致共同体的观点的嘲讽。

当捐赠资金从 1930 年代后期开始缩减的时候，霍克海默盘算最多的事情，是尽可能早地保留足够多的一部分财产，为自己的学术工作提供一个长期保障。洛文塔尔以"基金"托管人的身份可以分配资金，有一次他要求从基金中抽出 50000 美元的专款汇给霍克海默，后者成为这笔钱的惟一受益人。洛文塔尔后来通过正当理由拨出了这项专款，却暗示重复了以往的一种银行转账程序。

在霍克海默看来，就算真的不开设研究所，资金的使用也可以满足韦尔基金的使用条例。他想出了一个极端的办法，打算把研究所改造成"这样一个机构，它可以提供四到五个私人研究合作项目……基金的使用条例绝不是专为经营研究所而定的。相反，推进社会理论才是问题的关键"。[1] 由于霍克海默始终将韦尔基金看成是推进社会理论的物质基础，而他本人就是这种理论的主要化身，因此在共同基础上为了共同目标来使用基金就成为不可能的事了。研究所的财政状况从来没有以可以查对的账目形式公布出来，甚至对正式研究人员也没有公布过。真正明白个中情形的人就是"核心成员"的代表：霍克海默和波洛克。尽管洛文塔尔担任着类似总秘书的职务，可对财政状况也是一知半解。霍克海默的策略——在必要的时候也是洛文塔尔的策略——就是把对财政事务的管理看作是波洛克的份内之事，他们会说，波洛克像个"资产阶级大商人"那样在经营着。就波洛克这方面而言，他总是通过私下方式武断地阻止所有有疑虑的人提出的置疑，或者让打探此事的其他人碰一鼻子灰——他这样做，一半是出于本意，一半是因为自己也不了解情况。从他的职责方面说，波洛克本人就是负责评定工资等级的，或者说就是决定减薪的人。他在这时采取的手段就是在个人切身利益上影响研究所的成员，他们尽管偶尔对财政分配的不公有所怀疑，但也因上述原因而甘愿对此类事务闭目塞听，不闻不问。根据洛文塔尔的回忆，工资

> 经由霍克海默和波洛克讨论决定，然后再告知我们。我们总会猜测这样一种情况——这些人真是幸运的家伙……如果马尔库塞或我在 1938 年时说"我不愿意这样。我不想一个月只拿 350 美元，我要 500 美元一个月，否则我就走了"，回答肯定是："好吧，走吧。"可我们又能去哪儿呢？[2]

当人们开始抱怨的时候，抱怨往往总是指向洛文塔尔。而他会把这些抱怨（以及他所做的一切）汇报给霍克海默，以便让他采取稳定人心的措施。全体成员中每个人都很信赖霍克海默，而霍克海默给每个人都留下了私交甚笃的印象，也常常故意给他们每个人散布一些相互抵触和矛盾的信息。所有这一切都是运用俗话所说的"分而治之"策略的绝佳范例。在这样的情况下，危机根本没有可能在共同基础上得到合理的解决。解决危机的结果肯定会不必要地极大伤害人们的感情，危机最终只能按照如下原则来解决：必须要求一些人为另一些人，为能让另一些人完成理论工作而做出牺牲。自 1939 年以来，定时炸弹的滴答声就已经

在研究所里响起来了——尽管那时研究所在很多方面都说得上是流亡中的一座绿洲。

流亡中的种种难题、猜度的和实际的财政困难、研究所领导人的武断作风和优柔寡断，再加上霍克海默对自身保障的要求，这些在研究所内部产生了难以名状的不安感，研究所里没有一个成员能忍受得了这种感觉。1939 年霍克海默告诉本雅明说："我们尽了力，可是在不太遥远的未来某一天我们还是不得不告诉你，尽管怀着世间最良好的愿望，可是我们无法再把与你订立的研究合同续下去了。"[3] 1939 年春波洛克告知弗洛姆，从那年 10 月起研究所将不再为他支付工资了（每月 330 美元）。弗洛姆给霍克海默的一封信表明，波洛克也曾向朱利安·库姆佩尔茨发出过同样的警告。1939 年初，波洛克通知诺伊曼说他必须在 1940 年 10 月 1 日前离开研究所。1940 年 8 月，洛文塔尔向霍克海默——当时霍克海默总是去西海岸，一去就是几个星期，在那里寻找适合自己工作的地方——建议研究所可以在纽约再维持一年。在这期间霍克海默将能够决定"我们去向何方"，如果霍克海默开始仔细考虑甩开诺伊曼的话，这期间他也能摆脱掉他，而且还能给马尔库塞施加足够大的经济和道德压力，迫使马尔库塞离开研究所去某所大学任教，因为从 1941 年秋天开始，其他单位就已经给马尔库塞支付每月 1200 美元的薪水了。洛文塔尔经常向霍克海默汇报诺伊曼和马尔库塞所说的一些关于他的不敬之辞——诺伊曼和马尔库塞是很好的朋友，洛文塔尔对马尔库塞的私下看法肯定掩藏不了多久。洛文塔尔希望看到马尔库塞 1941 年春出版的论黑格尔与社会理论起源的《理性和革命》一书[4] 能对研究所和马尔库塞起点作用——换句话说，就是起到让马尔库塞离开研究所的作用。马尔库塞从诺伊曼那里听说，霍克海默在去西海岸之前就说过马尔库塞将继续帮他写作辩证法的书的话，也曾说过马尔库塞应该试着在大学里找个职位找点课代。可是霍克海默本人亲口告诉马尔库塞说他希望和他合作写那本书。然而阿多诺的说法却是，霍克海默想同他阿多诺合作写书。马尔库塞是第一个到西海岸与霍克海默会面的。可是他刚到达，就被告知他的工资待遇将很快就要被下调了。甚至他们那本书的合作已经开始之后，马尔库塞还是要返回纽约处理与哥伦比亚大学磋商事宜，为研究所的研究人员争取按期支付的授课费。在一封给他的信中，霍克海默写道："就这件事我想得越多，我越确信我能够把我们三人团结起来，组成一个很好的团队。"[5]与此同时，阿多诺却建议霍克海默把马尔库塞和洛文塔尔留在哥伦比亚大学当上一两年见习助教，这样一方面能够减轻研究所的负担，另一方面也能让哥伦比亚大学确信研究所的善意。

当问题涉及在什么时候、在什么条件下谁能跟随霍克海默去西海岸的时候，尽管洛文塔尔和阿多诺是那么服从，可他们还是感觉到他们的的确确是被出卖了。1941年9月，洛文塔尔与波洛克进行了一次认真的谈话，谈完过后洛文塔尔含泪离开，因为波洛克向他和盘托出了为他的未来设计的那些很伤感情的计划，而且是用一种不友好的方式告诉他的。阿多诺也是忧心忡忡，担心在几个月内所有事情都没有眉目了。波洛克写信给霍克海默说：

> 观察我们研究所成员的举止是件有意思的事情。马尔库塞想到五年之后可能成为另一个君特·施坦恩（Güther Stern）就害怕得不得了，因此不惜一切代价想维持他与哥伦比亚大学的联系。泰迪完全只考虑生活，只想尽快能成为西海岸一名有闲绅士，至于其余人的情况如何，他是一点也不操心的。诺伊曼多少感到无论最后讨论结果是个什么样子他都是安全的，但他当然也非常强调同哥伦比亚大学的关系的重要性。惟一忠心耿耿的人就是——"说起来令我遗憾"——洛文塔尔。这是你也可以想见的。因为他一直确信，无论发生什么我们都不会抛下他。[6]

由于有了这样的领导人，研究人员们对研究所和霍克海默的热忱奉献越来越没什么希望，而且在这些年中学术生涯的前景也特别暗淡。但即使对那些倍感受辱的人来说，研究所还依然具有吸引力。研究所不仅表面上还是一个能提供保护和帮助的权威，不管这种保护和帮助再怎么专断而短暂——它毕竟还能提供金钱、出版机会、举荐和权威认证——而且也还是仅存的能容得下理论工作的一个重镇。理论工作还在继续，尽管气氛有些特殊，尽管人事摩擦不断。

通过出版著作来努力引起学术和科学市场的注意，从而有可能在没有研究所的情况下也能从事研究，这很快成了一个非常强烈的念头，而且这个念头不仅仅是诺伊曼一个人的。被迫离开研究所的重要研究人员，差不多都在 1941 年和 1942 年间出版了他们自己很有分量的作品，而且都是用英文出版的。弗洛姆的《逃避自由》和马尔库塞的《理性和革命》都于 1941 年面世，诺伊曼的《巨兽》则出版于 1942 年春天。相反，尽管当时霍克海默已经不再为自己的生活操心烦恼了，可直到 1944 年才完成了与阿多诺合作的《哲学断片》。这是一个非常难读的文本，而且是私人出资油印的，因此它的读者范围也非常之小。1941 年阿多诺完成了一篇《新音乐哲学》(*Philosophie der neuen Musik*) 的扩充论文，他本来没有打算出版，只是为研究所内部讨论之需在整理自己思想的过程中写作了这个文本。他曾给几个局外人看过这个东西，这些人中包括托马斯·曼和达高伯特·D. 隆内斯 (Dagobert D. Runes)，后者是《美学杂志》的编辑，而且对用英语出版这篇东西很热心。但是这篇文章基本上成了《哲学断片》的重要准备性材料，后来在他回到德国扩展深化后出版的那些作品，也受到这篇文章的很大影响。基希海默作为研究所里的兼职研究员每月领取 120 美元——"多亏我妻子还有工作，我也偶尔能得到一些额外的进项，这些使得我那微薄的收入能维持我们紧巴巴的日子"[7]，他最终也没能完成他计划中的《垄断资本主义时代的宪法理论》。

尽管也有一些犹犹豫豫，可是研究所负责人的基本意图还是清楚的。对霍克海默来说，"兼学者与研究所主任于一身的双重身份"[8] 让他不堪重负，因为正如他在"崖滩手记"(Notes from Beach Bluff) 中所抱怨的那样，他总是"把相同的力比多投入每件事情之中"，他"口述一封信……都要投入和写作一篇学术论文一样大的精力"。他在纽约的秘书爱丽思·迈尔回忆说，"霍克海默先生对每字每句都要斟酌再三，有时候两个小时内还记不下一个字……霍克海默先生口述，我速记，然后再经他成十遍地修改每一处。"[9] 从现在开始，霍克海默就将学术论文的写作放在优先位置了。为此，他需要一到两个长期助手或合作者。研究所必须在规模上缩编，尽管在外人看来它还继续存在，但是实际上它很难再得到什么经费开支和人力投入了。

实际上，由于霍克海默通常表现出的那种犹豫和矛盾，这种情况势必要求采取以下策略。从 1939 开始，研究所的领导人就已经想办法甩掉包袱了，而且同时试图为研究计划搞来新的经费支持。一方面他们为霍克海默的理论工作创造了有利的条件，安排他去西海岸，他可以在那里待很长时间，从学术体制中抽出身来。另一方面，他们同时注意制造一种印象，让人觉得研究所运转正常。1941 年研究所获得了机会，可以向哥伦比亚大学院系派遣享受工资待遇的正式讲师，而不是向"推广部"派遣无工资待遇的讲师。在这之后，研究所的前述策略倾向更加明显了。大学甚至还提供了一个出任教授的机会。最后，研究所领导人在利用研究资金做私人研究的同时，相当成功地缩减了研究所的规模，自筹很少的经费让研究所继续运转。同时，霍克海默和他的同事们获得了进入学术世界的极其有利的条件，他们可以在将来某一天不再要研究所提供的经费的情况下，也可以作为学者继续他们的理论工作。

战争爆发，学刊出版地从巴黎迁到了纽约，这也就是说《社会研究学刊》在后来改成《哲学和社会科学研究》继续发行之前的一年中都处于停刊状态，这也为各种研究计划草稿和书稿的写作腾出了时间。

与埃里希·弗洛姆决裂

与埃里希·弗洛姆的决裂是研究所与其研究人员最早、也是最激烈的一次决裂。这次决裂的原因由来已久。早在 1934 年（那时弗洛姆正在从芝加哥到他的休假地圣达菲的途中，在纽约稍事停留会晤了霍克海默），霍克海默就曾写信给波洛克说，尽管弗洛姆思想很丰富，可是他特别不喜欢他，因为弗洛姆总是试图讨好太多的人。这是对如下这种批评的一次预先警告，即霍克海默与阿多诺一次通信中谈到索恩－雷塔尔时所提出的那个批评：他没有"针对普遍接受的环境的那种充满敌意的锐利眼光"，这也正是弗洛姆所缺乏的。甚至当他们还在法兰克福的时候，阿多诺就对霍克海默和弗洛姆之间的合作瞧着不顺眼了，他把弗洛姆称为"犹太手艺人"。[10] 阿多诺对弗洛姆发表于 1935 年《社会研究学刊》上的"精神分析疗法的社会决定因素"一文[11]的批评与霍克海默的论调相同。在这篇文章中，弗洛姆批评了弗洛伊德，其理由是"许可""漠不关心的"和"冷酷无情"的精神分析师，在这背后其实掩藏着对资产阶级社会禁忌的尊重，而那些社会禁忌恰恰是让患者产生压抑的主要原因。弗洛伊德学派的精神分析师或多或少无意识地暗藏着权威主义的父权中心态度。但是，精神分析要达到它的目的，它就绝不该只要求"中立性"：它必须无条件地认可患者对幸福的要求。分析者的"技巧"和"好心"，正如山德尔·费伦茨（Sandor Ferenczi）所强调的那样，乃是精神分析不可或缺的真正特点所在。弗洛姆非常看重费伦茨的意见，指出只有当患者消除了对分析者的恐惧，感受到了与分析者的"平等"时，分析才能得出它应该得到的结果。在读了这篇文章之后，阿多诺于 1936 年 3 月写信给霍克海默，说弗洛姆使自己处于

一种为弗洛伊德辩护的悖论之中。文章太感情化了，一开始就陷入了错误，混合了社会民主主义和无政府主义的因素，而且最主要的是它表现出了辩证法观念的严重缺乏。他轻易地否定了权威概念，而如果没有权威，列宁的先锋队和专政就是不可想像的。我强烈地建议他去读读列宁。反对弗洛伊德的反教皇主义者说了什么呢？[弗洛姆一直把格奥尔格·格罗多克（Georg Groddock）和山德尔·费伦茨说成是发展了弗洛伊德精神分析的"反对派"代表人物。]如果要从左的方面批判弗洛伊德——就像我们所从事的批判那样，那么就绝对不能容许这种所谓"仁慈缺乏"的愚蠢论断。这种论断恰恰是资产阶级个人主义拿来反对马克思的伎俩。我必

须告诉你，我在这篇文章中看到了对学刊路线的真正威胁，如果你能让我对弗洛姆的这些反驳以你认为合适的任何形式得以传播开来，我将非常感谢。我只要求把它们刊行出来。[12]

阿多诺对于弗洛姆的批评，一直就集中在这一点上，他在 1940 年代中期出版的一本格言集《伦理随想录》中，也在重申这些观点。他批评弗洛伊德——在这里他和弗洛姆是一致的——有一种总的看法，即，认为社会目标比性目标、比个人对幸福的要求远为重要。可是他也绝不认为弗洛伊德的态度是缺乏慈悲心的表现——这种缺乏仅仅靠仁慈就可以得到缓解。确切地说，弗洛伊德的态度尽管是压抑的，可是这种态度并没有给幻想留下余地，那种幻想往往认为仅仅靠分析者的慈悲心就可以改善病情，或者说分析者的慈悲心就可以减弱那种追求满足的冲动。只有那些想缓和这种冲动要求的人，或那些准备掩盖社会对于个人强行剥夺之真相的人，才会生出这种想法。"如果说弗洛伊德在人道同情心方面存在不足的话，那么在他恰恰在这一点上与政治经济学批判站在了一起，这要比与泰戈尔或韦弗尔（Werfel）站在一起好得多。"[13] 阿多诺依照他"从内部爆破那些想法"的观念，这样来构想如何从左的方面对弗洛伊德进行批判：

> 宣泄疗法如果不求成功适应和经济成功，就应该有以下两在目标。其一，让人们意识到普遍存在于所有人的个人的不幸，且个人的不幸与普遍的不幸密不可分；其二，就是要打消人们虚幻的满足感，正是后者才使得可憎的秩序不仅从外部牢牢地箝制人们，而且控制了人们的内心生活，让人们受制于这个令人憎恶的秩序。如果人们想获得对于自己经验的理解，就得不再餍足于虚假的快感，就得厌恶林林总总的商品，他们还得朦胧地意识到，即使真有幸福的存在，也是不足够的——更不要说在有些时候，这种幸福还是通过放弃对它的真实替代品（positive surrogate）的所谓病态的抗拒而买来的。[14]

阿多诺、波洛克和马尔库塞是研究所成员中没有接受过精神分析诊疗的三个人，而与之相对，弗洛姆、洛文塔尔和霍克海默都接受过精神分析治疗。阿多诺所想的精神分析应具有的正确形式与弗洛姆所想的不同，他认为精神分析不应该让患者按照事物应该是的状态去体验事物；他所想的精神分析正确形式也和弗洛伊德所规定的不同，认为不应该将患者当作现实法则的一个有容忍心的代表（tolerant representative）来对待。相反，面对患者的精神分析者应该是这样一种人，他可以把现实原则推向极端，他可以把患者带入黑暗，并让希望之光在黑暗中开始闪耀。阿多诺并没有反躬自问一下，那些在美学理论和阶级斗争学说方面可能是正确的结论，是否能够在不给个体临床治疗添加麻烦的情况下适用于精神分析。"慈悲心"会导致幼稚的盲从，这种危险至少与让患者产生极度幻灭、导致病情加重或使患者成为愤世嫉俗者的危险一样严重。

此时霍克海默到底是怎么想的，我们只能加以猜度，因为他把弗洛姆的这篇文章作为"主打"文章在学刊上发了出来（和其他所有文章一样经过了他的仔细审查），而且对阿多诺的批评未置一辞，至少在他的信中是这样的。霍克海默一度曾这样写道："不要相信所有那些总宣称要么给予任何人以帮助，要么就根本不帮助他人的人。这种谎言总是出自这样的人之口，他们实际上根本不想帮助别人，他们总是用宏大理论为了一己之私给自己开脱责任。他们把他们的残忍合理化了。"[15] 他曾经说到过，同情乃是当今可与政治并列的适当的道德形式。[16] 他是叔本华的支持者。对叔本华来说，通过幻境得以疗救与践行爱的工作其实是一回事。[17] 如果他认叮人类对幸福的要求和他们的本能本性，如果他强烈地谴责资产阶级和资本主义社会，那么，像这样一种人难道还能对"慈悲心"抱有异议吗？可以确定，弗洛姆的思想引起了霍克海默的兴趣，因为在他看来，它是在叔本华主义和佛教精神启发之下将马克思和弗洛伊德融为一炉的一个样板。

霍克海默先是在《破晓与黄昏》这部箴言集中，后来又在1938年发表的"蒙田与怀疑主义的作用"一文中，批评精神分析成了一种盲从因循的手段，它总是想以责备的方式把那些神经症患者、不服从者和那些反对派的好斗倾向暴露出来，总是试图把他们改造成在充满威胁和不公的世界里能像个自然的、无拘无束的人那样行动的人，就仿佛他们生活其中的世界一切事物都挺不错的。在一封写于 1935 年的致本雅明的信中，霍克海默就曾提到过，弗洛伊德的著作中缺乏正确的历史方向感，他的著作"从学术性的担忧 (professorial unease) 这一角度"表达了"对既存现实的绝望"。[18] 因此弗洛伊德对既存现实的批判在霍克海默看来还不够猛烈，也说不上具有足够的攻击性。尽管阿多诺对弗洛姆的批判全然不顾精神分析理论和精神分析疗法之间的关系，可是也正是这个批评，促使霍克海默像阿多诺本人对待自己的神学母题那样去对待像慈悲和同情这样的范畴：把它们悬搁起来，只让它们含蓄地显现。

在波洛克（和麦顿）的影响下，霍克海默认为自己受到了来自整个充满敌意的世界的反对，在这个世界中，一切人之间的关系都是假的，那种最无私的友谊是不存在的；与霍克海默一样，阿多诺也认为自己处于相同的境地。在两个人中，尽管霍克海默性格更强势一些，可是阿多诺的猜疑要比霍克海默重得多。阿多诺的世界观和他的理论观念混合在一起，让他产生了一种复杂的厌世遁世观念。

> 如果一个人想探究人类的可能性，那么要对一般大众 (real people) 保持善意态度就会成为非常困难的事情。事实已经证明，善意实质上正是恶意的指标……善意中的恶意存在于这一事实之中：慈悲只提供了一种托词，它恰恰赞成人类自身存在那些基本元素——人们依此证明他们不仅仅是自己的牺牲品，而且实际上还是自己的刽子手。[19]

269 从内心爆破观念、冷酷地把冷酷贯彻到底——阿多诺热情鼓吹的这些主题，向霍克海默表明，叔本华主义和佛教的思想元素在他的思想中如何可能"悬搁"起来，尽管这些思想在弗洛姆那里越来越明显地表现了出来。

　　从 1930 年代中期开始，弗洛姆、卡伦·霍尔尼（Karen Horney）——另外一位德国移民精神分析医师——与倾向于行为主义的美国精神病学家哈里·斯塔克·萨利文（Harry Stack Sullivan）一起，组成了一个脱离纽约精神分析师系统的独立小组。他们立志将精神病学和精神分析与社会学和文化人类学相结合；像爱德华·萨丕尔（Edward Sapir）和鲁思·本尼迪克特（Ruth Benedict）这样的文化人类学家都加入了这个小组。[20] 霍尔尼的《我们时代中的神经症人格》和《精神分析新方法》分别于 1937 年和 1939 年出版（后一本书的前言中有对霍克海默的致谢），这些书是面向广大群众而写作的，获得了极大的成功。在阿多诺看来，霍尔尼的书说明他对弗洛姆的批判是对的。[21]她的这两部集中论述文化和人际关系的书却在《社会研究学刊》上受到了恩斯特·沙赫特尔的赞扬——他本人也是个新派分析师。就《精神分析新方法》一书，他这么写道：

　　　　这部书最主要的部分采取了一个反对弗洛伊德生理主义和本能主义倾向（力比多理论、俄狄浦斯情结、死本能、把女性精神分析确立在解剖学差异的基础上）的立场，同时也反对他的机械进化论（重复的强迫冲动、通过儿童早期经验确定心理创伤的原因）……此书主要根据人在其中成长并生活的具体的人际关系来解释人的性格和人类的行为，而且坚决地否定了这样一种假设：在人的成长过程中存在着固定的力比多阶段。因而，此书能够以非常明晰的写作线索，为社会心理学提供许多有价值的路标，能够推进它向更好的方向发展，能够让它更确切地理解社会环境在心理方面产生的种种作用。[22]

这段评论点出了贯穿于霍尔尼著述的批判主题，但是它却没有注意到霍尔尼在论述中通过某种方式把整个精神分析中性化了。

　　卡伦·霍尔尼生于 1885 年，曾受训于柏林精神分析研究所，受卡尔·亚伯拉罕和汉斯·萨克斯（Hanns Sachs）影响，他们俩都是弗洛伊德圈子里的人。1933年之前，霍尔尼就已经就女性精神分析问题发表了一系列文章。尽管她对弗洛伊德相当忠诚，可是她也在她的文章中对弗氏的观点提出了批评并与之产生了分歧。弗洛伊德一直试图把女性心理发展和女性性格看作是解剖学意义上的性别差异在心理上引起的后果。相反，霍尔尼强调制度、文化规范、教养方式以及社会整体的父权性质起着更重要的作用，弗洛伊德对之作出生理主义和人类学判断的女人恰恰是生活在这个社会整体之中的。把社会因素与童年之后的经验看得同生理因素和童年早期经验同等重要，这意味着为女性提供了挣脱男权限制的枷锁从而塑造自我形象的机会。[23]

270

本能结构是由生存条件造成的，弗洛姆的这个假设使他认为，由于占据统治地位的生存条件是嵌入本能结构中的，因此占统治地位的生存条件会无限期地持续存在。对霍尔尼来说，对社会现实与社会规范构成性特质的洞察成了一种理论的出发点，这种理论并不认为一切形式的行为、观念和思想都决定于它们的本能结构，而是结合把理论优先性赋予社会因素的决定作用，为女性行为的再定义和重塑留出了空间。可是，她把生理决定论的前提说成是纯粹意识形态，这种批评却发展成了一种忽视社会条件对本能结构有扭曲作用的观念，在这种观念看来，更好的教养方式和更好的分析疗法有望为不同文化中存在的各种困境提供某种相对简单的解决办法。霍尔尼最热销的书指出，西方文化中的种种矛盾就是竞争与兄弟情谊之间、欲望刺激和满足受阻之间、表面上的个人自由与加于这种自由之上的限制之间的矛盾，神经症患者比正常人更强烈地感受着这些矛盾，而且在处理这些矛盾时需要帮助与支持。然而，她所说的这些矛盾，却只触及社会冲突以及个人与社会冲突的表面现象。

弗洛姆的立场显然比霍尔尼的立场和"修正主义者"的立场更具批判性——尽管阿多诺忽视了这一点。弗洛姆没有放弃对资产阶级—资本主义社会的控诉，坚信这种社会需要革命性的转变，坚持认为那些不是太悲伤也不是太愤怒的人、那些自我调节很好的正常人往往比神经症患者还不健康。他之所以与阿多诺合不来，也和霍克海默合不来，是由于他那种对问题的传统的、唯心主义的表达方式——他的批判标准还是传统的。弗洛姆在他的《逃避自由》中说，人类进步过程中形成了种种可能性，要争取实现它们，这些可能性就是创造性和批判性的思想、复杂情感和敏感的经验带来的乐趣、追求正义和真理的精神。阿多诺和霍克海默把一切形式的自发行为（spontaneity）都看作是增加苦难的毁灭行为，霍克海默甚至比阿多诺更坚决地预言了个体的彻底毁灭。可是虽说弗洛姆很少在西方文化中发现有价值的自发行为，可毕竟还是认为其中有相当一些自发冲动可以作为解决基本难题的精神起点。

271

但是较之于弗洛姆的立场，阿多诺和霍克海默的立场不那么容易受到攻击。1940 年代期间阿多诺和弗洛姆把"生物唯物主义"当作精神分析拒绝一切修正主义者的理论核心，[24] 试图将社会批判的基础确立在生理基础和人类学基础之上——他们有一个假设：在本能结构中存在着乌托邦的可能性，但是这种假设和弗洛姆对自发冲动的信任是一样成问题的。尽管阿多诺和霍克海默的立场比弗洛姆的立场激进，可是，这种立场更隐讳，因为它根本没有指明乌托邦可能性得以实现的那种方式。[25]

然而他们没有试着去共同充分完善所有这些立场，因此也没有可能形成任何可使弗洛姆观点中与新精神分析保守观点相反的那些社会批判方面得到加强的理论发展。1939 年末弗洛姆和霍克海默之间产生了许多大的争论，这时两人之间也产生了嫌隙，而且还有人故意制造两人之间的矛盾。1939 年春波洛克告诉弗洛姆说 10 月份以后研究所将不再支付弗洛姆的薪水，波洛克对弗洛姆的那种说话方式让弗洛姆非常生气。按照弗洛姆的说法，波洛克根本没有问他如果没有工资怎么办，而仅仅只是明确地说 10 月 1 日之后研究所不能也不会再给他支付薪水了。"我立即说这就是解雇，而他回答说：'是的，如果你要这么说的话！'"[26] 弗洛姆提出要让他同意中止他的聘用合同，研究所必须支付20000 美元的补偿金。

研究所就这样与它的一个成员分道扬镳了，这个成员很长一段时间以来对它的理论工作都起着极其重要的作用。1935年以后，他仅仅在《社会研究学刊》上发表过一篇文章。弗洛姆写于1937年的"论原理"一直没有发表，至少是没有在《社会研究学刊》上发表，即使弗洛姆认为霍克海默对他这篇文章的批评是有道理的，而且也想在霍克海默批评的基础上对文章进行修改。弗洛姆对工人阶级进行的研究一直没能进行到霍克海默同意发表的阶段。在那段时间里弗洛姆常常生病，需要接受治疗。弗洛姆看上去似乎更接近于同战斗的社会理论没什么关系的那些精神分析师和社会学家，而不是霍克海默的圈子。[27] 就在阿多诺到纽约之后的那段时间里，弗洛姆对那些理论领域已经持严厉批评的态度了，而在霍克海默看来1930年代的后五年中弗洛姆在这些领域内已经失去他的理论多产优势。霍克海默所希望的——他希望弗洛姆中止与研究所的聘用合同，放弃工资要求，同时又与研究所保持联系，可由研究所支配——没有变成现实。弗洛姆后来询问过关于工人阶级的研究情况，研究所只给他寄去了一份研究报告的副本。至于霍克海默，他只在1946年10月，纽伦堡审判（对纳粹战犯）做出死刑审判之时，给弗洛姆寄了一封短信。信中，他回忆他与弗洛姆在纽约听到1934年6月30日事件时曾为这些象征着纳粹德国的人物的一朝覆灭而庆祝，如今他又在施特莱西尔（Streicher）及其同党被处以极刑前一天的这个星期二，在精神上向弗洛姆举起了庆祝的酒杯。[28]

《逃避自由》出版于1941年。这是一部对"权威主义国家里的人"的精神分析研究专著。这本书是被列入研究所1938年计划书的研究项目之一，于1936年到1940年之间由弗洛姆完成，这也是研究所出版范围广泛的计划中真正成书的不多的成果之一。尽管这样，这本书还是在独立于研究所的机构出版的，弗洛姆在书中对他以前与社会研究所的合作只字未提，只是在一个注脚中提到了霍克海默的一篇文章。这篇文章的标题是三个座右铭性质的词，很符合弗洛姆本人的人文主义信仰。

这部书勾画了个体从中世纪的社会束缚中挣脱这一充满矛盾过程的历史草图，以此为背景，将弗洛姆参与《权威与家庭研究》时所建立起的那种社会—心理功能主义与逃离恶性循环的思想结合了起来。弗洛姆归纳了三种主要的逃避方式：权威主义、破坏和"自动适应"，弗洛姆这样总结，

> 本书的主题是，自由对现代人来说具有双重含义：一方面意味着，他摆脱了传统权威，已经成为了一个"独立的个体"；但与此同时，他也会变得孤独而软弱，变成外在于自己的目标的工具，与自己和他人相疏离；更有甚者，这种状态伤害了他自身，削弱并威胁他，使得他愿意屈服于种种新的枷锁……惟有人掌握了社会，使经济机构为人的幸福服务，惟有他积极地参与到社会过程中去，才能克服正使他陷入绝望之中的东西，即他的孤独感和软弱无力感……只要依靠民主不停地向人们灌输人的心灵可以拥有的最强烈的信念：对生命、真理，以及对作为个体主动的、自发的自我实现的自由的信念，民主……将战胜各种虚无主义力量。[29]

但是，尽管弗洛姆坚持相信心理学的关键问题乃是个体与世界之间的特殊关系，并因而反对弗洛伊德的本能理论；尽管他用人格结构这一概念取代了本能冲动的概念，尽管他在"文化与人格"的争论中、在文化、社会和人格之间关系上采取了（偏重社会性的）立场，可是这些都没能有效地证明他对自发行为的支持以及那种生活的信念的合理性。例如，他不再像正统精神分析所做的那样，把积攒金钱和其他物件的冲动当作根源于忍住粪便的无意识欲望的冲动来解释，相反他用排便过程所引发的某种人际经验来解释这种冲动。仅凭这些说法，无法为完全扭曲了人际经验的社会提供任何乐观主义基础。在这本书的诊断和分析部分，弗洛姆之所以支持自发行动，是因为他把自发行动当作一种"意外之神"(deus ex machina)。他不仅在一段题辞里引用过托马斯·杰斐逊 (Thomas Jefferson) 的话，而且不断地用杰斐逊的话强调说，有些品质是人"与生俱来的"，或者说是随着历史发展而成了人的"与生俱来的"品质。这些品质就是："成长和发展的趋向以及实现人们

已经开发出来的种种潜能的趋向。"[30]

像霍尔尼的书一样，弗洛姆的书针对的也是极广泛的读者群，它不仅作为大众读物，而且作为学术著作受到了极高的赞扬，获得了成功。他的朋友沙赫特尔为此所写的赞扬性评论，甚至发表在 1941 年的研究所学刊上。这么做的目的是为了安抚弗洛姆，此时，霍克海默已经视他为研究所的对手了。在霍克海默看来，弗洛姆很有可能和格罗斯曼、库姆佩尔茨、魏特夫以及其他感觉受到了研究所不公正待遇的人组成一个团结阵线。

计划

早在 1938 年，研究所就开始有了这样一种想法，它应该努力从美国方面搞来一些基金，不仅用于资助研究所中的个人研究者和被保护人，而且也用于资助研究所自身的科学研究。1939 年，研究所开始为此做最初的努力：例如，它试着用阿多诺和霍克海默制定的反犹主义研究计划来吸引基督教组织和犹太人组织或私人资助者的兴趣。但是这些努力都没有成功。1940 年 4 月，在研究所顾问委员会（麦克伊维尔、林德都是这个委员会的成员）会议上，霍克海默提交了两项计划供会议讨论，希望知道这两个计划中的哪一个在美国的研究前景会更好一些，哪一个更能为他们争取到资金支持。两项计划中的一项是反犹主义研究计划，这个研究计划的目的是要探究反犹主义是怎么一步一步地获得如此超常的影响力的；另一项是"现代德国文化"的研究计划，旨在重构 1900 年至 1933 年这段时期内德国经济、社会、政治、哲学、文学的发展，希望借以回答纳粹是怎么形成的这一问题。顾问们都支持后一个计划，可是研究所继续同时进行这两项研究计划。1940 年 7 月 10 日，霍克海默写信给诺伊曼说，他前天偕夫人前往西海岸为研究所的迁移和他那本论辩证法的书的写作寻找合适的地方。美国犹太人委员会已将他们的反犹主义研究计划搁置了起来，理由是这个计划中的材料仅

274

仅集中在描述和批评上，有鉴于此，霍克海默就让阿多诺起草一个关于纳粹反犹主义政策及其引发的国内外影响的研究草案。"与我们其他的研究计划不同"，霍克海默写道，"这个计划必须仔细策划准备……我想我们应该利用好这个假期，有许多事似乎可以在这个假期里安排就绪，为了在秋天能获得资金支持把一切都安排好。"[31]

在接下来的几周内，阿多诺和诺伊曼担负起了主要的任务，制定两项研究计划的新计划书：反犹主义研究计划，他的妻子也特别参与了这个计划的制定。尽管这个计划有其实际的侧重点，即保护犹太人免受反犹主义的侵害，它的研究范围还是被规划得非常广泛和新颖。8月，霍克海默从西海岸写信给洛文塔尔，信中指示阿多诺也应该参与关于德国的那项新计划书的制定。"他能够保证它的'质量'。"

阿多诺对于有关德国的新研究计划草案最重要的贡献就是"文化"和"文化危机"那两个部分。几周后，霍克海默草拟了一封给芝加哥大学校长罗伯特·M.哈钦斯（Robert M. Hutchins）的信。霍克海默猜测哈钦斯可能会同情他这个圈子的理论计划，他希望从哈钦斯那里为研究所的计划争取来财政支持。这封英文信这样说：

> 我们试图从理论上理解纳粹的兴起，不仅从造成它的社会经济客观力量的角度去理解它，而且从人、人类的角度，或更确切地说，从使它变成可能的非人性思潮的角度去理解它。这并不是说我们的研究是"心理学的"，无论是我，还是与我合作筹划这一计划的研究所同仁都不是社会心理学家。在我看来，在我们的时代里，人所发生的深层转变远非心理学所能展现。人的本质本身似乎是随着我们社会基础的转变而转变的……然而，中产阶级的宗教解放、非人化的力量，大多总是，或过去大多总是披上人道主义的外衣。我们见证了这一转变，人变成了应激反应的被动发出者，变成了"习惯性反射"的主体，因为他们的自发性没有确定的中心，他们的行为没有确定的范围，他们没有任何超越他们最直接的欲求、需要和欲望的东西。一切事物的总体发展都将人化简、损害成他们

275

今天所表现的这个样子，只有在这个背景下我们才能理解现在正在发生的事情——您将在"文化危机"这一部分找到这一趋势［原文如此］的某些线索。

对宗教和文化的中立化与人类学转型之间密切关系的强调，表明阿多诺、霍克海默和弗洛姆是多么相近，也表明他们和诺伊曼是多么不同。在他们看来，当代社会赖以构成的（除生产方式外的）关键性因素不存在于宪法之中，也不存在于工人运动组织之中，而存在于宗教和文化之中，存在于对它们的正确超越之中；存在于个体以这种超越性为基础所确立实现理性的潜能之中。在偏重于心理学方法的美国政治科学家哈罗德·D.拉斯维尔（Harold D. Lasswell）所写的推荐信中，这项关于德国的研究计划被冠以特殊的名称："国家社会主义文化面面观"。1941年初，这个计划被提交给洛克菲勒基金会审议。

1940年秋天，霍克海默和阿多诺决定，无论是否能从外面搞到研究基金，他们都要继续开展关于反犹主义的论题的研究。大力提倡这么做的人正是阿多诺。在起草反犹主义研究计划的过程中，他接触到了神学家赫尔曼·施坦恩豪森（Hermann Steinhausen）的著作。他写信给霍克海默说：

> 尽管他的确可敬，可是他也成了那种迷信犹太人有神秘他性的观点的牺牲品。特别受到来自德国的最新消息的影响，我开始感觉到，我不能再中辍对于犹太人命运的思考了。我常常觉得，我们以往从无产者角度所看到的那一切，现在非常可怕地全部集中体现在犹太人身上了。无论在我们这个计划上会发生什么事情，我都要自问，我们是否不应该说出我们真正想就犹太人问题所说的话——犹太人当下正处在权力集中的对抗一极。[32]

阿多诺不断贡献出来的想法和建议中有一个思想，依据这个思想，阿多诺概括出一句简单扼要的、可以激励他和霍克海默后来共同开展这项研究的说法，这就是：犹太人是启蒙的世界历史进程中的无产者，他们被剥夺了所有的权力。"反犹主义研究计划"于 1941 年春发表在《哲学和社会科学研究》上。这份研究计划提供了"批判的社会研究"理念的一个实例。拉萨斯菲尔德曾写过"关于行政交际和批判交际研究的几点说明"，把"批判的社会研究"理念首次介绍给了美国公众。这项研究计划的目的是"表明反犹主义是所有近代文化（形态）中固有的众多危险之一"。其中包括对十字军以来的群众运动的研究以及对伏尔泰和康德这些人道主义代表的研究，这些研究将说明反犹主义的根——即使在表面上看来无可怀疑的地方——扎得有多么深。整个研究程序(例如采用摄影方式）将会把隐含的反犹主义暗流暴露出来，从而勾画出一种类型学，这样就能提供一种工具，去探测极其隐秘地深藏于潜意识中的反犹主义的强度和性质。研究希望通过这种方式，能够尽早与各种反犹主义展开斗争。

阿多诺考虑到一般犹太人组织可能会看重研究计划的实用性，于是就略去了关于反犹主义理论的那些思想。但是，他在 1940 年 9 月给霍克海默寄去了一份样稿，正如他所说的那样，这份样稿里包含着大胆的设想，旨在从历史哲学角度去解释反犹主义。这份样稿有两页半稿纸，整篇都充满了典型的阿多诺风格。在一段短小的描述之后附有一个眼界开阔且充满思辨性的长篇理论解释，这个解释说，德国民间传说中那个"远方来的姑娘"尽管一直被确信是犹太人，可其实绝不是这样，而另一方面，德国民间传说想像中的犹太人所具有的流浪、古旧、行骗等品性，却超出了单纯的外来者所具有的品性：

> 在人类历史的早期阶段，犹太人不屑于从游牧状态转变成定居的居民，还继续过着游牧的生活，另一方面他们又经历了不充分的转变，发展出了一种半游牧半定居的生活形态。我们应该据此对圣经故事作详细的分析。对我来说，这里面到处都是答案的线索。圣经故事中最主要的就是以下几段：出埃及及其前奏，应许流奶与蜜之地，还有简短地提到犹太人的国和它内在缺陷的地方……犹

太人中残余的游牧习惯不仅为犹太人自己的本性提供了解释，也为反犹主义提供了解释。在人类历史上，放弃游牧习惯似乎是一种最艰难的牺牲。西方的劳动观念，以及劳动所需的所有本能压抑，非常符合定居的发展进程。犹太人的形象就是不知劳动何所指的那种人类状况的形象，后来对犹太人寄生而贪婪的本性的所有攻击都因此有了合理的理由。犹太人是这样的人，他们拒绝"归化"，拒绝接受劳动的优先性。因此他们得不到原谅，正是出于这一原因，他们成了阶级社会中的一个争端所在。我也许还可以说，他们决不同意自己被赶出天国，即使被赶了出来，也极不情愿。附带说一下，摩西对流奶与蜜之地的描述也就是对天国的描述。这种对最古老的幸福想像的坚守就构成了犹太人的乌托邦。游牧生活状态实际是否幸福根本不是问题的关键。很可能的情况是，那并不幸福。但是定居的世界，也就是劳动的世界制造的压抑越多，早期的那种生活状态就越发显得是一种幸福的生活形式，尽管那种生活形式是不被允许的，有关于它的一切想法都当禁绝。这一禁令正是反犹主义、排犹行动以及实现和模仿天国中对犹太人的驱逐的尝试的起源。

由于这几个研究计划的缘故，也由于在纽约已经动员起来的许多人为研究计划申请资金带来了更多成功的机会，霍克海默尚未决定是否在 1940 年迁往西海岸。8 月在好莱坞他还一直在想，在做出共同决定，定下如何继续推进这几个研究计划之后，他要在 9 月份返回西海岸。"洛一家、马一家和霍一家在 10 月初可以一起用两辆车搬来西海岸。"[33] 此时，哥伦比亚大学流言四起，都说研究所打算撤走，因此，为了等待时机，以便在合适的时候尽可能不张扬地撤离，霍克海默在纽约又待了六个月。最后他于 1941 年 4 月离开纽约前往西海岸，当时他只和他的妻子一起离开，这样可以尽量使得他的离去看上去不那么显眼，显得只是暂时离开的样子。

4 月底，洛文塔尔给他拍电报说，洛克菲勒基金会否决了"国家社会主义文化面面观"的研究计划。他所做的一切——几个月来为这两个计划进行各方面的人力动员工作、继续维持研究所的"正常"运作、迟迟不动笔写作关于辩证法的那本书——似乎都失去了意义。在收到洛文塔尔拍给他的电报之后，他从洛杉矶写信给诺伊曼说"我想我们已经尽了力"。

> 我不认为我们犯了什么致命的错误。在我看来，合作照会给人的印象是非常深刻的，尤其是它收入的参考书目。可能交涉的程序出现了失策 [faux pas]，这可能是蒂里希那份仓促的推荐书造成的。递交了照会之后，我们的提议很快就被否决了，这就能说明原因。我要特别感谢你，因为没有你，计划不会以它现在这个样子存在，实际上，这是它可能具有的最好的形式。你为我们争取到了安德森（Anderson），他一直为我们提供帮助，直到我们拿出最后一份照会，你为我们争取到了俄尔勒（Earle）的认可，从那时起，你一直承担着最重的担子。[34]

可是别人，尤其是诺伊曼并不认为这个否决就是终审。他和波洛克为了 **278** 得到一些更详细的信息，就走访了洛克菲勒基金会的两名工作人员，他们得到的说法是，该计划的构想不适合社会研究所去独立研究，但最多可以作为别的研究所研究计划的一部分让社会研究所来做。

诺伊曼在研究所的未来全系于这两个研究计划中的一个在今后的进展情况，所以他赞成申请其他的研究基金，立即着手来写拟交纽约基金会的申请。就霍克海默这方面来说，他惟恐别人说他没有把他们所能做的一切都周周全全地做到。他也害怕以一种平庸的方式中止与哥伦比亚大学的合作，因此他比以往更积极地支持继续递交申请，而且不把他们就要一去不返的念头向外界透露一丝一毫。他想把保持一切如常的政策继续贯彻下去。而此时社会学系主任麦克伊维尔又让研究所研究人员看到了给社会学系授课的希望，同时让霍克海默圈子的人看到了至少能争取来一个教授教席的希望，这更加强了霍克海默的那个想法。霍克海默写信给波洛克说，一切的关键在于，千万不可引发哪怕是最轻微的怀疑，让别人怀疑研究所里面有某种愤懑情绪。另外，希望下次基金会的工作人员千万不要产生不愿意与研究所打交道的想法。应该给拉斯维尔和麦克伊维尔这样的同事造成一种印象，让他们觉得"这些人非常努力地在融入美国生活，勤勤恳恳地在奉献着。这样我们的机会就会很快到来"。[35]

尽管霍克海默迫使自己采取这样一种策略，可是让它起作用却实属不易。1941年6月中旬，阿多诺的个人津贴申请被驳回，6月末马尔库塞和诺伊曼两人的个人津贴申请也被驳回。难怪霍克海默开始猜想，一定有人在津贴评审团的评议会议上说了什么，评审团受到了他们在法兰克福时的老对手所说的话的影响，这些人肯定指责研究所圈子的那种模棱两可的品质：没法证明研究所在那里从事着真正的社会研究；没有迹象表明研究所的这些人真的想融入美国生活方式；研究所的这些人从来不想入乡随俗，依照这里的习俗，一个研究所的主任也好，成员也好，都得在名义上和实际上仰赖于由知名商人组成的某个董事会。在那次申请被驳回后，霍克海默给阿多诺写了一封信。信中说，在他看来，即使没有他们的老对手散布流言，研究所的处境也是令人绝望的。这种令人绝望的处境背后隐藏的就是：

> 垄断社会的普遍法则。在这样一种社会里，甚至学术研究也被那些代理人所控制，他们与既是经济权威又是精英的那些人同声同气……凡是丝毫不服从垄断的事儿就是"野路子的"冒险事业，而且必被摧毁，即使这么做必然要付出很多牺牲。指责初来乍到者是邪恶的，这种指责的基础恰恰就是占统治地位的那种社会环境，因为，当一种曾被蔑视的人际关系转变成具有社会特征的关系形式之后，它的特征也会成为确定判断标准的东西。当谈论"保护"别的国家、控制欧洲或控制工业和国家的时候……我们完全有理由嘲笑那些口若悬河的空想家。这些事情的范围完全改变了他们的品性。科学应该满足于那些使客观精神的广播员和守卫者感到

279

满足的东西吗？就是在这里，我们试图逃脱这种控制，保持独立性
……而且，我们甚至想自己决定我们的创造内容及其范围！这就
是邪恶。另一方面，那些循规蹈矩者总能找到机会夸大，甚至是在
政治上夸大这种邪恶……与在其他情况中一样，在这里，融入首先
意味着让步、更多的让步、更多、更多、更多的让步；提供物质帮
助则可以确保使屈从变得冠冕堂皇，确保造成永远的、无法反悔的
屈从。所以，就算我们从别处获得了基金，我们的努力也都是无望
的——这些基金表面千差万别，实则性质相同，因此我们在别处谋
求基金的时候一定要多加小心。[36]

当麦克伊维尔宣称他将支持研究所并入哥伦比亚大学的时候，情
况对霍克海默来说变得更为复杂了。研究所被并入大学是一回事，研究
所能给社会学系上课又是另一回事，对前一件事，要采取缓兵之计拖下
来，而后一件事则越快办成越好。但是，要在不触怒校方的情况下把这
两件事分开不是一件容易的事情。另外，此时又产生了一个新的思想，
一方面霍克海默、波洛克、阿多诺和洛文塔尔对这个思想表示出很大兴
趣，可另一方面马尔库塞和诺伊曼则不以为然。如果研究所并入大学，
马尔库塞和诺伊曼等人就会获得更多机会开始他们的学院生涯；与之
相反，霍克海默和那些指望研究所为他们提供物质保障的人，无论如何
都不愿意看到研究所的独立性受到任何限制。"瓶中信"的想法在马尔
库塞那些人中引起的是厌恶，但却得到了霍克海默这部分人的欢迎。
所谓"瓶中信"是阿多诺常在书信中使用的一种表述，指的就是批判
理论——在他看来批判理论没有收件人的地址，注定在可预见的未来
"沉寂无声"。

关于国家社会主义的争论　　　　280

研究所的特殊气氛，使得他们在对纳粹的正确阐释上产生了前所

未有的观点分化，在有关波洛克的"国家资本主义"概念方面也产生了奇特的争论。

波洛克 1933 年在他"论经济危机"一文中，概略地分析了发生在意大利、德国和美国的事件，他把这些事件说成是"'国家资本主义'干预新阶段"[37] 的体现，同时承认资本主义计划经济的前景也许是好的。1938 年，霍克海默似乎受到了魏特夫关于东方社会的那些思想的影响，在研究所举办的一次讲座中，他说"权威主义国家，即使是资产阶级时代中的权威主义国家，根本不是什么新东西，毋宁说，它只是以自由主义为中介的权威主义形式重演，这些形式起源于绝对主义国家……支配 20 世纪巨大生产资源的权力必然要求某种新的权威主义机器，它与 16 世纪到 19 世纪中的那种权威主义机器当然是不同的。"在他于这一年开始写作的"犹太人与欧洲"一文中，他提到了一种由工业寡头、军队和公务员，以及由行政、法律和政治机器构成的新秩序。[38] 总的来说，这篇文章从两个不同方面给出了一个综合的论述。一方面，霍克海默认为，自由资本主义时代应该被构想成为这样一个过程，这个过程使人们分化成单个的原子，造成了小规模的企业和巨大的组织，因此这一过程也使得持续存在的专制得到了平稳的发展。另一方面，他认为，法西斯主义是借助暴力和分赃来进行统治的强盗政体；它将一切文化上的欺骗和幻想都戳穿了，因此可以确信的是，一旦这种政体所代表的那种反人民联盟不再能够成功地运转，它很快就会被推翻。1940 年，霍克海默在另一篇文章中深化了他的思想。这篇文章最早的题目是"国家资本主义"，后来改成了"权威主义国家"(authoritarian state)。这时他明确地指出，国家资本主义是继垄断资本主义之后的一个阶段。在这一新阶段，社会组织也达到了新的阶段，此时"官僚系统已经控制了经济运行机制，而后者已经脱离了资产阶级的纯粹利润原则"。[39]

霍克海默把"整体国家主义 (integral statism) 或国家社会主义"看作是"最一贯的权威主义国家形式，这种国家形式自身已经完全摆脱了对于任何私人资本的依赖"。这是他称呼苏联的特有方式：他从来不对苏联直呼其名。相反，法西斯主义国家只是一种"混合形式"。在法西斯主义国家里仍旧生产着剩余价值，而且剩余价值虽然在国家的控制下得以分配，可是仍旧在很大程度上以其原来那个名字——利润——流入了工业寡头和土地所有者的钱箱。"在他们的影响之下，组织被干扰和破坏。"霍克海默将改良主义国家、布尔什维主义国家和法西斯主义国家都看作是权威主义国家形式；如果说法西斯主义国家被描画为一种混合国家形式的话，那么，在霍克海默看来，也只有一种国家资本主义，法西斯主义和改良主义不过是它的变体。恩格斯和德国社会民主党人曾将国家资本主义视为通向社会主义的道路，可是霍克海默则将之视为这样一种组织形式，它的成熟形式将是国家主义，可能会存在相当长的时间，并有可能作为一种超越资本主义的新秩序而取代社会主义。霍克海默不是把国家资本主义视为一种退步，而是视为"力量的加强"，"在没有种族主义的条件下"是"可以存在下去"的。[40]

在这种令人沮丧的分析中，也包含着一些有些让人惊讶的带来希望的东西，这些东西在这篇文章中比在"论犹太人与欧洲"一文中更加显著。他批评说工人运动的群众组织促进了国有化观念，这基本上就是国家资本主义统治下的社会化。因此他断言将会出现"孤独的个人"，每个人都被孤立了起来，权力并不直接指向他们，他们也受权力的保护，可是他们本身却也构成了一种权力。孤独的个人所能运用的惟一武器就是言论，这种武器虽然"在极权国家中是无力的"，可是其威胁性甚至比威廉二世时代的党派集会更大。霍克海默认为，国家资本主义有时候是对无阶级社会的一种拙劣模仿，他的这一观点与通过否定而通向真理的这个哲学母题相符。同样，基于这个哲学母题他做出了如下陈述："人们为了互相团结起来去处理他们的事务，不得不改变他们的本性，当然这种改变比他们曾经被法西斯主义强行改变的程度要小得多。"接着，他对本雅明的"历史哲学论纲"表示了赞同，这个论纲的思想曾部分地反映在论爱德华·福赫斯的那篇文章当中，霍克海默写道："剥削的最终结局……不是进步的再加速，而是脱离进步维度的一种质的飞跃。"[41]他对孤独的个人的强调，在这里有一些令人鼓舞的东西，但似乎有点令人惊奇——因为这种强调在霍克海默这篇文章与其他著作构成的语境当中，又显得有些武断。神学母题和弥赛亚母题直到那时还一直都不是他所关心的论题。而且，他本人对于自己所提出的希望的某些方面并不满意。在一封给阿多诺的信中，他说，"为了我们自己，我们仍然必须把这些积极的表述加以细化。它们存在的缺陷也影响到论权威主义国家的这部著作的结论"。[42]

因为文章在政治上太具有爆破性，在理论上尚欠考虑，霍克海默决定1942年暂不发表此文，而是压下来，登载在一册油印的本雅明纪念文集中，这个文集的读者限于一个很小的圈子。拿到未删去"权威主义国家"一文的新版纪念文集的读者圈子更小。波洛克的"国家资本主义：它的可能性和限度"一文于是成了专门讨论国家资本主义的那一期专刊里的重头文章。这一期发行于1941年夏，本来打算用霍克海默的文章作本期的领头文章。[43] 这一期专门讨论国家资本主义的学刊原来拟收的文章除了霍克海默和波洛克的论文外，还包括：诺伊曼的"国家资本主义中的工人运动"[44]；基希海默的"国家资本主义的宪法构架"；古尔兰德（Gurland）的"经济结构转型"；奥托·莱希特的"官僚科层体制在国家社会主义中的作用"；费利克斯·韦尔"国家资本主义中的资本配置"。

波洛克的研究从一开始就引起了轩然大波。不但诺伊曼以他一贯的方式直接地或公开地批评他，而且，除波洛克以外的那些属于研究所"核心圈子"的人——包括霍克海默、洛文塔尔和阿多诺——也对他提出了批评，当然，是礼貌得多的批评。霍克海默在读了波洛克就"国家资本主义"这篇文章所写的提纲之后，就写信给波洛克说："如何避免支持'极权主义的解决方式'这个错误，将是一个难题。"[45] 波洛克曾将文章前36页稿子给阿多诺看过。在霍克海默提出批评一个月后，阿多诺写信给霍克海默表达了对此文的疑虑：

> 我可以这样来总结我对这篇文章的看法：它是对卡夫卡的一个颠倒。卡夫卡把官僚等级体系描述为地狱。在这篇文章中，地狱被改造成了官僚等级体系。另外，文章的表述风格像胡塞尔所说的

太不证自明、太居高临下，因此就全然缺乏紧迫感，相当一部分（à part，原文如此）来自一种非辩证的假设：在充满对抗的社会中有可能存在一种无对抗的经济方式。[46]

这篇文章所起的作用只能是毁了波洛克自己的名声和研究所的名声。阿多诺自己那篇论斯宾格勒的文章是不适合发表在这样一份专刊上的。他们用不着讨论也知道"诺伊曼那篇受林德启发而写的论民主的国家资本主义可能性的文章"所谈的东西。阿多诺因此建议霍克海默改写波洛克的文章。这篇文章的论点是从"权威主义国家"那里借来的，可是文章把它们过度简化了，而且表述得太不辩证，甚至把它们转向了反面。如果文章的改写稿在专论国家资本主义的这一期上刊出，应该署上霍克海默和波洛克两个人的名字。

可是霍克海默不希望这样。他高兴地看到他最亲密的朋友这么多年后终于发表了这样一篇文章，这篇文章是这位朋友再次参与研究所学术工作的一个证明。阿多诺坚持自己的批评意见，尽管在他看来波洛克的基本思想的悲观主义方面是对的——波洛克认为，权力在它的当下政治形式之中永恒延续的机会要比逃出政治形式掌握的机会大得多。 283
波洛克文章的错误就在于它的"乐观主义，甚至是为他人张目的那种乐观主义：使自身永恒化的东西在我看来并不是一种相对稳定的、甚至在某种意义上说乃是理性的状态，相反，它是无休止的一连串灾难，是在无法预见的很长时期内的混乱和恐怖，尽管人们都认为逃离的可能性不是没有的。文章却用一种埃及人的眼光过于简单地对待这一切"[47]。此时，霍克海默也重申了他在读完波洛克手稿之后产生的相同的焦虑。他赞赏文章醒目的主题，即经济发展已经逐渐在世界各地表现出发展成为国家资本主义的趋向。与私人资本主义相比，国家资本主义是在经济方面更有效、更切合时代的形式，而且就这种资本主义而言，它完全可能以某种非极权主义方式存在。但是，他也同样强调一定要避免误解，"不要错误地认为我们因此应该对国家资本主义抱有同情态度"。"如果要我表述我的基本想法，我希望文章应该更为清楚地表述这些现象，把它们的相互关联性说得更清楚一些……不要总是从严格的行政管理角度来谈这些现象。"[48]

波洛克抵达西海岸后就遵照霍克海默提出的意见修改了文章。在他抵达西海岸后，霍克海默写信给诺伊曼说："时间现在很紧，因此无法作更细致的改动。我比较烦恼，我觉得这么一个有待于细致分析的重要论题是这篇文章不能胜任的，因为这篇文章的写作环境从一开始就很艰难——时间很紧。我现在正忙于写一个短小的前言。如果我得知你赞成这两个东西一起发表出来，那我将非常感谢。"[49]

显然，除了其中一些细节之外，诺伊曼拿到的波洛克的这篇文章与后来出版的那个文本基本一致。尽管这篇文章的标题是"国家资本主义：它的可能性和限度"，可是，文章却把它说成是这样一种系统：它不仅比陈旧的资本主义公司先进，而且也根本没有任何特别的、内在的限度。波洛克一直认为资本主义危机的决定性起因在于市场的自主性，而市场的自主性在垄断的压力下不仅日益无法有效地发挥自我调控的经济机制的作用，而且在很大程度上制造着无政府主义和经济混乱。在波洛克看来，国家资本主义废黜市场自主性将会取消危机的决定性起因。他只是干巴巴地断定国家资本主义优于陈旧的资本主义企业，并在文章快要结尾的时候同样干巴巴地断定人们面临着在极权主义国家资本主义和民主的国家资本主义之间的抉择。但是，他弱化了对民主的国家资本主义的赞扬。这是因为他听从了阿多诺的建议：这种赞扬应该暗含在将来的研究有待解决的一些问题和难题之中。

诺伊曼收到的前言，除了一些细节之外，也与后来发表的文本一样。在这份前言中，霍克海默试图在不触犯波洛克的情况下从一开始为文章定下一个正确的调子。他的论述依据的是他一贯坚持的那种标准，即认为社会应按照"人类需要和潜能"被建立起来，另外，避免使用"国家资本主义"这个概念。他认为"权威社会"是一个应该受谴责的、自相矛盾的体系。在这种体系中，受控于"极权主义组织、大工业"也就意味着处于这样一种境地中，这一体系不仅将自己的计划强加给它以往的竞争者，而且它还命令大众工作，同时并不把他们当作自由缔结契约的一方来对待；在这一体系中，"有计划地浪费智力、废弃幸福、耗费生命取代了由市场体系引起的摩擦和危机造成的无计划的浪费"。在这种体系中，原先阶段那种"非理性的理性""变成了有步骤的疯狂"；在这种体系中，整个过程的矛盾作用将会一直发展，直到发展到毁灭的地步。[50] 他没有考虑阿多诺的建议。阿多诺认为至少应该更清楚地说出"不仅异化，而且还有它的对立面，也许都能够在法西斯主义中发展起来"。[51] 无论霍克海默谈得如何激烈、如何"辩证"，他没有谈到任何可以被看作认可法西斯主义的东西。最后他只是在结论中将法西斯主义表述为旧世界在"国际范围内的死硬对手"，各个老的世界强国现在必须想办法对付它。最后他说，波洛克的文章是一个警告，有助于打消幻想——认为法西斯主义很快就会因为它的经济困难而垮掉的那种幻想；它也是一个刺激，刺激人们去思考是否有这样一种可能性：国家资本主义的措施对民主架构的影响会比对法西斯主义架构的影响更有效。

诺伊曼赞同霍克海默的前言，只是批评它在结尾部分掩盖了研究所两位领导人之间的分歧，而且对美国的民主做出了积极的评价（尽管从政治形势的角度说这个评价还是可以接受的）。他对波洛克的国家资本主义概念仍然持激烈的批评态度，没有改变他对波洛克当面提出的那些批评意见。这些批评直接针对以下两点。首先，波洛克所说的那种国家资本主义可能代表了一种千禧年，并可能因此彻底把人类推向完全绝望的境地。这是个策略性的反对意见。这个意见只在针对波洛克分析的精确性的时候才是有效的——波洛克的分析已经表明，这个概念根本没有注意到它所分析的社会结构中的矛盾，虽然这些矛盾使得这个系统岌岌可危。诺伊曼在他的《巨兽》中为了揭示国家资本主义概念是一个矛盾概念所作的种种努力，也是在这个方向上进行的，这些努力意在说明根本不可能有一种能够避免危机的资本主义形式。奇怪的是，诺伊曼并没有想过要构想一种非资本主义的权威主义社会形式，一种"整体国家主义"(integral statism)，这也许是因为他认为那种试图超越资本主义和社会主义选择第三种可能性的想法，在欧洲近乎妄想，根本不切合现实。

诺伊曼对波洛克提出的第二个反对意见是，波洛克既没有一套说明垄断资本主义向国家资本主义的过渡理论，也没能提供——比如说，根据对德国的切实分析——能够证明德国是具有国家资本主义基本特征的任何证据。实际上，恩格斯也好，布哈林、列宁也好，他们在使用"国家资本主义"这个词的时候也没有形成一套过渡理论。布哈林也只是在他出版于 1918 年的《帝国主义与世界经济》中有一次提到过这样的可能性。德怀特·麦克唐纳德（Dwight Macdonald）曾在他自己的一篇文章中引用过这本书的一个段落。他的这篇文章的题目是"德国资本主义的终结"，1941 年发表在《党派评论》上——该杂志为在美国讨论和解释法西斯主义提供了一个非常有影响的论坛。这段引文如下：

> 如果生产的商业性消失了——比如说借助这种方式：把世界经济全部组织起来，由一个巨大的国家托管，尽管我们在后面的章节中会证明这种方式是不可能的——那么，我们就会有一种全新的经济形式。既然商品生产已经消失了，那么这种经济形式就不再是资本主义的，可它同样也不是社会主义的，因为一个阶级对其他阶级的权力仍然保留着（而且甚至更强大）。这种经济结构，从根本上说，很像是没有奴隶市场的地方的奴隶所有制经济。[52]

纳粹德国帝国主义的自给自足政策，似乎让这种想法看似相当合理地转移到了一个国家或一种权力体系之上（尽管这和布哈林想说的差之甚远）。因此，诺伊曼所提的反对意见的最后部分是相当关键的，这是整本《巨兽》要强调的重心之所在："在整整一年时间里我所做的一切就是研究德国的经济进程。直到现在我还没找到一点证据能够证明德国具有哪怕一点国家资本主义的特征。"[53] 霍克海默对此答复说：

> 我绝对信任你就德国经济进程所作的研究，因此我也相信你的论断：德国哪怕一点国家资本主义的特征都没有。另一方面，我仍然无法摆脱恩格斯的观点，他认为社会显然正向着那种阶段发

展。所以我必须说，这个阶段的到来仍然在威胁着我们。在我看来，这在很大程度上证明了波洛克作品的价值。抛开一切缺点不说，它为问题的讨论提供了一个基础。[54]

在这一点上，诺伊曼和霍克海默两人抱着不同的目的在交谈。霍克海默是讨论整合的国家主义的理论家，他是从历史哲学进入马克思主义的；诺伊曼是关注极权主义垄断资本主义的理论家，他是从改良主义道路进入马克思主义的。在《巨兽》结论部分诺伊曼对国家资本主义观念提出的批判，在他看来完全是一个事关存在意义的事情："本书作者没有接受这种特别乐观的观点。他相信，资本主义的矛盾冲突仍然在德国起着作用，发展到了更高的，并因而更危险的阶段，尽管这些矛盾冲突现在被官僚科层机器和人民共同体的意识形态掩盖着。"[55] 他的这种实际判断也可以解释他在写给霍克海默那封信里面所表现出的激烈态度，在信中，他认为波洛克的文章"彻底同研究所的学说"相矛盾；它"明显背离马克思主义"；它"实际上只是对曼海姆社会学的新表述，特别是对曼海姆的新书《重建时代的人与社会》的复述"。[56] 霍克海默强烈反对他的这些批评。

286

几个星期之后，诺伊曼完成了《巨兽：国家社会主义的结构和实践》的稿子，这是一个一千多页的打字稿。他把主要讨论魏玛民主制崩溃原因的原来有 300 页的导论压缩到了 60 页。他写信给霍克海默说："我必须把大块的其他理论分析压缩掉，这样才能尽可能让这本书具体一些。"[57] 霍克海默道贺：

　　尽管我只能靠着所记忆的那些东西来理解它的内容，这些记忆来自你的讲座，来自迪耶特勒之夜 (Dieterle evening)，来自你的各种言论，可是我可以确信这本书的重要性。我是最早教促你写这样一本书的人之一，除非是我记错了。必须承认，你在这本著作中投入的精力是我始料未及的。它的出版证明了，我们的理论仍旧是当今社会环境这个大迷宫的最好向导。它会激励那些认为理论由于理智的衰落而走到了尽头的人，激励我们不少的朋友。[58]

阿卡迪·古尔兰德（Arkady Gurland）在经济学方面为本书提供了帮助，诺伊曼大量引用了古尔兰德的论文"资本主义中的技术趋势和经济结构"[59]，此文是专门为《哲学和社会科学研究》讨论国家资本主义的那期专刊而撰写的。诺伊曼这本书基本上还是采用了经典马克思主义的结构：它从所谓的政治上层建筑开始（"第一部分：国家社会主义的政治模式"）；继而介绍经济基础（"第二部分：极权主义垄断经济"）；然后介绍阶级结构，并以之作结（"第三部分：新社会"）。此书把将社会作为整体进行分析的马克思主义方式与对宪法的形式分析结合了起来。诺伊曼之所以将他对国家社会主义的结构与实践的考察称作《巨兽》，是与霍布斯有关的。霍布斯在他的作品《巨兽；或长期议会》中认为英国内战是一种无政府状态、一种无国家状态，把这种状态非常不适宜地与《利维坦》，与还残留着法律和秩序的强大国家相对立。[60] 以这种方式，书的标题就解释了本书的一个中心论题："国家社会主义是——或者将要成为——一种无国家形式"；"我们面对着这样一种社会形式，在这种社会形式当中，行使统治权力的群体直接控制着其他的人，而并不需要国家这个迄今为止人们所知道的理性而强制的机器作中介。"[61]

这种发展趋势最大的受益者就是那些大公司。纳粹统治直接通过掌握权力来增加他们的利益，纳粹实行的政策有利于卡特尔，但是却以牺牲小型和中型公司为代价。这个体系的典型特征就是将私营企业和"政府经济"混合起来，这种混合所起到的作用从来都是为那些最主要的公司提供方便。那些由公司控制的各种自我管理组织，因为日益卷入国家对于经济的控制，其权力得到了显著的增长。比如，一位国家社会主义经济学家在著作中说，必须在 1933 年 7 月强制施行卡特尔化："有国家权威的协助，强制命令赋予卡特尔（德国工业协会 [Verband der Deutschen Industrie]）一种权力，使它不靠自愿也能存在下去。"[62] 战时经济也进一步强化了大公司的地位，比如说，它们掌握了那些当时被德国委以政治重任和经济重任的组织，控制了原材料的配置。诺伊曼依据他给出的一些证据，得出如下的结论：

> 如果极权主义的政治权力不废黜缔结契约的自由，那么卡特尔体系就会崩溃。如果劳动力市场没有被权威主义措施所控制，那么垄断体系就会受到威胁；如果原材料、供给、价格控制、合理化措施、信贷部门和调控交易部门都掌握在反对垄断的力量手中，那么利润体系就会崩溃。这个体系已经被全部垄断了，以至于它对周期性变化能够非常灵敏地做出反应，因而那种混乱能够被避免。为了实现这一目的，政治必须对资金、信贷、劳动力和价格施行垄断。

> 总之，民主会威胁这种总体垄断的体系。因此极权主义的本质就是稳定和加强垄断体系。当然这不是极权主义体系的惟一作用。国家社会主义党一心想建立起来千年统治，为了实现这一目的，他们只能保护垄断体系，这种体系为他们的政治扩张提供了经济基础。[63]

武装力量和官僚机构是统治阶级的另外两个联盟伙伴。就官僚机构而言，诺伊曼认为它越来越不重要。这四个集团* 因为恐惧而团结在一起，因为政权的瓦解就是这几个集团的共同末日。与他们相对的则是"被统治阶级"。诺伊曼以工人阶级为例考察了被统治阶级的境遇。

工人阶级原有的自发性，在很大程度上被自己的官僚组织和由私人垄断所掌控的标准化的大众文化所剥夺，轻而易举地被纳粹捕获而成为牺牲品。由于经历了民主阶段，大众因而是无法被忽视的，可是纳粹能够很有效地操纵他们。纳粹瓦解了工人组织，限制或者取消了组织运动的自由，甚至动用了恐吓和宣传的手段。同时，纳粹利用《凡尔赛条约》所激起的德国民族自豪感，为工人提供有组织的休闲活动（例如

---

* 指（纳粹）政治权力集团、大公司、武装力量和官僚机构。——中译者注

"通过欢乐而获得力量" [Kraft durch Freude] 的活动[64]）和全体就业，尽管工资水平仍旧很低。

> 国家社会主义就是在全体就业这个基础上建立起来的。全体就业是它给大众的惟一礼物，但是千万不要低估它的影响力。商业周期既没有停止，经济体系也没能摆脱它的周期性收缩。但是国家对信贷、资金和劳动力市场的控制使经济收缩不再采取大规模失业的形式。即使战后生产的不景气和垄断资本主义的固有矛盾无法引导资本回流为消费品，可是在这种情况下也不会发生大规模的失业。把妇女送回厨房，给无劳动能力者发放抚恤金……如果必要的话，就采取分配工作、减少劳动时间、暂缓技术发展的手段，甚至采取压低工资抬高物价的手段。权威主义国家可以采用很多这类手段……
>
> 与全体就业相伴随的是一套精细的社会保障计划。这套在魏玛民主制发展起来的体系变得更精简并完全被权威所控制。失业救济、健康保险和意外保险以及残疾人、老年人抚恤金，所有这些都使大众暂时对国家社会主义持有一种消极容忍的态度。社会保障是国家社会主义的一个宣传口号，但它是有事实根据的，这个口号也许是它整个宣传机器中最有效的一个武器。[65]

诺伊曼提供的材料让读者完全相信纳粹主义将会在很长时间以内成功地履行它的职能——将群众整合到"新秩序"之中。既然它能有效地对付工人阶级，那么对付其他"被统治阶级"就不在话下了。

诺伊曼对政党、国家、武装力量和经济之间关系的分析，说明他与波洛克之间的不同基本上只是词语上的不同。诺伊曼清楚描述出的那种发展与波洛克所说的发展方向基本相同，波洛克只是用了"国家资本主义"这个令人不快的术语来指代它罢了：

> 操纵暴力的人渐渐成为商人，而商人也渐渐成为操纵暴力的

人。许多大实业家都成了纳粹党卫军（SS）的高级领导人……许多恐怖主义者如今在工业领域身居高位……操纵暴力的人的权势因此内化于现代社会所见证的最剧烈的垄断之中，成为它与生俱来的构成元素。由强大的工业、金融、土地寡头组成的一个小团体逐渐与政党寡头团体融合为一体，成为一个专门的集团，控制着生产工具和暴力工具。[66]

波洛克也许会把"生产"和"暴力"颠倒过来表述，但是其论述方式与诺伊曼是完全一样的。

九年后，诺伊曼在"研究政治权力的几个途径"一文中说，政治在发达工业社会中已经越来越独立于经济权力。他说这些话的时候，似乎明确地同意波洛克的坦率立场。霍克海默曾给波洛克的论点提供了很多修改。在某种情况下，政治的这种独立性甚至能被拓展成一种"政治至上"：

> 苏联［为这种"政治至上"］提供了一种明晰的边际情况(marginal case)：政治权力不仅使自身成为至高无上的权力，而且成为了所有经济权力存在的根源。从另一点来说，纳粹德国的情况则展示了一种过渡情况（transitional case）。无疑，纳粹党是在德国大工商寡头所提供的财政帮助和政治帮助之下上台掌权的，那些寡头们无疑希望利用该党为他们自己牟取更多的利益。但是，纳粹党一旦获得了权力，就从商业控制中解脱出来，它的政治权力具有了自主性……我们可以相当可靠地设想：如果没有发生战争，如果纳粹获得了胜利，苏联模式早就成了主流模式。[67]

诺伊曼读了霍克海默给那一期论国家资本主义的专刊所撰写的前言之后，并没有产生误解，他指出这篇文章的表述非常出色，而且有许多地方与他书中的观点相似。他们两人都曾以相同的方式指出过纳粹体系的种种现象所具有的交织性和含混性，指出过纳粹体系的悖论特征。他们两人都试图对它那种非理性的理性、那种否定国家的国家特征、它创立的秩序所包含的混乱总体性加以揭示。与波洛克不同，他们两人都很明确地意识到这种体制的恐怖面。他们之间的差异在于：诺伊曼坚持认为纳粹体系的属性根源于资本主义，并因此主张，所谓前所未见的新社会形式业已浮现、带来人类的根本转变且领先社会主义、超越于过去数十年人们所提出的所有希望之说，早就站不脚了。可另一方面，霍克海默却支持整合的国家主义理论和"一种新的、批判的人类学——一种关于非人道的理论 (a theory of the Inhumane)"，[68] 霍克海默后来将整合的国家主义替换成"管控社会"(the administered society)一词。《巨兽》出版之后，霍克海默写信给诺伊曼，附上了几则批评意见：

> 如果说我们两人之间存在什么真正的理论差异的话，那么这个差异主要是由于你所表现出来的乐观主义造成的。这种乐观主义不仅表现在你期望的那种更好的管理形式当中，也表现在诸如像国家资本主义固有的不可调和的矛盾这样的一些更深层的社会问题上，还表现在一些人类学论题上——其中一个就是你曾经在那"让人不快的备忘录"中提到的那个人类学命题，你认为"人格分裂"不可能长期存在下去。我认为，有可能消除由国家社会主义的统治体系造成的"人格分裂"这样一种乐观的想法，并没有反映出你真实的思想。事实上，自我分裂——你也知道，这也是我在《理性的终结》中谈的主要问题之一——有很漫长的史前史。今天所发生的一切不过是自我分裂的这一趋势的彻底实现，这一趋势在整个现代社会中无所不在。自我分裂不仅体现在理论真理和科学真理的传统分裂中，而且也完全体现在劳动和闲暇的分裂、私人道德和商业原则的分裂、私人生活和公众生活的分裂之中，也体现在既有秩序数不清的方方面面之中。法西斯主义在人格方面所做的，只不过是有意识地、巧妙地利用了那一分裂，这种分裂的根基正是这个现代社会的基本结构。[69]

通过这些批评，我们可以探知霍克海默对诺伊曼这本书的真正态度：这是一本好书，材料丰富，好过已出版的同类作品，可是，在理论层面却是失败的，因为它没有涉及关键的"文化—人类学"问题。

诺伊曼对那些探讨国家资本主义的理论家提出了批评，认为他们没能证明他们为之做出诊断的这个体制将会衰落，现在他指出，资本主义的矛盾仍然在德国起作用，而且与其他地方相比，这些矛盾发展到了更高的，并且因此更危险的阶段。他引用大家熟悉的马克思主义或批判理论中存在的各种矛盾，来这样论述：

> 在德国工业生产力、它改善人民的福利的能力和它的实际成就之间，存在着根本的对立，而且这种对立还在不断深化。过去八年来持续扩大的巨型工业不过是在为毁灭做准备。政府给大众的许诺当然是甜蜜的，但是其中很多许诺已经成为泡影，纳粹党的那种福利计划已经基本破产。大众肯定已经感觉到了这种矛盾，他们不仅是林中宝贝（babes in the woods），他们背后还有着一个悠久的传统，这个传统让他们充满了批判精神，并使他们意识到，现代文明最基本的事实就是这样一种矛盾：一种经济为了福利可以进行大量生产，但这样生产只能导致毁灭。[70]

291

无论是霍克海默还是波洛克对这种观点都不是很陌生。但是，建立在这种观点之上的种种希望，在此时看起来却似乎是成问题的，而诺伊曼并没有通过分析来给这些希望提供任何的支持。他所引证的其他一些矛盾——例如，宣传的神秘特色与社会的彻底理性化和非人格化之间构成的矛盾——也同样如此；另外，他参照那些对于纳粹德国诸多事件的观察者而提出的推测也是如此，即，现在已经到了一个新的阶段，此时"人们已经普遍认为领袖和共同崇拜对象的真实面目就是空话连篇"。——[71] 这种并置状态的存在，似乎正好体现了纳粹统治制度的典型特征。

霍克海默圈子中的所有人都看到了"可能性和现状"的背离。问题在于大众是否具有这样一种可能性：他们在某种条件下能够起来拒绝现状。对这个问题，诺伊曼只能说："如果我们相信人在其本质上就是悲惨的，如果我们相信惟一能够激励人的只有个人主义，那么前景就是非常黑暗的。但是，人不是坏的，也不是好的，他是由他的文化和政治经验塑造而成的。"[72] 可是，在诺伊曼本人看来，纳粹也能毫不费力地控制这种特定的"文化和政治经验"。从那时起，这种构成性的"文化和政治经验"就成了纳粹主义。

诺伊曼认为自己是正统的马克思主义者。这一点使他能够对纳粹主义做出独到的具体分析，尽管这种分析没有为社会主义的希望留下任何地盘，可是却有助于美国政府官员去理解纳粹体系的运作方式，有助于他们去估量那些参与纳粹的人所起的作用和所承担的责任。

洛杉矶的私人学者分部—研究所在纽约的残余—与诺伊曼和马尔库塞分道扬镳

霍克海默甚至在 1941 年 4 月到达洛杉矶以后，也没有立即开始写作他的第一部理论哲学著作。当时他已经 46 岁了。他和妻子于 6 月份搬进了他所建的一所带走廊的平房公寓，他还为波洛克专门留出了一个房间。太平洋—帕里萨德（Pacific Palisades）是一个由平房公寓和别墅组成的小镇，坐落在洛杉矶和大海之间，离好莱坞不远。霍克海默的左右近邻是两位成功的德国移民：托马斯·曼和莱昂·福伊希特万格（Lion Feuchtwanger）。[73] 此时，在好莱坞和好莱坞周围已经形成了一个德国移民的聚居区。许多人都是冲着好莱坞来的，他们都是演员、作家和音乐家，参与着或希望参与那里的电影工业。米高梅和华纳兄弟电影公司就与许多作家——例如海因利希·曼（Heinrich Mann）[74]——签订了有名无实的合同，使他们能拿到签证，而且获得了一份固定的收入，至少开始时是这样。对他们中的许多人来说，这简直就是"被放逐到天堂"。路德维希·马尔库塞回忆说：

魏玛共和国时代的中期，我就定居在那里了，和我一起在那里定居的还有赖因哈特、耶斯纳、科特纳和多伊彻；后来还有托马斯·曼、贝尔特霍尔德·费尔特尔和布鲁诺·弗兰克……每年都有更多的文学家来到这里，因此我们很快就聚齐了，就像不久前在萨纳里一样。如果你被一群同为外国人的朋友所包围，那么你肯定不会觉得自己是一个外国人。即便他们里面有几个人算不上朋友，可也绝对不是敌人。我在这里几乎感觉不到是在美国。我想，一个穷人在洛杉矶的境遇要比在纽约好得多。[75]

7月，布莱希特从莫斯科，经过西伯利亚和马尼拉抵达洛杉矶。福伊希特万格劝他留下来，因为住在洛杉矶要比住在纽约花费小得多。于是布莱希特留了下来，搬进了朋友为他租的房子中。他对好莱坞的电影工业感到非常失望，好多其他的移民也是这样。1942年春，汉斯·艾斯勒（Hans Eisler）也从纽约来到了洛杉矶，同样是因为这里有电影工业。勋伯格从1934年以来就生活在这里，成了一位没有听众的作曲家，在洛杉矶的加利福尼亚大学当了教授，这所大学的许多学生都选修音乐。尽管霍克海默有许多保留，尽管他还感受着那种"辉煌的孤独"，可是，不管怎么说他现在也成了这个移民聚居区里面的一分子。[76]

马尔库塞一家于5月和6月陆续搬来，波洛克一家则是7月搬来的。霍克海默为安顿马尔库塞一家而奔波，就把别的一些事情耽搁了，他没法为《哲学和社会科学研究》那期讨论国家资本主义的专刊准备他的稿子。对于辩证法项目的研究还停留在准备性研究阶段，他还像以前一样在为此做规划和做笔记。事情暂时只能按照这种方式进行。8月霍克海默写信给洛文塔尔说：

前几周，有太多的事情让我分神；这只是暂时情况，在9月上旬这种情况就会有所改观。总体来说，我很高兴——我的生活全部就是为了工作。我再没做其他事情。我们的外部条件和其他人的外部条件都一样，这些外部条件成了摆在特殊问题面前的背景因素，

293

决定着稿子和笔记的处置方式……我不想在一封信里面谈细节问题，因为对我来说那样会很仓促，会歪曲一些东西，但我认为我的方法是对的。如果以后几年中能有更多时间从事学术研究，那么我们搬来西部的决定就是正确的。这个想法让我非常高兴。Nota bene [注意]：加利福尼亚南部的自然风光更美，气候也更好，你做梦也想像不到。[77]

三天之后，他向诺伊曼道贺，祝贺他完成了《巨兽》一书。言语之中，他一方面表明自己给予此书的赞赏和传达的某种使命，另一方面也表明他在努力向这些人表达善意，尽管研究所的领导们想方设法要解除负担他们经济要求的义务。霍克海默核心圈子成员们越来越确信弗洛姆、魏特夫、格罗斯曼和那些对研究所失望的人正串通一气制造阴谋，如果研究所的领导人没办法在不引起争端的情况下解除负担他们经济要求的义务，那么诺伊曼、基希海默和古尔德兰也会参与这个阴谋。诺伊曼手稿的完成为霍克海默圈子提供了一个好机会，可以让他们彻底解决诺伊曼在研究所里的地位问题。可是在研究所的领导们看来，诺伊曼是一个非常急需的人物，因为目前他不仅承担着纽约分部的主要学术任务，而且正谋求在哥伦比亚大学里面打开局面，而且还带着研究基金，这些情况霍克海默在 1941 年 10 月给洛文塔尔的信中也提到过。如果他的努力成功了——这是他们不希望看到的——那么诺伊曼无疑应该成为研究所纽约分部的主任。由于害怕引起争端，研究所把确定诺伊曼在研究所名分的这件事一推再推。

1942 年 1 月，核心圈子最终放弃了得到授课资格的所有期望，他们得知哥伦比亚大学社会学系在他们提出的许多建议中只同意将诺伊曼的课程列入系里的计划。波洛克要求诺伊曼签署一份声明，声明从 1942 年 9 月 30 日之后将不再向研究所提出任何经济要求。诺伊曼向霍克海默表示抗议，但却不抱什么希望，因为他的确不知道研究所的管理方式，而且，正是霍克海默本人强烈要求他必须在 1941 年 10 月之前签署这份协议。霍克海默是这样劝说他的：

我很清楚，这些年来研究所在财政上每况愈下，我们还要忍受其他难以忍受的事情，同时观点分歧也层出不穷。你在应对这些事情的时候，总是忠诚于研究所的，我要为此向你致谢。我们搬到这里——你是不同意我们这么做的——使情况变得更为严峻了。但是抛开这些完全有道理的保留意见不谈，你应该相信我，我要说，我的那几个观点是经得起批评的。我们谁对谁错，只有时间可以评判。

你多少以正式身份暂时为我们充当了在系里的代表，这时波洛克显然确信自己有必要为他自己，也是为研究所澄清一点，即以后的工资支付将遵从自愿的原则……多少年来，我们一直在考虑应该从别处找到资金支付你的酬劳，这不是因为你比其他人次要，而是因为我们对其他人负有更大的责任。因此，我们一次又一次地做出努力，试图得到新的资金进项，尽管这种尝试没有一次成功过，可我们一次又一次地站在了你的一边。我相信波洛克的这一要求是完全可以理解的：最后期限的后延不是一种义务，后延取决于对你的成就的尊重，也取决于你同我们保持理论联系的程度，取决于我们对美国当前困难情况的掌握程度。

霍克海默补充说，如果诺伊曼求诸法律，那不仅将毁掉研究所，而且也将对他本人不利，因为研究所还会给他提供授课机会和其他的东西。"我知道，我们仍然可以相互合作，而不是互相对着干……我很难想像你将来与之合作的那些人能像我们——不止我本人——一样对你持绝对肯定的态度。"[78]

诺伊曼在短期内还无法在大学里取得谋生的职位。三个月后，他成功地在经济战争事务部申请到了一个职位。1941 年夏末，后来发展为战略事务局（OSS）的情报协调署的组建者威廉·J.多诺万（William J. Donovan，绰号"野蛮的比尔 [Wild Bill]"）就已经与研究所有所接触了，他打算聘用诺伊曼和霍克海默；在他看来这两个人是分析纳粹报章杂志的最出色的专家。1941 年 12 月，日本袭击了珍珠港，随后美国对日宣战，接着德国、意大利对美国宣战。美国成了处在战争状态的国家，美国希望学术界和思想界提供对战争有利的帮助；华盛顿为素受学术训练的人提供了大量的职位。诺伊曼那时被任命为经济战争事务部的首席顾问，这样诺伊曼成了研究所对其无财政义务，而其工作又可被视为研究所为战争所做贡献的第一个研究所成员。1942 年 7 月，诺伊曼又被任命为美国高级军事参谋部智囊团的首席经济学家，为此霍克海默向他道贺说："我对此尤为高兴，因为这件事情让我觉得，知识，如我们所理解的那样 [原文如此]，在实际领域中也可以同新学院所提供的那些东西相竞争。"[79]

诺伊曼和研究所之间的合作关系暂时还继续着。美国犹太委员会之所以在 1942 年秋决定资助研究所的反犹主义研究计划，主要还是因为诺伊曼的努力。诺伊曼后来提出他还想继续留在研究所工作，但是必须为他支付每年 1200 美元的每周咨询费，并为他作为兼职研究员所承担的半周工作支付每年 2400 美元的薪金。霍克海默对这个提议持保留态度。因为这个计划并不是未来的可靠保障的基础。这个打算不是一个长期的计划，行之不远。霍克海默表示，如果他本人鼓励诺伊曼放弃在经济上最好的解决办法，也就是说放弃在华盛顿的正式工作，那将是对诺伊曼和研究所不负责任的行为。自此之后，诺伊曼和研究所的联系就日渐稀少了，但也没有彻底断了联系：1946 年 3 月诺伊曼与波洛克会晤，告诉波洛克说他本人还是想回到研究所从事他的本职工作，随后他还给霍克海默写过一封信。

现在，马尔库塞与霍克海默的合作要比诺伊曼与后者的合作紧密得多，马尔库塞本人也比诺伊曼对霍克海默要顺从得多。那么，马尔库塞目前的情形如何呢？马尔库塞一家于 1941 年 5 月跟随霍克海默来到了西海岸，马尔库塞也是第一个在这里同霍克海默会合的人。他来到洛杉矶之后，霍克海默为此写信给波洛克说应该尽快地把马尔库塞的月薪从 330 美元减少至 280 美元。他又给马尔库塞解释说，下个月马尔库塞可以领到 300 美元；至于以后怎样则要取决于研究所的一般状况和他与波洛克的安排。

马尔库塞搬入靠近太平洋—帕里萨德的圣摩尼卡（Santa Monica）一所租屋中。霍克海默则建议他买一所房子，可是马尔库塞由于背负债务而打消了这个念头——而且他刚刚获悉他要减薪，他未来的收入还很不确定。马尔库塞原先在圣摩尼卡附近看上了一所房子，那周围聚集着很多学者；霍克海默也认为他的想法非常有利于研究所。霍克海默写信给波洛克说，马尔库塞可以在那里建起来"一个体面的办公室，搞起一个藏书室并举办研讨班。格罗斯曼也可以住在那里……我们还可以在那里挂上牌子：社会研究所，洛杉矶办事处——尽管它地处圣摩尼卡"。[80] 他还计划，除了马尔库塞之外，阿多诺和波洛克，还有洛文塔尔都应该来洛杉矶，如果可能的话，再加上基希海默——可是后者像以前一样，只能是从研究所领取最少薪水的研究员，而且这份薪水也不会固定。霍克海默对未来的打算还包括和加利福尼亚大学取得联系，谋求在 296 这所大学里开展他们的事业。但是这些计划听上去有些混乱，而且他在各种信件和讨论中所说的这些计划部署也不尽相同。

霍克海默和马尔库塞并没有立即开始一起写作那部关于辩证法的书。霍克海默决定应该把哲学而不是舆论定为 1941 年第三期《哲学和社会科学研究》的论题，因为哲学这个论题在当时的局势下更少一些风险，因此他和马尔库塞要为这一期撰写关于进步问题的哲学文章。霍克海默写信给阿多诺说："我要搞清楚，本雅明论纲 [81] 提及的那些关键问题是否能在将来为我们所用，正如我现在看到的那样，马尔库塞的文章讨论的问题主要是进步及其与个体发展的关系，而我的文章主要集中在技术和实验心理学方面。"[82] 马尔库塞当时主要研究思想史问题，他们之间的这种劳动分工已经成了惯例。但是在同马尔库塞讨论的过程中，霍克海默的兴趣转向了对理性原则和进步之间关系的理论分析。因此，他接受了撰写讨论"理性"的文章的任务，而马尔库塞则承担了关于技术话题的研究任务。

他们两人在撰写各自的文章过程中都面临着相当大的困难。研究所让马尔库塞承受着经济压力，并同意他在别处找一份工作，这样可以使他在不向研究所提出经济要求的情况下为研究所工作，研究所的这个策略看来是有效的。霍克海默希望马尔库塞能去纽约，而马尔库塞本人也特别希望去，这样就能得到麦克伊维尔的照应——麦克伊维尔对马尔库塞评价很高，还可促使关于研究所的研究员在哥伦比亚大学社会学系授课事宜的谈判获得圆满的结果。如果说马尔库塞的确有在大学里开展事业的机会，那也绝不是在加利福尼亚这些很反动的大学里，而是在哥伦比亚大学。在哥伦比亚大学，他是继诺伊曼之后最受尊敬的研究所研究员。尽管社会研究所从来没有打算过要真正与哥伦比亚大学的教授合作，而且即使对他们中最友好的人也十分冷淡，但是作为研究所成员的马尔库塞还是可以以个人身份进入哥伦比亚大学的。霍克海默从太平洋—帕里萨德写信给在纽约的马尔库塞、波洛克和洛文塔尔时，也正是从这一点出发特别表达了希望谈判早日成功的迫切希望，他说：

> 我们必须给 [哥伦比亚大学的] 这些人留下这样的印象：我们都是些独立的个体，每个个体都有自己的理论观点，但众所周知我们又相互影响，相互合作，例如在反犹主义问题上面表现的那样。我们认为这个国家里的研究所更像是某种捐赠基金或基金会，而不是研究机构。一半是出于礼貌，一半是出于对我们自己利益的考虑，我们自己助长了这种误解，因此，我们现在务必要记住，即使各种谈判失败了，也应该去清除这种误解，以防止此类冲突在未来再度发生。[83]

哥伦比亚大学的事务在进行着。马尔库塞当时认为自己只是暂居纽约，而霍克海默给他的指令也摇摆不定，一会儿想让他返回西海岸，一会儿又想让他留在纽约。有时马尔库塞会在研究所的沙发上过夜，在这些时候他就设法零敲碎打地写作自己的文章。按照波洛克的要求，他在哥伦比亚大学推广部的系列讲座中承担了"国家社会主义中的国家与个人"的讲座。马尔库塞打过头阵之后，古尔兰德讲了"国家社会主义管理下的私有财产"，诺伊曼讲了"德国的新兴统治阶级"，基希海默讲了"国家社会主义中的法律和司法",而波洛克的讲座则是"国家社会主义是一种新兴的社会和经济制度吗?"

研究所原打算将这些讲演稿出版成书,作为它对战争工作的一份贡献,但未果。计划中的《哲学和社会科学研究》"哲学"专号后来改成了"国家社会主义"专号,其中除了霍克海默讨论理性的那篇文章和阿多诺论"维伯伦(Veblen)对文化的攻击"一文之外,还收入了马尔库塞、基希海默和波洛克三人讲座的修改稿。霍克海默写信给马尔库塞说:"让我的文章更具体地针对国家社会主义一点没有困难。我认为国家社会主义正好是被怀疑主义所净化的理性的胜利。"几天后,他又写道:

> 我的思路非常简单。理性表面上似乎被法西斯主义搞得信誉扫地。但这不对。法西斯主义仅仅扫除了那些与理性主义相关的形而上学范畴。理性总是一套自我保卫的机制,从最残酷的意义上说,这也就是法西斯主义所依赖的基础。然而,在法西斯主义那里,理性主义的最终幻想表现为:终生有组织的自我与个人的完整统一。自我一直在萎缩。这种萎缩的趋势恰恰同剥夺中产阶级的过程完全一致。由此推断出的结论就是文化的衰落,德·萨德和尼采都曾经对此有过预言。既而则产生了通过恐怖行为以阻止这种衰落的草率想法,引发了对于从个体自我持存(self-preservation)到全体一致的种种变革前景的试验。[84]

马尔库塞最终于1942年1月返回洛杉矶。能在哥伦比亚大学的院系里面开设课程并能为研究计划争取资金的各种期望看来彻底破灭了。美国的参战以及这个事件给大学生活带来的相应变化,使得外国人,甚至是入了美国国籍的外国人获得有保障的学院岗位的机会也更少了。当马尔库塞返回他那时,霍克海默正忙于写作他那篇论理性的文章,忙于在一份一百多页的"混乱的、难以辨读的草稿"[85]的基础上完成一份三十多页的手稿。这项工作是霍克海默在阿多诺的紧密配合

298

下进行的。几个月前，阿多诺那份"新音乐哲学"的手稿使得霍克海默大为激动，霍克海默甚至写信给阿多诺这样说："如果说我生平激动过的话，那就是在读你的这篇东西过程当中……这项研究在最广泛的意义上构成了我们共同努力的基础。"[86] 在写作这篇文章的过程中他与阿多诺的合作十分紧密，因此霍克海默甚至打算以他们两人的名字来发表它。可是实际上在《哲学和社会科学研究》上刊出的这篇文章的英文版本只署着霍克海默的名字。[87] 这篇文章的英文版发表以后，其更明晰的德文版又刊登在为本雅明所编的纪念专辑当中，[88] 可是这个德文版很少引起人们的注意。这篇文章可以说是霍克海默和阿多诺两人将要写作的那本关于辩证法的书的简介。

马尔库塞的文章"现代技术的社会意义"还遵循着 1930 年代《社会研究学刊》上的主要文章所采用的那种久经考验的模式，接近马尔库塞的乌托邦所特有的那种常见的空想无政府主义。他认为，个人理性在自由主义时代已经被"技术理性"所取代。"技术理性"也是基希海默和诺伊曼使用的一个词。自由主义时代是经济权力高度集中和技术高度发展的一个时代——这个时代的典型特征体现在个体对于机器的适应方面，体现在效率和设备上。令马尔库塞震惊的不是技术的进步和合理化，而是"技术进步得以组织起来……的那种特殊方式"。[89] 正是技术进步与统治阶级利益的结合危害技术进步本身。以民主方式控制的官僚科层制与私人控制的官僚科层制不同，前者将能够杜绝人们对技术的滥用，并表明机械化和标准化也可以成为一种手段，满足人们对物质必需品的需求。个体性的各种新形式将会成为可能——那将是一种"自然的"个体性。

相反，霍克海默论理性的文章似乎相当反传统，相当尖锐和激进，这篇文章对理性的自我毁灭以及对于自我超越的理性的残酷推进有其自身的看法。霍克海默本人认为这篇文章是对以前研究的某种总结，它同时还导向了一组新的原则性问题。[90] 一开始，马尔库塞也参与了这些原则问题的提出。"阿多诺负责研究大众文化，马尔库塞负责研究语言，我则研究启蒙思想"，霍克海默 1942 年 8 月写信给基希海默时这样说。

"当然，这三个部分是密不可分的。"[91]

由于《哲学和社会科学研究》在延迟出版了那期论纳粹主义的专号之后要停刊，所以他们计划在一个年鉴上发表这些研究的第一批成果。美国的参战和经济方面的考虑只是促成这一决定的附带原因。最根本的原因是，霍克海默日益确信期刊目前的出版形式只是让步的产物，这与当初设想的宗旨完全相左。根据《哲学和社会科学研究》最后一期的公告所言，因为战争的持续，研究所将改出年鉴。这个计划被严格地执行了，霍克海默一再催促基希海默和诺伊曼要为他提出的主题——欺诈社会理论（theracket theory of society）——撰稿。这项计划的执行同时也受到了如下实际情况的阻碍：研究所的很多重要成员都接受了华盛顿的正式岗位，这就使他们没有充分的时间早早交出分配给他们写的文章。另外，他们发表自己的研究成果时还有许多限制条件，这也妨碍了计划的执行。马尔库塞为《哲学和社会科学研究》撰写了最后一篇稿子之后，又写了论"操作性思维和社会统治"一文，计划在年鉴上刊出。这篇文章是后来出版的《单向度的人》的思想雏形；可是他没能写完这篇文章。最后出版年鉴的计划未能完成，这也意味着马尔库塞的名字绝不会出现在辩证法研究项目的合作者名单当中。

1942 年秋，研究所的领导们为财政困境制定的策略已经很成功了，甚至马尔库塞本人也感觉到有必要从别的什么地方搞一点额外的收入。诺伊曼认为无论对自己来说，对研究所的其他成员来说，在华盛顿获得政府职务的希望很大。马尔库塞因为没有参与过战时服务的工作，所以有可能被征募入伍，对此他很担心，因此马尔库塞就去了华盛顿，希望在圣摩尼卡找到能够维生的工作，但在此同时，他还继续着与霍克海默的合作。可是一旦在纽约投入了反犹主义研究计划的工作，他就很难去东部了。当时美国犹太人委员会大体上已经同意支持这项研究计划。

1942 年 11 月 10 日，霍克海默在洛杉矶收到了马尔库塞的一封电报："如果直到周三我的态度不发生变化的话，战争情报办公室就会提供一份在华盛顿的工作，薪金 4600。"第二天，马尔库塞又寄出了一封

第四章　在新世界（下）：在理论多产中没落　　　　　　　　　　399

信，解释说，这个工作要求他必须去华盛顿，因为这个工作要求研究欧洲报纸的微缩胶卷、短波广播和领事汇报，若无政府的允许这些材料是无法得到的。他的任务，就是提出一些在报纸、电影和宣传中描述敌人的方法。

300　　　　　所有领导都同意了给我这个职务，尽管委任还要经过人事部门和联邦调查局（FBI）的日常程序，遗憾的是，毫无疑问委任还要接受审查……正如我告诉过你的那样，我不会接受这个职务。我想我能逃避这个委任，同时不会受到多大的伤害，也不会造成不良的印象（让别人认为我不想从事战时服务），我会说我要先在洛杉矶完成我的研究，这项研究也是战时服务的一部分。因为他们想让我尽快开始工作（甚至是在手续办完之前），所以也就没有什么好谈的了。

可是，波洛克劝他不要草率下决定：研究所的预算只够再维持两年或三年，而他的，也就是马尔库塞的未来是很危险的。[92]

甚至当马尔库塞写信的时候，霍克海默对电报的回复就已经很直接了。"你失算了，因为你要知道，如果你不接受这个委任的话，你很快也就没法子和我在这里一起工作了。事情该怎么样就怎么样，这个职位可以帮助你逃脱你所担心的那些事情。"[93] 研究所不良的财政状况使得在这样的情况下推掉实际上可以接受的职务是不可能的事情，况且这份职务还可以训练知识和能力，将来能为研究所所用。当然，如果马尔库塞决定不再在洛杉矶从事他的那项工作，或至少暂时中止那项工作，这也会使霍克海默失望。

哲学是一个慢活。可我认为我们是最合适的人，我们有着正确的传统，有经验，非常热爱我们的事业，这些都证明，在这段时间里为把这项事业坚持下去而冒的诸多巨大的实际风险是应当的。当我旅行归来，我有一种特别好的预感，我们在不久的将来可以实现理论上的推进,你在我旅行期间所做的事情又巩固了我的这种感觉。在这份新手稿中,我看到了那种我们共有的精神,我感觉到我们现在能够让我们最近几年的努力开花结果。

可是如果马尔库塞真的能得到一份可以接受的职业,而他也相信他能胜任这份职业所要求的一切的话,那么拒绝这份职业将是不负责任的。

你的参与,对我来说,其价值无法衡量,这种情况出现了,比我想像得要早。可是当你问我你是否可以接受这个职位的时候,无论出于现实原因还是个人原因我都不能说不。即使你的工作将会在非常不愉快的环境中中断两到三个月,我又能说什么呢![94]

马尔库塞还是选择了对生活保障的需要,但同时又强调自己对理论是有热情的,并表达了自己对研究所的兴趣,认为自己还能在未来作为一个重要的工作人员为它工作,因此他在回信中说：

301

我知道,很不幸,所有"理性的"论点都在要求我接受华盛顿的职位。但是在我看来,你有些低估了我把我们已经开始做的工作继续下去的热情……尽管我对你的一些观念不同意,可我无论如何从来都没有隐瞒过我的信念,我相信在今天再没有（比我们的努力）更接近真理的努力,没有别的什么地方（比研究所）更能鼓励人思考。在现在这种时候也许只能这样说,只能告诉你我不会忘记从你那里学到的东西……出于对研究所财政状况的考虑,你说（我们的）这种关系将要在非常短的时间内结束,我在华盛顿的这个职位将能够让我在相对短时间的中断之后重新继续我们的共同工作,既然你这么说了,这种理性的论断也就让我"非理性"的愿望得到了安慰,我只是想继续我们的理论研究。[95]

于是，事情实际上就这么决定了。联邦调查局也没有什么反对意见。马尔库塞成为了战争情报办公室下属的情报局的高级分析师；稍后，他又调入诺伊曼已在那里供职的战略事务局。

马尔库塞没有诺伊曼自信，而且对霍克海默也要顺从得多，因此他与他的朋友相比，与研究所保持着更为密切的联系。研究所的领导人在马尔库塞那里寄寓了更多的希望，而对诺伊曼则不寄什么希望，诺伊曼只是个不再给研究所增加财政负担的人，只是个"感觉上仍是我们集体中的一员"[96]的人。

到了1943年，研究所全部成员中大概有六人以正式或兼职形式为政府工作，并通过这种方式明显地投入到了战争服务当中：诺伊曼是战略事务局中欧处代理主任、经济事务局顾问；马尔库塞是战略事务局的高级分析师；基希海默和古尔兰德也是战略事务局的工作人员；洛文塔尔是战争情报办公室的顾问；波洛克是司法部反托拉斯立法部门的顾问。剩下的也只有霍克海默和阿多诺这两位最重要的理论家了。

霍克海默数次答应洛文塔尔，说他可以迁到西海岸来，参与他们的理论工作；但是现在又必须先留在纽约。只有在参与反犹主义研究计划的时候，洛文塔尔才获准在西海岸待上几周。除此之外，洛文塔尔还得在纽约坚守研究所余部的阵地。维持研究所纽约余部的运行并不是太难的事情，只要维持与哥伦比亚大学的关系，只要证明研究所还正式存在着就行了（尽管它没有兑现自己之前的大部分承诺）。

辩证法研究项目的工作

"如果说我生平因为什么激动过的话，那就是在读你的这篇文章的时候"，在搬入太平洋—帕里萨德的公寓后两个月，霍克海默写信给阿多诺这样说，当时他刚读了阿多诺的"新音乐哲学"。[97]当时一种幸福的感觉充满了霍克海默的全身。阿多诺借以感受音乐的那种顺从的力量，现在必须直接指向"社会本身"；他的那些理论范畴现在必须直面现实。我们不能满足于对针对文化现象中的各种流行趋势而出现的反击音乐（riposte music）的批判性描述，还必须亲自发出这种反击。[98] 阿多诺热情地予以响应：

> 在我看来，你的批评和我的反思似乎都集中在这一点上：即，我们是否真正能如我们所愿，把我们的关注焦点继续放在对于艺术的研究上，或者说，我们究竟最终应不应该开始谈论社会本身。当我写这篇讨论音乐的文章时，我也越来越强烈地产生这样一种感想——这些论述隐含着一种向艺术理论的告别，至少在写作的大部分时间内是这样的……我可以告诉你，我不仅同意将关注重心转向这类社会问题，而且同意正是一种对艺术的认识使得这样一种"转变"成为必然。[99]

阿多诺的这篇文章似乎把他思考的所有重要的主题都集中了起来，可是这种看上去可行的方式却是以某种代价换来的——即，将音乐过程与社会过程直接等同了。"应该承认，在我看来把（基础和上层建筑的）不同层面等同起来是没有说服力的"，霍克海默在对阿多诺这篇稿子的评论的批评部分这样说，"与我在阅读时感受到的一样，你在写作过程中也清楚地意识到了同一性哲学的危险，也就是唯心主义哲学的危险。在我看，这种危险尚未得到彻底的克服。"[100] 阿多诺将自己的主题都集中在一点，其目的是想以批判社会对自然的统治为背景，考察音乐的功能，特别是音乐与人类主体本性的密切相关性。在这一背景下，他还希望考察社会与外在自然之间的关系同主体与自己内在自然之间的关系这两种关系之间的相互影响。可是实际上，阿多诺所做的只不过是将所有主题都一同塞入了一种对于勋伯格及其最亲密的学生们所创作的音乐的解释之中，并将这种解释看作惟一可公正评断音乐素材之当下现实可能性的解释。这实际上夸大了论题，将普遍包含在特殊之中。

阿多诺这篇文章集中讨论十二音阶音乐技法。他对这种技法的哲学阐释结合了一种伴随西方文明发展线索的人类发展观念。这是一种浪漫—马克思主义的观念。我们可以这样来阐释这种观念：在起初，人类面对的是至高无上的强大的自然。在历史过程中，人类学会了如何变得比自然更强大，学会了怎样控制自然。这意味着，人类越来越不把自然视为某种由至高无上的、任性的和不可预知的力量所指导的事物，而越来越多地把自然视为某种遵从各类法则的东西，视为某种通过巧妙利用这些法则可以为人类所用的东西。人类似乎还处在对至高无上的自然的古老恐惧之下，他们还是把让自然屈服作为他们的最高目标。可是他们没有成功地摧毁自然那无上的权力；相反，自然在人类之中仍然保持着优势。自然虽然被人类废黜了，但即使在人类用尽心思击败了自然之后，人类也没有成功获得过对自然的无畏的尊重：尊重自然当中的某种东西，它潜在地促成了一种以人道方式来化解自身蛮横粗暴的手段。

这种观念与阿多诺对于音乐发展的看法——将贝多芬、勃拉姆斯和勋伯格看作音乐发展的转折点——只在有些方面是吻合的。这种联系的最接近之处就在阿多诺的乌托邦想法之中：

> 就像音乐的目标超越了意念的范围、意义和主体性的范围，音乐的起源也是如此。音乐的本源与姿态（gesture）的本性有关，尤其与流泪的天性有密切关联。它是一种释放的姿态。面部肌肉的紧张，这种既让表情随环境而变化又让它远离环境干扰的紧绷状态，得到了释放。音乐与眼泪打开了裂口，让被捕获的人类得到了释放……让自己泪流满面的人，或者说通过一种音乐方式让自己在各方面不再与自己相像的人，同时也让所有令自己情绪反常的事情，所有被控制在客观世界之墙背后的事物通过他而倒流回来。一个哭泣或歌唱的人，走入被异化的现实……一个人返回的姿态，而不是等待者的期待状态，可以描述所有音乐的表达，即使是在一个应该消失的世界中。[101]

这里，音乐代表了对自然统治的终结，因为音乐使精神与自然和解[204]这种和解为内在自然与外在自然的统一预铺了一条道路。

而在其他的一些段落中，这种联系只表现在表面上。在下面的情况中尤其如此：他将"物质（音乐中的素材）"等同于自然，并将作曲家基本上描述为社会劳动者整体中负责声音领域的构成成员，为社会控制外在自然的事业贡献着自己的力量。

另外，从控制自然这一视角构想的人类历史被视为一个长时段的经济周期，而西方音乐在近几个世纪以来相对短暂的发展周期最终被覆盖在它之上。接着，文章就从传统与自由、惯例与自发性、客观秩序和主观姿态、祛神话化和理性等方面考察了这个封闭的周期。这样，阿多诺又重新拾起了他在早先的文章中所提出的那个关于音乐的问题：现代作曲家是怎样获得各种明确的音乐形式的？这个问题只是一个更普遍的问题的一个特例：当所有的传统标准和规范都开始崩溃的时候，人类将怎样获得明确的秩序？在这种上下文中，阿多诺认为"物质（音乐中的素材）"这个概念就是指"第二自然"——也就是早已发展成桎梏的传统。

阿多诺还精彩地描述了自贝多芬以来音乐表演在形式和功能方面发生的变化，在这种描述中，他试图既解释音乐理性化（rationalization）的合理性，又试图对这种理性化提出批评。

在贝多芬那里，当然也是在勃拉姆斯那里，对母题和主题的统一性的开掘，是在主体动力与传统——"音调"——语言的一种平衡当中实现的。主体的组织迫使传统语言再次言说，并未着手去改变它作为语言的存在。语言的改变是伴随浪漫主义—瓦格纳主义这条线索完成的，付出的代价是音乐自身的客观性和确定性的丧失。这种变化已经消解了《浪漫曲》中母题和主题的统一性，而代之以主题音乐（leitmotiv）和标题音乐（programme music）。勋伯格本人第一个在新的、主观性的、被解放了的瓦格纳素材中发现了普遍统一和节约的各种原则。他的作品证明了这个事实，越是一以贯之地追求由瓦格纳引入的音乐语言中的唯名论，这种语言就越容易任由理性控制。[102]

理性的控制意味着惯例的毁灭，也意味着可用于作曲的素材和主体性的解放；因此阿多诺欢迎理性的控制。但是这种理性控制也意味着对于一种主体性的肆无忌惮的统治，而这种主体性自认为相对于那些看上去根本无意义的素材，自己是自主的；因此他也批评这种理性的控制。

305　　　　十二音阶技法是在音乐中的一整套支配自然的体系。它与资产阶级时代之初就浮现出来的一种渴望相一致：渴望着"领会"一切声音并让它们有序化，以人类的理性消解音乐的神秘本质……从两个方面对自然提供的素材作有意识的配置：一方面让人类在音乐中实现解放，从自然必然性中解放出来，另一方面，让自然屈服于人类的目标……然而，征服自然的专制性的要素（oppressive moment），自身会反过来转而反对主体的自主性和自由——而对于自然的统治正是以主体自主性和自由的名义才得以完成的。[103]

然而，那种渴望有一种音乐从惯例和传统中解放出来并通向有别于人类之境的乌托邦幻想，这个时候似乎已经变成了现实。"自由无调性"、"自由创作"、"有鉴别力的耳朵之自发性"[104] 最初就得出了从惯例中提纯音乐的结论。"十二音阶音乐可能没有惟一的法则，这种音乐不是必然靠作曲家的经验、靠对音乐的自然素材的逐步阐明就能产生的。而这种经验的特征是那种防卫的特征"（《新音乐哲学》的出版本增加了"由于其主观的敏感性"这几个词）。

在音乐吸纳其他所有的音调之前，不应该重复单一的音调；如果一个音符不具备整体结构中的母题功能，它就不应该出现；如果和弦不能够证明自己在那一时刻的适用性，它就不能被采用。所有这些迫切需要的东西（音调、音符和和弦）的真实性，全赖于它们与它们适合的具体音乐形式的不断碰撞。它们告诉人们什么事情千万不能做，而不是如何去操控这种事情。[105]

阿多诺通过这种上下文为"素材"一词赋予了新意。以前，这个词要么指自然、指对音调的盲目支配，要么指在传统限制中被发现的第二自然，或已经丧失资格的、自身无意义的素材。现在，它被用来指代"那不可掌握的东西"，"难以驯服的音声"。[106] 致力于那"正在浮现的音乐"的作曲家关注的正是这类音声。他自己潜心于这类音声，这类音声也听命于他。[107]

　　然而，"十二音阶技法的钢性装置（apparatus）"正好针对"因调性衰退而出现的那些既自由又必然的东西"。[108] 阿多诺解释这种发展的时候说，"大多数作曲家完全被束缚住了"，以至于他们必然会禁止自己去享受那些无法被约束的事物带来的快乐；他们太软弱了，甚至不敢让自己参与任何被禁止的事物。[109] "这就是为什么有这么多的青年音乐家——特别是在美国，这里根本缺乏十二音阶音乐的基本经验——准备用'十二音阶体系'去创作的原因。也正是因为这一点，在发现了调性的替代物之时才会出现那样欢呼雀跃的场面，好像即使在美学上也不能容忍自由，以至于必须秘密地用一种新的顺从形式来替代这种自由似的。"[110] 阿多诺从心灵与自然之间那种不成熟的和谐——在无调性的音乐中形成——中提取出他的批评标准，但是他甚至没有试着从社会理论角度去解释这种和谐的形成和发展。他公开赞扬无调性音乐这个阶段所带来的真正的"进步"力量，认为将会从一个表现主义表达的阶段转入一个客观性的阶段。他为十二音阶技法辩护，认为它是一种"精细的训练，如果音乐不想成为偶然性之祸的牺牲品，就都得经受这种训练。"[111] 既然自由作曲似乎已经变成了现实，既然十二音阶技法已经被公开谴责为一种音乐支配自然的体系，一种逃避自由的症状，因此阿多诺将它解释为真正自由的作曲方式出现的前提条件，因为客观精神正是朝着它"向前进步"了。这是一种看待音乐进步的辩证观点，它引发了一种猜疑：它给一个音乐流派的成长带上了辩证必然性的各种庄重仪式。

另一方面，阿多诺承认十二音阶作曲法是一种进步，但这迫使他要更确切地说清楚：在自由匮乏的社会条件下忠实于自由作曲法将意味着什么。他写道，就这类艺术作品而言，"它一会儿让人注目，一会儿让人易忘。它让步，但也变得更僵化。它保持自立，或者牺牲自己以智胜命运。"[112] 正是从这些方面，他认为勋伯格的晚期作品既通过十二音阶技法达到了全盛阶段，同时又对抗十二音阶技法。"说它'通过十二音阶技法'，是因为只有通过它，音乐才能适合于冷酷无情地表现这种现实"（在《新音乐哲学》的发表文本中，此处有"在衰败之后"一语）。"说它'对抗十二音阶技法'，是因为创造出这种技法的心灵还能充分地控制它自己直接穿越它自己的建筑、梁柱、螺母和螺栓，还能指挥它自己将自己全部点亮，好像他准备最终要完成全部技巧绝伦的杰作并让它在灭顶之灾中毁灭似的。"[113] 可是，能让这个心灵依然可以控制它自己的东西到底是什么呢？

> 音乐感知的自发性把一切成规置之一旁，也抛弃了一切习得的东西，一任想像力去横冲直撞。这种遗忘的力量、这种憎恨艺术的野蛮阶段，使得音乐文化的协调功能因其反应的直观性而随时受到置疑。也正是这一点平衡着对技巧的娴熟操控，并为技巧保存着传统。[114]

因而，阿多诺认为，正是那种野蛮的因素命令精神（Geist）去控制自身以抗拒自身行动的对象化（objectification）——这种对象化是与精神相疏离的。精神因此能够以钢铁般的武装面对严苛的社会，同时又能向自身内不可把握的自然敞开。实际上，每个方面都是相互依存的：与不可把握的东西的联系，保护精神免于被刻板的对象化所制伏，同样，精神由于在那种僵化的社会中持存着自己的刚韧性，才忠于那些不可把握的东西。[115]

勋伯格认为艺术家在传统面前是遵从他自己本能的鉴赏家；托马斯·曼认为艺术乃是野蛮与知性主义相统一的结果；布洛赫和本雅明要求野蛮和陶醉的那种力量应该为"革命"服务。他们的这些看法在阿多诺的思想中均有回应。但是，阿多诺的观点可以说至少在两点上是成问题的。第一，他谈论某种不可把握的东西，但却没有澄清应该理解哪些方面——特别是在有可能澄清像"野蛮"和"自然"这些概念的时候。这两个概念作为同义词出现，既可以理解为肯定的意义，也可以理解为否定的意义；否定的意义相对清晰一些，而肯定的意义依然比较晦涩。第二，如果说能使精神免于陷入疯狂自我美化的手段就是抓住其与那些不可把握的东西的联系，那么同时相信僵化的社会过程会带来有益的恶化效应（beneficial exacerbation）——本雅明的寓言哲学以同样的方式支持那种通过毁坏而产生的建设——就是成问题的。由于阿多诺这些令人深思的悖论反复诉诸于自然的文化形式，如"有理解力的耳朵"、[116]"专注的耳朵"、[117]"乐于尝试的耳朵"、[118]"批判的耳朵"、[119]"现代的耳朵"，[120]等等，因此，这些悖论最终似乎没有什么讨论结果。带着这些受过教化的自然形式，人类哭着、唱着进入异化世界的那种图景，不就是没有意义的感伤癖吗？

　　阿多诺所理解的现代音乐乃是支配自然的一种形式，又是逃避支配自然的异化形式的一种方式。如果说这种解释可以接受的话，那么紧接着就会产生一个问题：这样一种解释能否产生一些可用于对各种支配自然的非音乐形式进行批判和矫正的思想方法？更确切地说：从主体——他（她）可以冲破藩篱、哭泣和歌唱——的精神而言，有没有可能完全免除对自然的支配或文明化的对待？支配自然的各种手段能够凭借人们在控制它们的行为中所表现出来的那些"野蛮的"、"自发的"因素而"熠熠生辉"吗？对多少已经被文明化了的自然的进行文明化的对待，在如下的情况——以无调性来类推，一般来说未被驯服的对象总是可以被控制，并意味着对象的本质和用处可以被接受——下有没有可能？在阿多诺的手稿中，为如下两种选择　　僵化主体的孤独或实际上 308
主体的自我分解——还留有回旋的余地。我们能够看到这一点对于音乐领域还是有意义的。但问题是，在其他领域中，有没有对待外在自然和内在自然的方式，有没有主体相互之间打交道的方式，而且这种可能性是不是在任何情况下都不能有别于对待自然之非人因素的方式？

霍克海默正是在阿多诺文章最脆弱的那一部分——即阿多诺谈到让人自己流泪、并进入音乐的部分，看到了可以证明如下事实的强有力的证据——这个事实就是：尽管他与阿多诺分处两地，但他的思想体系与阿多诺的思想体系正在神秘地趋向一致。霍克海默将这个段落视为一个契机，可以让他往其中灌注有关反犹主义的一些思想。他援引曾写给阿多诺的内兄埃贡·维辛（Egon Wis-sing）的一封信，说道：

> 在反犹主义者（而不是从事实上）看来，犹太人对惟一神（One God）的可笑的信仰使得他们既笨拙又危险。对犹太人的屠杀之本质就是杀掉疯人。
>
> 当然，把一神教的感受视为一种小小的愚行，实际掩藏着对它的深层敬畏，或更确切地说，掩藏着一种对自身的错误或堕落行为的迷信式的恐惧。疯人不会像正常人那样容易被当今人们所遵从的那些目标和意图所蛊惑。这就使得他们成为了邪恶的目击者，他们必须被剪灭。如果见证人被杀掉，那么恶行就可以被消除。
>
> 在这里，痛苦扮演了一个特殊的角色。疯人似乎在远处，站在局外，他生活在另一个世界中，远离当下的限制。痛苦召唤我们回来进入当下（想想从睡梦中唤起人们的多种多样的方式！），并使人们做出防卫反应，并把逃离痛苦当作他们的一个目标，痛苦将他们与这个目标捆绑在一起。那种认为异教徒应当放弃他们信仰的观念，只是把对他们的折磨理性化了而已。在更深的意义上说，他们要变得与折磨他们的人相等同：也就是说，他们将通过自身的肉体亲身体验实践目标的至高无上。要一次又一次地表明，自由是不可能的。

对反犹主义所做的考察将我们引回神话学，并最终引向心理学。[121]

那些让自己进入哭泣状态和进入音乐的人，以及那些似乎站在远处的、作为局外人的疯人或犹太人，他们就是赦免的象征。阿多诺就曾经认为，犹太人被迫害就是因为他们是以前快乐游牧生活的代表。这一点与霍克海默的思想很类似。在他们两人看来，犹太人代表了一种不能达到完全与社会系统同化的无能，而那种社会系统的典型特征则体现在极端的自我持存 (self-preservation) 和完全的目的理性 (purposive rationality) 上。犹太人代表了一种幸福生活，摆脱了生存竞争、劳作和目的性的牵累。对于霍克海默和阿多诺来说，社会理论、"神学讨论"和关于反犹主义的理论，似乎已经紧密地联系在一起了。然而，其中一位，那位深思的唯物主义者向另一位，那位支持含蓄使用神学范畴的捍卫者提出了警告，说在他精美的、有时甚至是庄严的风格中，他正表达一种与实证的、神学的事物相关的关系，而且没有以否定为中介。因此它还不是正确的表达。阿多诺通过他的理论克服了艺术中的心理主义，他认为艺术品而不是作者具有知识，但是这种克服却也是以"某种同一性哲学和乐观主义"换来的。"这直接导致了摆在我们面前的神学探讨。在很大程度上，我们的工作都将取决于我们在这里寻求共同表述的能力。"[122]

在此之后不久，在纽约焦急等待前往西海岸的阿多诺又一次重申了他一年之前提出过的建议：

如果明确了围绕反犹主义来写……这本书，那么这本书将会是什么样呢？这将使它具体化并有明确的限定范围，我们一直追求的就是这个。这个题目还可能激发研究所成员中的绝大多数人去思考，但如果我们以个体这个范畴为判断依据写下了一些对于当前的批判，我最害怕的就是马尔库塞会进而证明个体范畴从资产阶级早期以来就包含着既进步又反动的因素。其次，反犹主义的确是当今主要的不公，我们的面相学观察形式 (form of physiognomy）必须关注这个反犹主义最丑恶嘴脸完全暴露的世界。最后，反犹主义的问题也是这样一个问题，我们关于它所写的东西极易找到一种有效的上下文，而且不会因为这种上下文而丧失任何东西。即使不借助于任何幻想式的乐观主义，我也可以想见，这种著作将会以有助于我们的方式把握住外部世界。就我这方面来说，我会毫不犹豫地用几年时间投入这项研究。[123]

这个建议与霍克海默一拍即合。几个月前，霍克海默在写给拉斯基的信中，提到了一篇曾刊载于《哲学和社会科学研究》上的关于反犹主义研究计划的稿子："正如我们只有通过研究我们的社会才能理解反犹主义一样，在我看来，我们同样只有通过研究反犹主义才能真正理解当今的社会。反犹主义以少数人为例来证明多数人同样将会遇到的事情：人可以变为被管控的对象。"[124]

310

在阿多诺写这封信之前几天，德国政府颁布命令，规定凡六岁以上的犹太人必须佩戴大卫六角星标志，并且禁止了犹太公民移民。1941年6月22日德国军队入侵苏联。在占领区，大屠杀开始了。人们可以在《当代犹太人档案》长长的"编年纪事"栏目中看到关于大屠杀的新闻。这个《档案》（Archive）是美国犹太人委员会出版的。在美国的主要大报上也可以找到欧洲可怕事件的相关消息。"从欧洲生活中彻底铲除犹太人已经成为了德国的既定政策"，10月28日的《纽约时报》这样写道。它报道说，犹太人被装载在货车上，正在运往西部。国外权威人士通过大使和外交官们了解到一些驱逐犹太人的信息和其他一些迹象——希特勒1939年1月30日就预言过的要对欧洲犹太人进行种族灭绝的行动计划正在真正付诸施行。可是美国严格的移民政策没有丝毫的松动。

纳粹反犹主义通过这些令人难以置信的行动得到了持续的强化和恶化，而大多数人实际上在很长一段时期并不相信有这些行动。西方民主国家并没有提出坚决的抗议，也没有提供大规模的援助。苏联则是例外，但它在希特勒对它发起进攻之前还是希特勒的盟友。由于受到这些事实的影响，霍克海默的兴趣最终从革命缺席的理论转向了文明缺席的理论。

1941 年 11 月，除了霍克海默之外，研究所其他所有的成员要么依旧留在纽约，要么已经返回那里，这个时候阿多诺的机会才终于到来了。他在启程之前所写的最后一封信中说："顺便说一下，由于我生病，甚至研究所为我开的告别聚会我也没能参加。"他还提到给系里开的讲座和研究项目的支持经费问题："如果这里现在真出什么问题，我们会心平气和地说：这正是你希望的那种方式。请原谅我的放肆和鲁莽。我真的无法抑制住自己的高兴。"稍后，在他信中第一次出现了在信中展现其丰富的想像力，并第一次写下了后来成为他们合写著作的标题的那个短语："我刚读完格勒尔（Gorer）论萨德的那部书，我想到了许多事情，我想它们对我们是用得着的。从根本上说，它们涉及启蒙辩证法，或文化与野蛮的辩证法。"[125]

这段话也再次表明了阿多诺和霍克海默到底是以谁为指路星的。这个指路星就是本雅明。本雅明一直拒绝从旧世界逃到没有文化和传统的新世界，尽管旧世界的文化已为野蛮所充斥。当他翻越比利牛斯山失败之时，本雅明便于 1940 年 9 月 26 日在西班牙边陲小镇布港镇（Port Bou）自杀了。几月前在布港镇穿过法国和西班牙边界的汉娜·阿伦特于 1941 年 6 月将本雅明的《历史哲学论纲》手稿转交给了阿多诺。本雅明指定阿多诺为他的文献执行人。当阿多诺给霍克海默寄去复本的时候，他在附信中说，尽管本雅明本人曾在给格蕾特尔[126]写的一封信中否决了出版此论纲的一切想法，可这个稿子还是应该发表出来：

> 本雅明最后的那些思想都包含在其中。他的死使得任何保留都没有必要了，尽管保留的原因是担心出版出来可能是不成熟的。从总体来看，它无疑具有广阔的考察范围。另外，在本雅明的所有著作当中，这一部与我们的意图最为接近。这首先涉及它将历史视为永恒灾难的那种观念，涉及对进步和掌控自然的批判，以及对文化之地位的批判。[127]

霍克海默对此毫无保留地表示了赞同。

> 你因我们得到了本雅明的历史论纲而高兴,我也是这样。这些论题能让我们在未来一段时间内忙上一阵,他也会一直同我们在一起。顺便说一句……野蛮和文化的同一性是……我最后和他进行的那几次交谈的论题之一。我们在靠近加雷·蒙巴纳斯(Gare Montparnasse)的咖啡馆进行了那几次交谈……将阶级斗争视为普遍之压抑的观念,揭露历史编纂是对统治者的同情的观点,都是一些洞见。我们必须把这些洞见当成我们的理论公理。[128]

研究所为了表达对本雅明的敬意,打算出版一个油印本的小册子,其中收入《历史哲学论纲》和霍克海默、阿多诺及布莱希特的文章。可后来又最终决定不收布莱希特的文章。出于策略上的考虑,霍克海默不打算将本雅明的论纲印在这个册子的前面部分,阿多诺和洛文塔尔也建议这么做。"我们不敢改动它的术语,可这种术语太没遮拦了。"这话大概既指论纲所用的马克思主义术语,也指论纲的理论术语。纪念文集于1942年出版,除了收入本雅明的论纲之外(这篇论纲的一部分曾见于他的《爱德华·福赫斯》一文),还包括阿多诺1939年到1940年之间所写的一篇讨论《格奥尔格和霍夫曼斯塔尔》的文章以及霍克海默的两篇文章:《权威主义国家》、《理性与自我持存》。[129] 在介绍这些文章并署有霍克海默和阿多诺两人名字的导言中,有两句话事实起了误导的作用:"为了纪念瓦尔特·本雅明,我们献上这些文章。它们讨论的是历史哲学,并在本雅明后期的著作中占有突出的地位。"从霍克海默手里拿到这个纪念文集的人都认为《理性与自我持存》和《格奥尔格和霍夫曼斯塔尔》是本雅明写过的最出色的作品——这两篇都比《历史哲学论纲》要好。这也许可以被看作一种证明,说明霍克海默和阿多诺在很大程度上已经在对进步和保守立场的批判中吸收了神学的基本原理,后者是解脱(release)、无效(uselessness)和自我放弃(self-abandonment）等范畴的理论支柱。

1941 年 11 月底，阿多诺抵达了洛杉矶。他和夫人一起搬入租来的住所，这个住所离霍克海默的住所只有几分钟车程。这里足够辟出他的小型藏书室，也可以容纳下他华丽的三角钢琴。他为最后一期《哲学和社会科学研究》带来了修订后的《维伯伦对文化的攻击》的全文。这篇文章和在前一期学刊上刊出过的《今日斯宾格勒》一文，探讨的都是文明与野蛮的辩证法这个主题。斯宾格勒作为新野蛮主义的帮凶而声名狼藉，阿多诺试图剖析他作品中的野蛮因素，因为这正是针对文化的哲学母题。至于维伯伦，他是一个"持专家治国论的马克思主义者"（像达伦道夫 [Dhrendorf] 所说的那样），他的思想一直是拿有闲阶级来同管理型专家作对比。在维伯伦那里，阿多诺尝试保护文化中那些未被阐明的因素——使之摆脱"毫无梦想可言的对现实的调节与适应"，[130] 他在那些因素中看到了正在突围的自然力之必然性，看到了从目的王国解放出来的必然性。只需一个例子就可以充分地说明，阿多诺对维伯伦的文化批判的否定无非涉及如下事实：这种批判要求应该延迟从传统中解放出来的行动。维伯伦"注意到了城堡和火车站之间暂时的不同，但是没有发现这种不同后面的原理。火车站呈现出城堡的外表，而这种外貌就是它的真相。只有当科技世界成了被支配的直接仆从，它才能摆脱这种外表伪装。只有在法西斯主义之中，它才是它本身。"[131] 但是，在社会理论领域，通过让野蛮因素服务于真正的文化进步，我们所能理解的东西又是什么呢？这个问题与阿多诺对勋伯格音乐的看法很类似，但他对此并没有讨论。

由于阿多诺的所有批判都旨在提出"（上帝）内在性"（immanence）的证明，因此他的批判目标只能被称之为超验性（transcendence），简言之，就是解脱——进入超验领域，进入一个摆脱了意图的王国，进入新的、无限制的、开放的、非同一性的世界。"全部辩证唯物主义"的中心就是"新鲜事物的可能性"，他在论斯宾格勒的那篇文章中这样说。[132] 阿多诺在写给此文译者的信中，首次使用了非同一性这个概念，其目的是要澄清他的那个论断的含义，他说过，自由——绝对地看——

将成为生存本身的牺牲品。他建议附加上一句话："自由的前提是某种非同一性事物的存在。"在信中，他解释道："非同一性因素不仅仅只是自然，它还可以是人类。"[133]

313　　阿多诺的文章最后总是以对救赎的前景的概览作结。有时候他把内在性关系的瓦解归因于这种关系本身的总体化，归因于这种关系自身的基础在由这种总体化所造成的非同一性存在中的彻底毁灭。有时候他又认为这种关系的瓦解是由于无法实现其自身对于总体性的要求而产生的失败。在作这种概述的时候，思想又被赋予了什么样的功能？这些思考难道不是自相矛盾的吗？这些思考只是一些哲学母题，它们缺乏与社会分析的任何联系，并因而仅仅成了思辨，难道这不是事实吗？阿多诺一推再推，很长时间没有在以大量材料为基础的研究框架中对自己的思想——不仅涉及论音乐哲学的文章，而且涉及论文化与野蛮的辩证法的文章——进行充分检验。

霍克海默的情况也很类似。他那篇关于理性的文章是一些思想碎片的集合，其中有两个主题还是清晰可辨的。首先是社会学母题，评述了个体与社会之间所有中介日渐消失的趋势。其次是与历史哲学相关的母题，评述了思想通过排除理性来完善自身的趋势。

霍克海默对社会学母题的阐发，好多年来都是在"关于欺诈社会理论"(a racket theory of society)这个题目下进行的。欺诈的社会在这里是指极权主义的垄断资本主义，在这种社会中，微不足道的个体只能作为合作团体、团队的一部分才能生存；个体为了保全自己，"在所有的地方"都必须"埋头苦干，并作为团队的一分子同其他人一起工作，准备并能够去做任何事情"，时刻"保持警惕，做好准备，总是瞄准某些当前的实用目标"。[134]

而他对历史哲学相关母题的阐述，则是在理性由于工具化而自我毁灭这一理论标题下进行的。阿多诺斥之为对精神支配自然感到自命不凡的东西，霍克海默则称之为理性通过排除深思和道德来进行的自我完善。但这又是意味着什么呢？是不是霍克海默的设想呢？他设想有思想的、道德的理性正在把思想和道德推离它自身吗？为什么会这样呢？显然，霍克海默在这里使用了两个截然不同的理性概念来开展他的工作。首先，把理性等同于思想——这相当于霍克海默后来在《理性之蚀》中所说的"客观理性"；其次，把理性又视为服务于自我持存的工具——"主观理性"，《理性之蚀》中也是这么命名。那么，工具理性与深思理性相互有冲突吗？工具理性把理性当中人文的和合理的那部分，即思想的、道德的理性当作"万物有灵论的残余"而扔掉了吗？但是，如果确实是那样，那怎么可以说理性自我毁灭呢？又怎么可以认为——像在《理性与自我持存》中所说的那样——自我已然超出了自我持存所能达到的限度之外，合理的文明（rational civilization）正因理性的完善而趋于死灭呢？

在阿多诺将无限性和非同一性作为自己的批判维度的地方，霍克 314 海默提到了他的那些以超越既有现实为指向的思想，提到了超越利己主义和私利的那些思考，提到了以罗密欧与朱丽叶为象征的那种爱，提到了在一个经济独立、有责任感、有思想的公民的想像和记忆之间所瞥见的那种景象。霍克海默批评过阿多诺论音乐哲学的文章有唯心主义的残余，但在他这里难道就没有残余的唯心主义在起作用吗？最后，我们不由得要问：他在社会学和历史哲学这两个领域中做出的观察描述，假设都是正确的话，那么它们之间的连接点在哪里？霍克海默继续会提到的经济自主性与理性中发生的自我毁灭进程之间，又是什么样的关系呢？

这些都是有待解答的问题，而霍克海默也是这么认为的。"在这篇新作中提到的大多数问题还有待于在那本书中去解决"，1942 年 2 月他写信给洛义塔尔时这样说。二个月之后，他已经给准备性的研究提出更清晰的大纲：

> 第一章（当然，这现在还是严格保密的）将讨论启蒙这个哲学概念。在这里，启蒙就是指资产阶级思想，不仅如此，而且指一般的思想，因为最适合讨论的正是城市之中的思想。主要论题如下：启蒙与神话、启蒙与统治、启蒙与实践、启蒙的社会根源、启蒙与

神学、事实和体系、启蒙及其与人道主义和野蛮的关系。第二章将包括对实证科学与各种大众文化现象的分析。这一章与你的研究是紧密相关的。一共可能五章，但是最后三章还非常不确定。[135]

从写于这一年中期的《哲学家们无法完成的洛杉矶研究计划的分工备忘录》中，就可以看出指导霍克海默和阿多诺，还有马尔库塞(他最初参与了辩证法研究计划的早期研究工作)的总路线是什么：

> 研究计划作为一个整体，主要涉及对文化意识形态的全面批判。在这里，意识形态并不仅仅是指意识，还指现阶段的人类构成 (the constitution of humanity)，因而也指一种人类学，即《利己主义和自由运动》一文中所使用的那种人类学概念。研究尤其要关注实际的、"现实的"精神——实用主义对之做出了哲学的表述——与法西斯主义的联系。然而，这不是一个对理论进行检验的问题。启蒙和实用主义中的解放因素被证明无非是一些压迫因素。在对那些决定性的学术界和对大众文化所做的批判性分析当中，都应该向占统治地位的意识形态发起进攻。这些分析要取得成功，从根本上取决于它们对那些有关最新经济发展的具体洞见的判断。这项工作作为一个整体，其目标就是克服政治上的停滞。[136]

哲学家并没有期待他们东海岸的合作者能对当代经济形势和经济理论作出全方位的陈述。"相反，经济部分应该集中在与阶级理论相关的某些重要的特殊问题上。"比如说，他们所关心的特殊问题有：无产阶级在垄断—法西斯阶段有何变化？资本家阶级有何变化？而官僚科层是不是一个阶级？对马克思主义学说的学术探讨及非学术讨论是一个什么样的现状？垄断对大众文化是如何施行其控制的？

这份备忘录清楚地表明，霍克海默仍然坚持学科间合作的必要性；他一直认为经济分析是至关重要的；"他的书"应该是探讨时代一般趋势的历史—唯物主义理论。可是，"学科间合作"是在什么意义上说的、经济分析在其中起什么样的作用、这部著作自称为"意识形态批判"到底想要传达什么样的信息，所有这些问题依然不很清楚。这里的表述方式公开表明了自身对于马克思的政治经济学批判模式的坚信，同时也提出了一种针对资本主义生产方式制造出来的假象的批判，一种对于这种生产方式的矛盾本质的揭示（presentation）。

根据他在就职报告中、在《社会研究学刊》和《权威与家庭研究》中简要描述的计划，霍克海默一直打算在一群各门科学学科领域训练有素、在哲学方面有相当高的素养的社会理论家中间建立起合作关系。这一直是他的梦想。1942年3月，就在他开始写这本书之前几周，他写信给费利克斯·韦尔：

> 实际上，弗利茨（波洛克）和你本人确实应该在下个月底来这里，这样好开始写作本书的经济和政治部分，那样一来，接下来的六个月我们就不再做任何别的事情了。绝不要因为弗利茨、格罗斯曼和古尔兰德不能达成一致，或因为自由讨论这类问题有这样那样的妨碍，就认为我们可以把那些关于经济重要性的问题和政治抵抗方式的问题搁在一边。因为没有别的人可以替我们来挑这个重担，因此，即使你们许多人时不时用缺乏天赋来为你们的放弃找理由，这个理由也是不体面的……我认为，将来弗利茨和你应该每年在这里度过四到五个月，在纽约花掉一年中的大部分时间来为理论研究计划工作。你在这里的时候，可以参与著作主要部分的确认和制定，而你在那里的时候，则可以细致地完成经济学部分，这样几年之后，我们的著作就可以完成了。就算我和泰迪合作，我也无法为著作赋予它必要的精确性和具体性。在它必需的地方应该添加历史的和经济学的细节，否则它看上去就只是思辨。[137]

这是一种对于学科间真正实现合作的构想，希望把经济学分析、政治分析和具体的、材料充实的理论全部纳入其中。对波洛克和韦尔来说，它一直都只是一种构想。他们都表示他们不适合这项工作。他们既没有为《权威与家庭研究》撰写文章，也没有为 1937 年纪念马克思《资本论》的那期讨论经济的专刊撰写过文章。波洛克和韦尔的性格和生活带来的诸多难题，也使得他们失去了改变这种情形的希望。波洛克曾在太平洋—帕里萨德待过很长一段时间，后来于 1942 年 10 月返回了东海岸投身于"外围"的工作，为此霍克海默向他抱怨以前几年中他们的亲密合作是多么富有成果，而现在要是"我们不仔细讨论，不把它们整合进我现在正在详加阐发的理论"，[138] 波洛克留下的两篇稿子的命运就很难说了。既想得到别人强有力的支持，又想保持"辉煌的孤独"，在这两极之间犹犹豫豫的霍克海默其实并不是特别反对波洛克的主张。波洛克打算不再待在洛杉矶，而想到华盛顿的政府部门工作，并试图在外围对 [研究所] 做出贡献。波洛克一如既往地希望霍克海默不要分心，一心一意地完成他伟大的理论任务。波洛克回信时，这样说：

> 我担心，即使我们能在洛杉矶成功地确立物质基础，我也不能在那里长待下去。如果你不在纽约或华盛顿的话，你就失去了与所有权力中心的联系（可以说我们与这些中心的联系一直是不够的，是不稳固的），你就彻底地置身于孤独之中了。你要是不知道你在东海岸有了个好的看守者，我就不能肯定这会不会给你的工作带来不良影响。[139]

317 当波洛克和其他人应邀与埃莉诺·罗斯福（Eleanor Roosevelt）一道在白宫共进晚餐的时候，霍克海默实际上对此反应十分强烈。波洛克将这件事汇报给他之后，他回信说：

> 我想告诉你，你引以为荣的这次被邀请对麦顿和我都是极大的安慰。你知道，我也没有高估这次聚餐所取得的成功，它几乎不可能有什么实际的效果。但是，在这种情况下，我还是真诚地认为我们应该心存感激。这是一次了不起的经验，无论它的结果如何，你都有理由为此而骄傲。我曾不止一次地对你说过，如果我能得到

侧身于具有历史重要性的会谈的机会的话，让我付出什么代价都行。你的被邀请多少让我的希望变成了现实。[140]

因为霍克海默一直致力于让理论家之间的跨学科合作形成一个专注于研究的小圈子，所以波洛克和韦尔的离去给他造成了更大的困难。一方面大概因为这个梦想无法实现所带来的苦楚，一方面因为他的想法时刻都在变化，他偶尔也赞成与他给韦尔所写的信中概述的那种路线相反的思路。

蒂里希详细分析了本不打算公开发表的《理性与自我持存》之后，建议霍克海默在以后的工作中完成一部"富有争议、材料翔实的书"。可霍克海默回信说，他不必通过他们的合作来完成。很明显，蒂里希在尽量友好地提出建议，一方面为读者考虑，让他们要受到更为"民主地"对待，另一方面也要考虑作者在公众中的未来命运。

> 但是，除非你采用新奇的论题，否则你本人也不能预料这种出版物是否能与同类文学争论相区别。但是这又是一些怎样的论文啊！我们的论文，就像成功出版物中那些最出色的主要篇章那样，至多也只是给五彩斑斓的烟火束（bouquet of rockets）增添了一层新的油彩罢了。我清楚地意识到了你绝对是一片好心。但是，难道只要不是汲汲于成功的思想就都得排除掉吗？

霍克海默引述了他以前所写的"关于欧洲形势的简要探讨"，以此来暗示他真正想要做的是什么：

> 理论的风格将变得更为简洁。这仅仅是因为，这种风格将展示它的朴素性，有意识地使朴素性成为对野蛮化过程的反思。这种理论风格将借憎恨之力让自身融入诈骗者（racketeers）当中，并因而成为他们的对立面。这种理论风格的逻辑与他们的司法一样简约，与他们的谎言一样卑劣，与他们的代理人一样毫无顾忌——

318

而且，通过对野蛮的反驳，理论风格将变得明确、精确和严谨……当哲学略去了那个使人性损伤相对化的从属句（subordinate clause），它也就承认了恐怖的绝对性，绝对性正是恐怖的结果。欲望中最细微的差别对哲学也是宝贵的。但是由于缺乏对机制的细致描述，缺乏对灾难发生的原因、时间和方式之间的句法连接（syntactic links）的说明，所谓绝望之夜的说法——所有受害者在此时都完全相同——就会在哲学上变得更有雄辩力。科学固然可以向统计学求助；但是，就理解而言，一个集中营就够了。[141]

这段话勾画出了一种设想，那就是，霍克海默将遵循他所欣赏的资本主义时代的那些"忧郁"作家和"黑色"作家所采用的思路。这种设想也一直是霍克海默的一个梦想。但是，那样一来就不再需要学科间的合作，也无需完成那种需要大量材料来证明的关于时代一般趋势的理论了；还会导致面很窄的哲学工作和社会研究所的工作之间的巨大分歧。霍克海默后来放弃了这种想法。实际上，他又想出了第三种工作方法，这种方法部分依赖专家协助，部分依赖哲学家自己——他们有时把自己培养成为专家。这种方法所要解决的两个论题是关于欺诈理论和反犹主义问题。

这种欺诈理论是霍克海默以论文形式对"备忘录"里所提问题的回答，这些问题就是：在垄断—法西斯主义时代，工人阶级和资产阶级有何种变化？旨在延续学刊而出版的年鉴，收入了基希海默、诺伊曼和古尔兰德等人关于欺诈理论的文章，以及霍克海默、阿多诺和马尔库塞合作撰写的一篇文章。"我们收集到的材料越具体"，霍克海默写信给马尔库塞说，"我们的理论视角就会越多地获得实在的品格。在新年之初，我们应该就这个主题写出一篇稿子。这是个生疏的主题，但是我有个感觉，这个计划的完成将是迈向提出一套批判理论的第一步，这种批判理论再不仅仅是哲学理论了。"[142]

阿多诺为阐发这种欺诈理论已经做了辛苦的准备性工作，他的工作被（霍克海默）视为是辩证法研究计划的政治—经济部分。他用一张

"欺诈范畴"表来从希腊文化史中收集材料，主要依据的是雅克布·布克哈特 (Jacob Burckhardt) 的《希腊文化史》。[143] 霍克海默前往纽约期间，阿多诺在他们以前讨论的基础上写出了《阶级理论的反思》。阿多诺坚持了霍克海默、波洛克和他本人对于"国家资本主义"的分析——即政治支配经济的论点，他指出，"事实上并不是交换法则创造出了适合于现阶段整个社会再生产的最新的权力形式"，

319

> 相反，旧的权力形式会不时地撤回到经济机器之中，企图在完全掌控经济机器之后彻底摧毁它，好让自己存在下去。在以这种方式废除阶级的过程中，阶级统治却发挥了自己的作用。近代经济发展阶段的图景表明，历史就是垄断史。由当今这些有和平倾向的劳资双方领导人所造成的这些带有明显篡权色彩的图景，表明历史就是集团斗争的历史，就是帮派行径和欺诈的历史。[144]

霍克海默稍后与阿多诺合写了一篇"阶级关系社会学"，后者与阿多诺的那篇"反思"差不多。他还向基希海默、马尔库塞和诺伊曼等人征求过他们对于这篇文章的意见。例如，基希海默就提出了如下问题：工人阶级是否已被改造成了"实用总体"，生产过程是否已经成了社会合法性的基础，前资本主义社会能否被视为混乱的、缺乏任何真正起作用的意识形态合法化系统的统治体系。

基希海默是最后一个以接受华盛顿的正式工作这种方式替研究所从事战时服务的人。他也是惟一一个在 1943 年就完成他的文章——"主权问题"——的人，在这篇文章里，他简要地提到了欺诈的概念，但却没能令人信服地论述这个概念的核心意义。基希海默的这篇文章于 1944 年发表在《政治学学报》上。而霍克海默那部分工作的文章后来收入了《理性之蚀》。[145] 欺诈的理论一直只是霍克海默和阿多诺构想的一个未完成的理论。这个理论中最重要的那些思想，后来被整合进了《启蒙辩证法》，诺伊曼、基希海默或其他同仁均没有通力合作，没有对其中依据具体的经济、政治和法律材料而提出的那些极其尖锐和广泛

的设想进行检验。同样，他们一直没有对大量证据所提出的论题进行过具体的处理。

最后，反犹主义研究成了惟一被关注的有希望突破的研究点，围绕反犹主义在辩证法研究计划框架下似乎可以实现学科间的合作。但是，在最初写作那本论辩证法的书的几个月，这个反犹主义的研究重点还很不起眼；"备忘录"对此也只字未提。情况似乎是，霍克海默和阿多诺仍然在论题上很犹豫，或者说他们开始只是让它在整个工作中作为一个核心的隐蔽点来起作用。最后一些出人意料的考虑让这个点成了研究工作的中心论题。当美国犹太人协会同意为研究所反犹主义研究计划提供至少一年的财政支持的时候，1943年春霍克海默告诉感到吃惊的马尔库塞（他认为霍克海默参与这个计划是对他真正工作的不负责任的偏离，霍克海默真正的工作应该是从事那本哲学著作的写作）说：

320

> 实际上，在最初几个月里，我打算将我们花在哲学难题上的时间每天减少到一个到两个小时，可常常落空。但是你要记得，你和我一开始在这里定居的时候，我们一直在寻求一个可以满足如下两项必要条件的论题：第一，使我们的思想可以面对更为广泛的关注面而不是仅仅停留于抽象的形式；第二，为我们在更具体的材料中展开某些思想提供机会。我希望我们有机会表达我们的理论思想，同时将我们塑造成对某些特定的社会问题有专攻的专家。你那时说民主是个好题目，但是出于各种原因，我们抛弃了这些可能性。但是，我也不希望离开这个题目的相关问题太远，这种强烈的意愿推动泰迪和我已经准备了大量的材料，甚至已经就德国沙文主义写了一部分备忘录，我认为这个备忘录都能出成一本书了。我现在想写的不是论德国的书，而是关于反犹主义的书，为此我们不会仅用一半时间去写，而是要投入大部分时间。我不知道委员会是否会喜欢我们在洛杉矶完成的这部分工作。可我知道，我们的投入对完善我们共同的理论来说将不会是没有价值的。[146]

这说明将论题限定在反犹主义题目上是有外部激励的——和犹太人协会签订合同必将，而且可以最大限度地利于研究。首先，霍克海默似乎认为，辩证法研究计划和反犹主义研究计划是相互关联的两个不同的论题，二者之间的关系是：后者只是前者那种抽象理论的具体运用，或者这种关系类似于黑格尔逻辑学和黑格尔历史哲学、法哲学和美学之间的关系。这难道不是把理论研究和经验研究在程序上的区别，转变成了暗中让理论高高在上地思辨，并使之独立于适用于科学的经验主义吗？这不是否定了经验研究作为反思经验的思想维度的地位，并使之降格为图解理论的工具了吗？霍克海默和阿多诺已经决意投身于反犹主义研究计划了，他们认为反犹主义研究项目应该与辩证法研究计划保持极大的相似性，他们好几次强调反犹主义问题应该在他们时 321代的理论中扮演特别重要的角色，但是没有具体解答哲学研究和反犹主义研究项目之间的关系如何、哲学研究和跨学科研究之间的关系如何等问题。另外尚不清楚的是，他们对理论的热情，以及他们对专门科学学科领域研究的低评价，是不是真的代表了他们本人的爱好和气质；而这些——特别是当外部影响强迫他们必须真正兼顾理论和经验两个方面的时候——是否会影响到他们所进行的学术研究工作及其结果。

"备忘录"不仅表明辩证法研究工作将以学科间的合作为基础，而且表明刚开始制定的章节重点和实际写出来的完全不同。这项研究对启蒙和实用主义的解放特征与压迫特征给予了同等程度的阐述。1942年底，当书的第一章完成的时候，霍克海默却对马尔库塞这样说：

> 最近几天来我把每一分钟都投入到这几十页关于神话学和启蒙的稿子中，这篇稿子很可能在这周完成。恐怕这是我写过的最艰难的文章。此外，它读上去多少是消极的，我现在试图克服这一点。我们不应该像那些对实用主义的作用感到绝望的人们那样。可是我也不情愿简单地加上些积极的段落，用悦耳的音调说"理性主义和实用主义还不是那么坏"。第一章中完成的毫不妥协的分析，本身就是对理性思想（rational intelligence）的积极作用的一种更

有效的肯定，这比为了淡化对传统逻辑［原文如此］及其相关哲学的攻击所能做的任何辩护都更有效。[147]

神话问题的命运也是如此。霍克海默认为神话是与启蒙相对的一个概念，尽管在"备忘录"里对这个概念只字未提。霍克海默和阿多诺认为遗留的神话残余中的超验观念、神话中的乌托邦契机的超验性有着重要的作用，它们规定着深思理性的概念，规定着积极的启蒙理念这一概念。在一开始写论理性的论文的时候，霍克海默就给马尔库塞汇报说，"我们的思想先辈（就是指马克思和恩格斯）""长久地关注史前史，这并不是他们比我们笨。你也应该读一读文化人类学和神话学方面的有用之书。我们这里现在有巴霍芬、赖因纳赫（Reinach）和弗雷泽的书，也有罗德（Rohde）和列维—布留尔的书，而马林诺夫斯基的书和洛维(Lowie)的《文化人类学》则是我们所掌握的最新文献。但我们没有摩尔根的《古代社会》。"[148] 在为写作此书作背景准备的过程中，霍克海默研究了一些与他本人研究及其相关概念有关的文化人类学和神话学文献。正如他在 1942 年 7 月 18 日写给诺伊曼的一封信中所说的那样，他的目标是将此类概念中至今还包含着的一种古代因素的超验性拿来与那些排除了"万物有灵论残余"的核心观念的"精华"来做对比，就像他曾在《理性的终结》中对事物所做的批判性考察那样。直到写作《理性之蚀》的时候，这些概念才被霍克海默赋予了优先地位。而在《启蒙辩证法》这部合作出版物中，霍克海默和阿多诺主要关注的还只是确定的否定概念——一种否定形式，它指的是起解放作用的启蒙，而不是神话的延续。

第二章的主题是大众文化，也出现了同样的情况。"'文化工业'这部分甚至比其他部分更为零碎"，霍克海默和阿多诺后来在《启蒙辩证法》的导言中特别这么强调。他们在 1944 年本书的油印本中说过一句话，后来在出版时又删去了："很早以前就写过一些扩展的片断，它们还有待最后的编辑。在这些片断中，我们主要探讨的是大众文化中的积极方面。"（大众文化的积极方面，或者说大众文化的积极形式的发展，是阿多诺和汉斯·艾斯勒（Hanns Eisler）合作完成的《电影作曲原理》这部著作的主题。任教于新社会研究学院的艾斯勒争取到了洛克菲勒基金来资助电影音乐的研究计划。）

这些情况都表明了一种开放性和未完成品格。它那显得忧郁的导言使得后来的读者很难想像这种未完成性——特别是因为1947年给这部书撰写的这篇导言删去了油印本的一大段，在那个长段中，他们曾描述过全部研究工作的复杂性。而"哲学断片"只是那些全部工作中的一些选段，只不过他们是以"它们的内在关联性和语言统一性"为选择标准来选编出来的罢了。

霍克海默在一封写给蒂里希的信中，对自己在集中撰写辩证法著作期间的每日工作活动做了描述。写这段话的时候，马尔库塞尚在洛杉矶同他一道工作，而波洛克和韦尔都还在那里间或会住上一段时间：

> 我的生活按部就班地进行着。早上我和波洛克一道散一会儿步。散步之后，我开始为方法论研究工作做笔记并写草稿；中午，我常常去看泰迪，同他商定最终成形的篇章。我也偶尔和马尔库塞一起就他所负责的那部分进行讨论。夜晚则是属于波洛克的，有时候则属于韦尔。下午和晚上之间的那段时间有讨论会并处理研究所的实际事务。将近两个月以来，我可以说我们是在写作真正的书稿……写了一些很好的预备性笔记，但是它们的最终成形尚需几年时间。一方面是因为存在着客观的困难：阐发辩证法哲学的任务非得有对近几十年的体验不可；另一方面是因为我们还缺乏常规性，有太多东西要思考，缺乏对要点的清晰把握，这些都是我们要努力克服的。[149]

根据托马斯·曼的回忆，霍克海默这里所描述的上层阶级的生活氛围颇切合他给他的工作自命的那种阶级品格。在一封给波洛克的信中，霍克海默说：

323

我现在从事的研究正在把我们年轻时候梦想成为我们存在理由的事情变为现实,无疑,这项研究没有十年、二十年时间是不可能完成的。我不是在为写成一本诺伊曼或其他人写的那样的书而劳碌,他们是在生存之需和竞争的压力下而写作,我并不想让我的书成为对当今立马有益的东西。胡塞尔花了十年时间写他的《逻辑研究》,又花了十三年时间写成了他的《纯粹现象学导论》[原文如此],更不要说那些更有名的哲学著作和相关的论题了。如果你考虑我有限的能力、学养和任务,你就会理解我的境遇了。[150]

但有时候,也有事情让他感到烦恼,比如,尽管他努力工作了,可还没有东西能出版成书,在这方面也没有什么令人惊叹的东西可以展示。"尽管这些章节和稿件都准备好了[原文如此],对此主题不是很了解的人从这些文档中也根本看不到我这段时期做出的理论进步。想想利克斯[即费利克斯·韦尔]面对我们所做的一切时会是什么反应吧,他肯定会非常失望。"[151]

但是第一章还是在 1942 年脱稿了。1942 年夏末,就在霍克海默去纽约期间,阿多诺不仅写作了《阶级理论反思》,还准备好了关于大众文化的那一章的初稿。除此之外,他们两人还仔细润饰了霍克海默为第一章撰写的附录,即有关康德的启蒙概念给实践哲学带来的一系列影响的那篇附录。* 阿多诺还完成了那篇对荷马《奥德赛》进行阐释的附录。** 霍克海默在给波洛克的信中这样谈及此篇附录:

我们决定这个工作必须完成,因为《奥德赛》是关于现代意义上的——或者说,理性启蒙意义上的——人之人类学的第一份文献。我们从这项研究中学到的东西,对[反犹主义]的研究计划也有一定的帮助,因为奥德修斯试图克服的仪式献身 (ritual sacrifice) 观

324

---

* 即第一章的附论二:"朱莉埃特,或启蒙与道德"。——中译者注

** 即第一章的附论一:"奥德修斯,或神话与启蒙"。——中译者注

念，可以在反犹主义心理学之中扮演决定性的角色。[152]

最后，霍克海默和阿多诺在准备好了论人类学那章的部分草稿之后，又忙于写作格言警句，这些格言可以作为思路范例被合并到此书后面的章节发表出来。这样看来，直到那时也只有反犹主义那一章的草稿还没有依据后来构成《启蒙辩证法》一书的那些材料写好。此外，从一开始他们并没有把这一章当作辩证法研究成果首批出版物的一个组成部分，相反，只认为它是反犹主义研究项目的理论研究。

有时，霍克海默还想把大众文化那一章单独出版，他一直认为这一章可以独立成篇——他强烈要求出版他们合作研究的最初成果。他甚至想雇一个译者，这个译者可以给他提供指导，从而使他能够用英语开始写作。这只是另一个一直没能实现的计划，但它能说明霍克海默和阿多诺是多么地想在美国公众生活中出人头地。对大众文化那一章的修订缓慢而艰难地进行。霍克海默的意图主要是想在年底出版一个油印的小册子，将这本书中的可用的一些研究成果都收进来。"所有这些篇章"，霍克海默 1943 年中期写信给波洛克说，"构成了一个整体的文字材料，在我看来，这个整体能够让我们有可能得到一本名副其实的书。——我认为，这些片断包含了我们可以立足的、真正有原创性的哲学原理。"[153]

1943 年中期以来，一边修订和编辑这些思想片断，一边也进行着反犹主义心理学的研究，而且有关后者的论题越来越占去更多的时间。洛文塔尔参与了后来作为《启蒙辩证法》前三章出版的那些论文的合作。1943 年夏天，他在西海岸度过了几个月；这次短住可能让他下定决心在西海岸长期住下去，而这正是霍克海默一次又一次向他建议的。反犹主义的那些论题，最终在写作方式上与《启蒙辩证法》其他大部分章节的写作方式相同。霍克海默和阿多诺将这部《启蒙辩证法》共同题献给了格蕾特尔·阿多诺。

洛文塔尔曾经写信给霍克海默说，阿多诺的口头表达和书面创作所具有的那种强度和容量让他感到震撼。波洛克尽管继续在进行辩证法项目的研究，但他作为阿多诺正式的助手也参与了反犹主义研究项目的策划工作，他告诉霍克海默说，所谓依照正常标准应做的全职工作，对于阿多诺的工作能力来说也只是小菜一碟。阿多诺非常能创作，而且他的妻子几乎以一个全职秘书的职责来帮助他开展辩证法和反犹主义的研究，这一切都使得霍克海默最后不得不在阿多诺几个月来不断提出的提薪要求方面做出让步。1944 年初，阿多诺的工资提到了每月 400 美元。

1944 年 2 月，一件事让霍克海默感到非常满意——他将要在哥伦比亚大学开讲座了。讲座的名称是"社会与理性"。他打算以大众化的形式讲授他们合作研究的成果；《理性之蚀》正是在讲授这些讲座课程的过程中形成的。这本书后来出版于 1947 年。在授课开始之前，油印本中收入的所有材料也都准备停当了。因为当时没条件出版第一年的反犹主义研究成果，而且他们也希望继续扩充增补，所以有关反犹主义的研究文章也就被并入了辩证法的油印卷里，成了这本书中的组成部分。与之相反，有关辩证逻辑——霍克海默一直认为这一概念应该在他筹划的这本书中居于核心地位——的探讨片断，却未收入那个油印本里。1944 年 5 月，霍克海默和阿多诺终于在波洛克 50 岁生日那天将完成的文稿交给了他。在这一年底，一卷本的有纸板封面装订的胶版油印册子，作为社会研究所的出版物面世了。这个册子一共印了 500 本。它有一个非常明确的标题："哲学断片"（*Philosophische Fragmente*）。

霍克海默自打开始从事这个册子的写作工作以来就打算为它出一个英译本。但是这个想法没有付诸实施。后来，加入了关于反犹主义的一篇定稿，并对许多地方的反资本主义词汇做了弱化处理。迁到美国来的阿姆斯特丹奎里多（Querido）出版社，将这本经过修订的《哲学断片》出成了一本正规的书，不过，题目换成了《启蒙辩证法》（这其实是油印本第一章的标题）。在 1944 年版的导言结尾处，他们说："如果有幸可以不受令人苦恼的当下目标之压迫，继续可以就此类问题展开研究的话，我们就有望在不太遥远的将来全部完成这一工作了。"霍克海默和阿多诺后来从 1947 年版的导言中删去了这句话。甚至晚至他们返回德意志联邦共和国之后，他们仍旧希望可以继续这项工作。他们在1946年10月进行了一系列讨论，希望通过这些讨论来澄清如何拯救启蒙、如何发展正当的理性这个概念。但是这些讨论表明他们对这些问题已经感到非常困惑了。[154] 由于导言删去了前面提到的这段话，以及继续这项研究工作未果这一事实，使得实际出版的这本书与它原来最早打算出成的样子完全不同：它成了一个完整的片断，提供了一份记录，只是零零星星地反映了它的作者必须出的东西。在为油印本打的广告上，霍克海默和阿多诺强调说，它是由"进行之中的"哲学"工作"的断片组成的，该书的完成尚需几年时间。他们也强调了他们所呈现的东西的独立品格：在解释他们思想的过程中，他们采用了蒙田和尼采这一传统的散文文风，在他们看来，这似乎与他们从事的"探索迄今尚未被勘查过的思想领域"的研究工作是相宜的。

326

启蒙辩证法：哲学断片

如果从阿多诺和霍克海默作为理论家的发展这一角度来看，阿多诺开始撰写这本关于辩证法的书，显然代表了他在理论探索上的一个重要的阶段，在这个阶段他开始撰写有关唯心主义、内在性、自我满足的智性（self-satisfied intellect）和专横的主体性的史前史，这与本雅明撰写19世纪史前史的计划恰成对照。阿多诺的计划涉及对神话与现代主义、自然与历史、旧事物与新事物、不变性与差异、衰退与复兴等因素的布局进行考察，并试图证明，他在"瓦格纳片论"（《社会研究学刊》，1937）和"新音乐哲学"（1940－1941）[155] 这两篇论音乐进步辩证法的专题文章中体现的那些思想，都与社会理论和历史哲学相关。至于霍克海默，他则想把自己对于实证主义和资产阶级人类学的批判置于更广阔的语境当中，继续探讨他对于宗教问题中压抑的批判以及他对于本雅明有关残酷进步的批判的接受所包含的深层意义。霍克海默一直不断地强调，非理性主义和形而上学正确地承认了理性主义的破产，但是却从这一点得出了错误的结论。在他看来，问题不在于能否搞出一个规划——通过对黑格尔辩证法的唯物主义超越来发扬马克思的政治经济学批判，而在于如何能更清晰地勾画出一些更贴近当下历史事件的正确结论。

"揭示人类没有进入真正的人性状态，反而深深地陷入了野蛮状态，其原因究竟何在"——两位作者在前言中这样描述他们合作研究的目标。[156] 他们两人都是［某种意义上的］启蒙的热情支持者。霍克海默支持揭露社会伪善和社会不公的法国启蒙，而阿多诺也一直支持对本能之物、低贱之物、难以名状的、意识把握不了的事物等等这一切加以澄清并进行解释的思想。他们都支持马克思对人类解放的社会—经济前提的分析。晚至 1941 年才在《社会学和哲学研究》上发表的"反犹主义研究计划"大纲这样说："作为抽象思维结果的那种思维水平是真正人性意义上的世界发展的前提，因为那种思维类型将摆脱各种人际关系及其禁忌，并将它们带入了理性王国。因而犹太人一直站在为民主与自由而战斗的最前沿。"[157]"启蒙辩证法"这个提法表明，霍克海默和阿多诺并不想将婴儿连同洗去血污的水一同倒掉，也表明他们只想揭示启蒙思想的含混之处。本雅明《历史哲学论纲》中的一段话似乎变成了他们的研究动机："我们现在对正在经历的事情'还'会在 20 世纪发生感到惊诧，这种惊诧并不是哲学性的。因为，它不是知识的开端，它还没有认识到它由以产生的历史观本身是站不住脚的。"[158]

《启蒙辩证法》对黑格尔在《精神现象学》[159] 中对启蒙解放作用的批判进行了概括，并以此为背景在其核心部分安排了两个奇特地相互连接在一起的论题。但是，书中并没有提及以论述这两个论题而著称的代表性人物，既没有提到专论现代理性的社会学家马克斯·韦伯，也没有提到对现代支配自然进行哲学批判的路德维希·克拉格斯（Ludwig Klages）。[160] 其中第一个论题认为西方文明就是理性化的进程，韦伯用"祛魅"这个概念已经把这种理性化进程的双重性——既是对神秘符咒的破除又是从咒语中的逃脱——说得很清楚了。第二个论题则把每个发展阶段的世界状态同人与自然之间或和谐、或敌对的关系对应起来。

霍克海默和阿多诺相信，他们可以将这两个论题相互关联起来，更好地解释导致法西斯主义的资本主义形式带来的灾难性后果，这比沿用马克思对资本主义的批判要更为有效。本书末尾所附"笔记与札记"里有一篇"论历史哲学批判"，以故事的形式极其简洁明快地提出了他们的问题观念的核心之所在："对世界历史做出的哲学解释，必须说明理性对于自然的支配是如何克服了所有的偏差和障碍而逐步取得成功的，是如何把人类所有特征统合为一体的。各种经济形式、法则和文化形式也都会源自这一立场。"[161]

第一章"启蒙的概念"以震撼的方式提出了第一个中心论题，其中又包含了第二个论题："就进步思想的最一般意义而言，启蒙的根本目标就是要使人们摆脱恐惧，确立自身的独立自主权（sovereignty）。但是，被彻底启蒙的世界却笼罩在一片因胜利而招致的灾难之中。"这一论断在说，这样的启蒙导致了灾难。依照本雅明—阿多诺的传统，这两位作者认为灾难就是神话统治的同义词。"启蒙转变成了神话"[162] 因而也成为他们论题的另一种表达。但是他们同样想表明，神话一直就是启蒙。这个论题的关键之点在于，在那种情况下，启蒙没有从外部摧毁神话；毋宁说，神话早已是不成功地摆脱自然的第一步，并因而早已为启蒙的自我毁灭铺平了道路。

328

也许可以这样完整地表述这个论题：迄今为止的所有文明都是由这样一种启蒙构成的，这种启蒙困陷于神话的内在性（immanence），并把一切试图逃离神话内在性的努力都扼杀在萌芽状态。

神话自身开启了启蒙的无尽里程，在这个不可避免的必然性过程中，每一种特殊的理论观点都不时地受到毁灭性的批评，而理论观点本身也就仅仅是一种信仰，最终，精神概念、真理观念乃至启蒙概念自身都变成了唯灵论的巫术。这种命中注定的必然性原则取代了神话中的英雄，同时也将自己看作是神谕启示的逻辑结果。这种原则一旦被形式逻辑的严密性所限定，那么它就不仅控制着西方哲学的所有理性主义体系，而且也支配着体系的结果：这些体系肇始于众神的等级制度，并在偶像的黄昏中把对不公正的愤慨当作同一性内容而传承下来。如同神话已经实现了启蒙一样，启蒙也一步步深深地卷入神话。启蒙为了粉碎神话，吸取了神话中的一切东西，甚至把自己当作审判者陷入了神话的魔掌。[163]

这就是霍克海默和阿多诺对这个不可抗拒的思想运动的概念所作的世界历史的解释，而黑格尔曾经用 18 世纪的启蒙来说明这个概念。他们还明确地提到了他们时代的政治难题，认为"启蒙是极权主义的"。他们对那种体现这种不可遏制的运动之特征的权力做了如下定义："每一种彻底粉碎自然奴役的尝试都只会在打破自然的过程中，更深地陷入到自然的束缚之中。"[164] 然而，在第一章中他们还不能断言他们的工作已经超出了勾画论题大纲的范围。因而，接下来的章节就要为论题大纲提供证据。

霍克海默和阿多诺试图让他们的论题合理化，试图合理地论证神话一直就是启蒙、启蒙的每一次进步都更深地陷入了神话这类主题，但是他们却不是通过对某些"专业原理"（specialist axioms）的批判和扩展（他们在此书"前言"中认为这样的探索已经陷入死胡同），也不是通过对西方历史或人类整体的事实材料进行解释来进行的。相反，他们根据自己的标准选取几部主要的文学作品进行考察，霍克海默和阿多诺认为他们所持的标准是促成文明进程的关键构成要素。这种根据艺术作品对于历史哲学的意义来对其进行阐释的程式——这也是卢卡奇在《小说理论》[165] 中所使用的方法——在这里被用来确定如下的历史行进方式：人们对待他们自身的天性、对待外在的自然、对待身体和对待人与人相互关系的态度和行为，已经在这种历史的进程中发生了改变。霍克海默和阿多诺所关注的作品都与堕落有关：《奥德赛》中神话的破碎，以及萨德的《朱莉埃特的故事》和《朱斯蒂娜》中宗教、形而上学和道德的退化。

第一个附论，"奥德修斯，或神话与启蒙"，按照前言的说法，意在为神话一直就是启蒙这个论题提供说明；但是这个说法和实际情况并不相符。实际上，整篇附论都是在揭示启蒙——甚至从其早期阶段开始——一直在向神话还原。除此而外几乎不可能再有对《奥德赛》的别的解释了。《奥德赛》的作者让他笔下的人物深信神话，但他本人却一直同这些神话保持着一种反讽的关系、一种启蒙了的关系，而且他笔下的中心人物也趋向于类似的关系。霍克海默称，《奥德赛》为现代意义上作为理性启蒙存在的人的人类学提供了第一个证据；而阿多诺则以自己的独创性试图揭示这个已被多次阐释过的文本中的某些新方面，在他揭示启蒙的实现要付出代价之时，这种独创性得到了最清晰的展现。奥德修斯通过自我施予的困苦、无所顾及的献身和自我锤炼，只想确立自我以抗拒神话的权力。

> 狡诈者的代价就是梦想的破灭，因此，狡诈者必须像外部力量一样，祛除掉自己的神秘，才能使自己苟且存活下来。实际上，奥德修斯从未占有一切；他总是要等待和忍耐，总是要不断地放弃。他从来没有尝到过莲子的滋味，也没有吃过太阳神许珀里翁(Hyperion)的牛，甚至在他穿越海峡的时候，还必须得计算被斯库拉从战船上掠走的船员数目。奥德修斯披荆斩棘，奋勇直前；战斗就是他的生命；在这个过程中，他和他的伙伴所获得的荣誉只能证明，他们只有通过贬低和祛除他们对完整而普遍的幸福的追求，才能够最终赢得英雄的头衔。[166]

他献出了自身活生生的生命要素，为的是将自己拯救成坚毅的自我。神秘的权力已经被他机智地战胜了；但牺牲品最终以不同的形式被献祭给了同一性的自我——它们被内化为一种放弃。

　　阿多诺运用牺牲理论试图表明神话一直就是启蒙，他的这种思路遵循的是卡尔·克伦尼（Karl Kerényi）和 C.G. 荣格所开创的一种阐释方法： 330

> 一旦所有人的牺牲被有条不紊地付诸实行，那么所有这些牺

性所造就出来的神就会受到欺骗：它们让神服从于人类的首要目的，并以此瓦解了神的权力；而且他们对神的欺骗同时也会很顺利地转变成为那些根本没有信仰的神甫对信仰者的欺骗……在奥德修斯那里，只有牺牲中的欺骗因素——也许还包括神话虚构中完美无瑕的理性——才能被提升为自我意识。这样的发现，必定也是人类最古老的经验：通过牺牲这种方式与神祇之间的象征性交往是很不实际的事情。尽管通行的非理性主义很时兴，但它极力宣扬的祭祀的表现作用，是与人的牺牲的神圣作用分不开的：即通过将生命中注定的牺牲者奉为神圣，像祭祀那样把死亡合理化，从而进行欺诈。这样的诈骗活动，将脆弱的个体提升起来，使他获得一种作为神圣实在的载体所享有的地位，因此，这种诈骗活动通常在自我那里表现得最为明显，也就是说，自我往往把其自身的实存归结为此时此刻通向未来的牺牲。[167]

阿多诺这样一来既不承认牺牲者具有任何真正的超越性，也不承认神话具有什么真正的超越性。在有限世界中履行的仪式为牺牲者确定了有限存在中到处都是牺牲这一事实，而且对这样的世界不加置疑，也不加谴责，更不要求摆脱牺牲的一个新世界。

根据导言的说法，附论二"朱莉埃特，或启蒙与道德"的主旨是以康德、萨德和尼采为例去解释启蒙向神话的倒退，而正是这些人物坚持不懈地完成了法律和道德领域的启蒙进程。说启蒙向神话倒退让人产生迷惑，因为霍克海默和阿多诺一直在证明：祛神话化的进程自神话时代以来，或者说实际上自前神话时期以来就存在着。启蒙向神话的倒退过程，不是返回到旧有的顺从自然的神话形式，而是指向一种非神话的顺从自然的方式，指向一种非神话的神话态度。

> 但是一切早期的社会变迁，从前泛神论到巫术，从母系文化到父系文化，从奴隶主的多神论到天主教的等级制，都用新的启蒙神话代替了旧的神话，用群神代替了母祖，用对耶稣的崇拜代替了对

图腾的崇拜，在启蒙理性的照耀下，所有声称为建立在现实基础上的客观信仰形式，都被作为神话而遭到摒弃。[168]

霍克海默之所以赞赏萨德和尼采，是因为他们都没有掩盖这一事实：在他们看来，根本无法用理性创造出一种单一的基本理据去反对谋杀；他们没有遮遮掩掩，相反，他们却公开宣布了这一事实。神话牺牲者和仪式化谋杀被新出现的邪恶的、理性化了的、冷漠的谋杀所取代；神话快感和仪式化的向自然献身被新出现的闲暇、假日和娱乐之类乏味的、理性化了的快感所取代。"朱斯蒂娜和朱莉埃特的那些长期被提及的丑闻奇事（Chronique scandaleuse），连同它的生产线式的叙述方式，以及它颇具预见性的带有 19 世纪恐怖小说（shockers）和 20 世纪大众文学特征的 18 世纪写作风格，成了最后一部被剥去神话面纱的荷马史诗般的作品：思想史变成了统治的工具。"[169]

但是，这只是表述所采用的思路中的一种。第一章中的关键之点就是启蒙的自我毁灭性。如果一切启蒙从一开始就是顺从自然的、如果"历史进步的循环本质"[170] 这一表述是认真提出来的，那么启蒙的自我毁灭又意指什么呢？谈论"启蒙的自我毁灭性"，不就是预设了如下的前提吗？这前提就是：最初有真正的进步，它已经超越了对自然的屈从，但随后却因各种原因——比如说，由于在已经发生变化的条件下死抱住那些不再进步的方面——迷失了方向。历史不就是被视作是一场赌光了一切机会的、一直持续的豪赌吗？不就是不断地失去机会的过程吗？就这种情况而言，除了显在的历史之外，一定还存在着一种地下历史，其可能性一直被压抑和排除的历史。这种情况甚至可以被理解为类似于通过交换而实现的价值增长，尽管整个历史的意义还将取决于这样的交换能否在某一日真正兑现。

这两种思想都可以在霍克海默和阿多诺那里看得到。在他们看来，"理性概念中"存在着"秘密的乌托邦"。用不可抗拒的祛神话化进程观念无法说清的那些历史状况，可以用下面这种表述来解释：在那些历史情况下，在显在的历史内部得以展现的启蒙的反权威主义倾向，仍可以与"理性概念中的乌托邦"保持联系,"尽管 [这种联系] 只能以地下方式"[171] 进行。阿多诺和霍克海默在犹太教、在自由主义、也在他们本人那里看到了真正的, 即, 自我克制 (self-possessed) 的启蒙形式。但是, 如何解释这些形式的来源呢? 就算有充足的历史—物质条件可以让启蒙形式与理性概念之内的秘密乌托邦保持着的联系——这种联系通常受压制, 而且这种联系可以暂时塑造显在的历史 (例如自由资本主义时代的资产阶级家庭所代表的那种情况), 但问题仍然存在: 秘密的乌托邦究竟是怎样形成的, 到底是什么东西使得它还能在霍克海默和阿多诺所构想的不可抗拒的祛神话化进程中得以保存?

《启蒙辩证法》并没有涉及这些问题。但是在某些情况下, 比如, 在一封信中, 霍克海默似乎透露过一个简单的答案, 这封信写于他为计划出书而对那些片断进行修订和编辑期间。当时波洛克在纽约曾与保罗·蒂里希和阿道夫·洛维 (Adolph Löwe) 就朱利安·本达 (Julien Benda) 的《知识分子的背叛》进行讨论, 这封信就是给波洛克记录的讨论备忘录的一个答复。他在信中说:"我们不得不理解这种发展 [即不可阻挡的启蒙进程], 但是, 我们心里只有存在某种不屈从于这种发展的思想的时候, 我们才能理解它。这种态度体现在你的每一个讨论记录当中, 尤其当你处于某种绝望的守势, 而无言应对其他两位对话者的时候, 体现得尤为明显。"[172] 阿多诺就霍克海默在纽约的系列讲座"社会与理性"(这是《理性之蚀》的底本)向洛文塔尔提供修订和编辑意见时, 他发现了一个根本的问题, 这个问题在这个为时过早的阶段是无法忽视的:

> 本书, 特别是第一章, 依照黑格尔在《精神现象学》中对启蒙的描述, 把理性的形式化和工具化过程描述为一个必然的和不可抗拒的过程。但是, 在做了这样的描述之后, 本书的内容仅仅是对这种理性形式的批判。批判的观点和被批判观点之间的关系未在理论上得到澄清。在早先确定了主观理性必然会发生之后, 我们似乎又经常在某种程度上"武断地"公开承认客观理性。实际上, 有

两点必须要搞得特别清楚：第一，不存在绝对的"解决办法"，想提供一种与主观理性完全对立的哲学是不可能的；第二，对主观理性的批判只有在辩证的基础上才是可能的，也就是，只能通过揭示主观理性自身发展过程中的各种矛盾，并通过它自身限定的否定来超越它。我在这里只是泛泛而谈，但是这本书如果不想成为一个无法兑现的承诺，那就至少必须得给它具体设计一个范型。一般地说，最后一章必须明确地回答第一章提出的问题，即使只让这些问题的不可回答性变得更加明确也是一种解答。否则，两种哲学立场——方是不可抗拒的、专横的主观理性，另一方是与其相对的真理——就会相互直接对立，形成一种非常令人不满意的理论风格。[173]

在《启蒙辩证法》中，阿多诺和霍克海默似乎并没有为这个难题找到解决办法，而且不知为什么又一次忘了这个问题。他们只能把这个问题往后推，所以他们说这本书作为第一部发表的研究成果的片断，在为一个明确的启蒙概念做准备。[174] 另外，霍克海默和阿多诺并没有从术语上对客观理性与主观理性进行区分，而是含糊地使用了启蒙这个概念——启蒙概念有时候是在否定意义上被使用，有时又在肯定意义上被使用，有时在主观理性意义上被使用，有时又在客观理性意义上被使用。

本书中包含着两种启蒙概念。就第一种概念而言，这种启蒙的目标一直要确立人类的统治权；这种启蒙形式现在已经达到了它的目的，彻底启蒙的世界已经笼罩在了一片因胜利而招致的灾难之中。另一种概念意义下的启蒙，其目标是弱化统治权的要求，启蒙世界是通过消解权力来实现的。这两种启蒙概念似乎被强硬地塞进了《启蒙辩证法》，给人造成的第一个印象是，启蒙无法自救，只能自我毁灭。再读之后，人们却可以在这背后发现一个主张——但却是未被肯定表达的主张——错误的启蒙阻止真正的启蒙的胜利，而只有真正的启蒙才能消除错误启蒙造成的种种致命后果。那个油印本的内容说明上说："本书的总目标可表述为：通过揭示理性主义固有的有害含义、通过展现某些以前专门针对启蒙的人文主义理想的批判性因素能够被有效地合并到这些理念当中，来捍卫理性主义"；本书由于下面这个事实而赞扬萨德：萨德并没有把暴露启蒙本质的恐怖这个任务留给启蒙的反对者去做，而是让他的著作成了"拯救启蒙的马刺"。[175] 但这并没有带来太多的希望，还无法让人相信错误的、失败的、已被证实有盲目性的启蒙将会自我恢复；它仅仅表明了真正的启蒙对错误的启蒙的一种洞见。霍克海默和阿多诺想维护一种道德观念，认为正是启蒙本身导致了这些灾难，但他们同时也没有放弃这样一种思想，即认为是有某种别的力量，即支配性力量已经使真正的启蒙偏离了它的轨道，或者正在阻碍着启蒙的道路。他们想谴责给启蒙带来的灾难，但是却一次又一次地把灾难归咎于一种资产阶级才具有的、支配自然的启蒙形式。他们想通过说启蒙归根到底就是支配性的来解释那种灾难，但是他们实际上却一次又一次地通过说启蒙陷入了支配之中、或与支配相勾连来解释那种灾难。在经过这样的解译之后，"启蒙的自我毁灭"这一表述作为一种道德立场就很容易引起歧义。他们所说的灾难毋宁是：迄今为止的一切启蒙还都不是真正的启蒙，而只是自命为真正的启蒙罢了。

334 　　为了更详细地来谈这些问题，就必须分析本书的另一个关键主题。第一个主题的重要性在某种程度上说是由这个主题所赋予的。这个主题就是启蒙或者说启蒙的那些典型代表与自然之间的关系。油印本的内容说明说："作者的基本目标是批判地分析当今这个大规模工业联合、垄断控制、技术进步和标准化的时代的文明。他们要在人类得以确立对自然的支配的历史和进程中去寻找现代文化显在的危机的起源。他们研究的两个焦点就是神话和理性主义。"这段话里隐含着一个大胆的断言：他们能够证明，当代文化危机是到那时为止的一切人类文化的基本原则的危机，而这种基本原则就是人类对自然的统治权。这种论断背后就藏着一个主题，即人类文化史上起决定性的事件并不是现代的发展，也不是资本主义的发展，而是人类向支配自然的跃迁。这个转折点使得那些伪装当代文化之古老遗产的特征得以发展。这种遗产的不间断发展已经在当代文化中十分危险地暴露了出来，而且表明寻求新的转折点已经十分必要了。

霍克海默和阿多诺并没有对他们的文化理念的普遍有效性进行质疑，也没有考虑到西方和亚细亚生产方式之间的区别、或西方的理性化和东方的冥思体验之间的区别等问题。他们虽然没有明说，但显然确实认为，人性的拯救只能沿着"思想史作为一种统治的工具"这条道路，只能沿着"从荷马到现代"的"统治精神"[176] 这条道路来实现，其他任何途径均不可能。

我们也许可以试着（参考他们写作于同一时期的许多作品）对《启蒙辩证法》中支配自然这一论题做如下连贯完整的重述。

原始社会是纯粹的自然。甚至人类，就他们当时的存在而言，也是自然的，在自然的掌控之中，为他们所无法理解的本能所控制。当人类开始思想的时候，他们也就迈出了决定性的一步。思想意味着在某一点上打断自然的当下结构，并建起一座大坝将其阻断，从此就将内部自然从外部自然中区分了出来。

在人开始从原始世界中浮现出来的那个阶段，自然似乎还是一种幸福，其吸引力远远大于新的个性化的幸福。只有通过使用巨大的对抗力量才能避开原始世界的潜流回潮。这些对抗力量的源泉就是思想。思想试图通过削弱内部自然和外部自然这两个方面在自然面前确立自己的位置。它将内部自然限制在当下愿望达成的范围内，完全否认许多欲望，贬低内部自然本身，以此来削弱内部自然；它使外部自然祛神秘化，或者更确切地说，它开始消解那种认为自然中除了蕴含着恐怖还蕴含着难以穷尽的幸福的观念——这种思想与人类从原始世界浮现出来同时产生，以此来削弱外部自然。

这样就开启了一个拒斥自然、毁伤自然的进程，走向了幸福的许诺和自然至高无上的反面。它不仅拒斥和毁伤了人类内部自然的虔诚体验能力，而且拒斥和毁伤了外部自然的各种诱惑力；不仅拒斥或毁伤了人类内部自然的恐惧感，也拒斥和毁伤了外部自然的恐怖感。对欲望和恐惧的这种消解旨在使人能够以一贯的镇静去为了生存而榨取自然，

335

可以冷漠地看待自然，或将自然视为敌人。恐惧成了（这一过程）反对的对象：

> 从奥林匹亚宗教、文艺复兴、宗教改革，一直到资产阶级无神论，在这些西方文明的转折关头，每当新生民族和新生阶级更加坚决地压制神话，人们对未被了解的、充满威胁的自然的恐惧，以及对自然物质化和对象化带来的后果的恐惧，都会沦落为泛灵论的迷信，而且，征服自然就会成为人类内部生活和外部生活的绝对目的。

欲望也是（这一启蒙）反对的对象：

> 人们不得不对自我干一些可怕的事情，直到同一的、有目的的、充满阳刚之气的人类本性形成为止，这些事情在每个人的童年时代都会重复出现。人们必须依循自我发展的各个阶段来对自我加以把握，而丧失自我的诱惑却又总是盲目而又坚决地维护着这种把握……对丧失自我的恐惧，对把自己与其他生命之间的界限连同自我一并取消的恐惧，对死亡和毁灭的恐惧，每时每刻都与一种威胁文明的幸福许诺紧密地联系在一起。[177]

去神话化、理性化、启蒙和文明的这个过程，并不是那种现在看来似乎已经存在于原始世界之中的幸福的实现过程。相反，这个过程的持续进行似乎使所有的幸福形式都成为受谴责的对象，因为无论什么样的幸福都有可能退回到更古老的、自然的状态。自然大体上似乎显现出一种威胁，而不只是指自然的危险的方面，后者只有精心搜寻才能清楚地看到。这样，思想就只强调了自然与人的欲望相敌对的方面，而没有指出自然顺应人的欲望的方面。人类对原始世界的浮现因而发展成了一场被延长了的反自然的斗争。因此，霍克海默和阿多诺讲到了纯粹自然的延续，并把它变成了一个集合名词（collective term），既指所谓真

336

正的理性思维开始之前的世界，也指思想支配自然的世界。

书中有很多为思想支配自然的世界而哀叹的段落，这些段落写得出神入化：文明的道路

就是通往顺从和劳作的道路，尽管在它的上方总是闪耀着满足之光，但那仅仅是一种假象，是一种毫无生气的美景。奥德修斯对此心领神会，他既不屑于死亡，也不屑于幸福。他知道在他面前只摆着两条逃生之路。一种就像他让水手们做的那样：用蜡塞住水手们的耳朵，让他们竭尽全力地划桨，要想活命，就绝对不能听到海妖们的诱惑之声，一直到他们无法再听到这种声音为止。整个战船必须遵守上述规定。划桨的水手们必须强壮有力，必须集中精神勇往直前，不得左顾右盼。他们也必须顽强不懈，内心坦荡，努力前行，从而竭力避开诱惑。只有如此，他们才能获得最后的胜利。但是奥德修斯作为让他人为其劳作的领主，却选择了第二条道路：他把自己牢牢绑在桅杆上，去听那歌声，这诱惑之声越是响亮，他越是把自己绑得更紧——这种情形就像后来的有产市民在幸福向他们日益靠拢、他们自身权力膨胀的同时，却要坚决放弃自己的幸福一样。奥德修斯听到的东西并未对他产生任何后果，他可以只用点头来示意他将从这捆绑中解脱出来。但一切都太晚了，"充"耳不闻的水手们，只知道那歌声是危险可怕的，却不知道它是多么的美妙悦耳。他们把奥德修斯牢牢地绑在桅杆上，只是为了拯救奥德修斯和他们自己的生命。他们使他们的压迫者连同自己一起获得了再生，而那位压迫者再也无法逃避他所扮演的社会角色。实际上，奥德修斯无可救药地绑在自己身上的那条磨炼他的绳索，也使塞壬脱离了常规：她们的诱惑显得毫无作用，成了一个纯粹冥想的对象，成了艺术。被缚者就像出席了一场音乐会，他静静地聆听着，像别的晚上光临音乐会的观众一样，他兴高采烈地呼唤着解放，但这终究会像掌声一样渐渐平息下来。这样，艺术享受和手工劳动随着史前时代那个世界的逝去就发生了分离……文化财富与

遵令而行的劳动有着严格的呼应关系，而对自然进行的社会控制为二者奠定了必然的强制性基础。[178]

但是，有没有可能在不增加恐怖的情况下拥有更多的幸福？阿多诺赞扬了霍克海默《利己主义和自由运动》[179]中提到的"萨德主义的拯救"。在《启蒙辩证法》中，我们也能发现种种例证，证明他们对本能的升华有一种隐含的吁求。希望以人性方式回想自然的思想作为一种预期的解决办法，多次出现在《启蒙辩证法》的许多地方，它同时也指向了这个解决方向。在谴责支配自然的精神中提出的完整的、朴然未分的幸福的图景，难道不比在对升华了的幸福的满足中出现那种幸福的图景更鲜活吗？挣脱了枷锁并能够自我持存的这样一种自我观念，难道只不过是对那些难以想像的、将可以构想的东西抛诸脑后的事物的追求吗？

书中还有一个看似有道理的观念，即认为启蒙是反对一切从原始世界遗存下来的东西以及与之相关的幸福观念和无纪律观念的进步性斗争。正是这个思想把第一章与两篇附论、后两章的讨论以及随后的"笔记与札记"连接成了一体。与两篇附论相同，文本的其余部分也讨论对人的自身自然的支配，只是零散地、非常抽象地讨论到对于外部自然的支配，以及人与外部自然的关系同人与内部自然的关系之间的相互联系。

对于文化工业的讨论可以归结出如下的教益：

> 整个文化工业所作出的承诺就是要逃出日常的苦役，就像在卡通片里，黑暗中父亲拿着梯子去解救遭绑架的女儿一样。然而，文化工业的天堂也同样是一种苦役。逃避和私奔都是预先设计好的，最后总归得回来。快乐本该帮助人们忘记屈从，然而他却使人们变得更加服服帖帖了。[180]

文化工业甚至使得从受现实的自我否定原则支配的世界的逃离也成了

那个世界的一个部分。文化工业成功地用没有梦想的艺术冒充了梦想的实现，成功地用戏谑愉快的放弃来补偿了放弃本身。从开始的章节和两篇附论的观点来看，文化工业意味着将艺术提供的幸福允诺的化简成一种"娱乐"构成的"药水浴（medicinal bath）"的情形，而艺术早已被中和成了冥想（contemplation）的对象了。[181]

阿多诺 1936 年在《社会研究学刊》上发表的"论爵士乐"，就受到了施虐—受虐性格这个概念的启发。他在这篇文章中解释说，爵士乐现象的本质就是主体对自身的戏谑嘲讽。在《启蒙辩证法》中，这个解释现在被推广用于对既包括"低俗文化"又包括"高雅文化"的文化工业的解释之中。在《启蒙辩证法》中，作者证明文化工业是世界历史进程中一个过早来临的高潮的症状，在这里关注统治自然的主体，依然在掩饰自己对自己的嘲讽。

已经沦为自然之牺牲品的统治自然的理论，必然会推演出"反犹主义的人类学理论"（阿多诺语）。霍克海默和阿多诺将反犹主义看作一种可以证明他们对失败文明所作分析的行为现象。

> 但是，反犹主义体现出来的社会和个人的精神形式——它是前历史和历史相互交织的产物——却仍旧模糊不清。如果深植于文明的苦难还没有被明确地诊断出来，那么个人即使是毅然决然地作出牺牲，也无法通过认识去根除这种苦难。所有理性的、经济的和政治的解释及其反证——尽管它们总是正确的——并不能提供一种诊断，因为理性连同统治一起仍旧建立在苦难的基础上……反犹主义是一种精致的图式，也是一种文明仪式；集体屠杀就是货真价实的刽子手仪式。从中可以看出，将它们限制在一定范围内的意识和意义已经无能为力，真理也已走入穷途末路。这种视杀戮为消遣的荒唐行为，可以证明人们所遵循和顺从的只是顽固不化的生活。
>
> 反犹主义的盲目性和无目的性促使它把自己说成是一种出气筒，一种真理标准。愤怒在毫无还手之力的受害者身上发泄出来。既然受到迫害的人们可以在不同情况下互相替换——或是吉普赛

人，犹太人，或是基督教徒，天主教徒等等——那么，一旦他们发觉自己拥有规范权力，他们也会相互替换着成为杀人不眨眼的刽子手。[182]

反犹主义代表另一种"归化文明"的人们对没能使自己归化的人的仇恨。在第六节（根据原来的计划，这一节本是反犹主义这一章的最后一节）中，作者甚至说，澄清理性和权力并将思想从统治中解放出来，将"会使人们跳出那个把犹太人和其他人带向疯狂的反犹主义社会，而走向人类社会"，而且将使"犹太人问题"在与纳粹的理解完全相反的意义上成为"历史的关键所在"。[183]

在他们对他们定义的"反犹主义"行为方式的精彩分析中，阿多诺和霍克海默运用萨德和尼采的思想、运用弗洛伊德和弗洛姆的思想来分析权力认同这样的施虐、受虐现象和这些反应得以形成的方式及其心理机制。他们采用的那种分析方法使他们有可能至少为他们的理论——即，失败的启蒙的核心就是一种已经沦为自然牺牲品的支配自然的形式——提供某种支持。

他们认为启蒙的过程就是对一切能唤起原始世界的事物、对一切未被文明化的事物（不管它是通过幸福还是通过恐怖来唤起这种回忆）的一种前进性的毁灭。同样，他们认为凡是以愤怒和冷酷来反对虚弱和恐惧、或者反对幸福和憧憬的地方，就会有反犹主义在起作用。

339

> 但是，女人被划定为弱者，而且她们的软弱总是使她们陷入少数人的境地，尽管她们在数量上超过了男人。就像那些早期民族国家被压迫的土著居民，或者在组织上和武器上都比征服者更加原始落后的殖民地民族，或者在'雅利安人'统治下的犹太人一样，女人的孤助无力状态是压迫的合法权问题……软弱无力、一时无措、困兽惊魂、神志不清的迹象，都会带来一种嗜血的欲望。对憎恨妇女的辩解，就是要把妇女说成是智力上和身体上的下等人，并且像憎恨犹太人一样，在女人的额头戴上了统治者的污名。在他们

　　　　　　　　　　法兰克福学派：历史、理论及政治影响

看来，女人和犹太人已经有几千年没有握有统治权了。她们可以生存，却也可以被灭绝掉；她们的恐惧与软弱，是在永久的压迫中产生出来的与自然的更紧密的相似性，是赋予其生活的特别因素。这种情形使强人恼羞成怒，因为他们必须在尽力异化于自然过程中付出自己的全力，同时也必须经常抑制自己内心的恐惧。[184]

在另外一个段落中，他们也同样暗中批判性地化用了"应该给摔倒者再推上一把"的格言：

在资产阶级生产方式中，所有实践经验中所固有的模仿痕迹都被遗忘抹平了。禁止回归自然的无情禁律变成了一种宿命；这种否定是如此的彻底，以至于它再也无法得到有意识的实现。那些被文明刺花了双眼的人们，只有在某种行为举止和行为方式中才能感受到自己所具有的已经成为禁忌的模仿特征，而他们是从其他人那里才看到这些行为举止和行为方式，因此它们是合理化环境中仅剩的一些个别行为举止和行为方式，是一些令人尴尬的残余因素。那些看似被排除在外的陌生东西，实际上却令人那么熟悉。这些就是在文明压抑下相互直接接触所形成的传染性行为，诸如触摸、抚慰、偎依、哄诱等。今天，这些本能冲动显得十分的不合时宜，有失体统。它们似乎要把那些早已物化了的人与人之间的关系再度变成个人之间的权力关系：为此，它们总是试图对顾客阿谀奉承、对债务人威逼恫吓，对债权人苦苦央求，以求打动他们……但是放纵的模仿行为却是古老的统治方式的标志，它深深地烙在了被统治者的生活之中，并通过婴儿时期里的无意识的模仿过程，从衣衫褴褛的犹太乞丐到富得流油的银行家，一代又一代地继承下去。与此同时，这种模仿行为也会引起人们的愤怒，这是因为在新的生产条件下，它表现出了一种古老的恐惧形式，而人们想要生存下去，就必须把这种恐惧形式彻底忘掉。[185]

340

对在这样的统治之下已然失去了的东西的憎恨,必然与对唤起统治的痛苦的东西的憎恨联系在一起:

> 自由主义允许犹太人占有财产,却不给他们任何发号施令的权力。即使是那些没有权力的人,也应该享受到幸福,这曾是人权的最初构想。但是,被蒙骗了的大众已经感觉到,只要阶级存在,这种普通意义上的许诺便只不过是一句谎言而已,继而他们的愤怒便会油然而生。这是一种被嘲弄的感觉。他们必须压制住那些特别有关于幸福的可能和观念,但越是这样,这观念就越是显得切合现实。尽管他们对这种观念作了根本否定,但无论何时何地,就在它似乎马上得以实现的时候,人们总会再一次重复他们对自己的愿望的那种压抑力量。对引起这种重复的任何事物来说,不管它本身有多么不幸——流浪汉 (Ahasver) 和迷娘 (Mignon),逗留在希望之乡的异客,让人唤起性爱的美人,或者使人联想起胡乱杂交的被放逐的禽兽等——都会把文明人的破坏欲望吸引到自己身上,而这些文明人从来就不能彻底实现痛苦的文明进程。那些杂乱无章地支配自然的人们,在备受蹂躏的自然里,看到了一幅软弱无力却又极富诱惑力的幸福表象。没有权力的幸福思想是站不住脚的,因为那样一来它就成了真正的幸福。资助布尔什维克的营私舞弊的犹太银行家们不切实际的密谋,就是一种先天无能的象征,就像美好生活是一种幸福的象征一样。与这种幻想同出一炉的是知识分子的形象:"他"看起来总在思考——这是一种别人难以消受的奢侈行为——而且"他"的这种活动显不出付出汗水的辛劳和体力上的努力。银行家和知识分子,金钱和精神,这些流通领域的代表人物,构成了他们被权势摧残的虚假形象,这种形象又被权势用来使自身永世长存。[186]

显然,霍克海默和阿多诺发现人们试图以种种方式来解释为什么犹太人不单单是其他不被信任的各类人当中的一类少数人——他们自己甚至在"反犹主义"这个章节中对此也做出了种种解释。在他们看来，犹太人与其他少数族群相比所具有的特殊性源于如下这一事实：法西斯主义宣称犹太人是一个充满敌意的种族。"当今的犹太人是一个从理论和实践双方面给自身招致了一种毁灭意志迫害的群体——这种意志源自虚伪的（false）社会秩序。犹太人被那些十恶不赦之人侮辱为十恶不赦之人，他们现在确实成了被遴选出来的民族。"[187]（实际上，总的来说正是非犹太环境的敌意使得犹太教保持了活力，1960年代伊萨克·多伊彻 [Isaac Deutscher] 评论说，虽然可怕，但是千真万确的一个事实是，正是希特勒为犹太身份认同的复兴做出最大的贡献。）

犹太人有一个典型特征使自身与其他少数族群——特别是在他们 与文明进程的关系方面——相区分。犹太人与妇女、黑人、土著、吉普赛人等等这些族群不同，他们同文明构成了鲜明的对照，不仅向下指向未被统治的自然，而且向上指向使自己高踞于自然之上的心灵和精神。犹太教的上帝实际上在其从一神信仰向普遍形式转化的过程中，并没有完全丧失全部的自然神特征。

> 产生于古代前泛灵论时期的恐惧，从自然过渡到绝对自我的观念，这种观念作为造物主和统治者，彻底征服了自然。所有的权力和荣耀都赋予这种观念这样一种异化特征，但在所有这些神秘莫测的权力和荣耀当中，绝对自我都是思想可以抵达的，而思想正是通过与至高无上的先验存在之间的联系而获得普遍意义的。上帝作为精神，变成了与自然对立的原则：它不仅仅像所有神话中的神一样表现了自然的盲目循环，而且也能从这种循环中抽身出来。然而，这种精神的抽象和超然性质，却加剧了呈现于其中却无法被预知的恐惧心理；并且，不能容忍一切对立因素的"**我在**"，越是要在他的必然力量中摆脱盲目性，就越是在一种模糊不清的命运中感到茫然无措。

基督教用基督是道成肉身，在实践上基督的归基督、恺撒的归恺撒等信条使有限世界得以绝对化；与之相反，犹太人的上帝则彻底与有限世界相对立。"对基督教反犹主义者而言，真理就是绊脚石，真理并不能够通过理性化的方式来抗拒罪恶，而只能用无法得到拯救的观念来反抗它自称能够左右的世俗过程和神圣秩序。"[188] 如果霍克海默和阿多诺决定深入研究犹太人的日常生活领域的话，那么他们可能会提到拉比扮演的角色，提到对神圣经卷和宗教、道德以及伦理问题的深深的敬意，提到犹太人出于对精神生活和宗教事务的考虑而对商业事务和日常生活的本质的忽略——当然，这种忽略的前提是，他们非常满足于他们从事资本主义活动的那种天分。霍克海默和阿多诺勾勒出来的普通犹太人形象就是这样一些主体的形象，未被驯服的自然和未被驯服的精神（Geist）在他们那里融合了起来。他们以这种方式——其他少数族群却做不到——代表了失败了的文明的对立面，代表了这样一种心灵和自然之间的关系：在这种关系中，心灵真正成为自然的对立面，而自然也真正成为心灵的对立面。

霍克海默和阿多诺认为他们是专注于本能的防御性和超验性的享乐主义思想家，这种观点发展成对如下观念的小心翼翼的证明：犹太教乃是一种历史性的限定性否定（determinate negation）形式。辩证法研究计划的工作实际上已经使他们在阐述神学主题方面达成了一致。这些主题包括：霍克海默在"犹太人与欧洲"的结论中给犹太人的忠告——回想起他们抽象的一神论，回想起他们对于偶像崇拜的反对，回想起他们曾拒绝将任何有限的事物视为无限的事物；他在"利己主义和自由运动"和"理性与自我持存"中诊断出来的那种状态——统治阶级和作为整体的社会对于本能和思想的蔑视；阿多诺对于资本主义以及"反动"艺术和哲学的神话内在性的反思，对构想与表现的结合、意识与感性结合的反思。所有这一切现在都以一种片断的、草稿的形式组成了一种历史哲学，组成了对时代的一种评估。这种历史哲学和评估的隐含基础就是神学。

这两位作者把最严重的歪曲当作已被歪曲了的事物的镜子，并在"反犹主义要素"这一章还极其细致地阐明了自己的相反立场（counterposition)。此处的核心部分是第五节和第六节，前者讨论作为一种癖好的反犹主义，后者讨论作为一种虚假投射的反犹主义。在第六节中，他们写道：

在货真价实的对象和不容置疑的感性材料之间，在内与外之间，存在着一条主体必须冒着生命危险才能跨越过去的鸿沟。为了能如实地反映事物的本来面目，主体必须返回到事物本身，而不在于他从事物中得到什么。主体根据他在感觉中所投射的外部事物的迹象，来创造他身外的世界：即事物在纷繁复杂的特性和状态中所保持的同一性；同时，他学会了用既承认外在印象的综合统一，又承认逐渐脱离于外在印象的内在印象的方式，在回忆中建构了"自我"。真正的自我是投射的最终产物。在只有借助人类生理肌体的发达力量来加以完善的历史进程中，自我才能作为一种统一的，同时也是离心的功能得以发展。即便是一种独立地被对象化了的自我，也只能等同于对象世界向它现出的意义。主体内在的深度无非是由感觉到的外部世界的微妙性和丰富性构成的。然而如果这一约束被割断了，自我也就僵化掉了。如果自我成为实证主义意义上的对既定事实的单纯记录，而不对这一事实做出反馈，那么它就会缩成一个点；如果自我用它毫无根基的基础来唯心主义地创造世界的话，那么它只能把自身表现成为单调乏味的重复。这两种情况都放弃了精神。只有通过某种中介，没有意义的感觉才能激发思想发挥出它全部可能的创造力，而另一方面，思想也能毫无保留地使自身彻底专注于最突出的印象（predominant impression）。有了这一中介，就可以克服那种体现着整个自然之典型特征的病态的孤单。因此，调和的可能性，并不在于不受思想影响的某种确定性，也不在于知觉和对象之间前概念的统一性，而在于它们之间值得注意的对立。主体已经把外部世界装进了自己的意识里，而同时却又把它认作是别的什么东西，这在主体精神内部构成了差异。因而，反思，即理性的生活，便作为一种有意识的投射产生了出来。[189]

上面这段，同时也是霍克海默和阿多诺对如下问题的最详尽回答，即，如何构想人类内部对于自然的记忆——他们多次提到要将此答案作为摆脱灾难的出路。人类的构想和行为只要去这样创造它，自然就会充满精神，就会是活生生的。但是，人的构想和行为塑造自然的结果并不仅仅是一种集体幻象，实际上，那就是自然的实际所是。人类在自然中体验着他们向自然敞开的所是。借助意识使得人从远处与自然亲近，只有这样才能以一种被超越的形式使在回忆中想像出的失落的幸福现实化。这种亲近就是"真正的模仿行为"，就是"适应他者的模仿行为的有机形式"。[190]"你与我相遇，我也与你相遇"：由马丁·布伯[191]表述的来自宗教哲学的洞见，被霍克海默和阿多诺变成了唯物主义的和人类学的洞见。

　　尽管他们的答案还只是一些零星的提示，但这个答案也表明了他们的一个姿态，说明他们反对某些历史事件的态度，在他们看来那些历史事件代表了一系列争斗，这些争斗恰恰伴随着对疯狂掠夺自然所得的成果的颇为成功的盗取。

　　1944年出版那个油印本的时候，盟军已经胜券在握，可战争还在继续着。但是，在霍克海默和阿多诺看来，他们那时已经在进行着的"进展之中的研究工作"丝毫不是只针对国家社会主义的存在才获得其实际意义的。他们对局势的这种估计与乔治·奥威尔的估计非常接近。后者在1946到1948年间，也就是第二次世界大战后期写了反乌托邦小说《1984》。在《1984》中，伦敦成了大洋洲的首府，奥威尔通过这篇小说让我们看到了极权主义真正的可怕之处，这种可怕之处不是它的残暴，而是它攻击客观真理这个概念所使用的那种方式。

　　霍克海默本人早就朦胧地意识到辩证法一书的工作意味着什么。"我们一生的任务就是理论工作"，1941年11月他写信给洛文塔尔时，这样说。

现在需要我们好好体味并讨论这颇富成果的最近十年……我们以前的工作的意义，实际上也就是说，我们的存在意义，将第一次因我们现在的创造而变得清晰。由于在外部持续着的、并正向内部 [就是指美国] 渗透的恐怖，由于我们周围也没有人能够指望得上，我们的责任无疑是非常巨大的。[192]

1943 年 6 月初波洛克给霍克海默报告说又有人对研究所有所怀疑了，霍克海默就在一封给朋友的长信中，为自己一一细数，看是不是自己已经尽力做了一切能使研究所摆脱这种指控的事情。除了其他方面，他写道：

当我意识到，我们的一些美国朋友对研究所寄予希望，希望它致力于贴近现实的社会问题研究、田野工作和其他经验调查，我们也尽力满足他们的这些要求，可是，我们最关注的研究还是我们的学者各自在精神科学 [人文科学] 和文化的哲学分析方面所进行的研究……也许有许多人不同意我们的哲学立场，他们认为现时代不再需要如此超然的研究了。(我个人的观点是，这种理智工作与那些为了争取战争的胜利而必须做的事情不同，但是只有这种工作才是这个时代最需要的。实用主义和经验主义，以及真正哲学的匮乏才是危机的真正原因。即使没有战争，我们也必须正视这个危机。)[193]

尽管霍克海默有时候对绝大多数公众对其工作成果的冷漠深感绝望，但说到底，他还坚持着他的观点，他一直认为自己的活动是有意义的。他在 1943 年 9 月给马尔库塞的信中说："普遍的政治局势越是按照我们通常估计的那样发展，我就越感受到我们哲学工作的重要性。"[194]

马尔库塞和基希海默在 1944 年 11 月通过邮局收到了《哲学断片》——他们是分别收到的，他们当时的反应是相同的，就是对这本书困惑不解。他们所能做的就是向霍克海默表示谢意。此后，他们也没有怎么提到这本书。最后证明，他们的这种反应是这本书在未来很长一段时间内遭际的先兆。

霍克海默的"启蒙辩证法"：《理性之蚀》

阿多诺通过他的《新音乐哲学》原稿为启蒙的辩证法创造了一种在音乐领域展开的范式；当他在 1948 年给这篇稿子加入第二部分"斯特拉文斯基与复辟时代"的时候，他将这部最终完成了的《新音乐哲学》称为"关于《启蒙辩证法》的一篇附论"。同样，霍克海默通过五次题为"社会与理性"的讲座（这是他于 1944 年 2 月和 3 月应哥伦比亚大学哲学系之邀而作的）完成了《启蒙辩证法》的霍克海默版本。他在 1943 年 11 月写信给波洛克说："1 月，我将与泰迪一起准备讲座。我想把它搞成启蒙辩证法有点大众味的版本，启蒙辩证法哲学已经在我们目前完成的这本书的一些章节中初现端倪了。"[195] 1947 年这次系列讲座的讲稿被编辑成书。其实，这本书的主要合作者除了阿多诺之外，还有洛文塔尔和古尔兰德。但是只有霍克海默是书的署名作者。书的前言这样说道：

> 这个系列讲座打算以概要的形式介绍作者与西奥多·W.阿多诺合作进行的综合性哲学理论的一些方面。很难说哪些思想是阿多诺的，又有哪些思想是属于本书作者的；我们的哲学是融为一体的。我的朋友列奥·洛文塔尔的不知疲倦的合作和他作为一名社会学家给出的忠告已经为本书做出了无法估量的贡献。[196]

本书的标题《理性之蚀》，明显承继了霍克海默给《哲学和社会科学研究》撰写的最后一篇稿子"理性的终结"的主题，同时也能让人想起他早期的格言集《破晓与黄昏》的标题。[197]

霍克海默对于启蒙辩证法的简述所具有的那种风格,容易表述他的思想。同样具有霍克海默本人风格的是本书对反对实证主义和形而上学这两者的旧有立场的新阐释,即,将原有的那种反对意见扩展到对美国实用主义和新托马斯主义的批判——但在批评的同时,霍克海默还像以前一样向他的形而上学派对手和实证主义对手表达了最大的敬意。最后一点凸现霍克海默个人风格的方面,体现在以下的事实当中:阿多诺那种通过使〔所批判的〕概念恶化发展从内部炸开这些概念的主题,几乎在这本书中不起什么作用;相反,本书极力强调过去历史中好的方面,这种强调十分不辩证,以至于看上去本书最后的主要结论就是要复兴好的过去。显然,霍克海默对新托马斯主义的这种复兴的要求是持批评态度的,他认为托马斯主义的这种复兴要求不仅是没有希望的,而且还会起到破坏作用,因为如果按照托马斯主义来进行这种复兴的话,只能加速好的历史残余的毁灭。

《启蒙辩证法》实际上是通过两个启蒙概念来展开的。现在,在霍克海默的这本书中,这两个概念被表述为主观理性和客观理性。"历史地说,理性的主观方面和客观方面从一开始就已存在,但是在长期的过程中,前者占了上风。"[198] 比如说,在实用主义者,或尼采,或马克斯·韦伯,或"常人"看来,这个意义上的理性〔即主观理性〕并不做出目的判断,相反只做工具判断,这种工具只是为以其他方式定下的目标而服务的。霍克海默认为,在现代社会中占统治地位的理性形式既是主观的,又是工具性的,因为它总是在寻觅达到目标的合适的方法,而那些目标最终是和主体的自我持存联系在一起的。他认为,既是客观的,又是独立的客观理性的特征表现在以下方面:这种理性能够在自我持存之外发现更为广泛的目的,并认为自己完全有能力对这个更为广泛的目的进行理性判断。

像柏拉图哲学、亚里士多德哲学、经院派和德国唯心主义这些哲学体系都建立在客观理性理论的基础之上。这种哲学体系目标是想确立一种涵容一切的体系,或者为一切事物创造一种等级制度。这里的一切事物包括人和人的目标。依据他的生活的和谐性与这种总体性的关系，就可以确知一个人生活之合理性处在哪个等级上。这种客观结构，而不只是人及其目的，将成为个体行动和思考的量杆。这种理性的概念从来不排除主观理性，而是仅仅将后者视为总体理性的一种部分的、有限的表达，而只有总体理性才能为一切事物和存在提供衡量标准。[总体理性] 强调的重点不是手段，而是目的。这种思想的最高目的就是让 "合理" 事物构成的客观秩序（正如哲学所构想的那样）与人的存在——包括自利和自我持存——协调起来。[199]

这里提到的这些广泛的哲学体系都肯定了意义不仅在世界之中是客观存在的，而且在人类生活中也是客观存在的。对这种哲学体系的这类阐释并不见于《启蒙辩证法》。在《启蒙辩证法》那里只有一点真正启蒙的火焰摇曳于受内在性钳制的历史之上，这些积极的方面也只是犹太宗教、自由资产阶级的理想、批判理论家对限定性否定的忠诚。在《启蒙辩证法》中，真理只是作为评估理智的客观化的标准而被秘密引入的，但却从来没有得到细致的探讨。在《理性之蚀》中，真理被追溯到了神话，而对于《启蒙辩证法》来说，神话一直体现着自然所行使的统治。哲学、宗教、神话——所有这些都是中介，思想通过这些中介指向人与人之间、人与自然之间的协调状态。这些中介可以追溯到它们的史前根源。"在很多情况下"，现代文明之下蕴藏着的古代禁忌和神话

347

依然在许多情况下提供着内在于愉悦之中和内在于对事物的爱之中的那种温情，这种爱不是为了别的什么，只是为了它本身的缘故。拥有一个花园的愉悦感，可以回溯至古代，那时，花园只属于诸神，而且也只为着他们而培育。对自然和艺术的美感均与这种古老的迷信有着千丝万缕的联系。如果，出于嘲弄或自大，现代人将这千丝万缕斩断，那么即使美感还能暂时继续存在，但美感的内在生命其实就已经枯竭了。我们并不能让我们自己信服对一朵花

　　　　　　　　法兰克福学派：历史、理论及政治影响

的欣赏或是对一个房间氛围的美的感受只是根源于一种独立的审美本能。人的审美反应在史前阶段与各种偶像崇拜形式是联系在一起的；他对事物的神性和神圣性的信仰要先于他对事物美的欣赏。对自由和人性这类概念也可做这样的解释……这类概念必须保留否定性的因素，那是对不公正和不平等的古代阶段的否定，同时，这类概念还保存着那种植根于它们那些令人恐惧的起源的源初绝对意义。否则它们不仅无法引起人们注意，而且还将是不真实的。[200]

但是如何确定哪种传统因素的转化可被视为是真正理性的转化？不必有一种独立于神话、迷信和宗教的其他资源吗？霍克海默在谈"独立思想家"[201]（他所说的"独立思想家"与那些善意的形而上学家不同，独立思想家不会通过人为地复兴传统意义的方式抹去遗留的传统意义的最后痕迹）之时，他心里面就没想到这种其他的资源吗？在霍克海默看来，恰恰是那些资产阶级的阴郁的预言家——最重要的就是萨德和尼采——说出了资产阶级文化的真相。因此，[除了这些阴郁的预言家之外] 似乎没有什么可以供意识形态批判施展自己的地方了。可"独立思想家"如何比霍克海默所批判的新托马斯主义者、或被他当作宗教实用主义的传统遗存的其他卫护者更能保卫这"最后一点意义"呢？说到"最后一点意义"——即"这类观念"（真、善、美）"能吸引独立思想家去反对各种可能的权力"[202]，这又意味着什么呢？

像"人的尊严"这样的词语包含着一种辩证式的进步，在这个词语中，一方面神权思想被保留下来又被超越了；另一方面这类词语也成了陈词滥调，若是有人探究它们的特殊含义的话，它们的空洞就会暴露出来。可以这么说，他们的生活依靠无意识记忆。即便被启蒙了的一群人要与那可以想见的最邪恶的事物作斗争的话，主观理性也将使他们连指明邪恶的本性和人类的本性都做不到。但正是人的本性使得对邪恶的战斗成为必要。许多人马上会问真正的动机是什么。我们必须承认，他们的理性是现实主义的，也就是说，他们的理性与个人的利益相一致，即使对大多数人来说，个人的利益也许比环境本身无言的诉求更难于领会。[203]

这个主题好几年以来一再地出现在霍克海默不同的文章中——这是一个类似于感性生存论 (aesthetic existentialism) 的主题。在唯物主义者霍克海默看来，人类对幸福的欲求是一个不需要任何证明的事实。[204] 哪怕是最细小的欲望对哲学来说也是神圣的。[205] 现在，人的本性和对环境的沉默的诉求包含了一种必然要求，只有当主观理性归于沉默之时，这种要求才能被听到。在这里，与其说霍克海默清晰表达了他的观点，毋宁说他只是暗示了他的观点。这种观点就是：独立思想要想拯救"最后的意义残迹"，不应是通过复兴某种东西，而是通过去终止某些具有破坏性的、使人转移注意力的东西。独立思想不应谋求在知识层面复兴已经老套的观念，而应该尝试把自身同这些观念在人类本性 [自然] 中的对等物联系起来。

在霍克海默看来，"在人类内部回忆自然"的提法，包含一种具体的含义：这就是在沉思和本能之间建立起联盟。最终，思想将能够逆着那条客观理性被主观理性战胜的路，逆着自然的主观化、形式化、工具化和去本质化的路，探出自己的一条路来，并将自身确立为自然的机能，而不是成为自我炫耀的理智的工具。

> 尽管伟大的文明理念——公正、平等、自由——可能被扭曲了，但是它们毕竟是自然向其困境表达的抗议，是我们所拥有的惟一得到明确表述的证词。哲学对这些理念应该采取一种双重态度：(1) 哲学不能按照它们所宣称的那样来看待它们，应该拒绝将它们当作无限真理和终极真理。只要还有形而上学体系在将这些证词当作绝对和永恒的原则来表述，哲学就应当揭示它们的历史相对性。哲学拒绝崇敬那些有限的东西，无论它们是诸如国家、领袖、胜利或金钱等等这样的拙劣政治口号和经济信条，还是人性、幸

福、美、甚至还有自由这样的伦理和美学价值。只要它们自命为独立的终极，那么就应该受到哲学的置疑。(2) 应该承认基本的文化理念具有真理价值，并承认哲学应该在它们得以形成的社会背景当中来衡量它们。哲学反对思想和现实之间的割裂。哲学在其历史情境中直面现实，并致力于得出现实的概念性规律，这样才能批判现实与其概念两者之间的关系，并超越它们。哲学正是从这两种否定性进程的相互作用中获得了它的肯定性特征。[206]

这清楚地表明了霍克海默哲学的悖论寓意。这种哲学尽管外表变化了，可是其实质核心却并没有变。这种哲学就是意识形态批判，它的批判标准是从资产阶级理念中得来的，而且它的确也在努力严格遵循这种标准；但如果考虑到理性的自我毁灭和神话对目的理性的支配，这种意识形态批判又是不可能的。然而，如果自然的反抗能够使这些资产阶级理念——它们已经被去本质化，甚至已经成为了纯粹的口号——从底层存在中得到补充，那么这种意识形态批判依旧还是可能的。但是现代哲学所认可的那种"强大的有组织的研究体制"[207] 却使这种补充成为不可能。相反，哲学沉思指导的"自发"[208] 研究却能通过表达自然的抗辩，来抵制文化的衰败。

"自然的反抗"这个中心性讲稿构成了《理性之蚀》的灵魂。在沉思"被实用主义思想所压制"的过程中，"自然已经失去了它引发人敬畏之感的特征，已经失去了*神秘的本质*（qualitates occultae），自然已经完全被剥夺了通过人的心灵而发言的机会，甚至以那些居于特权地位的（思辨思想家）群体的被扭曲的语言，来表达自己的机会也已经不复存在了。这样，自然就要实施自己的报复了。"[209] 霍克海默认为，自有文明以来，就伴随着出现了对压制自然的对抗和反抗，这些对抗和反抗所采取的形式是社会革命、个人犯罪和心理学意义上的错乱。霍克海默说有一些中产阶级作家是"明快的"，而有一些则是"阴郁的"。如果我们借用这个说法，我们也可以这样说，社会反抗不仅有"明快的"，也就是革命，也有"阴郁的"，即"暗中的"反抗（从某种意义上说这种反抗和

《权威与家庭研究》所使用的这一术语意思相同）。他认为"我们时代精心策划的种族狂欢"就是"纳粹式的自然反叛对文明的反抗"，在这种狂欢中被放纵的本能却成为了压制性权力的工具。[210]（弗洛伊德、本雅明，甚至更为突出的还有恩斯特·云格尔(Ernst Jünger)和乔治·巴塔耶(Georges Bataille)等人，[211]都曾以同样的方式将第一次世界大战描述为反抗资本主义利润原则的一种狂怒的反抗表现。）

《理性之蚀》和《启蒙辩证法》虽然都是在论述相同的主题，但是与后者相比，前者更加贴近现实生活。在《理性之蚀》中，霍克海默认为人已经无法理解自然，人实质上已经丧失了体验欢乐、幸福的能力，已经无法进行自我评价，也根本无法体验自己的成就带来的快乐了，而这才是自然真正的报复。

> 这个适应过程现在已经成为预谋的和总体的过程了……个人自我持存的前提是他必须适应必需的体制的持存……我们为了支配自然而发明的欺诈伎俩越多，我们就越可能——只要我们还能幸存下来的话——成为这些欺诈伎俩的奴仆。个人已经被提纯了，包括客观理性神话在内的神话留下的一切残余都被剔除净尽，个人只能依照适应性的一般模式机械地做出反应……我们有着数不清的法规、规则和条令要服从，这些法规条令驾驶着我们，就像驾驶着汽车一样……我们的自发性已经被一种思维框架所替代，这种思维框架强迫我们抛弃一切思想感情，这恰恰会削弱我们对戕害我们的非人要求的警惕性……[尽管早期也要求服从，但现在这种服从与早期的服从的]差异在于顺的程度，现在这种顺从态度已经弥漫于人的全部存在之中，已经改变了人所获得的自由的本性。[212]

"我们文明实现的成功太完善了，以至于成了虚假的文明。因此我们时代里的调节机制会渗入一种怨恨和被压抑的暴怒的因素。"[213]这是霍克海默的希望。马克思、卢卡奇，还有早期的霍克海默曾经都在无产阶级那里寄予过希望——希望这个阶级能通过他们的革命力量来改变他们的悲惨境遇,希望这个阶级是一个蓄势待发的雄狮,而现在霍克海默则在受文明压迫的奴隶当中看到了希望,他们中最主要的受压迫者就是疯人、罪犯和那些"暗中的"造反者。霍克海默反对以"对人的信任"去实施"谴责我们目前所说的理性"的行动,他认为那是法西斯煽动者的伎俩,这些煽动者"只是在表面上公然对抗文明,支持自然的反抗"。[214]

从底层存在中复兴资产阶级理念这种观念是成问题的,它实际上使得霍克海默在本书后面的章节中不再提起与"暗中的"反抗方式的联盟了。本书剩下的章节就只有对客观理性的失落、对蔑视思辨和沉思的抱怨了——同时还表达了一种对"客观真理"的吁求;自此之后,霍克海默更多地诉诸形而上学原则,在这一点上甚至比阿多诺诉诸于希望与救赎的神学主题还更为连续。因而这里就出现了一种危险,诉诸形而上学原则很可能削弱思考启蒙解放作用的敏锐性,有可能挫伤分析理性工具化这个概念所概括的经验的兴趣。"你在书中只是暗示了你的思路。如果你能尽快阐明你的全部思路就好了",在读了他的《理性之蚀》之后,马尔库塞写信给霍克海默这样说。

> 我现在特别担心的是:理性形式突变成为完全的操控和支配,但它毕竟还是一种理性形式,因此体制的真正恐怖更多地在于它的理性方面,而不是非理性方面。你必须得为实际的读者提供这种发展转变的过程,这*说起来容易*,可除你之外没人愿意,也没人能做到这一点。[215]

反犹主义研究计划

1937 年,瑞士人贡纳·米尔达尔(Gunnar Myrdal)受委任开展分析美国"黑人问题"的工作,美国方面为他提供了全部的研究自由,毫 351

无限制地为他提供研究资助。美国常常认为自己是一个不保守的国家，但是即使对这样一个国家来说，这个资助行动也是有独立主见和果敢首创精神的。美国曾经对印第安人实施过种族灭绝，但这件事情已经差不多被人遗忘了；美国还对拉丁美洲执行帝国主义的国家政策，但是这件事情在同为帝国主义的欧洲列强眼中并无大碍，因此惟有对黑人的种族隔离才是让美国最头痛的，对自认为是民主标准模范的美国来说，这是它最大的污点。这个研究计划的理念以及对该研究的资助，实际上都是当时任卡内基公司董事会主席的弗雷德里克·B.凯珀尔（Frederick B. Keppel）策划的。1940年代，凯珀尔还是惟一一位在德国入侵苏联之后反对强化移民审批制度的移民申请审查署的成员，这个移民申请审查署负责决定"敌方国家"居民提交的签证申请是否最终可以通过的工作。可以说，要不是他，很多已经获得签证的难民都得被拒于美国的国门之外。

差不多与米尔达尔完成其工作同时，美国犹太人委员会——它是美国四个犹太人保护机构中历史最悠久、最有影响的一个 [216] ——也批准了资助社会研究所开展反犹主义研究的项目。这件事情的意义和卡内基公司已经做的那件事情的意义一样重大。当时已有大量关于种族问题和反犹主义问题的研究成果出版；比如，在反犹主义研究方面就有《异教世界中的犹太人：反犹主义问题》，此书于1942年问世，塔尔科特·帕森斯和卡尔·J.弗雷德里希 [217] 都参与了该书的撰写。但是这类研究的规模还不够大，达不到美国的国家规模，因此无法真正了解这类问题在美国的社会关联性。

1938年11月9日到10日，德国全境内的犹太教堂被焚烧和破坏，3万犹太人被捕并被送入集中营，史称"水晶之夜"（Reichskristallnacht）。就在"水晶之夜"五天之后，有人在白宫记者招待会上这样问罗斯福："您将会放宽我们的移民控制从而能使这个国家接纳犹太难民吗？"总统回答说："这件事情还没有列入考虑之中。我们一直施行的是配额制。" [218] 移民配额制度规定每年可以允许27230名来自德国和奥地利的移民入境。这个数量尽管很小，但是除了1939年和1940年之外，这个指标却从来没有全额实现过。德国人侵苏联几天之后，移民入境程序甚至更加严格了。自那时起，每个移民必须有两个担保人：一个负责担保移民的经济独立，而另一个则负责担保他的道德可靠性。

难怪欧洲犹太人会认为，沉默的大多数和那些政治领袖联合了起来，他们似乎都同意犹太人应该安于他们的天命，逃离对他们犹太人来说是很困难的。秘密执行的"最终解决"还是败露了。但是关于此事件的新闻却不为公众所信——只有很少一部分人相信那是真的，这些人就是受到切身伤害的犹太人自己。英国情报部对广泛流布的这类消息有所保留：第一次世界大战中那些揭露暴行的经验表明，这类消息根本不值得理睬，因为它们只是一些编造出来的恐怖故事。他们还担心，关于德军在被占领国家内发生的对犹太人的灭绝屠杀的报道会在自己国家中引发反犹主义的复兴。

国家社会主义者统治的地区对这类事件表示了不同的看法，德国的盟国对此做出了不同的反应，这些国家的观察家们把注意力放在盎格鲁—萨克逊世界，指责说，这类运动不仅在大陆引发了可怕的后果，而且在盎格鲁—萨克逊世界也存在着类似的运动。这些观察家断言，他们看到了在那里存在的反犹主义或多或少采取了一种隐蔽的形式，即，与对民主的支持纠缠在一起。这证实了一个疑虑：反犹主义比一般人们所想像的要普遍得多。"一方面人们普遍意识到了反犹主义情绪盛行，可另一方面他们又都不情愿承认自己也有着这种情绪"，在一篇题为"不列颠的反犹主义"的文章中，乔治·奥威尔这样总结他对当时情况的感受。这篇文章发表在 1945 年 4 月的《当代犹太人档案》上，这份刊物也是由美国犹太人委员会出版的。

> 反犹主义是罪恶的、不光彩的事情，是文明人难以容忍的事情，这种认识与科学探讨不符，实际上许多人会承认，他们害怕过深地进入这个主题，也就是说，他们害怕发现反犹主义现象不仅是普遍的，而且他们也深受其影响。[219]

美国心理学家艾伦·L.爱德华兹（Allen L. Edwards）曾在一篇文章中说到过"非典型的法西斯主义态度"。这个词汇也是 1941 年发表在《反常心理学和社会心理学学报》上的这篇文章的标题。当时，对支持法西斯原则及其老套主张的人却拒不承认自己是法西斯主义者这种现象进行分析的文章渐渐多了起来，这篇文章就是其中的一篇。举例来说吧，研究者对大学生的观察引起了他们对掩盖起来的认同态度的注意：这些被测大学生的肯定性表态一旦被归为"法西斯主义的"，他们就会收回他们做出的表态。那些实际上受到法西斯主义影响的人往往不愿意承认他们态度的真正性质，常常对这种态度深表恐惧，讳莫如深。

美国参战之后，像美国犹太人委员会（AJC）这类犹太人组织都强调了犹太人有义务参加战时服务。《当代犹太人档案》的"大事记"栏目刊出了一页长的一份单子，记录了作为高层人员参军的犹太人的姓名和军衔，随着时间的推移，这份名单实际上成了一份犹太人阵亡者名单。尽管我们很难说清楚其流行程度如何，但当时的确有一种偏见，认为犹太人不仅逃避兵役，而且是战争的最大获益者。而这份名单的作用正是用来反驳那种偏见的。

在美国被迫参战之后，在洛杉矶的诺伊曼写信给在纽约的霍克海默说："反犹主义研究项目已经使我忙得焦头烂额了。"

当然，希望不是很大。首先可以明确地说，反犹主义问题已经退居次要地位了。其次，许多基金会都在动用它们的全部基金和力量投入到了战时服务当中（卡内基公司已经这么宣称了）。这种观点当然是缺乏远见的，因为毫无疑问，无论是在战争期间，或是在战争之后，反犹主义将因为同明确的法西斯主义运动融为一体而比以往任何时候都要强大。还有许多人认为，应该利用战争初期给犹太人带来的喘息机会……随着反犹主义的壮大，犹太人将会醒过来并发现，最热情的爱国宣言都无济于事。因此，我们必须要把我们也许能拿到的用于推进我们反犹主义研究计划的有限资助利

法兰克福学派：历史、理论及政治影响

用起来，我们要让这笔钱尽快发挥作用，最好是在几个月内就展现出我们把握全部问题的能力。[220]

　　1942年夏美国犹太人委员会科研部一位新主任走马上任，随后研究所的反犹主义研究计划获得财政支持的前景突然一下子好转了，这主要得归功于诺伊曼的不懈努力。当时身处太平洋—帕里萨德的霍克海默正和阿多诺一道为他们最重要的理论著作而工作。霍克海默对此前景表示很怀疑，并致信给在纽约的洛文塔尔说：

　　　　我想我必须去纽约一趟。若无必要，不要让我待在纽约超过一天。我急需你帮我这个忙，我求你，我在纽约期间，就算我犹豫动摇了，你也千万不要忘了我的这个请求……给我留出的花在我们工作上的每一天时间，不，每一小时的时间，都必须全部投入工作，而不能浪费在任何客套的礼节拜会上。如果我把本应投入我们工作的时间浪费在其他事情上，而不是为了延续我们的存在花去了这些时间，那将是对我们的共同生活的不负责任的行为。我不认为和美国犹太人委员会之间的这类谈判是打断我工作的充足理由。在我们接触到了格莱伯（Graeber）并对此事务进行了所有推测之后，我基本可以确定，这次与以往相同，最终我们还是会失望的。但不管怎么说，在诺伊曼来信之前，我就已经有这样一种感觉了：今年秋天，或是初冬，我一定得去一次纽约。既然我们还不能一下子解散研究所，那么我们就必须向我们那些不同的朋友证明并做出实际行动，让他们相信我还没有撂挑子，我在位子上还能控制局面，只要我们瞅准了机会我们就会以实际行动打破目前研究所的沉寂状态。既然我已经确定我的工作在以后的两年中都必须在洛杉矶进行（除非有大的什么变故），我这次的行动就能为我们不久的将来争取到一个平静的环境。因此，诺伊曼的信不仅促成了这次旅行，而且为此次旅行定下了日期。如果我不得不去纽约，那么为什么不现在就去呢？我必须这么做，特别是因为当有这样一个旅行安排摆在我面前时候，我几乎无法工作了。[211]

在此后不久，他的确去了纽约。尽管他同已被诺伊曼的报告说服了的美国犹太人委员会代表进行了会谈，但因为委员会再过两个星期也不会召开决定性会议，而到了那时，他确信，"反对者"已经"成功地封死所有达成理解的道路了"，[222] 所以霍克海默仍有疑虑。霍克海默还去华盛顿访问了美国国务院。这次访问给他留下的印象同样使他疑虑重重。他和诺伊曼去华盛顿的目的是想为"消除德国沙文主义"的研究计划搞到一封推荐信，他们说这项研究工作作为一项可被承认的半正式战时服务工作是非常重要的。他们揣测这样一来可以使这个计划更有可能获得洛克菲勒基金或卡内基公司的资助。

美国犹太人委员会做出最终决定之前的几个月是平静的。霍克海默很快回到了西部的太平洋—帕里萨德，诺伊曼是谈判开始时的主要负责人。他与美国犹太人委员会科研部主任大卫·罗森布卢姆（David Rosenblum）计划让罗伯特·林德担任该研究计划的联合负责人。林德，与他之前的托尔斯坦因·维伯伦和他之后的 C. 怀特·米尔斯（C. Wright Mills）、大卫·里斯曼（David Riesman）一样，代表了美国社会学少数派思潮，这个少数派对社会持批判态度，从不同方面致力于让社会学取得普遍的成功。诺伊曼对此原有所保留，他认为委员会可能会因林德的政治观点而反对林德出任联合负责人的提议，而里斯曼对此保留意见的回答是："只要这个人不是一个有派性的共产主义者，他肯定是会被接受的。既然他认为只有乐意对问题追根溯源并具有左派观点的人才能解决反犹主义问题，那么他就更有理由接受了。"[223] 诺伊曼提名阿多诺、马尔库塞、洛文塔尔和波洛克这些研究所的研究员参加这项研究计划，并介绍了阿多诺与拉萨斯菲尔德合作的普林斯顿广播研究，此时，罗森布卢姆却说"不管怎么说"拉萨斯菲尔德"整个庞大的研究工程""没取得什么成果"。这证明有一些占据要津的人实际上专门找霍克海默及其小圈子成员试图加以掩饰的那些方面，而不是他们试图拿来为自己辩护的那些方面来评价研究所。

在接下来的一次与美国犹太人委员会的会谈中，他们再次达成关于研究计划的协议。但是研究所并没有如他们期待的那样得到书面的认可。协会方面要求研究所负责人拿出一个预算和一份详尽的草案。诺伊曼和马尔库塞再次在准备新的草案这件事情上热情地伸出了援助之手。这份新草案是在研究所纽约分部办公室里面匆匆忙忙搞出来的，那时诺伊曼和马尔库塞还没有在霍克海默和波洛克的迫切要求之下最终接受华盛顿的正式工作。如霍克海默所愿，波洛克被提名为该计划的负责人和研究所纽约分部的代理负责人。1942 年 11 月他写信给他的朋友说："你是一位经济学家，因此你能够推进研究所转变，使之具有更重视经验的态度。这有助于在不侵害我们的理论思想表达的情况下取得有实用价值的成果。"他们两人都认为，这次研究应该遵循"权威与家庭研究"的模式，研究工作的理论核心应该得到给人印象深刻的经验要素的补充。霍克海默还希望，如果可能的话，去掉诺伊曼设计的那个专门探讨工人阶级中反犹主义问题的子计划。他认为，这个子计划是诺伊曼在未经授权的情况下添进已在《哲学和社会科学研究》上发表的研究草案之中的。他还对波洛克说："顺便说一句，这种只是为了找出一些反犹主义动向而考察整个工人运动的想法，在我看来，在科学上是极其荒谬的。"[224]

1943 年 1 月，委员会还没有在研究预算和新草案的基础上对研究计划做出最后的决定，而此时犹太人委员会新主席的选举就要来临了。1 月底，约瑟夫·M.普洛斯考尔（Josoph M. Proskauer）当选，波洛克当时认为研究计划彻底没希望了。普洛斯考尔反对共和党，而且是反对将欧洲发生的事件公之于众的许多犹太人中的一个。因此有理由推测，他也偏向于对美国的反犹主义保持缄默。但实际上美国犹太人委员会采取的是一条折中的、支持同化的路线，普洛斯考尔任期内他所遵循的路线还包括对美国内部存在的反犹主义进行反击，正如 1943 年 10 月犹太人委员会声明的那样，反击的方式是揭露美国反犹主义的"可怜的反民主和反美特征"。[225]

2 月中下旬，罗森布卢姆打电话通知，委员会目前已经最后做出了

有利于研究计划的决定。1943 年 3 月 2 日波洛克给霍克海默拍了一封

电报:"已经完全达成协议。罗森布卢姆看上去很热心。相信这将成为一

项更大的合作计划,将获得更多的支持。强烈建议纽约分部研究员 3 月

15 日、研究所全体成员 4 月 1 日开始投入这项研究工作。"[226]

波洛克、洛文塔尔和罗森布卢姆经过磋商,还达成了如下协议:

1.双方都应参与到研究计划当中。该计划以一年为期 (1943 年 4
月至 1944 年 4 月),经费总计 10,000 美元。

2.欧洲事务应该得到研究。

3.狭义上的研究应该集中在以下两个领域:

(a)"极权主义类型及其政治作用"。这个领域的研究由纽约方面来
完成,波洛克任负责人,罗伯特·麦克伊维尔担任联合负责人 (由于林
德工作过于繁重,便由他接替),列奥·洛文塔尔、保罗·马辛、阿尔卡
迪·古尔兰德等人是该研究工作的研究人员。

(b)"心理学研究"。这项研究将在西海岸由霍克海默在阿多诺等人
的协助下指导完成。

4.在发表于《哲学和社会科学研究》的草案中被列为研究实验中
心部分的摄影计划,由于财政问题被临时取消。这个计划本来想通过这
种新的、隐秘的方式来观察反犹主义,形成一种观察研究模式。[227]

从这个时候开始,在西海岸进行的辩证法研究计划和在东海岸进
行的反犹主义研究就联合起来了。二者的联合方式使我们既不能说
《哲学断片》是反犹主义研究计划的一个理论跳板,也不能说反犹主义
研究计划是《哲学断片》的一个巨大的、多少是独特的附论。这两个研
究计划是霍克海默和阿多诺之间合作的顶峰。原来一开始,反犹主义研
究项目只是他们研究工作的一部分,后来他们一度放弃了这个研究。现
在我们有理由怀疑,如果没有外部资金支持,反犹主义研究计划可能永
远也不会被拾起来进行下去,如果没有美国犹太人委员会支持的刺激,
《启蒙辩证法》也很可能不会为"反犹主义"专辟一章。可以理解,霍克

海默对这个题目既充满兴趣，又犹犹豫豫。他们原来的自我形象是一个理论家的小群体；其成员都生活在"辉煌的孤独"之中，都是一些超越个人所属文化的外乡人，他们认为对犹太教思想中的某些主题的兴趣使得他们与犹太教发生了联系，但是现在对反犹主义和犹太教进行这样一种大规模的研究将会改变这种自我形象。现在他们的自我形象不得不变成一种更为冷静的形象：必须承认，他们属于犹太人中的一个少数人群，他们的犹太身份是从外部强加给他们的，局外人根本不考虑他们内部的差异和他们的同化程度，当然也根本不考虑他们是否愿意被同化。与美国犹太人委员会就学术研究合同的磋商的最终胜利使得反 357犹主义作为一个研究课题明朗化了。随着时间的推移，他们对这个主题的一些思考有一些融入了《哲学断片》，有一些则成为了反犹主义研究计划的组成部分。尽管局外人对反犹主义研究计划中的经验研究部分十分看重，但这个研究团体中的哲学家却对之不以为然。

当霍克海默开始着手进行反犹主义研究计划的工作时，他写信给马尔库塞说：

> 既然我已经决定我们洛杉矶方面应该考虑心理学部分，那么我就得去研究文献。不必说你也知道，我根本不相信心理学能解决这样一个重大问题。我从来没有改变过我对这个学科的怀疑态度。另外，在计划书中我使用的心理学这个词其实是指人类学，而人类学又是指关于人的一套理论，它研究的是在充满斗争的社会环境下发展的人。对支配图式在人的思想中、在其本能中，甚至在哲学生活中的呈现进行研究才是我的意图所在。人们在其中变得对暴力恐怖宣传越来越怀疑的这种趋势本身就是暴力恐怖的结果，不仅是加之于身体的暴力恐怖，而且是加之于精神的暴力恐怖。即使在最细微的心理领域也存在着支配，而支配是按照一些模式来运作的。如果我们可以成功地描述这些模式，那么也就完成了一项非常有价值的工作了。但是为了达到这一目的，我们不得不研究大量愚蠢无聊的心理学文献，如果你看了我的笔记，甚至是看了我已经

寄给波洛克的有关我们这里研究进展的那些文件，你一定认为我已经疯了。但是我可以向你保证，我还没有被所有这些心理学和人类学假设搞疯。如果我们想形成符合当今知识水平的一套理论的话，我们就必须对这些假设进行考察。[228]

霍克海默和阿多诺担心美国犹太人委员会不重视纯理论的重要性，因此他们反犹主义研究的理论工作一方面在辩证法研究计划和反犹主义研究计划之间的灰色地带进行，一方面在以"反犹主义心理学"的名目之下进行，这样一来他们在传统术语的保护之下尽可能多地塞入他们自己的东西。霍克海默和阿多诺曾在《启蒙辩证法》前言中说专业学科不会产生什么理论结果，但是他们对专业学科还是十分留心的，而且非常关心专业学科发展的最新动态。这些学科首先就是指文化人类学。这个领域最有名的人物就是玛格丽特·米德（Margaret Mead）。

自 1930 年代以来，研究所就通过弗洛姆同她建立了联系，后来在需要扩展反犹主义研究计划的时候霍克海默又邀请她进入顾问团。霍克海默和阿多诺的研究很明确是以对现代科学的一些假说的讨论开始的。这些讨论所关注的正是潜藏在反犹主义根基内的毁灭性倾向。他们本想抨击目前的研究现状并批判地扩展这类研究，但这样的打算实际上被他们的另一种想法取代了：他们认为有必要向研究成果的读者做出让步。

洛杉矶小组进行的第二组研究的主题是文明社会中破坏性倾向的心理学，对 1930 年代以来在美国西部大量出现的反犹主义鼓吹者的言论和文章进行内容分析，旨在揭示到底是什么把大众的破坏性倾向激发了起来。这项研究主要是由阿多诺来进行的。洛文塔尔 1943 年夏在洛杉矶度过的那几个月期间，也协助过阿多诺进行这项研究。这第二个研究领域的最初成果由三组分析构成：一个是洛文塔尔对乔治·阿里森·费尔普斯（George Allison Phelps）的分析，一个是马辛对约瑟夫·E. 麦克威廉斯（Joseph E. McWilliams）的分析，另一个是阿多诺对马丁·路德·托马斯（Martin Luther Thomas）的分析。霍克海默对阿多诺的分析的评价是：它并"没有严格按照传统的美国方式来进行"，但是这个研究"尝试的方法是我们所能采用的最好方法，它不致使我们生搬硬套".[229] 阿多诺曾经建议说"无论是否受到欢迎，无论被访者的热情程度是多么不同"，他们"也应该发动起实地工作人员去进行访谈和记录".[230] 但是这个建议没有奏效。阿多诺原来还想出版一个大众手册，以素描的方式揭露法西斯主义者的惯用伎俩（这些伎俩往往解除了公众的警惕性，从而让他们无法反对这些法西斯主义者），尽管这个计划也没有实现，可是却发展成了阿多诺对马丁·路德·托马斯的无线电广播内容的分析。研究中包含的这一类信息具有一种令人震撼的情感力度，对于犹太读者来说这种感受更为强烈。霍克海默和阿多诺原来希望，这样一个小册子能够促成他们和许多犹太复国主义者所认为的那种最危险的反犹主义机制的衰落。这种机制表现在以下方面：犹太人似乎总是虚弱的，他们也承认有关虚弱的犹太人的刻板定型，并因而不断招致新的侵凌和暴力。

后来出版了一个计划好的大众手册的学术版，这就是洛文塔尔和古特尔曼的《骗人的先知们》.[231] 1944 年 6 月反犹主义研讨会在旧金山召开。在会上，阿多诺做了一场题为"反犹主义和法西斯主义宣传"的讲座，大致介绍了对三个鼓吹者的理论分析。这次会议的策划人是精神分析师恩斯特·西美尔（Ernst Simmel），他是德国移民，自 1934 年起就在洛杉矶从医。恩斯特·西美尔 1946 年编辑出版了《反犹主义：一种社会病》，阿多诺的讲演稿就刊在其中。书中还收入了霍克海默和奥托·费尼赫尔（Otto Fenichel）等其他与会者的讲演稿。奥托·费尼赫尔也是一位精神分析师，于 1933 年逃离德国。费尼赫尔的讲座题目是"反犹主义精神分析学说原理"，他的这个讲座与霍克海默和阿多诺的"反犹主义要素"水平相当，并且从很多方面与霍克海默和阿多诺的思想有关联。后来阿多诺也写过一个题目类似、但更全面的文章"弗洛伊德主义理论和法西斯主义宣传模式"。这篇文章于 1951 年发表在《精神分析和社会科学》第三卷上，这份刊物的编辑古萨·罗海姆（Géza Róheim）也是一位移民精神分析师。

359

实验心理学研究构成了反犹主义研究计划中洛杉矶小组通力合作的第三组研究。发表于《哲学和社会科学研究》的研究计划曾经提议引入一种摄影实验的方法，希望成为了解反犹主义现象的新方式的典范，这种新方式通过"尽可能接近日常生活的具体条件的一系列实验环境"，能够"形象展示反犹主义在现实中的反应机制"。[232] 霍克海默对这个想法很感兴趣，但暂时还无法实现，仅仅是一种计划而已。

作为这个计划替代的另一计划是在与 R. 奈维特·桑福德（R. Nevitt Sanford)、埃尔丝·福伦克尔—布伦斯维克（Else Frenkel-Brunswik）和丹尼尔·J. 雷文森（Daniel J. Levinson）的合作中形成的。霍克海默在阅读心理学学报的时候就留意到桑福德了。那时，桑福德是加利福尼亚大学伯克利分校的心理学副教授，还是那里的儿童福利研究所的研究员。他曾发表过多篇论文，涉及犯罪心理学和据以判断战争乐观主义和民族主义精神的理论，同时这些文章往往根据那些被考察者态度的深层心理学根基得出自己的结论。研究所是通过埃尔丝·福伦克尔—布伦斯维克同桑福德建立起联系的。埃尔丝·福伦克尔—布伦斯维克是霍克海默的熟人，她告诉他说桑福德非常乐于接受"欧洲思想"。福伦克尔—布伦斯维克 1938 年作为难民离开奥地利，此时和桑福德一样是伯克利的儿童福利研究所的研究员。她和她的后夫 E. 布伦斯维克曾是夏洛特·比勒尔和卡尔·比勒尔的维也纳精神分析研究所的第一批研究员，保罗·拉萨斯菲尔德、玛丽·雅胡达和赫尔塔·赫左格也都曾在那里供职，这个研究所还是对弗洛伊德精神分析充满热情的左翼青年学习如何从事老到的经验研究的一个场所。

1943 年 5 月霍克海默在伯克利会晤了桑福德。随后他写信给波洛克说："在我的监督之下，桑福德的工作将会得出对心理学、美国反犹主义者的反应及其类型的新的理解方式。我深信，犹太人对反犹主义者心理学的忽视，虽然不一定是欧洲抵御反犹主义失败的惟一原因，但也是一个非常重要的原因。"[233]

360　桑福德、福伦克尔—布伦斯维克和雷文森（他们三个自己就接受精神分析）的精神分析指导思想、他们相似的关于人格的理解（这种人格概念不仅与行为模式、思想信仰模式紧密联系，而且也与影响着行为和信仰的深层的、无意识倾向紧密联系），他们在显性反犹主义和隐性反犹主义之间做出的区分、他们把问卷、访谈和心象描述的心理学测验结合起来的研究方式——所有这一切似乎都与研究所的思想很合拍。1943年12月纽约方面和洛杉矶方面的研究已经差不多要超出预算范围了，这时霍克海默和波洛克不得不对这一问题做出决定：是否要提出申请为伯克利小组追加 500 美元。借此机会，霍克海默向波洛克强调了伯克利小组对这项计划的未来研究工作和研究所实现自己的抱负所具有的重要性。

> 伯克利的这个团队肯定是独一无二的。这个小组的领导是心理学的天才教授。两位研究员是受过非常好的训练的心理学家，具备统计学和社会学研究方法的必要知识。要是哪天我要去旧金山和这些朋友进行一系列建立在更大基础上的实验的话，我们就能出版一本关于反犹主义分析、反犹主义的衡量标准的书了。不仅就它对于我们特殊的问题而言，而且就它对研究社会一般现象而言，这样一本书都是一个新思路。它将使我们在初来这个国家时在我们第一本小册子里所宣传的那个将欧洲概念与美国方法相结合的理念成为现实。[234]

在霍克海默看来，桑福德就是伯克利研究计划中的拉萨斯菲尔德。

在研究过程中，伯克利小组逐渐开始对外自称"公众舆论研究小组"，而其研究的中心目标则是得出一个借以衡量反犹主义主张和态度的标准，揭示反犹主义与人格结构之间的关联。伯克利小组认为反犹主义可以通过外部要素和内部要素的相互影响得到解释，这是他们的研究起点。他们纯粹出于研究策略上的考虑，决定把研究集中在人格结构所扮演的角色这个问题上。这个问题和连带的外部因素都没有得到很好的研究，而且在他们看来，这个问题也是很难分析的。他们觉得他们特别有资格完成这样一种"显微镜下"的反犹主义分析。

1943 年 12 月伯克利小组发表的中期报告说：

> 批量研究技术使我们详尽掌握了关于存在于社会中以及附加临床研究中的被测主体中的某些关系（反犹主义和其成员或成员人格等之间的关系）出现频率所包含的信息；另外，临床研究和个案研究使得我们能更深入地理解个体中形成和反抗反犹主义的那些心理力量，为我们在下来的问卷中将采用的新问题提供了前提基础和新的批量研究的方法。[235]

"批量研究技术"使研究者必须对反犹主义言论进行问卷调查。其中最长的一份问卷中包括 52 个陈述，以下是其中的一些陈述："犹太人似乎热衷于奢侈、过度的感性生活方式"；"犹太人要是真的想让别人不再迫害他们的话，他们就得做出真正的努力，停止阴谋活动和煽动活动"；"要想有一个好的邻居，最好是不让犹太人占据这个邻居的位置"。每个陈述可能有三种同意或反对的反应，不同程度的反犹主义或反反犹主义通过上述方式得到了表现。和研究所早期进行的问卷调查中的一些公开性问题——如 "你最欣赏的在人世的、或已不在人世的伟大人物是谁"等——一样，此次问卷中也设计了一些心象描述的问卷问题，这类问题的答案可以使研究者就被调查者的人格结构得出暂时的结论。"临床研究、个案研究方法"要求研究者必须进行每次持续一到两个小时的访谈，而且得使用经 H. A. 默里（H. A. Murray）改进过的罗莎赫测试方法。默里的测试方法是用图画替代了原来的墨迹进行测试，测试的目的是将被测主体的注意力引向人以及人际关系。在伯克利进行的这部分研究的最初阶段，他们选取了 77 名女性大学生作为研究对象，其中有 10 名接受了临床测试。

霍克海默对这部分研究抱有很大的希望，尽管他对这项研究总的态度时而轻蔑，时而又充满热情。他无非是希望借这项研究给美国犹太人委员会 "就反犹主义从根本上是对民主抱有敌意的这个问题" 提供一个 "科学的证明（伯克利的大规模研究是富于成果的，借着这些成果我们不仅可以衡量反犹主义，而且可以唤醒国家的行政力量以及所有自由主义力量，特别是可以唤醒这个国家里受过教育的人）"。[236]

计划规定纽约方面主要研究欧洲问题以及对美国相关情况进行观察，但后来实际上实施的研究主要部分是解决反犹主义的经济和社会成因。[237] 为了向美国犹太人委员会表明他们收集着有价值的材料，研究者在霍克海默的建议下对德国移民的情况做了调查研究，以便确证他们对德国民众对反犹主义和纳粹采取的行动做出的反应的一般感觉。纽约分部的任务可以说是由波洛克负责的，但主要是由马辛和古尔兰德完成的。在研究期间得到了洛文塔尔的帮助，基希海默也一度参与 362
其中。

当霍克海默1944年2月前往纽约作那5场题为"社会与理性"的报告的时候，研究计划的各个部分甚至连一半都还没有完成。这一点都不让人感到惊奇，因为第一年的研究汇报草案中包括了许多的计划：关于当代反犹主义的计划、关于近代欧洲的历史教训的计划、关于美国的相关状况的计划、关于打击反犹主义的发展前景的计划——尽管当时研究所已经减员，但是它除了与伯克利小组建立了合作关系之外，并没有同外界其他学者建立合作关系来开始所有这些计划的研究工作。

就在研究所考虑能否争取到机会拓展研究计划的时候，新的不确定因素出现了。这个不确定性当时显得至关重要，因为此时美国犹太人委员会中的学术专家大卫·罗森布卢姆去世了。"我对提交给美国犹太人委员会的汇报书有些担心"，霍克海默（此时他也返回了洛杉矶）写信给在纽约负责准备提交给美国犹太人委员会的汇报书的波洛克说，"如果这份东西写出来没有展现我们的优势，也没有什么激情的话，那将会给读者再次留下这样的印象：我们这群人只是没有什么学术头脑的一群欧洲学者，试图胁迫美国公众把这些笨拙且高度理论性的东西当作简便实用的东西买下来。"[238] 由于波洛克有着某种失败主义的倾向，而且也缺乏灵活性，为了让波洛克对汇报的写作风格有一个正确的认识，霍克海默提示他说，重要的是应该把自己放在听取汇报的人的位置上，这样才能找到一个合适的语气。

认为一个人应该在他的位置上干得更好，这样一种想法应该抛弃；同样应该抛弃那种经常有的错误想法：别人毕竟无法意识到他所面临的危险，总是不愿意为避免危险做出任何努力，不愿意也没有能力从过去的经验中吸取教训，一句话，别人都是不明智的和不怀好意的。相反，要大多数情况下别人也确实意识到了危险并努力在克服这些危险。至于那些已经麻木的人、压抑着他们的恐惧的人，使得他们这样的原因是——特别在犹太人问题上——他们已经暗中察觉了这个过程所注定的结果，而且压迫力量是压倒性的，而且他们也认识到在这样一种情形下每一种反抗都是双刃剑。而在科学领域，当少数人受到怀疑的时候，他们恰恰是正确的。只是直到现在，他们还没有得到很好的对待，而像弗洛伊德这样的伟大权威不断直接或间接地强调科学的重要性，就旨在解决贴近现实的社会问题。[239]

霍克海默接着说，研究所首先赞同为反对反犹主义的伟大斗争做出真正严肃贡献的努力：他们形成了一套科学地证明反犹主义之反民主根源的方法；曾构想过出版一本戳穿法西斯主义鼓动的小册子；发展出了一套"参与型访谈"的方法——即由经专家训练的那些访谈者群体隐秘地询问调查不同的社会群体的方法，其好处是利用了日常环境的优势。在这里，霍克海默强调的重点不仅是研究所为针对反犹主义的斗争所做出的实际努力——研究所置疑了民主党人的团结，努力加强民主党人和犹太人的自信心，并为研究和启蒙相结合做出了努力——而且是研究所在方法论和技术水平上的竞争力。波洛克还有所保留，他认为他们缺少专家来考察反反犹主义的防御策略的收效（而这是美国犹太人协会所要求的）。对此，霍克海默的答复是，对广播广告等此类手段的效果的检验方法等一般问题可以咨询拉萨斯菲尔德。但是就另一些方面而言，他们本人就是"全美国这个领域中最出色的专家"。

我们得出了检验标准，我们设计过摄影试验（我认为这是可以在任何时候、针对任何群体检测其反犹主义真实程度的惟一方法）……如果委员会可以从某个大摄影厂帮我们搞来胶片，或者给我们提供10000美元或15000美元的资助，那么一年半前就可以进行拍摄了，而且现在可能已经有了一种真正科学的工具来以自然科学的那种精确性检测反犹主义意识和无意识的消长状况了。[240]

1944年5月美国犹太人委员会在纽约组织召开了一次为期两天的关于反犹主义问题的会议。美国各地学者应邀参加了此次会议，霍克海默也是其中一员。会议上讨论了成立美国犹太人委员会科学部的事宜。但是要等到夏天研究所才能交上第一年的研究汇报书，而美国犹太人委员会对是否为该计划的深入展开提供支持的决定也要到夏天才能做出。会议的成果是题为《反犹主义：提交给美国犹太人委员会的报告》的四卷本（打印本）会议录，其中包括150页的报告书和许多个人研究论文，其中给人——当然是指发起人和专家学者——留下深刻印象的是桑福德和雷文森的研究论文"反犹主义的检测标准"。这篇文章已经在戈登·W.阿尔波特编辑的《心理学学报》上发表过。阿尔波特也是美国最有名望的心理学家之一，是人格心理学方面的专家。

这篇研究报告中的两点之一是涉及"犹太人易受攻击性的经济因素"这一部分。一些曾在1941年《哲学和社会学研究》发表的计划草案中提到的观点——当然这些观点也是全新的——在这一部分得到了深化。这一部分主要涉及的是对反犹主义者所提出的明显自相矛盾的指责的现实分析。 364

推理如下：犹太人特别易于成为放债者、坐商或行商，他们比别人更容易得到这类职业，他们铤而走险，冒很大风险从事这些职业，然而往往比那些非犹太人更易获得成功。对被压迫的大众来说，犹太人似乎成了他们悲惨命运的直接原因，看起来似乎在展示扩张主义者和资本主义无情的面目。

同时，就他们所有成功的经济战利品来说，中产阶级犹太人身上一直有着某种不遵从主流传统（non-conformity）的标记，这使得人们把他们与同是中产阶级的其他人区别了开来。自犹太人聚居时代（ghetto times）以来，犹太人不仅全力以赴动用各种手段希望在经济阶梯上和社会成功方面获得个人晋升，而且他们也一直很重视特殊的犹太伦理价值和宗教价值——例如在学术和知识界的成功、社会改良和"精神的事务"等等这些，结果，他们从来没有完全接受僵死的经济行为模式或给他们规定的社会行为方式的标准。[241]

五年之前霍克海默就曾经在《犹太人与欧洲》中说过这些因素，但是口气是沾沾自喜而略带谴责的——但是较之于与日俱增的官僚科层化和垄断化经济，今天个人主义的犹太资本主义已经落后了，这些因素在这篇文章中成了让人同情的不幸境遇的一种写照。

> 因此，犹太人成了两头受气的、左右为难的攻击对象。在中产阶级那里，他们被说成是象征着没落的老式资本主义的全部腐朽事物——贪婪、反社会的态度、凶狠的、不择手段的竞争……同时，在新兴法西斯主义的鼓吹者那里，犹太人又被视为体现了应被"运动"摧毁的自由主义的诸多价值观……如，不服从、特立独行、少数派权利等等。[242]

拟订之中的研究所汇报书没有从调查中得出任何结论，这点也许会让美国犹太人委员会感到失望。除此之外，这份报告还停留在研究计划的阶段，它的各个部分也没有很好地整合在一起，我们对此不会感到奇怪，有两方面原因，第一，研究时间分配和研究项目的规模之间很不成比例，第二，两个特别显眼的研究主题被略去了。

对美国反犹主义进行考察的这部分研究提到了法西斯主义鼓吹者使用的煽动方法，介绍了反犹主义的典型表现。这种典型表现是通过对上层阶级、产业工人和儿童进行"参与型访谈"得出的。这项研究忽略了对美国典型的"社会反犹主义"的特征、成因和作用这一问题的考察。所谓"社会反犹主义"尽管不是大张旗鼓的，但却无疑是有效的，它体现在一系列严格的规章制度之中：例如某些俱乐部、饭店、大学生组织禁止犹太人参加的规定；给犹太人规定的进入某重点大学限额的规章，其他许多专业对犹太人的限额规定等等。在一次旧金山召开的关于反犹主义的精神病学讨论会上，霍克海默曾说过就社会反犹主义而言美国甚于欧洲，这样的言论促使人们相信，尽管美国和第三帝国之间有着明显的差别，可是危险的是，它们之间的心理学基础却相去不远。

显然，霍克海默不敢将他和阿多诺共同发展起来的这个主张和思想公之于众，那样后果不堪设想。如果在德国过去只有一小部分人是反犹的（正如报告所强调的那样），如果隐蔽的、潜藏的反犹主义现在构成了西方文化的组成部分，如果说德国少数反犹主义分子经过几年努力已经能将反犹主义推向工业化的集体谋杀的新阶段，那么美国有着先进得多的经济结构，从未受到过任何自由主义运动的置疑，有着无所不包的、更具破坏性的文化工业，充满激情，而且有着充满暴力的历史，在这个国度，广泛得多的、严重得多的反犹主义暗流则很可能在较之于德国小得多的政治经济危机条件下一下子变成公开的暴力反犹主义，难道人们不能产生这样的担心吗？进而在这样的考虑之下，如何去解释西海岸鼓吹者的失败呢？与针对黑人的种族隔离和清洗美国印第安人并使他们留在定居点上的政策相比，反犹主义处在一个什么样的位置上呢？在美国建立起来的与欧洲传统大为不同的文明之多样性的特征又是什么呢？尽管对这些问题的探讨很切合美国的实际，可是从某些方面来看这样的讨论会对东道国颇为不敬，而且也与研究所赞助者的利益相悖。从另一些方面来看，报告书的暂时性特征也不宜于进行此类讨论，因此就把这些问题忽略了。

另一个明显的不足是对"犹太人心理学"的忽略。"犹太人心理学"主要讨论两方面问题，一方面是犹太人的性格特性问题。从迫害者加之于犹太人的身份角色和犹太人自身的散居者角色这一角度来看，这些性格都是可以谅解和解释的，而且在现实中表现非常突出。另一方面是反犹主义心理在犹太人那里引发的心理作用的特殊问题。

在刚开始他的反犹主义研究计划的工作时，霍克海默就曾让波洛克给他拿出一份清单，要求详尽列出有关犹太人心理学和反犹主义心理学的所有心理研究项目。马辛和古尔兰德每人给霍克海默写了一份材料。马辛在他的这份材料中认为，集权主义的反犹主义与犹太人本身联系不大；古尔兰德在他的材料中则勾勒了犹太人的一系列特殊性格特征和行为特征，如果将这份东西公开发表将会引起灾难性后果。在读了两份材料之后，更强化了霍克海默的想法：迫切需要的研究是对"犹太人和反犹主义分别与作为整体的资本主义的互动关系"[243]进行考察。将工人研究的访谈看过一遍之后，阿多诺认为不是所有针对犹太人的指责都是可以予以反驳的；毋宁说，犹太人的一些性格为这些指责提供了根据，这些性格特征是抱怨的真正基础，或者说至少易于招致敌意。我们也可以在阿多诺的这样一种观点里看到关于"犹太人心理学"的某个方面的构想。他建议他们应该另出一本手册，"列清这些性格特征，并对之予以解释，提出如何克服的一些建议"，这样就能补充那本关于法西斯主义鼓吹者惯用伎俩的手册。[244]

但实际上这个主题从来没有成为研究所研究项目的一部分。这一方面是因为，他们考虑到犹太人对这个题目的极度敏感性，另一方面是想避免有人批评研究所把反犹主义问题变成了犹太人问题。阿多诺在草拟研究报告书的过程中写下的笔记，暗示过另外一种关于"犹太人心理学"的构想：犹太人面对着现实环境抱残守缺，这使他们很难找到合适的应对方式，或者说使得他们根本没想到要去应对。

研究所继续实践着一贯奉行的那种被视为策略性的自我审查制度。比如说，霍克海默和阿多诺就建议在一份提交美国犹太人委员会的文件复本中把诸如"马克思主义"、"社会化"、"生产方式"等词语替换成"社会主义"、"国家化"和"产业设备"这样的表达。这种方式是对纽约分部的建议的一种折中办法。纽约分部曾建议整个删除一个段落，因为那个段落明确论述说法西斯主义宣传根本不是在攻击马克思主义学说，而只是在攻击它所想像的一个幻影。阿多诺写信给纽约的秘书，商讨已经给出的建议:"如果在我们做出这些修改之后他们还是有所保留,那就让他们彻底删掉吧,我们可不想承担责任。"[245]

美国犹太人委员会终于决定为该项计划进入拓展阶段的研究提供资助,并决定建立由霍克海默任主任的科学部。于是霍克海默 1944 年 10 月前往纽约,在那里待了几个月。他进驻可以看到帝国大厦的美国犹太人委员会的总部,在那里建立起了科学部。这个科学部的目的是"调查美国反犹主义的范围和成因,并开发出一套检测方法,这套方法可对目前用来打击反犹主义的那些手段的有效性进行评估,最终做到使该部门的理论研究和美国犹太人委员会的实践计划相统一"。[246]

第二期研究计划的资金担保从 1944 年春天延续到 1945 年 5 月,这多少弥补了霍克海默前往纽约对 [西海岸] 研究工作造成的影响,使得伯克利小组进行的研究和其他研究可以从容地继续下去。第二期研究计划的资金担保使纽约分部成为了经验研究的中心。霍克海默还为"工人与反犹主义"这个研究项目找到了另一个资助者——犹太人劳动委员会。霍克海默曾提议缩小"工人与反犹主义"的研究规模,作为一个组成部分纳入到对社会群体的分析研究当中。古尔兰德在犹太人劳动委员会 (Jewish Labour Committee) 里面有朋友,1943 年与该委员会取得了联系。古尔兰德汇报说,谢尔曼先生是美国犹太人劳动委员会的驻外负责人,对研究所的计划很感兴趣。谢尔曼相信,反犹主义一直在产业工人中呈不断扩大的趋势,而"工人访谈"计划之所以一直没有执行只是因为没有足够的人手去进行。[247]

波洛克和谢尔曼进行了一次会晤,其间波洛克告诉他"我们对纯理论的考察和那种超大规模的民意调查 (super-poll) 不感兴趣,我们的兴趣所在只是以质的原则和量的原则为指导的一种研究",这些话使谢尔曼产生了兴趣。"谢尔曼似乎被我们的话打动了,因为我们的兴趣是访谈工作不能由被访者对其一无所知的调查者来进行,而必须由了解访谈的、得到被访者信任的人来进行。我们将我们当中的两到三个外访调查人组织起来投入此项工作,让他们指导那些由犹太人委员会和其他工人团体负责指派的访谈者。"[248]

367

"反犹主义与工人研究计划"的执行工作从 1944 年 6 月一直持续到 11 月。此项研究的调查工作在美国的各大工业中心（纽约、费城、底特律、匹兹堡、洛杉矶和旧金山等地）展开，采用的调查手段就是波洛克所说的"参与型访谈"。270 名工人背下 14 个开放式问题的条目（例如，"你在与犹太人的接触中留下了什么特别的印象"、"你在人群中是怎样辨认出一名犹太人的"、"你对底特律暴动是怎么看的"、"你去教堂吗"），这些工人通过这些问题确证了他们工作同伴在日常情境中对犹太人的态度或其反犹主义态度之后，在笔记上记录下结果。之所以把被背熟的这些问题的相似性和日常对话情境的开放性相结合，是想为对结论性材料的质的分析和量的分析提供方便。发放给访谈其同伴的工人的指导书上说："这项工作是社会研究中的先驱性实验。我们想要知道的是人们对整个'犹太人问题'的真实想法，以及他们为什么要以这种或那种方式来想问题。民意调查不会给我们答案，访谈也不会。而只有友好的交谈才能给我们提供真正的答案。"

368　　通过这种方式，研究者得到了 566 套访谈记录。对它们的分析很大程度上是建立在质的原则的基础上的。最后研究者拿出了一个四卷打印本的研究报告，差不多有 1500 页，题为《美国工人中的反犹主义》。[249] 这个研究报告各部分的作者分别是古尔兰德、马辛、洛文塔尔和波洛克，写作期间大量参考了阿多诺的建议和便函。"我的感觉是，只要我们不将工人研究计划搞得与同类其他研究计划相同，而是利用这项研究的发现来表达我们自己的观点立场，不惮于面对别人深深感受的恐怖，那么这项计划才是值得进行的"，阿多诺写信给霍克海默这样说。在信中，阿多诺还指出已经收集上来的这些材料有着极大的价值，依据这些材料可以展开理论思考。[250] 拉萨斯菲尔德和赫尔塔·赫左格的应用社会研究办公室像往常一样为此项研究的量化分析提供了帮助。

　　与委托从事此项研究的委员会的意图相反，它的主题，正如在导言中所强调的那样，"不是美国工人大众中的反犹主义程度问题"，而是这种反犹主义的"性质问题"。但是，如果仅从其代表性的结论来看，他们还是证明了反犹主义在工人中的广泛传播，而且也确证了如下主题：反犹主义还会进一步增长。正是这一主题曾激发起了犹太人劳动委员会的资助热情。

30.8%的被访者可以被划归"明确对犹太人抱有敌意"的一类；38.5%的被访者反感犹太人，但并不赞成彻底的种族隔离，另有30.5%的被访者可以被划归"和犹太人亲善"的一类。波洛克1945年3月在哥伦比亚大学作了题为"偏见和社会阶级"的报告，这场报告是"国家社会主义的后果"系列报告之一。在这个报告中，波洛克总结说：

> 在我们抽查的大多数被测者看来，犹太人的形象似乎在本质上都差不多。尽管他们的行为各不相同，但是他们的批评、怨恨、敌视和憎恶却都指向了幻影式的犹太人。大多数工人认为，犹太人是欺诈的店主、毫不留情的地主或出租代理人、没有道德可言的当铺老板，要么就是在顾客第一次过失之后就使保险无效的保险征收者、在顾客第一次过失之后就取消后续服务的分期销售的售货员。此外他们还认为，犹太人拥有所有的商号，至少是大多数犹太人都从事商业。之所以会如此，是因为犹太人疯狂地热衷于金钱，都是自私自利贪得无厌之徒，利用他人牟取好处，专事欺诈，牟取暴利，撒谎成性，没有道德，如此等等。大多数工人拒绝承认有犹太工人庞大群体的存在。没有犹太工人，他们都不工作，他们都想方设法不当工人。另外人们又都指责犹太工人逃避繁重劳动，推卸责任、拍老板马屁、为了个人利益可以做出任何事情，但从不为他们的工人同伴伸出援手。最终的指责是，摆架子，行为不端，总要表现出胜人一筹、野心勃勃、傲慢自大。战争时期流行的所有那些指责……都能在我们的被测者那里找到……有一个令人感到好奇的意外之处是，访谈者没有碰到一个工人认为犹太人很容易成为激进派和共产主义者。

为了对研究结果进行类似的精确评估，为了得出可能的对策，就有

369

必要在工人阶级反犹主义和中产阶级反犹主义之间做出区分。阿多诺在给工人研究的报告提出的建议中也特别提到了这一点。真实体验在工人形成否定性态度的过程中所起到的作用，比在社会地位较高的阶层形成否定性态度的过程中起到的作用要大，事情不可能是这样吗？就他们的言论和行为而言，工人较之于那些中产阶级或上层阶级成员更容易避免给自己加上伪民主的条条框框，对这样一个事实不需要解释吗？这可能使人们相信，较之于其他阶级，在工人中更少存在隐性反犹主义，工人的反犹主义态度中更少非理性因素，而相对于其他阶级而言，这种反犹主义可以更容易地通过经济和政治知识的教育被打消。

但是这些设想从来没有超越假说的阶段。工人计划接下来的工作就是，研究所的负责人委托拉萨斯菲尔德搞出一个可以出版的研究报告，另外阿多诺则努力整理便函和备忘录，使得这些详细的材料臻于完善。可是最后，阿多诺、马尔库塞和其他在研究所的人都一致认为，拉萨斯菲尔德对报告写作的指导监督并不符合研究所的标准，因为他只是强调量化研究部分，而忽视了实质研究的部分，不能将量化分析和实质分析充分地统合成为一整体。因此，这个研究报告和魏玛德国工人研究报告一样没有出版。

同它以前的规模相比，现在的研究所只是一个空架子而已，在承担工人研究的过程中研究搞得自己捉襟见肘。古尔兰德、马辛、波洛克和洛文塔尔在华盛顿把兼职工作之外的时间全部投入了工人研究。一开始，纽约美国犹太人委员会里就只有霍克海默一个人绝望地待在他的办公室里。他被那里的忙乱工作搞得晕头转向，拼命试图将研究所成员集中起来，一直不断地在设计研究计划，他想让他的计划能在短期内取得看得见的效果，化为行动，又想让计划满足他长期的理论工作的需要。他于1944年10月底抵达纽约，希望研究计划在夏季结束之前能有长足进展，这样阿多诺和他以后就能全身心地继续他们主要的理论研究工作了。"我的健康不算很糟糕"，霍克海默在纽约的第二个月写信给阿多诺说：

370

但是我现在不得不将我的全部精力都调动起来，这样才能把这忙乱的日日夜夜撑下来。可是在此期间我连一个合理的思想都阐明不了……我的计划……如下。我需要几个助手，他们必须能够尽快以这里的惯例开始研究工作：由委员会直接或间接安排的对广播节目的细致研究；对委员会认为措辞不合适的其他组织使用的激烈宣传材料的研究。另外，在运用委员会提议的某个或众多宣传方法之前和之后，都要对地方群体和社会群体进行访谈。一旦这类研究开始之后，我希望能形成一种气候，能为我们策划我们的长时段多学科研究提供有利条件。研究所的所有成员一月底之前都将全部投入研究，这也是现在展开这项研究的另一个原因。在此之前只要研究所投入，要想开展任何工作都是不成问题的。由于黎文（心理学家库尔特·黎文 [Kurt Lewin]）的人正在热火朝天地行动，所以我不想空着手面对委员会。因为我们没有测估行情的专家，因此我们的处境变得复杂了。所以说，我的计划不是那么容易实现的。[251]

整个这段时间内，阿多诺不断地给予霍克海默热情的鼓励。阿多诺从西海岸给霍克海默写信，寄去便函和笔记，其中包含着许多有价值的思想、建议和充满友情的、富于同情心的安慰之辞。在读了霍克海默的报告之后，阿多诺在写给他的信中说，他很理解霍克海默的处境，这

尤其是因为我自己和拉萨斯菲尔德那一方合作时得到的体验，与你现在的感受有着一些相似之处。在这样一个工作中，你根本不知道你在做着什么，你不知道你能够做出什么，这才是最糟糕的事情。甚至在某种程度上可以说理论变得毫无意义：在这项工作中我们最终只能眼睁睁地看着自己成为通向科学发现目的的工具，尽管这项工作还是与"研究计划"相联系的，可是它对这些人来说差不多就是目的本身；在进行这项工作的过程中，他们既无法理解我们，而我们也无法理解他们。[252]

他为霍克海默推荐了一些能够从事广播研究项目的研究者，并且表达了这样的观点："我感觉，伯克利的研究做得很好，能够积极整合一切因素。但是和现在的所有事情一样，要想真正开始研究，还需要一定的时间。即使头几个月纽约方面没有什么具体的结果你也不要太过失望；那只是整个工作的一部分，事情很快会明朗起来。"阿多诺还询问霍克海默是否收到了他最终改定的工人研究计划方案，并因霍克海默给他寄去了作为"研究前提"的霍尔尼那本"可怕的"书而表达了谢意。对愿望满足理论这类精神分析的核心学说的阐释是霍尔尼那本书的主要内容。他建议和巴黎的阿尔甘出版社合作继续出版他们的学刊，并建议让阿尔甘出版社出版他们的《哲学断片》(盟军已于1944年8月解放了法国，9月末英美军队抵达德国边境)。

1945年2月，阿多诺在霍克海默五十岁生日那天把他题献给霍克海默(这种姿态与他们两人一年前将他们的《哲学断片》题献给波洛克一样)的《伦理随想录》一书送到了霍克海默手中。这本书完全是他"自己的"工作。阿多诺写下了这样的题词："为马克斯·霍克海默的五十寿辰而作的五十条格言，洛杉矶—纽约，1945年2月14日。"这部书稿实际上是后来全部完成的《伦理随想录：对被毁损的生活的反思》一书的第一部分。1945年的圣诞节霍克海默收到的圣诞礼物就是这本书的第二部分(这部分也有题辞："给马克斯：为了他的旅行归来")，而此书的第三部分则分别写作于1945年和1947年。

10月底——霍克海默刚刚抵达纽约之时——阿多诺有重要的消息向他汇报。

也许你还记得，我曾经向你提起过我曾深思熟虑的一个新想法。关键在于通过间接迂回方式辨认出潜在而真实的反犹主义者，也就是说，我们不能使用任何提及犹太人的问题或明显与反犹主义有直接关联的问题(如对黑人的厌恶态度和政治法西斯主义等问题)。伯克利问卷中"投射心理问卷项目"代表了这个调查方向的一个开端。我想比他们走得更远一些，创造出一种"非犹太的"

问卷方式，这种方式可以使我们获得有关反犹主义的可靠信息。我不用向你详细解释这种方法的优点。当然，问题是找出那些间接的表现，它们不仅暗示着反犹主义的必要条件，而且还暗示着它的充分条件。正是这些条件使得几乎一切都与现在非反犹主义相关，以至于它们之间任何可能的区别都可以忽略不计。我将这种方法做如下描述：在单独一项问卷栏目中，我们可以设计两类连续的问卷问题，第一种是"非犹太"的问卷问题，第二种是与犹太人、民族优越感等相关的问卷问题，当然这类问题中也包含其他问题，这样不致直接暴露研究重点。我们可以比较对两类问题做出回答的每个参与者的不同反应，与反犹主义和非反犹主义关系密切的那些间接问题应该设计得层层深入，这样我们才能获得具有高度可靠性的研究工具。[253]

372

伯克利小组一直对此抱有兴趣，他说，他们早就自己开始这项研究工作了——这"总是个好的信号"。

霍克海默对此也很热心，迫切地想早日看到草拟出来的问卷，非常希望在纽约和芝加哥尽快组建起一个类似于伯克利小组的研究组。他计划新的研究组应该制定出新的问卷，着手于个体心理测试的工作——这种心理测试最早是由伯克利研究小组开始引入的——并大规模地展开和伯克利研究小组相平行的研究工作。

12月中旬阿多诺将一大捆标有"F量表"（即法西斯主义量表）的文件寄给了霍克海默，这捆文件中包括伯克利方面提供的有关新问卷的材料。里面有许多问题还需做些改动，还需要通过以适合于被调查者的理解力和心理接受程度的方式来表述。阿多诺本人设计出来了80到100个问题，他"通过某种转译方式蒸馏掉了"这些问题中"'与反犹主义有关的因素'"。[254]有关问卷的大量的、未完成的材料使得霍克海默一度想要放弃。他写信给阿多诺说，他害怕，

我们想让问卷短小、简明。可是现在问卷越来越复杂，越来越

艰深精密，以至于根本不适用于任何群体。是否能够在这儿的委员会里取得进展，很大程度上取决于我们能否使用单一的问卷对极具社会意义的群体在不同城市的抽样进行研究。目前，这是我们的主要计划，当然，只有这项计划才能让委员会拨给我们可观的财政预算。[255]

阿多诺力图打消霍克海默对问卷中包含大量问题的担心。最终的问卷中只包含这些问题的一部分。它们应该是最广泛适用的那些问题，它们应该有选择性地被用于不同的群体，而且在运用之前应该得到充分的检测。另外，就"间接分析本身"而言，"这种分析应该呈现为一种全新的理念，它不可能像工人研究那样靠着短小简明的问卷来完成"。短小的问卷不可能得出有利于形成"在统计意义上合理的结论"的充分材料，而这对他们的研究来说恰恰是关键性的。

> 我非常赞同你的观点。我们应该在别处以更大规模开展这项研究工作，这样我们就能对黎文那帮人进行"还击"了。但要使得这一切成为可能必须满足这样一种条件，即"间接测定"的理念必须令人信服地得以展现，必须以真正实实在在的方式得以展现，并因此获得认可，不再被地方性的偏狭眼光视为某种"假设"。[256]

在制定问卷的最终形式的过程中，伯克利小组不断地追索着每日出现在无线电广播、报纸和讨论中的某类语句，把这些语句当作他们的某种向导。阿多诺后来在回顾他在美国的学术经历时说：

> 在伯克利，我们那时自由地搞出了 F 量表问卷模式，这种模式和书呆子气的那种科学理念完全不同，它不必对它的每个步骤都进行说明。我们四个人作为研究计划的领导者都具有"精神分析背景"，我们还都熟悉自由联想的方法，这也许是那种自由气氛的原因所在吧。我之所以强调这一点，是因为像《权威主义人格》(Au-

thoritarian Personality，在该书中柏克利小组发表了他们的研究成果）一样的这项工作正是以与社会科学中实证主义方法完全不同的方法完成的，《权威主义人格》就曾经招致过众多的非议，但是它对美国素材和美国方法的熟悉是无可否认的……我们为了捕捉住我们脑中闪现的思想一等就是几个小时，我们不仅捕捉着具有整体性维度的思想、意念的"意识流"和意念群，而且也构思着问卷中个别的问题条目。这些想法越是看上去与我们研究主旨不相关，我们就越是思考它们，同时我们出于理论上的原因期望找出民族优越感、反犹主义和政治经济领域内的各种反动观点之间的联系。那时我们不断地通过"前检验"测试这些问题条目，既利用它们把问卷限制在一个合理的范围之内（这种范围在技术上是必要的），也利用它们把那些证明是没有充足选择性的问题条目排除在外。[257]

从一开始，阿多诺就非常看重他对 F 量表的被测表现出的在保守主义和激进造反之间摇摆不定的那种心理的阐发，而且他时刻记着霍克海默时常对他的提醒，霍克海默经常说，委员会的柏克利研究计划的"直接价值"在于"证明反犹主义、法西斯主义和破坏性性格之间的联系"，在于"从实验上证明反犹主义对民主文明的威胁"。[258] 他写信给霍克海默说，"为了将这个问题转译成'操作性强的用语'"，

我特别将无意识的、理性化的或者前意识的动机之间的区别明显地指了出来。"破坏性的"造反冲动是一种无意识冲动，保守心理和墨守成规只是那种冲动的理性化，这是我多少有些鲁莽的一个论点。在我看来，最好的方式是构想出成对的问题，其中每一个都指向同一种情结，一类问题涉及情结的无意识形式，而另一类问题涉及情结的理性化形式，比如说吧，无意识情结与对习俗和家庭这类权威力量的认可相关，而理性化了的情结则与"自我保全"相关，如此等等。所有回答都相互矛盾抵触，或者说，在"理性"层

374

面做出符合惯例的回答的人们有可能在本能层面做出具有攻击性和破坏性的回答——这是我的预测。我请布夫人（埃尔丝·福伦克尔—布伦斯维克）将所有这些问题划分开来，列入"非理性"范畴和"理性化"范畴，尽可能将它们按对排列。当然，这些对子是不会在问卷中连续出现的。[259]

阿多诺强调说，在"保守"和"伪保守"之间是存在着区别的。这个看法和伯克利小组的那些研究人员的观点是相对的。在阿多诺看来，那些研究者简单地将反犹主义等同于保守——"特别是雷文森，他具有进步论者所具有的那种黑白截然分明的思想"。[260] 阿多诺在这点上与伯克利的研究人员的思想完全不同。对他们来说，"保守的"并不用来形容英国统治阶级成员——阿多诺是为这类人辩护的。他们按照该词的美国含义来理解"保守"，用这一词语来指代这样的人：即便在垄断资本主义条件下他们也支持无限制的自由竞争，他们将生活的贫困和失败归因于个人的缺点，他们理想中的国家干涉只有利于成功之人。而阿多诺则试图为政治和经济的保守主义概念赋予某种心理学深度，这正是他在保守主义和伪保守主义之间所做的区分的价值所在。

在结合 F 测试模式进行思考的过程中，造反这个属于研究所研究传统的范畴再次出现在阿多诺的思想里。弗洛姆曾经在《权威与家庭研究》中对造反和革命，也就是说对伪革命和真革命进行了区分。与此相似，阿多诺也区分了伪保守和真保守。

研究所原来形成的那些思想早已成为了《权威与家庭研究》的核心思想，早已成为了关于魏玛德国工人阶级的研究的指导性思想了。人们可能会认为它们将会被继续当作指导性的思想，在反犹主义研究计划中得到深化发展。但总的来说，这些思想是逐渐地在反犹主义研究之中体现出它们的重要性的。研究所以前在对工人阶级的研究中也针对有着不同党派立场的被测设计了一些问题，调查者可以预计到被测对这些问题的回答不是反映了他们本人的观点，而是反映着党派的观点，只是对当时常见于党派报章之上的那些评论的学舌。同时，工人阶级研究问卷中也有一些不明显涉及政治领域、不触动被测党派忠诚所决定的行为模式的问题；研究者可以通过这些问题的答案获得个体人格结构方面的信息。在弗洛姆所写的《家庭与权威研究》问卷分析部分的导言中，研究最基本的方法论目的从一开始就是"提出并设计问题"——以心理学理论为基础，通过实验方法来实现这个目标——"我们可以预期这些问题的答案，这些答案有利于我们得出关于无意识欲望的结论，有利于我们得出被测者的本能结构的结论"。[261]

回过头来看，研究所关于魏玛德国工人阶级的研究的确是一种有意识的尝试，它尝试着回答如下问题：被工人阶级接受了的社会主义观点在多大程度上确定地反映在本能结构之中，在危机环境里究竟能在多大程度上指望工人支持左翼观点。伯克利研究小组的研究越来越明显地围绕着魏玛工人阶级研究中的这个问题的一个适度的变体——我们几乎可以说它是一个平和得多的变体——而展开。也就是说，伯克利研究小组的问题是：美国人的民主观在多大程度上确定地反映在个体的本能结构之中，在危机环境里究竟能在多大程度上指望美国人支持民主观点。

阿多诺充满激情的通信表明，如果他们的宣传能够奏效，自然会把人们的注意力引向社会偏见的种种现象。霍克海默对阿多诺的通信报以同样的激情：

> 就群体而言，我们应该把比原先所计划的要多得多的人群都考虑进去。桑福德认为这是可能的，并不存在财政预算上的困难。计划还应涉及……商业组织和技术专家阶层、官僚阶层，这是理解法西斯主义的关键的群体。桑福德还建议开展关于罪犯和狱警的研究。我认为这是个绝妙的想法。这样一来研究就能够**直接**转化成宣传，也就是说，如果研究能够相当充分地证明罪犯中有很高比例的人是极端反犹主义者，那么这个结论就已经更能够起到宣传效果了。我还想去收治心理疾病患者的医院调查研究精神病患者。[262]

这些计划是短视的。特别是当我们想到霍克海默《启蒙辩证法》中关于"犯罪理论"的笔记——这份笔记讨论了罪犯"比较虚弱和脆弱的自我人格"[263]——的时候，当我们想到在《启蒙辩证法》中这种"自我"所扮演的双重角色——它既是摆脱自然获得自由的一种表现，又是对自然本性的一种自我否定的锤炼——的时候，就更能发现这些计划的目光短浅之处了。另外，如果他们想要证明的结论得到了证明，那么这种结论将会使反犹主义不再成其为一个问题，那时反犹主义只不过就是在让人见而侧目的那些倒错的反社会者中存在的问题，而不再是普通公民中、

"顺从的反社会之人"中存在的问题了（后来他们只考察了囚犯和精神病患者两类特殊群体。实际上这项调查研究表明，在桑·昆廷（San Quentin）监狱中的 110 名被测囚犯中，民族优越感与政治的和经济的保守主义——尽管不是特别明显的反犹主义——表现得要比其他群体显著得多。较之其他群体而言，研究者更难在这个群体中发现无偏见的主体。可是研究者并没有出于宣传的目的而特别强调和推广这个结论）。

可另一方面，阿多诺在对福伦克尔—布伦斯维克论"反犹主义人格"的文章（这篇文章的基础是她在旧金山精神分析研讨会上所做的报告）的评论中，又强调说：

> 在这个社会中我们常常会有一个幻觉，这个幻觉使我们认为那些行为良好的人是与反犹主义无关的。可是即使在欧洲也不是这么回事。在这里这更是一个幻觉。我们完全有理由相信，上层阶级具有暴力反犹主义倾向。在我上次逗留东海岸期间，我发现了对这个想法的有力证明。[264]

他们既可以把这种评论用于社会的上层，以可以用于罪犯和精神病患者，这表明他们构织了一个复杂的预期之网。我们能够很明显地看出，通过这个预期之网，可以上升到理论的推测和假设很少，但可以付诸针对个体的经验研究的东西却很多。

当然，较之于后来出版的研究成果而言，他们对这些难题的敏感性要高得多，具体的研究结果就要得出的时候，他们即使无法解释那些难题但也能够意识到那些难题的真正存在。阿多诺对福伦克尔—布伦斯维克关于反犹主义人格的文章所持的保留态度，就能清楚地说明这一点。阿多诺对福伦克尔—布伦斯维克就反犹主义和非反犹主义做出的分析判断表示了他的怀疑态度。无论这种分析的结果如何，精神分析总是使人们去谴责被分析的人。"不仅攻击性是坏的，而且善意也是坏的，善意只是得到了补偿的攻击性的一种症状。我想提请大家注意这种危险，因为它将会影响到成果发表的方式，后者可能会在政治上与我们的目标相对立"。他对她关于非反犹主义的评判也持有同样的怀疑态度。

> 在我看来，对反犹主义女青年和非反犹主义女青年的描述根本就是老生常谈……在我们的理论看来，这种老生常谈中所包含的思想乃是法西斯主义心理的一种主要特征，因此我们要避免继续沿用这种思想方式，即便这种思想听上去是在同反犹主义唱反调。顺便说一句，"成就"这个观念在非反犹主义女青年的心理机制中扮演着非常重要的角色，甚至在我看来这个观念和您就极端反犹主义者的情况所指出的那些特征一样，也是危险的保守主义的一个征兆。换句话说，我很怀疑观点的不同是否能够被解释为人格结构的根本不同。当然，它只是一种异端的、非正式的意见，仅对我们来说才有意义。[265]

伯克利计划实际上是连接整个研究第一阶段和第二阶段的一个纽带，是一个延续时间很长的研究项目。1944 年 12 月，当研究所在纽约的余部仍然忙于分析对工人的研究，而将反犹主义研究计划继续下去的研究草案尚不明朗的时候，霍克海默写信给阿多诺说："考虑到研究所，我倒希望委员会责成我将第一阶段的研究的文档草稿"——第一年研究完成后的四卷研究成果：《反犹主义研究》——"修订成一部关于反犹主义的教材，其实规模应与米尔达尔专论黑人问题的那部著作相当。

如果那样的话，我们就可以把许多材料吸收进来并解决一些技术性难题了。"[266] 这说明，他们当时已经感到有必要搞出一个可以发表的统一作品，用统摄性的结构将众多研究子项目和思想整合起来。这种必要性是符合阿多诺和霍克海默对研究所的构想的。他们认为研究所一面强调理论，一面应该通过出版物的教育性质和启蒙性质来证明研究所在从事战时服务方面、在着手解决国家所面对的战后打击法西斯主义问题上是团结一致的。但是以后还是要把真正的理论工作延续下去。

> 我们人手很少，因此你肯定会觉得有些事情不对你的胃口，当然这些事情也不对我的胃口。说到底整个事情并不是我们的主要工作，如果可能的话，全部研究计划至少应该在明年夏天告一段落。要使研究得出实际（在该词最宽泛的意义上理解）成果，我们就必须继续推进下去。[267]

1945 年春，当工人研究马上就要完成的时候，研究所决定为反犹主义研究再制定最后一组研究项目。包括阿多诺和顾问团成员在内的许多人为这组计划的制定提供了建议。玛格丽特·米德、保罗·F.拉萨斯菲尔德、罗伯特·K.默顿 (Robert K. Merton) 和鲁道尔夫·M.洛文斯坦因 (Rudolph M. Loewenstein) 都是顾问团成员。阿多诺此时也前往纽约，他的目的主要是要让霍克海默了解这组计划的重要性。

这组计划中除了继续进行的问卷和心理测试研究之外，还包括 9 项子计划：

378　　　　关于反犹主义的本质和范围的伯克利研究计划。[任务是：] (a) 搞清楚易受反犹主义影响的人的性格结构；(b) 形成一套测试这些人容易接受反犹主义的程度的手段。

在儿童中进行的反犹主义研究。[任务是：] 发现在日后对形成反犹主义具有决定性影响的特殊童年经验和年龄段。

对与种族仇恨相关的精神病进行临床考察。[任务是：]发现反犹主义在犹太人和非犹太人中的心理动力机制（类似于相应主体反黑人和反白人的情感机制）。

对退役军人的焦虑和社会攻击性的研究。[任务是：]对在退役军人群体中存在的焦虑和社会攻击性进行研究；对美国犹太人委员会印行的教育材料对退役军人产生的影响进行研究。

反犹主义漫画分析。[任务是：]发现反犹主义漫画试图满足何种动机和感情。

勾画出一个法西斯主义鼓吹者的艺术方案。[任务是：]创造一个法西斯主义鼓吹者的实实在在的艺术形象，该形象可以被报纸、招贴和电影所采用。

着手准备出版关于反犹主义宣传的手册。[任务是：]编写出一部有效地戳穿反犹主义宣传伎俩的手册。

一部权威性的有关反犹主义的论文。[任务是：]创作出一部科学、标准的关于反犹主义的著作。

为测定种族偏见进行一次实验性的纪录片摄制。[任务是：]（a）创造出一种新的手段，去测定种族宣传的易感性；（b）测定既有的偏见；（c）得出对心理投射机制的洞见。

调查和测试实验。[任务是：]用形成的一套方法检测被测人对美国犹太人委员会印行的教育材料的态度，以及他们对犹太人的态度。[268]

这项研究的人员构成如下：霍克海默（总负责）、玛丽·雅胡达（东海岸研究组成员）、T.W.阿多诺（西海岸研究组成员）、作为美国犹太人委员会专家组成员的吉纳维芙·克纳普费尔（Genevieve Knupfer）和萨缪尔·H.弗洛瓦尔曼（Samuel H. Flowerman），此外还有后来加入的十几位合作者。在后来加入的那些人中，只有洛文塔尔是与研究所有密切关系的合作者，而保罗·马辛只是与研究所保持着松散关系的合作者。西格弗里德·克拉考尔被聘为实验纪录片的摄制顾问，但是他的这个位子常常被人轻视，人们并不认为他是研究小组的成员。

　　另外加入的成员中最重要的要算是布鲁诺·贝特尔海姆（Bruno Bettelheim）了。他那时是索尼亚·山克曼精神发育迟缓学院（Sonia Shankman Orthogenetic School）的院长，该学院的职能就是对那些有严重情感疾患的儿童进行教育和训练。同时他还是芝加哥大学教育学副教授。在此次研究中，他被任命为反犹主义漫画研究的负责人，以及退役军人研究的联合负责人，和爱德华·希尔斯（Edward Shils）一起指导此项研究。爱德华·希尔斯在随后的几年中成为了塔尔科特·帕森斯(Talcott Parson)的合作者，和后者一道建构起了结构功能主义理论。心理学家布鲁诺·贝特尔海姆生于维也纳，并与阿多诺同岁。1938年春，德国刚刚吞并奥地利不久，他就被逮捕并被送往达豪（Dachau）和布痕瓦尔德（Bunchenwald），当时羁押政治犯的最大的集中营就在那里。出人意料的是，他于1939年获释，随即移民美国。到了美国，经历了几个星期的犹豫之后，他开始写出他那段经历的回忆录，并对那段经历进行分析。他之所以犹豫不决，是因为他害怕他的愤怒有可能毁掉他分析的客观性。当国家社会主义快要失败的时候，当盖世太保对他记下的那些方式的滥用已经到了无法容忍的程度的时候，他决定以"极端环境下的个体行为和大众行为"为标题发表他的那些分析。这篇文章以其特有的方式表明，纳粹党卫军通过折磨和羞辱而成功地改变了囚犯们的人格，最后竟能使囚犯们安于集中营的生活，甚至认同于党卫军——即使是政治犯也无法逃脱这种命运。

文章的表述方式使得文章具有了某种爆炸性。布鲁诺·贝特尔海姆在他的《余生录》中这样回顾说：

> 很不幸，在一年多的时间之内，我将这篇文章连投了好几家杂志，这些杂志是我认为最有可能发表它的，可是结果每一家杂志都对这篇文章表示反对。反对的理由不尽相同。一些编辑的理由是，在集中营期间我没有记下书面的记录，其实意思就是他们根本不相信我记下的关于集中营种种境况的每一句话。另一些编辑的理由不是这些资料无法查实，就是我的那些发现不可能重演了。也有一些编辑直接表示，我所说的都是事实，但是我的结论却是不可理喻的夸张说法。还有一些编辑补充说，结论或许是对的——根据我同一些专业人士就这些问题交换看法时的经验来看，但他们认为这篇文章对于他们的读者来说太难以接受。[269]

最后《反常心理学和社会心理学学报》的编辑戈登·W.阿尔波特(Gordon W. Allpot)在1943年10月把这篇文章作为该杂志的重头文章发表了出来。后来这份杂志又重印了这篇文章并以小册子形式发行，引起了国际的注意。战争将近结束时，艾森豪威尔将军下令在德的美国军事部门的官员必须阅读该文。

几年之后，贝特尔海姆又根据他在集中营获得的关于犹太人的那些经验，写作了题为"反犹主义者的牺牲想像"的文章。[271]文章要着手处理一个爆炸性的方式问题：犹太人对反犹主义者强烈的心理机制的反应就是在自己这方面形成一套扭曲现实的心理机制，他们使得自己的对立方一成不变地成了既强大又可鄙的压迫者，他们也根本不知道怎样才能改变这种现状，于是一直让自己处于危险之中。

霍克海默和阿多诺很想让贝特尔海姆来纽约，这样就可以与他进行更紧密的合作。这不仅是因为由于战争，在后续研究开始之初，他们当时能够与之合作的社会学家和心理学家可谓凤毛麟角，而且是因为在他们看来贝特尔海姆真的是一位非常宝贵的科学家。可是，实际上他们真正成功的合作只有在芝加哥进行的关于退役军人的研究。

研究所的附属成员当中,洛文塔尔和马辛作为助手参与了"反犹主义论文"的撰写,按照计划,这篇论文应由主编霍克海默任主编,麦克伊维尔和阿尔波特任副主编。这篇"论文"和有关反犹主义的手册是分配给研究所的两项研究子项目。

于是,研究所的余部似乎都得到了适合自己的研究任务,而负责其余研究子项目的研究者也按照各尽其能的原则得到了安排——比方说吧,与美国犹太人协会保持密切关系的纳森·埃克曼(Nathan Ackerman)就加入了玛丽·雅胡达主持的反犹主义精神病个案研究小组。这样一来,霍克海默和阿多诺似乎可以在管理层面上、以给研究注入思想的方式推进整个研究了,似乎很快就能够将他们的精力继续投入到两人的理论合作之中了。

注释:

[1] Horkheimer to Adorno, 14 September 1941.

[2] Leo Lowenthal, in Rainer Erd (ed.) *Reform und Resignation. Gespräche über Franz L. Neumann* (Frankfurt am Main, 1985), p. 98.

[3] Horkheimer to Benjamin, 23 February 1939.

[4] Herbert Marcuse, *Reason and Revolution: Hegel and the Rise of Social Theory* (New York, 1941).

[5] Horkheimer to Marcuse, 14 October 1941, referring to himself, Adorno and Marcuse.

[6] Pollock to Horkheimer, 1 October 1941. "君特·施坦恩"就是君特·安德斯(Güther Anders),小说家和文学批评家,精神分析学家威廉·安德斯之子。

[7] Kirchheimer to Horkheimer, 16 July 1942.

[8] Horkheimer, 'Report to the Trustees of Kurt Gerlach Memorial Foundation'.

[9] Cited in Erd (ed.), *Reform und Resignation*, p. 100.

[10] Cf. Peter von Haelberg, 'Wiesengrund-Adorno', in Heinz Ludwig Arnold (ed.), *Theodor W. Adorno*, *special issue of Text* + Kritik (Munich, 1977), p. 12.

[11] Erich Fromm, 'Die gesellschaftliche Bedingtheit der psychoanalytischen Thera-
pie', *ZfS*, 4 (1935), pp. 365−97.

[12] Adorno to Horkheimer, 21 March 1936.

[13] Theodor W. Adorno, Minima Moralia, trans. E. F. N. Jephcott (London, 1974),
p. 60.阿多诺的译者注:"罗宾德拉纳德·泰戈尔 (Rabindranath Tagore, 1861−1941),孟
加拉诗人,有神秘主义民粹主义倾向的哲学家。弗朗茨·韦弗尔 (Franz Werfel),写作
宗教—人道主义哀歌的奥地利作家"。

[14] Ibid., p. 62.

[15] Max Horkheimer, *Dämmerung* (Zurich, 1934), in *Gesammelte Schriften*
(Frankfurt am Main, 1985-), vol. 2, p. 341 [*Dawn and Decline*, trans. Michael
Shaw (New York, 1978), p. 35.]

[16] Max Horkheimer, 'Materialismus udn Moral', *ZfS*, 2 (1933), p. 183.

[17] Cf. Arthur Schopenhauer, *Die Welt als Wille und Vorstellung*, vol. 1, p. 441.

[18] Horkheimer, *Dämmerung*, p. 444; Max Horkheimer, 'Montaigne und die Funk-
tion der Skepsis', *ZfS*, 7 (1978), p. 19; Horkheimer to Benjamin, 28 January 1935.

[19] Adorno to Horkheimer, 2 June 1941.

[20] 多亏了这一合作,弗洛姆才能安排玛格丽特·米德 (Margaret Mead) 为《社会研
究学刊》撰稿,社会研究所中霍克海默圈子也常以此证明他们与美国知名学者间的
合作。

[21] See also Theodor W. Adorno, 'Die revidierte Psychoanalyse', in Adorno, *Gesa-
mmelte Schriften* (Frankfurt am Main, 1970−86), vol. 8.

[22] *ZfS*, 8 (1939), p. 246.

[23] Cf. M. Mitscherlich, 'Freuds erste Rebellin', in *Emma*, 12 (1978), pp. 34−5.

[24] Max Horkheimer and Theodor W. Adorno, 'Ernst Simmel und die Freudsche
Philosophie', in Berhand Gärlich, Alfred Lrenzer and Alfred Schmide (eds.), *Der
Stachel Freud* (Frankfurt am Main, 1980).

[25] Cf. Horkheimer to Adorno, 21 June 1941.

[26] Fromm to Horkheimer, 16 November 1939.

[27] Cf. Rainer Funk, *Erich Fromm* (Reinbek bei Hamburg, 1983), pp. 99−100.

[28] Horkheimer to Fromm, 18 October 1946. [1934 年 6 月 30 日,"在希特勒的命令
下,冲锋队领导人,勒姆 (Röhm)、恩斯特 (Ernst)、海因内斯 (Heines),还有许多知
名纳粹'保守派'在慕尼黑以及慕尼黑附近的几个城市未经审讯就被处死,同时格林在
普鲁士开始了更为残酷的大屠杀。"见 E. J. Passant, *A Short History of Germany*:

1815—1945 (Cambridge, 1959), p. 195.] 施特莱西尔的死刑是在 1946 年 10 月 16 日 (星期三) 执行的。

[29] Erich Fromm, *The Fear of Freedom* (London, 1942), pp. 233, 238.

[30] Ibid., p. 246.

[31] Horkheimer to Neumann, 10 July 1940.

[32] Adorno to Horkheimer, 5 August 1940.

[33] 这里说的是洛文塔尔一家、马尔库塞一家和霍克海默一家。Horkheimer to Lowenthal, 10 August 1940.

[34] Horkheimer to Neumann, West Los Angeles, 30 April 1941.

[35] Horkheimer to Pollock, 30 May 1941.

[36] Horkheimer to Adorno, 26 June 1941.

[37] Friedrich, Pollock, 'Bemerkungen zur Wirtschaftskrise', *ZfS*, 2 (1933), p. 347.

[38] Max Horkheimer, 'Die Juden und Eropa', *ZfS*, 2 (1939), pp. 121, 128.

[39] Max Horkheimer, 'The Authoritarian State', in Andrew Arato and Eike Gebhardt (eds), *The Essential Frankfurt School Reader* (Oxford, 1978).

[40] Ibid., pp. 101, 102 [译文有改动]。

[41] Ibid., p. 97, pp. 112—3 [译文有改动], pp. 114, 116, 107。

[42] Horkheimer to Adorno, 21 June 1941.

[43] Friedrich Pollock, 'State Capitalism: Its Possibility and Limitations', *SPSS*, 9 (1941), pp. 200—25; repr. In Arato and Gebhardt (eds), *The Essential Frankfurt School Reader*. Pp. 71—94. 从学刊以英文出版第二期开始，以后每期刊物都有一个专门的论题。第二期刊物的主要论题是大众传播。刊物为 1941 年秋季那一期计划的论题是官僚科层体系，为 1942 年春季那一期计划的主题是方法论，为夏季准备的论题是舆论。

[44] 'Arbeiterbewegung im Staatskapitalismus'.

[45] Horkheimer to Pollock, 30 May 1941.

[46] Adorno to Horkheimer, 8 June 1941.

[47] Adorno to Horkheimer, 2 July 1941.

[48] Horkheimer to Pollock, Pacific Palisades, 1 July 1941.

[49] Horkheimer to Neumann, 20 July 1941.

[50] Max Horkheimer, *SPSS*, 9 (1941), pp. 167—7.

[51] Adorno to Horkheimer, 18 August 1941.

[52] Bukharin, *Imperialism and Would Economy*, *with an introduction by V . I . Lenin* (London, 1930; repr. 1972), cited in Dwight MacDonald, 'The End of Capitalism in Germany' in *Partisan Review*, 7 (1940), p. 201.

[53] Neumann to Horkheimer, 23 July 1941.

[54] Horkheimer to Neumann, 2 August 1941.

[55] Franz Neumann, *Behemoth: The Structure and Practice of National Socialism*, *1933- 1944* (New York, 1963), p. 227

[56] Karl Mannheim, *Man and and Society in an Age of Reconstruction*, trans. Edward Shils (London, 1940) .

[57] Neumann to Horkheimer, 28 August 1941.

[58] Horkheimer to Neumann, 30 August 1941.

[59] Cf. Erd (ed.), *Reform und Resignation*, p. 113.

[60] [Thomas Hobbes, *Behemoth: or an Epitome of the Civil War of England*, *from 1640 to 1660* (London, 1679); *Behemoth; or the Long Parliament*, ed Ferdinan Tönnies (London, 1889; 2nd edn, London, 1969) .]

[61] Neumann, *Behemoth*, p. 354.

[62] Claire Russell, 'Die Praxis des Zwangskartellierungs', *Zeitschrift für die gesamte Staatswissenschaft*, 97 (1937), p. 500, cited in Neumann, Behemoth, p. 266. 卡莱尔·卢塞尔作为基尔世界经济研究所成员被列该研究所学刊(1937)上。

[63] Neumann, *Behemoth*, p. 354.

[64] "通过欢乐而获得力量"是纳粹的一个休闲组织。参看上书。

[65] Ibid. , pp. 431—2.

[66] Ibid. , pp. 633—4.

[67] Franz L. Neumann, 'Approaches to the Study of Political Power', *Political Science Quarterly*, 65 (1950), p. 176.

[68] Horkheimer, draft of a letter to Laski, March 1941.

[69] Horkheimer to Neumann, 2 June 1942.

[70] Neumann, *Behemoth*, pp. 463—4.

[71] Ibid. , p. 471.

[72] Ibid. , p. 472—473.

[73] 托马斯·曼(1875—1955),小说家;莱昂·福伊希特万格(1884—1958),德国小说家,《犹太人聚斯》(*Jew Suss*)的作者。

[74] 海因利希·曼(1871—1950),小说家和散文家,托马斯·曼的哥哥。

[75] Ludwig Marcuse, *Mein zwangzigstes Jahrhundert* (Zurich, 1975), p. 267. 路德维希·马尔库塞 (1894—1971),文学批评家和哲学家,1946—1972 年间在洛杉矶任哲学教授;马克斯·赖因哈特 (Max Reinhardt, 1873—1943), 出生于奥地利的戏剧导演, 1924 在柏林著名的科尔福尔施坦达姆 (Kurfürstendamm) 开办了一家喜剧院,一直办到 1933 年;列奥波德·耶斯纳 (Leopold Jessner, 1878—1945), 1919—1930 年任柏林国家剧院的导演;弗利茨·科特纳 (Fritz Kortner, 1892—1970), 出生于奥地利的作家和导演;恩斯特·多伊彻 (Ernst Deutsch, 1890—1969), 德国演员;贝尔特霍尔德·费尔特尔 (Berthold Viertel, 1885—1953), 奥地利导演和作家, 在《火炬》(*Die Fackel*) 杂志为卡尔·克劳斯充当助手;布鲁诺·弗兰克 (Bruno Frank, 1884—1945), 德国诗人、小说家和剧作家。萨纳利-苏尔梅尔在法国土伦附近。

[76] 汉斯·艾斯勒 (1898—1962), 作曲家,曾师从勋伯格, 1928 年起在柏林的马克思主义工人学校 (Marxistische Arbeiterschule) 教授音乐,也曾与布莱希特合作。1933 年到 1948 年他在美国过着流亡的生活。1950 年以后, 他在西德的艺术研究院和高等音乐学校 (Hochschule für Musik) 开始教授作曲。] 1942 年夏天举办了一系列研讨会,研讨会往往促进了把霍克海默圈子里的人和布莱希特圈子里的人的交往,参看讨论记录和霍克海默的编者前言, in Horkheimer, *Gesammelte Schriften*, vol. 12, pp. 559—86。

[77] Horkheimer to Lowenthal, 27 August 1941.

[78] Horkheimer to Neumann, 1 February 1942.

[79] Horkheimer to Neumann, 8 July 1942.

[80] Horkheimer to Pollock, 22 June 1941.

[81] Walter Benjamin's 'Theses on the Philosophy of History', in Benjamin, *Illumination*, trans. Harry Zohn (Glasgow, 1973), pp. 255—66.

[82] Horkheimer to Adorno, 4 August 1941,

[83] Horkheimer to Marcuse, 17 October 1941; cf. p. 252.

[84] Horkheimer to Marcuse, 26 November 1941 and 6 December 1941.

[85] Horkheimer to Lowenthal, 11 Febrary 1942.

[86] Horkheimer to Adorno, 28 August 1941,

[87] Max Horkheimer, 'The End of Reason', *SPSS*, 9 (1941), pp. 366—88; repr. In Arato and Gebharde (des), *The Essential Frankfurt School Reader*, pp. 26—48.

[88] 'Vernunft und Selbsterhaltung', in Max Horkheimer and Theodor W. Adorno (eds), *Walter Benjamin zum Gedächtnis*, mimeograph (New York, 1942.)

[89] Herbert Marcuse, 'Some Social Implications of Modern Technology', in *SPSS*, 9 (1941), p. 430.

[90] Horkheimer to Marcuse, 6 December 1941.

[91] Horkheimer to Kirchheimer, 16 August 1942.

[92] Marcuse to Horkheimer, 11 November 1942.

[93] Horkheimer to Marcuse, 10 November 1942.

[94] Horkheimer to Marcuse, 10 November 1942.

[95] Marcuse to Horkheimer, 10 November 1942.

[96] Cf. Horkheimer to Neumann, 2 June 1942.

[97] 阿多诺的 'Zur Philosophie der Neuen Musik' 一文, 1949 年以"勋伯格与进步" ('Schönberg und der Fortschritt') 为标题, 作为《新音乐哲学》(*Philosphie der neuen Musik*) 的第一章发表, 除精简了一些论政治的部分、增加了一些关于音乐的部分之外, 并没有大的改动。

[98] Horkheimer to Adorno, 28 August 1941.

[99] Adorno to Horkheimer, 4 September 1941.

[100] Horkheimer to Adorno, 28 August 1941.

[101] 'Zur Philosophie der neuen Musik', typescript, p. 88; 与西奥多·W. 阿多诺的《新音乐哲学》(Frankfurt am Main, 1974) 文本相同, 见 p. 122; cf. *Philosophy of Mordern Music*, trans. Anne G. Mitchell and Wesley V. Bloommster (New York, 1973), pp. 128−9.

[102] Ibid., typescript, p. 25; *Philosophie der neuen Musik*, pp. 58−9; cf. *Philosophy of Modern Music*, pp. 57−8.

[103] Ibid., typescript, pp. 32 − 33; *Philosophie*, pp. 65 − 6; cf. *Philosophy*, pp. 64−6.

[104] Ibid., typescript, p74; *Philosophie*, p.110; cf. *Philosophy*, pp. 107, 115.

[105] Ibid., typescript, p. 35; *Philosophie*, p. 68; cf. *Philosophy*, pp. 68−9.

[106] Ibid., typescript, pp. 65, 66; *Philosophie*, p. 102; cf. *Philosophy*, p. 106.

[107] Ibid., typescript, pp. 65, 66; *Philosophy*, p. 103, 102

[108] Ibid., *Philosophie*, p. 100; cf. *Philosophy*, p. 103.

[109] Ibid., typescript, pp. 65−6; *Philosophie*, p. 102; cf. *Philosophy*, p. 106.

[110] Ibid., typescript, pp. 35−6; *Philosophie*, pp.68−9 ; cf. *Philosophy*, pp. 69.

[111] Ibid., typescript, p. 74; *Philosophie*, p. 111; cf. *Philosophy*, p. 115.

[112] Ibid., typescript, p. 90; *Philosophie*, p. 125; cf. *Philosophy*, p. 132.

[113] Ibid., typescript, p. 36; *Philosophie*, p. 39; cf. *Philosophy*, p. 69.

[114] Ibid., typescript, p. 83; *Philosophie*, p. 117; cf. *Philosophy*, p. 123.

[115] Ibid. , typescript, p. 79; *Philosophie*, p. 114.

[116] Ibid. , typescript, p. 6; *Philosophie*, p. 40; cf. *Philosophy*, p. 69.

[117] Ibid. , typescript, p. 35; *Philosophie*, p. 68.

[118] Ibid. , typescript, p. 43; *Philosophie*, p. 80.

[119] Ibid. , typescript, p. 74; *Philosophie*, p. 110; cf. *Philosophy*, p. 115.

[120] Ibid. , typescript, p. 75; *Philosophie*, p. 111; cf. *Philosophy*, p. 116.

[121] Horkheimer to Adorno, 28 August 1941; see also Horkheimer, 'Vernunft und Selbsterhaltung', in Horkheimer and Adorno (eds), *Walter Benjamin zum Gedächtnis*, pp. 54−5.

[122] Horkheimer to Adrono, 28 August 1941.

[123] Adorno to Horkheimer, 2 October 1941.

[124] Horkheimer to Laski, 10 March 1941.

[125] Adorno to Horkheimer, New York, 10 November 1941. See also Geoffrey Gorer, *The Revolutionary Ideas of the Marquis de Sade* (London, 1932) .

[126] 瓦尔特·本雅明曾于 1940 年 4 月写信给格蕾特尔·阿多诺说:"那将给热情洋溢的误解打开宽敞的大门。"

[127] Adorno to Horkheimer, New York, 12 June 1941.

[128] Horkheimer to Adrono, Pacific Palisades, 21 June 1941.

[129] 'Autoritärer Staat'; ' Vernunft und Selbsterhaltung' .

[130] Theodor W. Adorno, 'Veblen's Attack on Culture', *SPSS*, 9 (1941), p. 404.

[131] Ibid. , p. 402.

[132] Theodor W. Adorno, 'Spengler Today', *SPSS*, 9 (1941), p. 319.

[133] Adorno to David, New York, 3 July 1941.

[134] Horkheimer, 'Vernunft und Selbsterhaltung', in in Horkheimer and Adorno (eds), *Walter Benjamin zum Gedächtnis*, p. 40; cf. 'The End of Reason', in Arato and Gebhardt (eds), *The Essential Frankfurt School Reader*, p. 37.

[135] Horkheimer to Lowenthal, Pacific Palisades, 23 May 1942.

[136] Max Horkheimer and (?) Theodor W. Adorno, *Memorandum über Teile des Los Angles Arbeitsprogramms, die von den Philosophen nicht durchgeführt werden können* (1942), Max Horkheimer Archive, VI 32. 1 ff.

[137] Horkheimer to Weil, Pacific Palisades, 23 March 1942.

[138] Horkheimer to Pollock, Pacific Palisades, 12 October 1942.

[139] Pollock to Horkheimer, 5 November 1942.

[140] Horkheimer to Pollock, 10 February 1942.

[141] Horkheimer to Tillich, 12 August 1942.

[142] Horkheimer to Marcuse, 17 August 1942.

[143] [Jacob Burckhardt (the Yonger), *Griechische Kulturgeschichte*, ed. Jakob Oeri, 4 vols (Berlin, 1898—1902).]

[144] Theodor W. Adorno, 'Reflexionen zur Klassentheorie', published posthumously in Adorno, *Gesammelte Schriften*, vol. 8, p. 381.

[145] Cf. Horkheimer, *Gesammelte Schriften*, vol. 12, pp. 75—6.

[146] Horkheimer to Marcuse, 3 April 1943.

[147] Horkheimer to Marcuse, 19 December 1942. Horkheimer to Marcuse, Pacific Palisades, 14 October 1942.

[148] Horkheimer to Marcuse, Pacific Palisades, 14 October 1941. [在这里指的书包括这些：Johann J. Bachofen, *Das Mutterrecht*. *Eine Untersuchung über die Gynaikokratie der alten Welt nach ihrer religiösen und rechtlichen Natur* (Stuttgart, 1861) - cf. *Myth*, *Religion*, *and Mother Right*: *Selected Writings of J. J. Bachofen*, trans. Ralph Manheim (Lodon, 1967); J. G. Frazer, *The Golden Bough*: *A Study in Comparative Religion*, 3rd edn, 12 vols (Lodon, 1907—15); Lucien Lévy-Bruhl, *La Mentalité primitive* (Paris, 1922) -cf. *Primitive Mentality*, trans. Lilian A. Clare (London, 1923); Robrt H. Lowie, *An Introductions to Cultural Anthropology* (New York, 1934); Bronislaw Malinowski, *Myth in Primitive Psychology* (London, 1926); Salomo Reinach, *Cultes*, *Mythes*, *et Religions*, 5 vols (Paris, 1905—25) - cf. *Cults*, *Myths and Religions*, trans. Elizabeth Frost (London, 1912); Ervin Rohde, *Psyche*. *Seelencult und Unsterblichkeitsglaube der Greichen* (Freiburg im Breisgau, 1890) -cf. *Psyche*, trans. W. B. Hillis (London, 1925; New York, 1966).]

[149] Horkheimer to Tillich, 12 August 1942.

[150] Horkheimer to Pollock, 27 November 1942.

[151] Horkheimer to Pollock, 11 April 1943.

[152] Horkheimer to Pollock, 20 March 1943.

[153] Horkheimer to Pollock, 17 June 1943.

[154] 参看霍克海默的讨论记录, *Gesammelte Schriften*, vol. 2, pp. 594—605。

[155] Theodor, W. Adorno, 'Fragmente über Wagner', *Zfs*, 8 (1939), pp. 1—49, and 'Zur Philosophie derneuen Musik'.

[156] Theodor, W. Adorno and Max Horkheimer, *Dialektik der Aufklarung*. *Philosophische Fragmente* (Amsterdam, 1947); *Dialectic of Enlightenment*, trans. John Cum-

ming

[157] (London, 1979), p. xi.

[158] *SPSS*, 9 (1941), p. 139.

[159] Benjamin, 'Theses on the Philosophy of History', in *Illuminations*, p. 259.

[160] G. W. F. Hegel, *Phenomenology of Spirit*, trans. A. V. Miller (Oxford, 1977), pp. 328−55.]《启蒙辩证法》英译本在第 49 页脚注 6 中引述了克拉格斯。中文版（渠敬东、曹卫东译，上海人民出版社 2003 年版）克拉格斯则出现在附论 1 的尾注 7 中。

[161] Adorno and Horkheimer, *Dialectic of Enlightenment*, p. 223. 中文版参看第 253 页。

[162] Ibid., pp. 3, xvi.

[163] Ibid., pp. 11−12; cf. p. 6. 中文版第 9 页。

[164] Ibid., pp. 6 and 13. 中文版第 10 页。

[165] Georg Lukács, *The Theory of the Novel: A Historico-Philosophical Essay on the Forms of Great Epic Literature*, trans. Anna Bostock (London, 1971).

[166] Adorno and Horkheimer, *Dialectic of Enlightenment*, p. 57. 参看中文版第 57 页。

[167] Adorno and Horkheimer, *Dialectic of Enlightenment*, pp. 50−51. 参看中文版第 50−51 页。

[168] Ibid., p. 92; 参看中文版第 101 页。

[169] Ibid., p. 117; 参看中文版第 126 页，译文根据原文有改动。

[170] Ibid., p. 35; 参看中文版第 32 页，中文版作"历史循环过程"，本处译文根据原文译出。

[171] Ibid., pp. 84, 93; 参看中文版第 93 页和第 102 页，译文有所改动。

[172] Julien Benda, *La Trahison des Clers* (Paris, 1927), trans. Richard Aldington as *The Great Betrayal* (London, 1928); the American title was *The Treason of the Intellectuals*.] Horkheimer to Pollock, Pacific Palisades, 7 May 1943.

[173] Adorn to Lowenthal, 3 June 1945.

[174] Adorno and Horkheimer, *Dialectic of Enlightenment*, p. xvi. 参看中文版第 7 页。

[175] Ibid., p. 117; 参看中文版第 126 页，译文有改动。

[176] Ibid., pp. 117 and 31; 参看中文版第 28 页。

[177] Ibid., pp. 31−3; 参看中文版第 28−30 页，译文有改动。

[178] Ibid., pp. 33−4; 参看中文版第 31−32 页，译文有改动。

[179] Max Horkheimer, 'Egoismus und Freiheitsbewegung (Zur Anthropologie des bü

rgerlichen Zeitalters) ', in *ZfS*, 5 (1936), pp. 161−234.

[180] Adorno and Horkheimer, *Dialectic of Enlightenment*, p. 142. 参看中文版第 158−159 页。

[181] Ibid., p. 167.

[182] Ibid., pp. 170−1；参看中文版第 191−192 页。

[183] Ibid., pp. 199−200；参看中文版第 224 页。

[184] Ibid., pp. 110, 112；参看中文版第 119 页，第 121 页，译文有改动。

[185] Ibid., pp. 181−2 [translation corrected]；参看中文版第 203−204 页，译文有改动。

[186] Ibid., p. 172 [translation corrected]；参看中文版第 192−193 页，译文有改动。

[187] Ibid., p. 168；参看中文版第 188 页，译文有改动。

[188] Ibid., pp. 176−7, 179；参看中文版第 198 页和第 201 页。

[189] Ibid., pp. 188−9；参看中文版第 211−212 页。译文有改动。

[190] Ibid., p. 180；参看中文版第 202 页。译文有改动。

[191] Martin Buber, 'Der Glaube des Judentums' (1933), repr. in Kurt Wihelm (ed.), *Jüdischer Glaube. Ein Auswahl aus Zwei Jahrtausenden* (Bremen, 1961), p. 513.

[192] Horkheimer to Lowenthal, 29 November 1941.

[193] Horkheimer to Pollock, 9 June 1943.

[194] Horkheimer to Marcuse, 11 September 1943.

[195] Horkheimer to Pollock, 19 November 1943.

[196] Max Horkheimer, *Eclipse of Reason* (New York, 1947), p. vii. 本书最早是以英文出版的，直到 1967 年才以德文出版，这个德文版内容略有改动，书的标题也换成了《工具理性批判》(*Zur Kritik der instrumentellen Vernunft*)。

[197] 也就是"黄昏"这个意象。这个格言集的英文标题是 *Dawn and Decline*。

[198] Horkheimer, *Eclipse of Reason*, p. 6.

[199] Ibid., p. 4.

[200] Ibid., p. 35.

[201] Ibid., pp. 61, 81.

[202] Ibid., p. 61.

[203] Ibid., p. 32.

[204] 'Materialismus und Metaphysik', ZfS, 2 (1933), p. 31, in Max Horkheimer,

Critical Theory: Selected Essays, trans. Matthew J O'Connell et al. (New York, 1986), p. 45.

[205] Horkheimer to Tillich, 12 August 1942; see above, p. 318.

[206] Horkheimer, *Eclipse of Reason*, p. 182.

[207] Ibid., p. 49.

[208] Ibid., p. 100.

[209] Ibid., p. 103.

[210] Ibid., pp. 94, 102.

[211] 恩斯特·云格尔 (Ernst Jünger, 1895—1998), 德国小说家和随笔作家; 乔治·巴塔耶 (Georges Bataille, 1872—1922), 法国戏剧家。

[212] Horkheimer, *Eclipse of Reason*, pp. 95—100.

[213] Ibid., p. 100.

[214] Ibid., pp. 187, 119.

[215] Marcuse to Horkheimer, 18 July 1947.

[216] 其他三家犹太人保护机构是: 美国犹太人联合会、反诽谤联盟和犹太劳动委员会。

[217] Isacque Graeber, Steuart Henderson Britt et al. (ed.), *Jews in a Gentile World: The Problem of Antisemitism* (New York, 1942).

[218] Arthur D. Morse, *While Six Million Died* (London, 1968), p. 149.

[219] George Orwell, 'Anti-Semitism in Britain', *Contemporary Jewish Record*, 8 (1945).

[220] Neumann to Horkheimer, 20 December 1941.

[221] Horkheimer to Lowenthal, 27 August 1942. 伊萨克·格莱博尔 (Isacque Graeber),《异教世界中的犹太人》(*Jews in a Gentile World*) 的编者之一, 1941 年受聘于研究所, 为研究所争取基金资助。

[222] Horkheimer to Adorno, 17 September 1942.

[223] Neumann to Horkheimer, 17 October 1942.

[224] Horkheimer to Pollock, 9 November 1942.

[225] See *Contemporary Jewish Record*, 6 (December 1943), p. 657.

[226] Pollock to Horkheimer, 2 March 1943.

[227] Pollock, 'Memorandum no. 18', 24 February 1943, an item in the Horkheimer-Pollock correspondence.

[228] Horkheimer to Marcuse, 17 July 1943.

[229] Horkheimer to Pollock, 26 October 1943.

[230] Adorno to Horkheimer, 3 February 1943.

[231] Leo Lowenthal and Norbert Gutermann, *Prophets of Deceit: A Study of the Techniques of the American Agitator* (New York, 1949).

[232] *SPSS*, 9 (1941), p. 142.

[233] Horkheimer to Pollock, 19 May 1943.

[234] Horkheimer to Pollock, 17 December 1943.

[235] *Approach and Techniques of the Berkeley Group* (December 1943), p. 4 (Max Horkheimer Archive, VI 34. 37−43).

[236] Horkheimer to Pollock, 25 March 1944.

[237] See 'Speech of Dr. H. of April 16th 43', published in Horkheimer, *Gesammelte Schriften*, vol. 12, p. 168.

[238] Horkheimer to Pollock, 25 March 1944.

[239] Ibid.

[240] Ibid.

[241] *Institute of Social Research*, *Studies in Anti-Semitism: A Report on the Cooperative Project for the Study of Anti-Semitism for the Year Ending March 15, 1944*, hectographed research report (August 1944), p. 29.

[242] Ibid, pp. 30−1.

[243] Horkheimer to Pollock, 19 May 1943.

[244] Adorno to Horkheimer, 'Memorandum re: Manual for Distribution among Jews', 30 October 1944.

[245] Adorno to Mendelssohn, 18 December 1943.

[246] American Jewish Committee, *Progress Report of the Scientific Department* (22 June 1945) (Max Horkheimer Archive, IX 66).

[247] Report by Gurland cited by Pollock, 'Memorandum re: Jewish Labor Committee', 23 December 1943, part of the Horkheimer-Pollock correspondence.

[248] Pollock, in ibid.

[249] *Anti-Semitism among American Labor: Report on a Research Project Conducted by the Institute of Social Research (Columbia University) in 1944−1945*, hectographed research report (1945) (Max Horkheimer Archive).

[250] Adorno to Horkheimer, 2 December 1944.

[251] Horkheimer to Adorno, 9 December 1944.

[252] Adorno to Horkheimer, 14 December 1944.

[253] Adorno to Horkheimer, 26 October 1944.

[254] Adorno to Horkheimer, 9 November 1944.

[255] Horkheimer to Adorno, 19 December 1944.

[256] Adorno to Horkheimer, 30 December 1944.

[257] Theodor W. Adorno, 'Wissenschaftliche Erfahrungen in Amerika', in Adorno, *Stichworte* (Frankfurt am Main, 1969), pp. 136−7.

[258] Horkheimer to Adorno, 9 December 1944.

[259] Adorno to Horkheimer, 18 December 1944.

[260] Ibid.

[261] Studien über Autorität und Familie (Paris, 1936), p. 237.

[262] Adorno to Horkheimer, 26 October 1944.

[263] Cf. Adorno and Horkheimer, *Dialectic of Enlightenment*, p. 226.

[264] Theodor W. Adorno, *Notes by Dr Adorno on Mrs Frenkel-Brunswik's Article on the Antisemitic Personality* (enclosure with the letter from Adorno to Horkheimer of 25 August 1944).

[265] Ibid., pp. 1 and 7.

[266] Horkheimer to Adorno, 19 December 1944.

[267] Ibid.

[268] American Jewish Committee, *Progress Report of the Scientific Department*, 'List of Scientific Projects', 22 June 1945 (Max Horkheimer Archive, IX 66).

[269] Bruno Bettelheim, *Surviving, and Other Essays* (New York, 1979), p. 15.

[270] Bruno Bettelheim, 'The Individual and Mass Behavior In Extreme Situations', *Journal of Abnormal and Social Psychology*, 38 (1943), pp. 417−52; repr., as offprint (Indianapolis, 1943).

[271] Bruno Bettelheim, 'The Victim's Image of the Anti-Semitism; the Danger of Stereotyping the Adversary', in *Commentary*, 5 (1948), pp. 173−9.

法兰克福学派：历史、理论及政治影响

第五章　渐归

怀着对反犹主义研究计划的勃勃雄心—对哲学工作的渴望—没有
必要建立起一个理论家共同体—走访殖民地

　　盟军1945年4月进入德国领土，德国随即于5月投降，此时霍克
海默和阿多诺却都一心铺在他们那巨大的反犹主义研究计划之中。他
们两人此时已经是美国公民了。研究计划完全是按照美国的情况制定
的：为这项研究计划提供资助的组织所关心的是如何改善在美犹太人
的境遇，这项研究计划也为霍克海默圈子提供了机会，使之能够通过把
"欧洲思想"和美国研究方法相结合的方式在美国社会研究领域赢得
声誉。

　　阿多诺惊讶地发现，他长期盼望的纳粹主义的失败却根本无法使
他感到兴奋。他向霍克海默承认说，他的"力比多"那时更多地投入到
了"我们所关心的事情上"，而不是"世界历史进程上"，而他们所关心的
事情"可能同世界历史进程是相抵触的"。然而，尽管未来一片漆黑——
"我们对此看法一致"，可是他还是看到了一些让他们高兴的理由：

　　　　首先，世界从一个灾难到下一个灾难之间过渡的任何一个喘
　　息之机都是值得庆幸的。其次，希特勒和希姆莱（Himmler）毕竟
　　只是别处的极端恐怖的名字，至少这里现在尚未出现这种恐怖。现

在，事情的结果比你想像的要好，也许它们比我们两人所预料的都好。[1]

就霍克海默而言，他在几个月之后将会接受如下的观点：即两种德国的区别（主要由左翼德国移民进行）一个是纳粹德国，一个是一般意义上的德国——体现了"从阶级社会阶段向有组织的欺诈社会阶段"无限制的过渡所表现出的症状。

　　　　这个提法的意思无非是说，人民不过是畜群，他们的本性视他们的领头人而定；或者换个现代一点的说法，他们可以被驱使着干任何官员想让他们干的事情，因为官员深谙心理学方法……谁能够控制那些应对纳粹负责的德国人呢？我们清楚地知道，他们会同样热情地去接近斯大林或是通用公司。[2]

这是否意味着霍克海默和他的圈子不相信一个新德国的可能性呢？他们拒绝介入并影响德国的发展吗？研究所没能找到赞助人来资助他们已经草拟的有关德国的研究计划，于是就不再对德国感兴趣了吗？霍克海默和阿多诺埋头建构的理论——他们将他们正在建构的理论视为《启蒙辩证法》的延续，他们认为这种理论乃是对现时代社会普遍趋势的辩证批判——使得他们的兴趣从德国转移到了美国吗？纳粹已被击败，但他们感到在曾经清除过犹太人的欧洲不如在美国那么自在，是这样吗？

　　要回答这些问题是困难的。战争已经结束，研究所和美国犹太人委员会之间业已建立起了有利的合作关系，研究所的过渡期似乎已经到来了，使得原有的理论家共同体得以恢复的问题似乎应该被提出来了。但是与研究所有关的所有人都没有公开提出这个问题。

　　在战争期间，研究所非常乐意强调的一件事情就是，诺伊曼、马尔库塞和基希海默等研究所研究人员都在为政府工作——这证明了研究所也投身于美国的战时服务。这三个人在战争结束时还与研究所保持着联系。在霍克海默五十岁生日时，这三位华盛顿"特使"还发来电报，并为不能赶到纽约致歉。他们三人当然都一如既往地希望再次成为研究所的成员。对诺伊曼和马尔库塞来说，脱离研究所让他们很痛苦。但是基希海默脱离研究所并不那么痛苦，因为他在研究所从来没有获得过与那两人同等重要的地位，但是还是可以邀请他接受一个兼职的任命。但是显然有一个因素一直阻碍着他们回归研究所。这三位研究所曾经的成员不可能得知 1945 年春费利克斯·韦尔已经允诺会给研究所提供 10 万美元的资金。在这三人看来，研究所的领导人小心谨慎地避免先开口向他们发出再回来工作的邀请。反犹主义研究计划期限将临；在霍克海默看来，新的资金的使用安排应该着眼于"使研究所免于介入大规模研究，从而能集中精力搞关键性工作"的方面。正如费利克斯·韦尔所赞成的那样，要做到这一点，暂时只能"在几年之后为研究所的成员提供相应的经济保障"，[3] 只能永久性地彻底关闭研究所驻纽约的办事处，使研究所彻底摆脱新的财政负担。

383

"霍克海默圈子"这个词在 1940 年代中期专指四个人，他们每个人都与霍克海默有着特殊的关系：波洛克，研究所的合作领导人，"亲密的"、忠诚的伙伴；阿多诺，理论工作上的可靠伙伴；洛文塔尔，各种研究计划的忠心合作者；以及韦尔，忠诚的资助者。而与其他人的疏远和分离已经是不可避免的事情了。

弗洛姆仍然被当作修正主义者而被拒之门外，尽管外界所编辑的丛书仍然把他的书和霍克海默与阿多诺的书列在一起出版。马尔库塞还继续和霍克海默保持着联系，但是也疏远了。研究所偶尔就一些法律问题咨询诺伊曼。基希海默的情况也一样，研究所只是偶尔就某些问题咨询他。战争结束之后，这三个人继续为政府工作了一段时间，后来都在美国大学里找到了终身职位。格罗斯曼拿到了研究所给他的一笔数目不大的补助金。1940 年代期间，魏特夫与研究所的联系越来越少，在西雅图的华盛顿大学和哥伦比亚大学取代社会研究所和太平洋关系研究所而成为他中国历史研究计划的资助者之后，他与研究所的关系就于 1947 年正式终止了。1951 年有人证明太平洋关系研究所的成员里有共产党员曾为中国共产党效力，帮助中国共产党击垮蒋介石。这件事情之后，魏特夫被麦卡锡附属委员会传唤。该委员会是美国参议院国家安全附属委员会（Senate Internal Security Subcommittee）的小组委员会。作为一个已经脱党了的共产党员，他对他的行径深表歉意，他曾揭发研究所前研究员莫西·芬克尔斯坦因（Moses Finkelstein）是一名共产党员。

研究所一直关注着德国的最新事态，一直关心着德国。尽管如此，在对此最留心的霍克海默看来，在保持关注的同时还是应该保持一种真正的保留态度。即使那些最无顾忌的人也会因为时局的各种限制而保持一种谨慎的态度。德国已经被毁掉了，已经被分割为许多占领区。当时美国禁止任何政治活动，出版也要服从于审查制度。自由旅行是不可能的，除非是官方活动否则任何人不得入境。甚至要离开美国也是困难重重。最初平民是得不到护照的。除非是政府公干不得旅欧。另外，当时根本无法预测盟国将会怎样处理德国。西方盟国发出的消除纳粹余孽的指令在某种程度上可以反映出他们的态度。这些指令的侧重点在于安全事务，很少透露出德国新政府官员的任命标准的有关信息。军事管制政府的官员们常常采用最简便的方法来稳定局势：他们完整地把德国原有的组织机构保留下来，让它们继续各行其职，继续让那些办事得力的公务员待在他们的位子上。即使进行人事变动，也是常常用不那么出名的纳粹主义者、用纳粹主义的同路人替代那些出名的纳粹主义者。马尔库塞在回忆他为战略事务局（OSS）工作的那段时期的时候说："举例来说，被我们排在'经济战犯'名单最前面的那些人很快就官复原位，回到了重要的、掌握着德国经济的重要岗位之上。"[4]

对政治活动的禁止也带来了灾难性的后果。在盟军占领期间，许多城市里以前建立起来的反法西斯主义委员会的活动范围受到了越来越严格的限制，并因此而起不了什么作用了。当时的情况对纳粹继续存在的条件和许多非政治领域里的保守主义势力（首先是经济领域和行政方面的保守主义势力）很有利。此外，盟国并没有鼓励德国移民回国的打算，即使是这样的长期打算也没有。他们作着相反的打算倒是真的。

这从释放战犯过程中所采用的程序上可以反映出来。英国是最后一个释放反法西斯主义政治犯的。只有很少的有影响力的占领国采取了彻底民主的路线，而最后这一小部分占领国的影响也很快萎缩了。在美国一开始进入德国的时候，就有一大批德国经理相信美国的资本将会投入到德国的重建工作之中，仅仅两年之后，他们的想法就证实了。这种情况也证明阿多诺听说德国投降之后于 1945 年 5 月 9 日写给霍克海默的那封信里面所说的是对的：

> 与我们就实际事务的争论的通常结果一样，我们都是正确的。希特勒不可能维持下去，我的这个资产阶级论点被证明是正确的，尽管他的溃败经历了这么长时间，以至于其结果成了一种反讽。换句话说，经济上更为发达的国家的生产力肯定会比"后发国家"的技术手段和恐怖手段的高度发展更为有力：与历史的一般趋势相符，战争总是通过用工业对抗军事的方式来赢得胜利的。由此得出的推论是，你关于法西斯主义的历史力量的论点也是正确的，只不过这种力量现在已经转移到了别的地方……就像拿破仑失败之后欧洲才成了资产阶级的欧洲一样，就像这个年轻的、大胆的失败者将他的生意转让给了一个更强大的公司一样。[5]

这些事态远非他们所能控制，在这种情况下像霍克海默及其圈子成员这样的平头百姓所能做的事情就是等待，况且霍克海默圈子通过判断时局，都一致认为现在仓促返回德国一点好处都没有。1945 年 3 月研究所在哥伦比亚大学社会学系组织了一次"国家社会主义的后果：国家社会主义溃败之文化面面观"的系列讲座。霍克海默主讲"极权主义和欧洲文化的危机"，阿多诺主讲"艺术的命运"，波洛克主讲"偏见与社会阶级"，洛文塔尔主讲"集权主义恐怖的后果"。这些讲座表明，研究所对德国和欧洲的学术兴趣依然持续着，而且他们在讲座中显然也暗示说，德国和欧洲问题最好是在美国得到研究。比如说，阿多诺讲座的中心论点如下：希特勒只是一种历史趋势的执行者，而那种趋势似

385

乎早就先于希特勒而存在着，而且在他之后也还将继续存在下去。这个趋势就是中产阶级的野蛮化、文化（特别是艺术的）的普遍中立化、文化和艺术逐渐被文化工业所取代。"现成的娱乐工业的俗套替代并拙劣地模仿着真正艺术的想像力，正是真正艺术想像力的缺乏最终使德国人、贝多芬的人民变成了希特勒的人民。"[6]

如果像阿多诺在他的讲座中所强调的那样，如果一个真正的知识分子所能做的就是进行否定，就是将灾难作为灾难来看待，那么美国不就是文化工业批判的更好的研究对象吗？

从另一方面来看，阿多诺提请听众加以警惕的是欧洲文化的人为的保守性和标准化特征。欧洲文化是否能够克服它那就要发展到尽头的异化形式，取决于这种文化内部是否还存在着不能被异化形式所涵盖的某种残余。阿多诺在后希特勒时期的德国身上看到的更多是希望，尽管那里的法西斯主义要比美国的法西斯主义严重得多。

> 有些人批评知识分子圈子里盛行的艺术现代主义，但是也正是这同一些人却构成了这样一个小圈子，他们的民间理念（folk ideas）比表现主义和超现实主义那些最新奇的作品离人民的生活还要遥远。德国人更愿意去给希特勒打仗，而不愿意听希特勒的马屁精们演出的戏剧和歌剧，这听上去有些悖论的意味。当战争灾难让德国的音乐生活荡然无存的时候，战争也仅仅是把因希特勒一伙建立起对文化的专政而无法说出的一种判断表达出来罢了。[7]

对阿多诺来说，他难道不该在德国的战争结束之后尽快地做出努力去保护欧洲文化，使欧洲文化（至少是音乐领域之内的欧洲文化）得以存活并延续下去吗？

实际上在霍克海默圈子里，阿多诺是第一个提出研究所学刊复刊建议的人。1945 年 1 月他就与在苏黎世设有分部的古根海默（Guggenheimer）出版社取得了联系。古根海默认定战争一结束一定有许多德国人乐意读纳粹反对者所写的德语作品。这个想法激励了阿多诺，他同意古根海默出版他和汉斯·艾斯勒合作完成的《电影构成要素》，他论瓦格纳的专著也交由该出版社出版，并建议古根海默接手研究所学刊的继续出版工作。阿多诺还让霍克海默授权同一出版社出版他们的合作著作《哲学断片》。

所有这些建议都没能实现。霍克海默更加倾向于"等待观望"。他告诉阿多诺说，他将委托与研究所有合作关系的自由撰稿人诺尔贝特·古特曼（Norbert Gutermann）和一位美国编辑一起合作，根据包括 2 月和 3 月在哥伦比亚大学进行的"社会与理性"的讲座稿在内的各种讲座稿，整理出一个可供出版的英文本底本。当他这么向阿多诺说的时候，也表现出了他的那种等待观望态度。

另一个力主复刊的人是马尔库塞。反法西斯的智囊机构战略事务局于 1945 年春解散，它那些最重要的部门都划入了其他的部局。马尔库塞原来所属的那个部门被划入了国务院。可是国务院的研究和情报署（Research and Intelligence Division）强烈反对这个新部门的所谓共产主义倾向，这个新部门的财政因而也被暂时冻结。马尔库塞写信告诉霍克海默说，即使这个部门被解散，他也没有什么好惋惜的。

> 过去几年中我在"闲暇时"写下和收集的那些东西实际上可以用于写作一本新书……当然，这本书的中心是"缺席的革命"这个问题。你也许想起了以前我在圣摩尼卡就语言形式的转变、"科学操控"的作用和系统经验的结构等问题写的那些手稿。这些材料现在被扩充成了这本书的一个部分。所有这些是否符合你的计划呢？你认为反犹主义研究计划的同时或者之后还有时间进行别的研究吗？你打算继续把学刊办下去吗？[8]

其实他转弯抹角地想问的是，如果他丢了情报局的工作，是否能够再成为研究所和霍克海默的研究员；研究所能否恢复他在 1942 年被迫中止的工作。霍克海默间接地为这个拐弯抹角的问题给予了否定的答复。他说，西海岸的一切事情都有定规，他和阿多诺把时间全部都投入到了反犹主义研究之中，甚至波洛克和费利克斯·韦尔也被他们拉进来提供帮助。这就等于说，现在根本没有理论研究工作的余地，当然也没有大规模合作研究的可能了。说到学刊，霍克海默的答复透漏出他对此没有什么热情。如果复刊的费用可以接受的话，学刊也许会尽快在荷兰出版。然而，困难在于当时禁止德国进口出版物。换句话说：我们做了我们所能做的——这只是一个好听的托词，霍克海默借以掩盖他在复刊事宜上的拖拉作风。

对霍克海默来说，他最关心的是打探出法兰克福的情况。当他听说马尔库塞将要私下前往英国去探望母亲的时候——那时他还不知道他什么时候能通过正式途径前往欧洲——他对马尔库塞突然奔赴欧洲的大胆举动感到颇为震惊。霍克海默请求马尔库塞了解一下前往法兰克福进行一次实地考察是否有价值，有没有必要在可预见的未来在那里建立一个"前哨"。[9]

从马尔库塞这边来看，他是无法完成霍克海默提出的这个要求的。相反，从伦敦和巴黎返回之后，马尔库塞比以前更为强烈地要求继续把学刊办下去。在伦敦，他拜会了卡尔·曼海姆和理查德·洛文塔尔等人，在巴黎他拜会了雷蒙·阿隆（Raymond Aron）和让·瓦尔（Jean Wahl）以及其他许多年轻的存在主义者和超现实主义者。

> 他们所有人都问我到底因为什么原因再也看不见学刊的名字了。他们说，这是惟一的、也是持续时间最长的在真正"前卫"层面讨论真正问题的一份出版物。目前普遍性的方向迷失和孤独感是那么严重，因此相比以往，学刊的重新出版是更为迫切的事情。即便学刊不可能以正式途径进入德国，但考虑到德国以外有足够多、足够重要的读者群，我们也得重新出版学刊。[10]

他认为，要想办好学刊，最好是像 1930 年代办刊那样，把英文、法文和德文的文章都收进来。他建议出版一期关于德国的特刊，排在这期特刊前面的文章应是对目前德国境内各党派抛出的政治、经济、文化重建方案、方针的分析文章。他可以为这些分析搜集和提供材料。

霍克海默同他谈了这件事情，商定他们两人各拟一份关于今后学刊理论方向的草案。但实际最后只有马尔库塞完成了这个任务——那是在 1947 年初。这份草案大概是由十几页打印稿组成的，它反映了马尔库塞在战后时局基础上对当时学刊定位的理论思考。

将近两年之后，霍克海默写信给马尔库塞说，他决定和阿多诺一起，按照与马尔库塞"论题"相同的风格写出这份草案。把大量材料整理之后就可以写作了。"问题是我们不想局限于政治方面。它同时也应该成为一份哲学规划书"。[11] 但这份哲学规划书后来也没有写出来，以后也就没有再讨论学刊复刊的问题了，而且学刊最终也没能继续出版。

有两个根本原因造成了霍克海默在学刊复刊一事上采取拖延的方式，以至复刊未果。其一是害怕遭人攻击，其二是担心学刊可能会收入一些与他们圈子观点不相符的文章。研究所学刊原来停刊并不是因为财政紧张；实际上是因为霍克海默和阿多诺对投稿内容的不满。马尔库塞 1947 年 2 月的那个草案一定让阿多诺大为吃惊，更别说霍克海默了。虽然那份草案只是给内部人看的东西，其目的也只是澄清他们自己的观点，可是它讨论政治问题的方式太直接了，所以在读了这份草案的霍克海默和阿多诺看来，要将它变成可出版的东西是完全不可能的。马尔库塞在这份稿件的一开始这样写道：

> 希特勒法西斯主义（它乃是资本主义组织方式的早熟的、特殊的形式）在军事上失败之后，世界分成了两个集团，一个是新法西斯主义集团，一个是苏维埃集团……原来的统治阶级虽然经历了战争，但在政治上和经济上存活了下来的那些国家，在可预见的未来将会变成法西斯主义国家，而另一些国家将会从属于苏维埃主义集团。
>
> 新法西斯主义阵营和苏维埃阵营是经济上的敌人，也是阶级斗争意义上的敌人，两个阵营的战争是不可避免的。但就其根本的统治形式而言，这两个阵营都是反革命和敌视革命的……在这种

形势之下，推进革命理论的方式只有一个，那就是必须毫不留情，毫不含糊地反对这两大阵营，必须坚决支持与这两大阵营理论相反的正统马克思主义学说。[12]

马尔库塞对全球政治局势做出的判断和霍克海默与阿多诺的判断是一致的。但是他提出的保卫"马克思主义"的理由，以及他毫不掩饰地使用"社会主义"、"共产主义"和"资本主义"这些词的方式却使得《哲学断片》的这两个作者很不高兴，首先是因为，在他们看来，坚持对正统马克思主义的信仰完全是一种受虐狂表现；其次是因为，他们相信，他们的社会批判的基本原理正在脱离正统的马克思主义学说。

霍克海默甚至长期避免使用"社会批判理论"这个词。对美国政客来说揭露"非美"思想已经成为权力斗争中的重要武器，在这样一个国家中，要想摆脱困境，霍克海默必须避免使用这个词。1930 年代期间众议院成立了众议院非美活动调查委员会（HCUA），这个暂时性机构的目的是调查法西斯主义活动和其他颠覆活动，但是从一开始该委员会的主席，共和党议员马丁·代斯（Martin Dies）就利用委员会来反对罗斯福政府和新政。1945 年该委员会成了一个永久性质的机构。罗斯福于 1945 年 4 月 12 日去世，杜鲁门成为美国总统，他任总统之后，成立了公职人员忠诚临时调查委员会（Temporary Commission on Employee Loyalty），采取了其他种种手段以抢占共和党人的先机。1947 年 3 月他在决定给希腊提供经济和军事帮助以达到在全世界范围内全力抑制共产主义的目的的时候，首次阐明了所谓的"杜鲁门主义"。有了英美的帮助，君主主义者在希腊内战中击败了共产主义者。现在被杜鲁门上升到一种主义的东西成了"二战"之后西方民主国家所奉行的政策：容忍并支持其他国家的极权主义统治，目的是将其作为反共产主义的桥头堡。这种政策一直在姑息、支持着葡萄牙的撒拉查（Salazar）独裁和西班牙的佛朗哥独裁。

美国两党内的鹰派人物都敌视新政和国内的激进分子，他们成功地诽谤这些激进分子为苏联的第五纵队。他们还以各种方式让人们回忆起这些人在罗斯福时期对共产党没有足够的怀疑和警惕。"平政"（Fair Deal，杜鲁门以此来标榜自己将"新政"延伸到社会政策方面的计划）的支持者都敌视苏联，因为它正在质疑"全世界最伟大的民主"（罗伯特·E.库什曼1948年这么说）在全球范围内的实现。这些人表示随时准备着打击敌人，回击对"他们国家内的美国生活方式"提出批评的批评者，把他们当作共产党驱逐出境。这两股仇恨势力凝聚成了不断升级的政治迫害。尽管这种政治迫害还没有造成逮捕、拷打和死亡，但是它的受害者必须忍受人格诋毁、失业和贫困，它造成了政治和社会生活整体氛围的毒化。

1947年霍克海默和阿多诺的两位朋友汉斯·艾斯勒和贝托尔特·布莱希特就遭到了政治迫害。他们两人是这场政治迫害中"连坐"的牺牲品。汉斯·艾斯勒被传唤至众议院非美活动调查委员会，就因为他是戈尔哈特·艾斯勒（Gerhart Eisler）的弟弟。戈尔哈特曾被两个脱党的共产党员路易·布登茨（Louis Budenz）和路丝·费舍（Ruth Fischer）指控，这两个人中，前者曾是《工人日报》的编辑，后者是美国共产党的领导人。汉斯·艾斯勒于9月24日至26日在华盛顿接受了公开质询。在质询过程中，汉斯·艾斯勒宣称自己从来没有加入过共产党，自己只是一个作曲家和音乐家；但是他还是忠于他的哥哥的。多亏了来自众多音乐家和知识分子的证明支持，1948年3月，汉斯·艾斯勒获准离开美国——但是条件是他永远不能再返回美国。布莱希特是汉斯·艾斯勒的亲密朋友，美国联邦调查局（FBI）自收到某德国移民的揭发以后就对布莱希特实施了监控。9位被传唤到华盛顿参加众议院非美活动调查委员会"有关电影工业部门共产主义渗透的听证会"的作家、导演和演员当中，就有布莱希特。许多被传唤至听证会的美国公民搬出宪法第五条修正案——他们有言论和信仰自由的权利——以示抗议，但是结果却受到了藐视国会的指控。另一些人拒绝到场证明自己的清白，因为那样其实无异于自我控告。布莱希特于1947年10月30日接受质询。他像艾斯勒一样，要回答那个臭名昭著的问题："你是，或者曾经是共产党员吗？"他的回答是，他从来不是一名共产党员，他只是一名诗人。

（同他们一样，常常遭布莱希特讥笑的霍克海默和阿多诺宣称自己只是哲学家。）针对布莱希特的质询最后没有对他提出控告，但是质询听证会的一部分当晚在广播上进行了转播。说到底，这次"不友好的听证"质询的目的就是对那些被疑为共产党员和共产党的同路人的人进行诽谤，并进而将他们置于公众舆论之下。麦卡锡的名字已经成为了那个代名词，他以肆无忌惮而有效的方式运用了反共策略，并借此给自己捞取政治资本。那次听证会之后，布莱希特逃往瑞士。美国当局拒绝给他美国在德国占领区的签证。

霍克海默和阿多诺是中立的美国公民，因此与艾斯勒和布莱希特不同，他们没有被驱逐出境和被拘留的危险。但是这些事件使他们更加小心翼翼了。托马斯·曼发起了一个支援汉斯·艾斯勒的委员会。与此形成对比的是，阿多诺放弃了最早于 1947 年在美国出版的《电影构成要素》合作作者的身份，因为他不想因这本并非是他自己写成的书——正如 1969 年他在本书的德文版前言中所说的那样——而成为迫害的牺牲品，他和艾斯勒仅仅因为都是音乐家才成为了好友，他们之间是不谈政治的。

诸如马尔库塞拟出的草案提到的学刊复刊策略，在霍克海默和阿多诺看来，不仅草率鲁莽，而且也过于传统。马尔库塞提出的那些方案内容表面很有新意，但是它们实际上都强调某种正统性。他宣称，文化认同现象已经使得在更大范围对社会"黏合"问题——特别是工人阶级的社会"黏合"问题——进行探讨成为必要。他强调，来自剥削的压力正在越来越多地被转嫁给边缘群体、外国人和那些不能被编入工人阶级的"局外人"，转嫁给"'无组织者'、'非熟练工人'、农业工人、临时工；被转嫁给少数族群、殖民地和半殖民地的人民；被转嫁给囚犯，等等"。[13] 马尔库塞还间接地表达了一些完全同霍克海默与阿多诺观点相符的意见——例如理论不能与任何反共产主义集团有瓜葛等等此类的意见——但他然后又说道：

共产主义政党是，而且将来也是反法西斯主义的惟一力量。对这些政党的谴责必须是一种理论意义上的谴责。在做这样的谴责的同时，我们必须意识到，理论只有通过共产主义政党才可能变成现实，必须寻求苏联的帮助。这样的意识必须在谴责的每一个词句之中得到表现。更进一步：我们在每一句话、每一个词当中，在批判共产主义政策的同时，要更多地把批评的矛头指向新法西斯主义和社会民主主义。民主的资产阶级自由的确优于集权统治，但是民主的资产阶级自由却是以延长剥削几十年、阻挠社会主义自由的实现为代价换来的。[14]

但霍克海默和阿多诺已经不再持这种观点了。在他们看来，历史发展进程中的这次喘息并不意味着延长了的剥削，并不意味着社会主义到来的推迟。相反，它首先是一次反思理论、创造理论的机会。在不久的将来，他们会表明他们的如下看法：他们不再认为理论是一种进步力量；相反，他们至多将理论视为一种可以激发思考的力量。

马尔库塞还对两阶段论提出了批判。所谓两阶段论，就是指第一阶段实现社会主义，第二阶段实现共产主义的理论。马尔库塞指出，技术进步必然会使这两步得以实现的信念忽视了一个事实，即资本主义总是在技术上占优势，所以社会主义国家要想成功地实现共产主义，惟一的办法就是放弃阶级专制，大跃进式地进入社会主义 [原文如此]。接下来，他分析了苏维埃共和国的情况，并对无政府主义、瓦解和灾难表示欢迎，认为生产组织结构和人类本性结构只有通过这些措施才能在革命的自由进程中发生变化。这种观点中包含着同霍克海默和阿多诺思想相一致的地方——例如人类本性的突变性改进。但是这种观点和苏维埃共和国、无政府主义等概念融合在一起注定要让霍克海默与阿多诺心惊胆战。马尔库塞的这番论述把他们两人一直不想丢弃的那些思想方面暴露了出来。一些人或多或少从悲观主义人类学出发，认为从坏的社会条件下不可能推出更好的社会条件来。与这些人相反，霍克海默和阿多诺坚持认为，实现好的社会条件是可能的。但是他们并不寄希望于任何政治、社会组织或群体能够实现这种改进。他们寄希望于个体。

就霍克海默和阿多诺的这种思想而言，我们很难说，它究竟是出于客观洞见，还是出于必须把论题转换到一个不会直接引起爆炸性后果的论域的考虑。他们转入了对他们全部思想进行详细阐释的阶段，但是在这个过程中他们假装绕开了他们的中心论题，他们知道那个中心论题是特别容易引起震怒并招致非议的。甚至《伦理随想录》也没有讨论那个从坏社会中诞生好社会的难题，尽管这本书里面包含了对他们自己的弱点和无法克服的两难困境的全部反思。马尔库塞于 1947 年 10 月来到洛杉矶拜访霍克海默，但在谈到他的那部草案的时候，有很多问题显然被回避了。致力于缺席的革命的"正统马克思主义"理论家与《哲学断片》的两位作者再也无法联合起来了，尽管他们就批判理论是有着共识的。马尔库塞完全不能理解《哲学断片》，甚至在 1948 年收到寄来的这本书的时候，他还认为自己根本不能对它发表什么评论。

霍克海默对马尔库塞捍卫马克思主义理论的行动犹犹豫豫、谨小慎微。马尔库塞对德国批判理论的这位创始人的行为也报以同样的态度。1946 年 9 月 19 日至 21 日，第八次德国社会学家大会——第一次是在魏玛时期召开的——在法兰克福召开。马尔库塞给霍克海默写了一封信。信中他借了斯特林堡的一出剧名说战后德国发生的事件是一场"幽灵奏鸣曲"，而社会学家把这次大会也搞成了一场"幽灵奏鸣曲"。魏玛时期德国社会学界的领袖人物列奥波特·冯·维泽 1946 年 4 月在巴特戈德斯贝格的家中组织了一次碰头会，在这次碰头会上通过了恢复社会学协会（Gesellschaft für Soziologie）的决定，由维泽本人担任该协会的主席。这次大会的与会人员一致认为"社会学的当前任务"应该成为本次大会的中心论题。在法兰克福大会的开幕词中，维泽批评道，集体利己主义和对权力的贪欲乃是现时代最大的愚蠢。他认为，社会学理想的未来全赖于一个"神圣的梵蒂冈"的存在：应该在一个中心性的组织机构中形成全局规划的社会学理论和实践，应该在这个组织机构中"搭起一个高平台，搭起社会进程总系统研究的稳固平台，而且其中各方面细节也可时时得以修正"。[15] 在维泽看来，这种前景将取代各种"主义"，他说到此处之时，特别点出了马克思主义。维泽的这个规划现在看上去有些古怪，它基本上是弗里德利希·孟尼克在《德国的大灾难》中提出的那个建议的"社会学专家治国论"版本。孟尼克曾经提议成立歌德文化协会将全德国的地方组织统一起来，这个提议曾在 1945－1946 年间在德国范围内得到了广泛的讨论和传播。

只有一个人对维泽的讲话提出了尖锐的批评。他就是想以论文"马克思主义和社会学"在维泽那里通过授课资格答辩的海茵茨·毛斯（Heinz Maus）。他在"二战"期间并未移民国外，他曾在 1932 年受业于霍克海默和曼海姆，自那时起他就成为了霍克海默热心的支持者，1939 年的时候还将自己论叔本华的论文的一部分寄给了霍克海默。1939 年他的这篇专论叔本华的文章以"中庸之道的梦幻地狱"[16] 为题发表在叔本华诞辰 150 周年的纪念论文集中，从那以后毛斯一直同霍克海默保持通信关系。毛斯在法兰克福的会议上捍卫马克思主义，他说马克思主义要加以解释的过程"长期以来被人错误地理解为工业化过程"（霍克海默和他的圈子那时也开始意识到了这一错误）；阶级斗争在现在比以往任何时候都更为普遍。毛斯还援引了霍克海默的一些话，说霍克海默曾写信告诉他说目前德国社会学最紧迫的任务之一就是"研究'恐吓社会学'，恐吓早已转化成了对儿童的教育方法……以至于转化成了对成人的改造方法，恐吓使成人变成了被规划好的交往群体中的一员，离开这个群体他将会失去他的用处，将会丧失他的一切权利"。[17]

霍克海默并不知道，当时毛斯是多么频繁地把他的名字和马克思的名字与阶级斗争相联系。毛斯只是写信告说，霍克海默对社会学协会这次会议的情况的忧虑是完全有理由的。毛斯一直努力促成霍克海默及其圈子中人物的著作在德国出版——他自己就翻译过一个丛书系列。但毛斯的这种努力收效甚微。他所做到的只是在《展望：国际评论》（Umschau：Internationale Revue）发表了摘自《启蒙辩证法》的两篇短小的节选、波洛克一篇论国家资本主义的文章和霍克海默的"艺术与大众文化"。[18] 这是一份出版于 1946 年到 1948 年之间的一个刊物，他当时就是该杂志的编辑之一。他的努力之所以收效不大，一方面是因为出版者坚持要对文本细加考订，另一方面是因毛斯这个热情的出版代理和犹犹豫豫的霍克海默之间的分工造成的。与此形成对比的是，曾于 1933 年出版过阿多诺的《克尔凯郭尔》的出版商 C. B. 摩尔 1950 年时甚至连原稿都没看就答应出版他的《新音乐哲学》。霍克海默在一封写于 1949 年初的信中给阿多诺说："卢登—洛宁出版社不断地写信给我，要求再版研究所的系列出版物。我还没有给他们答复，因为我不想牵扯到一些事情"。[19]

此时，霍克海默几乎无法开展他的理论建构工作。他以往一有机会就会提到他要写一部关于辩证法的书，而现在因为他已经完成了《哲学断片》，于是就转而宣称他要继续他的哲学研究工作。但是他所谓的哲学工作现在看来还只停留在笔记阶段。在《启蒙辩证法》之后，他只写了一些急就章式的文章，例如 1944 年在旧金山精神分析研讨会上提交的"精神分析方法的背景"、为恩斯特·西美尔去世而写的纪念文章"恩斯特·西美尔和弗洛伊德主义哲学"、题为"今日之权威主义和家庭"的论文（1949 年刊于文集《家庭：功能和命运》）等文章。这篇"今日之权威主义和家庭"的结论是，家庭瓦解趋势导致了父亲被集体所取代，并因而产生了极权主义的社会部署。[20] 此外，霍克海默因参加联合国教科文组织（UNESCO）1948 年在巴黎组织的"引发战争的不安定因素"学术会议而准备了一份发言稿，后来他又将这个发言稿扩写成了一篇论文。

这些文章中的绝大部分都是由阿多诺参与完成的。在他们两人中，阿多诺——通过写作《伦理随想录》——主动承担了独自继续他们的哲学工作的任务。这本书于 1951 年在德国出版。在本书的"题辞"中，阿多诺写道：

> 这本书是在我们不得不——由于外界环境的原因——中断我们共同工作的那段时期写成的。我希望这本书能够表明，它是对那种中断的某种抗拒，并因而能够表达 [我对霍克海默的] 感谢和忠诚。它是 dialogue intérieur（内部讨论）的见证：这本书中所包含的论题既来自抽时间写下它的人，也来自霍克海默。[21]

《伦理随想录》由许多格言构成，这些格言就像《启蒙辩证法》里面那些断片的续篇。毫无疑问的是，这本书里面并没有观点的改变，他的主要思想仍然建立在对新德国的展望和旧有希望的复兴的基础之上。同马尔库塞写于1947年2月的那篇草案的目的相似，《伦理随想录》也是为霍克海默而作的，作者希望这本书能够有助于形成他们对当前形势的共识。这本书再一次澄清了霍克海默和阿多诺希望同马尔库塞拉开距离的原因，他们那样做除了因为财政方面的某些原因之外，更是由于一些客观的、理论的原因。当马尔库塞在说摆脱剥削和压迫的解放的时候，他是指那些被剥削者和被压迫者的解放。当阿多诺说到解放的时候，他更多地想到的是从他本人的境遇出发理解的某种解放形式，这种形式的解放乃是摆脱了恐惧、摆脱了暴力、摆脱了因循守旧而产生的那种羞辱的解放；在他所说的"更好的社会条件"中，"每个人都不会因为与众不同而感到恐惧"。[22] 马尔库塞试图通过乌托邦的方法保卫正统马克思主义，而阿多诺则努力证明那种冷静的、孤独的社会批判的存在必要性。"存在主义者"马尔库塞使自己成为高声表达对社会不公的义愤的发言人，而阿多诺，从他的"生命哲学"立场出发，使自己全身心地成为一名不因循的知识分子。

　　这个格言集里的所有论题既不是无关紧要，也不是夸大其词，讨论的也不是宏大艰深得让人难以理解的问题，所有这些论题都是知识分子能够而且必须予以思考的。它们一次又一次地指向对现代激进知识分子（用一个与阿多诺反思"激进音乐"形成类比的提法）的反思。阿多诺在《新音乐哲学》中就说过，先锋派作家为了满足创造属于自我的语言的自负，为了使这种自负变得可以忍受，总是被迫为自己创造出自己的语言，而同时又总是表演着杂技演员般的高难度动作，也就是说，在创作活动中总是会发现这种语言的脆弱性和偶然性。阿多诺发现，前卫思想家也处于与此类似的悖论性境遇之中。在《伦理随想录》第五则格言中，他说：

善于交际和不公正沆瀣一气，因为它总是让我们相信在这个冷漠的世界中我们还能相互交谈，而偶然的、亲切的只言片语则有助于使沉默永恒化，既然在交谈中向对方做出的种种让步只能使自己降尊纡贵……对知识分子来说，要表明他们的团结一致，惟一的方式却是神圣不可侵犯的孤独。一切合作、一切有价值的人类社会交往和参与都是对非人道的默许。

然而，第六则格言的"反题"又这样说道：

离群索居的人总会冒这样的风险：他总是相信自己比别人好，甚至将对社会的批判滥用成一种出于私人兴趣的意识形态……他与大多数事务保持的这种距离，乃是这种事务加之于他的一种奢侈。因此，他之从事务中退出这种运动带有它所否定的事物的特征。这种退出被迫发展成一种难以同资产阶级的冷漠相区别的冷漠……私人性的生存使这个人貌似活得像个人，但是实际上却背叛了人的价值，因为所有貌似都偏离了总体现实化——总体现实化现在比以往任何时候还需要独立思想。

阿多诺认为，这种情况下"惟一负责的做法"就是"否定自己对于自身存在的意识形态滥用，除此之外便是尽可能谦逊地、不张扬地、不自命不凡地行事，这样做不是因为自己的良好教养，而是因为对在地狱中苟延残喘的羞耻。"[23] 同样，还有一种负责任的做法，就是要尝试寻找一种表达方式，能够将自己"在这种速度、拥挤、密度和静止之中的——另一方面来说，也是在偶然之中的——所处的困境"表达出来。

　　阿多诺的《伦理随想录》相当于霍克海默的《破晓与黄昏》。这本《伦理随想录》表明，现在霍克海默圈子里的成员将自己视为一个不墨守成规的知识分子群体，视为"群处的不墨守成规者（social non-conformists）"[24]，他们与那些"顺从的反社会者"（conformingly anti-social）、那些将自身说成"正派的"个体的人们（这是霍克海默和阿多诺在非理论文本中经常使用的一种表达）是对立的。这种情况未必表明他们放弃了跨学科的社会整体分析，因为无论他们是否觉得自己是革命 阶级的一员，都不会影响这项工作本身。

他们一度认为正是反犹主义研究项目救了研究所。研究所把这项计划当作自己的中心任务，使得其他工作暂时显得不那么重要了。但这个工作远非研究所的余残部所能应付，甚至连霍克海默和阿多诺也应付不了。因此，他们两人逐渐形成了一种矛盾的态度，一会儿觉得工作到处是失败，一会儿又觉得成功之处也不少。1945 年夏季霍克海默已经把这个研究计划的各个部分和子项目设计出来了，他原先认为这样一来他便能返回洛杉矶，只需偶尔花一些时间去纽约对工作进行短期检查就可以了。他希望在主持反犹主义研究计划的同时，还可以在洛杉矶继续和阿多诺合作进行他们的哲学研究工作。

可是霍克海默作为学术研究组织者的工作却遇到了越来越多的困难。1945 年秋，曾担任过纽约犹太人社群关系委员会执行主席的大学讲师、以前曾是一位心理学家的萨缪尔·弗洛瓦尔曼加入了美国犹太人委员会科研部。在霍克海默把科研部主任的权力移交给弗洛瓦尔曼手中之前，他们两个人之间有关责任的纠纷矛盾日益升级。

玛丽·雅胡达和弗洛瓦尔曼一起工作，霍克海默认为她是他的一个同盟者，有着"指挥官一样的能力"，也许会设法坚持他倡议的那些提议，他在一封给她的信中也是这么说的。但是，雅胡达很快就发现自己对霍克海默的忠诚受到了考验，她自己处于两难的困境之中。她在一封私人信件中告诉霍克海默，她深知他是一名出色的哲学家，他对反犹主义研究计划的设想的新颖性和穿透力是其他设想无法相比的；可要是，比如说，美国犹太人委员会副主席约翰·斯劳森（John Slawson）将来要求她说说对霍克海默的"摄影实验"研究计划的看法的话，她不得不如实地承认，"他并不擅长设计大规模的实际研究项目"。[25]

这封信在两个敏感之点上触怒了霍克海默：他作为一位理论家曾经宣称自己还是个方法新异的经验研究专家；他还曾经宣称，尽管他已经把主任职位交给了弗洛瓦尔曼，但是这不意味着他现在的身份仅仅

第五章 渐归

是提供一些参考意见的首席研究顾问，并不意味着他不对研究负责了，相反，他还将这个研究看得很重。他对雅胡达的信反应激烈：

> 我们之间在学术问题上的区别，就像黑格尔逻辑学与整理哲学性混杂内容的"一种有秩序地工作着的设备"（an orderly working outfit，霍克海默在这封德文信中用这个英文表述）之间的区别一样明晰。在这个所谓的"研究"领域，我们之间的矛盾也许是富有成果的，这多亏了您凭着您的智慧和专业能力为计划确定了一个研究立场，尽管毫无头脑和专业性可言的我一直在汲汲于为计划赋予它的意义。如果您想以一个现代社会学助理的身份对我加以训诫，那是根本不可能的。所谓现代社会学助手在我看来就是那种不想让他的雇主解雇他而必须随身带上他的半吊子精密设备的人，他不仅被他的设备完全同化，而且还把它当成学术诚实、学术责任和学术高尚品质的一个组成部分，以此向他自己、向别人大肆炫耀。[26]

在洛杉矶方面与纽约方面之间、在对大规模长时段的、以理论为导向的研究兴趣与追求速效的、以坚实的方法论基础为导向的研究兴趣之间存在的冲突，从未达成真正的谅解。多亏有拉萨斯菲尔德从中斡旋，才达成了一种妥协办法，弗洛瓦尔曼负责短期研究。可是，因为大规模的合作研究工作基本上须在纽约进行，研究结果的出版人也集中在纽约，而霍克海默又很少去纽约，因此霍克海默和弗洛瓦尔曼之间的紧张关系、洛杉矶和纽约之间的紧张关系一直持续到研究结束。

反犹主义研究计划最终分解为许多小的研究项目。这些项目的研究工作分别独立进行，其结果都被当作各自不相关的专题研究来对待。霍克海默本打算将第一期的研究和第二期的研究融贯一体，完成一种综合性的反犹主义研究，在他看来这个研究对研究所意义重大，但实际上没能实现。一系列单独的研究思路取代了霍克海默的研究理念。1947年美国犹太人委员会免去了霍克海默首席研究顾问的职位。从此以后他的主要任务则成了出版这些研究成果，以及让研究所及其成员在此次研究中所扮演的角色得到恰如其分的认可。

1948 年 4 月，霍克海默登上了玛丽女王号轮船，对欧洲进行为期一月的访问。此次前往法兰克福大学出任访问教授是由洛克菲勒基金会资助的，尽管在他看来这个机构所从事的工作恰恰是拿美国最老牌的、最大的资本主义集团最微薄的一点资金来败坏学术和文化生活。他作此次访问的正式身份是美国公民，此行目的是参与对德的民主再教育计划——对德国青年和教师进行"再教育"，这个计划作为一种"再教育"形式，不仅依靠审查制度或官僚体制来完成，而且要教给德国人懂得美国公民的优越性。正如霍克海默 1934 年赴美为自己探察形势一样，现在他想为自己探察一下欧洲、特别是法兰克福的形势。他想为研究所争取曾属于它的财产所有权，同时也想把自己在德国和瑞士的私人财产的产权争取回来（霍克海默双亲躲避纳粹逃往瑞士，不久在那里去世）。马尔库塞和诺伊曼曾抽出大量时间协助霍克海默完成这次有官方目的的旅行，霍克海默写信给马尔库塞说，他也想看看"这里是否有学生或知识分子能被我们所影响"。最后，霍克海默还想在意大利北部或者法国南部找到一个地方，"即使低工资也可以勉强生活的"[27] 一个地方，待在那里可以使他集中精力继续他的哲学工作。

赴欧当天霍克海默写信给洛杉矶的阿多诺，强调说弗洛瓦尔曼会为了窃取研究所的研究成果而不择手段地行事，而阿多诺则应该尽力阻止并将计划继续推进下去。在信的这部分结尾时，他写下的那段话具有他们两人的典型风格："如果你不能成功做到这一点的话，我知道我们别无选择，我们必须去做别的重要的事情。"[28] 从他这方面说，他去德国也有自己的目的，他明白他的主要任务是继续为他们的哲学工作创造理想的环境，为实现这一点把该做的都做了，不要留下什么缺憾。他用的还是老伎俩：尽量对外界保持一种形象，让外界看到他可以作为一个谦逊的学者独立地、不依傍与学生、听众和体制的联系而工作，但同时又尽最大可能积极谋求体制内的身份，尽可能地谋求保障、影响和认可。

398

5 月，霍克海默从苏黎世写信给阿多诺说，他已经看过了法国和瑞士。"你还可以想像在这里生活即使贫困但还不致堕落。尽管这里发生的事情是一团糟，尽管这里有出现新的恐怖的威胁，但是我们在这里直接体验到的那种人道却胜过了我们那些关于人道的想法，尽管在我们头脑中那些关于人道的想法是能够成为现实的。"[29]

几天之后，霍克海默第一次访问了法兰克福大学。"校长，两位系主任，还有别的人，他们所有人向我热切地致意，尽管他们的做法是体面的，但毕竟里面包含着圆滑世故、让人尴尬的东西"，他写信给妻子说，"他们拿不准是该把我当作来自美国的有影响力的访问者来对待呢，还是当作他们牺牲的同胞的兄弟来对待——如果他们能记起这些同胞说明他们还不健忘。他们必须把我当作后者。"[30]

这个印象相当准确。1946 年 10 月，法兰克福大学董事会执行主席、助理秘书克林格尔霍夫尔（Klingelhöfer）出于对大学利益的考虑，曾经正式邀请社会研究所重返法兰克福。在克林格尔霍夫尔的信中还附有法兰克福市长、社会民主党人瓦尔特·科尔布（Walter Kolb）的邀请信。费利克斯·韦尔写了回信。在回信中，韦尔询问社会研究学会以前的协会注册登记是否已经自动重新生效，研究所旧址的土地所有权是否已经自动重归研究会所有；研究所图书馆的剩余部分是否将被归还给研究所。这些事情自然是情理之中的事情，韦尔本来完全有理由在这些条款之上再提出许多其他要求。取消研究会注册协会资格、将研究所成员驱逐出境，所有这些事情毕竟是不合法的，因此研究会自动恢复以前享有的待遇完全是顺理成章的事情，德国方面的有关行政部门和其他一些机构完全有能力促成这件事情的解决。但没有任何部门过问这件事情，甚至就是在此时也是如此。无论如何，大学的这次邀请根本不能当真。签署这份邀请信的克林格霍夫尔在 1938 年还签署过一项文化部法令，该法令命令取缔研究所的书刊。威廉·戈尔洛夫在一封建议让研究所重返法兰克福的信中就明确提到社会研究会掌握的"巨大的资源"。1933 年时任校长的戈尔洛夫曾签署过宣布大学和社会研究所脱离关系的声明。

霍克海默本人借此次访问法兰克福大学之机，为重建社会研究会，为研究所重新获得失去的权利而奔走。他还动议组建研究所重建委员会。当时就有这么一类人，他们公开表达他们的遗憾之情，认为没有更多的移民投入德国向他们敞开的怀抱，但同时必须逼迫这类人，他们才能为鼓励移民回国真正采取一些措施。霍克海默的行为丝毫没有傲慢僭越的意思，但是这无疑让这类人感到脸上无光。

"他们必须把我当作后者"——霍克海默作为他们牺牲了的同胞的兄弟回来了，想起这些人意味着还不健忘——霍克海默在 1948 年 5 月写给他妻子的信中这样说。没过一个月，他这样给她写道：

> 清除纳粹运动的矛头现在指向了校长普拉茨霍夫（Platzhoff）。法院的主席曾给我来信，信中说他获悉我在此处，邀请我过去一叙，并请我在这个案件中为他提供帮助。但是在这件事情上我还需仔细斟酌，权衡一下，我是否应该作为惟一真实有效的起诉证人、作为大学的敌人而出现呢？介入这类事务是值得尊敬的，但是没有丝毫好处。这里有很多像普拉茨霍夫一样堪称猪猡的人，很早以来他们就被请回来教育年轻人了。[31]

霍克海默在法兰克福、慕尼黑、斯图加特、马尔堡和达姆施塔特等地主持讲座和研讨班，从未拒绝过一次要他讲演或参加会议的邀请。他最初的结论是：

> 如果你想全身心地投入工作，如果你不想让自己因彻底的绝 400 望而疯狂，那么最好的办法就是向今天的一些德国人证明：经历了历史之夜后应该保留下来的东西是什么。与地球上其他地方相比，这里更为危险。但就是在这个阶段，没有别的地方比德国更为重要。如果理智生活的最后一点残余在这里彻底消亡的话，最应保存的东西也就在这个世界上消失了。就实际事务而言，我将德国视为这样一个地区，最重要的决断将在这个地区做出。在这里可怕的反

动力量已经开始集结，如果在某些有目的的人为因素，或某些悬而未决的因素的作用下，我们无法击溃这种反动，那么西方列强的反俄政策将会借着巨大的沙文主义和反犹主义能量在全欧洲得到贯彻。[32]

霍克海默参加了联合国教科文组织在巴黎召开的 8 名社会学家（包括戈登·阿尔波特、乔治·古尔维奇 [Georges Gurvitch] 和哈里·萨利文在内）磋商会，会议主题是"影响国际理解的紧张对抗"。霍克海默提交的论文题目是"法西斯主义的教训"，该文浓缩了他 1920 年代和 1930 年代德文作品中的辛辣批判。

> 即便首恶被推上法庭受到审判，即便他们受到了判决，其中一些被处以极刑，德国的大多数同情纳粹主义的人比洁身自好远离纳粹的人过得要好得多，生活要优裕得多。这是千真万确的，我们甚至完全可以说，清除纳粹运动的体制化已经使得这个运动适得其反了（同魏玛时期的"共和国保护法"一样）。同纳粹有牵连的人能让自己在清除纳粹运动中尽快过关，交上不值钱的几千马克，然后就可以径直回到自己以前的岗位上去了。现在在政府和大学中占据要津的没几个人曾经有足够的道德勇气去冒生命危险反对纳粹党。
>
> 作为普通的欧洲人，他能从战后德国的事态中为将来汲取什么教益呢？他只能得出这样的结论：在极权主义时期做出头鸟是不明智的，以积极的行动参与到最可怕的暴行当中去或许是有风险的，但是多犯小的罪行却是绝对安全的。

霍克海默小心谨慎，避免了"资本主义"和"共产主义"这样的概念，但在文中他还是对资产阶级对共产主义本能式的惧怕痛加指斥，而这也是托马斯·曼在战争期间一再批评的，托马斯·曼称这是时代最根本的蠢行。"东西之间的对抗曾经为昨天的侵略者提供方便、使之成长

　　　　　　　　　　　　法兰克福学派：历史、理论及政治影响

壮大并能够发动攻击。而今天的政治家们仍旧无法摆脱只从这种对抗出发看问题的角度，这种思考方式诱惑力太大了，以至于使这些政治家们对威胁着世界和平的其他因素视而不见。"[33]

霍克海默对其他危险的描述集中了新批判理论的各种论题，其中的主要思想就是关于集体对个体的直接侵害的思想，这种侵害使个体无法实现其个体性。尽管捍卫个体使之免于集体的威胁的思想主要是针对资本主义国家现象而发的（尤其是在文化工业批判理论中），但毕竟和美国一贯所塑造的自我形象十分契合。从这一点来说，美国民主实际上意味着个体的发展，反对法西斯主义和共产主义中的集体至上。

那些不愿谈论资本主义的人也无法研究法西斯主义，霍克海默1939年就曾在"犹太人与欧洲"一文中指出过这一点。[34]而现在他也不再谈资本主义了。这首先是出于战术上的考虑。如果他对资本主义进行批评，那么就可能会招致美国的厌恶、失去美国的支持，而他之所以能在德国以美国公民身份进行活动恰恰是美国支持的结果，更何况有了美国的支持还可以重建社会研究所。（由汉斯·维尔纳·里希特 [Hans Werner Richter] 和阿尔弗雷德·安德希 [Alfred Andersch] 创办的《呼唤》杂志 [*Der Ruf*] 的命运就是例证之一。1947年美国军事管制政府以对民主抱有"虚无主义"思想为由取缔了该杂志。这个事例说明美国当局对言论思想的容忍度极其有限，更遑论支持。威廉·福克纳的小说也是一例，这些小说描述的是美国南部的旧式大家族的衰落，以及毫无廉耻可言的暴发户的兴起。1947年华盛顿当局为德国图书进口进行初次遴选的时候就禁止将它们引入德国，原因是这些小说可能让德国读者对美国产生否定性的印象。）迁到美国的阿姆斯特丹奎里多（Querido）出版社于1947年将《哲学断片》出成了一本正规的书，这个标题为"启蒙辩证法"的版本较之于1944年的油印本有大量的改动。"资本主义"被改成了"既有条件"；[35]"资本"被改成了"经济系统"；[36]"资本主义剥削者"被替换为"工业贵族"；[37]"阶级社会"则被替换为"统治"或"秩序"；[38]"统治阶级"也变成了"统治者"。[39]而像"那将是一个无阶级的社会"[40]这样的句子则被彻底删除。这种自我审查的形式并不新鲜；它是研究所的老传统了。这种审查是程度不断加深的一个过程。问题是这样可能会在某种程度上引起人们对他们思想的曲解，可能让读者抓不到他们分析问题的要点和理论基础，在他们看来有一些要点和理论基础原来是，现在实际上仍是他们思想的中心。他们阐述思想的过程中没有政治和经济科学领域的专家协助，这种情况使引起曲解的危险更为严重了。1947 年和 1948 年《启蒙辩证法》的文化工业那部分在《展望》杂志上刊出，这让阿多诺十分兴奋，他给当时尚在欧洲的霍克海默写信说，"我相信我们论文化工业的东西给他们留下了特别持久的印象，我已经能理解你的愿望了，我也认为我们应该完成一套真正明晰和坚实的社会理论来解释复杂的整体。我感觉，是时候了"。[41]但这实际上只是阿多诺的一厢情愿而已。

402

在返回美国的途中，霍克海默盘算着如何在不丢掉"美国前哨"的情况下为他们自己开创出一个"德国前哨"。马尔库塞认为，把他们的美国机构的分部设立在法兰克福，这样他们既可以保留美国国籍又可以在德国占据正式教席了。[42] 表面上看，这一构想遇到了困难，因为在此期间美国军事管制政府已经基本放弃再教育计划了。1948 年 6 月，美国开始采取一项旨在稳定西德资本主义的重要步骤，开始了货币改革。秋天"马歇尔计划"的第一期援助资金被投放到了德国。这批资金没有起到什么关键性的作用，但是却是美国对德路线的一个信号，这表明反共产主义路线正在取代反法西斯主义路线，德国正在被纳入西方阵营。美国思想的输出乃是美国政府的一个国际性策略。实际上，这个策略有助于研究所获得财政支持。将"德国前哨"扩展成美国研究所的分部从这时起就成为霍克海默的基本方针了。这个分部将成为美国与德国这个在所有领域都需要帮助的国家之间的一个桥梁。

1949 年夏天，霍克海默再次访问法兰克福大学，这次随行的有波洛克。访问期间，霍克海默在社会民主党人、法兰克福市长瓦尔特·科尔布的陪同下，驱车去同威斯巴登的政府部门进行了商谈。作为此次商谈的结果，政府部门同意霍克海默重新获得社会哲学的教席。霍克海默、波洛克和科尔布在商业、工业和科学俱乐部 [43] 共进晚餐，在席间他们就在法兰克福开设纽约社会研究所分部的计划进行了磋商。把美国研究所的分部开设在法兰克福将会使这个城市成为现代社会研究的中心，也意味着建立纽带，将德国的社会科学和这个领域最先进的研究成果及技术联系起来。

1946 年研究所就与哥伦比亚大学脱离了所有关系，而此时哥伦比亚大学正想在战后重新开始与研究所的合作关系。霍克海默以自己身体欠佳为由推掉了哥伦比亚大学的邀请。早在 1944 年研究所分部就已经将 117 大道的办公用建筑交给了美国海军部，实际上从 1944 年开始这里就被美国海军征用了。在离开 117 大道之后，研究所分部迁到了"晨曦道"(Morningside Drive) 附近的一幢建筑里。之所以最后与哥伦比亚大学脱离关系，是因为研究所只想保留纽约的分部，这样可以节省花费，同时在洛杉矶谋求与加利福尼亚大学建立联系。（不管怎么说，纽约分部一直是研究所的总部，而且在需要的时候总能同哥伦比亚大学取得联系。）但是想要与哥伦比亚大学的任何一个院系建立起更进一步的联系是根本不可能的事情。1949 年研究所领导人成功地争取到了许多有名望的学术人士（主要是社会学家）的帮助，他们联名签署了一份呼吁书，要求在法兰克福重建研究所，并声明该研究所是总部设在纽约的研究机构的下属部门。1949 年 10 月，呼吁书在美国社会学协会的官方刊物《美国社会学评论》上刊出。从当时的情形来看，既不丢掉美国前哨又可以使研究所在法兰克福得到以前的待遇——研究所挂靠大学，同时成员可以在大学里任教职——是完全可能的。

以"偏见研究"为总标题出版反犹主义研究计划的所有研究成果，现在成了研究所的主要任务。这项工作的完成对研究所当时的处境具有战略意义。因为这项出版工作可以向德国证明研究所的作用和它在美国的重要地位。阿多诺和霍克海默希望研究所的名字出现在伯克利研究成果的首页，以此表明这项研究成果是研究所（与伯克利舆论研究小组共同）合作的结果。但是，他们应当为阿多诺的名字出现在作者名单的首位而感到满意，霍克海默作为研究所的所长，为"偏见研究"系列的最主要一卷撰写了序言。对研究所来说，除了为研究系列成果——或至少是伯克利研究结果——出一个精缩版之外，在当前形势下再出一个德文版显得尤为重要。

当德国的冬季学期就要开始的时候，霍克海默感到他自己因身体原因无法前往，就派阿多诺前往法兰克福替他开课。与霍克海默战后首次接触欧洲的印象相比，阿多诺的这种印象要强烈的多。他从巴黎写信给霍克海默说：

> 在返回欧洲的途中我感受到有一种难以名状的力量抓住了我。残破贫困的外衣仍然挡不住巴黎之美，这种美比以往任何时候都要炫目……这里仍然保留的东西也许是历史地注定的，它已经清楚地表明了这一点，然而事实是这种历经劫难留存下来的东西毕竟仍然存在着，不协调只是暂时的，这一切都是历史画面的一部分，它让人们感到了些许希望，让人们相信不管发生什么，有人性的东西总是会留存下来的。[44]

阿多诺于 1949 年 11 月抵达法兰克福，这年他已经 46 岁了。战时，他的双亲经古巴移民美国，此时他的母亲还尚在人世，孀居纽约。阿多诺是作为霍克海默的代表来法兰克福的，在流亡期间他并没有获得教授头衔，甚至是一个在经济上不能自立的人，但在那段时间里他将他的全部精力和才智献给了霍克海默和研究所。

汉斯—格奥尔格·伽达默尔在海德堡取得教授头衔之后，向大学当局提议，法兰克福大学空出来的这惟一一个哲学教授教席应由阿多诺接替。与霍克海默一起执教并左右哲学教学的前景打动了阿多诺。"你的这次复出值得庆贺，我要向你、向我们自己表示祝贺"，当霍克海默得知此事之后，他写信给阿多诺这样说。

> 我也相信事情会一直向好的方向发展。如果我们能获得这个教授教席的话，那么我们的夙愿就会实现，这个梦想在几年之前在我们眼中还只是一个幻想而已。这个教授席位将会为我们创造出

一种几乎是不可能的情境：我们这两个难于同现实妥协并因而几乎注定无权的人却将获得在难以估量的范围内发挥影响力的机会。我们一旦占据两个，而不是一个教授席位，这个量变就会成为质变，我们就会真正具有权力。但如果法西斯主义再来的时候——它会抬头的——我并不认为我们将能改变整个运动的方向，只有那些愚人才会这么想。我知道，如果大洪水来临，我们甚至连防洪坝都筑不起来。我们之间如此亲密无间的联系将会公之于众，这对我们两人来说不是没有意义的。这种公开的联系将会加强我们理论工作的重要性，我比以往任何时候都更有把握，我知道如果条件有利的话，我们将能在法兰克福完成我们共同的理论工作。话说回来，法国不算远，如果愿意的话，我们还可以在那里长期逗留。[45]

从"特聘"教授（1949）、"编制外"教授（1950）和"编制内特聘"教授（1953）到最终成为正式教授（1956），阿多诺又经历了七年时间。[46]这是法兰克福大学和文化部的过错，文化部对阿多诺的态度和对研究所及其领导人的态度一样，只把他当作是大学的一个点缀。同时霍克海默也对此负有一定的责任。在霍克海默眼中，阿多诺只是他的副手，即便阿多诺在学院里的成功最终有助于实现他本人的夙愿，他也不想为了阿多诺的学院生涯而冒太大的风险。说到底，阿多诺本人在这件事情上也做得不对。他更愿意处身于霍克海默的阴影之下，他并没有避免提及他和霍克海默的相似性，相反却主动向本系的同事表示他们两人占据两个学科相近的教授教席不大合适（两个教授教席都指派给移民的想法已经让许多同事感到十分厌恶了）。他甚至还提议伽达默尔的继任者应该是一个代表不同思想倾向的学者。

为了对研究所的事业和"霍—阿"休戚与共的联盟有所帮助，阿多 405
诺做了一些事情，但是这些事情的效果不那么好，这种适得其反的做事风格也曾体现在他在纳粹德国为现代音乐所做的那些事情上。现在他所做的这些事情一般都得到了霍克海默的支持，但是当霍克海默发现苗头不对的时候，总能及时予以制止。比如说，阿多诺曾竭力阻止《墨丘利》(Merkur) 杂志发表马克斯·本泽 (Max Bense) 的 "黑格尔和加利福尼亚左派"。[47] 他写信给《墨丘利》编辑汉斯·佩施克 (Hans Paeschke) 说:

> 我们现在正同有关当局进行交涉,希望在法兰克福建立研究所分部,尽管本泽的批评文章不会影响谈判的结果,但它毕竟会为谈判本身制造许多麻烦……我相信,我完全有理由请您理解我们,这篇文章把我们和其他几个理论家相提并论,但实际上我们与这些人是有根本区别的:我们正在为 "辩证法" 一书撰写第二卷,这卷的主要内容就是对卢卡奇的批判分析,而且出于许多客观原因我已经同以前的朋友恩斯特·布洛赫完全分道扬镳了。在《心灵与形式》上发表 "荷马" 也没有我们的同意和授权。我们的著作显然能充分说明我们和俄国人之间的区别,这也是本泽所忽略的一个事实。鉴于以上原因,我认为我必须重申我的要求。[48]

他声明他和霍克海默对他们所有的哲学、社会学和社会心理学著作共同负责,尽管有些著作仅署着他们中一个人的名字。他还声明了他们对俄国的立场。

> 对刊物的认识使我们感到有必要正式做出如下声明。我们的哲学,作为对现时代的一般思想倾向的辩证批判,坚决反对苏联正在奉行的政策和主张……人们害怕毫不含糊地反对苏联政府及其人造卫星所遵循的政策将会为国际反动势力造成有利条件,但是现在这种惧怕完全丧失了它的合理性,因为这个国家的赞扬者——对他们来说 "世界大同主义" 现在是最糟糕的词语——不得不从小资产阶级的陈词滥调中看出一个令他们窘迫的事实:法西斯主义和共产主义是相同的。我们竭力反对把我们的著作说成是苏联辩护词的那种解释,我们相信,只有在允许对现有社会进行批判分析的地方才会出现更好的社会,而在为了维护现有的糟糕社会而取消

一切关于更好社会的想法的地方，这种可能是不存在的。我们著作在东部地区的出版皆属未经我们授权的擅自行为。

本泽的文章还是发表了，但文章的发表并没有造成什么有害的结406果。霍克海默并不愿意发表阿多诺草拟的那些声明。阿多诺一直留意《月刊》杂志（*Der Monat*），并尽一切可能使之成为反映他们意图的一个窗口，但在霍克海默看来这个杂志和《墨丘利》一样可疑，"它既吹捧逻辑实证主义，又吹捧海德格尔"。[49] 这说明霍克海默对局势的洞察力比阿多诺强。《月刊》杂志的缘起是美国文化自由大会，而这个大会乃是接替了战略事务局（OSS）角色的反共产主义的中央情报局的合作伙伴，甚至这份杂志内部的人对这个渊源关系也不太清楚。文化自由大会于 1950 年 6 月 26 日至 30 日在柏林召开，而中央情报局则是其资助者。用《月刊》杂志的主任编辑麦尔文·拉斯基（Melvin Lasky）的话说，这次大会是"在自由城市中举行的自由人的大会"。拉斯基把随后两期的《月刊》办成了此次大会的专刊。阿多诺对《月刊》上反共产主义的词语并不敏感，他还像在其他杂志上发文章一样，把稿子投给《月刊》。

从一开始，霍克海默和阿多诺就被媒体所关注，对此他们没有什么可抱怨的。黑森广播公司（Hessische Rundfunk）希望为他们两人作一次访谈录音，访谈讨论主题是《权威主义人格》。欧根·科贡（Eugen Kogon）和瓦尔特·迪尔科斯（Walter Dirks）所主持的公认的左派天主教刊物《法兰克福杂志》（*Frankfurter Hefte*）曾要求他们授权翻译发表他们的作品。《墨丘利》、《月刊》、《法兰克福杂志》、《新评论》（*Neue Rundschau*）和《哲学档案》（*Archiv für Philosophie*）都乐意发表他们的文章。但是在大学里左右哲学方向的那种前景是彻底消失了。在那里建立研究所的计划也没有什么明显的进展。他们两人——首先是霍克海默，在某种程度上也可以算上阿多诺——都在选择美国还是选择法兰克福的问题上踌躇不决。

阿多诺现在看到了一些他所不愿意看到的方面，最初他之所以忽视这些方面只是因为他当初的热情使他不愿意承认它们罢了。最主要的是，他承认了他们不仅对德国民主和德国政治的想法是具有理想色彩的，而且对德国的一切、对德国和整个欧洲都理想化了——实际上欧洲在政治上现在毫无独立性可言。他现在感到了霍克海默和他曾推断的那种欧洲战后氛围："不拿这张门票，就得拿那张门票，除此之外别无选择。"[50] 他用比发表在 1950 年 5 月号的《法兰克福杂志》上的"德国文化的复兴？"[51] 一文更强烈的口吻对霍克海默说，学生的理智热情尽管看上去十分令人兴奋，但实际上或多或少是在寻求一种替代性满足的理智热情，可以说那只是塔木德学校式的理智热情。诱人的思想氛围下面掩盖的事实是，人们对霍克海默和阿多诺思想的新颖性的反应要强烈得多，他们思想包含的真正意图却很少引起人们的注意。除了稳定安全之外，德国并不能为他们提供别的什么条件，尽管稳定安全"对我们的工作来说至关重要"。"这里的思想比我们的要落后得多，尚未摆脱形而上学批判。你曾经说的那些话是对的——和这个殖民地比起来，那里 [指美国] 才是对社会进行分析的更好的地方。"[52]

407

　　但是法兰克福能够提供更好的稳定保障，而且研究所的办公地址在那里不成问题——无论是在美国还是在欧洲重建研究所，保障和办公地址都是他们首先考虑的问题，因此霍克海默最终还是在 1950 年 2 月回到了法兰克福。他返乡了，尽管他的返乡是犹豫不决、有所保留的。此后，霍克海默和阿多诺还去过几次美国，目的就是为了保留他们的美国公民身份。出于战略目的而行动并在内心里犹豫盘算，这是霍克海默的一贯风格；这也是他对犹太人处境（这个说法与西蒙娜·薇伊（Simone Weil）所说的"劳动处境"相似）的一种反映方式，在这种处境下的人总是感到朝不保夕，并为了寻求保障而学会马基亚维利式的生存技能。回到法兰克福，他们作为移民和要求取得过去一切权利的人，就要面对那些一直待在这个大学的人了。这些人中的一些人在第三帝国时代就在学院里一帆风顺，而另一些人如果不是战后申请补偿就很难在学院立足。但无论是移民，还是法兰克福大学的老人，他们相互之间都很少接触，甚至就不接触。那些能代表学校的人每做一项行动都要进行算计。而想在法兰克福重操旧业的移民们也不得不算计他们的行动。在霍克海默看来，惟一现实的策略是应奉行一种疏远的政策，以便造成一种印象，让外人以为他们还是美国人，他们只是出于许多义务才做出让步待在法兰克福大学的，千万不能让人以为他们在这儿正在谋求他们没能在美国获得的教授头衔。

阿多诺认为德国只是一个殖民地，这里的理智生活不现实，只是某种替代品。但毕竟它还能被看作替代品，尚不至于像美国的理智生活那样被当作无价值的活动遭到蔑视。霍克海默和阿多诺对德国境况的评价是一致的。如果他们在这个殖民地获得成功，能获得承认的话，毕竟还是可以在小范围内施加一些影响的。在美国即使情况再好，知识分子和思想者也总是没人理会。"我越来越倾向于待在我们的故乡"，霍克海默1957年去美期间写信给阿多诺这样说。"我在这儿再清楚不过地感受到了我们的孤独……美国犹太人委员会！顺便说一句，他们正在组建一个庞大的研究机构，如果我们再拿不定主意的话，我们或许能以合作研究者的身份参与其事。我也见到了拉萨斯菲尔德。我的上帝呀！你完全是对的。"[53] 尽管他们满心希望在德国获得他们的"位置"，但在这些希望中也混杂着某种预见性的忧虑。阿多诺意识到霍克海默成为众人瞩目人物之后可能的危险——如果那样霍克海默就再也没可能与他一起合作进行他们共同的哲学工作了。

完成教学任务之余我们实际上有充足的时间……但我们各自都存 408 在一些内在的难题无法解决。就你那方面而言，你没有铁一样的意志去拒绝涌向你的人群，很难为我们两人留出足够的时间——你将被迫充当起思想牧师的角色，你不得不向那些失望的人们高喊"停住！"……而就我这方面来说，不断的交流成了我最大的负担；我感觉我现在就像一台超负荷工作的留声机，用已经不再清晰的声音不断地重复着我自己的思想。但我觉得我只有与人们保持距离才能满足他们的要求，希尔斯—玛利亚可真是个 *topos noetikos* [从事思想的地方]。因而说到底，我在这里所感觉到的和我们以前所写的东西比直接的现实更为重要，原因很简单：直接现实必定是次要的，很难成为对我们有意义的东西……正如你所知道的那样，我并不认为离开我们自己的地方真的有好处。[54]

《偏见研究》

当霍克海默 1950 年 2 月抵达法兰克福时，代表着研究所研究成果的几卷《偏见研究》已经出版完成了。其余各卷也将陆续出版。

《偏见研究》的编者是马克斯·霍克海默和萨缪尔·弗洛瓦尔曼，赞助者是美国犹太人委员会，它并没有反映出研究所拟订的那个研究总计划，而只是先后由霍克海默和弗洛瓦尔曼牵头的美国犹太人委员会科研部的初步研究结果。研究计划第二阶段的各部分研究项目构成了《偏见研究》系列的四个分册，第一阶段的各研究项目则包含在一个分册中。《研究》的这几部分分别由不同的学者撰写：T. W.阿多诺、埃尔丝·福伦克尔—布伦斯维克、丹尼尔·J.雷文森和 R.奈维特·桑福德负责《权威主义人格》；布鲁诺·贝特尔海姆和默里斯·雅诺维茨(Morris Janowitz)负责《偏见动力学：关于退伍老兵的心理学和社会学研究》；纳森·阿克曼和玛丽·雅胡达负责《反犹主义和情感障碍：一种精神分析的阐释》；列奥·洛文塔尔和诺伯特·古特曼（Norbert Gutermann）负责《说谎的先知：美国煽动者的煽动手段研究》；《毁灭的预演：帝国时期德国的政治反犹主义研究》则由保罗·W.马辛负责。

此外还要出版《偏见研究》系列的其余几卷。剩下的几卷已经不再是霍克海默 1945 年春制定的大规模研究计划的研究结果了。作为这个计划一部分的"儿童中的反犹主义"是由埃尔丝·布伦斯维克负责的，这项研究的各项工作已经完成，但是没有出版。相反，其余几卷由集体和社团研究组成。这是由弗洛瓦尔曼的偏好决定的，充分反映了美国社会学研究的思潮主流。

之所以把这个系列丛书定名为"偏见研究"而不是"反犹主义研

究"是有原因的：这个犹太人机构一心想融入美国社会，这个题目则避开了犹太二字，另外编者还认为，经历了这次对千万人机械化、体制化的谋杀之后，"偏见"这个听上去没有什么的词已经可以表达那种恐怖了，没有人会把它当成一种婉辞。但实际上它是一个委婉的说法，这个词被小心翼翼地使用，因为编者怀着某种希望，他们认为号召打击偏见比号召打击反犹主义更能得到民主党人的响应。

霍克海默和弗洛瓦尔曼为这套丛书撰写了总序，刊在每分册的前面。在总序中，霍克海默和弗洛瓦尔曼不得不承认所有长时段的社会学研究的典型两难困境：因其时效性而选取的主题在研究成果出版之时已经不再那么具有时效性了。他们指出，在世界和历史范围内都存在对犹太人的迫害，现在在这个迫害暂时告一段落的时候，人们应该借助科学的分析寻求防止或减轻下次迫害爆发的方法。在他们看来，西方文明的前途不容乐观。从这个观点出发，他们认为更大规模的迫害随时都有可能再次爆发，甚至也许就是在美国，尽管在这里的犹太人最少受到威胁。他们之所以要把重点放在主体方面、放在心理方面，是因为希望为社会提供实际的帮助。打击偏见也就是进行"再教育"，个体和他们的心理将是对偏见进行打击的开始之处。这种观点顺应了典型的美国信条。

原来计划丛书中偏重分析偏见的客观环境的两卷应该成为整个丛书的一个总纲，使整个丛书给人一种整体感。但这个任务显然过于繁重，以至于这两卷无法胜任。最后那些明显应该予以分析的重要因素——美国或西方文明国家的经济、政治和社会结构等——都没能得到分析。

马辛负责的那本书是一部关于德意志帝国政治反犹主义的历史，整本书采用了传统史学的写作风格。而前面三个分卷则是对美国人心理的经验研究。与头三卷形成对照的是，马辛的这本书勾勒了德国的一段历史，在那段时期西方自由主义模式成了德国资产阶级的无能和袖手旁观并使反犹主义逐渐成为控制社会抗议的政治工具。马辛的作品和前面三卷的差异实在是太明显了。

洛文塔尔和古特曼的那本书对反犹主义、法西斯主义倾向的美国煽动者的广播讲话和宣传册子进行了精神分析式的内容分析。1930 年代晚期以来在西海岸就出现了许多煽动者，但是他们的宣传并不那么成功。洛文塔尔和古特曼撰写的分册看上去很像精心策划的一个手册，专门罗列解释法西斯主义鼓动者使用的各种伎俩。这本书主要是对鼓动者的言论文本的分析，并没有对实际的听众反应做分析。阿多诺曾建议他们需要留意鼓动者的聚会，但是他们并没有给予足够重视。

丛书的编者本该单出一个系统的总纲，这样各分册就能在一个共同的理论背景下被安排出版了，但是由于没有做到这点，使得这些卷很难得到恰当的整体评价。也是因为这个原因，本丛书的第一卷几乎成了总纲的替代品，它涉及了研究计划的各个方面，而霍克海默在申明他自己的主张的总序中给这一卷留出的篇幅也是最长的。

霍克海默和他的助手们没有理由对这次研究不满意。伯克利研究是本次研究惟一跨两阶段的研究项目，而且也代表了研究所的主要成就。1943 年的时候霍克海默就希望研究所与伯克利研究小组的合作能够实现一种综合，将欧洲思想和美国方法结合起来。拉萨斯菲尔德 1947 年 7 月读了反犹主义量表和法西斯主义量表的那一部分，根据阅读印象他这样评价伯克利研究：

> 我想，将你们的思想和经验研究传统结合起来，在这里第一次找到了解决的办法……那些主要概念得到了清晰的表述，而且在文本中清楚地证明了你们的假设是对的。所以你真是一箭双雕：研究得出了真实有效的结果，同时也表明了理论思维对经验研究所具有的价值。[55]

阿多诺和霍克海默的大部分理论都包含在伯克利研究之中。这不仅是因为阿多诺撰写的定性分析那部分运用了他们的基本理论，而且因为在校阅阶段阿多诺"尽可能地使桑福德和雷文森在对访谈进行定量分析的那部分中纳入了我们的思想"。[56] 此外，本书还为了统一性而做了大规模的修订。本来他们也打算把伯克利研究成果分卷单独出版，后来在工作进展过程中决定出成一册，这册书的各部分分别由不同的研究者撰写。(甚至法西斯主义量表 [F-scale] 那一部分也不是由四位作者共同完成的，尽管目录上表明是四人合作。这部分是桑福德一人完成的。埃尔丝·福伦克尔—布伦斯维克一直希望她为访谈那部分所做的工作411得到恰当的认可，因而对不加区别地把四位作者的名字一起印在首页的做法很不满意，坚持把每个作者的名字分别印在他们"自己"负责的那部分。这样一来，阿多诺就失去了 F 量表那部分的署名权，而在他于1947 年 7 月写给霍克海默的备忘录中，曾清楚地说 F 量表这部分的研究是他的主要工作，是"整个研究的核心"，除了福伦克尔—布伦斯维克拿出的访谈分析模式之外，F 量表"在美国人眼中是最有效的工具"。最后达成了一项妥协，每个作者分别在自己撰写的那部分署名，而 F 量表那部分则是共同署名。)

《权威主义人格》是这次计划的研究成果，本书的写作开始于美国向法西斯主义开战并与苏联结成同盟的那段时期。而本书的写作接近尾声将要出版的时候，法西斯主义已经被击溃了，那时美国人战后的主要考虑是结束世界范围内的新政，美国具有民主的使命感得到了加强，变成了一个专横的世界强国的反共产主义的使命感。所有这一切尽管没有在书中得到表现，但是却反映在它的标题上。最初的书名是"法西斯主义性格"。1947 年阿多诺告诉霍克海默说，伯克利研究小组的成员们竭力建议将书名换成一个"无害"的词，比方说"性格与偏见"。[57] 翌年又拟订书名为"潜在的法西斯主义"。1950 年 1 月本书正式出版时采用的这个名字（《权威主义人格》）明确无误地表明，它乃是最大可能的妥协的产物——"偏见研究"这个标题只在霍克海默的前言中出现过一次。而本书内容却讨论了法西斯主义者、潜在的法西斯主义者、充满偏见的人格以及法西斯主义量表。这个为适应当时形势的伪装式的标题无论如何都会让人联想起弗洛姆阐发的、被研究所在初次出版的集体研究成果中使用的那个术语，尽管在出版《权威与家庭研究》的时候法西斯主义和反犹主义尚未被列入研究所的研究计划之内。

本书的主题准确地体现了分配给伯克利计划的两项研究任务：(1) 发

现反犹主义易感者的性格结构，(2)找出某种手段来测定反犹主义的易感性。所以实际上本书的标题应该是"法西斯主义性格和法西斯主义倾向的测定"。这两项研究任务是同步进行的：通过问卷、持续几小时的访谈和投射测验等方式确定并标定法西斯主义性格；探索出一套有效的手段用来在更大规模的范围内辨认和测定法西斯主义。"当你看完本书的时候"，阿多诺对全书进行校阅之后非常满意地说，"你将会了解反犹主义者是什么样子的"。[58] 举个明确的例子说吧，问卷、访谈和投射测验的结果表明，反犹主义或法西斯主义类型是存在着的，而且实际上相当普遍地存在着。法西斯主义量表则是一个工具，如有必要，借着这个工具甚至可以在不必提及意识形态偏见的情况下测知法西斯主义倾向的传播范围和程度。阿多诺和其他研究者至少是这样看待这个工具的。

然而，本书对法西斯主义的测定也许会受人置疑，人们可能怀疑那些测定标准能否恰当地适用于定性测试：这些标准能否适用于不同的社会群体、不同政治经济条件下的人群，如果不借助访谈和投射测定的不断检验，这些标准是否能够进行测定。

1945 年 1 月至 1946 年 6 月间进行了问卷调查，2099 份问卷由不同人群——大部分是大学生和中产阶级——填写。在调查中连续使用了三种问卷形式，这三种问卷分按照它们包含的问题多少被称作问卷78、问卷 60 和问卷 45 或问卷 40。每一种新形式的问卷的主导思想都是一样的，即希望通过越来越少的问卷项目得到更好的问卷结果。每种形式的问卷都包含了三种量表，量表的问题项分散在问卷之中，这样的目的是为了给被测造成一种印象，认为问卷只是一般的民意测验。三种量表分别是：种族中心主义量表（E-scale），包含针对反犹主义（A-S）的问题项、涉及其他少数民族的问题项和关于爱国主义的问题项；测定政治经济保守主义的量表（PEC-scale）；法西斯主义量表（F-scale），这部分量表中只包含"心理"问题项。

法西斯主义量表从未被独立使用，相反只在作为整体的问卷框架内得到运用。（比如说，在最后一种问卷形式中，问卷 45 包含有 10 个有关种族中心主义的问题项和 30 个法西斯主义的问题项；问卷 40 中，10

个种族中心主义问题项里的 5 个有关反犹主义的问题项被略去了。）因而法西斯主义量表从未得到过真正的考察。那么研究者真正考察测定的又是什么呢？将法西斯主义量表运用于大规模问卷，并仅仅在此基础上测定出各类人群的潜在法西斯主义倾向，这样做行得通吗？重要的是借助能够反映极其重要信息的种族中心主义量表，考察反民主倾向表现的那些种族中心主义形式，考察受到种族中心主义左右的那些群体。"不应截然划分潜力和表现之间的区别"，作者坚持认为，

> 假定个体身上已经存在由情绪决定的反民主倾向，那么我们也应当期望这些倾向会由反犹主义和种族中心主义的项目（这些项目就是为这个目的而设计的）诱发出来。在法西斯主义量表上得高分但在反犹主义或种族中心主义量表上得低分的被试会成为例外，因为他们对少数民族团体的偏见受到了抑制，对此需要给予特别的解释。[59]

因此，法西斯主义量表的重要性主要在于，在整个大规模测定的问卷方法框架之内，它能够反映出重要的信息，让研究者得知种族中心主义态度植根于人格结构的程度之深，也能让他们知道应该对政治经济态度予以充分重视。 413

在伯克利研究小组看来，由非意识形态的、纯粹"心理"问题项构成的法西斯主义量表实际上也为理解人格结构提供了一个直接的认识途径。也正是因此，研究小组特别留意到了这类量表中的一些成问题的方面。伯克利小组进而对法西斯主义量表做了改动和删节。他们排除了一些问题项。被排除的问题项可分为两类，一类过于合理，以至于带有强烈偏见的被测和无偏见的被测都认同这些问题项，而另一类则过于激烈和具有明显的攻击性，以至于两类被测都无法认同。保留下来的问题项都差不多，法西斯主义量表最终确定下来的那些问题陈述都是"不讲礼貌、恶习染身的人是很难和正派人相处的"，"比起艺术家和教授来，商人和业主对社会更加重要"，以及"虽然科学有其地位，但是，有

许多东西是人类大脑所不能理解的"[60] 这样一些陈述。这类陈述中包含的事实成分比重很大，因此它们可能引起的反应至多是不强烈的反对、至少是不强烈的认同。对这类陈述的强烈反对态度被认定属于积极态度。

另一方面，此类陈述的老生常谈特征使得调查能够排除复杂的或不明确的因素。那些认同两个相反陈述的人可能表现了对事实的复杂态度，而在得分上要低于同时否决这两个陈述的人，因为它们明显是不正确的。另外，认同两个相反陈述的人将会被解释为具有非理性的矛盾性特征，这也就是说他具有笼统判断的倾向。此外，那些怕被误解或不想被认为是具有攻击性的人倾向于否定陈述，而这类人会获得高分。

尽管伯克利小组对这个量表中的一些问题项有异议并对之做了修订，但并没有怀疑法西斯主义量表指导思想的可行性。

> 例如，当我们发现反犹主义的个体之所以反对犹太人，是因为他认为犹太人持有反习俗的道德价值观。于是，一种解释是，该个体特别顽固地坚持习俗的价值观，他的人格中的这种一般倾向为某种反犹主义提供了动机基础。与此同时，他会以某种方式来表现自己，例如以蔑视和惩罚犹太人的方式来表现自己，理由是犹太人违反了习俗的价值观。这种解释得到了种族中心主义和政治经济保守主义量表的支持，这些量表表明，反映因袭主义的项目与明显的偏见形式相联系。因此，相应地说，**坚持习俗的价值观被认为是个体的一个变量**（它可以通过法西斯主义的量表项目来揭示），它在功能上与各种偏见的表现形式相联系。[61]

统计结果表明，种族中心主义测定结果和法西斯主义心理倾向测定结果之间有着密切的关系。在各项量表测试中得分最低的和得分最高的共计 80 人，这些人被选中进行了访谈和投射测试。访谈和投射测试表明，两类测定结果之间的密切关系取决于设计各种量表时预期的同一类被测的心理过程，也取决于设计问卷、进行访谈过程中交替使用的方法。

访谈和投射测试的结构都反映在使量表得以完善的各种变量之中。从这些结果中，我们得知法西斯主义性格的基本特征如下：完全认同主流价值，主要是保守的中产阶级价值，比如公认的正确、温和的行为和外貌、效率、整洁和成功等等价值，同时对人类又抱有一种悲观的和蔑视的态度，相信不可控制的、危险的事件会在世界上发生、相信性堕落到处可见；具有极端的等级思想和感情，在他所属的集团之内服从理想化的权威，对别的群体、对那些非常态的、被区别开来的弱小的事物抱有蔑视态度；反内向性特征，也就是说拒绝内省的特征，敏感并耽于幻想；自发地倾向于迷信，倾向于接受对现实的保守的错误理解。

分析采用的公式可以说是精神分析式的，这从分析当中和证明的结构中可以看得出来。这种公式可作如下表述：脆弱的自我、外在具体的超我和与自我异化的本我三者共同构成了法西斯主义性格的标志。成规俗套、典范人格和左右判断的偏见支撑着法西斯主义者的自我；法西斯主义者认同权力，他之所以要求民主、道德和理性，目的只是要毁灭它们；他满足自己的本能，但同时却在道德上谴责本能，并坚持在外在于他的群体中禁绝本能。

临床访谈部分包含许多问题，这些问题涉及家庭背景、童年、性、社会关系和学校。这一部分的访谈深入考察了影响精神结构构成和社会政治观点形成的那种社会过程，并生动地展示了这个过程。例如，如果父母的相互关系只是统治与顺从的关系，并且他们的角色和职责都是固定的，如果父母强令他们的子女无条件的服从，并希望通过因循主义方式实现自己在社会上的追求，那么他们的孩子很难形成自己的自尊心，很难摆脱对那些激怒他们的人的攻击性情感，并且很难与他人构成亲近的人际关系。(儿童的反犹主义研究没有完成。如果此项研究完成的话，将能够就此类社会过程在法西斯主义心理结构和法西斯主义意识形态的形成过程中的重要性问题得出更深入的结论。这些深入结论可能会修正和补充被测者的记忆。)

从临床访谈的主题出发，以精神分析为导向的访谈计划，以及用于

415

解释访谈材料的同样以精神分析为向导的 56 个范畴（这些范畴根据高变量和低变量被区分开来），使得定性分析的结果都被溶入了量化的模式之中。然而过于追求量化结果使得他们没能抓住由投射测验补充的深入访谈的重点，相反只是给出了一系列个案研究来展示人格结构和意识形态观点之间的关系。埃尔丝·福伦克尔—布伦斯维克"从对群体的研究中得出了一些抽象的模式"，[62] 却并没有给出案例分析。在结论中，这些模式构成了一种"综合性描述"，这种描述根据量表把"得高分者"和"得低分者"当作理想类型进行了区分。阿多诺本来希望访谈分析由"大量的横断面研究构成"，从而补充与意识形态倾向和心理倾向测定有关的那些部分中的量化研究，而所谓的"横断面研究"是指"建立在关于该被测的大量材料——问卷、访谈、默里测试和罗夏墨迹测试等材料——基础上的对个体被测的详细分析"。[63] 就阿多诺的这种方法而言，它是最切题的、最完美的一种方法，若不采取这种方法就很难使非常重要的一个问题得到圆满的解答，将能够证明反犹主义并不是直接体现的，它并不一定体现在人的言行里，即使他有着相关的观点和心理结构，它甚至也不一定体现在受相同客观情境和外在影响作用的所有人身上。相反，反犹主义是某种普遍态度的一部分，这是一种不仅影响着犹太人，不仅影响着一般意义上的少数民族，甚至可以说影响着整体历史、社会和人性的普遍态度。这种普遍态度植根于某种特殊的心理结构之中。一个人究竟是法西斯主义者、是潜在的反犹主义者，还是都不是，归根到底，恰恰取决于这种心理结构。这种心理结构必定要通过某些观点和行为方式表达自身，即便它们看上去相当个人化，只是一些中性方面。说到底，正是这种心理结构使研究判断成为可能。

然而阿多诺本人并没有完成任何对被测个案的大量材料的细节分析，甚至也没有完成对此的——定性的——研究。当然，他主要考虑最终还是使意识形态和人格结构间的关系成为研究的中心。"在反犹主义、种族中心主义和政治经济保守主义等量表涉及的领域中，尤其是考虑从法西斯主义量表和访谈的临床部分产生的那些研究结果时，被测的显性的意见和态度具有哪些含义？"他这样提出问题。在他看来，涉及意识形态问题的那些访谈的章节乃是回答这个问题的起点。但是他所使用的方法是"以理论阐述为基础并由访谈记录予以说明的现象学"方法。这种方法能够

> 允许我们利用"现场"访谈的丰富性和具体性来获得我们在其他地方难以获得的材料；它使我们在其他研究中因疏忽而未被顾及的东西，通过灵活的交谈而重新获得；被试的一些罕见或独特的陈述，可以通过反弹过程的讨论得到解释。尤其是被试的一些陈述，虽然具有极端的性质，但它可以使那些存在于"正常"领域内的潜在因素清楚地显示出来，恰如疾病帮助我们理解健康一样。同时，据此方式，正如我们在精神分析中看到的那样，一种主观的或者称之为推测性的东西具有一定的地位，而我们的许多项目便是从中派生出来的。如果想从分析中得出结论的话，那么解释应当被认为是研究的假设，而研究之所以能以各种方式相互作用正是因为假设使然：前些章讨论过的一些规则就是建立在本章将要予以深入推进的一些假设之上的。[64]

阿多诺想通过现象学的方法充分发掘"现场"访谈的丰富性和具体性，但是他本人一次访谈也没有参加过。他完全不熟悉被他采用作被测来说明意识形态和人格结构之间关系的那些人，当然也不熟悉他们生活的环境。与对法西斯主义煽动者的研究和更早些时候研究所承担的经验研究一样，这次研究也仍然是在与研究"对象"分离的情况下进行的，而且此次研究严格地遵循着分工制。米尔达尔采用的就不是这种方法。米尔达尔在他的研究中一次又一次地在全美国范围内进行实地采访，调查他的"黑人问题"，从而收集关于被访的"现场"印象和状况。在某种程度上说，阿多诺的方法要保守得多，如无必要他并不追求直接经验，尽管他一再地抱怨找不到"现场感"。

阿多诺所谓的定性分析的确提供了有价值的思想，但这些思想既不是从访谈，也不是从什么理论中得出的。如果熟悉阿多诺和研究所的

工作的话，不难看出对启蒙思想持批判态度的社会理论的中心论点构成了这些思想的基础，这里所说的那些中心论点包括面对现代性集体社会个体的无能感、对文明的不满等等诸如此类的论题。他对访谈材料的接触给他带来的思想不见得比萨特的《对犹太人问题的思考》带给他的思想多。萨特在此文中顺便说，他曾向一百多个反犹主义者提出置疑，要求他们指明他们反犹的理由。萨特的这种方法并没有方法论的担保，并没有诉诸任何精细的经验研究，但是在某些时候他的研究所提供的洞见则比伯克利小组的研究要深刻得多。这个欧洲人使用的是"欧洲"方法，而阿多诺本人则是与使用着"美国方法"的小组进行合作。现在阿多诺看到萨特居然能得出与他相似的结果，这让阿多诺非常激动。《权威主义人格》最后一章的一个注脚这样说：

> 在我们称之为权威主义人格和让—保罗·萨特所说的"反犹主义描述"特征之间，存在着显著的相关性。当我们将所有的研究数据汇总起来，并予以分析以后，萨特关于反犹主义描述的了不起的论文就可供我们引用了。他的现象学描述与我们定量分析所揭示的一组特征如此相似，以致我们不得不对他抱以敬佩之情。[65]

阿多诺完全不必对他的定性分析抱憾——特别是联系他的（也是霍克海默的）其他相关论点，比如说"反犹主义要素"、他的"关于权威主义的几点评论"中的那些论点来看，更有理由这样说。那些"评论"原先就是作为本书的一部分来构想的，但是最后阿多诺并没有把它们放在这里发表出来。这些评论主要涉及柏克利研究计划相对于其他理论和研究的特殊地位。

阿多诺自己认为他面临着如下难题：他和霍克海默都认为，反犹主义乃是那种盲目、倒错和造反性性格的表现，失败的、残缺的文明总是如影随形地伴随着那种性格，那性格甚至总是被用来维持——有时是恢复——理性化的权力的存在条件，这种条件的典型特征就是民主和资本主义的对抗性混合。他们从事反犹主义研究，主要是想——他们甚至把这个研究计划看作是自己的主要兴趣所在——引起有缺陷的民主的那些受益者，以及追求真正民主、且只在资本主义经济体系框架内(即便已经进入了大商业时代)构想真正民主的那些人的警醒。这两类人现在必须意识到，阻碍民主完善并以其非常坏的影响使不完善的民主得以持续的那些因素——在阿多诺和霍克海默看来——也是危及他们自己的地位和努力的因素。这体现的是霍克海默的希望之重要意义——他希望他们可以"从实验上证明反犹主义对民主文明的威胁"。

418

这是一个绝望的希望。萨特道出了犹太人在民主中的真正生存状态：民主之于犹太人乃是"狂热的敌视者和冷淡的保护者"。"他达到法制社会的巅峰的时刻"，萨特在涉及犹太人心理状态的《对犹太人问题的思考》第三部分中写道，"另一种无形的、弥散性的、无所不在的社会片刻之间就出现在了他的面前，而且将他拒之门外。"[66] 这另一个世界实际上是无所不在的。它乃是阿多诺所说的"文化气候"的一部分。反犹主义正是社会群体骑墙态度的一个典型反映，它冠冕堂皇的理性标准被沿街叫卖，在那种表面上没有偏见和成见的氛围中被滥用成理性化。

> 从意识形态角度看，反犹主义者的矛盾是当前文化上所"认可"的刻板偏见与正式通行的民主和平等标准之间的冲突。从心理学角度来看，这种冲突是某种前意识或受到压抑的本我倾向与超我或已经外化为习俗的替代物之间的冲突。[67]

作为文化气候组成部分的反犹主义，为在前面提到的那类冲突中受到困扰并有疯狂的危险的人提供了"某种被许可的红灯区，在那里精神错乱是合法的"，[68] 在这些人的合理化过程中他们根本不可能形成强大的自我。这种解释通过指出集体错觉在既有文化中的功能而使这种集体错觉的"常态化"得到了说明，这是一个非常有趣的尝试。正是因为与正式的、占统治地位的民主标准形成对照的这类错觉在不完全抛弃那些理性化的标准的条件下，不断明确地强调现有文化的偏见性成见，它们才成了常态的错觉。在他定性分析的框架内，阿多诺认定，使毁灭性趋势合理化的合理化滥用乃是"对合理化演绎进行虚假检验（sham trial of rationalization）"的一个典型表现。

> 在我们的访谈中还可以观察到另外一种虚假的辩护，那就是断言犹太人非常聪明，因此人们必须在这一点上钦佩他们。此处的运作机制包括两种贯穿于当代文化的价值观念：一种价值涉及宽宏大量、无私、公正和爱的理想，对此价值，任何一个人都必须身体力行；另一种价值涉及成就、成功和地位等标准，对此价值，任何一个人都必须在生活中予以追求。可以这样说，这两种价值观念是被颠倒地用在犹太人身上的。如果犹太人符合这些假想的或现实的标准，他们就会受到赞扬，因为这些标准是反犹主义者所遵循的；与此同时，如果他们违背了这些标准，就会受到谴责，而反犹主义者却可以随心所欲地抛弃这些标准。被试虽然也运用良心的措辞，但其目的是为了拾回曾经用来选择敌人的道德信用，以便抚慰自己的良心。甚至对犹太人的赞扬也被用做他们确认犹太人罪过的证据。[69]

在"篡夺情结（usurper complex）"的名下，阿多诺给出了这样的例证，它说明法西斯主义性格有一种加入反民主文明的造反者行列、认同更强的力量的本能。那些思想集中在权力和暴力上面的人认为，罗斯福的政策虽然确是专政形式，但无论如何他们不会全心全意地予以支持。阿多诺试图对此进行解释，他说罗斯福政府在这些人看来并不是真正的强力政府。

> 伪保守主义者具有关于"合法性"的潜在意识，所谓合法的统治者是指这样一些人——实际掌握生产机器的人，而不是那些将权力建基于形式政治的人。这个主题在德国法西斯主义史前史阶段曾起过重要的作用，对此应该予以认真对待，因为它与社会现实并

不冲突。只要人民的生活依靠国家的经济结构，那么它就归根结底依靠那些掌握工业的人，而不是依靠那些由人民选出来的代表。伪保守主义者认为，所谓的民主政府并不真实。对此情况，他们反对的并不是经济不平等和形式上的政治平等之间的矛盾，而是民主形式本身。他们不想解决这种矛盾，而是希冀废除民主形式本身，直接让他们认为是最强有力的人实施控制。[70]

在这儿，阿多诺关于伪保守主义所说的这些观点，也适用于一般意义上的伪民主支持者。他们表面认同美国传统价值和体制，而且有意无意地竭力使这些价值和风俗融入到代表沉默的大多数或曰"道德的"大多数的观点之中。

在美国，"保守主义"以前一般被认为是中产阶级、资本家阶级、自由主义阵营的立场，这与过去贵族统治的欧洲的情况是不同的。可是就现在的情况而言，在美国，与自由主义或伪社会主义者相比，保守主义者要更"假"。当然，阿多诺常常把"伪保守主义"、"伪自由主义"、"伪民主"，甚至"伪社会主义"当作同义词来使用，但是他特别指出"伪保守主义"尤其能够充分地解释被访的政治经济态度。实际上"伪保守主义者"根本无法认同传统价值和习俗，他们的保守主义和守成主义纯粹是毁灭冲动和造反冲动的一种合理化的掩饰。而"真正的保守主义者"能够实现那种认同，与此同时他们也能够一心一意地支持资本主义的自由形式和个体主义形式，并且具有严肃的民主态度和行为。

但是阿多诺怀疑在当时的美国几乎找不到这种真正的保守主义者了。在他看来由于条件的变化那些真正的保守主义者转入了自由主义的阵营——因为在现今的条件下一个保守主义者越来越趋向于成为仇视工人和少数族裔群体的人。在美国自由主义阵营总由这样一些人组成：他们支持以新政为代表的社会改革理念，赞成国家介入帮助社会弱势群体。被访中具有伪保守主义政治经济观的大多数人相应地都被视为伪保守主义者。这样认定可以使与伯克利小组所预期的相反的许多事实得到解释。伯克利小组曾预期种族中心主义和政治经济保守主义可能相互关联。比方说，(种族中心主义和政治经济保守主义) 社会区分和等级思想状况的牺牲品不仅仅是黑人和犹太人，而且还有工人。但是结果明显地反映出，E 量表和 PEC 量表之间 (也就是种族中心主义和政治经济保守主义之间) 的关联程度要低于 E 量表和 F 量表之间 (也就是种族中心主义和法西斯主义之间) 的关联程度。被访中许多人持保守的政治经济观点，但是这些人中并没有许多人在 E 量表上获得高分。

这个结果并不特别令人吃惊。在一个机会无限的国度，社会主义从未像在欧洲国家那样获得过特别显著的重要性。资本主义的魅力在这里不减当年。因此，资本主义不必需要民族主义来充当挫折感和怨恨的发泄口。左翼学者总是想通过解释种族中心主义和法西斯主义性格结构之间的关联的方式使政治经济保守主义名誉扫地，这个结论也仅仅是他们的偏见吗？

421　　阿多诺并不这样看。调查明确地反映出来，与那些无偏见的人相比，怀偏见的人更多地表现出对政治经济领域的普遍懵懂无知和对成见和个人化解释的普遍依赖——就是在无偏见的人那里也不是不存在那种无知和依赖。阿多诺评论说：

> 如果种族中心主义量表能对高分者和低分者作出统计学意义的区分 (也即 "高分者" 在这个量表上得分更高)，那么我们就可以得出结论说，它是文化使然……至于我们说它们是潜在的法西斯主义的证据，我们依据的是这样的事实：它们在统计上、心理上和其他方面都是得高分的、如果它们在低分者的访谈中也以相当的频率发生的话，那么我们只能这样说，我们生活在潜在的法西斯主义的时代。[71]

出于这种原因，在阿多诺看来，政治经济保守主义乃是比 E 量表和 F 量表更重要的反映法西斯主义心理倾向的指标。被访表现出的这种保守主义与那种在欧洲比在美国更常见到的真正保守主义相左，因而阿多诺将之归类为伪保守主义。由于保守主义者在美国被视为民主派，而且被认为是和自由主义者一样的美国好公民——1945 年之后，他们甚至被认为是比自由主义者还要好的美国公民——所以阿多诺的这种归类实际上掩盖着一个欧洲左派对美国文明、美国生活方式的批判。作为垄断资本主义和文化工业的批判者，他实际上被迫预见到美国文明将要对失败了的文明进行某种新形式的反抗——但，那将是一种新形式的法西斯主义。

阿多诺创立的类型学也得出了类似的结论。类型这一章是伯克利研究的中心文本。研究的目的就是提供一套类型学，从而提供可能的特别有效的保护措施，这一点也是整个反犹主义研究计划的重中之重。类型研究通过从各种类型的心理动力模式中提取典型的方式得出了一组被表明为"法西斯主义性格"的变量。在进行这种类型归类的同时，研究还对各种无偏见者的性格进行了分类归类。阿多诺区分了两大类人：一类人是使自己被标准化的人，通过成见来思考；而另一类则是"真实"的个体，他们有能力体验活生生的经验，反对对人的经验进行标准化。在这两类人之间则是不同程度的过渡类型。这构成了阿多诺的主要的分类原则。

阿多诺认为最具潜在危险性的类型是"操纵型"——要比"表面反感型"、"保守主义型"、"权威主义型"、"精神病型"和"怪人"危险得多。这是对近期经验的考察，也是对《启蒙辩证法》和《理性之蚀》中心思想——这是霍克海默圈子的实证主义批判的顶峰——的具体化。

> ["操纵型"的特征是]以一种强制的、过分现实主义的方式把每个事物和每个人都看成可以操纵的对象，也即可以由他们自己的理论和实践模式来加以处置的对象。他们把重点放在"操纵"上，但对事情的内容则抱着无所谓的态度。这种模式既可以在许多生意人中间找到，也可以在新生的管理和技术阶层中找到。他们的人数正在增加。在德国，许多法西斯主义的反犹分子就具有这组特征。其中，希姆莱可能是他们的典型代表。他们具有适度的理智，

422

加上他们缺乏感情,致使他们成为残忍的人。他们观察事物的组织方式事先具有权威主义倾向,所以他们会用毒气室杀人而不用机枪扫射。他们用管控手段对付犹太人,而受害者根本与他们不认识。[72]

说到底,反犹主义态度还不是"操纵型"最关键之所在,最关键的地方是他们的态度和行为:缺乏对生命、对人类、对受歧视的受害者最起码的尊重。关键不是反犹主义,而是缺乏真正的反反犹主义。这种缺乏甚至使那些从未沾染过任何形式的反犹主义思想的人——他们甚至是最可信赖的、最和善的朋友中的一部分——也变成了"潜在的反犹主义者"(霍克海默语)。

因此,美国反犹主义的衰落根本不能让伯克利小组成员或阿多诺可以高枕无忧——尤其是因为他们发现了长久以来就存在着反犹主义的替代品:反共产主义。一方面,阿多诺有些过分胆小;在他校阅伯克利研究文字材料的过程中,他甚至要求负责撰写有关桑·昆廷监狱囚犯那一章的威廉·R.莫里斯(William R. Morris)删去引述囚犯的激烈词语。但另一方面,在解释访谈材料的时候他又毫不掩饰地表达自己的观点:

> 最近几年,美国宣传机器从一种非理性的"恐惧"意义上致力于营造反共主义情感,除了美国共产党的追随者外,也许很少有人能够抵挡得住这种连续的思想压力。与此同时,公开的反反犹主义通过报章、杂志、书籍和电影也已经形成了一种"习惯性"气候。但潜在的基本性格结构却不会因这些波动而发生转变。如果这些波动是可以测知的话,那么它们将能够说明政治宣传的极端重要性。当宣传导向和人们反民主潜质一致的时候,宣传就会在很大程度上决定心理攻击性的对象选择。[73]

《权威主义人格》的作者们并没有直接说明支撑着反犹主义的那种

423

人格结构的普遍程度，对未来的对策也没有明说；但是在霍克海默的前言中，表达了这样一种观点：这种性格结构很可能取代个体主义的、民主的性格类型而占据主导地位。由于这种性格结构将继续存在下去，所以伯克利小组得出了这样的结论：人格的方方面面构成了一个结构性整体，这个事实意味着任何防范措施都必须针对作为整体的偏见人格。"重点似乎不应放在针对某少数群体的歧视上，而应该放在成见、情感冷淡、认同于权力和普遍毁灭性这样的现象上。"[74]

该怎么办呢？必须改变社会，这是伯克利研究小组的看法（他们认为这个任务的完成应该寄希望于社会主义者和心理学家的联合，只有这样才能确保社会改革真正对偏见人格结构起到矫正的作用）。但是如果现代人正逐渐成为这样一种由空前完备的社会整体性管控所操纵的集合——阿多诺在论述伯克利研究的意义那一章中就是这么认为的，但是这一章后来并没有在《权威主义人格》中出现——的话，这种主张不是一个无效的陈述吗？在阿多诺看来，现代人不可能"自发的"陷入反犹主义，[75] 甚至也不再是单纯意义上的心理学研究对象：心理学家在考察研究现代人的同时不可避免地要成为一个社会学家，因为他在他的对象个体身上看到的将是整个社会。

这项研究以阿多诺毫无遮拦地写下的那些话作结，这段文字指出，现在需要的正是对突然转变的本能希望和乌托邦的希冀，只能期待着主导力量发生方向转变从而引发乌托邦式的突变。

由于潜在的法西斯主义倾向是以一种伪民主的形式强加于人们头上的，因此不知内情的人还满怀希望带着它走向未来。可以预测，如果现存的经济模式仍然得到维持的话，人们会继续受此模式的影响。我们希望读者不要低估本书所关注的法西斯主义的潜在力量，忽视这种力量是愚蠢的。同样我们也希望读者注意，我们的大多数被试者并没有表现出极端的种族中心主义模式，而且我们提出了各种方法来避免这种极端模式，忽视这样的事实同样是不明智的。尽管存在这样的误区，也即就外部提供的价值而言，有偏　424

见者在我们的社会里会得到有利于他们的回报，但这不等于说宽容者就只能在到达天堂之后才能得到他们的回报。实际上，我们有充分的理由相信，就内部提供的价值而言，宽容者得到了基本需要的满足。当然由于他们反对盛行的社会准则，因此他们不得不以承受非议而为这种满足付出代价，但我们的研究表明，他们要比有偏见者更少压抑，更多快乐。最后我们要指出的是，法西斯主义者常常求助于情感来进行煽动，而民主主义者常常求助于理智来进行宣传。如果说恐惧和破坏是法西斯主义者的主要情感源泉的话，那么爱就成了民主主义者的主要理智源泉。[76]

作者对民主事业的支持却构成了对美国民主的抨击，认为有能力实现变革的不是美国民主，而是美国民主的受害者。

他们对反民主可能性的这种诊断表明，这项研究的重点指向不是反犹主义，也不是在更为一般意义上说的对少数族裔的偏见，而是普遍存在的保守政治经济态度；这项研究的结果并不认为美国的民主制度从根本上说是一种健康的社会秩序，因为健康的社会秩序可以通过适当的宣传、资讯和教育措施修正自身，也不会有那种难堪的缺陷。这样的诊断很难让以融入美国社会为主旨的美国犹太人协会感兴趣。这一点在发表于美国犹太人的刊物《评论》上的关于"偏见研究"系列、特别是《权威主义人格》的那篇非常详细的评论中可以反映出来，尽管评论对研究的态度基本上还是肯定的。评论的作者是纳森·格拉泽尔（Nathan Glazer），他也是《评论》的编辑和《孤独的人群》的作者之一。《孤独的人群》和《权威主义人格》是同年出版的。《孤独的人群》，副标题是"转变之中的美国人的性格"，直接借用了弗洛姆的社会性格的概念，而且从某些方面来看这本书的某些思想和《权威主义人格》有些相似，比如说它也在传统导向型、外在导向型和内在导向型等性格之间作了区分。(霍克海默曾给马尔库塞写信谈到过作为《孤独的人群》作者之一而一举成名的大卫·里斯曼。马尔库塞曾请霍克海默给他寄去一本书，就在这本书中霍克海默偶然地读到了里斯曼的文章。"我拿起你要我寄给你的这本书之后"，霍克海默写道，"找到了里斯曼先生那篇关于反犹主义的文章，如果你允许的话，我要留下这本书。里斯曼何许人？他的思想和我们的一些论点出奇地相似。他一定是个才智过人的人，而且很可能仔细地研究过我们的作品。"[77]）

　　除了提到许多优点之外，格拉泽尔赞扬了阿多诺定性分析做得很 425漂亮，但是话锋一转又以这些定性分析为证，批评说《权威主义人格》的作者在未经证明的情况下采用了某一特殊的社会理论，进而以这种特殊的理论为标准得出了许多被定性为隐性法西斯主义时代症状的性格类型。

> 　　能否证明"对团结的不满"或"对限制收入的不满"是"隐性法西斯主义的典型特征"呢？在这儿，我们看不出来这些心理和明确的法西斯主义观点有什么联系。这些态度为什么不能被理解为权威主义人格中能够促进按照民主方式行事的态度呢？某个人反对团结，也许是因为在他看来团结一致有可能对他的自由构成非法侵害；也许他是想保护自己的个体独立性，他的独立行动的自我意识使他拒绝成为大众的一部分。同样，甚至在这本书中我们可以发现某些结论——例如，非权威主义者对感性和物质快感更感兴趣——可以使得我们推导出对收入限制的不满也不是什么潜在的法西斯主义特征。实际上，人们可以为了追求地位和权力而赚钱，也可以为了追求快乐而赚钱。[78]

对研究的不满表达得再明显不过了。偏见应该予以打击，但是不是以伯克利研究的这种方式去打击，这种研究的方式已经开始置疑美国的生活方式了。

　　爱德华·希尔斯1954年为《〈权威主义人格〉的范围和方法研究》撰写了一篇文章，名为"权威主义、'右派'和'左派'"。《〈权威主义人格〉的范围和方法研究》的编者是理查德·克里斯蒂和玛丽·雅胡达。这篇文章对研究的批评更进了一步。希尔斯曾参与过贝特尔海姆主持的芝加哥退役军人研究项目，是在冷战和麦卡锡主义氛围中转变成反共产主义的保守派，但表面上却声称自己是一名自由主义知识分子——这些人在当时不在少数。就他的这篇批评文章而言，也不能说他说的全错。在无偏见者的那种类型中，阿多诺实际上区别了"刻板"、"抗议"、"冲动"、"随和"和"真正的自由主义"等类型，并强调只有最后一种类型才实现了超我、自我和本我之间的理想平衡。但是他没有归纳出"伪左派"和"伪保守主义"的相对差异。实际上人们很容易把"刻板型"或"抗议型"无偏见者归入"伪左派"这个范畴之中。但是，在这里"无偏见"这个概念指的是什么呢？"无偏见的"是个婉辞，用来指代那些真正的"伪左派"。人们也许会指出这样一个事实，即伪左派人格背后也可能潜藏着法西斯主义人格结构，因而也应该把这些人格类型列入偏见性格类型表之中。实际上这样做是完全可能的——"法西斯主义人格"中"法西斯主义"一词并没有什么政治意味。但是阿多诺和伯克利研究小组的成员们没有这么做——一方面是因为他们不想造出左派法西斯主义这么一个词来指代那种基于法西斯主义人格结构的伪共产主义和伪社会主义，另一方面原因也很简单，在他们的被访者当中这种性格结构的人的确很少，相应地这种性格结构对美国的意义也不是很大——在美国，共产党（CPUSA）的势力一直很小，而且战后共产党就被取缔了。希尔斯的指责也是针对这种术语上的偏袒而发的。他之所以抓住这一点不放，完全是出于政治原因，这也有助于我们理解《权威主义人格》引起反应的特定政治环境。那些批评者的矛头往往都集中在它的方法论和技术方面。

  "偏见研究"的其他著作与《权威主义人格》相比黯然失色。但其中与《权威主义人格》论题最接近、思想也最丰富的要算是《偏见动力学》（Dynamics of prejudice）了。作为研究对象的退役军人对美国来说具有重要意义，而且这个群体在适应战后经济方面有着特殊的困难，这个方面也是进行这项研究的重要原因。由于这个群体的特殊性，研究者也很容易发现使该群体倾向于以种族褊狭的形式（特别是反犹和反黑人）发泄自己的攻击性情感的原因和条件。接受访谈的 150 名芝加哥退役军人被分作来自底层阶级的和来自底层中产阶级的两类（他们中没有政府官员），对他们的访谈构成了研究的经验基础。访谈时间要比伯克利研究的访谈时间长，每次访谈持续四到七个小时。访谈由六名社工进行（一般如有可能访谈都在被访者的家中进行），采访人全是女性，都接受过精神病学训练。这样做的目的是使"紧张的访谈"充满"轻松的"气氛，[79] 这样就可以使被访者畅所欲言，倾诉他们过去的战争经验和当前的适应困难。当访谈随后进入种族主题——访谈是按照先间接、后直接的方式进行的——时，被访者将会表达他们的深层观点。

同样以精神分析思想为指导的退伍军人研究和《权威主义人格》之间有两点重要的不同。首先，退伍军人研究强调偏见对于偏见者的积极意义，并给予同情；其次，在退伍军人研究中，包括军队在内的既有体制被视为具有积极作用，没有怨恨感的人视既有体制为理所当然，而只有那些不能控制自己也不能为别人所控制的人、那些以种族褊狭作为自己紧张情绪发泄口的人才对之无法容忍。贝特尔海姆和亚诺维茨在研究中发现了一个控制的连续体

> [这是] 从内化控制到外在控制 [的连续体]：先是自我控制、再是超我控制、再是乐意接受外在控制、再是勉强屈服地接受外在控制，而最后还有一种控制，这种控制非常弱，很难说得上是有效的控制。宽容到不宽容连续体的最后一组类型，也就是激烈的反犹主义者，已经超出了这种控制连续体的范围。[80]   427

他们并没有对美国社会进行一个总的评价，而是简单地指出："目前的数据材料表明，缓慢向上层运动的那些群体非常接近于宽容，而迅速向上层或者向下层运动的那些群体，与种族间的仇视有明确的关联。"但是《权威主义人格》的作者们却得出了与此完全相反的结论："我们不禁会认为，向上运动的阶层，以及对现状的认同，与种族中心主义呈正相关；而向下运动的阶层，以及与现状的认同，则与反种族中心主义呈正相关。"[81]

研究的性质使我们很难判断这种差异在多大程度上是他们各自选择访谈对象的阶级差异造成的，也很难断定贝特尔海姆（他的访谈手段更紧凑集中，采访者和被访者也有直接的接触）是否比伯克利小组成员更能在了解被访者与社会体制关系基础上洞察到那种破坏性趋势。但是这里无法忽略的一个事实是，芝加哥的研究者们并不具有伯克利的研究者们所具有的那种社会批判态度，他们将融入美国生活方式的能力视作是人格发展良好的标志，而对伯克利的研究者来说，这只是适应了充满缺陷和不公、且充满偏见之温床的社会的标志。

　　纳森·埃克曼和玛丽·雅胡达是《反犹主义和情感障碍》的作者，埃尔文·古尔德纳（Alvin Gouldner）和其他一些学者也参与了撰写。埃克曼和雅胡达没有按照霍克海默的计划去在专家提供的信息材料基础上进行大规模研究，那样将要对来自反犹主义的精神病患者的案例进行大量的分析，而且是直接和患者本人见面的精神分析。他们限制对象数量，仅限于由精神分析学家报上来的 27 个病例。精神分析学家们在访谈中已经对患者进行了详尽的描述性记录。除此信息材料之外，还有福利部门提供的有关患者的 13 份报告作为补充。汇集起来的材料的局限性和非直接性使本书无法构成《权威主义人格》的重要旁证、更确切的解释、补充或修正。《权威主义人格》中就专门有一章"与潜在的法西斯主义有关的心理障碍：对精神病诊所患者的研究"，而且几乎与埃克曼和雅胡达的这本书的篇幅相当。埃克曼和雅胡达对他们材料的分析很仔细谨慎，所以读者——除了一些保留之外——可能会得出这样的结论：《权威主义人格》在精神病诊所 121 名患者的材料基础上得出的结论大体是正确的：偏见和精神疾患之间并无明显的联系。集体偏见的出现基本上与某种普遍的人格特征相关，而这种普遍人格特征与精神病分类等级无关，只是在精神疾患者身上有着更为明显的表现。[82] 心理障碍者和"正常人"都会有因自卑和自责产生的沮丧感、自卑感和内疚感，只是在前者那里以夸张的形式反映出来；恐惧感，特别是对失去保障的恐惧，既出现在"正常人"中，也出现在心理障碍者中，只不过后者的形式更为激烈。

428

被这本书证明是错误的一些命题和假设却在《权威主义人格》专论精神病患者的那章里得到了相反的阐释。例如，《权威主义人格》中一个假设是偏见人格的种族中心主义的基础是非理性态度，这种非理性态度又是神经症病患的产物。因而偏见人格在精神疾患者当中是一种特别常见的现象。相反，无偏见者的态度往往是理性和与现实协调的产物。这种人是"正常"主体。相反在《反犹主义和情感障碍》中的假设是，偏见者是"正常的"，因为他们能够很好地适应他们的文化，能够与构成他们文化一部分的偏见相认同。而与他们父母、与许多主流习俗相悖的无偏见者经常出现在精神疾患者当中。这种研究结果说明，无论是主动适应恶劣的条件还是拒绝适应，都是要付出代价的。埃克曼和雅胡达也找到了一些能够支持《权威主义人格》所提出命题的证据：低分者常常是精神疾病中的神经症患者，因为他们的自我过度发达，而高分者往往是精神病患者，因为他们接受的严苛的教育使得他们的自我停留在欠发达状态。

在"偏见研究"系列各卷中，只有一卷间接地涉及了社会理论并直接包含着社会批判内容，那就是阿多诺直接参与撰写的《权威主义人格》。而它也是这个系列中在受到专业领域的研究方法置疑的同时还招致政治性批评的惟一一卷。当时有关反犹主义或偏见的理论在哪些方面对主体因素和客体因素之间的关系有所深化呢？

《权威主义人格》及"偏见研究"中的另外那两卷，就其本质而言，实际上就是对偏见的主观因素方面所进行的分析。另外，1940 年代进行的社会心理学导向的偏见研究在美国已经成为了重要的研究领域，在进行反犹主义研究期间，有两部分析反犹主义和偏见问题的重要研究文献问世，阿多诺给予极高的评价，它们是：萨特的《对犹太人问题的思考》(1946) 和尤金·哈特利（Eugene Hartley）的《偏见问题》(1946)。那么客观因素方面分析的情况又如何呢（阿多诺 1944 年制定反犹主义研究计划的总纲时就明确提出过进行客观因素的分析的建议）？

情况很糟。阿多诺总是倾向于认为他所实践的心理学分析形式同时能够充分代表研究所需的社会分析，或者说至少是构成社会分析的关键性部分。这种态度很类似他最早在分析新音乐时所提出的独特的观点：伟大艺术家作为一个单子的创作行为与客观的历史运动是一致的。精神分析意义上的个体心理学坚持关于自我、本我和超我或无意识和本能压抑的正统理论，根本不对这种理论进行置疑——个体心理状态能否被用来解释社群心理，也不对这种理论进行必要修正从而使之成为社会学化的心理学。在阿多诺看来，精神分析意义上的个体心理学能够在个体身上解析出起作用的那些客观力量，因为个体乃是社会格式化了的但却对此毫无意识的个体。在他所撰写的论《权威主义人格》之重要意义的那一章里（未发表），他这样写道：

> 要发现客观经济法则是怎么运作的，与其对个体经济"动机"进行研究，不如对他的无意识构成进行探索。要做到这一点就需要进行广泛的、审慎计划的专业研究。我们甚至可以大胆地说，这个问题的解决将会使我们获得对当代偏见的本质的真正科学解释。我们的研究至少为这项任务提供了重要的原材料和许多假设。[83]

阿多诺的意思是，反犹主义者的心理可以用来解析反犹主义的经济社会原因；对反犹主义者进行完整而彻底的心理学研究将能够建构起关于反犹主义的"文化人类学"。[84]

但是这里存在着一个难题——这个难题也出现在阿多诺一直捍卫的内在批判这个概念中。内在批判不借助超验方面是无法完成的。同理，通过对主观方面进行彻底的分析而进行的客观方面分析，若不借助对客观方面的基本认识也是无法完成的。霍克海默和阿多诺当时业已掌握了的那些认识——或者说他们泛泛接受了的那些有关客观方面的知识——是能使他们修正"内在批判"的最新知识和真正的专门知识吗？直到他们进入反犹主义研究项目的研究阶段，霍克海默和阿多诺还没意识到对客观因素进行紧跟知识发展前沿的专门分析是非常迫切的吗？让他们绝望的是他们找不到可以帮助他们完成这项任务的合作者。在此后的几年中，他们不断地压抑这种绝望，并竭力用套话来描述已经完成的研究工作以便掩盖这种绝望。当他们返回法兰克福的时候，430作为《启蒙辩证法》和"偏见研究"的作者、历史哲学家、文化批评家、精神分析学家和现代社会学研究专家，作为负有盛名的学者，他们似乎很愿意作为一个集体来传播他们的成果。但阿多诺仍然有一些严肃的打算，他不想满足于自己已有的成就。

注释：

[1] Adorno to Horkheimer, 9 May 1945.

[2] Horkheimer to Adorno, 24 November 1944.

[3] Horkheimer to Adorno, 6 April 1944.

[4] Jügen Habermas et al. (eds), *Gespräche mit Herbert Marcuse* (Frankfurt am Main, 1978), p. 21. Cf. Ulrich Borsdorf and Lutz Niethammer (eds), *Zwischen Befreiung und Besatzung. Analysen des US-Geheimdienstes über Positionen und Strukturen deutscher Politik 1945* (Wuppertal, 1976), pp. 175−6.

[5] Adorno to Horkheimer, 9 May 1945.

[6] Theodor W. Adorno, *What National Socialism Has Done to the Arts* (1945) (Max Horkheimer Aechive, XIII 33), p. 10 [English in original].

[7] Ibid., p. 18.

[8] Marcuse to Horkheimer, Washington, DC, 6 April 1946.

[9] Horkheimer to Marcuse, 30 August 1946.

[10] Horkheimer to Marcuse, 18 October 1946 [English original].

[11] Horkheimer to Marcuse, 29 December 1948.

[12] Herbert Marcuse, *Paper of February 1947* (Max Horkheimer Archive, VI 27a. 245−67).

[13] Ibid., pp. 10, 8.

[14] Ibid., pp. 14−5.

[15] *Verhandlungen des 8 Deutschen Sozialogentages* (1946), p. 35.

[16] 'Die Traumhölle des Justemilieu'.

[17] *Verhandlungen des 8. Deutschen Sozialogentages*, p. 44.

[18] 本文最早用英文发表在 *SPSS* (1941) 上, pp. 290—304; repr. in Max Horkheimer, *Critical Theory: Selected Essays*, trans. Matthew J. O' Connell et al. (New York, 1986), pp. 273—90.

[19] Horkheimer to Adorno, 3 January 1950.

[20] Max Horkheimer, 'Authority and the Family Today', in Ruth Nanda Anshen (ed.), *The Family: Its Function and Destiny* (New York, 1949).

[21] Theodor. W. Adorno, *Minima Moralia: Reflections from Damaged Life*, trans. E. F. N. Jephcott (London, 1974), p. 18.

[22] Theodor. W. Adorno, *Minima Moralia Reflexion aus dem beschädigten Leben* (Frankfurt am Main, 1951), p. 31.

[23] Adorno, Minima Moralia (London, 1974), pp. 25—8.

[24] Adorno, Minima Moralia (Frankfurt am Main, 1951), p. 121.

[25] Jahoda to Horkheimer, New York, 21 November 1945.

[26] Horkheimer to Jahoda, 28 November 1945.

[27] Horkheimer to Marcuse, 28 February 1948.

[28] Horkheimer to Adorno, 25 April 1948 [English in original].

[29] Horkheimer to Adorno, 21 May 1948.

[30] Horkheimer to Maidon Horkheimer, 21 May 1948.

[31] Horkheimer to Maidon Horkheimer, Garlton Hotel, Frankfurt, 20, June 1948.

[32] Horkheimer to Jahoda, Paris, 5 July 1948.

[33] Cited from the German translation, 'Lehren aus dem Faschismus', in Max Horkheimer, *Gesellschaft im übergang. Aufsätze*, *Reden und Vorträge 1942—1970*, ed. Werner Brede (Frankfurt am Main, 1972), pp. 56, 57.

[34] [Max Horkheimer, 'Die Juden und Europa', *ZfS*, 8 (1939), p. 115.]

[35] Max Horkheimer and Theodor W. Adorno, *Philosophische Fragmente*, mimeographed volume (New York, 1944); *Dialektik der Aufklärung. Philosophische Fragmente* (Amsterdam, 1947). 'Das Bestehend'; imeo edition. p. 209/Amsterdam edition, p. 200.

[36] Ibid., pp. 214/205.

[37] 'Kapitalistische Aussauger'; 'Industrieritter'; Ibid., pp. 216/207.

[38] Ibid., pp. 213/205.

[39] Ibid., pp. 213/205.

[40] Ibid., pp. 208/200.

[41] Adorno to Horkheimer, 1 July 1948.

[42] 在德国,只有加入德国国籍才能成为正式教授。

[43] Klub für Handel, Industrie und Wissenschaft.

[44] Adorno to Horkheimer, 28 October 1949.

[45] Horkheimer to Adorno, 9 November 1949.

[46] *Ausserordentlicher Professor*；*ausserplanmässiger Professor*；*planmässiger ausser-ordentlicher Professor*；*ordentlicher Professor*.

[47] 'Hegel und die kalifornische Linke'.

[48] Adorno to Paeschke, 12 December 1949. 这里阿多诺所说的"荷马"是指《启蒙辩证法》的第一个附论;《感觉与形式》(*Sinn und Form*) 是东德的一个文学刊物。

[49] Horkheimer to Adorno, 6 December 1949.

[50] Adorno to Horkheimer, 9 May 1945.

[51] 'Auferstehung der Kultur in Deutschland?'

[52] Adorno to Horkheimer, 27 December 1949.

[53] Horkheimer to Adorno, 28 January 1957.

[54] Adorno to Horkheimer, 27 December 1949. 希尔斯—玛利亚 (Sils Maria) 是瑞士恩加丁 (Engadine) 一处疗养和滑冰胜地。从 1881 年到 1888 年尼采在那里居住了八年,参看 Friedrich Nietzsche, *The Gay Science*, trans. Walter Kaufmann (New York, 1974), p. 371。阿多诺对希尔斯—玛利亚及其与尼采关系的讨论见阿多诺 'Aus Sils Maria'；*Gesammelte Schriften* (Frankfurt am Main, 1970−86), vol. 10, part 2, pp. 326−9.

[55] Lazarsfeld to Horkheimer, New York, 19 July 1947 [English in original].

[56] Adorno to Horkheimer, 10 June 1949.

[57] Theodor W. Adorno, *Memorandum on the Berkeley Situation*, 21 July 1947.

[58] Adorno to Horkheimer, 2 July 1949.

[59] Theodor W. Adorno, Else Frenkel-Brunswik, Daniel J. Levinson and R. Nevitt Sanford, *The Authoritarian Personality* (New York, 1950), p. 224.

[60] Ibid., p. 255.

[61] Ibid., p. 225−8.

[62] Ibid., pp. 473.

[63] Adorno to Horkheimer, 23 May 1945.

[64] Adorno et al., *The Authoritarian Personality*, pp. 603−4.

[65] Ibid., p. 971, 脚注 1:"反犹主义描述"是让—保罗·萨特《犹太人问题的反思》

的一部分的英文标题。见 *Partisan review*, 13 (1946), pp. 163—78.

[66] Jean-Paul Sartre, *Anti-Semite and Jew*, trans. George J. Becker (New York, 1973), vol. 1, pp. 79—80.

[67] Adorno et al. , *The Authoritarian Personality*, p. 629.

[68] Ibid. , p. 617

[69] Ibid. , p. 634.

[70] Ibid. , pp. 686—7.

[71] Ibid. , p. 656.

[72] Ibid. , pp. 767—8.

[73] Ibid. , p. 726.

[74] Ibid. , p. 973.

[75] Theodor W. Adorno, *Remarks on* 'The Authoritarian Personality' (1948) (Max Horkheimer Archive, VI 1 d), p. 28.

[76] Ibid. , p. 976.

[77] Horkheimer to Marcuse, 3 April 1943 [English in original] .

[78] Nathan Glazer, 'The Authoritarian Personality in Profile', *Commentary* (June 1950), p. 580.

[79] Bruno Bettelheim and Morris Janowitz, *Dynamics of Prejudice* (New York, 1950), p. 10.

[80] Ibid. , p. 138.

[81] Adorno et al. , *The Authoritarian Personality*, p. 204.

[82] Ibid. , pp. 964—7.

[83] Adorno, *Remarks on 'The Authoritarian Personality'*, p. 15.

[84] Ibid. , p.26.